PLAN DE PARIS

ORIENTATION

PLANS ET INDEX

RENSEIGNEMENTS PRATIQUES

TRANSPORTS

le Plessis-Bouchard
LA PATTE D'OIE
la Patte d'Oie d'Herblay
ST-LEU
ERMONT
Montlignon
Andilly
Margency
MONTIGNY LÈS-CORMEILLES
Ermont
Franconville
Eaubonne
Soisy
Montmo
Montigny-lès-Cormeilles
FRANCONVILLE
Deuil-la
Sannois
la Frette-sur-Seine
Cormeilles-en-Parisis
St-Gratien
Station d'épuration
Enghien-les-Bains
ARGENTEUIL NORD
le Val d'Argenteuil
PARIS GENNEVILLIERS
Épinay-s.-Seine
Port de Gennevilliers
GENNEVILLIERS
ARGENTEUIL
Gennevilliers
Villeneuve-la-Garenne
Sartrouville
GENNEVILLIERS PORT
Bezons
PARIS ASNIÈRES
Houilles
BOIS COLOMBES
LA DÉFENSE
Carrières-sur-Seine
COLOMBES-CENTRE
Colombes
Bois-Colombes
COLOMBES-OUEST
Asnières-sur-Seine
la Garenne-Colombes
NANTERRE
Clichy
NANTERRE
Courbevoie
Levallois-Perret
LA DÉFENSE
Neuilly-sur-Seine
Puteaux
Rueil-Malmaison
Jardin d'acclimatation
Suresnes
Mont Valérien
Bagatelle
Allée de Longchamp
Bois de Boulogne
Forêt de la Malmaison
BOIS DE BOULOGNE
PORTE D'AUTEUIL
St-Cloud
Garches
BOULOGNE
Parc de St-Cloud
BOULOGNE-BILLANCOURT
Ville-d'Avray
Vanves
Issy-les Moulineaux
Malakoff
Pte de Clichy
Pte d'Asnières
PL. DE CLICHY
GARE ST-LAZARE
Pte de Champerret
Pte Maillot
Av. de la Gde Armée
Av. de Friedland
Av. des Champs Élysées
PL. CH. DE GAULLE
Pte Dauphine
Pte de la Muette
TROCADÉRO
Pte de Passy
Pte d'Auteuil
TOUR EIFFEL
LES INVALIDES
Pte Molitor
Pte de St-Cloud
Quai d'Issy
GARE MONTPARNASSE
Pte de Sèvres
Pte de Versailles
Pte Brancion
Pte de la Plaine
Pte de Vanves
Pte de Châtillon
16e
17e
8e
7e
15e
14e
A 115
A 14
A 86
A 13
A 13 - E 05

SARCELLES
Gonesse
Vaudherland
Villepinte
Arnouville-lès-Gonesse
Bonneuil-en-France
Garges-lès-Gonesse
Pierrefitte
Aéroport du Bourget
Stains
Dugny
Parc Départemental de la Courneuve
ST-DENIS
le Blanc-Mesnil
Aulnay-sous-Bois
le Bourget
la Courneuve
Drancy
Aubervilliers
BOBIGNY
Bondy
Pantin
Noisy-le-Sec
Villemomble
le Pré-St-Gervais
Romainville
les Lilas
Rosny-sous-Bois
Bagnolet
Montreuil
Neuilly-Plaisance
Vincennes
Fontenay-sous-Bois
NOGENT-S-M.
le Perreux-s.-M.
St-Mandé
Bois de Vincennes
Charenton
St-Maurice
Joinville-le-Pont
Ivry-sur-Seine
Vers aéroport Paris Charles-de-Gaulle

AGGLOMÉRATION PARISIENNE SUD

St-Denis
PORTE DE LA CHAPELLE
Pantin
Bondy
Noisy-le-Sec
Romainville
Villemomble
le Pré-St-Gervais
les Lilas
Rosny-sous-Bois
Bagnolet
Neuilly-Plaisance
Montreuil
Vincennes
Fontenay-sous-Bois
NOGENT-S-M.
le Perreux-s.-M.
St-Mandé
Bois de Vincennes
Charenton
St-Maurice
Joinville-le-Pont
Ivry-sur-Seine
Maisons-Alfort
le Kremlin-Bicêtre
Alfortville
St-Maur-des-Fossés
Vitry-sur-Seine
la Varenne-St-Hilaire
Villejuif
Mont Mesly
CRÉTEIL
Chevilly-Larue
Thiais
Choisy-le-Roi
Bonneuil-sur-Marne
Valenton
Brévannes
Limeil-Brévannes
Orly
Villeneuve-le-Roi
Forêt de la Grange
Villeneuve-St-Georges
Ablon-sur-Seine
Crosne
Yerres
Athis-Mons
Orly Sud
GARE DU NORD
GARE DE L'EST
GARE DE LYON
GARE D'AUSTERLITZ
NOTRE-DAME
Pl. de la NATION
Pl. de la BASTILLE
Pl. de la RÉPUBLIQUE
Pl. d'ITALIE
Marché de Rungis
Aire de service de Delta-Rungis
A 4
A 86
A 3 - E 15
A 103
N 19 - E 54

GRANDS AXES DÉTAILLÉS Nord-Ouest
LA SEINE
Levallois-Perret
Cimetière de Levallois-Perret
Neuilly-s-Seine
ÎLE DE LA GRANDE JATTE
QUAI DU MARÉCHAL JOFFRE
QUAI MICHELET
QUAI D'ASNIÈRES
BOULEVARD DU 11 NOV.
PONT DE LEVALLOIS
QUAI DU PRÉSIDENT PAUL DOUMER
PONT DE COURBEVOIE
BD BOURDON
BOULEVARD DU GÉNÉRAL LECLERC
BOULEVARD DU CHÂTEAU
BOULEVARD VICTOR HUGO
BOULEVARD BINEAU
PONT DE NEUILLY
AVENUE CHARLES DE GAULLE
AVENUE ACHILLE PERETTI
AV. DU ROULE
AV. DE MADRID
R. DU BOIS DE BOULOGNE
GÉNÉRAL KŒNIG
PORTE DE CHAMPERRET
AV. DE LA PTE DE CHAMPERRET
ESPACE CHAMPERRET
AV. DE LA PTE DE VILLIERS
BD GOUVION ST-CYR
AV. DE LA PTE DES TERNES
PORTE MAILLOT
PALAIS DES CONGRÈS
PL. DE LA PTE MAILLOT
AV. DE NEUILLY
BD MAILLOT
Jardin d'Acclimatation
MUSÉE NATIONAL DES ARTS ET TRADITIONS POPULAIRES
Rte de la Porte Dauphine à la Porte des Sablons
BOIS DE BOULOGNE
ALLÉE DE LONGCHAMP
Route de Suresnes
Chemin de Ceinture du Lac Inférieur
AV. DE LA GRANDE ARMÉE
AV. DES TERNES
AV. MAC MAHON
ARC DE TRIOMPHE
PL. CH. DE GAULLE
BD DE L'AMIRAL BRUIX
AV. DE MALAKOFF
AVENUE FOCH
PORTE DAUPHINE
Pl. du Mal de Lattre de Tassigny
AV. RAYMOND POINCARÉ
AV. VICTOR HUGO
AV. KLÉBER
PL. V. HUGO
BOULEVARD LANNES
AVENUE HENRI MARTIN
AV. G. MANDEL
PL. DU TROCADERO
PALAIS DE CHAILLOT
MUSÉE GUIMET
AV. D'IÉNA
AV. DE NEW YORK
PONT D'IÉNA
TOUR EIFFEL
PORTE DE LA MUETTE
Pl. de Colombie
AV. SUCHET
MUSÉE MARMOTTAN
AV. PAUL DOUMER
PORTE DE PASSY
16e
6

St-Ouen
MARCHÉ AUX PUCES DE SAINT-OUEN
R. Jean Henri Fabre
R. du Dr Babinski
R. Toulouse Lautrec
R. Fructidor
R. É. Zola
AV. GLARNER
R. CH. SCHMIDT
Kléber
R. Mathieu
R. Arago
R. Hugo
R. Mme DE SANZILLON
RUE GÉNÉRAL
VICTOR
R. FLORÉAL
RUE
LECLERC
BOULEVARD
PÉRIPHÉRIQUE
PORTE DE St-OUEN
BICHAT CL. BERNARD
R. A. BRÉCHET
BESSIÈRES
BOULEVARD
NEY
R. R. Binet
Villeneuve
R. MARTRE
JEAN JAURÈS
BOULEVARD
BARBUSSE
R. DU 8 MAI 1945
R. Morice
Rue Klock
BOULEVARD
R. F. Pelloutier
Neuilly
R. Castérès
Rue de Paris
HENRI
Rue Chance Milly
Cimetière
Cimetière Parisien des Batignolles
R. Pierre Rebière
AV. DE LA Pte DE CLICHY
PORTE DE CLICHY
BOULEVARD
R. E. Roche
R. Fragonard
BERTHIER
AVENUE
R. Boulay
Rue Berzélius
RUE DE POUCHET
R. C. des Fleurs
R. Gauthey
Sauffroy
R. des Épinettes
R. Baron
R. Lantiez
R. Jean Leclaire
Rue Navier
R. J. Kellner
Jonquière
GUY MÔQUET
R. des Moines
R. SAINT OUEN
AVENUE DE
AV. DE LA Pte DE
MONTMARTRE
R. DU POTEAU
Leibniz
Belliard
Rue
CHAMPIONNET
R. G. Agutte
Vauvenargues
RUE
Ordener
R. Montcalm
du Poteau
ORDENER
des Cloÿs
Marcadet
Lamarck
R. Damrémont
Rue E. Carrière
R. Carpeaux
R. J. DE MAISTRE
R. Coysevox
Etex
Ganneron
Cimetière de Montmartre
CAULAINCOURT
Carr. R. Dorgelès
MOULIN DE LA GALETTE
SACRÉ CŒUR
R. des Saules
AV. DE LA
Pte D'ASNIÈRES
Bd BERTHIER
R. de Saussure
17e
RUE CARDINET
R. BROCHANT
R. Lacroix
R. Legendre
R. Davy
PEREIRE
Pl. de Wagram
R. Ph. Delorme
Bd WAGRAM
R. AMPÈRE
MALESHERBES
Daubigny
R. du Printemps
R. d'Abbans
R. Cardinet
R. de Lévis
R. Tocqueville
R. Legendre
R. Dulong
RUE DE ROME
R. Truffaut
R. Nollet
R. Lemercier
R. Condamine
R. des Batignolles
Dames
CLICHY
R. Capron
R. Lepic
R. Véron
R. des Abbesses
R. Durantin
R. Gabrielle
R. des 3 Frères
R. des Martyrs
R. G. Pilon
Pl. St-Pierre
Pl. du Brésil
Jouffroy
VILLIERS
Pl. du Gal Catroux
Pl. de Clichy
Bd DE CLICHY
Pl. Pigalle
9e
Bd DE ROCHECHOUART
PRONY
R. Cardinet
R. H. Rochefort
R. Logelbach
R. de Chazelles
R. Médéric
COURCELLES
Pl. P. Goubaux
Bd DES BATIGNOLLES
CONSTANTINOPLE
R. de St-Pétersbourg
R. de Berne
R. de Turin
RUE D'AMSTERDAM
RUE DE CLICHY
R. de Calais
R. Ballu
R. Blanche
R. FONTAINE
R. Chaptal
R. J. B. Pigalle
R. V. Massé
R. Moncey
R. La Bruyère
N.-D. DE LORETTE
R. d'Aumale
DES MARTYRS
Tour d'Auvergne
R. Milton
Parc de Monceau
Mée CERNUSCHI
Mée N. DE CAMONDO
R. de Naples
R. du Gal Foy
R. de l'Europe
R. DE LONDRES
GARE St-LAZARE
R. Murillo
R. Monceau
AV. DE MESSINE
BOULEVARD
8e
R. de la Bienfaisance
St-AUGUSTIN
Rocher
ROME
Ste-TRINITÉ
R. DE CHÂTEAUDUN
R. Daru
HOCHE
R. DE COURCELLES
R. du Dr Lancereaux
Mée J. ANDRÉ
Bd HAUSSMANN
Laborde
R. St LAZARE
Pl. G. Péri
R. de la Victoire
FRIEDLAND
R. de La Baume
PERCIER
Miromesnil
Pl. St-Augustin
BOULEVARD
PRINTEMPS
GALERIES LAFAYETTE
R. de Provence
R. DROUOT
R. du Fg Montmartre
R. Balzac
R. Washington
FAUBOURG
R. d'Artois
RUE LA BOÉTIE
R. de Penthièvre
R. d'Artois
R. des Mathurins
TRONCHET
HAUSSMANN
Bd MONTMARTRE
R. de Berri
R. Colisée
R. de Ponthieu
R. J. Mermoz
AV. MATIGNON
AV. DU Cirque
R. Gabriel
SAINT
Place Beauvau
R. de Surène
R. de l'Arcade
R. Vignon
R. de Caumartin
OPÉRA GARNIER
Bd DES ITALIENS
RICHELIEU
R. Lincoln
P. CHARRON
Marbeuf
FRANÇOIS
RUE
HONORÉ
PALAIS DE L'ÉLYSÉE
Ste-MARIE MADELEINE
Bd DES CAPUCINES
R. DU 4 SEPTEMBRE
R. St-Augustin
BOURSE
2e
R. de Marignan
ROND-POINT DES CHAMPS-ÉLYSÉES
ROOSEVELT
AV. DE MARIGNY
AV. GABRIEL
CHAMPS - ÉLYSÉES
RUE ROYALE
TROIS QUARTIERS
R. DE LA PAIX
R. D. CASANOVA
PLACE VENDÔME
R. DES PTITS CHAMPS
AV. DE L'OPÉRA
Pl. des Victoires
GEORGE V
R. C. Marot
R. du Boccador
AV. MONTAIGNE
R. J. Goujon
GRAND PALAIS
PETIT PALAIS
PLACE DE LA CONCORDE
JEU DE PAUME
R. DE CASTIGLIONE
RUE DE RIVOLI
R. St-HONORÉ
PALAIS ROYAL
Pl. de l'Alma
Cours Albert Ier
COURS LA REINE
LA SEINE
ORANGERIE
JARDIN DES TUILERIES
1er
PONT DE L'ALMA
PT DES INVALIDES
PT ALEXANDRE III
PT DE LA CONCORDE
QUAI DES TUILERIES
QUAI D'ORSAY
Pl. de la Résistance
L'UNIVERSITÉ
R. Malar
R. Nicot
RUE Saint Dominique
ASSEMBLÉE NATIONALE (Palais Bourbon)
Q. ANATOLE FRANCE
Bd SAINT
Rue Saint
Dominique
MUSÉE DU LOUVRE
RUE DE
Q. FR. MITTERRAND
Q. DU LOUVRE
PT ROYAL
PT DU CARROUSEL
PT DES ARTS
MUSÉE D'ORSAY
R. de Lille
R. du Bac
L'UNIVERSITÉ
SAINTS-PÈRES
INSTITUT DE FRANCE
PONT NEUF
AV. BOSQUET
R. de Grenelle
Pl. du Gal Gouraud
RAPP
AV. TOUR MAUBOURG
Pl. S. du Chili
Pl. des Invalides
AV. DU Mal GALLIENI
R. de Bourgogne
Pl. J. Bainville
R. de Babylone
7e

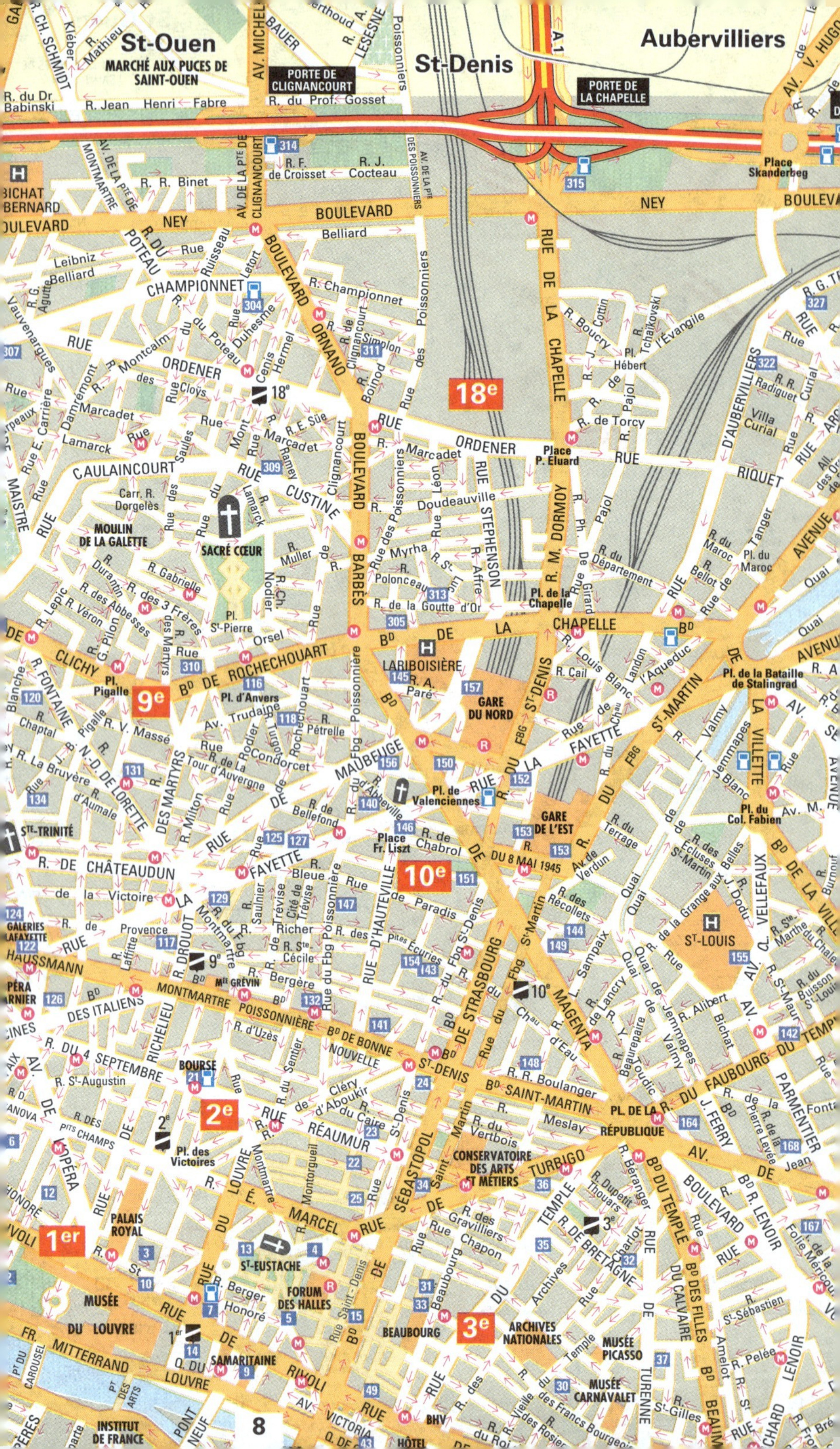
St-Ouen
MARCHÉ AUX PUCES DE SAINT-OUEN
St-Denis
Aubervilliers
PORTE DE CLIGNANCOURT
PORTE DE LA CHAPELLE
A.1
Place Skanderbeg
BICHAT BERNARD
BOULEVARD NEY
R. Championnet
RUE ORDENER
18e
Place P. Eluard
RUE RIQUET
CAULAINCOURT
R. Custine
MOULIN DE LA GALETTE
SACRÉ CŒUR
Pl. St-Pierre
BOULEVARD ORNANO
BOULEVARD BARBÈS
RUE DE LA CHAPELLE
R. M. DORMOY
Pl. de la Chapelle
BD DE LA CHAPELLE
LARIBOISIÈRE
GARE DU NORD
Pl. de la Bataille de Stalingrad
Pl. Pigalle
9e
BD DE ROCHECHOUART
Pl. d'Anvers
RUE DE MAUBEUGE
RUE LA FAYETTE
Pl. de Valenciennes
GARE DE L'EST
Pl. du Col. Fabien
STE-TRINITÉ
R. DE CHÂTEAUDUN
Place Fr. Liszt
10e
BD DE MAGENTA
ST-LOUIS
GALERIES LAFAYETTE
HAUSSMANN
OPÉRA
BD DES ITALIENS
BD MONTMARTRE
BD POISSONNIÈRE
BD DE BONNE NOUVELLE
BD ST-DENIS
BD SAINT-MARTIN
PL. DE LA RÉPUBLIQUE
BOURSE
2e
Pl. des Victoires
RUE RÉAUMUR
BD DE STRASBOURG
BD DE SÉBASTOPOL
CONSERVATOIRE DES ARTS ET MÉTIERS
RUE DE TURBIGO
BD DU TEMPLE
BOULEVARD R. LENOIR
1er
PALAIS ROYAL
ST-EUSTACHE
FORUM DES HALLES
MUSÉE DU LOUVRE
RUE DE RIVOLI
SAMARITAINE
BEAUBOURG
3e
ARCHIVES NATIONALES
MUSÉE PICASSO
MUSÉE CARNAVALET
BD DES FILLES DU CALVAIRE
INSTITUT DE FRANCE
PONT NEUF
BHV

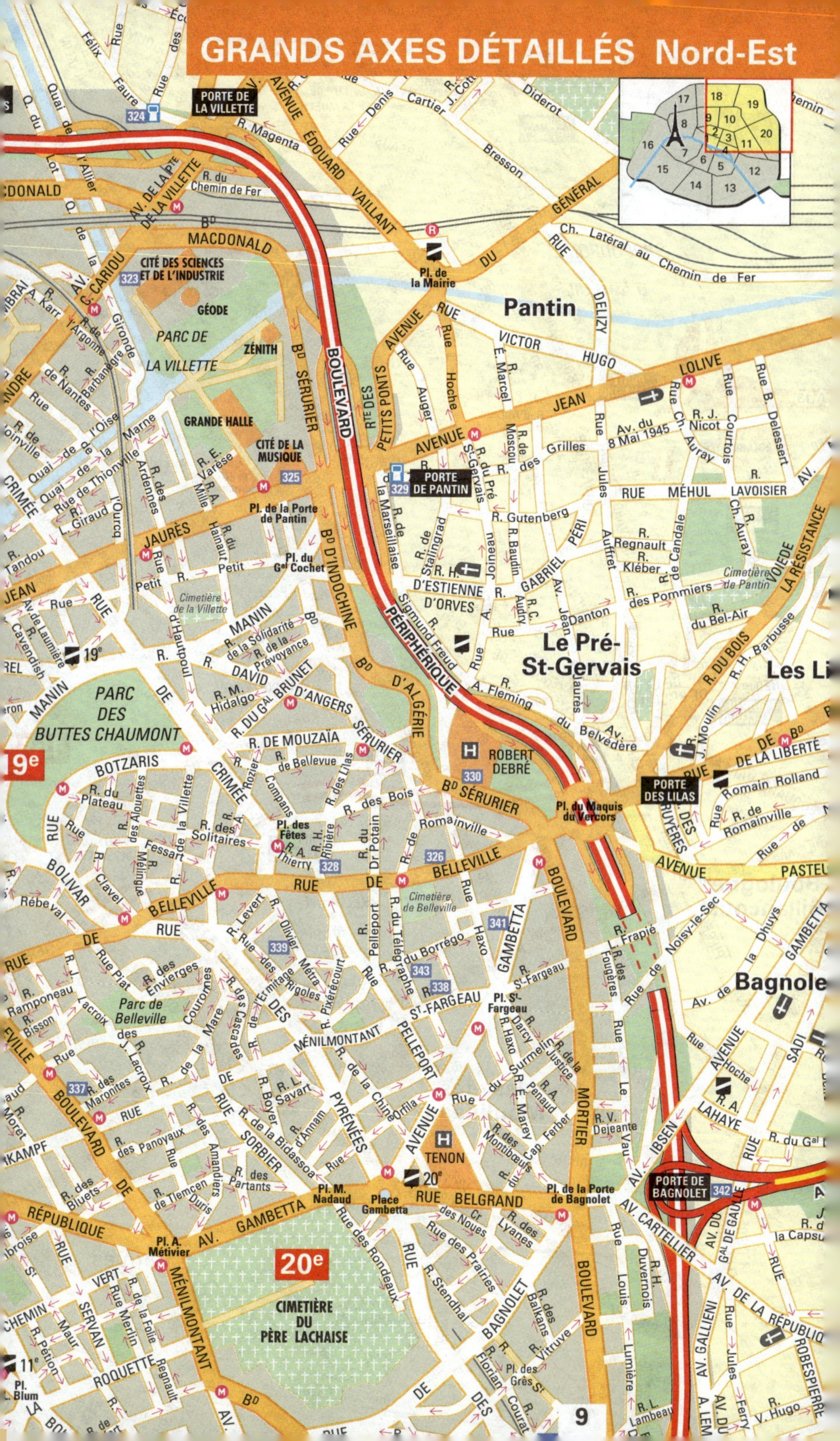

PORTE DE LA VILLETTE
324
AVENUE ÉDOUARD VAILLANT
R. Magenta
R. du Chemin de Fer
Bd MACDONALD
AV. DE LA PTE DE LA VILLETTE
CITÉ DES SCIENCES ET DE L'INDUSTRIE
323
GÉODE
PARC DE LA VILLETTE
ZÉNITH
GRANDE HALLE
CITÉ DE LA MUSIQUE
325
Bd SÉRURIER
BOULEVARD PÉRIPHÉRIQUE
Rte DES PETITS PONTS
Pl. de la Mairie
DU GÉNÉRAL
Ch. Latéral au Chemin de Fer
Pantin
RUE VICTOR HUGO
AVENUE JEAN LOLIVE
PORTE DE PANTIN
329
Av. du 8 Mai 1945
RUE MÉHUL
R. LAVOISIER
Cimetière de Pantin
Pl. de la Porte de Pantin
AV. JEAN JAURÈS
Pl. du Gal Cochet
Bd D'INDOCHINE
Cimetière de la Villette
R. MANIN
Le Pré-St-Gervais
R. DU BOIS
Les Li
PARC DES BUTTES CHAUMONT
19e
R. DU Gal BRUNET
R. D'ANGERS
Bd D'ALGÉRIE
R. DE MOUZAÏA
H ROBERT DEBRÉ
330
Bd SÉRURIER
Pl. du Maquis du Vercors
PORTE DES LILAS
Bd DE LA LIBERTÉ
AVENUE PASTEUR
BOTZARIS
Pl. des Fêtes
328
326
RUE DE BELLEVILLE
Cimetière de Belleville
BOULEVARD MORTIER
341
GAMBETTA
339
343
338
Pl. St Fargeau
RUE ST-FARGEAU
Bagnolet
Parc de Belleville
MÉNILMONTANT
PYRÉNÉES
337
H TENON
20e
PORTE DE BAGNOLET
342
Pl. M. Nadaud
Place Gambetta
RUE BELGRAND
Pl. de la Porte de Bagnolet
AV. GAMBETTA
BOULEVARD DE LA RÉPUBLIQUE
Pl. A. Métivier
20e
CIMETIÈRE DU PÈRE LACHAISE
BOULEVARD DE MÉNILMONTANT
AV. GALLIENI
AV. DE LA RÉPUBLIQUE
RUE ROBESPIERRE
11e
Pl. Blum
18 19 17 9 10 8 2 3 20 16 1 4 11 7 6 5 12 15 14 13

GRANDS AXES DÉTAILLÉS Sud-Ouest

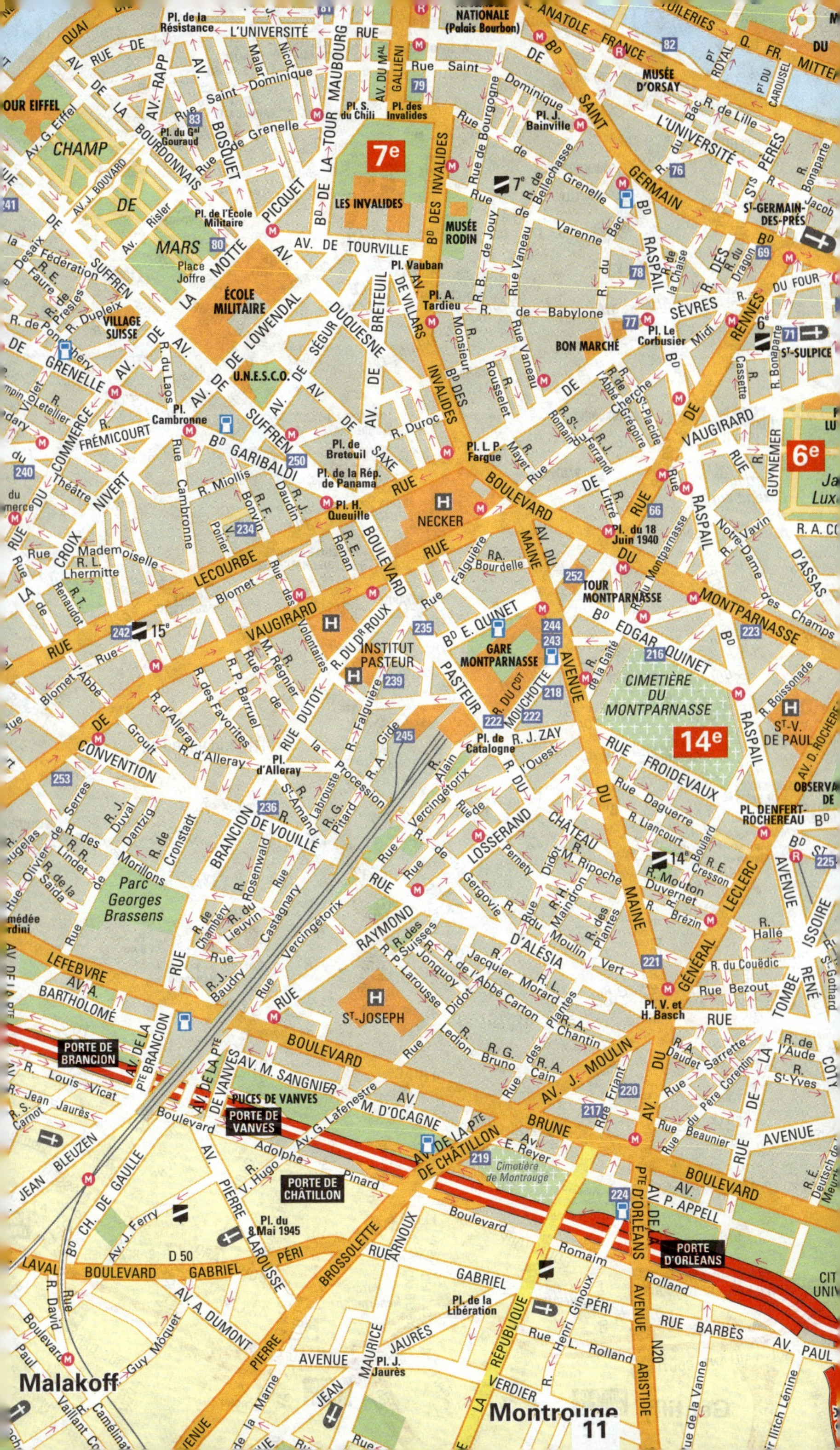

7e
LES INVALIDES
MUSÉE RODIN
MUSÉE D'ORSAY
ÉCOLE MILITAIRE
U.N.E.S.C.O.
VILLAGE SUISSE
CHAMP DE MARS
NATIONALE (Palais Bourbon)
BON MARCHÉ
NECKER
INSTITUT PASTEUR
GARE MONTPARNASSE
TOUR MONTPARNASSE
CIMETIÈRE DU MONTPARNASSE
14e
6e
15e
ST-V. DE PAUL
ST-JOSEPH
Parc Georges Brassens
PUCES DE VANVES
PORTE DE BRANCION
PORTE DE VANVES
PORTE DE CHÂTILLON
PORTE D'ORLEANS
Cimetière de Montrouge
PL. DENFERT-ROCHEREAU
Pl. V. et H. Basch
Pl. du 18 Juin 1940
Pl. de Catalogne
Pl. d'Alleray
Pl. Vauban
Pl. de Breteuil
Pl. Cambronne
Pl. de la Résistance
Pl. de l'École Militaire
Pl. du 8 Mai 1945
Pl. de la Libération
Pl. J. Jaurès
ST-GERMAIN-DES-PRÈS
ST-SULPICE
BD SAINT GERMAIN
BD DES INVALIDES
BD GARIBALDI
BD DU MONTPARNASSE
BD EDGAR QUINET
BD RASPAIL
BD PASTEUR
BD LEFEBVRE
BOULEVARD BRUNE
RUE DE VAUGIRARD
RUE LECOURBE
RUE DE RENNES
AV. DU MAINE
AV. DU GÉNÉRAL LECLERC
AV. DE SUFFREN
AV. DE LA MOTTE PICQUET
AV. DE TOURVILLE
RUE DE LA CONVENTION
RUE D'ALÉSIA
RUE RAYMOND LOSSERAND
RUE FROIDEVAUX
D 50
N20
Malakoff
Montrouge

MUSÉE DU LOUVRE
FORUM DES HALLES
BEAUBOURG
3e
ARCHIVES NATIONALES
MUSÉE PICASSO
MUSÉE CARNAVALET
SAMARITAINE
RUE DE RIVOLI
Q. DU LOUVRE
BHV
INSTITUT DE FRANCE
CONCIERGERIE
HÔTEL DE VILLE
STE-CHAPELLE
ÎLE DE LA CITÉ
4e
PLACE DES VOSGES
HÔTEL DE SENS
PLACE DE LA BASTILLE
OPÉRA BASTILLE
NOTRE-DAME
ÎLE ST-LOUIS
QUAI DES CÉLESTINS
BD BEAUMARCHAIS
R. ST-ANTOINE
BD HENRI IV
ST-SULPICE
PALAIS DU LUXEMBOURG (SÉNAT)
6e
Jardin du Luxembourg
LA SORBONNE
R. DES ÉCOLES
BD SAINT GERMAIN
BD SAINT MICHEL
INSTITUT DU MONDE ARABE
5e
PANTHÉON
ARÈNES DE LUTÈCE
Jardin des Plantes
MUSÉUM NATIONAL D'HISTOIRE NATURELLE
MOSQUÉE DE PARIS
GARE D'AUSTERLITZ
QUAI ST-BERNARD
QUAI DE LA RAPÉE
VAL DE GRÂCE
BOULEVARD DE PORT ROYAL
PITIÉ-SALPÊTRIÈRE
COCHIN
OBSERVATOIRE DE PARIS
BD ARAGO
BD SAINT MARCEL
BOULEVARD DE L'HÔPITAL
AV. DES GOBELINS
PLACE D'ITALIE
13e
BIBLIOTHÈQUE NATIONALE
STE-ANNE
BD AUGUSTE BLANQUI
RUE DE TOLBIAC
Parc de Choisy
Parc Montsouris
AVENUE D'ITALIE
AVENUE DE CHOISY
AVENUE D'IVRY
BD MASSÉNA
BOULEVARD JOURDAN
BOULEVARD KELLERMANN
CITÉ INTERNATIONALE UNIVERSITAIRE DE PARIS
STADE CHARLÉTY
Cimetière de Gentilly
Parc Kellermann
STADE G. CARPENTIER
PORTE DE GENTILLY
PORTE D'ITALIE
AV. PAUL VAILLANT COUTURIER
Gentilly
A 6a
A 6b

11e
12e
PLACE DE LA NATION
COURS DE VINCENNES
AV. DE LA PTE DE VINCENNES
PORTE DE VINCENNES
PORTE DE ST-MANDÉ
St-Mandé
PORTE DORÉE
Parc Zoologique
Lac Daumesnil
PORTE DE CHARENTON
PORTE DE BERCY
QUAI D'IVRY
PÉRIPHÉRIQUE
A4 - E 50
Charenton-le-Pont
Ivry-sur-Seine
LA SEINE
Parc de Bercy
GARE DE BERCY
ST-ANTOINE
DIACONESSES
ROTHSCHILD
TROUSSEAU
RUE DU FAUBOURG SAINT ANTOINE
RUE DE CHARONNE
AV. DAUMESNIL
BD DE BERCY
BOULEVARD MASSÉNA
BOULEVARD PONIATOWSKI
AV. DU GÉNÉRAL MICHEL BIZOT
BOULEVARD SOULT
BD DAVOUT
Parc des Cornailles

A

Arr.	Plan	Rues / Streets	Comencant	Finissant	Métro	Bus
6	L17	**Abbaye** (Rue de l')	18 R. de l'Échaudé	37 R. Bonaparte	St-Germain-des-Prés	39-63-95
18	E18	**Abbesses** (Passage des)	20 R. des Abbesses	57 R. des Trois Frères	Abbesses	Montmartrobus
18	E18	**Abbesses** (Place des)	16 R. des Abbesses	R. de la Vieuville	Abbesses	Montmartrobus
18	E18-E17	**Abbesses** (Rue des)	89 R. des Martyrs	34 R. Lepic	Blanche	Montmartrobus
9	F20	**Abbeville** (Rue d')	1 Pl. Franz Liszt	82 R. Maubeuge	Poissonnière	42-48
10	F20	**Abbeville** (Rue d')	1 Pl. Franz Liszt	82 R. Maubeuge	Poissonnière	26-42-43-48
18	A21	**Abeille** (Allée Valentin)	27 Imp. Marteau	(en impasse)	Pte de la Chapelle	65
12	M23	**Abel** (Rue)	25 Bd Diderot	88 R. de Charenton	Gare de Lyon	20-29-57-61-65-87-91
2	I18-I19	**Aboukir** (Rue d')	9 Pl. des Victoires	285 R. St-Denis	Strasbourg-St-Denis	20-29-39-48-67-74-85
16	J8	**About** (Rue Edmond)	17 R. de Siam	45 Bd E. Augier	Av. H. Martin (RER C)	63
18	D18	**Abreuvoir** (Rue de l')	9 R. des Saules	16 R. Girardon	Lamarck-Caulaincourt	80-Montmartrobus
17	F11	**Acacias** (Passage des)	33 Av. Mac Mahon	56 R. des Acacias	Ch. de Gaulle-Étoile	43-92
17	F11-G11	**Acacias** (Rue des)	36 Av. de la Gde Armée	35 Av. Mac Mahon	Ch. de Gaulle-Étoile	43-73-92-93
6	L17	**Acadie** (Place d')	R. du Four	Bd St-Germain	Mabillon	63-70-87
19	G23	**Achard** (Place Marcel)	R. Rébeval	Bd de Villette	Belleville	26
3	K21	**Achille** (Square Louis)	R. du Parc Royal	(en impasse)	St-Paul	29-96
20	J27	**Achille** (Rue)	28 R. des Rondeaux	25 R. Ramus	Gambetta	26
7	L12	**Acollas** (Avenue Émile)	R. J. Carriès	10 Pl. Joffre	La Motte-P.-Grenelle	80-82
4	K19	**Adam** (Rue Adolphe)	14 Q. de Gesvres	13 Av. Victoria	Châtelet	27-47-58-67-69-72-75-76-96
17	D12	**Adam** (Avenue Paul)	148 Bd Berthier	9 E. et A. Massard	Pereire	84-92-PC3
5	O20	**Adanson** (Square)	119 R. Monge	(en impasse)	Censier-Daubenton	27-47
16	J5	**Adenauer** (Pl. du Chancelier)	Av. Bugeaud	4 R. Spontini	Pte Dauphine	PC1 (à plus de 400 m)
16	L9	**Ader** (Place Clément)	2 R. Gros	Av. du Pdt Kennedy	Kennedy R. France (RER C)	22-70-72
19	G25	**Adour** (Villa de l')	13 R. de la Villette	14 R. Mélingue	Jourdain - Pyrénées	26
20	K27	**Adrienne** (Cité)	82 R. de Bagnolet	(en impasse)	Gambetta - A. Dumas	26-76
14	Q17	**Adrienne** (Villa)	17 Av. du Gal Leclerc	(en impasse)	Mouton-Duvernet	38-68
18	E20-D20	**Affre** (Rue)	18 R. de Jessaint	7 R. Myrha	La Chapelle	65
16	L8	**Agar** (Rue)	41 R. Gros	19 R. J. De La Fontaine	Mirabeau-Jasmin	22-52
8	H15	**Aguesseau** (Rue d')	60 R. du Fbg St-Honoré	23 R. Surène	Madeleine	52
18	B17-C17	**Agutte** (Rue Georgette)	36 R. Vauvenargues	151 R. Belliard	Pte de St-Ouen	31-81-PC3
11	I24	**Aicard** (Avenue Jean)	R. Oberkampf	Pas. Ménilmontant	Ménilmontant	96
14	P16	**Aide Sociale** (Square de l')	158 Av. du Maine		Pernety - Gaîté	28-58
19	E25	**Aigrettes** (Villa des)	16 R. D. d'Angers		Danube	75
19	D24	**Aisne** (Rue de l')	13 Q. de l'Oise	28 R. de l'Ourcq	Corentin Cariou	60
10	H22	**Aix** (Rue d')	53 R. du Fbg du Temple	8 R. Louvel Tessier	Goncourt	46-75
7	K14	**Ajaccio** (Square d')	Bd des Invalides	R. de Grenelle	La Tour-Maubourg	69
14	O15	**Alain** (Rue)	21 Pl. de Catalogne	76 R. Vercingétorix	Pernety	88-91
15	L12	**Alasseur** (Rue)	17 R. Dupleix	14 Av. Champaubert	La Motte-P.-Grenelle	80-82
18	B17	**Albert** (Passage Charles)	70 R. Leibniz	2 R. Jules Cloquet	Pte de St-Ouen	81-PC3
5	L19-L20	**Albert** (Rue Maître)	73 Q. de la Tournelle	29 Pl. Maubert	Maubert-Mutualité	24
18	D19	**Albert** (Rue Paul)	24 R. A. del Sarte	25 R. du Chev. de la Barre	Anvers	85-Montmartrobus
13	R23	**Albert** (Rue)	62 R. Regnault	53 R. de Tolbiac	Pte d'Ivry	27-62
8	I13	**Albert Ier** (Cours)	Pl. du Canada	Pl. de l'Alma	Alma-Marceau	28-42-72-82-83-93
16	J11	**Albert Ier de Monaco** (Av.)	Pl. de Varsovie	Palais de Chaillot	Trocadéro	72-82
12	N25	**Albinoni** (Rue)	50 Al. Vivaldi	34 R. J. Hillairet	Montgallet	29-46
16	K10	**Alboni** (Rue de l')	16 Av. du Pdt Kennedy	23 Bd Delessert	Passy	32-72
16	K10	**Alboni** (Square de l')	6 R. de l'Alboni	2 R. des Eaux	Passy	32-72
14	Q17	**Alembert** (Rue D')	17 R. Hallé	2 R. Bezout	Denfert-Rochereau	38-68-88
15	N15	**Alençon** (Rue d')	46 Bd du Montparnasse	7 Av. du Maine	Montparnasse-Bienv.	28-48-82-89-91-92-94-95-96
14	P14-R18	**Alésia** (Rue d')	106 R. de la Santé	R. de Vouillé	Alésia - Plaisance	21-28-38-58-62-68-88
14	Q16	**Alésia** (Villa d')	111 R. d'Alésia	39 R. des Plantes	Alésia	58-62
14	Q14	**Alésia-Ridder** (Square)	R. d'Alésia	R. R. Losserand	Plaisance	62
15	O14-O15	**Alexandre** (Passage)	71 Bd Vaugirard	Bd Pasteur	Montparnasse-Bienv.	88-91-95
16	J8	**Alexandre Ier de Yougoslavie** (Square)	Pl. de Colombie	Porte de la Muette	Av. H. Martin (RER C)	63-PC1
7	I14-J14	**Alexandre III** (Pont)	Q. d'Orsay	Cours la Reine	Invalides	63-72-83-93
8	I14-J14	**Alexandre III** (Pont)	Q. d'Orsay	Cours la Reine	Invalides	63-72-83-93
2	I20-H19	**Alexandrie** (Rue d')	241 R. St-Denis	104 R. d'Aboukir	Strasbourg-St-Denis	20-38-39-47
11	K25	**Alexandrine** (Passage)	44 R. Léon Frot	27 R. E. Lepeu	Charonne	56-76
12	M22	**Alger** (Cour d')	245 R. de Bercy	(en impasse)	Quai de la Rapée	24-57-63-65-91
1	I17	**Alger** (Rue d')	214 R. de Rivoli	219 R. St-Honoré	Tuileries	68-72
19	F27	**Algérie** (Boulevard d')	67 Bd Sérurier	18 Av. de la Pte Brunet	Pré St-Gervais	48-75-PC2-PC3
10	H22	**Alibert** (Rue)	66 Q. de Jemmapes	1 Av. C. Vellefaux	République	46-75
14	R14	**Alice** (Square)	127 R. Didot	(en impasse)	Pte de Vanves	58-PC1
12	M24	**Aligre** (Place d')	10 R. de Cotte	26 R. Beccaria	Ledru-Rollin	29-57-86
12	M24	**Aligre** (Rue d')	95 R. de Charenton	138 R. du Fbg St-Antoine	Ledru-Rollin	86
16	L6	**Aliscamps** (Square des)	100 Bd Suchet	9 Av. du Mal Lyautey	Pte d'Auteuil	32-PC1
20	H24	**Allais** (Place Alphonse)	R. de Tourtille	R. de Pali Kao	Couronnes	26-96 (à plus de 400 m)
12	O29	**Allard** (Rue)	Bd de la Guyane	R. Allard (St-Mandé)	Pte Dorée - St-Mandé Tour.	86
7	K14	**Allende** (Place Salvador)	Bd de la Tr-Maubourg	R. de Grenelle	La Tour-Maubourg	28-69
7	K17	**Allent** (Rue)	15 R. de Lille	22 R. de Verneuil	St-Germain-des-Prés	68-69
15	O13	**Alleray** (Hameau d')	25 R. d'Alleray	(en impasse)	Vaugirard	88
15	P13	**Alleray** (Jardin d')	R. d'Alleray	Pl. d'Alleray	Vaugirard	88-89-95
15	P13	**Alleray** (Place d')	59 R. d'Alleray	35 R. Dutot	Vaugirard	88-89-95
15	P13	**Alleray** (Rue d')	297 R. de Vaugirard	2 Pl. Falguière	Vaugirard	88-89-95
15	P13	**Alleray Labrouste** (Jardin d')	R. d'Alleray	Pl. d'Alleray	Vaugirard	88-89-95
15	O13	**Alleray Quintinie** (Square)	R. La Quintinie		Vaugirard	88-89
19	F27	**Allès** (Rue de l'Inspecteur)	21 R. des Bois	66 R. de Mouzaïa	Pré St-Gervais	48-PC2-PC3
17	E11	**Allez** (Rue Émile)	29 Bd Gouvion St-Cyr	7 R. Roger Bacon	Pte de Champerret	PC1-PC3
19	B24	**Allier** (Quai de l')	Bd Macdonald	Q. Gambetta	Pte de la Villette	PC3
7	J12	**Alma** (Cité de l')	4 Av. Bosquet	9 Av. Rapp	Pont de l'Alma (RER C)	42-63-80-92
8	I12	**Alma** (Place de l')	Cours Albert 1er	Av. George V	Alma-Marceau	42-63-72-80-92

16	I12	**Alma** (Place de l')	Cours Albert Ier	Av. George V	Alma-Marceau	42-63-72-80-92
7	J12	**Alma** (Pont de l')	Pl. de l'Alma	Pl. de la Résistance	Alma-Marceau	42-63-72-80-92
8	J12	**Alma** (Pont de l')	Pl. de l'Alma	Pl. de la Résistance	Alma-Marceau	42-63-72-80-92
16	J12	**Alma** (Pont de l')	Pl. de l'Alma	Pl. de la Résistance	Alma-Marceau	42-63-72-80-92
3	I20-I21	**Alombert** (Passage)	26 R. Gravilliers	9 R. au Maire	Arts et Métiers	20-75
19	F25	**Alouettes** (Rue des)	29 R. Fessart	64 R. Botzaris	Botzaris	48-60
13	Q21	**Alpes** (Place des)	162 Bd V. Auriol	R. Godefroy	Place d'Italie	27
16	G10	**Alphand** (Avenue)	23 R. Duret	16 R. Piccini	Pte Maillot	73-82
13	Q19	**Alphand** (Rue)	56 R. Cinq Diamants	13 R. Barrault	Corvisart	57-67
16	K9	**Alphonse XIII** (Avenue)	34 R. Raynouard	3 R. de l'Abbé Gillet	Passy	32
20	J28	**Alquier-Debrousse** (Allée)	26 R. des Balkans	Bd Davout	Pte de Bagnolet	57-PC2
10	F21-G21	**Alsace** (Rue d')	6 R. Huit Mai 1945	166 R. La Fayette	Gare de l'Est	26-30-31-32-38-39-46-54-65
19	F26	**Alsace** (Villa d')	22 R. de Mouzaïa	(en impasse)	Danube	48-60-PC2-PC3
12	N25	**Alsace-Lorraine** (Cour d')	67 R. de Reuilly	(en impasse)	Montgallet	46
19	E26	**Alsace-Lorraine** (Rue d')	47 R. du Gal Brunet	40 R. Manin	Danube	75
19	F26	**Amalia** (Villa)	36 R. du Gal Brunet	11 R. de la Liberté	Danube	48-60-75
20	I25	**Amandiers** (Rue des)	11 Pl. A. Métivier	52 R. Ménilmontant	Père Lachaise	61-69-96
2	H18	**Amboise** (Rue d')	93 R. Richelieu	14 R. Favart	Richelieu Drouot	20-39-48-67-74-85
12	P25	**Ambroisie** (Rue de l')	R. Joseph Kessel	R. F. Truffaut	Cour St-Émilion	24-62
7	K13	**Amélie** (Rue)	91 R. St-Dominique	170 R. de Grenelle	La Tour-Maubourg	69
20	G27-H27	**Amélie** (Villa)	42 R. du Borrégo	(en impasse)	St-Fargeau	60-61
11	J22	**Amelot** (Rue)	3 Bd Richard-Lenoir	6 Bd Voltaire	Oberkampf - Bastille	20-56-65-96
17	E11	**Amérique Latine** (Jardin d')	Pl. Pte de Champerret	Av. Pte de Champerret	Pte de Champerret	84-92-93-PC1-PC3
15	L12	**Amette** (Place du Cardinal)	Pl. Dupleix	18 Sq. La Motte-Picquet	La Motte-P.-Grenelle	80
11	L25	**Ameublement** (Cité de l')	29 R. de Montreuil	(en impasse)	Faidherbe-Chaligny	46-86
20	J28	**Amiens** (Square d')	6 R. Serpollet	5 R. Harpignies	Pte de Bagnolet	57-PC2
18	C20	**Amiraux** (Rue des)	119 R. des Poissonniers	134 R. de Clignancourt	Simplon	56
17	E13	**Ampère** (Rue)	Pl. du Nicaragua	119 Bd Péreire	Wagram - Pereire	31-94
14	O15	**Amphithéâtre** (Place de l')	50 R. Vercingétorix		Pernety - Gaîté	88-91
8	F16-G16	**Amsterdam** (Cour d')	4 R. d'Amsterdam	4 Imp. d'Amsterdam	St-Lazare - Liège	26-43-81-95
8	F16	**Amsterdam** (Impasse d')	21 R. d'Amsterdam	(en impasse)	St-Lazare - Liège	26-43-81-95
8	F16-E16	**Amsterdam** (Rue d')	106 R. St-Lazare	1 Pl. de Clichy	St-Lazare - Pl. de Clichy	26-30-43-54-68-74-80-81-95
9	G16-E16	**Amsterdam** (Rue d')	106 R. St-Lazare	1 Pl. de Clichy	St Lazare - Pl. de Clichy	26-43-68-81-95
5	N19	**Amyot** (Rue)	12 R. Tournefort	23 R. Lhomond	Place Monge	84
6	L18	**Ancienne Comédie** (Rue de l')	67 R. St-André des Arts	132 Bd St-Germain	Odéon	58-70
3	I20	**Ancre** (Passage de l')	223 R. St-Martin	30 R. de Turbigo	Réaumur-Sébastopol	20-29-38-47
16	K8	**Andigné** (Rue d')	20 Chée de la Muette	19 R. A. Magnard	La Muette	22-32-52
18	C20	**Andrezieux** (Allée d')	90 R. des Poissonniers	(en impasse)	Marcadet-Poissonniers	31-56-60
8	F15	**Andrieux** (Rue)	22 R. de Constantinople	51 Bd des Batignolles	Rome	30-53
18	E18	**Androuet** (Rue)	54 R. des Trois Frères	57 R. Berthe	Abbesses	Montmartrobus
18	B17	**Angers** (Impasse d')	44 R. Leibniz	(en impasse)	Pte de St-Ouen	PC3
19	D23	**Anglais** (Impasse des)	74 R. de Flandre	(en impasse)	Riquet - Crimée	54
5	L19	**Anglais** (Rue des)	12 R. Lagrange	68 Bd St-Germain	Maubert-Mutualité	24-47-63-86-87
11	I23	**Angoulême** (Cité d')	66 R. J.-P. Timbaud	(en impasse)	Parmentier	46-96
4	L21	**Anjou** (Quai d')	Pont de Sully	20 R. des Deux Ponts	Sully-Morland	67-86-87
8	H15	**Anjou** (Rue d')	42 R. du Fbg St-Honoré	11 R. de la Pépinière	St-Augustin	24-42-52-84-94
16	K10	**Ankara** (Rue d')	46 Av. du Pdt Kennedy	18 R. Berton	Kennedy R. France (RER C)	72
20	I26	**Annam** (Rue d')	13 R. Villiers de l'Isle-Adam	7 R. du Retrait	Gambetta	26-61-69
19	F25	**Annelets** (Rue des)	17 R. des Solitaires	14 R. de l'Encheval	Botzaris	48-60
14	R17	**Annibal** (Cité)	85 R. de la Tombe Issoire	(en impasse)	Alésia	28-38-62
16	K9	**Annonciation** (Rue de l')	46 R. Raynouard	3 Pl. de Passy	La Muette	32
13	Q24	**Anouilh** (Rue Jean)	R. E. Durkheim	R. de Tolbiac	Bibl. F. Mitterrand	62-89
16	I8-H8	**Anselin** (Jardin du Général)	Bd Lannes	Av. du Mal Fayolle	Avenue Foch (RER C)	PC1
16	G9	**Anselin** (Rue du Général)	Rte Pte des Sablons	Bd de l'Aml Bruix	Pte Maillot	73-82-PC1
11	M27	**Antilles** (Place des)	7 Av. du Trône	Bd de Charonne	Nation	56-57-86
20	M27	**Antilles** (Place des)	7 Av. du Trône	Bd de Charonne	Nation	56-57-86
9	G17	**Antin** (Cité d')	57 R. de Provence	R. La Fayette	Chée d'Antin-La Fayette	42-68-81
8	I13-I14	**Antin** (Impasse d')	25 Av. F. D. Roosevelt	(en impasse)	Franklin D. Roosevelt	28-83-93
2	H17-I17	**Antin** (Rue d')	12 R. D. Casanova	5 R. de Port Mahon	Opéra	21-27-29-68-81-95
18	E18	**Antoine** (Rue André)	24 Bd de Clichy	21 R. des Abbesses	Pigalle	30-54-67-Montmartrobus
14	P17	**Antoine** (Square Jacques)	Pl. Denfert-Rochereau	Bd Raspail	Denfert-Rochereau	38-68-88
9	E19	**Anvers** (Place d')	15 Av. Trudaine	Bd de Rochechouart	Anvers	30-54-85
9	F19-E19	**Anvers** (Square d')	Pl. d'Anvers		Anvers	30-54-85
17	C16-D15	**Apennins** (Rue des)	118 Av. de Clichy	39 R. Davy	Brochant	54-74-31
6	L17	**Apollinaire** (Rue Guillaume)	42 R. Bonaparte	11 R. St-Benoît	St-Germain-des-Prés	39-95
14	S16	**Appell** (Avenue Paul)	R. Émile Faguet	7 Pl. du 25 Août 1944	Pte d'Orléans	68
16	H9	**Appert** (Rue du Général)	46 R. Spontini	72 Bd Flandrin	Avenue Foch (RER C)	PC1
11	K22	**Appert** (Rue Nicolas)	Pas. Ste-Anne Popin	Al. Verte	St-Sébastien-Froissart	20-29-65
10	F21-E22	**Aqueduc** (Rue de l')	159 R. La Fayette	149 Bd de la Villette	Gare du Nord	26-48-54
19	D26	**Aquitaine** (Square d')	7 Av. Pte Chaumont	132 Bd Sérurier	Pte de Pantin	75-PC2-PC3
13	P18	**Arago** (Boulevard)	24 Av. des Gobelins	Pl. Denfert-Rochereau	Denfert-Rochereau	21-38-68-83-88
14	P18	**Arago** (Boulevard)	24 Av. des Gobelins	Pl. Denfert-Rochereau	Denfert-Rochereau	21-38-68-83-88
13	P19	**Arago** (Square)	44 Bd Arago		Les Gobelins	21-83
1	J19	**Aragon** (Allée Louis)	Jard. des Halles	Al. B. Cendrars	Châtelet-Les Halles	67-74-85
5	O19	**Arbalète** (Rue de l')	20 R. des Patriarches	11 R. Berthollet	Censier-Daubenton	21-27
1	J18	**Arbre Sec** (Rue de l')	Pl. de l'École	109 R. St-Honoré	Pont Neuf - Louvre Rivoli	21-58-67-69-70-72-74-76-81-85
14	Q13-Q14	**Arbustes** (Rue des)	203 R. R. Losserand	(en impasse)	Pte de Vanves	58-PC1
17	F11-G11	**Arc de Triomphe** (Rue de l')	7 R. du Gal Lanrezac	48 R. des Acacias	Ch. de Gaulle-Étoile	43-92-93
8	G16	**Arcade** (Rue de l')	4 Bd Malesherbes	14 Pl. Gabriel Péri	St-Lazare	24-42-52-84-94
19	C23-D23	**Archereau** (Rue)	46 R. Riquet	89 R. de l'Ourcq	Riquet - Crimée	54-60
4	L20	**Archevêché** (Pont de l')	Q. de l'Archevêché	57 Q. de la Tournelle	Maubert-Mutualité	24
5	L20	**Archevêché** (Pont de l')	Q. de l'Archevêché	57 Q. de la Tournelle	Maubert-Mutualité	24
4	L20	**Archevêché** (Quai de l')	Pt St-Louis	Pont de l'Archevêché	Cité	24
12	O28	**Archinard** (Rue du Général)	6 Av. du Gal Messimy	R. Nouvelle Calédonie	Pte Dorée	PC2
3	J21	**Archives** (Rue des)	50 R. de Rivoli	51 R. de Bretagne	Hôtel de Ville	29-75
4	K20	**Archives** (Rue des)	50 R. de Rivoli	51 R. de Bretagne	Hôtel de Ville	29-75

4	K20	**Arcole** (Pont d')	Q. de l'Hôtel de Ville	23 Q. aux Fleurs	Hôtel de Ville	67-69-75-76-96
4	L19	**Arcole** (Rue d')	23 Q. aux Fleurs	22 R. du Cloître N.-D.	St-Michel	47
14	S17	**Arcueil** (Porte d')	Bd Jourdan	R. Deutsch de la M.	Cité Univ. (RER B)	88-PC1
14	S18	**Arcueil** (Rue d')	78 R. Aml Mouchez	10 Bd Jourdan	Cité Univ. (RER B)	21-67
19	D25	**Ardennes** (Rue des)	159 Av. J. Jaurès	40 Q. de Marne	Ourcq	60
19	F25	**Arendt** (Place Hannah)	R. des Alouettes	R. Carducci	Botzaris	48-60
5	N20	**Arènes** (Rue des)	21 R. Linné	10 R. de Navarre	Jussieu	67-89
5	N20	**Arènes de Lutèce** (Sq. des)	R. de Navarre	R. Monge	Place Monge	47-67-89
8	G15	**Argenson** (Rue d')	14 R. La Boétie	109 Bd Haussmann	Miromesnil	28-32-80
1	I17	**Argenteuil** (Rue d')	7 R. de l'Échelle	32 R. St-Roch	Pyramides	21-27-39-48-67-68-81-95
16	H10	**Argentine** (Cité de l')	Av. Victor Hugo	(en impasse)	Victor Hugo	52-82
16	G11	**Argentine** (Rue d')	4 R. Chalgrin	25 Av. de la Gde Armée	Argentine	73
19	C24	**Argonne** (Place de l')	17 R. de l'Argonne	2 R. Dampierre	Corentin Cariou	54-60
19	C25	**Argonne** (Rue de l')	39 Q. de l'Oise	154 R. de Flandre	Corentin Cariou	60
2	I19-I18	**Argout** (Rue d')	46 R. E. Marcel	63 R. Montmartre	Sentier	29-48-67-74-85
16	N6	**Arioste** (Rue de l')	82 Bd Murat	12 R. du Sgt Maginot	Pte de St-Cloud	PC1
17	D12	**Arlandes** (R. du Marquis D')	19 Av. Brunetière	Bd de Reims	Pereire	53-94-PC3
17	F11	**Armaillé** (Rue d')	29 R. des Acacias	3 Pl. T. Bernard	Ch. de Gaulle-Étoile	43-92-93
12	N23	**Armand** (place Louis)	Gare de Lyon		Gare de Lyon	20-29-57-61-63-65-87-91
15	P9-Q9	**Armand** (Rue Louis)	Av. Pte de Sèvres	Av. Pte d'Issy	Balard	39
18	C17	**Armand** (Villa)	96 R. J. de Maistre	(en impasse)	Guy Môquet	31-81
18	D17	**Armée d'Orient** (Rue de l')	68 R. Lepic	80 R. Lepic	Blanche - Abbesses	80-95-Montmartrobus
17	F9	**Armenonville** (Rue d')	14 R. G. Charpentier	R. de Chartres	Pte Maillot	43-82
15	O14	**Armorique** (Rue de l')	68 Bd Pasteur	22 R. du Cotentin	Pasteur	88-95
13	P21	**Armstrong** (Place Louis)	R. Esquirol	R. Jenner	Campo Formio	57-67
16	K8	**Arnauld** (Rue Antoine)	4 R. G. Zédé	3 R. Davioud	Ranelagh	22-52
16	K8	**Arnauld** (Square Antoine)	3 R. A. Arnauld	(en impasse)	Ranelagh	22-52
14	P17	**Arnould** (Rue Jean-Claude)	77 Bd St-Jacques	R. Jean Minjoz	Denfert-Rochereau	38-68-88
13	P23	**Aron** (Rue Raymond)	Q. de la Gare	Av. de France	Quai de la Gare	89
13	O23-P23	**Arp** (Rue Jean)	Bd Vincent Auriol	R. G. Balanchine	Quai de la Gare	89
3	J22-K22	**Arquebusiers** (Rue des)	89 Bd Beaumarchais	3 R. St-Charles	St-Sébastien-Froissart	20-65
5	M20	**Arras** (Rue d')	7 R. des Écoles	(en impasse)	Card. Lemoine	47-89
15	N15	**Arrivée** (Rue de l')	64 Bd du Montparnasse	31 Av. du Maine	Montparnasse-Bienv.	28-48-58-82-89-91-92-94-95-96
4	M22	**Arsenal** (Port de l')	Bd Bourdon	Bd de la Bastille	Bastille	20-29-65-86-87-91
12	M22	**Arsenal** (Port de l')	Bd Bourdon	Bd de la Bastille	Bastille	20-29-65-86-87-91
4	L22	**Arsenal** (Rue de l')	2 R. Mornay	1 R. de la Cerisaie	Sully-Morland - Bastille	86-87
15	O14	**Arsonval** (Rue d')	63 R. Falguière	8 R. de l'Armorique	Pasteur	88-95
12	N25	**Artagnan** (Rue d')	21 R. Col Rozanoff	(en impasse)	Reuilly Diderot	46-57
14	R17	**Artistes** (Rue des)	13 R. d'Alésia	2 R. St-Yves	Alésia	62-88
8	H13-G13	**Artois** (Rue d')	96 R. La Boétie	44 R. Washington	St-Philippe du R.	22-28-32-43-52-80-83-93
17	F10	**Arts** (Avenue des)	5 Av. de Verzy	(en impasse)	Pte Maillot	43-PC1-PC3
12	M26	**Arts** (Impasse des)	3 R. du Pensionnat	(en impasse)	Nation	56-57-86
14	P15	**Arts** (Passage des)	31 R. R. Losserand	14 R. E. Jacques	Pernety	58
1	K18	**Arts** (Pont des)	Q. F. Mitterrand	Q. de Conti	Pont Neuf	24-27-39-69-72
6	K18	**Arts** (Pont des)	Q. F. Mitterrand	Q. de Conti	Pont Neuf	24-27-39-69-72
12	N24-M23	**Arts** (Viaduc des)	R. de Charenton	R. Moreau	Gare de Lyon	29-57
18	D16	**Arts** (Villa des)	15 R. H. Moreau	(en impasse)	La Fourche	54-74-81
11	J23	**Asile** (Passage de l')	2 Pas. Chemin Vert	51 R. Asile Popincourt	Richard-Lenoir	56-69
11	J23	**Asile Popincourt** (Rue de l')	4 R. Moufle	57 R. Popincourt	Richard-Lenoir	56-69
17	C12	**Asnières** (Porte d')	Av. Pte d'Asnières	Av. Pte d'Asnières	Pereire	53-94
6	M16-O17	**Assas** (Rue d')	25 R. du Cherche Midi	12 Av. de l'Observatoire	Vavin	38-58-82-83-95-96
14	P15	**Asseline** (Rue)	12 R. Maison Dieu	143 R. du Château	Edgar Quinet	28-58
18	E20	**Assommoir** (Place de l')	9-11 R. des Islettes		Barbès-Rochechouart	30-31-54-56-85
16	K7	**Assomption** (Rue de l')	17 R. de Boulainvilliers	1 Bd Montmorency	Ranelagh	22-32-52-PC1
8	G15	**Astorg** (Rue d')	24 R. de la Ville l'Evêque	3 R. La Boétie	St-Augustin	22-28-32-43-80-94
15	N15	**Astrolabe** (Villa de l')	119 R. de Vaugirard	15 R. du Mont Tonnerre	Falguière	28-82-89-92
13	Q19	**Atget** (Rue Eugène)	59 Bd A. Blanqui	1 R. Jonas	Corvisart	57-67
9	F16	**Athènes** (Rue d')	19 R. de Clichy	38 R. de Londres	Trinité - Liège	26-43-68-81-95
15	O15	**Atlantique** (Jardin)	Al. du Cap. Dronne	Al. Ch. d'Esc. Guillebon	Montparnasse-Bienv.	28-88-89-91-92-94-95-96
19	G23	**Atlas** (Passage de l')	10 R. de l'Atlas	14 R. de l'Atlas	Belleville	26
19	G23	**Atlas** (Rue de l')	1 R. Rébeval	67 Av. S. Bolivar	Belleville	26
16	K8	**Aubé** (Rue du Général)	2 R. G. Zédé	21 Av. Mozart	La Muette	22-52
9	G16-H17	**Auber** (Rue)	5 Pl. de l'Opéra	53 Bd Haussmann	Opéra - H. Caumartin	20-22-24-27-29-32-42-43-53-66-68-88-94-95
19	A23	**Aubervilliers** (Porte d')	Bd Périphérique		Pte de la Chapelle	54-65-PC3
18	B22-E22	**Aubervilliers** (Rue d')	2 Bd de la Chapelle	1 Bd Ney	Pte de la Chapelle	48-54-60
19	B22-E22	**Aubervilliers** (Rue d')	2 Bd de la Chapelle	1 Bd Ney	Pte de la Chapelle	48-54-60
4	M21	**Aubigné** (Rue Agrippa D')	40 Q. Henri IV	17 Bd Morland	Sully Morland	67-86-87
17	E11-E12	**Aublet** (Villa)	44 R. Laugier	(en impasse)	Pereire	92-93
12	P25	**Aubrac** (Rue de l')	R. de l'Ambroisie	R. du Baron Le Roy	Cour St-Émilion	24-62
4	K20-K21	**Aubriot** (Rue)	16 R. Ste-Croix la Br.	15 R. des Blancs Mant.	Hôtel de Ville	29-67-69-75-76-96
20	K26	**Aubry** (Cité)	15 R. de Bagnolet	1 Villa Riberolle	Alexandre Dumas	76
4	J19-J20	**Aubry le Boucher** (Rue)	109 R. St-Martin	22 Bd Sébastopol	Châtelet	38-47
14	R17	**Aude** (Rue de l')	48 Av. René Coty	91 R. de la Tombe Issoire	Alésia	28-38-62
14	Q17	**Audiard** (Place Michel)		R. Hallé	Mouton-Duvernet	38-68
17	E10	**Audiberti** (Jardin Jacques)	R. Cino Del Duca	Av. Pte de Villiers	Pte de Champerret	93-PC1-PC3
5	M20	**Audin** (Place Maurice)	R. des Ecoles	R. de Poissy	Card. Lemoine	47-63-86-87
18	E17	**Audran** (Rue)	30 R. Véron	47 R. des Abbesses	Abbesses	Montmartrobus
12	M22-N22	**Audubon** (Rue)	5 Bd Diderot	225 R. de Bercy	Gare de Lyon	24-57-61-63-91
20	L27	**Auger** (Rue)	36 Bd de Charonne	14 R. d'Avron	Avron	57
7	K12-K13	**Augereau** (Rue)	139 R. St-Dominique	214 R. de Grenelle	École Militaire	69-87
16	J8-K8	**Augier** (Boulevard Émile)	10 Chée de la Muette	3 Pl. Tattegrain	La Muette	32-63
19	F27	**Aulard** (Rue Alphonse)	52 Bd Sérurier	9 Bd d'Algérie	Pré St-Gervais	48-PC2-PC3
9	F17-F18	**Aumale** (Rue d')	45 R. St-Georges	R. La Rochefoucauld	St-Georges	67-74
13	R21	**Aumont** (Rue)	125 R. de Tolbiac	106 Av. d'Ivry	Tolbiac	62
17	E11	**Aumont Thiéville** (Rue)	25 Bd Gouvion St-Cyr	11 R. Roger Bacon	Pte de Champerret	PC1-PC3
17	E9-F10	**Aurelle de Paladines** (Bd d')	16 Av. Pte Ternes	Bd Victor Hugo	Pte Maillot	PC1-PC3
19	E25	**Auric** (Rue Georges)	47 R. d'Hautpoul	56 R. Petit	Ourcq	60-75
13	O23-Q20	**Auriol** (Boulevard Vincent)	153 Q. de la Gare	202 Av. de Choisy	Q. de la Gare - Pl. d'Italie	27-47-57-67-83-89

5	N22	**Austerlitz** (Pont d')	Pl. Mazas	Pl. Valhubert	Gare d'Austerlitz	24-57-61-63-89-91
12	N22	**Austerlitz** (Pont d')	Pl. Mazas	Pl. Valhubert	Gare d'Austerlitz	24-61-91-57-63
13	N22	**Austerlitz** (Pont d')	Pl. Mazas	Pl. Valhubert	Gare d'Austerlitz	24-57-61-63-89-91
13	N22-O22	**Austerlitz** (Port d')	Pont d'Austerlitz	Pont de Bercy	Gare d'Austerlitz	24-57-61-63-89-91
13	O22-O23	**Austerlitz** (Quai d')	Pt de Bercy	1 Pl. Valhubert	Gare d'Austerlitz	24-57-63-89
12	M22-M23	**Austerlitz** (Rue d')	232 R. de Bercy	23 R. de Lyon	Gare de Lyon	20-29-65-87-91
5	N21	**Austerlitz** (Villa d')	1 R. Nicolas Houël		Gare d'Austerlitz	57-61-89-91
16	N8-M9	**Auteuil** (Port d')	Pont du Garigliano	Pont de Grenelle	Mirabeau	22-62-70-72
16	M6	**Auteuil** (Porte d')	Pl. Pte d'Auteuil	Av. du Gal Sarrail	Pte d'Auteuil	32-52-PC1
16	M6-M7	**Auteuil** (Rue d')	Bd Murat	1 Bd Murat	Michel Ange-Auteuil	52-62
4	L21	**Ave Maria** (Rue de l')	3 R. St-Paul	4 R. du Fauconnier	Pont Marie	67
4	L21	**Avé Maria** (Square de l')	R. du Fauconnier	R. de l'Avé Maria	Pont Marie	67
11	I24	**Avenir** (Cité de l')	121 Bd de Ménilmontant		Ménilmontant	96
20	H26	**Avenir** (Rue de l')	30 R. Pixérécourt	(en impasse)	Télégraphe	60
16	G10	**Avenue du Bois** (Sq. de l')	9 R. Le Sueur	(en impasse)	Pte Maillot	73-82
16	G9	**Avenue Foch** (Square de l')	80 Av. Foch		Pte Dauphine	PC1
17	D12	**Aveyron** (Square de l')	10 R. Jules Bourdais	(en impasse)	Pereire	53-94-PC3
15	P9-Q8	**Avia** (Rue du Colonel Pierre)	R. L. Armand	R. Victor Hugo	Corentin Celton	39
15	M12	**Avre** (Rue de l')	138 Bd de Grenelle	41 R. Letellier	La Motte-P.-Grenelle	80
20	L27-L28	**Avron** (Rue d')	44 Bd de Charonne	67 Bd Davout	Pte de Montreuil	26-57-PC2
18	D18	**Aymé** (Place Marcel)	2 Impasse Girardon	1 Av. Junot	Lamarck-Caulaincourt	Montmartrobus
18	E18	**Azaïs** (Rue)	12 R. St-Eleuthère	Pl. du Parvis du Sacré C.	Abbesses	Montmartrobus

B

Arr.	Plan	Rues / Streets	Comencant	Finissant	Métro	Bus
18	A17	**Babinski** (Rue du Docteur)	Av. Pte Montmartre	26 Av. Pte de St-Ouen	Pte de St-Ouen	60-81-95
7	L14-L16	**Babylone** (Rue de)	46 Bd Raspail	35 Bd des Invalides	Sèvres-Babylone	39-63-68-70-82-83-84-94-87-92
7	K16-L16	**Bac** (Rue du)	35 Q. Voltaire	24 R. de Sèvres	Rue du Bac	39-69-70-87
13	Q22	**Bach** (Rue Jean-Sébastien)	58 R. Clisson	150 R. Nationale	Nationale	27
2	I19	**Bachaumont** (Rue)	63 R. Montorgueil	70 R. Montmartre	Sentier	20-29-39-48-67-74-85
14	R14	**Bachelard** (Allée Gaston)	97 Bd Brune	91 Bd Brune	Pte de Vanves	58-PC1
18	D19	**Bachelet** (Rue)	18 R. Nicolet	1 R. Becquerel	Jules Joffrin	80-85-Montmartrobus
17	E11	**Bacon** (Rue Roger)	36 R. Guersant	63 R. Bayen	Pte de Champerret	PC1-PC3
20	I29	**Bagnolet** (Porte de)	Bd Périphérique		Gallieni	57-76-PC2
20	I28-K26	**Bagnolet** (Rue de)	148 Bd de Charonne	229 Bd Davout	Pte de Bagnolet	26-57-76-PC2
13	Q25-R24	**Baïf** (Rue Jean-Antoine De)	Q. Panhard et Levassor	4 R. de la Croix Jarry	Bibl. F. Mitterrand	PC1-PC2
18	D19	**Baigneur** (Rue du)	51 R. Ramey	42 R. du Mont Cenis	Jules Joffrin	80-85-Montmartrobus
1	J18	**Baillet** (Rue)	21 R. de la Monnaie	22 R. de l'Arbre Sec	Pont Neuf	21-58-67-70-74-76-81-85
1	J18	**Bailleul** (Rue)	37 R. de l'Arbre Sec	10 R. du Louvre	Louvre Rivoli	21-67-69-72-74-76-81-85
14	Q15	**Baillou** (Rue)	52 R. des Plantes	7 R. Lecuirot	Alésia	58-62
9	F18	**Bailly** (Rue de l'Agent)	13 R. Rodier	22 R. Milton	Cadet - St-Georges	67-85
3	I20	**Bailly** (Rue)	27 R. Réaumur	98 R. Beaubourg	Arts et Métiers	20-38-47-75
7	K15	**Bainville** (Place Jacques)	229 Bd St-Germain	6 R. St-Dominique	Solférino	63-68-69-83-84-94
13	T21	**Bajac** (Square Robert)	Bd Kellermann	Av. Pte d'Italie	Pte d'Italie	47-PC1-PC2
14	N16	**Baker** (Place Joséphine)	Bd Edgar Quinet	R. Poinsot	Edgar Quinet	28-58-91
13	P23	**Balanchine** (Rue George)	Q. de la Gare	Av. de France	Quai de la Gare	89
15	P9	**Balard** (Place)	R. Balard	85 R. Leblanc	Balard	39-42-88-PC1
15	M9-O9	**Balard** (Rue)	7 Rd-Pt du Pt Mirabeau	1 Pl. Balard	Javel - Balard	42-62-88
11	I23-I24	**Baleine** (Impasse de la)	90 R. J.-P. Timbaud	(en impasse)	Parmentier	96
16	N6	**Balfourier** (Av. du Général)	40 R. Erlanger	104 Bd Exelmans	Michel Ange-Molitor	52-62-PC1
20	J28	**Balkans** (Rue des)	61 R. Vitruve	140 R. de Bagnolet	Pte de Bagnolet	57-76-PC2
20	M29	**Ballay** (Rue Noël)	2 Bd Davout	1 R. L. Delaporte	Pte de Vincennes	26-PC2
9	E16-F17	**Ballu** (Rue)	55 R. Blanche	72 R. de Clichy	Place de Clichy	68-74-81
9	E16-F16	**Ballu** (Villa)	23 R. Ballu	(en impasse)	Place de Clichy	68-74-81
17	E12	**Balny d'Avricourt** (Rue)	51 R. P. Demours	82 Av. Niel	Pereire	84-92-93
1	J19	**Baltard** (Rue)	R. Berger	R. Rambuteau	Les Halles	29
8	G12-G13	**Balzac** (Rue)	124 Av. des Chps Élysées	193 R. du Fbg St-Honoré	George V	22-52
2	H18-I18	**Banque** (Rue de la)	1 R. des Petits Pères	3 Pl. de la Bourse	Bourse	20-29-39-74-85
13	P20-P21	**Banquier** (Rue du)	20 R. Duméril	53 Av. des Gobelins	Les Gobelins	27-47-57-67-83
17	E12-F12	**Banville** (Rue Théodore De)	87 Av. de Wagram	80 R. P. Demours	Ternes - Courcelles	31-84
6	N17	**Bara** (Rue Joseph)	108 R. d'Assas	93 R. N.-D. des Champs	Vavin - Port Royal (RER B)	83-91
15	L12	**Baratier** (Rue du Général)	9 Av. Champaubert	52 Av. La Motte-Picquet	La Motte-P.-Grenelle	80-82
19	C24-C25	**Barbanègre** (Rue)	14 R. de Nantes	7 Q. de la Gironde	Corentin Cariou	60
18	C19-E19	**Barbès** (Boulevard)	2 Bd de Rochechouart	71 R. Ordener	Marcadet-Poissonniers	30-31-54-56-60-85
7	K15-L15	**Barbet De Jouy** (Rue)	67 R. de Varenne	62 R. de Babylone	Varenne	87
3	K21	**Barbette** (Rue)	7 R. Elzévir	68 R. Vieille du Temple	St-Paul	29
7	K12	**Barbey D'Aurevilly** (Avenue)	Pl. du Gal Gouraud	Al. A. Lecouvreur	École Militaire	42-69-87
11	H23	**Barbier** (Rue Auguste)	35 R. Fontaine au Roi	125 Av. Parmentier	Goncourt	46-75
14	S16	**Barboux** (Rue Henri)	115 Bd Jourdan	16 Av. P. Appell	Pte d'Orléans	28-38-Pc1
5	N18-O18	**Barbusse** (Rue Henri)	21 R. Abbé de l'Épée	51 Av. de l'Observatoire	Luxembourg (RER B)	38-82-83-91
14	N18-O18	**Barbusse** (Rue Henri)	21 R. Abbé de l'Épée	51 Av. de l'Observatoire	Luxembourg (RER B)	38-82-83-91
16	M8	**Barcelone** (Place de)	62 Av. de Versailles	1 R. de Rémusat	Mirabeau	22-62-72
14	Q15	**Bardinet** (Rue)	179 R. d'Alésia	27 R. de l'Abbé Carton	Plaisance	62
17	E15	**Baret** (Place Richard)	R. des Dames	Mairie du 17éme	Rome	66
15	O13-O14	**Bargue** (Rue)	239 R. de Vaugirard	136 R. Falguière	Volontaires	39-70-80-88-89-95
16	H8	**Barlier** (Jardin Maurice)	67 Bd Flandrin	162b R. de Lonchamp	Porte Dauphine	PC1
19	A25	**Baron** (Place Auguste)	Pte la Villette	Bd de la Commanderie	Pte de la Villette	PC3
17	B16-C15	**Baron** (Rue)	56 R. de la Jonquière	51 R. Navier	Guy Môquet	66
13	Q19	**Barrault** (Passage)	48 R. des Cinq Diamants	7 R. Barrault	Corvisart	57-67
13	Q19-S19	**Barrault** (Rue)	69 Bd A. Blanqui	9 Pl. de Rungis	Corvisart	62-67
19	F24-G24	**Barrelet De Ricou** (Rue)	89 R. G. Lardennois	1 R. P. Hecht	Buttes Chaumont	26
4	K20	**Barres** (Rue des)	62 R. de l'Hôtel de Ville	14 R. F. Miron	Hôtel de Ville	67-69-76-96
16	F7	**Barrès** (Square du Capitaine)	Sq. du Cap. Barrès	Bd Maurice Barrès	Les Sablons	43-73-93
1	I16	**Barrès** (Place Maurice)	R. Cambon	R. St-Honoré	Concorde	42-52
12	M24	**Barrier** (Impasse)	19 R. de Cîteaux	(en impasse)	Reuilly Diderot	57-86

18	D17-D16	**Barrière Blanche** (Rue de la)	R. Joseph de Maistre	R. Carpeaux	Guy Môquet	80-95-Montmartrobus
3	I20	**Barrois** (Passage)	34 R. des Gravilliers	(en impasse)	Pte de Pantin	20-75
19	F28	**Barroux** (Allée Marius)	18 Bd Sérurier	15 R. au Maire	Arts et Métiers	48-PC2-PC3
15	O13	**Barruel** (Rue Paul)	249 R. de Vaugirard	1 Pl. d'Alleray	Volontaires	39-70-80-88-89-95
18	E18	**Barsacq** (Rue André)	3 R. Foyatier	5 R. Drevet	Anvers - Abbesses	Montmartrobus
6	M17	**Bart** (Rue Jean)	29 R. de Vaugirard	10 R. de Fleurus	Rennes	58-83-89
14	R12-R13	**Bartet** (Rue Julia)	Pl. Pte de Vanves	Bd Adolphe Pinard	Pte de Vanves	89
10	E22	**Barthélemy** (Passage)	263 R. du Fbg St-Martin	84 R. de l'Aqueduc	Stalingrad	26-48-54
15	M14	**Barthélemy** (Rue)	82 Av. de Breteuil	161 Av. de Suffren	Sèvres-Lecourbe	28-39-70-89
12	N24	**Barthes** (Rue Roland)	5 R. de Rambouillet	Pl. H. Frenay	Gare de Lyon	29
15	L11	**Bartholdi** (Rue Auguste)	22 Pl. Dupleix	73 Bd de Grenelle	Dupleix	42
15	Q11-R12	**Bartholomé** (Avenue Albert)	11 Av. Pte Plaine	6 Av. Pte Brancion	Pte de Versailles	89-95-PC1
15	Q11	**Bartholomé** (Square Albert)	Av. A. Bartholomé	(en impasse)	Pte de Versailles	89
16	I7-I8	**Barthou** (Avenue Louis)	Av. du Mal Fayolle	Pl. de Colombie	Av. H. Martin (RER C)	63-PC1
15	L10	**Bartók** (Square Bela)	Pl. de Brazzaville		Bir Hakeim	42
17	F13	**Barye** (Rue)	19 R. Médéric	20 R. Cardinet	Courcelles	30-31-84
4	M21	**Barye** (Square)	Bd Henri IV		Sully-Morland	67-86-87
14	R16	**Basch** (Pl. Victor et Hélène)	90 Av. du Gal Leclerc	58 R. d'Alésia	Alésia	28-38-62-68
2	I20	**Basfour** (Passage)	176 R. St-Denis	25 R. de Palestro	Réaumur-Sébastopol	20-38-39-47
11	K24	**Basfroi** (Passage)	22 Pas. C. Dallery	159 Av. Ledru-Rollin	Voltaire	61-69
11	K23-L24	**Basfroi** (Rue)	69 R. de Charonne	106 R. de la Roquette	Voltaire	61-69
20	H27	**Basilide Fossard** (Impasse)	90 Av. Gambetta	(en impasse)	St-Fargeau	60-61
8	H12-I12	**Bassano** (Rue de)	58 Av. d'Iéna	101 Av. des Chps Élysées	George V	32-73-92
16	H12	**Bassano** (Rue de)	58 Av. d'Iéna	101 Av. des Chps Élysées	George V	32-73-92
5	M19	**Basse des Carmes** (Rue)	8 R. Mont. Ste-Genev.	3 R. des Carmes	Maubert-Mutualité	63-86-87
5	M19	**Basset** (Place de l'Abbé)	R. Mont. Ste-Genev.	R. St-Etienne du Mont	Maubert-Mutualité	84-89
4	L22	**Bassompierre** (Rue)	25 Bd Bourdon	10 R. de l'Arsenal	Bastille	86-87
19	F23	**Baste** (Rue)	33 Av. Secrétan	19 R. Bouret	Bolivar	26-48
8	G13-H13	**Bastiat** (Rue Frédéric)	5 R. P. Baudry	13 R. d'Artois	St-Philippe du R.	28-32-80-83-93
13	S23	**Bastié** (Rue Maryse)	1 Av. Joseph Bédier	3 R. Franc Nohain	Pte d'Ivry	27-83-PC1-PC2
12	L22-M22	**Bastille** (Boulevard de la)	102 Q. de la Rapée	Pl. de la Bastille	Bastille	20-29-65-87-91
4	L22	**Bastille** (Place de la)	Bd Henri IV	41 Bd Bourdon	Bastille	69-76-86-87
11	L22	**Bastille** (Place de la)	Bd Henri IV	42 Bd Bourdon	Bastille	69-76-86
12	L22	**Bastille** (Place de la)	Bd Henri IV	43 Bd Bourdon	Bastille	20-29-65-87-91
4	L22	**Bastille** (Rue de la)	2 R. des Tournelles	Pl. de la Bastille	Bastille	20-29-65
16	K7	**Bataille** (Square Henry)	63 Bd Suchet	R. Mal Franchet d'E.	Jasmin	32-PC1
10	E23	**Bataille de Stalingrad** (Pl. de la)	Av. Secrétan	Bd de la Villette	Stalingrad	26-48-54
19	E23	**Bataille de Stalingrad** (Pl. de la)	Av. Secrétan	Bd de la Villette	Stalingrad	26-48-54
12	O24	**Bataillon du Pacifique** (Pl. du)	5 Bd de Bercy	Bd de Bercy	Cour St-Émilion	24-87
4	L20-L21	**Bataillon Français ONU Corée** (Place du)	R.Geoffroy l'Asnier	R. des Nonnains d'H.	Pont Marie	67
8	E16-F15	**Batignolles** (Boulevard des)	5 Pl. de Clichy	2 Pl. P. Goubaux	Rome-Pl.Clichy	30-53-54-66-68-74-80-81-95
17	E16-F15	**Batignolles** (Boulevard des)	5 Pl. de Clichy	2 Pl. P. Goubaux	Rome-Pl.Clichy	30-53-54-66-68-74-80-81-95
17	D15-E16	**Batignolles** (Rue des)	32 Bd des Batignolles	67 Pl. Dr Lobligeois	Rome	30-66-80-95
17	D15	**Batignolles** (Square des)	R. Cardinet	Pl. C. Fillion	Brochant	31-53-66
8	H12-H13	**Bauchart** (Rue Quentin)	44 Av. Marceau	79 Av. des Chps Élysées	George V	32-73
12	M26-N25	**Bauchat** (Rue du Sergent)	93 R. de Reuilly	20 R. de Picpus	Montgallet	29-46
16	K8	**Bauches** (Rue des)	43 R. de Boulainvilliers	3 R. G. Zédé	La Muette	22-52
12	L24-M23	**Baudelaire** (Rue Charles)	4 R.de Prague	118 R. du Fbg St-Antoine	Ledru-Rollin	61-76-86
18	C19	**Baudelique** (Rue)	64 R. Ordener	23 Bd Ornano	Simplon	31-56-60-80-85-Montmartrobus
11	J22-J23	**Baudin** (Rue Alphonse)	19 R. Pelée	30 R. St-Sébastien	Richard-Lenoir	20-65
12	O29	**Baudin** (Rue)	Av. Alphand	60 Bd de la Guyane	Pte Dorée	86
13	P22-Q22	**Baudoin** (Rue)	15 R. Clisson	42 R. Dunois	Chevaleret	27
4	K20	**Baudoyer** (Place)	14 R. F. Miron	42 R. deRivoli	Hôtel de Ville	67-69-75-76-96
13	R20	**Baudran** (Impasse)	17 R. Damesme	(en impasse)	Tolbiac	57
13	R21	**Baudricourt** (Impasse)	66 R. Baudricourt	(en impasse)	Tolbiac	62-83
13	Q22-R21	**Baudricourt** (Rue)	107 R. Nationale	70 Av. de Choisy	Tolbiac	62-83
15	Q13	**Baudry** (Rue Jacques)	115 R. Castagnary	181 Bd Lefebvre	Pte de Vanves	95
8	H13	**Baudry** (Rue Paul)	54 R. de Ponthieu	9 R. d'Artois	St-Philippe du R.	28-32-52-80-83-93
14	Q15	**Bauer** (Cité)	36 R. Didot	15 R. Thermopyles	Pernety - Plaisance	58-62
12	O25	**Baulant** (Rue)	30 R. du Charolais	208 R. de Charenton	Dugommier	29
20	H28	**Baumann** (Villa)	35 R. A. Penaud	32 R. E. Marey	Pelleport	PC2
7	K12	**Baumont** (Allée Maurice)	Av. du Gal Ferrié	Av. G. Eiffel	École Militaire	42-69-87
15	O12	**Bausset** (Rue)	8 Pl. A. Chérioux	77 R. de l'Abbé Groult	Vaugirard	39-80-88
8	I13	**Bayard** (Rue)	16 Cours Albert Ier	42 Av. Montaigne	Franklin D. Roosevelt	42-72-80
17	E11-F12	**Bayen** (Rue)	1 R. Poncelet	21 Bd Gouvion St-Cyr	Ternes	43-92-93-PC1-PC3
13	Q21	**Bayet** (Rue Albert)	66 Av. Edison	Bd Vincent Auriol	Place d'Italie	27-83
20	K25	**Bayle** (Rue Pierre)	212 Bd de Charonne	R. du Repos	Philippe Auguste	61-69-76
5	O19-O20	**Bazeilles** (Rue de)	1 R. Pascal	118 R. Monge	Censier-Daubenton	27-47
16	Q15	**Bazille** (Square Frédéric)	15b R. Bardinet		Plaisance	58-62
16	L7	**Bazin** (Rue René)	17 R. de l'Yvette	24 R. Henri Heine	Jasmin	22
3	K22	**Béarn** (Rue de)	25 Pl. des Vosges	5 R. St-Gilles	Chemin Vert	20-29-65
3	J20	**Beaubourg** (Impasse)	37 R. Beaubourg	(en impasse)	Rambuteau	29-38-47-75
3	I20-J20	**Beaubourg** (Rue)	14 R. S. le Franc	48 R. de Turbigo	Arts et Métiers	20-29-38-47-75
4	I20-J20	**Beaubourg** (Rue)	14 R. S. le Franc	48 R. de Turbigo	Rambuteau	20-29-38-47-75
3	J21	**Beauce** (Rue de)	8 R. Pastourelle	45 R. de Bretagne	Filles du Calvaire	75
8	F13-G12	**Beaucour** (Avenue)	248 R. du Fbg St-Honoré	(en impasse)	Ternes	31-43-93
16	L7	**Beaudouin** (Passage Eugène)	38 R. de l'Yvette	(en impasse)	Jasmin	22
20	L28	**Beaufils** (Passage)	13 R. du Volga	82 R. d'Avron	Maraîchers	26-57
15	M10	**Beaugrenelle** (Rue)	61 R. Émeriau	74 R. St-Charles	Charles Michels	42-70-88
11	L25	**Beauharnais** (Cité)	6 R. Léon Frot	28 R. Neuve des Boulets	Rue des Boulets	56
19	F23	**Beaujeu** (Allée Anne De)	23 Av. Mat. Moreau	10 Pas. Fours à Chaux	Bolivar	26-46-75
1	I18	**Beaujolais** (Galerie de)	Gal. de Montpensier	Gal. de Valois	Palais Royal-Louvre	29-48-39-67
1	I18	**Beaujolais** (Passage de)	47 R. Montpensier	52 R. Richelieu	Palais Royal-Louvre	29-48-39-67
1	I18	**Beaujolais** (Rue de)	43 R. de Valois	48 R. Montpensier	Palais Royal-Louvre	29-48-39-67
8	G12-G13	**Beaujon** (Rue)	Pl. G. Guillaumin	6 Av. de Wagram	Ch. de Gaulle-Étoile	22-30-31-52
8	G14	**Beaujon** (Square)	150 Bd Haussmann		Miromesnil	22-43-84

3	K22	**Beaumarchais** (Boulevard)	Pl. de la Bastille	1 R. Pont aux Choux	St-Sébastien-Froissart	20-29-65-69-76
4	K22	**Beaumarchais** (Boulevard)	Pl. de la Bastille	1 R. Pont aux Choux	Bastille	20-29-65-69-76
11	K22	**Beaumarchais** (Boulevard)	Pl. de la Bastille	1 R. Pont aux Choux	Filles du Calvaire	20-29-65-69-76
7	K16-K17	**Beaune** (Rue de)	27 Q.Voltaire	34 R. de l'Université	Rue du Bac	68-69
14	R16-R17	**Beaunier** (Rue)	136 R. de la Tombe Issoire	115 Av. du Gal Leclerc	Pte d'Orléans	28-38
16	M8	**Beauregard** (Place Paul)	R. de Rémusat	Av. Th.Gautier	Église d'Auteuil	22-52-62
2	H19-H20	**Beauregard** (Rue)	14 R. Poissonnière	5 Bd Bonne Nouvelle	Strasbourg-St-Denis	20-39-48
2	I19	**Beaurepaire** (Cité)	48 R. Greneta	(en impasse)	Étienne Marcel	29
10	H21-H22	**Beaurepaire** (Rue)	Pl. de la République	71 Q. de Valmy	République	20-56-65-75
16	K7-K8	**Beauséjour** (Boulevard)	4 R. Largillière	102 R. de l'Assomption	La Muette	22-32-52-PC1
16	K8	**Beauséjour** (Villa de)	7 Villa de Beauséjour	(en impasse)	La Muette	22-32-52
4	K22-L22	**Beausire** (Impasse Jean)	19 R. J. Beausire	(en impasse)	Bastille	20-29-65-69-76
4	L22	**Beausire** (Passage Jean)	11 R. Jean Beausire	12 R. des Tournelles	Bastille	20-29-65-69
4	L22	**Beausire** (Rue Jean)	7 R. de la Bastille	13 Bd Beaumarchais	Bastille	20-29-65-69
4	L21-L22	**Beautreillis** (Rue)	2 R. des Lions St-Paul	43 R. St-Antoine	Sully-Morland	69-76
5	M19	**Beauvais** (Rue Jean De)	51 Bd St-Germain	16 R. de lanneau	Maubert-Mutualité	24-47-63-86-87
8	H15	**Beauvau** (Place)	90 R. du Fbg St-Honoré	R. de Miromesnil	Miromesnil	28-32-52-80-83-93
6	K17	**Beaux Arts** (Rue des)	14 R. de Seine	11 R. Bonaparte	St-Germain-des-Prés	39-95
12	M24	**Beccaria** (Rue)	41 Bd Diderot	17 Pl. d'Aligre	Ledru-Rollin	29-57
14	Q17	**Beckett** (Allée Samuel)	Av. René Coty	R. d'Alésia	Denfert-Rochereau	88
11	M24	**Béclère** (Pl. du Dr Antoine)	182 R. du Fbg St-Antoine	R. Faidherbe	Faidherbe-Chaligny	46-86
12	M24	**Béclère** (Pl. du Dr Antoine)	182 R. du Fbg St-Antoine	R. Faidherbe	Faidherbe-Chaligny	46-86
13	R18	**Becque** (Rue Henri)	43 R. Boussingault	13 R. de l'Aml Mouchez	Glacière	21
18	D18-D19	**Becquerel** (Rue)	23 R. Bachelet	11 R. St-Vincent	Jules Joffrin	80-Montmartrobus
13	S23	**Bédier** (Avenue Joseph)	15 R. M. Bastié	4 Pl. Dr Yersin	Pte d'Ivry	27-83-PC1-PC2
16	K10	**Beethoven** (Rue)	2 Av. du Pdt Kennedy	11 Bd Delessert	Passy	72
12	Q27	**Béhagle** (Rue Ferdinand De)	68 Bd Poniatowski	Av. Pte Charenton	Pte de Charenton	87-PC1-PC2
12	M26-N27	**Bel Air** (Avenue du)	15 Av. de St-Mandé	24 Pl. de la Nation	Nation	29-56-57-86
12	L23	**Bel Air** (Cour du)	56 R. du Fbg St-Antoine	(en impasse)	Bastille	76-86
12	N28	**Bel Air** (Villa du)	102 Av. de St-Mandé	Sent. la Lieutenance	Pte de Vincennes	29-56-PC2
17	D11	**Belagny** (Jardin Auguste)	Av. Pte de Champerret	R. du Caporal Peugeot	Pte de Champerret	84-92-93-PC1-PC3
11	K24-K25	**Belfort** (Rue de)	133 Bd Voltaire	69 R. Léon Frot	Voltaire - Charonne	56-61-69-76
7	K12-K13	**Belgrade** (Rue de)	56 Av. de La Bourdonnais	Al. A. Lecouvreur	École Militaire	69-87
20	I27-I28	**Belgrand** (Rue)	4 Pl. Gambetta	Pl. Pte de Bagnolet	Gambetta	26-60-61-76-PC2
18	E19	**Belhomme** (Rue)	20 Bd de Rochechouart	7 R. de Sofia	Barbès-Rochechouart	30-31-54-56-85
17	F10	**Belidor** (Rue)	93 Av. des Ternes	71 Bd Gouvion St-Cyr	Pte Maillot	43-PC1-PC3
2	I19	**Bellan** (Rue Léopold)	1 R. des P. Carreaux	82 R. Montmartre	Sentier	20-29-39
15	M13	**Bellart** (Rue)	11 R.Pérignon	155 Av. de Suffren	Ségur	28-39-70-89
17	E11	**Bellat** (Square Jérôme)	Bd Berthier	Pl. Stuart Merril	Pte de Champerret	84-92-93-PC1-PC3
19	E23-E24	**Belleau** (Villa Rémi)	69 Av. J. Jaurès	(en impasse)	Laumière	60
7	J16-K15	**Bellechasse** (Rue de)	9 Q. Anatole France	66 R. de Varenne	Solférino	63-68-69-83-84-94
9	F19	**Bellefond** (Rue de)	107 R. du Fbg Poissonnière	26 R. Rochechouart	Poissonnière	26-32-42-43-48-85
16	H9	**Belles Feuilles** (Impasse)	48 R. des Belles Feuilles	(en impasse)	Victor Hugo	52
16	H9-I10	**Belles Feuilles** (Rue des)	Pl. de Mexico	R. Spontini	Pte Dauphine	52
11	H23-I24	**Belleville** (Boulevard de)	1 Bd de Ménilmontant	2 R. de Belleville	Belleville	96
20	H23-I24	**Belleville** (Boulevard de)	1 Bd de Ménilmontant	2 R. de Belleville	Belleville	96
20	H24-H25	**Belleville** (Parc de)	R. Piat	R. des Couronnes	Pyrénées	26-96
19	G28-H24	**Belleville** (Rue de)	2 Bd de la Villette	1 Bd Sérurier	Belleville - Pte des Lilas	26-48-60-61-96-PC2-PC3
20	G28-H24	**Belleville** (Rue de)	2 Bd de la Villette	2 Bd Sérurier	Belleville - Pte des Lilas	26-48-60-61-96-PC2-PC3
19	F26	**Bellevue** (Rue de)	72 R. Compans	31 R. des Lilas	Pré St-Gervais	48-60-PC2-PC3
19	F26	**Bellevue** (Villa de)	32 R. de Mouzaïa	15 R. de Bellevue	Danube	48-60-PC2-PC3
18	B16-B20	**Belliard** (Rue)	165 R. des Poissonniers	126 Av. de St-Ouen	Pte de St-Ouen	31-56-60-81-95-PC3
18	B16-C16	**Belliard** (Villa)	12 Pas. Daunay	189 R. Belliard	Pte de St-Ouen	81
13	R20	**Bellier Dedouvre** (Rue)	61 R. de la Colonie	25 R. C. Fourier	Tolbiac	57-62
13	O23	**Bellièvre** (Rue de)	9 Q. d'Austerlitz	8 R. E. Flamand	Quai de la Gare	89
16	J10	**Bellini** (Rue)	21 R. Scheffer	30 Av. P. Doumer	Passy	22-32
19	D22-E22	**Bellot** (Rue)	17 R.de Tanger	40 R. d'Aubervilliers	Stalingrad	54
16	H11	**Belloy** (Rue de)	16 Pl. des États-Unis	37 Av. Kléber	Boissière	22-30
12	O24-P25	**Belmondo** (Rue Paul)	R. Joseph Kessel	R. Michel Audiart	Cour St-Émilion	24-62
19	C25	**Belvédère** (Allée du)	Pl. du Rd-Pt des Canaux	Al. du Zénith	Pte de Pantin	75-PC2-PC3
19	F27-F28	**Belvédère** (Avenue du)	25 av. René Fonck	Av. du Belvédère	Pte des Lilas	61
10	F19-F20	**Belzunce** (Rue de)	109 Bd de Magenta	118 R. du Fbg Poissonnière	Poissonnière	30-31-42-48-54-56
2	I19	**BenAïad** (Passage)	9 R. Léopold Bellan	8 R. Bachaumont	Sentier	20-29-39-48-67-74-85
12	N27-N28	**Bénard** (Villa Charles)	49 Av. du Dr Netter	(en impasse)	Picpus	29-56-62
14	Q15-Q16	**Bénard** (Rue)	22 R. des Plantes	37 R. Didot	Pernety	58
12	M26	**Benoist** (Rue Marie)	1 R. Dorian	(en impasse)	Nation	56-57-86
16	H9	**Benouville** (Rue)	32 R. Spontini	35 R. de la Faisanderie	Pte Dauphine	PC1
16	L8	**Béranger** (Hameau)	16 R. J. De La Fontaine	(en impasse)	Jasmin	22-52-70
3	I21-I22	**Béranger** (Rue)	83 R. Charlot	180 R. du Temple	République	20-65-75
4	L22	**Bérard** (Cour)	8 Imp. Guéménée	(en impasse)	Bastille	69-76
13	P19-P20	**Berbier du Mets** (Rue)	26 R. Croulebarbe	17 Bd Arago	Les Gobelins	27-47-83
12	N23	**Bercy** (Allée de)	13 R. de Bercy	20 Bd Diderot	Gare de Lyon	20-24-63-65-87
12	O23-O25	**Bercy** (Boulevard de)	Q. de Bercy	238 R. de Charenton	Cr St-Émilion - Dugommier	24-87
12	P24	**Bercy** (Parc de)	Q. de Bercy	R. François Truffaut	Cour St-Émilion	24-62
12	O23	**Bercy** (Pont de)	Q. de Bercy	Q. d'Austerlitz	Quai de la Gare	24-87-89
13	O23	**Bercy** (Pont de)	Q. de Bercy	Q. d'Austerlitz	Quai de la Gare	24-87-89
12	O23-Q25	**Bercy** (Port de)	Pont de Bercy	Pont National	Cour St-Émilion	62-89
12	Q26	**Bercy** (Porte de)	Bd Périphérique Ext.		Pte de Charenton	PC1-PC2
12	O23-O25	**Bercy** (Quai de)	1 R.Escoffier	Bd de Bercy	Quai de la Gare	24-62-87
12	M22-P25	**Bercy** (Rue de)	5 R. de Dijon	16 Bd de la Bastille	Gare de Lyon	20-24-57-62-63-65-87-91
20	L27	**Bergame** (Impasse de)	26 R. des Vignoles	(en impasse)	Buzenval	57
17	E14-F14	**Berger** (Rue Georges)	2 Pl. de la Rép. Domin.	131 Bd Malesherbes	Monceau	30-94
1	J18-J19	**Berger** (Rue)	29 Bd Sébastopol	38 R. du Louvre	Louvre Rivoli - Châtelet	67-74-85
16	L8	**Bergerat** (Avenue Émile)	13 Av. R. Poincaré	2 Av. Léopold II	Ranelagh-Jasmin	52
9	H18-H19	**Bergère** (Cité)	6 R. du Fbg Montmartre	23 R. Bergère	Grands Boulevards	20-39-48-67-74-85
9	H18-H19	**Bergère** (Rue)	13 R. du Fbg Poissonnière	12 R. du Fbg Montmartre	Grands Boulevards	20-39-48-67-74-85
13	Q19	**Bergère d'Ivry** (Place de la)	R. Corvisart	R. Croulebarbe	Corvisart	21
15	N10-N9	**Bergers** (Rue des)	60 R. de Javel	33 R. Cauchy	Lourmel	62
14	R18	**Berges Hennequines** (R. des)	22 Av. de la Sibelle	R. de l'Emp. Julien	Cité Univ. (RER B)	88
8	G15	**Bergson** (Place Henri)	R. de Vienne	Av. César Caire	St-Lazare	22-28-32-43-80-94

6	M16	**Bérite** (Rue de)	67 R. du Cherche Midi	9 R. J.-F.Gerbillon	Vaneau - St-Placide	39-70-87-89-94-95-96
13	R24-R25	**Berlier** (Rue Jean-Baptiste)	Q. d'Ivry	Bd Masséna	Bibl. F. Mitterrand	PC1-PC2
8	I14	**Berlin** (Square de)	Av. F. D. Roosevelt	Av. du Gal Eisenhower	Champs-Elysées-Clem.	28-42-73-80-83-93
16	G10	**Berlioz** (Rue)	30 R. Pergolèse	7 R. du Cdt Marchand	Pte Maillot	73-82
9	E17	**Berlioz** (Square)	Pl. A. Max		Blanche	30-54-68-74-81
5	O18	**Bernanos** (Avenue Georges)	147 Bd St-Michel	100 Bd de Port Royal	Port Royal	38-83-91
18	C18	**Bernard** (Place Charles)	R. du Poteau	R. Duhesme	Jules Joffrin	31-60-80-85-Montmartrobus
5	O19-O20	**Bernard** (Rue Claude)	2 Av. des Gobelins	R. d'Ulm	Censier-Daubenton	21-27-47
13	R19-R20	**Bernard** (Rue Martin)	38 R. Bobillot	12 R. de la Providence	Corvisart	57-62-67
17	F11	**Bernard** (Place Tristan)	63 Av. des Ternes	1 R. Guersant	Argentine - Ternes	43
5	L20-M19	**Bernardins** (Rue des)	57 Q. de la Tournelle	(en impasse)	Maubert-Mutualité	24-47-63-86-87
8	E15-F16	**Berne** (Rue de)	5 R. St-Petersbourg	33 R. de Moscou	Europe - Rome	30-53-66-80-95
20	M27	**Bernhardt** (Square Sarah)	R. Lagny	R. Buzenval	Pte de Vincennes	26-62-86
17	C13	**Bernier** (Place Louis)	R. Marguerite Long	(en impasse)	Pereire	53-94-PC3
8	F15	**Bernoulli** (Rue)	71 R. de Rome	1 R. Andrieux	Rome	30-53
12	O24	**Bernstein** (Place Léonard)	5161 R. de Bercy		Cour St-Émilion	24-87
8	G13-H13	**Berri** (Rue de)	92 Av. des Chps Élysées	163 Bd Haussmann	St-Philippe du R	22-43-52-73-83-93
8	H13	**Berri-Washington** (Galerie)	R. de Washington	R. de Berri	George V	73
9	G16	**Berry** (Place Georges)	R. Joubert	R. Caumartin	St-Lazare	20-22-24-27-29-43-53-66-68-88-94-95
8	H15-H16	**Berryer** (Cité)	25 R. Royale	24 R. Boissy d'Anglas	Madeleine	24-42-52-84-94
8	G13	**Berryer** (Rue)	4 Av. de Friedland	192 R. du Fbg St-Honoré	Ch. de Gaulle-Étoile	22-43-52-83-93
11	L25	**Bert** (Rue Paul)	10 R. Faidherbe	24 R. Chanzy	Faidherbe-Chaligny	46-86
17	F10	**Bertandeau** (Square Gaston)	11 R. Labie	(en impasse)	Pte Maillot	43
20	I28	**Berteaux** (Rue Maurice)	56 Bd Mortier	15 R. Le Vau	Pte de Bagnolet	PC2
15	Q8	**Bertelotte** (Allée de la)	24 R. du Colonel P. Avia	(en impasse)	Corentin Celton	39
3	J20	**Berthaud** (Impasse)	22 R. Beaubourg	(en impasse)	Rambuteau	29-38-47-75
20	G25	**Berthaut** (Rue Constant)	5 R. du Jourdain	132 R. de Belleville	Jourdain	26
18	E18	**Berthe** (Rue)	R. Drevet	16 Pl. E. Goudeau	Abbesses	Montmartrobus
13	S21-S22	**Bertheau** (Rue Charles)	R. Simone Weil	44 Av. de Choisy	Maison Blanche	47-83-PC1-PC2
5	M19	**Berthelot** (Place Marcellin)	33 R. J. de Beauvais	91 R. St-Jacques	Cluny La Sorbonne	63-86-87
8	G12	**Berthie Albrecht** (Avenue)	14 R. Beaujon	29 Av. Hoche	Ch. de Gaulle-Étoile	31-43-93
17	B15-E11	**Berthier** (Boulevard)	187Av. de Clichy	4 Pl. Stuart Merrill	Pte de Clichy	53-54-66-74-84-92-94-PC1-PC3
17	E11	**Berthier** (Villa)	133 Av. de Villiers	(en impasse)	Pte de Champerret	84-92-93-PC1-PC3
5	O19	**Berthollet** (Rue)	43 R. C. Bernard	62 Bd de Port Royal	Censier-Daubenton	21-27-83-91
15	P14	**Bertillon** (Rue Alphonse)	96 R. de la Procession	61 R. de Vouillé	Plaisance	62-95
8	I12	**Bertillon** (Imp. du Dr Jacques)	32 Av. Pierre Ier de Serbie	(en impasse)	Alma-Marceau	32-92
18	B22	**Bertin** (Rue Émile)	44 Bd Ney	46 R. C. Hermite	Pte de la Chapelle	65-PC3
1	K19	**Bertin Poirée** (Rue)	12 Q. de la Mégisserie	63 R. de Rivoli	Châtelet-Les Halles	58-69-70-72-74-75-76-81-85
16	K9	**Berton** (Rue)	17 R. d'Ankara	28 Av. Lamballe	Kennedy R. France (RER C)	70-72
7	M14	**Bertrand** (Rue du Général)	13 R. Eblé	96 R. de Sèvres	Duroc	28-39-70-82-87-89-92
11	I24-J24	**Bertrand** (Rue Guillaume)	58 R. St-Maur	71 R. Servan	Rue St-Maur	46
11	I24	**Bertrand** (Cité)	81 Av. de la République	(en impasse)	Rue St-Maur	46
18	E19	**Bervic** (Rue)	3 Bd Barbès	4 R. Belhomme	Barbès-Rochechouart	30-31-54-56-85
17	C15	**Berzélius** (Passage)	1 R. du Col Manhès	63 R. Pouchet	Brochant	66
17	C15	**Berzélius** (Rue)	168 Av. de Clichy	1 R. du Col Manhès	Brochant	31-54-66-74
11	I23-J23	**Beslay** (Passage)	28 R. de la Folie Méricourt	65 Av. Parmentier	St-Ambroise	46-56-96
17	E12	**Besnard** (Square Albert)	Pl. du Mal Juin	Av. de Villiers	Pereire	84-92-93-PC3
14	N16-O17	**Besse** (Allée Georges)	R. du Montparnasse	Bd Raspail	Edgar Quinet	28-58-68-91
17	B16-C14	**Bessières** (Boulevard)	153 Av. de St-Ouen	2 Av. Pte de Clichy	Pte de St-Ouen	54-66-74-81-PC3
17	C14	**Bessières** (Rue)	15 R. Fragonard	111 Bd Bessières	Pte de Clichy	54-74-PC3
15	Q13	**Bessin** (Rue du)	5 R. du Lieuvin	96 R. Castagnary	Pte de Vanves	95
4	L20-M21	**Béthune** (Quai de)	Pt de Sully	2 R. des Deux Ponts	Sully-Morland	67-86-87
17	E15	**Beudant** (Rue)	74 Bd des Batignolles	91 R. des Dames	Rome	30-53
15	N13	**Beuret** (Place du Général)	95 R. Cambronne	1 R. du Gal Beuret	Vaugirard	39-70-80-88-89
15	N13-O12	**Beuret** (Rue du Général)	77 R. Blomet	250 R. de Vaugirard	Vaugirard	39-70-80-88-89
8	I12	**Beyrouth** (Place de)	Av. Pierre Ier de Serbie	Av. Marceau	George V	32-92
16	I12	**Beyrouth** (Place de)	Av. Pierre Ier de Serbie	Av. Marceau	George V	32-92
14	Q16-Q17	**Bezout** (Rue)	68 R. de la Tombe Issoire	65 Av. du Gal Leclerc	Alésia	28-38-62-68
10	H22	**Bichat** (Rue)	45 R. du Fbg du Temple	106 Q. de Jemmapes	Goncourt	46-75
20	I25-I26	**Bidassoa** (Rue de la)	53 Av. Gambetta	11 R. Sorbier	Gambetta	61-69-96
12	N24	**Bidault** (Ruelle)	158 R. de Charenton	123 Av. Daumesnil	Reuilly Diderot	29
18	B17	**Bienaimé** (Cité)	111 Bd Ney	(en impasse)	Pte de St-Ouen	60-95-PC3
8	G14-G15	**Bienfaisance** (Rue de la)	29 R. du Rocher	Pl. de Narvik	St-Augustin	53-66-80-95
15	N15-O15	**Bienvenüe** (Place)	24 Av. du Maine	R. de l'Arrivée	Montparnasse-Bienv.	48-89-91-92-94-95-96
5	L20-M19	**Bièvre** (Rue de)	65 Q. de la Tournelle	52 Bd St-Germain	Maubert-Mutualité	24-47-63-86-87
12	O25	**Bignon** (Rue)	193 R. de Charenton	132 Av. Daumesnil	Dugommier	29
14	Q17	**Bigorre** (Rue de)	15 R. du Commandeur	28 R. d'Alésia	Alésia	28-38-62
19	A25	**Bigot** (Sente à)	13 Bd de la Commanderie	(en impasse)	Pte de la Villette	PC3
19	E24	**Binder** (Passage)	9 Pas. du Sud	8 Pas. Dubois	Laumière	60
18	A18-B18	**Binet** (Jardin René)	R. René Binet		Pte de Clignancourt	56-60-95-PC3
18	B18-B19	**Binet** (Rue René)	14 Av. Pte Montmartre	15 Av. Pte de Clignanc.	Pte de Clignancourt	60-95-PC3
17	E14	**Bingen** (Rue Jacques)	18 Pl. Malesherbes	17 R. Legendre	Malesherbes	94
17	E16	**Biot** (Rue)	5 Pl. de Clichy	9 R. des Dames	Place de Clichy	30-54-68-74-80-81-95
15	K10	**Bir Hakeim** (Pont de)	Av. du Pdt Kennedy	Q.de Grenelle	Passy - Bir Hakeim	72
16	K10	**Bir Hakeim** (Pont de)	Av. du Pdt Kennedy	Q.de Grenelle	Passy - Bir Hakeim	72
4	K22-L22	**Birague** (Rue de)	36 R. St-Antoine	1 Pl. des Vosges	Bastille	29-69-76
9	F18	**Biscarre** (Square Alex)	31 R. N.-D. de Lorette		St-Georges	67-74
12	L22-M22	**Biscornet** (Rue)	9 R. Lacuée	48 Bd de la Bastille	Bastille	20-29-65-87-91
20	K28	**Bissière** (Rue Roger)	7 Sq. la Salamandre	52 R. Vitruve	Maraîchers	26-76
20	H24	**Bisson** (Rue)	86 Bd de Belleville	27 R. des Couronnes	Couronnes	26-96 (à plus de 400 m)
19	D24	**Bitche** (Place de)	Q. de l'Oise	160 R. de Crimée	Crimée	54-60
7	L14	**Bixio** (Rue)	1 Av. Lowendal	2 Av. de Ségur	École Militaire	28-82-87-92
17	E16	**Bizerte** (Rue de)	11 R.Nollet	16 R. Truffaut	Place de Clichy	66
16	I12	**Bizet** (Rue Georges)	Pl. P. Brisson	2 R. de Bassano	Alma-Marceau	32-92
12	O27-O26	**Bizot** (Av. du Général Michel)	R. de Charenton	36 R. du Sahel	Pte de Charenton	46-62-87
10	F22-G22	**Blache** (Rue Robert)	6 R. du Terrage	5 R. E. Varlin	Château Landon	46

Arr.	Plan	Rue	Début	Fin	Métro	Bus
5	N19	**Blainville** (Rue)	10 R. Mouffetard	1 R. Tournefort	Place Monge	84-89
11	J24	**Blaise** (Rue du Général)	7 R. Rochebrune	20 R. Lacharrière	St-Ambroise	46-69
17	A16-B16	**Blaisot** (Rue Camille)	4 R. A. Bréchet	(en impasse)	Pte de St-Ouen	81-PC3
20	I28	**Blanc** (Rue Irénée)	4 R. Géo Chavez	22 R. J. Siegfried	Pte de Bagnolet	76-PC2
10	E21-F22	**Blanc** (Rue Louis)	11 Pl. du Col Fabien	230 R. du Fbg St-Denis	Louis Blanc	26-46-48-54-65-75
20	K28	**Blanchard** (Rue)	98 Bd Davout	5 R. F.Terrier	Pte de Montreuil	57-PC2
16	K7-L7	**Blanche** (Rue du Docteur)	87 R. de l'Assomption	34 R. Raffet	Jasmin	22-32-52-PC1
16	L7	**Blanche** (Square du Docteur)	53 R. du Dr Blanche	(en impasse)	Jasmin	32-PC1
18	E17	**Blanche** (Impasse Marie)	9 R. Constance	(en impasse)	Blanche	30-54-68-74-80-95-Montmartrobus
14	Q13	**Blanche** (Cité)	190 R. R. Losserand		Pte de Vanves	58-95-PC1
9	E17	**Blanche** (Place)	Bd de Clichy	R. Blanche	Blanche	30-54-68-74
9	E17-G17	**Blanche** (Rue)	Pl. d'Estienne d'Orves	5 Pl. Blanche	Trinité - Blanche	26-30-32-43-54-68-74-81
19	E25	**Blanche Antoinette** (Rue)	4 R. F. Pinton	Imp.Grimaud	Botzaris	75
12	P28	**Blanchet** (Square Paul)	5 Av. du Gal Dodds	6 R. Marcel Dubois	Pte Dorée	PC2
4	J20-K21	**Blancs Manteaux** (Rue des)	51 R. Vieille du Temple	40 R. du Temple	Rambuteau	29-38-47-75
13	Q18-Q20	**Blanqui** (Boulevard Auguste)	12 Pl. d'Italie	77 R. de la Santé	Place d'Italie	21-27-47-57-67-83
13	Q22	**Blanqui** (Villa Auguste)	44 R. Jeanne d'Arc	(en impasse)	Nationale	27
11	K23	**Blégny** (Villa Nicolas De)	11 R. de Popincourt	(en impasse)	Voltaire	69
18	C18	**Blémont** (Rue Émile)	38 R. du Poteau	7 R. A.Messager	Jules Joffrin	31-60
16	M9-N8	**Blériot** (Quai Louis)	9 Av. de Versailles	191 Bd Murat	Mirabeau	22-62-70-72
9	G19	**Bleue** (Rue)	67 R. du Fbg Poisson.	72 R. La Fayette	Cadet	26-32-42-43-48
7	J14	**Bleuet de France** (Rd-Pt du)	Av. du Mal Gallieni		Invalides	28-69-93
20	L27	**Bloch** (Place Marc)	35 R. de la Réunion		Maraîchers	57
15	N13-O11	**Blomet** (Rue)	23 R.Lecourbe	35 R. St-Lambert	Vaugirard	39-62-70-80-88-89
15	N13	**Blomet** (Square)	R. Blomet		Volontaires	39-70-80-88-89
2	H20	**Blondel** (Rue)	351 R. St-Martin	238 R. St-Denis	Strasbourg-St-Denis	20-38-39-47
3	H20	**Blondel** (Rue)	351 R. St-Martin	238 R. St-Denis	Strasbourg-St-Denis	20-38-39-47
20	J28	**Blondin** (Square Antoine)	126 R. Bagnolet		Pte de Bagnolet	76
11	I24-I25	**Bluets** (Rue des)	79 Av. de la République	107 Bd de Ménilmontant	Rue St-Maur	61-69-96
11	K24	**Blum** (Place Léon)	97 R. de la Roquette	128 Bd Voltaire	Voltaire	46-56-61-69
16	M8-M9	**Blumenthal** (Rue Florence)	30 Av. de Versailles	9 R. Félicien David	Mirabeau	72
13	R22	**Blumenthal** (Square Florence)	R. de Tolbiac	R. Chât. Rentiers	Tolbiac	62-83
13	Q20-S19	**Bobillot** (Rue)	18 Pl. d'Italie	Pl. de Rungis	Place d'Italie	57-62-67
15	Q13	**Bocage** (Rue du)	9 R. du Lieuvin	(en impasse)	Pte de Vanves	95
8	I12-I13	**Boccador** (Rue du)	19 Av. Montaigne	22 Av. George V	Alma-Marceau	32-42-48
9	E18-F18	**Bochart de Saron** (Rue)	52 R. Condorcet	47 Bd de Rochechouart	Anvers	30-54-85
15	N11-O11	**Bocquillon** (Rue Henri)	162 R. de Javel	119 R. de la Convention	Boucicaut	62
17	C15	**Bodin** (Rue Paul)	174 Av. de Clichy	3 R. Erne St-Goüin	Pte de Clichy	31-54-66-74
16	J9	**Bœgner** (R. du Pasteur Marc)	43 Av. G. Mandel	46 R. Scheffer	Rue de la Pompe	52-63
19	F25	**Boërs** (Villa des)	17 R. du Gal Brunet	12 R. M. Hidalgo	Botzaris	48-60-75
4	J20-K20	**Bœuf** (Impasse du)	10 R. St-Merri	(en impasse)	Rambuteau	38-47-75
5	M19	**Bœufs** (Impasse des)	20 R. de l'Éc. Polytech.	(en impasse)	Maubert-Mutualité	63-86-87
2	H18	**Boieldieu** (Place)	1 R. Favart	4 R. de Marivaux	Richelieu Drouot	20-39-48-67-74-85
16	N6-N7	**Boileau** (Hameau)	38 R. Boileau	(en impasse)	Michel Ange-Molitor	22-62
16	M7-O7	**Boileau** (Rue)	31 R. d'Auteuil	188 Av. de Versailles	Michel Ange-Molitor	22-52-62-72-PC1
16	M7-N7	**Boileau** (Villa)	18 R. Molitor	(en impasse)	Michel Ange-Molitor	22-62
16	J7-K7	**Boilly** (Rue Louis)	20 Av. Raphaël	19 Bd Suchet	La Muette	32-PC1
18	C19-C20	**Boinod** (Rue)	6 Bd Ornano	133 R. des Poissonniers	Marcadet-Poissonniers	31-56-60
19	F26-F27	**Bois** (Rue des)	42 R. Pré St-Gervais	71 Bd Sérurier	Pré St-Gervais	48-PC2-PC3
16	G10	**Bois de Boulogne** (Rue du)	17 R. Le Sueur	28 R. Duret	Argentine	73
19	G27	**Bois d'Orme** (Villa du)	14 R. de Romainville	(en impasse)	Télégraphe	60
17	A15-B15	**Bois le Prêtre** (Boulevard du)	2 R. P. Rebière	Bd du Gal Leclerc	Pte de St-Ouen	66
16	K8-K9	**Boisle Vent** (Rue)	17 R. Duban	7 Av. Mozart	La Muette	22-32-52
20	L28	**Boisselat et Blanche** (Cité Georges Ambroise)	129 R. d'Avron	5 R. des Rasselins	Pte de Montreuil	26-57-PC2
15	Q11	**Boissier** (Rue Gaston)	Bd Lefebvre	Av. A. Bartholomé	Pte de Versailles	89-PC1
16	H10-I11	**Boissière** (Rue)	6 Pl. d'Iéna	3 Pl. Victor Hugo	Boissière	2-30-32-52-63-82
16	I11	**Boissière** (Villa)	29 R. Boissière	(en impasse)	Boissière	22-30-82
18	E19	**Boissieu** (Rue)	3 Bd Barbès	8 R. Belhomme	Barbès-Rochechouart	30-31-54-56-85
14	O17	**Boissonade** (Rue)	156 Bd du Montparnasse	255 Bd Raspail	Raspail - Port Royal	68-91
8	H15-I15	**Boissy d'Anglas** (Rue)	10 Pl. de la Concorde	5 Bd Malesherbes	Madeleine - Concorde	24-42-52-72-73-84-94
13	R20	**Boiton** (Passage)	11 R. Butte aux Cailles	8 R. M.Bernard	Corvisart	57-62-67
19	D25	**Boléro** (Villa)	R. Jean Kosma	(en impasse)	Ourcq	60
19	F23-G25	**Bolivar** (Avenue Simon)	91 R. de Belleville	42 Av. Secrétan	Pyrénées-Bolivar	26-46-48-75
19	G24	**Bolivar** (Square)	36 Av. S. Bolivar	25 R. Clavel	Pyrénées	26
16	L10	**Bolivie** (Place de)	R. d'Ankara	Av. du Pdt Kennedy	Passy	72
19	A23	**Bollaert** (Rue Émile)	R. J. Oberlé	(en impasse)	Pte de la Chapelle	54-65-PC3
13	S22-T21	**Bollée** (Avenue Léon)	Pl. de Port au Prince	Av. Pte d'Italie	Pte de Choisy	PC1- PC2
16	K9	**Bologne** (Rue Jean)	12 R. de l'Annonciation	51 R. de Passy	Passy - La Muette	22-32
20	I28	**Bombois** (Rue Camille)	19 Bd Mortier	44 R. Irénée Blanc	Pte de Bagnolet	76-PC2
11	K24	**Bon Secours** (Impasse)	172 Bd Voltaire	(en impasse)	Charonne	56-76
6	K17-L17	**Bonaparte** (Rue)	7 Q. Malaquais	58 R. de Vaugirard	St-Germain-des-Prés	24-27-63-86-95
15	M13-M14	**Bonheur** (Rue Rosa)	78 Av. de Breteuil	157 Av. Suffren	Sèvres-Lecourbe	28-39-70-89
20	J27-K27	**Bonnard** (Rue Pierre)	13 R. Galleron	28 R. Florian	Pte de Bagnolet	26-76
16	L8	**Bonnat** (Rue Léon)	16 R. Ribera	(en impasse)	Jasmin	22-52
18	D19	**Bonne** (Rue de la)	30 R. du Chev. de la Barre	23 R. Lamarck	Lamarck-Caulaincourt	80-Montmartrobus
11	L23-L24	**Bonne Graine** (Passage de la)	115 R. du Fbg St-Antoine	7 Pas. Josset	Ledru-Rollin	61-76-86
2	H19-H20	**Bonne Nouvelle** (Bd de)	291 R. St-Denis	2 R. du Fbg Poissonnière	Strasbourg-St-Denis	20-38-39-47-48
10	H19-H20	**Bonne Nouvelle** (Bd de)	291 R. St-Denis	2 R. du Fbg Poissonnière	Strasbourg-St-Denis	20-38-39-47-48
10	H20	**Bonne Nouvelle** (Impasse)	20 Bd de Bonne Nouvelle	(en impasse)	Strasbourg-St-Denis	20-39
16	K9	**Bonnet** (Avenue du Colonel)	68 R. Raynouard	10 R. A. Bruneau	Kennedy R. France (RER C)	22-52-70
11	H23	**Bonnet** (Rue Louis)	35 R. de l'Orillon	79 Bd de Belleville	Belleville	46-75
18	B17	**Bonnet** (Rue)	3 Pas. St-Jules	22 R. J. Dollfus	Pte de St-Ouen	60-95-PC3
1	J18	**Bons Enfants** (Rue des)	192 R. St-Honoré	13 R. Col Driant	Palais Royal-Louvre	21-27-29-39-48-67-68-69-72-81-95
10	H21	**Bonsergent** (Place Jacques)	Bd de Magenta	R. L. Sampaix	Jacques Bonsergent	56-65
15	M13-N13	**Bonvin** (Rue François)	11 R. Miollis	60 R. Lecourbe	Sèvres-Lecourbe	39-70-80-89
1	J16-J17	**Bord de l'Eau** (Terrasse du)	Jard. des Tuilleries		Tuileries	24-68-69-72
3	I21	**Borda** (Rue)	33 R. Volta	10 R. Montgolfier	Arts et Métiers	20-75

17	A15-B15	**Borel** (Rue Émile)	9 Pl. A.Tzanck	18 Bd du Bois le Prêtre	Pte de St-Ouen	66
17	B16-A15	**Borel** (Square Émile)	R. Émile Borel	Pl. A. Tzanck	Pte de St-Ouen	66-PC3
17	E13	**Borel** (Rue Paul)	126 Bd Malesherbes	9 R. Daubigny	Malesherbes	31-53-94
20	I25-I26	**Borey** (Rue Elisa)	68 R. des Amandiers	26 R. Sorbier	Gambetta	62-69-96
16	J8	**Bornier** (Rue Henri De)	25 R. O. Feuillet	14 R. Franqueville	Av. H. Martin (RER C)	63-PC1
20	G27-H26	**Borrégo** (Rue du)	154 R. Pelleport	77 R. Haxo	Télégraphe	60-61-96
20	G27	**Borrégo** (Villa du)	33 R. du Borrégo	(en impasse)	Télégraphe	60
15	N13-O13	**Borromée** (Rue)	57 R. Blomet	222 R. de Vaugirard	Volontaires	39-70-80-88-89
16	M7	**Bosio** (Rue)	6 R. Poussin	21 R. P.Guérin	Michel Ange-Auteuil	52
7	J12-L13	**Bosquet** (Avenue)	Pl. de la Résistance	2 Pl. École Militaire	École Militaire	28-42-63-69-80-82-87-92
7	K13	**Bosquet** (Rue)	46 R. Cler	69 Av. Bosquet	École Militaire	28-69-80-92
7	J13	**Bosquet** (Villa)	167 R. de l'Université	(en impasse)	Pont de l'Alma (RER C)	42-63-80-92
15	O8	**Bossoutrot** (Rue Lucien)	Bd Gal M. Valin	R. du Gal Lucotte	Balard	42-88-PC1
10	F20	**Bossuet** (Rue)	11 R. La Fayette	3 R. de Belzunce	Gare du Nord	26-30-31-42-43-48-54-56
12	N24	**Bossut** (Rue Charles)	74 R. du Charolais	98 Av. Daumesnil	Dugommier	29
20	H25	**Botha** (Rue)	R. du Transvaal	(en impasse)	Pyrénées	26
7	K16	**Bottin** (Rue Sébastien)	19 R. de l'Université	(en impasse)	Rue du Bac	68-69
19	F25-G24	**Botzaris** (Rue)	15 R. Pradier	41 R. de Crimée	Buttes Chaumont	26-48-60
10	H20-H21	**Bouchardon** (Rue)	84 R. R. Boulanger	33 R. du Château d'Eau	Strasbourg-St-Denis	20-38-39-47
13	T21	**Boucher** (Square Hélène)	R. Fernand Widal	Av. Pte d'Italie	Pte d'Italie	47- PC1- PC2
1	J19	**Boucher** (Rue)	6 R. du Pt Neuf	21 R. Bourdonnais	Pont Neuf	21-58-67-69-70-72-74-76-81-85
14	R13-R14	**Bouchor** (Rue Maurice)	R. Prévost-Paradol	4 Av. de la Pte Didot	Pte de Vanves	58-PC1
15	M14	**Bouchut** (Rue)	5 R. Pérignon	4 R. Barthélemy	Sèvres-Lecourbe	28-39-70-89
15	N10	**Boucicaut** (Rue)	111 R. de Lourmel	3 R. Sarasate	Boucicaut	42-62
7	L16	**Boucicaut** (Square)	R. de Sèvres	R. de Babylone	Sèvres-Babylone	39-70-87
18	C21	**Boucry** (Rue)	Pl. Hébert	66 R. de la Chapelle	Pte de la Chapelle	60-65
16	L8	**Boudart** (Villa Patrice)	25 R. J. De La Fontaine	(en impasse)	Jasmin	22-52
20	H28	**Boudin** (Passage)	38 R. A. Penaud	20 R. de la Justice	St-Fargeau	PC2
16	L8-M8	**Boudon** (Avenue)	43 R. J. De La Fontaine	12 R. George Sand	Église d'Auteuil	22-52
9	H16	**Boudreau** (Rue)	7 R. Auber	28 R. de Caumartin	Auber	20-21-22-27-29-32-42-52-53-66-68-81-95
16	L7-M7	**Boufflers** (Avenue de)	12 Av. des Peupliers	5 Av. des Tilleuls	Michel Ange-Auteuil	52
7	K13	**Bougainville** (Rue)	17 Av. La Motte-Picquet	14 R. Chevert	École Militaire	28
15	O9	**Bouilloux Lafont** (Rue)	139 Av. Félix Faure	89 R. Leblanc	Balard	39-42-88-PC1
16	L8	**Boulainvilliers** (Hameau)	45 R. du Ranelagh	61 R. du Ranelagh	Ranelagh	22-52
16	K9-L9	**Boulainvilliers** (Rue de)	4 Pl. Clément Ader	101 R. de Passy	La Muette	22-32-52
9	E16-E17	**Boulanger** (Place Lili)	5 R. Ballu	36 R. de Vintimille	Place de Clichy	68-74-81
10	H21	**Boulanger** (Rue René)	16 Pl. de la République	2 R. du Fbg St-Martin	Strasbourg-St-Denis	20-38-39-47-56-65
5	M20	**Boulangers** (Rue des)	39 R. Linné	29 R. Monge	Jussieu	47-67-89
14	P17-Q16	**Boulard** (Rue)	11 R. Froidevaux	28 R. Brézin	Denfert-Rochereau	68-88
17	B15-C15	**Boulay** (Passage)	102 R. de la Jonquière	99 Bd Bessières	Pte de Clichy	54-74-PC3
17	C15	**Boulay** (Rue)	178 Av. de Clichy	79 R. de la Jonquière	Pte de Clichy	31-54-66-74
17	C15	**Boulay Level** (Square)	R. Boulay	R. Level	Pte de Clichy	54-66-74
12	L23	**Boule Blanche** (Passage)	47 R. de Charenton	50 R. du Fbg St-Antoine	Bastille	76-86
9	G19	**Boule Rouge** (Impasse de la)	7 R. Geoffroy Marie	(en impasse)	Grands Boulevards	42-67-74-85
9	G19	**Boule Rouge** (Rue de la)	4 R. de Montyon	16 R. G. Marie	Grands Boulevards	42-67-74-85
19	F28	**Bouleaux** (Avenue des)	Av. R. Fonck	Pl. du Maquis du Vercors	Porte des Lilas	61
19	E23-F23	**Bouleaux** (Square des)	64 R. de Meaux		Bolivar	48
11	L25-M26	**Boulets** (Rue des)	301 R. du Fbg St-Antoine	228 Bd Voltaire	Rue des Boulets	76
14	Q15	**Boulitte** (Rue)	95 R. Didot	(en impasse)	Plaisance	58
11	K23	**Boulle** (Rue)	32 Bd R. Lenoir	5 R. Froment	Bréguet Sabin	20-29-65-69
17	F12	**Boulnois** (Place)	6 R. Bayen	(en impasse)	Ternes	43-92-93
1	I18-J18	**Bouloi** (Rue du)	10 R. Croix des Petits Chps	27 R. de la Coquillière	Palais Royal-Louvre	29-48-67-74-85
16	I11	**Bouquet de Longchamp** (Rue)	26 R. de Longchamp	25 R. Boissière	Boissière	22-30-82
4	L20-L21	**Bourbon** (Quai de)	39 R. des Deux Ponts	1 R. J. du Bellay	Pont Marie	67
6	L17	**Bourbon le Château** (Rue)	26 R. de Buci	19 R. de l'Échaudé	Mabillon	63-86
17	D12	**Bourdais** (Rue Jules)	130 Bd Berthier	1 Av. Massard	Pereire	53-94-PC3
9	G18	**Bourdaloue** (Rue)	20 R. Châteaudun	1 R. St-Lazare	N.-D. de Lorette	26-43-67-74
12	M25-M26	**Bourdan** (Rue Pierre)	15 R. Dorian	150 Bd Diderot	Nation	57
15	N15	**Bourdelle** (Rue Antoine)	24 Av. du Maine	19 R. Falguière	Montparnasse-Bienv.	48-89-91-92-94-95-96
13	P19	**Bourdet** (Place Claude)	R. Pascal	R. Corvisart	Glacière	21
16	L9	**Bourdet** (Rue Maurice)	Pt de Grenelle	Av. du Pdt Kennedy	Kennedy R. France (RER C)	70-72
8	I13	**Bourdin** (Impasse)	1 R. de Marignan	(en impasse)	Franklin D. Roosevelt	42-80
4	L22-M22	**Bourdon** (Boulevard)	Pt Morland	46 Bd HenriIV	Bastille	86-87
1	J19	**Bourdonnais** (Impasse des)	37 R. Bourdonnais	(en impasse)	Châtelet	21-67-69-72-74-76-81-85
1	J19-K19	**Bourdonnais** (Rue des)	20 Q. de la Mégisserie	R. desHalles	Pont Neuf	21-58-67-70-72-74-75-81-85
19	E23-F23	**Bouret** (Rue)	15 R. E. Pailleron	10 Av. J. Jaurès	Bolivar	26-48-75
2	I20	**Bourg l'Abbé** (Passage du)	120 R. St-Denis	3 R. de Palestro	Étienne Marcel	29-38-47
3	I20-J20	**Bourg l'Abbé** (Rue du)	203 R. St-Martin	66 Bd Sébastopol	Étienne Marcel	20-29-38-39-47
4	K20	**Bourg Tibourg** (Place du)	R. de Rivoli	R. de la Verrerie	Hôtel de Ville	67-69-75-76-96
4	K20	**Bourg Tibourg** (Rue du)	42 R. de Rivoli	7 R. Ste-Croix la Br.	Hôtel de Ville	67-69-75-76-96
7	K11	**Bourgeois** (Allée Léon)	67 Q. Branly	2 Av. O. Gréard	Bir Hakeim	82
20	L27	**Bourges** (Rue Michel De)	42 R. des Vignoles	48 R. des Vignoles	Buzenval	57
13	T21	**Bourget** (Rue Paul)	Av. Pte d'Italie	(en impasse)	Pte d'Italie	47- PC1- PC2
7	J15-K15	**Bourgogne** (Rue de)	8 Pl. Palais Bourbon	84 R. de Varenne	Assemblée Nationale	63-69-83-84-94
12	N24	**Bourgoin** (Place du Colonel)	31 R. Rambouillet	157 R. de Charenton	Reuilly Diderot	29-57
13	R22	**Bourgoin** (Impasse)	31 R. Nationale	(en impasse)	Pte d'Ivry	83
13	R22	**Bourgoin** (Passage)	41 R. Chât. Rentiers	32 R. Nationale	Pte d'Ivry	83
13	S20-S21	**Bourgon** (Rue)	140 Av. d'Italie	41 R. Damesme	Maison Blanche	47
7	J13	**Bourguiba** (Esplanade Habib)	Pt de l'Alma	Pt des Invalides	Invalides	28-42-63-80-83-92-93
14	R14	**Bournazel** (Rue Henry De)	64 Bd Brune	Av. M. d'Ocagne	Pte de Vanves	58-PC1
13	S21-T21	**Bourneville** (Rue du Docteur)	1 Bd Kellermann	2 Av. Pte d'Italie	Pte d'Italie	47-PC1
17	E15	**Boursault** (Impasse)	7 R. Boursault	2 Imp. Boursault	Rome	30-53
17	E15	**Boursault** (Rue)	62 Bd des Batignolles	1 Pl. C. Fillion	Rome	30-53-66
2	H18	**Bourse** (Place de la)	19 R. N.-D. des Victoires	24 R. Vivienne	Bourse	20-29-39-48-67-74-85
2	H18	**Bourse** (Rue de la)	29 R. Vivienne	78 R. de Richelieu	Bourse	20-29-39-48-67-74-85
15	O12-O13	**Bourseul** (Rue)	12 R. des Favorites	17 R. d'Alleray	Vaugirard	88
13	R18-S19	**Boussingault** (Rue)	12 Pl. de Rungis	1 R. de l'Aml Mouchez	Glacière	21-62-67

Arr.	Plan	Nom	Début	Fin	Métro	Bus
4	L20	**Boutarel** (Rue)	34 Q. d'Orléans	75 R. St-Louis-en-l'Ile	Pont Marie	24-67
5	L19	**Boutebrie** (Rue)	15 R. de la Parcheminerie	90 Bd St-Germain	Cluny La Sorbonne	63-86-87
13	Q18	**Boutin** (Rue)	116 R. de la Glacière	121 R. de la Santé	Glacière	21
12	M23-N24	**Bouton** (Rue Jean)	16 R. Hector Malot	R. P.H. Grauwin	Gare de Lyon	29-57
10	F21-G21	**Boutron** (Impasse)	172 R. du Fbg St-Martin	(en impasse)	Gare de l'Est	46
13	S23-S24	**Boutroux** (Avenue)	15 Av. Pte de Vitry	13 Av. C. Regaud	Pte d'Ivry	27-83-PC1- PC2
7	K12	**Bouvard** (Avenue Joseph)	Pl. du Gal Gouraud	35 Av. de Suffren	École Militaire	42-69-82-87
5	M19	**Bouvart** (Impasse)	8 R. de lanneau	(en impasse)	Maubert-Mutualité	63-86-87
11	L25	**Bouvier** (Rue)	45 R. des Boulets	R. Chanzy	Rue des Boulets	56
11	L26-M26	**Bouvines** (Avenue de)	9 Pl. de la Nation	100 R. de Montreuil	Nation - Avron	56-57-86
11	M26	**Bouvines** (Rue de)	4 R. de Tunis	1 Av. de Bouvines	Nation	56-57-86
10	F22-G22	**Boy Zelenski** (Rue)	R. de l'Écluse St-Martin	Pl. Robert Desnos	Colonel Fabien	46-75
20	H26-I26	**Boyer** (Rue)	42 R. de la Bidassoa	92 R. Ménilmontant	Gambetta	26-96
14	P15-Q15	**Boyer Barret** (Rue)	93 R. R. Losserand	21 Cité Bauer	Pernety	58
16	K10	**Boylesve** (Avenue René)	Av. du Pdt Kennedy	Av. Marcel Proust	Passy	72
10	H20	**Brady** (Passage)	43 R. du Fbg St-Martin	46 R. du Fbg St-Denis	Château d'Eau	38-39-47
12	O26	**Brahms** (Rue)	181 Av. Daumesnil	9 Al. Vivaldi	Daumesnil	29
12	O27	**Braille** (Rue Louis)	4 Bd de Picpus	113 Av. du Gal M. Bizot	Bel Air	29-62
15	R12	**Brancion** (Porte de)	Bd Périphérique		Pte de Vanves	95-PC1
15	P13-Q12	**Brancion** (Rue)	6 Pl. d'Alleray	167 Bd Lefebvre	Pte de Vanves	62-88-89-95-PC1
15	R12	**Brancion** (Square)	88 Av. A. Bartholo.	(en impasse)	Pte de Vanves	95-PC1
14	O15	**Brancusi** (Place Constantin)	R. de l'Ouest	R. Jules Guesde	Gaîté	88-91
7	J12-K11	**Branly** (Quai)	Pl. de la Résistance	1 Bd de Grenelle	Bir Hakeim	42-63-72-80-82-92
15	J12-K11	**Branly** (Quai)	Pl. de la Résistance	1 Bd de Grenelle	Bir Hakeim	72-82
3	J20	**Brantôme** (Passage)	R. Brantôme	R. Rambuteau	Rambuteau	29-38-47-75
3	J20	**Brantôme** (Rue)	46 R. Rambuteau	11 R. Grenier St-Lazare	Rambuteau	29-38-47-75
14	S17	**Braque** (Rue Georges)	14 R. Nansouty	(en impasse)	Cité Univ. (RER B)	88
3	J20-J21	**Braque** (Rue de)	47 R. desArchives	68 R. du Temple	Rambuteau	29-75
13	Q19	**Brassaï** (Jardin)	Bd A. Blanqui	R. Eugène Atget	Corvisart	57-67
15	Q12	**Brassens** (Parc Georges)	R. de Dantzig	R. Brancion	Pte de Vanves	89-95
13	P23	**Braudel** (Rue Fernand)	Bd Vincent Auriol	R. Raymon Aron	Quai de la Gare	89
15	L10	**Brazzaville** (Place de)	41 Q. de Grenelle	26 R. Émeriau	Bir Hakeim	42
6	N16-N17	**Bréa** (Rue)	19 R. Vavin	143 Bd Raspail	Vavin	38-38-82-91
13	S23	**Bréal** (Rue Michel)	R. Dupuy de Lôme	65 Bd Masséna	Pte d'Ivry	27-83-PC1-PC2
12	O26-P26	**Brèche aux Loups** (Rue de la)	255 R. de Charenton	93 R. C. Decaen	Daumesnil	29-46-62-87
17	B16	**Bréchet** (Rue André)	11 Av. Pte St-Ouen	9 R. Pont à Mousson	Pte de St-Ouen	66-81-PC3
11	K23	**Bréguet** (Rue)	24 R. St-Sabin	29 R. Popincourt	Bréguet Sabin	20-29-56-65-69
11	K23	**Bréguet Sabin** (Square)	Bd Richard-Lenoir		Bréguet Sabin	20-29-65-69
17	E13	**Brémontier** (Rue)	Pl. Mgr Loutil	Pl. d'Israël	Wagram	31-94
17	E13	**Brésil** (Place du)	62 Av. de Villiers	139 Av. Wagram	Wagram	31
16	O7	**Bresse** (Square de la)	140 Bd Murat	(en impasse)	Pte de St-Cloud	22-72-PC1
3	I21-J22	**Bretagne** (Rue de)	103 R. de Turenne	158 R. duTemple	Temple	20-75-96
7	L14-M14	**Breteuil** (Avenue de)	7 Pl. Vauban	69 Bd Garibaldi	Sèvres-Lecourbe	28-39-70-82-87-89-92
15	L14-M14	**Breteuil** (Avenue de)	7 Pl. Vauban	69 Bd Garibaldi	Sèvres-Lecourbe	28-39-70-89
7	M14	**Breteuil** (Place de)	74 Av. de Breteuil	50 Av. de Saxe	St-Franç. Xavier	28-39-70-89
15	M14	**Breteuil** (Place de)	74 Av. de Breteuil	50 Av. de Saxe	Sèvres-Lecourbe	28-39-70-89
1	J19	**Breton** (Allée André)	R. Rambuteau	Pte du Pont Neuf	Châtelet-Les Halles	29
13	O21	**Breton** (Rue Jules)	166 R. Jeanne d'Arc	35 Bd St-Marcel	Campo Formio	67-91
20	I27	**Bretonneau** (Rue)	78 R. Pelleport	25 R. LeBua	Pelleport	60-61
10	H23	**Bretons** (Cour des)	99 R. du Fbg duTemple	(en impasse)	Goncourt - Belleville	46-75
4	L21	**Bretonvilliers** (Rue de)	14 Q. de Béthune	7 R. St-Louis en l'Ile	Pont Marie	67-86-87
17	G11-G12	**Brey** (Rue)	19 Av. de Wagram	13 R. Montenotte	Rome	30-31-92
14	Q16	**Brézin** (Rue)	46 Av. du Gal Leclerc	171 Av. du Maine	Mouton-Duvernet	28-38-58-68
7	J15	**Briand** (Rue Aristide)	243 Bd St-Germain	110 R. de l'Université	Assemblée Nationale	24-63-73-83-84-94
9	G18-G19	**Briare** (Impasse)	7 R. Rochechouart	(en impasse)	Cadet	42-85
17	E15	**Bridaine** (Rue)	39 R. Truffaut	48 R. Boursault	Rome	53-66
19	F23	**Brie** (Passage de la)	43 R. Meaux	9 R. de Chaumont	Bolivar	26
12	N27	**Briens** (Sentier)	54 Bd de Picpus	39 R. Sibuet	Picpus	29-56-62
17	B16-C16	**Brière** (Rue Arthur)	117 Av. de St-Ouen	10 R. J. Leclaire	Guy Môquet	81
16	I12	**Brignole** (Rue)	16 Av. du Pdt Wilson	8 Av. Pierre Ier de Serbie	Iéna	32-63
16	I12	**Brignole Galliera** (Square)	Av. du Pdt Wilson	R. Brignole	Iéna	32-63-92
13	R18-S20	**Brillat Savarin** (Rue)	42 R. des Peupliers	41 R. Boussingault	Maison Blanche	21-62-67
19	E23	**Brindeau** (Allée du)	11 R. de la Moselle	(en impasse)	Laumière	60
18	E19	**Briquet** (Passage)	3 R. Seveste	2 R. Briquet	Anvers	30-54-85
18	E19	**Briquet** (Rue)	66 Bd de Rochechouart	27 R. d'Orsel	Anvers	30-54-85
14	Q13-R13	**Briqueterie** (Rue de la)	223 R. R. Losserand	19 Bd Brune	Pte de Vanves	58-PC1
4	J20-K20	**Brisemiche** (Rue)	10 R. du Cloître St-Merri	Pl. G. Pompidou	Hôtel de Ville	38-47-75
4	M22	**Brissac** (Rue de)	10 Bd Morland	5 R. Crillon	Sully-Morland	67-86-87
18	B17	**Brisson** (Rue Henri)	156 Bd Ney	12 R. Arthur Ranc	Pte de St-Ouen	60-95-PC3
16	I12	**Brisson** (Place Pierre)	R. Goethe	19 Av. Marceau	Alma-Marceau	32-92
20	H26	**Brizeux** (Square)	48 R. de la Chine	136 R. de Ménilmontant	Pelleport	26-60-96
5	O19	**Broca** (Rue)	13 R. C. Bernard	34 Bd Arago	Censier-Daubenton	21-27-47-83-91
13	O19	**Broca** (Rue)	14 R. C. Bernard	34 Bd Arago	Censier-Daubenton	21-27-47-83-91
8	F13	**Brocard** (Place du Général)	R. de Courcelles	Av. Hoche	Courcelles	84
17	D15	**Brochant** (Rue)	16 Pl. C. Fillion	127 Av. de Clichy	Brochant	31-54-66-74
13	P22	**Broglie** (R. Maurice et Louis De)	R. Louise Weiss	108 R. Chevaleret	Chevaleret	89
2	H18	**Brongniart** (Rue)	133 R. Montmartre	R. N.-D. des Victoires	Grands Boulevards	48-67-74-85
4	K20	**Brosse** (Rue de)	Q. de l'Hôtel de Ville	1 Pl. St-Gervais	Hôtel de Ville	67-69-75-76-96
5	N19	**Brossolette** (Rue Pierre)	6 Pl. Lucien Herr	R. Rataud	Censier-Daubenton	21-27
16	L8-M8	**Brottier** (Rue du Père)	R. J. De La Fontaine	R. Th. Gautier	Église d'Auteuil	22-52
7	K12	**Brouardel** (Av. du Docteur)	Al. Tomy Thierry	35 Av. de Suffren	Ch. de Mars-Tr Eiffel (RER C)	42-69-82-87
18	D18	**Brouillards** (Allée des)	13 R. Girardon	4 R. S. Dereure	Lamarck-Caulaincourt	80-Montmartrobus
14	Q18-R18	**Broussais** (Rue)	29 R. Dareau	11 R. d'Alésia	Denfert-Rochereau	62
20	B15-C15	**Brousse** (R. du Docteur Paul)	94 R. de la Jonquière	95 Bd Bessières	Pte de Clichy	54-74-PC3
15	N14-O15	**Brown Séquard** (Rue)	45 R. Falguière	48 Bd Vaugirard	Pasteur	48-88-91-95
18	E17	**Bruant** (Rue Aristide)	38 R. Véron	59 R. des Abbesses	Abbesses	Montmartrobus
13	P22	**Bruant** (Rue)	62 Bd V. Auriol	10 R. Jenner	Chevaleret	27
16	G10-H9	**Bruix** (Boulevard de l'Amiral)	Pl. du Mal de Lattre de Tassigny	161 Av. Malakoff	Pte Maillot	73-82-PC1
14	Q17	**Bruller** (Rue)	22 R. St-Gothard	37 Av. René Coty	Alésia	62-88

12	M24	**Brulon** (Passage)	37 R. de Côteaux	64 R. Crozatier	Faidherbe-Chaligny	86
14	R13-S16	**Brune** (Boulevard)	185 Bd Lefebvre	Pl. du 25 Août 1944	Pte de Vanves	58-68-89
14	R15	**Brune** (Villa)	72 R. des Plantes	(en impasse)	Pte d'Orléans	58-PC1
16	K9	**Bruneau** (Rue Alfred)	24 R. des Vignes	3 Pl. Chopin	La Muette	22-32-52
17	F10-G11	**Brunel** (Rue)	40 Av. de la Gde Armée	235 Bd Péreire	Pte Maillot	73
13	R24-R25	**Bruneseau** (Rue)	Q. d'Ivry	5 Bd Masséna	Bibl. F. Mitterrand	PC1-PC2
17	B16	**Brunet** (Rue Frédéric)	36 Bd Bessières	R. A. Bréchet	Pte de St-Ouen	66-81-PC3
19	E26-F25	**Brunet** (Rue du Général)	42 R. de Crimée	125 Bd Sérurier	Danube - Botzaris	48-60-75
19	E26	**Brunet** (Porte)	Av. de la Porte Brunet	Bd d'Algérie	Danube	75-PC2-PC3
17	C13-D12	**Brunetière** (Avenue)	15 Av. Pte d'Asnières	16 R. J. Bourdais	Pereire	53-94-PC3
14	R15	**Bruno** (Rue Giordano)	68 R. des Plantes	29 R. Ledion	Pte d'Orléans	58-PC1
14	P16	**Brunot** (Pl. et sq. Ferdinand)	R. Durouchoux	R. Saillard	Mouton-Duvernet	28-58
12	N24	**Brunoy** (Passage)	R. P. H. Grauwin	11 Pas. Raguinot	Gare de Lyon	29-57
9	E16-E17	**Bruxelles** (Rue de)	5 Pl. Blanche	78 R. de Clichy	Place de Clichy	30-54-68-74-81
8	F16	**Bucarest** (Rue de)	59 R. d'Amsterdam	20 R. Moscou	Liège	66-80-81-95
5	L19	**Bûcherie** (Rue de la)	2 R. F. Sauton	1 R. du Pont	St-Michel	24-47
6	L18	**Buci** (Carrefour de)	R. Dauphine	R. de l'Anc. Comédie	Odéon	58-70
6	L17-L18	**Buci** (Rue de)	2 R. de l'Anc. Comédie	160 Bd St-Germain	Mabillon	58-70-86-87
8	F16	**Budapest** (Place de)	R. d'Amsterdam	R. de Budapest	Liège - St-Lazare	26-43-81-95
9	F16	**Budapest** (Place de)	R. d'Amsterdam	R. de Budapest	Liège - St-Lazare	26-43-81-95
9	G16	**Budapest** (Rue de)	96 R. St-Lazare	Pl. de Budapest	St-Lazare	53-66-80-95
4	L20	**Budé** (Rue)	10 Q. d'Orléans	45 R. St-Louis-en-l'Ile	Pont Marie	67
18	D20	**Budin** (Rue Pierre)	49 R. Léon	54 R. des Poissonniers	Marcadet-Poissonniers	60
7	K11	**Buenos Aires** (Rue de)	Av. Léon Bourgeois	3 Av. de Suffren	Ch. de Mars-Tr Eiffel (RER C)	82
9	G18	**Buffault** (Rue)	46 R. du Fbg Montmartre	11 R. Lamartine	Le Peletier	42-48-67-74-85
5	N22-O20	**Buffon** (Rue)	2 Bd de l'Hôpital	34 R. G. St-Hilaire	Gare d'Austerlitz	57-61-67-89-91
16	H10-H9	**Bugeaud** (Avenue)	8 Pl. Victor Hugo	77 Av. Foch	Victor Hugo	52-82-PC1
16	M7-M8	**Buis** (Rue du)	2 R. Chardon Lagache	11 R. d'Auteuil	Église d'Auteuil	22-52-62
16	O5-P6	**Buisson** (Avenue Ferdinand)	Av. G.Lafont	Av. Pte de St-Cloud	Pte de St-Cloud	72
18	D18	**Buisson** (Square Suzanne)	R. Girardon	(en impasse)	Lamarck-Caulaincourt	80-Montmartrobus
10	H23	**Buisson Saint-Louis** (Pass.)	5 R. du Buisson St-Louis	17 R. Buisson St-Louis	Goncourt - Belleville	46-75
10	G23-H23	**Buisson Saint-Louis** (Rue du)	192 R. St-Maur	25 Bd de la Villette	Goncourt - Belleville	46-75
7	K13	**Bülher** (Square Denys)	R. de Grenelle		La Tour-Maubourg	28-69
10	H21	**Bullet** (Rue Pierre)	52 R. du Château d'Eau	1 R. Hittorff	Château d'Eau	38-39-47
11	K24-L23	**Bullourde** (Passage)	14 R. Keller	15 Pas. C. Dallery	Ledru-Rollin	61-69-76
13	R19	**Buot** (Rue)	7 R. de l'Espérance	12 R. M. Bernard	Corvisart	57-62-67
11	L26	**Bureau** (Impasse du)	52 Pas. du Bureau	(en impasse)	Alexandre Dumas	76
11	K26	**Bureau** (Passage du)	168 R. de Charonne	R. R. et S. Delaunay	Alexandre Dumas	76
19	G23	**Burnouf** (Rue)	66 Bd de la Villette	87 Av. S. Bolivar	Colonel Fabien	26
18	D18-E17	**Burq** (Rue)	48 R. des Abbesses	(en impasse)	Abbesses	Montmartrobus
13	Q19-Q20	**Butte aux Cailles** (Rue de la)	2 Pl. P. Verlaine	29 R. Barrault	Corvisart	57-67
19	E26-E27	**Butte du Chapeau Rouge** (Square de la)	Bd d'Algérie		Danube	PC2-PC3
19	F25-G24	**Buttes Chaumont** (Parc des)	R. Manin	R. Botzaris	Buttes Chaumont	26-48-60-75
19	F25	**Buttes Chaumont** (Villa des)	73 R. de la Villette	(en impasse)	Botzaris	48-60
18	C22-D22	**Buzelin** (Rue)	72 R. Riquet	13 R. de Torcy	Marx Dormoy	60
20	K27-L27	**Buzenval** (Rue de)	25 R. Lagny	94 R. A. Dumas	Buzenval	57
8	G12	**Byron** (Rue Lord)	11 R. Chateaubriand	6 R. A. Houssaye	Ch. de Gaulle Etoile	22-52

C

Arr.	Plan	Rues / Streets	Comencant	Finissant	Métro	Bus
15	M12	**Cabanel** (Rue Alexandre)	26 Av. Lowendal	1 Bd Garibaldi	Cambronne	80
14	Q18	**Cabanis** (Rue)	66 R. de la Santé	5 R. Broussais	Glacière	21-88
13	S19	**Cacheux** (Rue)	94 Bd Kellermann	41 R. des Longues Raies	Cité Univ. (RER B)	67-PC1
13	P18-P19	**Cachot** (Square Albin)	141 R. Nordmann		Glacière	21-83
9	G18-G19	**Cadet** (Rue)	34 R. du Fbg Montmartre	1 R. Lamartine	Cadet	26-32-42-43-48-85
13	Q24	**Cadets de la France Libre** (Rue des)	R. Thomas Mann	R. des Gds Moulins	Bibl. F. Mitterrand	89
13	P18	**Cadiou** (Square Henri)	69 Bd Arago		Glacière	21-83
15	P11	**Cadix** (Rue de)	17 R. du Hameau	372 R. de Vaugirard	Pte de Versailles	39-80-PC1
18	E19	**Cadran** (Impasse du)	52 Bd de Rochechouart	(en impasse)	Anvers	30-54-85
3	I21-J21	**Caffarelli** (Rue)	44 R. de Bretagne	3 R. Perrée	Temple	75
13	S19-S20	**Caffieri** (Avenue)	8 R. de la Pot. des Peupliers	7 R. Thomire	Maison Blanche	57-PC1
19	E26	**Cahors** (Rue de)	116 Bd Sérurier	Av. A. Rendu	Pte de Pantin	75-PC2-PC3
10	E21	**Cail** (Rue)	19 R. P. de Girard	R. du Fbg St-Denis	La Chapelle	48-65
13	S21	**Caillaux** (Rue)	59 Av. de Choisy	111 Av. d'Italie	Maison Blanche	47
15	M10	**Caillavet** (Rue Gaston De)	65 Q. de Grenelle	51 R. Émeriau	Ch. Michels	42-70
12	N29	**Cailletet** (Rue)	27 R. Mangenot	R. P. Bert	St-Mandé Tourelle	56-86
18	E22	**Caillié** (Rue)	8 Bd de la Chapelle	25 R. du Département	Stalingrad	48
14	R15	**Cain** (Rue Auguste)	56 Av. J. Moulin	67 R. des Plantes	Pte d'Orléans - Alésia	58-PC1
3	K21	**Cain** (Square Georges)	R. Payenne	(en impasse)	St-Paul	29
8	G15	**Caire** (Avenue César)	Pl. St-Augustin	11 R. Bienfaisance	St-Augustin	22-28-32-43-80-94
2	I19-I20	**Caire** (Passage du)	237 R. St-Denis	R. Sainte-Foy	Réaumur-Sébastopol	20-38-39-47
2	I19	**Caire** (Place du)	R. d'Aboukir	R. du Caire	Sentier	20-39
2	I19-I20	**Caire** (Rue du)	111 Bd Sébastopol	6 R. de Damiette	Sentier	20-38-39-47
9	E17	**Calais** (Rue de)	65 R. Blanche	3 Pl. Adolphe Max	Place de Clichy	68-74
16	J10	**Callas** (Allée Maria)	2 Av. Georges Mandel		Trocadéro	63
16	I12	**Callas** (Place Maria)	Av. de New York	Pl. de l'Alma	Alma-Marceau	42-63-72-80-92
6	K18	**Callot** (Rue Jacques)	42 R. Mazarine	47 R. de Seine	Mabillon	58-70
18	C18	**Calmels** (Impasse)	12 R. du Pôle Nord	(en impasse)	Lamarck-Caulaincourt	31-60-95
18	C18	**Calmels** (Rue)	41 R. du Ruisseau	38 R. Montcalm	Lamarck-Caulaincourt	31-60-95
18	C18	**Calmels Prolongée** (Rue)	3 R. du Pôle Nord	10 Cité Nollez	Lamarck-Caulaincourt	31-60-95
15	Q12	**Calmette** (Sq. du Docteur)	80 Bd Lefebvre	Av. A. Bartholomé	Pte de Vanves	89-PC1
18	E18	**Calvaire** (Place du)	1 R. du Calvaire	13 R. Poulbot	Abbesses	Montmartrobus
18	D18-E18	**Calvaire** (Rue du)	20 R. Gabrielle	11 Pl. du Tertre	Abbesses	Montmartrobus
5	N19	**Calvin** (Rue Jean)	94 R. Mouffetard	Pl. Lucien Herr	Censier-Daubenton	21-27

8	G15-H15	**Cambacérès** (Rue)	1 Pl. des Saussaies	15 R. La Boétie	Miromesnil	28-32-80
19	F26	**Cambo** (Rue de)	14 R. des Bois	(en impasse)	Pré St-Gervais	48
20	I26-I27	**Cambodge** (Rue du)	83 Av. Gambetta	58 R. Orfila	Gambetta	26-60-61-69
1	H16-I16	**Cambon** (Rue)	244 R. de Rivoli	23 R. des Capucines	Madeleine - Concorde	42-52
19	B24-C23	**Cambrai** (Rue de)	68 R. de l'Ourcq	27Q. de la Gironde	Crimée	54-60
15	M12	**Cambronne** (Place)	168 Bd de Grenelle	2 Bd Garibaldi	Cambronne	80
15	M12-O13	**Cambronne** (Rue)	4 Pl. Cambronne	230 R. de Vaugirard	Vaugirard	39-70-80-88-89
15	M12	**Cambronne** (Square)	Av. de Lowendal	Pl. Cambronne	Cambronne	80
14	Q13	**Camélias** (Rue des)	197 R. R. Losserand	9 R. des Arbustes	Pte de Vanves	95
16	J10	**Camoëns** (Avenue de)	4 Bd Delessert	14 R. B. Franklin	Passy	32-72
7	K12	**Camou** (Rue du Général)	22 Av. Rapp	33 Av. de La Bourdonnais	Pont de l'Alma (RER C)	42
14	O17	**Campagne Première** (Rue)	146 Bd du Montparnasse	237 Bd Raspail	Raspail	68-91
13	P21	**Campo Formio** (Rue de)	2 Pl. Pinel	123 Bd de l'Hôpital	Campo Formio	27-57-67
15	Q13	**Camulogène** (Rue)	9 R. Chauvelot	(en impasse)	Pte de Vanves	95-PC1
10	F22	**Camus** (Rue Albert)	Pl. du Col. Fabien	Pl. Robert Desnos	Colonel Fabien	46-75
8	I14	**Canada** (Place du)	Cours la Reine	Cours Albert Ier	Champs-Elysées-Clem.	28-72-83-93
18	D21	**Canada** (Rue du)	8 R. Riquet	5 R. de la Guadeloupe	Marx Dormoy	60-65
10	G21	**Canal** (Allée du)	Quai de Valmy	Av. de Verdun	Gare de l'Est	46
12	M28-N28	**Canart** (Impasse)	34 R. de la Voûte	(en impasse)	Pte de Vincennes	26-86-PC2
11	L24	**Candie** (Rue de)	20 R. Trousseau	9 R. de la Forge Royale	Ledru-Rollin	86
5	O20	**Candolle** (Rue de)	43 R. Censier	37 R. Daubenton	Censier-Daubenton	47
6	L17	**Canettes** (Rue des)	27 R. du Four	6 Pl. St-Sulpice	St-Germain-des-Prés	24-63-70-86-87
14	P14	**Cange** (Rue du)	4 R. Desprez	R. de Gergovie	Pernety	62-88-95
6	M17	**Canivet** (Rue du)	10 R. Servandoni	3 R. H. de Jouvenel	St-Sulpice	84
12	O26-O27	**Cannebière** (Rue)	72 R. C. Decaen	188 Av. Daumesnil	Daumesnil	46
13	R23-R24	**Cantagrel** (Rue)	11 R. Chevaleret	45 R. de Tolbiac	Bibl. F. Mitterrand	27-62
11	L23	**Cantal** (Cour du)	22 R. de la Roquette	22 R. de Lappe	Bastille	69
19	D25	**Cantate** (Villa)	R. Jean Kosma	(en impasse)	Ourcq	60
5	N20	**Capitan** (Square)	R. des Arènes		Jussieu	67-89
18	E20	**Caplat** (Rue)	32 R. de la Charbonnière		Barbès-Rochechouart	30-31-54-56-85
12	P27	**Capri** (Rue de)	59 R. de Wattignies	43 R. C. Decaen	Michel Bizot	87
18	E16	**Capron** (Rue)	18 Av. de Clichy	17 R. Forest	Place de Clichy	30-54-74-80-81-95
2	H16-H17	**Capucines** (Boulevard des)	25 R. Louis le Grand	24 R. des Capucines	Opéra	20-21-22-27-29-32-42-52-53-66-68-81-95
9	H16-H17	**Capucines** (Boulevard des)	25 R. Louis le Grand	24 R. des Capucines	Opéra	20-21-22-27-29-32-42-52-53-66-68-81-95
1	H16-H17	**Capucines** (Rue des)	1 R. de la Paix	43 Bd des Capucines	Opéra	42-52
2	H16-H17	**Capucines** (Rue des)	1 R. de la Paix	43 Bd des Capucines	Opéra	42-52
16	L6	**Capus** (Square Alfred)	116 Bd Suchet	25 Av. du Mal Lyautey	Pte d'Auteuil	32-PC1
15	O12	**Carcel** (Rue)	5 R. Maublanc	5 R. Gerbert	Vaugirard	70-80-88
18	D20	**Carco** (Rue Francis)	26 R. Doudeauville	66 R. Stephenson	Marx Dormoy	60
17	C15	**Cardan** (Rue)	7 R. Émile Level	6 R. Boulay	Pte de Clichy	31-54-66-74
20	K28	**Cardeurs** (Square des)	33 R. St-Blaise	(en impasse)	Pte de Montreuil	26-57-PC2
6	L17	**Cardinale** (Rue)	3 R. de Furstenberg	2 R. de l'Abbaye	St-Germain-des-Prés	58-63-70-86
17	D14-E14	**Cardinet** (Passage)	74 R. de Tocqueville	127 R. Cardinet	Malesherbes	31-53
17	C15-F12	**Cardinet** (Rue)	78 Av. de Wagram	151 Av. de Clichy	Brochant	31-53-54-66-74-84-94
19	B23	**Cardinoux** (Allée des)	212 Bd Macdonald	81 R. Émile Bollaert	Pte de la Chapelle	54-65-PC3
19	F25-G25	**Carducci** (Rue)	45 R. de la Villette	22 R. des Alouettes	Jourdain	48-60
1	J19	**Carême** (Passage Antoine)	Pas. des Lingères	R. St-Honoré	Châtelet	21-67-69-72-74-76-81-85
5	M19	**Carmes** (Rue des)	49 Bd St-Germain	20 R. de l'Éc. Polytech.	Maubert-Mutualité	24-47-63-86-87
19	F26	**Carnot** (Villa Sadi)	40 R. de Mouzaïa	25 R. de Bellevue	Pré St-Gervais	48-60-75-PC2-PC3
17	G11	**Carnot** (Avenue)	Pl. Ch. de Gaulle	30 R. des Acacias	Ch. de Gaulle-Étoile	73-92
12	M29-N29	**Carnot** (Boulevard)	14 Pte Vincennes	23 Av. E. Laurent	St-Mandé Tourelle	29-86
17	E16	**Caroline** (Rue)	7 R. Darcet	6 R. des Batignolles	Place de Clichy	30-66-80-95
19	F27	**Carolus-Duran** (Rue)	6 R. de l'Orme	143 R. Haxo	Télégraphe	48-PC2-PC3
4	K21	**Caron** (Rue)	86 R. St-Antoine	5 R. de Jarente	St-Paul	29-69-76-96
18	C17-D16	**Carpeaux** (Rue)	2 R. Étex	37 R. E. Carrière	Guy Môquet	95
18	C17	**Carpeaux** (Square)	R. Joseph de Maistre	R. Marceau	Guy Môquet	31-60-95
5	M19	**Carré** (Jardin)	R. Descartes		Card. Lemoine	47-63-86-87-89
8	H12	**Carré d'Or** (Galerie)	Av. George V	(en impasse)	George V	73
1	J18	**Carrée** (Cour)	Palais du Louvre		Louvre Rivoli	21-24-27-67-69-72-74-76-81-85
19	E24	**Carrel** (Place Armand)	73 R. Manin	71 R. Meynadier	Laumière	48-60-75
19	E23-E24	**Carrel** (Rue Armand)	3 Pl. A. Carrel	Av. J. Jaurès	Jaurès	26-48-60-75
15	M12-M13	**Carrier Belleuse** (Rue)	8 Bd Garibaldi	13 R. Cambronne	Cambronne	80
18	C17-D17	**Carrière** (Rue Eugène)	44 R. J. de Maistre	R. Vauvenargues	Lamarck-Caulaincourt	80-95
11	K25	**Carrière Mainguet** (Impasse)	R. Carrière Mainguet	(en impasse)	Charonne	56-76
11	K25	**Carrière Mainguet** (Rue)	54 R. Léon Frot	37 R. Émile Lepeu	Charonne	56-76
16	K10-K9	**Carrières** (Impasse des)	24 R. de Passy	(en impasse)	Passy	32
19	E26	**Carrières d'Amérique** (Rue)	46 R. Manin	139 Bd Sérurier	Danube	75-PC2-PC3
7	L12	**Carriès** (Rue Jean)	Al. Tomy Thierry	61 Av. Suffren	La Motte-P.-Grenelle	82
1	J17	**Carrousel** (Jardin du)	Av. Lemonier	Pl. du Carrousel	Palais Royal-Louvre	24-27-39-68-69-72-95
1	J17	**Carrousel** (Place du)	172 R. de Rivoli	Q. du Louvre	Palais Royal-Louvre	27-39-68-69-95
1	J17-K17	**Carrousel** (Pont du)	Q. F. Mitterrand	Q. Malaquais	Musée d'Orsay (RER C)	24-27-39-68-69-72-95
6	J17-K17	**Carrousel** (Pont du)	Q. F. Mitterrand	Q. Malaquais	Musée d'Orsay (RER C)	24-27-39-68-69-72-95
7	J17-K17	**Carrousel** (Pont du)	Q. F. Mitterrand	Q. Malaquais	Musée d'Orsay (RER C)	24-27-39-68-69-72-95
20	I29-J29	**Cartellier** (Avenue)	Pte de Bagnolet	Av. de la République	Pte de Bagnolet	57-76-PC2
18	C16-C17	**Cartier** (Rue Jacques)	228 R. Championnet	20 R. Lagille	Guy Môquet	31-81
14	Q14-R15	**Carton** (Rue de l'Abbé)	5 R. des Suisses	60 R. des Plantes	Plaisance	58-62
15	O10-O11	**Casablanca** (Rue de)	190 R. de la Croix Nivert	(en impasse)	Boucicaut	39-62-80
18	D18	**Casadesus** (Place)	10 Al. Brouillards	4 R. S. Dereure	Lamarck-Caulaincourt	80-Montmartrobus
15	M10	**Casals** (Square Pablo)	R. Émeriau	R. Ginoux	Charles Michels	42
13	Q23	**Casals** (Rue Pau)	R. Émile Durkheim	R. Neuve Tolbiac	Bibl. F. Mitterrand	89
1	I17	**Casanova** (Rue Danielle)	31 Av. de l'Opéra	2 R. de la Paix	Opéra	21-27-29-68-81-95
2	I17	**Casanova** (Rue Danielle)	31 Av. de l'Opéra	2 R. de la Paix	Opéra	21-27-29-68-81-95
20	G25-H26	**Cascades** (Rue des)	101 R. de Ménilmontant	82 R. de la Mare	Jourdain	26-96
20	I28	**Casel** (Rue Émile-Pierre)	17 R. Belgrand	13 R. Géo Chavez	Pte de Bagnolet	76-PC2
6	L17-M17	**Cassette** (Rue)	71 R. de Rennes	66 R. de Vaugirard	St-Sulpice	89-95-96
1	J19	**Cassin** (Place René)	R. Rambuteau	R. St-John Perse	Les Halles	29-67-74-85
14	O17-P18	**Cassini** (Rue)	32 R. du Fbg St-Jacques	Av. Denfert-Rochereau	Denfert-Rochereau	38

Arr.	Plan	Rue	Début	Fin	Métro	Bus
15	P14-Q12	**Castagnary** (Rue)	6 Pl. Falguière	107 R. Brancion	Plaisance	62-88-95
15	Q13	**Castagnary** (Square)	R. J. Baudry	R. Castagnary	Pte de Vanves	95
20	L27	**Casteggio** (Impasse de)	21 R. des Vignoles	(en impasse)	Buzenval	57
12	M23	**Castelar** (Rue Emilio)	85 R. de Charenton	R. d'Aligre	Ledru-Rollin	61
8	H16	**Castellane** (Rue de)	17 R. Tronchet	26 R. de l'Arcade	Madeleine	24-94
15	L12-M12	**Castelnau** (R. du Général De)	49 Av. La Motte-Picquet	10 R. du Laos	La Motte-P.-Grenelle	87
4	L22	**Castex** (Rue)	35 Bd Henri IV	15 R. St-Antoine	Bastille	69-76-86-87
1	I16	**Castiglione** (Rue de)	232 R. de Rivoli	R. du Fbg St-Honoré	Tuileries	72
14	O15	**Catalogne** (Place de)	R. Vercingétorix	R. du Cdt R. Mouchotte	Pernety	88-91
1	I18	**Catinat** (Rue)	4 R. La Vrillière	1 Pl. des Victoires	Bourse - Sentier	29-48-67-74-85
17	E13-E14	**Catroux** (Place du Général)	31 Av. de Villiers	108 Bd Malesherbes	Monceau - Malesherbes	30-94
18	E17	**Cauchois** (Rue)	13 R. Lepic	7 R. Constance	Blanche	30-54-68-74-Montmartrobus
15	N9	**Cauchy** (Rue)	99 Q. André Citroën	172 R. St-Charles	Lourmel - Javel	42-88
18	D18-E17	**Caulaincourt** (Rue)	122 Bd de Clichy	47 R. du Mont Cenis	Place de Clichy	30-54-74-95-80-Montmartrobus
18	D17	**Caulaincourt** (Square)	63 R. Caulaincourt	83 R. Lamarck	Lamarck-Caulaincourt	80-95-Montmartrobus
9	G16-H16	**Caumartin** (Rue de)	30 Bd des Capucines	97 R. St-Lazare	Havre-Caumartin	20-21-22-27-29-32-53-66-68-81-95
3	I20	**Caus** (Rue Salomon De)	323 R. du Fbg St-Martin	100 Bd Sébastopol	Réaumur-Sébastopol	20-38-39-47
11	K24-L24	**Cavaignac** (Rue Godefroy)	81 R. de Charonne	130 R. de la Roquette	Charonne - Voltaire	46-56-61-69-76
10	F20	**Cavaillé-Coll** (Square Aristide)	109 R. La Fayette		Poissonnière	26-42-43-48
15	M12	**Cavalerie** (Rue de la)	53 Av. La Motte-Picquet	10 R. du Gal Castelnau	La Motte-P.-Grenelle	80-82
18	D16-E16	**Cavallotti** (Rue)	16 R. Forest	18 R. Ganneron	Place de Clichy	54-74-81
18	D20	**Cavé** (Rue)	23 R. Stephenson	28 R. des Gardes	Château Rouge	65
6	N18	**Cavelier de la Salle** (Jardin)	Jard. de l'Observatoire		Luxembourg (RER B)	38-82-83
19	E24-F24	**Cavendish** (Rue)	63 R. Manin	84 R. de Meaux	Laumière	48-60-75
18	E19	**Cazotte** (Rue)	3 R. C. Nodier	2 R. Ronsard	Anvers	85-Montmartrobus
4	L21	**Célestins** (Port des)	Pont Mairie	Pont de Sully	Pont Mairie	67
4	L20-L21	**Célestins** (Quai des)	7 Bd Henri IV	2 R. Nonnains d'H.	Sully-Morland	67-86-87
14	P16	**Cels** (Impasse)	7 R. Cels	(en impasse)	Gaîté	28-58-88
14	O16-P16	**Cels** (Rue)	8 R. Fermat	5 R. Auguste Mie	Gaîté	28-58-88
1	J18-J19	**Cendrars** (Allée Blaise)	Al. A. Breton	R. de Viarmes	Les Halles	67-74-85
20	I25	**Cendriers** (Rue des)	100 Bd de Ménilmontant	R. Duruis	Père Lachaise	61-69-96
5	O20	**Censier** (Rue)	33 R. G. St-Hilaire	1 R. de Bazeilles	Censier-Daubenton	47-67-89
15	M13	**Cépré** (Rue)	20 R. Miollis	16 Bd Garibaldi	Cambronne	80
15	L11	**Cerdan** (Place Marcel)	Bd de Grenelle	R. Viala	Dupleix	42
4	L22	**Cerisaie** (Rue de la)	31 Bd Bourdon	24 R. du Petit Musc	Bastille	86-87
8	H13	**Cerisoles** (Rue de)	24 R. C. Marot	41 R. François Ier	Franklin D. Roosevelt	32
17	D13-E13	**Cernuschi** (Rue)	148 Bd Malesherbes	79 R. Tocqueville	Wagram	31-53-94
12	M22-M23	**César** (Rue Jules)	22 Bd de la Bastille	43 R. de Lyon	Quai de la Rapée	20-29-65-87-91
11	L25	**Cesselin** (Impasse)	8 R. P. Bert	(en impasse)	Faidherbe-Chaligny	46
15	N9-O10	**Cévennes** (Rue des)	83 Q. A. Citroën	146 R. Lourmel	Lourmel - avel	42-62-88
15	N9	**Cévennes** (Square des)	R. Cauchy	Q. A. Citroën	Javel	88
8	G13-G14	**Cézanne** (Rue Paul)	168 R. du Fbg St-Honoré	25 R. Courcelles	St-Philippe du R.	22-43-52-83-93
2	I18	**Chabanais** (Rue)	22 R. des Petits Champs	9 R. Rameau	Pyramides	29-39-48-67
12	P24-P25	**Chablis** (Rue de)	6 R. Pommard	7 R. de Bercy	Cour St-Émilion	24-62
17	E14	**Chabrier** (Square Emmanuel)	4 Sq. F. Tombelle	(en impasse)	Malesherbes	53
15	P11	**Chabrières** (Cité Auguste)	22 R. A. Chabrières		Pte de Versailles	39-80
15	P11	**Chabrières** (Rue Auguste)	41 R. Desnouettes	R. de la Croix Nivert	Pte de Versailles	39-80
10	G20	**Chabrol** (Cité de)	16 Cr Ferme St-Lazare	25 R. Chabrol	Gare du Nord	30-31-32-38-39-47-56-65
10	G20	**Chabrol** (Rue de)	85 Bd de Magenta	98 R. La Fayette	Gare de l'Est	26-30-31-32-38-39-42-43-48-56-65
12	N29	**Chaffault** (Rue du)	Av. Courteline	R. de l'Aml Courbet	St-Mandé Tourelle	86
13	S21	**Chagall** (Allée Marc)	42 R. Gandon		Pte d'Italie	47-PC1
16	K10	**Chahu** (Rue Claude)	16 R. de Passy	7 R. Gavarni	Passy	32
11	K24	**Chaillet** (Place du Père)	175 Av. Ledru-Rollin	128 R. de la Roquette	Voltaire	46-56-61-69
12	P27	**Chailley** (Rue Joseph)	92 Bd Poniatowski	5 Av. de Foucauld	Pte Dorée	PC2
16	I12	**Chaillot** (Rue de)	16 R. Freycinet	37 Av. Marceau	Alma-Marceau - Iéna	32-92
16	H12-I12	**Chaillot** (Square de)	37 R. de Chaillot	(en impasse)	Alma-Marceau	32-92
18	C20	**Chaîne** (Rue Émile)	99 R. des Poissonniers	24 R. Boinod	Marcadet-Poissonniers	31-56-60
7	L16	**Chaise** (Rue de la)	31 R. de Grenelle	37 Bd Raspail	Sèvres-Babylone	39-63-68-70-83-84-87-94
7	L16	**Chaise Récamier** (Square)	R. Récamier		Sèvres-Babylone	63-68-83-84-94
17	C15	**Chalabre** (Impasse)	163 Av. de Clichy	(en impasse)	Brochant	31-54-66-74
10	G23	**Chalet** (Rue du)	25 R. du Buisson St-Louis	32 R. Ste-Marthe	Belleville	46-75
16	K8	**Chalets** (Avenue des)	101 R. du Ranelagh	64 R. de l'Assomption	Ranelagh	22-52
16	G10-G11	**Chalgrin** (Rue)	20 Av. Foch	4 R. Le Sueur	Argentine	52-73
12	M25-N24	**Chaligny** (Rue)	2 R. Crozatier	198 R. du Fbg St-Antoine	Reuilly Diderot	46-57-86
12	N23	**Chalon** (Cour de)	Gare de Lyon		Gare de Lyon	20-29-57-61-63-65-87-91
12	N23-N24	**Chalon** (Rue de)	3 R. de Rambouillet	22 Bd Diderot	Gare de Lyon	20-29-57-61-65-87
12	O24	**Chambertin** (Rue de)	118 R. Bercy	38 Bd Bercy	Cour St-Émilion	24-87
15	Q13	**Chambéry** (Rue de)	60 R. des Morillons	138 R. Castagnary	Pte de Vanves	89-95
8	I13	**Chambiges** (Rue)	10 R. Boccador	5 R. C. Marot	Alma-Marceau	42-80
16	L7	**Chamfort** (Rue)	18 R. de la Source	105 Av. Mozart	Jasmin	22
18	B17	**Champ à Loup** (Passage du)	72 R. de Leibnitz	5 R. Bernard Dimey	Pte de St-Ouen	81-PC3
13	P19-Q19	**Champ de l'Alouette** (Rue du)	2 R. Vulpian	59 R. de la Glacière	Glacière	21
7	K12-L12	**Champ de Mars** (Parc du)	Av. Gustave Eiffel	Av. La Motte-Piquet	Ecole Militaire	42-69-80-82-87
7	K13	**Champ de Mars** (Rue du)	18 R. Duvivier	91 Av. de La Bourdonnais	École Militaire	69-80-87-92
18	B18	**Champ Marie** (Passage du)	23 R. V. Compoint	121 R. Belliard	Pte de St-Ouen	60-95-PC3
16	K9	**Champagnat** (Place du Père Marcellin)	6 R. Annonciation	10 R. Annonciation	Passy	32
13	P20	**Champagne** (Rue Philippe De)	144 Bd de l'Hôpital	77 Av. des Gobelins	Place d'Italie	27-47-57-67-83
20	L27-L28	**Champagne** (Cité)	78 R. des Pyrénées	(en impasse)	Cour St-Émilion	26-57
12	Q25	**Champagne** (Terrasse de)	Q. de Bercy	R. B. Le Roy	Cour St-Émilion	24
7	K15	**Champagny** (Rue de)	2 R. C. Périer	1 R. Martignac	Solférino - Varenne	69
15	L12	**Champaubert** (Avenue de)	80 Av. de Suffren	15 R. Larminat	La Motte-P.-Grenelle	80-82
17	E11	**Champerret** (Porte de)	Bd Périphérique.		Pte de Champerret	84-92-93-PC1-PC3
7	L12	**Champfleury** (Rue)	22 Al. Tomy Thierry	45 Av. de Suffren	Dupleix	42-69-82-87
18	B19	**Championnet** (Passage)	57 R. Championnet	13 R. Nve Chardonnière	Simplon	56-85
18	C16-C20	**Championnet** (Rue)	135 R. des Poissonniers	90 Av. de St-Ouen	Pte de Clignancourt	31-56-60-81-85-95

18	C17	**Championnet** (Villa)	198 R. Championnet	(en impasse)	Guy Môquet	31
13	S20	**Championnière** (R. du Dr Lucas)	17 R. Dr Leray	44 R. Damesme	Maison Blanche	57
20	J26	**Champlain** (Sq. Samuel De)	Av. Gambetta		Gambetta	61-69
5	M18	**Champollion** (Rue)	51 R. des Écoles	6 Pl. de la Sorbonne	Cluny La Sorbonne	21-27-38-63-85-86-87
8	H13	**Champs** (Galerie des)	R. de Ponthieu	7 R. de Berri	George V	32-73
8	G12-I15	**Champs Élysées** (Avenue des)	Pl. de la Concorde	Pl. Ch. de Gaulle	Ch. de Gaulle-Étoile	28-32-42-73-80-83-93
8	I14	**Champs Élysées** (Port des)	Pont des Invalides	Pont de la Concorde	Invalides	28-72-83-93
8	H14-I14	**Champs Élysées M. Dassault** (Rond-Point des)	Av. F. D. Roosevelt	22 Av. Chps Élysées	Franklin D. Roosevelt	28-32-42-52-73-80-83-93
15	O9	**Chamson** (Esplanade André)	56 R. Balard		Balard	42-88
7	L15	**Chanaleilles** (Rue de)	24 R. Vaneau	17 R. Barbet de Jouy	St-François Xavier	87
15	O10	**Chandon** (Impasse)	280 R. Lecourbe	(en impasse)	Boucicaut - Lourmel	39-80
16	M6-N6	**Chanez** (Rue)	77 R. d'Auteuil	50 R. Molitor	Pte d'Auteuil	52
16	M6	**Chanez** (Villa)	3 R. Chanez	(en impasse)	Pte d'Auteuil	52
12	N28-N29	**Changarnier** (Rue)	80 Bd Soult	7 Av. Lamoricière	Pte de Vincennes	29-56-PC2
1	K19	**Change** (Pont au)	Bd du Palais	Pl. du Châtelet	Châtelet	21-27-38-47-58-67-69-72-75-76-85-96
4	K19	**Change** (Pont au)	Bd du Palais	Pl. du Châtelet	Châtelet	21-27-38-47-58-67-69-72-75-76-85-96
4	L19-L20	**Chanoinesse** (Rue)	6 R. du Cloître N.-D.	9 R. d'Arcole	St-Michel-Cité	24-47
16	I8	**Chantemesse** (Avenue)	40 Bd Lannes	47 Av. du Mal Fayolle	Av. H. Martin (RER C)	PC1
12	L23	**Chantier** (Passage du)	53 R. de Charenton	66 R. du Fbg St-Antoine	Ledru-Rollin	76-86
5	M20	**Chantiers** (Rue des)	6 R. F. St-Bernard	5 R. du Card. Lemoine	Jussieu	24-63-67-86-87-89
9	F19	**Chantilly** (Rue de)	22 R. Bellefond	60 R. de Maubeuge	Poissonnière	26-32-42-43-48-85
14	R15-R16	**Chantin** (Rue Antoine)	26 Av. J. Moulin	47 R. des Plantes	Alésia	58
4	L20	**Chantres** (Rue des)	1 R. des Ursins	10 R. Chanoinesse	St-Michel	24
20	I28	**Chanute** (Place Octave)	26 R. du Cap. Ferber	R. E. Marey	Pte de Bagnolet	76-PC2
13	Q23	**Chanvin** (Passage)	147 R. Chevaleret	26 R. Dunois	Chevaleret	27-89
11	L24-L25	**Chanzy** (Rue)	26 R. St-Bernard	210 Bd Voltaire	Rue des Boulets	46
17	F10	**Chapelle** (Avenue de la)	3 Av. de Verzy	(en impasse)	Pte Maillot	43-PC1-PC3
10	E19-E22	**Chapelle** (Boulevard de la)	43 R. Chât. Landon	170 Bd de Magenta	Stalingrad	30-31-48-54-56-65-85
18	E19-E22	**Chapelle** (Boulevard de la)	43 R. Château Landon	170 Bd de Magenta	Stalingrad	30-31-48-54-56-65-85
18	E21	**Chapelle** (Cité de la)	37 R. Marx Dormoy		Marx Dormoy	48-65
18	C21	**Chapelle** (Hameau de la)	18 R. de la Chapelle	(en impasse)	Marx Dormoy	60-65
18	C21	**Chapelle** (Impasse de la)	31 R. de la Chapelle	(en impasse)	Marx Dormoy	60-65
18	E21	**Chapelle** (Place de la)	34 Bd de la Chapelle	R. Marx Dormoy	La Chapelle	48-65
18	B21	**Chapelle** (Porte de la)	Bd Périphérique		Pte de la Chapelle	65-PC3
18	C21	**Chapelle** (Rond-Point de la)	R. de la Chapelle	R. R. Queneau	Pte de la Chapelle	65
18	B21-C21	**Chapelle** (Rue de la)	2 R. Ordener	29 Bd Ney	Pte de la Chapelle	60-65-PC3
6	N17	**Chaplain** (Rue Jules)	60 R. N.-D. des Champs	21 R. Bréa	Vavin	58-68-91
3	I20-J21	**Chapon** (Rue)	113 R. du Temple	230 R. St-Martin	Arts et Métiers	29-38-47-75
18	E18	**Chappe** (Rue)	6 R. des Frères	5 R. St-Eleuthère	Anvers	Montmartrobus
9	F17	**Chaptal** (Cité)	20 R. Chaptal	(en impasse)	Blanche	68-74
9	F17	**Chaptal** (Rue)	49 R. J.-B. Pigalle	66 R. Blanche	Pigalle - Blanche	68-74
16	O7	**Chapu** (Rue)	16 Bd Exelmans	163 Av. de Versailles	Bd Victor (RER C)	22-72-PC1
20	K28-K29	**Chapuis** (Rue Auguste)	9 R. Mendelssohn	17 R. des Drs Déjerine	Pte de Montreuil	57-PC2
13	S18-S19	**Charbonnel** (Rue)	61 R. Brillat Savarin	57 R. Aml Mouchez	Cité Univ. (RER B)	21-67
18	E20	**Charbonnière** (Rue de la)	1 R. de la Goutte d'Or	100 Bd de la Chapelle	Barbès-Rochechouart	31-48-56-65-85
15	N14	**Charbonniers** (Passage des)	90 Bd Garibaldi	10 R. Lecourbe	Sèvres-Lecourbe	39-70-89
13	Q22-Q23	**Charcot** (Rue)	123 R. Chevaleret	26 Pl. Jeanne d'Arc	Chevaleret	27
16	K10	**Chardin** (Rue)	5 R. Le Nôtre	4 R. Beethoven	Passy	72
16	M8-O7	**Chardon Lagache** (Rue)	Pl. d'Auteuil	170 Av. de Versailles	Église d'Auteuil	22-62-72-PC1
19	C25	**Charente** (Quai de la)	(en impasse)	121 Bd Macdonald	Pte de la Villette	75-PC3
12	Q27	**Charenton** (Porte de)	Bd Périphérique		Pte de Charenton	PC1-PC2
12	L23-P26	**Charenton** (Rue de)	2 R. du Fbg St-Antoine	15 Bd Poniatowski	Bastille	29-57-62-69-76-86-87
4	K21-L21	**Charlemagne** (Passage)	16 R. Charlemagne	119 R. St-Antoine	St-Paul	69-76-96
4	L21	**Charlemagne** (Rue)	31 R. St-Paul	14 R. Nonnains d'H.	St-Paul	69-76-96
20	L28-L29	**Charles et Robert** (Rue)	66 Bd Davout	Pl. Pte de Montreuil	Pte de Montreuil	57-PC2
4	L21	**Charles V** (Rue)	17 R. du Petit Musc	18 R. St-Paul	Sully-Morland	86-87
15	N14	**Charlet** (Rue Nicolas)	175 R. de Vaugirard	48 R. Falguière	Pasteur	39-48-70-88-89-91-95
3	I22-J21	**Charlot** (Rue)	12 R. des Quatre Fils	27 Bd du Temple	Oberkampf	20-29-65-75-96
15	P13	**Charmilles** (Villa des)	56 R. Castagnary	(en impasse)	Plaisance	95
12	O25	**Charolais** (Passage du)	26 R. du Charolais	5 R. Baulant	Dugommier	29
12	N24-O25	**Charolais** (Rue du)	19 Bd de Bercy	25 R. de Rambouillet	Dugommier	29-87
11	K25-M27	**Charonne** (Boulevard de)	7 Av. du Trône	2 R. P. Bayle	Philippe Auguste	56-57-61-69-76-86
20	K25-M27	**Charonne** (Boulevard de)	7 Av. du Trône	2 R. P. Bayle	Philippe Auguste	56-57-61-69-76-86
11	K26-L23	**Charonne** (Rue de)	61 R. du Fbg St-Antoine	111 Bd de Charonne	Ledru-Rollin	46-56-61-76
17	E10-E11	**Charpentier** (Rue Alexandre)	20 Bd Gouvion St-Cyr	23 Bd de l'Yser	Pte de Champerret	93-PC1-PC3
17	E10-F9	**Charpentier** (Rue Gustave)	Bd d'Aurelle de Paladines	Pl. de Verdun	Pte Maillot	43-73-82-PC1-PC3
13	R23	**Charpentier** (R. Marc-Antoine)	5 R. E. Oudiné	26 R. de Patay	Bibl. F. Mitterrand	27
9	G16-G17	**Charras** (Rue)	54 Bd Haussmann	99 R. Provence	Havre-Caumartin	22-32-52-53-66
11	L24	**Charrière** (Rue)	86 R. de Charonne	(en impasse)	Charonne	76
8	H12-H13	**Charron** (Rue Pierre)	30 Av. George V	55 Av. Chps Élysées	Franklin D. Roosevelt	32-73-92
15	O11-O12	**Chartier** (Rue Alain)	149 R. Blomet	195 R. de la Convention	Convention	39-62-80
5	M19	**Chartière** (Impasse)	11 R. de lanneau	(en impasse)	Maubert-Mutualité	63-86-87
18	E20	**Chartres** (Rue de)	58 Bd de la Chapelle	45 R. Goutte d'Or	Barbès-Rochechouart	31-48-56-65-85
6	N17	**Chartreux** (Rue des)	8 Av. Observatoire	87 R. d'Assas	Port Royal (RER B)	38-83
12	M23	**Chasles** (Rue Michel)	23 Bd Diderot	28 R. Traversière	Gare de Lyon	20-29-57-61-65-87-91
8	G14-H14	**Chassaigne Goyon** (Place)	152 R. du Fbg St-Honoré	69 R. La Boétie	St-Philippe du R.	28-32-52-80-83-93
15	M13	**Chasseloup Laubat** (Rue)	128 Av. Suffren	46 Av. de Ségur	Cambronne	80
17	D13	**Chasseurs** (Avenue des)	57 Bd Péreire	162 Bd Malesherbes	Wagram - Pereire	31-53-94
5	L19	**Chat qui Pêche** (Rue du)	9 Q. St-Michel	12 R. de la Huchette	St-Michel	24-47
14	P15-P16	**Château** (Rue du)	Pl. de Catalogne	164 Av. du Maine	Pernety - Gaîté	28-58
10	G20-H21	**Château d'Eau** (Rue du)	1 Bd de Magenta	68 R. du Fbg St-Denis	République	38-39-47-56-65-75
13	Q21-S23	**Château des Rentiers** (R. du)	52 Bd Masséna	171 Bd V. Auriol	Place d'Italie	27-83
10	E22-F21	**Château Landon** (Rue du)	185 R. du Fbg St-Martin	173 Bd de la Villette	Stalingrad	26-46-48-54
18	D19	**Château Rouge** (Place du)	44 Bd Barbès	R. Custine	Château Rouge	31-56-85
8	G12-G13	**Chateaubriand** (Rue)	17 R. Washington	33 Av. Friedland	Ch. de Gaulle-Étoile	22-52
9	G17-G18	**Châteaudun** (Rue de)	55 R. La Fayette	70 R. la Chée d'Antin	Trinité - Cadet	26-32-42-67-74-85
17	B16	**Châtelet** (Passage)	36 R. J. Kellner	35 Bd Bessières	Pte de St-Ouen	66-81-PC3

1	K19	**Châtelet** (Place du)	2 Q. Mégisserie	15 Av. Victoria	Châtelet	21-27-38-47-58-67-69-72-75-76-85-96
4	K19	**Châtelet** (Place du)	2 Quai Mégisserie	15 Av. Victoria	Châtelet	21-27-38-47-58-67-69-72-75-76-85-96
14	S14	**Châtillon** (Porte de)	Bd Périphérique		Pte d'Orléans	58-PC1
14	Q15-R16	**Châtillon** (Rue de)	18 Av. J. Moulin	43 R. des Plantes	Alésia	58
14	R16	**Châtillon** (Square de)	33 Av. J. Moulin	(en impasse)	Pte d'Orléans - Alésia	58-PC1
9	G18-H18	**Chauchat** (Rue)	4 Bd Haussmann	42 R. La Fayette	Richelieu Drouot	20-42-67-74-85
10	E22	**Chaudron** (Rue)	241 R. du Fbg St-Martin	52 R. Chât. Landon	Stalingrad	26-48-54
19	F23	**Chaufourniers** (Rue des)	16 R. de Meaux	(en impasse)	Colonel Fabien	26-46-75
19	E26	**Chaumont** (Porte)	Bd Périphérique	Av. Pte de Chaumont	Danube	75-PC2-PC3
19	F23	**Chaumont** (Rue de)	1 Av. Secrétan	11 Cité Lepage	Bolivar	26-46-75
20	I28	**Chauré** (Rue du Lieutenant)	37 R. du Cap. Ferber	14 R. E. Marey	Pte de Bagnolet	PC2
20	I28	**Chauré** (Square)	17 R. du Lt Chauré	(en impasse)	Pte de Bagnolet	PC2
9	G17-H17	**Chaussée d'Antin** (Rue de la)	38 Bd Italiens	59 R. Châteaudun	Trinité - Opéra	26-32-42-43-68-81
12	O27	**Chaussin** (Passage)	99 R. de Picpus	21 R. de Toul	Bel Air-M. Bizot	29-62
17	D16	**Chausson** (Jardin Ernest)	Cité Lermercier	55 Av. de Clichy	La Fourche	54-74-81
10	H21	**Chausson** (Rue Pierre)	24 R. du Château d'Eau	21 Bd de Magenta	Jacques Bonsergent	56-65
10	G22	**Chausson** (Impasse)	31 R. Grange aux Belles	(en impasse)	Colonel Fabien	46-75
15	M12	**Chautard** (Rue Paul)	20 R. Cambronne	Sq. J. Thébaut	Cambronne	80
3	I20	**Chautemps** (Square Émile)	Bd Sébastopol	R. St-Martin	Réaumur-Sébastopol	20-38-39-47
8	H15-H16	**Chauveau Lagarde** (Rue)	21 Pl. de la Madeleine	12 Bd Malesherbes	Madeleine	24-42-52-84-94
15	Q12-Q13	**Chauvelot** (Rue)	115 R. Brancion	32 R. J. Baudry	Pte de Vanves	95-PC1
15	N9	**Chauvière** (Rue Emmanuel)	13 R. Léontine	40 R. Gutenberg	Javel	62-88
20	I28	**Chavez** (Rue Géo)	Bd Mortier	6 Pl. O. Chanute	Pte de Bagnolet	57-76-PC2
20	I28	**Chavez** (Square Géo)	R. Géo Chavez	R. Irène Blanc	Pte de Bagnolet	57-76-PC2
17	F13	**Chazelles** (Rue de)	94 Bd de Courcelles	15 R. de Prony	Courcelles	30-84
19	A25-B26	**Chemin de Fer** (Rue du)	Av. Pte la Villette	R. du Chemin de Fer	Pte de la Villette	PC2-PC3
11	J23-K23	**Chemin Vert** (Passage du)	43 R. du Chemin Vert	8 R. Asile Popincourt	St-Ambroise	56-69
11	J25-K22	**Chemin Vert** (Rue du)	46 Bd Beaumarchais	Bd de Ménilmontant	Père Lachaise	20-29-46-56-61-65-69
19	D27	**Cheminets** (Rue des)	R. de la Marseillaise	R. Lamartine	Pte de Pantin	75-PC2-PC3
12	M23	**Chêne Vert** (Cour du)	48 R. de Charenton	(en impasse)	Ledru-Rollin	61-76-86
2	H20	**Chénier** (Rue)	23 R. Sainte-Foy	94 R. de Cléry	Strasbourg-St-Denis	20-38-39-47
20	I27	**Cher** (Rue du)	26 R. Cour Noues	6 R. Belgrand	Gambetta	26-60-61
15	Q13	**Cherbourg** (Rue de)	62 R. des Morillons	9 R. Fizeau	Pte de Vanves	89-95
6	L16-M15	**Cherche Midi** (Rue du)	25 R. Vieux Colombier	144 R. de Vaugirard	Falguière	63-68-70-86-87-94-96
15	L16-M15	**Cherche Midi** (Rue du)	25 R. Vieux Colombier	144 R. de Vaugirard	Falguière	28-82-89-92
13	R20	**Chéreau** (Rue)	1 R. Butte aux Cailles	36 R. Bobillot	Corvisart	57-67
20	K28-K29	**Chéret** (Square Jules)	11 R. Mendels	9 R. des Drs Déjerine	Pte de Montreuil	57-PC2
15	O12	**Chérioux** (Place Adolphe)	93 R. Blomet	262 R. de Vaugirard	Vaugirard	39-70-80-88
16	K10-K9	**Chernoviz** (Rue)	24 R. Raynouard	35 R. de Passy	Passy	32
17	E15	**Chéroy** (Rue de)	78 Bd des Batignolles	99 R. des Dames	Rome	30-53
2	I17-I18	**Chérubini** (Rue)	11 R. Chabanais	52 R. Ste-Anne	Quatre Septembre	20-29-39-48-67
11	L23	**Cheval Blanc** (Passage du)	2 R. de la Roquette	(en impasse)	Bastille	76-86
13	P22-R24	**Chevaleret** (Rue du)	16 R. Regnault	79 Bd V. Auriol	Chevaleret	62-89-PC1-PC2
6	M17	**Chevalier** (Rue Honoré)	86 R. Bonaparte	21 R. Cassette	St-Sulpice	58-84-89
20	H25-I25	**Chevalier** (Place Maurice)	R. J. Lacroix	3 R. E. Dolet	Ménilmontant	96
18	D19	**Chevalier De La Barre** (R. du)	9 R. Ramey	8 R. du Mont Cenis	Château Rouge	85-Montmartrobus
20	H26	**Chevaliers** (Impasse des)	40 R. Pixérécourt	(en impasse)	Télégraphe	60
7	K14-L13	**Chevert** (Rue)	72 Bd de La Tr-Maubourg	20 Av. Tourville	La Tour-Maubourg	28-82-87-92
9	F17-G17	**Cheverus** (Rue de)	8 Pl. d'Estienne d'Orves	1 R. de la Trinité	Trinité	32-26-43-68-81
11	H23	**Chevet** (Rue du)	1 R. Deguerry	2 R. Darboy	Goncourt	46-75
20	H25	**Chevreau** (Rue Henri)	83 R. de Ménilmontant	98 R. des Couronnes	Ménilmontant	96
11	M26	**Chevreul** (Rue)	303 R. du Fbg St-Antoine	72 R. de Montreuil	Nation	56-86
12	N27-N28	**Chevreuil** (Rue Victor)	7 Av. du Dr Netter	12b R. Sibuet	Bel Air	62
6	N17	**Chevreuse** (Rue de)	76 R. N.-D. des Champs	125 Bd du Montparnasse	Vavin	68-91
7	L17	**Chevtchenko** (Square Taras)	Bd St-Germain	R. des St-Pères	St-Germain-des-Prés	39-63-95
16	O6-O7	**Cheysson** (Villa)	84 R. Boileau	Villa E. Meyer	Exelmans	22-62-72-PC1
20	H26-I27	**Chine** (Rue de la)	20 R. Cour des Noues	126 R. de Ménilmontant	Gambetta	26-60-61-96
13	P24-Q24	**Choderlos De laclos** (Rue)	R. E. Durkheim	R. de Tolbiac	Bibl. F. Mitterrand	62
2	H17-I17	**Choiseul** (Passage)	40 R. Petits Champs	23 R. St-Augustin	Quatre Septembre	20-29-39
2	H17	**Choiseul** (Rue de)	16 R. St-Augustin	21 Bd des Italiens	Quatre Septembre	20-29
13	Q20-S22	**Choisy** (Avenue de)	122 Bd Masséna	Bd Vincent Auriol	Tolbiac - Place d'Italie	62-83-PC1-PC2
13	R21	**Choisy** (Parc de)	Av. de Choisy	R. C. Moureu	Tolbiac	62-83
13	S21-S22	**Choisy** (Porte de)	Bd Masséna	Av. de Choisy	Pte de Choisy	PC1- PC2
7	L16	**Chomel** (Rue)	40 Bd Raspail	12 R. de Babylone	Sèvres-Babylone	63-68-83-84-87-94
16	K9	**Chopin** (Place)	12 R. Lekain	R. Duban	La Muette	22-32-52
9	F18-G18	**Choron** (Rue)	3 R. Rodier	16 R. des Martyrs	N.-D. de Lorette	42-67-85
19	D24	**Chouraqui** (Rue Nicole)	22 R. Tandou	(en impasse)	Laumière	60
12	N24	**Chrétien De Troyes** (Rue)	Pl. Rutebeuf	68 Av. Daumesnil	Gare de Lyon	29
18	E19	**Christiani** (Rue)	17 Bd Barbès	89 R. Myrha	Château Rouge	31-56-85
6	L18	**Christine** (Rue)	12 R. des Gds Augustins	33 R. Dauphine	Odéon-St-Michel	58-70
17	D13	**Chuquet** (Rue Nicolas)	199 Bd Malesherbes	14 R. P. Delorme	Wagram - Pereire	53-94-PC3
8	I14	**Churchill** (Avenue Winston)	Cours la Reine	Pl. Clemenceau	Champs-Elysées-Clem.	42-72-73-83-93
6	N16	**Cicé** (Rue de)	16 R. Stanislas	25 R. Montparnasse	Montparnasse-Bienv.	58-82-91
16	H11-I11	**Cimarosa** (Rue)	66 Av. Kléber	77 R. Lauriston	Boissière	22-30-82
17	B14	**Cim. des Batignolles** (Av. du)	12 Av. Pte de Clichy	9 R. St-Just	Pte de Clichy	54-74
5	M19	**Cimetière Saint-Benoît** (R. du)	Imp. Chartière	121 R. St-Jacques	Maubert-Mutualité	63-86-87
17	D10-E10	**Cino Del Duca** (Rue)	Av. Pte de Champerret	Bd d'Aurelle de Paladines	Pte Maillot	93
13	Q20-R19	**Cinq Diamants** (Rue des)	29 Bd A. Blanqui	30 R. Butte aux Cailles	Corvisart	57-67
14	O15	**Cinq Martyrs du Lycée Buffon** (Place des)	97 Bd Pasteur	Pl. de Catalogne	Montparnasse-Bienv.	88-91
15	O15	**Cinq Martyrs du Lycée Buffon** (Place des)	97 Bd Pasteur	Pl. de Catalogne	Montparnasse-Bienv.	88-91
8	H14	**Cirque** (Rue du)	40 Av. Gabriel	61 R. du Fbg St-Honoré	Franklin D. Roosevelt	28-32-52-80-83-93
6	L17	**Ciseaux** (Rue des)	145 Bd St-Germain	16 R. du Four	St-Germain-des-Prés	63-86
4	K19-L19	**Cité** (Rue de la)	Q. de la Corse	Pl. du Parvis N.-D.	Cité	21-27-38-47-85-96
14	S18	**Cité Universitaire** (Rue de la)	R. Liard	20 Bd Jourdan	Cité Univ. (RER B)	21-88
12	M24	**Cîteaux** (Rue de)	43 Bd Diderot	160 R. du Fbg St-Antoine	Reuilly Diderot	57-86
15	M11	**Citerne** (Rue Georges)	51 R. du Théâtre	50 R. Rouelle	Ch. Michels	42

15	O9	**Citroën** (Parc André)	Q. A. Citroën	R. Leblanc	Balard-Bd Victor (RER C)	42-88
15	M9-O8	**Citroën** (Quai André)	Pl. Fernand Forest	1 Bd Victor	Javel - Bd Victor (RER C)	62-70-88
10	G23-H23	**Civiale** (Rue)	7 Bd de la Villette	30 R. du Buisson St-Louis	Belleville	46-75
16	N6	**Civry** (Rue de)	89 Bd Exelmans	20 R. de Varize	Exelmans	52-PC1
2	H18	**Cladel** (Rue Léon)	111 R. Montmartre	130 R. Réaumur	Bourse	20-29-39-74-85
17	D15	**Clairaut** (Rue)	111 Av. de Clichy	(en impasse)	Brochant	54-66-74
3	J20	**Clairvaux** (Rue Bernard De)	R. Brantôme	172 R. St-Martin	Rambuteau	29-38-47-75
8	E16-F16	**Clapeyron** (Rue)	24 R. de Moscou	29 Bd des Batignolles	Rome	30-66-80-95
16	J8	**Claretie** (Rue Jules)	36 Bd Émile Augier	(en impasse)	La Muette	22-32-52
8	H13	**Claridge** (Galerie du)	R. de Ponthieu	Av. des Chps Élysées	Franklin D. Roosevelt	32-73
15	N15	**Claudel** (Place Camille)	R. du Cherche Midi	Bd Vaugirard	Falguière	28-82-89-92
6	M18	**Claudel** (Place Paul)	1 R. de Médicis	15 R. de Vaugirard	Odéon	58-84-89
14	R18	**Claudius-Petit** (Place Eugène)	5 ter R. d'Alésia	13 Av. de la Sibelle	Glacière	21-62
9	F18	**Clauzel** (Rue)	33 R. des Martyrs	6 R. Henri Monnier	St-Georges	67-74
19	G24-G25	**Clavel** (Rue)	95 R. de Belleville	45 R. Fessart	Pyrénées	26
16	P6	**Clavery** (Avenue du Général)	1 R. Abel Ferry	5 Av. Marcel Doret	Pte de St-Cloud	22-62-72-PC1
5	O20	**Clef** (Rue de la)	22 R. du Fer à Moulin	15 R. Lacépède	Censier-Daubenton	47
8	I14	**Clemenceau** (Place)	Av. des Chps Élysées	Av. W. Churchill	Champs-Elysées-Clem.	42-73-83-93
18	D18	**Clément** (Pl. Jean-Baptiste)	38 R. Gabrielle	9 R. Norvins	Abbesses	Montmartrobus
6	L17-L18	**Clément** (Rue)	72 R. de Seine	3 R. Mabillon	Mabillon	70-87
7	K13	**Cler** (Rue)	111 R. St-Dominique	30 Av. La Motte-Picquet	École Militaire	28-69
20	I25	**Clérambault** (Rue Louis-Nicolas)	24 R. Duris	75 R. Amandiers	Père Lachaise	61-69
16	H10	**Clergerie** (Rue du Général)	4 R. Aml Courbet	9 Av. Bugeaud	Victor Hugo	52-82
2	H19	**Cléry** (Passage de)	20 R. Beauregard	57 R. de Cléry	Strasbourg-St-Denis	20-39-48
2	H20-I19	**Cléry** (Rue de)	104 R. Montmartre	5 Bd de Bonne Nouvelle	Strasbourg-St-Denis	20-39-48-67-74-85
17	C14-E16	**Clichy** (Avenue de)	11 Pl. de Clichy	125 Bd Bessières	Place de Clichy	31-54-66-74-81-PC3
18	D16-E16	**Clichy** (Avenue de)	11 Pl. de Clichy	125 Bd Bessières	Place de Clichy	30-54-68-74-80-81-95
9	E16-E18	**Clichy** (Boulevard de)	67 R. des Martyrs	10 Pl. de Clichy	Place de Clichy	30-54-67-68-74-80-81-95-Montmartrobus
18	E16-E18	**Clichy** (Boulevard de)	67 R. des Martyrs	10 Pl. de Clichy	Place de Clichy	30-54-67-68-74-80-81-95-Montmartrobus
18	E16	**Clichy** (Passage de)	Av. de Clichy		Place de Clichy	30-54-68-74-80-81-95
8	E16	**Clichy** (Place de)	Bd de Clichy	Av. de Clichy	Place de Clichy	30-54-68-74-80-81-95
9	E16	**Clichy** (Place de)	Bd de Clichy	Av. de Clichy	Place de Clichy	30-54-68-74-80-81-95
17	E16	**Clichy** (Place de)	Bd de Clichy	Av. de Clichy	Place de Clichy	30-54-68-74-80-81-95
18	E16	**Clichy** (Place de)	Bd de Clichy	Av. de Clichy	Place de Clichy	30-54-68-74-80-81-95
17	B14	**Clichy** (Porte de)	Bd Périphérique	Av. de Clichy	Pte de Clichy	54-74-PC3
9	E16-G17	**Clichy** (Rue de)	5 Pl. d'Estienne d'Orves	1 Pl. de Clichy	Liège - Pl. de Clichy	26-30-32-43-54-68-74-80-81-95
18	A18	**Clignancourt** (Porte de)	Bd Périphérique		Pte de Clignancourt	56-PC3
18	B19-E19	**Clignancourt** (Rue de)	36 Bd de Rochechouart	33 R. Championnet	Barbès-Rochechouart	30-31-54-56-60-80-85
18	C19	**Clignancourt** (Square de)	70 R. Ordener	50 R. Hermel	Jules Joffrin	31-60-80-85-Montmartrobus
13	Q22	**Clisson** (Impasse)	43 R. Clisson	(en impasse)	Nationale	27
13	P22-Q22	**Clisson** (Rue)	171 R. du Chevaleret	6 Pl. Nationale	Chevaleret	27
4	K21	**Cloche Perce** (Rue)	13 R. F. Miron	27 R. Roi de Sicile	St-Paul	67-69-76-96
15	L11	**Clodion** (Rue)	49 Bd de Grenelle	20 R. Daniel Stern	Dupleix	42
4	L19-L20	**Cloître Notre-Dame** (Rue du)	Q. de l'Archevêché	23 R. d'Arcole	St-Michel	47
4	K20	**Cloître Saint-Merri** (Rue du)	17 R. du Renard	78 R. St-Martin	Hôtel de Ville	38-47-69-70-75-76
18	B17	**Cloquet** (Rue Jules)	20 Pas. C. Albert	131 Bd Ney	Pte de St-Ouen	81-PC3
20	K28	**Clos** (Rue du)	2 R. Courat	58 R. St-Blaise	Maraîchers	26-57-PC2
5	M19	**Clos Bruneau** (Passage du)	33 R. des Écoles	11 R. des Carmes	Maubert-Mutualité	63-86-87
11	H23	**Clos de Malevart** (Villa du)	7 R. Darboy		Goncourt	46-75
15	O11-P11	**Clos Feuquières** (Rue du)	5 R. Théodore Deck	10 R. Desnouettes	Convention	39-80
5	M19-N19	**Clotaire** (Rue)	19 Pl. du Panthéon	17 R. Fossés St-Jacques	Luxembourg (RER B)	84-89
5	M19-N19	**Clotilde** (Rue)	23 R. Clovis	16 R. de l'Estrapade	Card. Lemoine	84-89
19	B26	**Clôture** (Rue de la)	2 Bd Macdonald	R. du Débarcadère	Pte de la Villette	75-PC2-PC3
16	M8	**Cloué** (Rue de l'Amiral)	62 Q. L. Blériot	59 Av. de Versailles	Mirabeau	22-62-72
15	M13	**Clouet** (Rue)	24 Bd Garibaldi	1 R. Miollis	Cambronne	80
5	M19-M20	**Clovis** (Rue)	R. du Card. Lemoine	Pl. Ste-Geneviève	Cardinal Lemoine	84-89
18	C18	**Cloÿs** (Impasse des)	23 R. des Cloÿs	(en impasse)	Lamarck-Caulaincourt	31-60
18	C17-C18	**Cloÿs** (Passage des)	19 R. Marcadet	1 R. Montcalm	Lamarck-Caulaincourt	31-60-95
18	C17-C18	**Cloÿs** (Rue des)	5 R. Duhesme	173 R. Ordener	Jules Joffrin	31-60-95
5	L19	**Cluny** (Rue de)	Bd St-Germain	R. du Sommerard	Cluny La Sorbonne	63-86-87
19	D26-E26	**Cochet** (Place du Général)	R. Petit	Bd Sérurier	Pte de Pantin	75-PC2-PC3
7	L14	**Cochin** (Place Denys)	4 Av. de Tourville	2 Av. Lowendal	École Militaire	28-82-87-92
5	M20	**Cochin** (Rue)	R. de Poissy	R. de Pontoise	Maubert-Mutualité	24-63-86-87
18	B19-B20	**Cocteau** (Rue Jean)	15 Av. Pte Poissonnière	1 R. F. de Croisset	Pte de Clignancourt	PC3
15	O9	**Cocteau** (Square Jean)	R. Modigliani	R. Jongkind	Lourmel	42
7	K13-K14	**Codet** (Rue Louis)	88 Bd de La Tr-Maubourg	19 R. Chevert	La Tour-Maubourg	28-82-92
6	M16	**Coëtlogon** (Rue)	92 R. de Rennes	5 R. d'Assas	St-Sulpice	68-83-94
4	L22	**Cœur** (Rue Jacques)	4 R. de la Cerisaie	3 R. St-Antoine	Bastille	69-76-86-87
14	Q16	**Cœur de Vey** (Villa)	54 Av. du Gal Leclerc	(en impasse)	Mouton-Duvernet	28-38-68
7	J13	**Cognacq Jay** (Rue)	7 R. Malar	1 Pl. de la Résistance	Pont de l'Alma (RER C)	42-63-80-92
17	F12-F13	**Cogniet** (Rue Léon)	17 R. Médéric	14 R. Cardinet	Courcelles	30-31-84
15	O8	**Cohen** (Place Albert)	R. Leblanc		Bd Victor (RER C)	42-88
13	Q23	**Cohen** (Rue Albert)	R. du Chevaleret	Av. de France	Bibl. F. Mitterrand	89
12	N28	**Cohl** (Square Émile)	Bd Soult	R. J. Lemaitre	Bel Air	29-PC2
2	I18	**Colbert** (Galerie)	6 R. des Petits Champs	2 R. Vivienne	Bourse	29-39-48-67
2	I18	**Colbert** (Rue)	11 R. Vivienne	58 R. Richelieu	Bourse	20-29-39-74-85
1	I17-J17	**Colette** (Place)	1 R. de Richelieu	206 R. St-Honoré	Palais Royal-Louvre	21-27-39-48-67-68-81-95
1	J18-K18	**Coligny** (Rue de l'Amiral De)	36 Q. du Louvre	91 R. de Rivoli	Pont Neuf	21-67-69-72-74-76-81-85
8	H13-H14	**Colisée** (Rue du)	48 Av. des Chps Élysées	97 R. du Fbg St-Honoré	St-Philippe du R.	28-32-52-73-80-83-93
16	L8	**Colledebœuf** (Rue André)	20 R. Ribera	(en impasse)	Jasmin	22
5	O20	**Collégiale** (Rue de la)	86 Bd St-Marcel	37 R. du Fer à Moulin	Les Gobelins	27-47-83-91
16	L9	**Collet** (Square Henri)	32 R. Gros	15 R. J. De La Fontaine	Jasmin	22-52-70
14	R14	**Collet** (Villa)	119 R. Didot	(en impasse)	Plaisance	58
17	C16	**Collette** (Rue)	83 Av. de St-Ouen	6 R. J. Leclaire	Guy Môquet	31-81
16	J8-K8	**Collignon** (Rue du Conseiller)	3 R. Verdi	2 R. d'Andigné	La Muette	32

9	E17	**Collin** (Passage)	18 R. Duperré	29 Bd de Clichy	Pigalle	30-54-67-Montmartrobus
13	Q22-R23	**Colly** (Rue Jean)	48 R. de Tolbiac	104 R. Chât. Rentiers	Pte d'Ivry - Nationale	27-62
19	D24	**Colmar** (Rue de)	154 R. de Crimée	1 R. Evette	Laumière	60
8	H12	**Colomb** (Rue Christophe)	41 Av. George V	54 Av. Marceau	George V	32-73-92
4	K20-L20	**Colombe** (Rue de la)	21 Q. aux Fleurs	26 R. Chanoinesse	Cité	47-67-69-72-75-76-96
16	J8	**Colombie** (Place de)	2 Bd Suchet	Av. H. Martin	Kennedy R. France (RER C)	63-PC1
13	R19-R20	**Colonie** (Rue de la)	57 R. Vergniaud	8 Pl. Abbé G. Henocque	Tolbiac - Corvisart	57-67
15	N13	**Colonna D'Ornano** (R. du Col.)	12 R. F. Bonvin	12 Villa Poirier	Sèvres-Lecourbe	39-70-89
1	K19	**Colonne** (Rue Édouard)	2 Q. de la Mégisserie	1 R. St-Germain l'A.	Châtelet	21-69-74-81-85
2	H18	**Colonnes** (Rue des)	4 R. du 4 Septembre	23 R. Feydeau	Bourse	20-29-39-48-67-74-85
12	M27-N27	**Colonnes du Trône** (Rue des)	19 Av. de St-Mandé	79 Bd de Picpus	Nation - Picpus	29-56
13	R18	**Coluche** (Place)	R. de Tolbiac	R. de la Santé	Glacière	21-62
14	R18	**Coluche** (Place)	R. d'Alésia	R. de la Santé	Glacière	21-62
12	P28	**Combattants d'Indochine** (Square des)	Pl. E. Renard		Pte Dorée	46-PC2
12	N23	**Combattants en Afrique du Nord** (Place des)	Bd Diderot	R. de Lyon	Gare de Lyon	20-29-57-61-63-65-87-91
7	J13	**Combes** (Rue du Colonel)	6 R. J. Nicot	5 R. Malar	Pont de l'Alma (RER C)	63-80-92
7	J13-K14	**Comète** (Rue de la)	75 R. St-Dominique	160 R. de Grenelle	La Tour-Maubourg	28-69
7	L16	**Commaille** (Rue de)	8 R. de la Planche	103 R. du Bac	Sèvres-Babylone	63-68-83-84-94
19	A25	**Commanderie** (Bd de la)	Pl. A. Baron	Bd Félix Faure	Pte de la Villette	PC3
14	Q16-Q17	**Commandeur** (Rue du)	11 R. Bezout	9 R. Montbrun	Alésia	28-38-62
15	M11-N11	**Commerce** (Impasse du)	70 R. du Commerce	(en impasse)	Commerce	70-88
15	N11	**Commerce** (Place du)	69 R. Violet	80 R. du Commerce	Commerce	70-88
15	M12-N11	**Commerce** (Rue du)	128 Bd de Grenelle	99 R. des Entrepreneurs	La Motte-P.-Grenelle	70-80-88
6	L18	**Commerce St-André** (Cour du)	59 R. St-André des Arts	130 Bd St-Germain	Odéon	58-70
3	J20	**Commerce St-Martin** (Pass. du)	176 R. St-Martin	5 R. Brantôme	Rambuteau	29-38-47-75
3	J22	**Commines** (Rue)	90 R. de Turenne	11 Bd Filles du Calvaire	St-Sébastien-Froissart	20-65-96
8	I13	**Commun** (Passage)	Av. Montaigne	(en impasse)	Alma-Marceau	42-80
13	R19	**Commune de Paris** (Pl. de la)	R. de la Butte aux Cailles	R. de l'Espérance	Corvisart	57-67
19	F25-G26	**Compans** (Rue)	213 R. de Belleville	18 R. d'Hautpoul	Place des Fêtes	48-60-75
10	F20	**Compiègne** (Rue de)	122 Bd de Magenta	25 R. de Dunkerque	Gare du Nord	26-30-31-42-43-48-54-56
18	B17	**Compoint** (Rue Angélique)	6 Pas. St-Jules	113 Bd Ney	Pte de St-Ouen	56-PC3
18	B18-C18	**Compoint** (Rue Vincent)	20 R. du Pôle Nord	77 R. du Poteau	Jules Joffrin	60-95
17	C16	**Compoint** (Villa)	38 R. Guy Môquet	(en impasse)	Guy Môquet	31-81
15	N11	**Comtat Venaissin** (Place du)	R. de Javel	R. des Frères Morane	Félix faure	39-62-70-80-88
6	N17-N18	**Comte** (Rue Auguste)	66 Bd St-Michel	57 R. d'Assas	Luxembourg (RER B)	38-58-82-83
8	F13-F14	**Comtesse De Ségur** (Allée)	Av. Van Dyck	Av. Velasquez	Monceau	30-84-94
8	I15	**Concorde** (Place de la)	Jard. des Tuileries	Av. des Chps Élysées	Concorde	24-42-52-72-73-84-94
7	I15-J15	**Concorde** (Pont de la)	Q. d'Orsay	Q. des Tuileries	Assemblée Nationale	24-63-72-73-83-84-94
8	I15-J15	**Concorde** (Pont de la)	Q. d'Orsay	Q. des Tuileries	Assemblée Nationale	24-63-72-73-83-84-94
8	I15	**Concorde** (Port de la)	Port des Chps-Élysées	Port des tuileries	Concorde	24-72
6	L18-M18	**Condé** (Rue de)	1 R. Quatre Vents	22 R. de Vaugirard	Odéon	58-84-89
11	I24-J24	**Condillac** (Rue)	99 Av. de la République	8 R. des Nanettes	Ménilmontant	61-69
9	F19	**Condorcet** (Cité)	27 R. Condorcet	(en impasse)	Anvers	85
9	F18-F19	**Condorcet** (Rue)	59 R. de Maubeuge	58 R. des Martyrs	Poissonnière	42-48-67-85
8	I13	**Conférence** (Port de la)	Pont de l'Alma	Pont des Invalides	Alma-Marceau	28-42-80-83-93
12	N25-O25	**Congo** (Rue du)	38 R. du Charolais	204 R. de Charenton	Dugommier	29
9	G19-H19	**Conservatoire** (Rue du)	12 R. Bergère	5 R. Richer	Bonne Nouvelle	48
14	P17	**Considérant** (Rue Victor)	4 Pl. Denfert-Rochereau	15 R. V. Schœlcher	Denfert-Rochereau	38-68-88
18	E17	**Constance** (Rue)	19 R. Lepic	11 R. J. de Maistre	Blanche	30-54-68-74-80-95-Montmartrobus
19	B24-C24	**Constant** (Rue Benjamin)	7 Av. C. Cariou	30 R. de Cambrai	Corentin Cariou	75
7	J14-K14	**Constantine** (Rue de)	105 R. de l'Université	144 R. de Grenelle	Invalides	69-93
8	F15	**Constantinople** (Rue de)	Pl. de l'Europe	Pl. P. Goubaux	Villiers - Europe	30-53-66-80-95
3	I20	**Conté** (Rue)	57 R. de Turbigo	4 R. Vaucanson	Arts et Métiers	20-38-47-75
12	O26	**Contenot** (Square Georges)	75 R. C. Decaen	7 R. de Gravelle	Daumesnil	46-62-87
6	K18	**Conti** (Impasse de)	13 Q. de Conti	(en impasse)	Pont Neuf	24-27-58-70
6	K18	**Conti** (Quai de)	2 R. Dauphine	Pl. de l'Institut	Pont Neuf	24-27-58-70
5	N19	**Contrescarpe** (Place de la)	85 R. du Card. Lemoine	57 R. Lacépède	Place Monge	89
15	N9-P12	**Convention** (Rue de la)	Pt Mirabeau	Pl. C. Vallin	Javel - Convention	39-42-62-80-88-89
13	S21-T21	**Conventionnel Chiappe** (R. du)	121 Bd Masséna	10 Av. Léon Bollée	Pte de Choisy	PC1- PC2
6	L17	**Copeau** (Place Jacques)	141 Bd St-Germain	145 Bd St-Germain	St-Germain-des-Prés	63-86
8	F15	**Copenhague** (Rue de)	67 R. de Rome	10 R. Constantinople	Rome - Europe	30-43
16	H10-H11	**Copernic** (Rue)	52 Av. Kléber	1 Pl. Victor Hugo	Victor Hugo	22-30-52-82
16	H10	**Copernic** (Villa)	40 R. Copernic	(en impasse)	Victor Hugo	52-82
15	O10	**Coppée** (Rue François)	47 Av. Félix Faure	(en impasse)	Boucicaut	62
15	N13-O13	**Copreaux** (Rue)	31 R. Blomet	202 R. de Vaugirard	Volontaires	39-70-80-88-89
9	G17	**Coq** (Avenue du)	87 R. St-Lazare	(en impasse)	Auber-St-Lazare	26-32-43-68-81
11	J22-K22	**Coq** (Cour du)	60 R. St-Sabin	Al. Verte	Richard-Lenoir	20-65
1	I18	**Coq Héron** (Rue)	24 R. de la Coquillière	17 R. du Louvre	Louvre - Les Halles	29-67-74-85
7	M15	**Coquelin** (Avenue Constant)	59 Bd des Invalides	(en impasse)	Duroc	28-39-70-82-87-89-92
1	I18-J19	**Coquillière** (Rue)	R. du Jour	R. Croix des Petits Chps	Louvre - Les Halles	29-48-67-74-85
12	M24-N24	**Corbera** (Avenue de)	131 R. de Charenton	11 R. Crozatier	Reuilly Diderot	29-57
12	O24	**Corbineau** (Rue)	96 R. de Bercy	48 Bd de Bercy	Cour St-Émilion	24-87
15	P13	**Corbon** (Rue)	40 R. d'Alleray	Pl. C. Vallin	Vaugirard	62-88-89
13	P19	**Cordelières** (Rue des)	27 Bd Arago	R. Corvisart	Les Gobelins	83
3	I21	**Corderie** (Rue de la)	2 R. Franche Comté	8 R. Dupetit Thouars	Temple	20-65-75
20	I26	**Cordon Boussard** (Impasse)	247 R. des Pyrénées	(en impasse)	Gambetta	20-60-61-69
14	R16-R17	**Corentin** (Rue du Père)	92 R. de la Tombe Issoire	100 Bd Jourdan	Pte d'Orléans	28-38-PC1
19	B25-C24	**Corentin Cariou** (Avenue)	Pt de Flandre SNCF	87 Bd Macdonald	Pte de la Villette	75-PC2-PC3
12	O25-P26	**Coriolis** (Rue)	1 R. Nicolaï	68 Bd de Bercy	Dugommier	62-87
17	D12-D13	**Cormon** (Rue Fernand)	1 R. Sisley	6 R. de St-Marceaux	Wagram	53-94-PC3
16	N7	**Corneille** (Impasse)	Av. Despréaux	(en impasse)	Michel Ange-Molitor	62
6	M18	**Corneille** (Rue)	7 Pl. de l'Odéon	Pl. Paul Claudel	Odéon	58
16	M8	**Corot** (Rue)	22 R. Wilhem	61 Av. T. Gautier	Église d'Auteuil	22-52-62
14	S18	**Corot** (Villa)	R. d'Arcueil	(en impasse)	Cité Univ. (RER B)	21-67
19	E26	**Corrèze** (Rue de la)	100 Bd Sérurier	2 Av. A. Rendu	Danube	75-PC2-PC3
4	K19	**Corse** (Quai de la)	1 R. d'Arcole	Pont au Change	Cité	21-27-38-47-85-96

16	J9	**Cortambert** (Rue)	R. du Past. M. Boegner	6 Pl. Possoz	La Muette	22-32-63
18	D18	**Cortot** (Rue)	19 R. du Mont Cenis	8 R. des Saules	Lamarck-Caulaincourt	Montmartrobus
8	F14-G14	**Corvetto** (Rue)	6 R. Treilhard	15 R. de Lisbonne	Miromesnil	94
13	P19-Q19	**Corvisart** (Rue)	111 R. Nordmann	56 Bd A. Blanqui	Corvisart	21-83
17	E14	**Cosnard** (Rue Léon)	19 R. Legendre	40 R. Tocqueville	Malesherbes	31-53-94
1	J19	**Cossonnerie** (Rue de la)	39 Bd Sébastopol	6 R. P. Lescot	Châtelet-Les Halles	38-47
16	K10	**Costa Rica** (Place de)	1 R. Raynouard	23 Bd Delessert	Passy	32
13	S22	**Costes** (Rue Dieudonné)	43 Av. Pte d'Ivry	R. E. Levassor	Pte d'Ivry	83-PC1-PC2
15	O14-O15	**Cotentin** (Rue du)	94 Bd Pasteur	93 R. Falguière	Volontaires - Pasteur	88-91-95
18	C18-D18	**Cottages** (Rue des)	5 R. Duhesme	157 R. Marcadet	Lamarck-Caulaincourt	31-60-80-95-Montmartrobus
12	L24-M23	**Cotte** (Rue de)	91 R. de Charenton	R. du Fbg St-Antoine	Ledru-Rollin	86
18	C21	**Cottin** (Rue Jean)	22 R. des Roses	(en impasse)	Pte de la Chapelle	60-65
18	D19	**Cottin** (Passage)	17 R. Ramey	R. du Chev. de la Barre	Château Rouge	85-Montmartrobus
19	F26	**Cotton** (Rue Eugénie)	52 R. Compans	23 R. des Lilas	Pl. des Fêtes	48-60
14	P17-R17	**Coty** (Avenue René)	5 Pl. Denfert-Rochereau	58 Av. Reille	Denfert-Rochereau	38-62-68-88
13	S19-T19	**Coubertin** (Avenue Pierre De)	Bd Jourdan	Bd Périphérique	Cité Univ. (RER B)	21-67-PC1
14	T19	**Coubertin** (Avenue Pierre De)	Bd Jourdan	Bd Périphérique	Cité Univ. (RER B)	21-67-PC1
14	R17	**Couche** (Rue)	57 R. d'Alésia	12 R. Sarrette	Alésia	28-38-62-68
16	H11-H12	**Coudenhove Kalergi** (Place Richard De)	Av. d'Iéna	R. A. Vacquerie	Kléber	92
14	Q16-Q17	**Couédic** (Rue du)	14 Av. René Coty	43 Av. du Gal Leclerc	Mouton-Duvernet	38-68-88
14	R15-R16	**Coulmiers** (Rue de)	124 Av. du Gal Leclerc	41 Av. J. Moulin	Pte d'Orléans	58-68-PC1
20	I27-J27	**Cour des Noues** (Rue de la)	31 R. Pelleport	198 R. des Pyrénées	Pte de Bagnolet	26-60-61-69-76
20	K28	**Courat** (Rue)	75 R. des Orteaux	46 R. St-Blaise	Maraîchers	26
16	H10	**Courbet** (Rue de l'Amiral)	96 Av. Victor Hugo	150 R. de la Pompe	Victor Hugo	52-82
16	I9	**Courbet** (Rue Gustave)	98 R. Longchamp	128 R. de la Pompe	Rue de la Pompe	52
8	F12-F14	**Courcelles** (Boulevard de)	5 Pl. P. Goubaux	4 Pl. des Ternes	Villiers - Monceau	30-31-43-84-93-94
17	F12-F14	**Courcelles** (Boulevard de)	5 Pl. P. Goubaux	4 Pl. des Ternes	Villiers - Monceau	30-31-43-84-93-94
17	D11	**Courcelles** (Porte de)	Bd Périphérique		Pte de Champeret	84-92
8	G14	**Courcelles** (Rue de)	66 R. La Boétie	R. du Pdt Wilson	Pereire	22-43-52-83-93
17	D11-F12	**Courcelles** (Rue de)	66 R. La Boétie	R. du Pdt Wilson (Levallois-P.)	Pereire	30-31-84-92-93-PC1-PC3
7	K16	**Courier** (Impasse Paul-Louis)	7 R. P. L. Courier	(en impasse)	Rue du Bac	63-68-69-83-84-94
7	K16	**Courier** (Rue Paul-Louis)	62 R. du Bac	3 R. Saint-Simon	Rue du Bac	63-68-69-83-84-94
15	O11	**Cournot** (Rue)	13 R. Jules Simon	191 R. de Javel	Félix Faure	39-62-80
20	H24-H25	**Couronnes** (Rue des)	56 Bd de Belleville	69 R. de la Mare	Pyrénées - Couronnes	26-96
1	J19	**Courtalon** (Rue)	21 R. St-Denis	6 R. Ste-Opportune	Châtelet-Les Halles	21-58-67-70-72-74-81-85
12	N28-N29	**Courteline** (Avenue)	72 Bd Soult	Av. Victor Hugo	Pte de Vincennes	29-56-PC2
12	N27	**Courteline** (Square)	Av. de St-Mandé	Bd de Picpus	Picpus	29-56-62
11	K25	**Courtois** (Passage)	62 R. Léon Frot	16 R. de la Folie Regnault	Philippe Auguste	56-76
7	J15	**Courty** (Rue de)	237 Bd St-Germain	104 R. de l'Université	Assemblée Nationale	24-63-73-83-84-94
4	L21	**Cousin** (Rue Jules)	15 Bd Henri IV	10 R. du Petit Musc	Sully-Morland	67-86-87
5	M18	**Cousin** (Rue Victor)	1 R. de la Sorbonne	20 R. Soufflot	Luxembourg (RER B)	84-89
18	E17	**Coustou** (Rue)	64 Bd de Clichy	12 R. Lepic	Blanche	30-54-68-74
18	D18	**Couté** (Rue Gaston)	R. P. Féval	45 R. Lamarck	Lamarck-Caulaincourt	80-Montmartrobus
4	K20	**Coutellerie** (Rue de la)	31 R. de Rivoli	6 Av. Victoria	Hôtel de Ville	38-47-58-67-69-70-72-74-75-76-96
3	J21	**Coutures St-Gervais** (R. des)	5 R. de Thorigny	94 R. Vieille du Temple	St-Sébastien-Froissart	29
11	K24-L24	**Couvent** (Cité du)	99 R. de Charonne	(en impasse)	Charonne	56-76
13	P20	**Coypel** (Rue)	142 Bd de l'Hôpital	75 Av. des Gobelins	Place d'Italie	27-47-57-67-83
18	C17-D16	**Coysevox** (Rue)	6 R. Étex	235 R. Marcadet	Guy Môquet	31-81-95
12	O28	**Crampel** (Rue Paul)	39 R. du Sahel	8 R. Rambervillers	Michel Bizot	62
13	Q23	**Crayons** (Passage des)	97 R. du Chevaleret	(en impasse)	Bibl. F. Mitterrand	62-89
6	L18-M18	**Crébillon** (Rue)	15 R. de Condé	2 Pl. de l'Odéon	Odéon	58-63-86-87
17	D13	**Crèche** (Rue de la)	142 R. de Saussure	(en impasse)	Pereire	53-94-PC3
13	S19	**Crédit Lyonnais** (Impasse du)	91 R. Aml Mouchez	(en impasse)	Cité Univ. (RER B)	21-67-PC1
12	M22-M23	**Crémieux** (Rue)	228 R. de Bercy	19 R. de Lyon	Gare de Lyon	20-29-65-87-91
11	I24	**Crespin du Gast** (Rue)	148 R. Oberkampf	21 Pas. Ménilmont.	Ménilmontant	96
14	P16-Q17	**Cresson** (Rue Ernest)	18 Av. du Gal Leclerc	33 R. Boulard	Mouton-Duvernet	38-68
9	E18-F18	**Cretet** (Rue)	5 R. Bochart de Saron	8 R. Lallier	Anvers	30-54-67-Montmartrobus
16	H9	**Crevaux** (Rue)	30 Av. Bugeaud	61 Av. Foch	Pte Dauphine	52
4	M22	**Crillon** (Rue)	4 Bd Morland	4 R. de l'Arsenal	Sully-Morland	67-86-87
19	C23	**Crimée** (Passage de)	219 R. de Crimée	52 R. Curial	Crimée	54-60
19	C23-F26	**Crimée** (Rue de)	25 R. des Fêtes	182 R. d'Aubervilliers	Pl. des Fêtes - Crimée	48-54-60-75
20	L27	**Crins** (Impasse des)	23 R. des Vignoles	(en impasse)	Buzenval	57
14	P15	**Crocé Spinelli** (Rue)	61 R. Vercingétorix	80 R. de l'Ouest	Pernety	88-91
15	N15	**Croisic** (Square du)	14 Bd du Montparnasse	(en impasse)	Falguière - Duroc	28-39-70-82-87-89-92
2	H19	**Croissant** (Rue du)	13 R. du Sentier	144 R. Montmartre	Sentier	20-39-48-67-74-85
18	B19	**Croisset** (Rue Francis De)	R. J. Cocteau	16 Av. Pte Clignancourt	Pte de Clignancourt	56-85-PC3
1	I18-J18	**Croix des Petits Champs** (R.)	170 R. St-Honoré	1 Pl. des Victoires	Louvre Rivoli	21-28-48-67-69-72-81
11	K25	**Croix Faubin** (Rue de la)	7 R. de la Folie Regnault	166 R. de la Roquette	Philippe Auguste	61-69
13	R24	**Croix Jarry** (Rue de la)	34 R. Watt	R. J.-A. de Baïf	Bibl. F. Mitterrand	PC1-PC2
18	B22	**Croix Moreau** (Rue de la)	20 R. Tristan Tzara	R. Tchaikovski	Pte de la Chapelle	60
15	M12-P11	**Croix Nivert** (Rue de la)	2 Pl. Cambronne	370 R. de Vaugirard	Pte de Versailles	39-70-80-88
15	M12-N12	**Croix Nivert** (Villa)	31 R. de la Croix Nivert	34 R. Cambronne	Cambronne	80
6	L17	**Croix Rouge** (Carrefour de la)	25 R. Vieux Colombier	56 R. du Four	St-Sulpice	39-63-70-84-87
20	K28-L28	**Croix Saint-Simon** (Rue de la)	76 R. Maraîchers	105 Bd Davout	Pte de Montreuil	26-57-PC2
15	P12-P13	**Cronstadt** (Rue de)	60 R. Dombasle	51 R. des Morillons	Convention	62-89
19	F25-F26	**Cronstadt** (Villa de)	21 R. du Gal Brunet	18 R. M. Hidalgo	Botzaris	48-60-75
20	G28	**Cros** (Rue Charles)	164 Bd Mortier	R. des Glaïeuls	Pte des Lilas	48-61-96-PC2-PC3
13	P20-Q19	**Croulebarbe** (Rue de)	44 Av. des Gobelins	57 R. Corvisart	Corvisart	27-47-83
12	M24	**Crozatier** (Impasse)	45 R. Crozatier	(en impasse)	Reuilly Diderot	57-86
12	L24-N24	**Crozatier** (Rue)	153 R. de Charenton	128 R. du Fbg St-Antoine	Reuilly Diderot	57-86
11	I22-J22	**Crussol** (Cité de)	7 R. Oberkampf	10 R. de Crussol	Oberkampf	56-65-96
11	I23-J22	**Crussol** (Rue de)	4 Bd du Temple	59 R. de la Folie Méricourt	Oberkampf	20-56-65-96
16	K8	**Cruz** (Rue Oswaldo)	R. du Ranelagh	Bd du Beauséjour	Ranelagh	22-52
16	K8	**Cruz** (Villa Oswaldo)	12 R. Oswaldo Cruz	(en impasse)	Ranelagh	22-52
18	C22	**Cugnot** (Rue)	2 R. de Torcy	1 Pl. Hébert	Marx Dormoy	60

5	M18-M19	**Cujas** (Rue)	12 Pl. du Panthéon	51 Bd St-Michel	Luxembourg (RER B)	21-27-38-84-85-89
3	I20	**Cunin Gridaine** (Rue)	47 R. de Turbigo	252 R. St-Martin	Arts et Métiers	20-38-47-75
16	L7-N8	**Cure** (Rue de la)	64 Av. Mozart	2 R. de l'Yvette	Jasmin	22
18	C21	**Curé** (Impasse du)	9 R. de la Chapelle	(en impasse)	Marx Dormoy	60-65
19	C23-D23	**Curial** (Rue)	46 R. Riquet	5 R. de Cambrai	Corentin Cariou	54-60
19	C22-D23	**Curial** (Villa)	7 R. Curial	118 R. d'Aubervilliers	Riquet	54-60
13	O21	**Curie** (Square Marie)	Bd de l'Hôpital	Hôpital La Pitié	St-Marcel	57-91
5	N18-N19	**Curie** (Rue Pierre et Marie)	14 R. d'Ulm	189 R. St-Jacques	Luxembourg (RER B)	21-27
17	D11-C12	**Curnonsky** (Rue)	R. A. Ladwig (Levallois-P.)	R. M. Ravel (Levallois-P.)	Pereire	94
18	D19	**Custine** (Rue)	19 R. Poulet	34 R. du Mont Cenis	Château Rouge	31-56-80-85- Montmartrobus
5	M21-N20	**Cuvier** (Rue)	5 Q. St-Bernard	40 R. G. St-Hilaire	Jussieu	24-63-67-89
1	J19-J20	**Cygne** (Rue du)	59 Bd de Sébastopol	28 R. Mondétour	Étienne Marcel	29-38-47
15	K10-L9	**Cygnes** (Allée des)	Pt de Bir Hakeim	Pont de Grenelle	Bir Hakeim	72
18	C18-D18	**Cyrano De Bergerac** (Rue)	12 R. Francœur	115 R. Marcadet	Lamarck-Caulaincourt	31-60-80-85- Montmartrobus

D

Arr.	Plan	Rues / Streets	Comencant	Finissant	Métro	Bus
18	D18	**Dac** (Rue Pierre)	95 R. Caulaincourt	53 R. Lamarck	Lamarck	80-Montmartrobus
20	K27-K28	**Dagorno** (Passage)	100 R. des Haies	101 R. des Pyrénées	Maraîchers	26
12	N27	**Dagorno** (Rue)	61 R. de Picpus	21 Bd de Picpus	Bel Air	29
14	P16-P17	**Daguerre** (Rue)	4 Av. du Gal Leclerc	109 Av. du Maine	Denfert-Rochereau	28-38-58-68-88
11	L24	**Dahomey** (Rue du)	10 R. St-Bernard	7 R. Faidherbe	Faidherbe-Chaligny	46-86
2	I17	**Dalayrac** (Rue)	2 R. Méhul	2 R. Monsigny	Pyramides	21-27-29-39-68-81-95
18	D18	**Dalida** (Place)	Al. des Brouillards	R. de l'Abreuvoir	Lamrack-Caulaincourt	Montmartrobus
11	K23-L24	**Dallery** (Passage Charles)	53 R. de Charonne	90 R. de la Roquette	Ledru-Rollin	61-69-76
13	S22-S23	**Dalloz** (Rue)	8 R. Dupuy de Lôme	71 Bd Masséna	Pte d'Ivry	83-PC1-PC2
15	N14	**Dalou** (Rue)	169 R. de Vaugirard	42 R. Falguière	Pasteur	39-48-70-88-89-91-95
17	E14-E16	**Dames** (Rue des)	25 Av. de Clichy	12 R. de Lévis	Villiers	30-53-54-66-74-81
13	S20	**Damesme** (Impasse)	57 R. Damesme	(en impasse)	Maison Blanche	47
13	R20-S20	**Damesme** (Rue)	161 R. de Tolbiac	30 Bd Kellermann	Maison Blanche	57-62-PC1
11	L26	**Damia** (Jardin)	91 Bd de Charonne	22 R. R. et S. Delaunay	Alexandre Dumas	76
2	I19	**Damiette** (Rue de)	1 R. des Forges	96 R. d'Aboukir	Sentier	20-39
11	L22-L23	**Damoye** (Cour)	12 R. Daval	(en impasse)	Bastille	61-76
19	C24-C25	**Dampierre** (Rue)	Pl. de l'Argonne	15 Q. de la Gironde	Corentin Cariou	54-60
19	C25	**Dampierre Rouvet** (Square)	Q. de la Gironde		Corentin Cariou	75
18	B18-D17	**Damrémont** (Rue)	11 R. Caulaincourt	99 R. Belliard	Lamarck-Caulaincourt	31-60-80-95- Montmartrobus
18	C18	**Damrémont** (Villa)	110 R. Damrémont	(en impasse)	Lamarck-Caulaincourt	31-60-95
18	E18	**Dancourt** (Rue)	96 Bd de Rochechouart	1 Villa Dancourt	Anvers	30-54-Montmartrobus
18	E18	**Dancourt** (Villa)	7 Pl. C. Dullin	104 Bd de Rochechouart	Anvers	30-54-Montmartrobus
16	L8	**Dangeau** (Rue)	79 Av. Mozart	42 R. Ribera	Jasmin	22
19	D25-E25	**Danjon** (Rue André)	6 R. de Lorraine	128 Av. J. Jaurès	Ourcq	48-60
5	L19	**Dante** (Rue)	43 R. Galande	33 R. St-Jacques	Cluny La Sorbonne	24-47-63-86-87
6	L18	**Danton** (Rue)	Pl. St-André des Arts	116 Bd St-Germain	St-Michel-Odéon	96
15	P12-Q12	**Dantzig** (Passage de)	50 R. de Dantzig	27 R. de la Saïda	Pte de Versailles	89
15	P12-Q12	**Dantzig** (Rue de)	238 R. de la Convention	91 Bd Lefebvre	Convention	89-PC1
19	F26	**Danube** (Hameau du)	46 R. du Gal Brunet	(en impasse)	Danube	75
19	F26	**Danube** (Villa du)	72 R. D. d'Angers	11 R. de l'Égalité	Danube	75-PC2-PC3
14	P16	**Danville** (Rue)	41 R. Daguerre	16 R. Liancourt	Denfert-Rochereau	28-38-58-68
8	F15	**Dany** (Impasse)	44 R. du Rocher	(en impasse)	Europe	28-53-66-80-95
18	B22	**Darboux** (Rue Gaston)	3 Av. Pte Aubervilliers	2 R. C. Lauth	Pte de la Chapelle	54-65-PC3
11	H23	**Darboy** (Rue)	132 Av. Parmentier	163 R. St-Maur	Goncourt	46-75
17	E16	**Darcet** (Rue)	18 Bd des Batignolles	23 R. des Dames	Place de Clichy	30-54-66-74-80-81-95
20	H28	**Darcy** (Rue)	49 R. Surmelin	16 R. Haxo	St-Fargeau	61-PC2
17	F10	**Dardanelles** (Rue des)	6 Bd Pershing	9 Bd de Dixmude	Pte Maillot	43-PC1-PC3
14	Q17	**Dareau** (Passage)	34 R. Dareau	41 R. de la Tombe Issoire	St-Jacques	88
14	Q17-Q18	**Dareau** (Rue)	17 Bd St-Jacques	17 Av. René Coty	St-Jacques	88
13	S23	**Darmesteter** (Rue)	10 Av. Boutroux	29 Bd Masséna	Pte d'Ivry	27-PC1-PC2
8	F13-G12	**Daru** (Rue)	254 R. du Fbg St-Honoré	75 R. Courcelles	Courcelles	30-31-43-84-93
18	D18	**Darwin** (Rue)	39 R. des Saules	6 R. de la Font. du But	Lamarck-Caulaincourt	80-Montmartrobus
5	O19-N20	**Daubenton** (Rue)	37 R. G. St-Hilaire	127 R. Mouffetard	Censier-Daubenton	27-47-67-89
17	E13-E14	**Daubigny** (Rue)	77 R. Cardinet	6 R. Cernuschi	Malesherbes	31-53-94
14	R16	**Daudet** (Rue Alphonse)	30 R. Sarrette	89 Av. du Gal Leclerc	Alésia	28-38-62-68
15	M13-N13	**Daudin** (Rue Jean)	54 Bd Garibaldi	34 R. Lecourbe	Sèvres-Lecourbe	39-70-89
12	M22-P28	**Daumesnil** (Avenue)	32 R. de Lyon	Av. Daumesnil	Daumesnil	20-29-46-57-61-62- 65-87-91-PC2
12	O27	**Daumesnil** (Villa)	218 Av. Daumesnil	59 R. de Fécamp	Michel Bizot	46
16	O7	**Daumier** (Rue)	179 Bd Murat	3 R. C. Terrasse	Exelmans	22-62-72-PC1
11	J25	**Daunay** (Impasse)	58 R. de la Folie Regnault	(en impasse)	Père Lachaise	61-69
18	C16	**Daunay** (Passage)	122 Av. de St-Ouen	126 Av. de St-Ouen	Guy Môquet	31-81
2	H17	**Daunou** (Rue)	13 R. Louis le Grand	35 Bd des Capucines	Opéra	21-27-29-42-52-68-81-95
6	L18	**Dauphine** (Passage)	30 R. Dauphine	27 R. Mazarine	Odéon	58-70
1	K18	**Dauphine** (Place)	2 R. de Harlay	28 R. Henri Robert	Pont Neuf	24-27-58-70
16	H8	**Dauphine** (Porte)	Bd Périphérique		Avenue Foch (RER C)	PC1
6	K18-L18	**Dauphine** (Rue)	57 Q. Gds Augustins	R. St-André des Arts	Mabillon	24-27-58-63-70-86-87-96
17	D16	**Dautancourt** (Rue)	90 Av. de Clichy	5 R. Davy	La Fourche	54-74-81
15	N15-O15	**Dautry** (Place Raoul)	34 Av. du Maine	39 R. du Départ	Montparnasse-Bienv.	28-48-58-89-91- 92-94-95-96
11	K22-L23	**Daval** (Rue)	14 Bd R. Lenoir	15 R. de la Roquette	Bastille	20-29-65-69
16	L9-M8	**David** (Rue Félicien)	19 R. Gros	4 R. de Rémusat	Mirabeau	22-62
19	F26	**David D'Angers** (Rue)	34 R. d'Hautpoul	121 Bd Sérurier	Danube	75-PC2-PC3
13	Q18-R19	**Daviel** (Rue)	30 R. Barrault	97 R. de la Glacière	Glacière - Corvisart	21
13	R19	**Daviel** (Villa)	7 R. Daviel	(en impasse)	Corvisart	62
16	K8-L8	**Davioud** (Rue)	23 Av. Mozart	48 R. de l'Assomption	Ranelagh	22-52

20	I28-M28	**Davout** (Boulevard)	111 Crs Vincennes	2 Pl. Pte de Bagnolet	Pte de Vincennes	57-76-86-PC2
17	C16-D16	**Davy** (Rue)	43 Av. de St-Ouen	28 R. Guy Môquet	Guy Môquet	31-54-74-81
18	A18-B18	**Dax** (Rue du Lieutenant-Colonel)	36 R. René Binet	R. J. Henri Fabre	Pte de Clignancourt	56-60-95-PC3
17	F10	**Débarcadère** (Rue du)	34 Pl. St-Ferdinand	271 Bd Péreire	Pte Maillot	73-PC1-PC3
3	J21-J22	**Debelleyme** (Rue)	83 R. Turenne	111 R. Turenne	St-Sébastien-Froissart	96
12	N27	**Debergue** (Cité)	28 R. du Rendez-Vous	(en impasse)	Picpus	29-56-62
19	F26	**Debidour** (Avenue)	66 Bd Sérurier	(en impasse)	Pré St-Gervais	PC2-PC3
11	K24	**Debille** (Cour)	162 Av. Ledru Rollin	(en impasse)	Voltaire	46-56-61-69
7	J12	**Debilly** (Passerelle)	Q. Branly	Av. de New York	Iéna	42-72
16	J12	**Debilly** (Passerelle)	Q. Branly	Av. de New York	Iéna	42-72
16	J11-J12	**Debilly** (Port)	Pont d'Iéna	Pont de l'Alma	Iéna	72-82
20	J28	**Debrousse** (Jardin)	R. de Bagnolet	R. des Balkans	Pte de Bagnolet	76
16	I12	**Debrousse** (Rue)	6 Av. de New York	5 Av. du Pdt Wilson	Alma-Marceau	63-92
14	R18	**Debu-Bridel** (Place Jacques)	Av. Reille	R. Gazan	Cité Univ. (RER B)	21-88
16	I8	**Debussy** (Jardin Claude)	Bd Lannes	Av. du Mal Fayolle	Av. H. Martin (RER C)	PC1
17	E11	**Debussy** (Rue Claude)	Pl. J. Renard	3 Bd de l'Yser	Pte de Champerret	93-PC1-PC3
17	E14	**Debussy** (Square Claude)	24 R. Legendre	4 Sq. F. Tombelle	Villiers - Malesherbes	53
12	O26-P27	**Decaen** (Rue Claude)	67 Bd Poniatowski	6 Pl. F. Éboué	Pte Dorée	29-46-62-87-PC1
16	I10-J9	**Decamps** (Rue)	5 Pl. de Mexico	110 R. de la Tour	Rue de la Pompe	52-63
1	J19	**Déchargeurs** (Rue des)	120 R. de Rivoli	15 R. des Halles	Châtelet	21-67-69-72-74-76-81-85
15	O11	**Deck** (Rue Théodore)	18 R. Saint-Lambert	(en impasse)	Convention	39-80-PC1
15	O11	**Deck** (Villa Théodore)	10 R. T. Deck	(en impasse)	Convention	39-80-PC1
15	O11	**Deck Prolongée** (Rue Théodore)	18 R. St-Lambert	(en impasse)	Convention	39-80-PC1
14	P14-Q14	**Decrès** (Rue)	36 R. Gergovie	176 R. d'Alésia	Plaisance	58
18	E16	**Défense** (Impasse de la)	20 Av. de Clichy	(en impasse)	Place de Clichy	30-54-74-81
16	M8-M9	**Degas** (Rue)	40 Q. L. Blériot	23 R. F. David	Mirabeau	72
2	H20	**Degrés** (Rue des)	87 R. de Cléry	50 R. Beauregard	Strasbourg-St-Denis	20-39
11	H23	**Deguerry** (Rue)	128 Av. Parmentier	161 R. St-Maur	Goncourt	46-75
19	D23-E24	**Dehaynin** (Rue Euryale)	81 Av. J. Jaurès	64 Q. de la Loire	Laumière	60
16	J8	**Dehodencq** (Rue Alfred)	19 R. O. Feuillet	(en impasse)	La Muette	32-52
16	J8	**Dehodencq** (Square Alfred)	9 R. A. Dehodencq		La Muette	32-63-PC1
18	D20	**Dejean** (Rue)	21 R. des Poissonniers	26 R. Poulet	Château Rouge	31-56
20	I28	**Dejeante** (Rue Victor)	40 Bd Mortier	11 R. Le Vau	Pte de Bagnolet	76-PC2
20	K29-L29	**Déjérine** (Rue des Docteurs)	7 Av. Pte de Montreuil	R. L. Lambeau	Pte de Montreuil	57-PC2
16	I9-J9	**Delacroix** (Rue Eugène)	37 R. Decamps	100 R. de la Tour	Rue de la Pompe	52-63
15	P10	**Delagrange** (Rue Léon)	37 Bd Victor	(en impasse)	Pte de Versailles	39-PC1
20	I25	**Delaitre** (Rue)	47 R. Panoyaux	42 R. de Ménilmontant	Ménilmontant	96
17	E10-E9	**Delaizement** (passage)	Bd d'Aurelle de Paladines	(en impasse)	Pte Maillot	43-93
14	N16-O16	**Delambre** (Rue)	202 Bd Raspail	54 Bd E. Quinet	Vavin - Edgar Quinet	28-58-68-82-91
14	O16	**Delambre** (Square)	19 R. Delambre	32 Bd E. Quinet	Vavin - Edgar Quinet	58-68-82-91
10	F20-F21	**Delanos** (Passage)	25 R. d'Alsace	R. du Fbg St-Denis	Gare de l'Est	26-30-31-32-38-39-42-43-46-48-54-56-65
20	M29	**Delaporte** (Rue Louis)	7 R. N. Ballay	112 R. Lagny	Pte de Vincennes	26-PC2
16	J9-K9	**Delaroche** (Rue Paul)	40 R. Vital	81 Av. P. Doumer	La Muette	22-32
11	K26	**Delaunay** (Rue Robert et Sonia)	123 R. de Charonne	(en impasse)	Charonne	76
11	K25	**Delaunay** (Impasse)	R. de Charonne	(en impasse)	Charonne	56-76
6	L18-M18	**Delavigne** (Rue Casimir)	10 R. Mr le Prince	1 Pl. de l'Odéon	Odéon	58-63-86-87
15	O8	**Delbarre** (Rue du Professeur Florian)	R. E. Hemingway	R. Leblanc	Bd Victor (RER C)	42-88
14	Q15	**Delbet** (Rue)	149 R. d'Alésia	32 R. L. Morard	Plaisance - Alésia	58-62
8	G14	**Delcassé** (Avenue)	24 R. Penthièvre	37 R. La Boétie	Miromesnil	52-83-93
15	M11-N11	**Delecourt** (Avenue)	63 R. Violet	(en impasse)	Commerce	42-70-88
11	L23	**Delépine** (Cour)	37 R. de Charonne	(en impasse)	Ledru-Rollin	61-76
11	L25	**Delépine** (Impasse)	R. Léon Frot	16 Imp. Delépine	Rue des Boulets	56
11	L24	**Delescluze** (Rue Charles)	48 R. Trousseau	31 R. St-Bernard	Ledru-Rollin	46-76
16	J10-K10	**Delessert** (Boulevard)	R. Le Nôtre	Pl. du Costa Rica	Passy	32-72
10	F22	**Delessert** (Passage)	161 Q. de Valmy	8 R. P. Dupont	Château Landon	46
19	D25	**Delesseux** (Rue)	14 R. Ardennes	11 R. A. Mille	Ourcq	60
16	N6-O6	**Delestraint** (Rue du Général)	77 Bd Exelmans	97 Bd Murat	Pte de St-Cloud	62-PC1
20	I25	**Delgrès** (Rue Louis)	19 R. des Cendriers	16 R. des Panoyaux	Ménilmontant	96
15	O12	**Delhomme** (Rue Léon)	3 R. François Villon	4 R. Yvart	Vaugirard	39-80-88
16	I10-I11	**Delibes** (Rue Léo)	88 Av. Kléber	99 R. Lauriston	Boissière	22-30-82
17	B15-B16	**Deligny** (Impasse)	8 Pas. Pouchet	(en impasse)	Guy Môquet	66-PC3
15	P11	**Delmet** (Rue Paul)	13 R. Vaugelas	64 R. O. de Serres	Convention	39-80-89
13	S21	**Deloder** (Villa)	21 R. de la Vistule	(en impasse)	Maison Blanche	47
17	D12-D13	**Delorme** (Rue Philibert)	76 Bd Péreire	205 Bd Malesherbes	Wagram - Pereire	53-94-PC3
14	P17-Q16	**Delormel** (Square Henri)	5 R. Ernest-Cresson	(en impasse)	Mouton-Duvernet	38-68
19	G25	**Delouvain** (Rue)	16 R. de la Villette	11 R. Lassus	Jourdain	26
15	O14	**Delpayrat** (Square Pierre-Adrien)	R. André Gide	R. Maurice Maignen	Pasteur	88-95
9	E19	**Delta** (Rue du)	179 R. du Fbg Poissonnière	82 R. Rochechouart	Barbès-Rochechouart	30-54-85
10	F21	**Demarquay** (Rue)	23 R. de l'Aqueduc	R. du Fbg St-Denis	Gare du Nord	26-38-42-43-46-54
17	E12-F11	**Demours** (Rue Pierre)	4 Pl. T. Bernard	93 Av. de Villiers	Pereire	31-43-84-92-93
14	Q16	**Demy** (Place Jacques)	R. Mouton-Duvernet	R. Saillard	Mouton-Duvernet	28-58
15	L11	**Denain** (Allée du Général)	25 R. Desaix	18 Pl. Dupleix	Dupleix	42
10	F20	**Denain** (Boulevard de)	114 Bd de Magenta	23 R. de Dunkerque	Gare du Nord	26-30-31-42-43-48-54-56
14	O17-P17	**Denfert-Rochereau** (Avenue)	32 Av. Observatoire	Pl. Denfert-Rochereau	Denfert-Rochereau	38-68-88
14	P17	**Denfert-Rochereau** (Place)	110 Av. Denfert-Rochereau	Av. du Gal Leclerc	Denfert-Rochereau	38-68-88
6	O18	**Denis** (Place Ernest)	Bd St-Michel	Av. de Observatoire	Port Royal	38-83
12	N24	**Denis** (Rue Maurice)	13 Pas. Gatbois	18 Pas. Raguinot	Gare de Lyon	29-57
20	H24	**Dénoyez** (Rue)	3 R. Ramponeau	8 R. de Belleville	Belleville	26-96 (à plus de 400 m)
17	D14-E14	**Déodat De Séverac** (Rue)	80 R. Tocqueville	19 R. Jouffroy	Malesherbes	31-53
18	D17	**Depaquit** (Passage)	55 R. Lepic	(en impasse)	Lamarck-Caulaincourt	80-95-Montmartrobus
14	P16	**Deparcieux** (Rue)	49 R. Froidevaux	(en impasse)	Gaîté	28-58-88
14	N15-N16	**Départ** (Rue du)	68 Bd du Montparnasse	39 Av. du Maine	Montparnasse-Bienv.	28-48-58-82-89-91-92-94-95-96

15	N15-N16	**Départ** (Rue du)	68 Bd du Montparnasse	39 Av. du Maine	Montparnasse-Bienv.	28-48-58-82-89-91-92-94-95-96
18	D21-E22	**Département** (Rue du)	9 R. de Tanger	34 R. M. Dormoy	Stalingrad	48-65
19	E22	**Département** (Rue du)	9 R. de Tanger	34 R. M. Dormoy	Stalingrad	48-65
16	O6	**Deport** (Rue du Lieutenant-Colonel)	1 Pl. du Gal Stéfanik	4 Pl. Dr Michaux	Pte de St-Cloud	22-62-72-PC1
12	O28	**Derain** (Rue André)	14 R. Montempoivre	R. M. Laurencin	Bel Air	62-PC2
17	C16	**Deraismes** (Rue Maria)	8 R. Collette	1 R. A. Brière	Guy Môquet	31-81
18	D17-D18	**Dereure** (Rue Simon)	10 Al. Brouillards	24 Av. Junot	Lamarck-Caulaincourt	80-95-Montmartrobus
15	L12	**Déroulède** (Avenue Paul)	15 Av. Champaubert	54 Av. La Motte-Picquet	La Motte-P.-Grenelle	80-82
15	L12-M12	**Derry** (Rue de l'Abbé Roger)	11 R. du Laos	96 Av. de Suffren	La Motte-P.-Grenelle	87
15	L11	**Desaix** (Rue)	38 Av. de Suffren	39 Bd de Grenelle	Dupleix	42-69-82-87
15	L11	**Desaix** (Square)	33 Bd de Grenelle	(en impasse)	Bir Hakeim	42
11	H23	**Desargues** (Rue)	20 R. de l'Orillon	R. Fontaine au Roi	Belleville	46-75
16	M7	**Désaugiers** (Rue)	9 R. d'Auteuil	6 R. du Buis	Église d'Auteuil	52-62
13	S24	**Desault** (Rue Pierre-Joseph)	Av. Porte de Vitry	R. Mirabeau	Pierre Curie	27-PC1-PC2
16	J9	**Desbordes Valmore** (Rue)	75 R. de la Tour	6 R. Faustin Hélie	La Muette	22-32-52
5	M19-N19	**Descartes** (Rue)	41 R. Mont. Ste-Genev.	6 R. Thouin	Card. Lemoine	89
14	T17	**Descaves** (Avenue Lucien)	Av. Vaillant Couturier	Av. A. Rivoire	Gentilly	88-PC1
7	K12-K13	**Deschanel** (Avenue Émile)	Av. J. Bouvard	R. Savorgnan de Br.	École Militaire	42-69-87
7	J11-K12	**Deschanel** (Allée Paul)	67 Q. Branly	Av. S. de Sacy	Ch. de Mars-Tr Eiffel (RER C)	42
17	E11	**Descombes** (Rue)	9 R. Guillaume Tell	145 Av. de Villiers	Pte de Champerret	84-92-93-PC1-PC3
12	O25	**Descos** (Rue)	187 R. de Charenton	132 Av. Daumesnil	Dugommier	29
7	J14	**Desgenettes** (Rue)	45 Q. d'Orsay	144 R. de l'Université	Invalides	28-63-69-83-93
6	M16-N16	**Desgoffe** (Rue Blaise)	139 R. de Rennes	79 R. de Vaugirard	St-Placide	89-94-95-96
19	C23	**Desgrais** (Passage)	36 R. Curial	34 R. Mathis	Crimée	54-60
12	O24	**Desgrange** (Rue Henri)	R. de Bercy	Bd de Bercy	Cour St-Émilion	24-87
14	Q14-R15	**Deshayes** (Villa)	109 R. Didot	(en impasse)	Plaisance	58
10	G20-G21	**Désir** (Passage du)	89 R. du Fbg St-Martin	84 R. du Fbg St-Denis	Château d'Eau	38-39-47-56-65
20	I26	**Désirée** (Rue)	31 Av. Gambetta	22 R. Partants	Gambetta	61-69
13	P19-P20	**Deslandres** (Rue Émile)	13 R. Berbier Mets	13 R. Cordelières	Les Gobelins	83
11	K24	**Desmoulins** (Rue Camille)	10 Pl. Léon Blum	13 R. St-Maur	Voltaire	46-56-61-69
10	F22	**Desnos** (Place Robert)	R. Boy Zelensky	R. G. F. Haendel	Colonel Fabien	46-75
15	P10-P11	**Desnouettes** (Rue)	352 R. de Vaugirard	27 Bd Victor	Convention	39-80-PC1
15	P10	**Desnouettes** (Square)	17 Bd Victor	88 R. Desnouettes	Balard	39-PC1
5	N20	**Desplas** (Rue Georges)	12 R. Daubenton	1 Pl. Puits Ermite	Censier-Daubenton	67-89
16	N7	**Despréaux** (Avenue)	38 R. Boileau	Av. Molière	Michel Ange-Molitor	62
14	P14-P15	**Desprez** (Rue)	81 R. Vercingétorix	98 R. de l'Ouest	Pernety	62-88-91
13	Q23-R23	**Dessous des Berges** (Rue du)	50 R. Regnault	23 R. de Domrémy	Bibl. F. Mitterrand	27-62
13	T20	**Destrée** (Rue Jacques)	Av. Gabriel Péri (Gentilly)	Av. Gallieni (Gentilly)	Pte d'Italie	57
19	F27-G27	**Desvaux** (Rue Émile)	17 R. de Romainville	22 R. des Bois	Télégraphe	48-60
17	E13	**Detaille** (Rue Édouard)	41 R. Cardinet	59 Av. de Villiers	Wagram	31
7	L12	**Détrie** (Avenue du Général)	Av. Thomy Thierry	53 Av. de Suffren	La Motte-P.-Grenelle	82
16	O6	**Deubel** (Place Léon)	47 R. Le Marois	R. Gudin	Pte de St-Cloud	22-72-PC1
14	S17	**Deutsch De La Meurthe** (Rue Émile)	18 R. Nansouty	30 Bd Jourdan	Cité Univ. (RER B)	88-PC1
6	K17	**Deux Anges** (Impasse des)	6 R. St-Benoît	(en impasse)	St-Germain-des-Prés	39-95
13	Q21-R21	**Deux Avenues** (Rue des)	157 Av. de Choisy	33 Av. d'Italie	Tolbiac	47
1	K19	**Deux Boules** (Rue des)	17 R. Ste-Opportune	R. Bertin Poirée	Châtelet	21-48-67-69-72-74-76-81
17	E11	**Deux Cousins** (Impasse des)	11 R. d'Héliopolis	(en impasse)	Pte de Champerret	84-92-93-PC1-PC3
1	J18	**Deux Écus** (Place des)	22 R. J.-J. Rousseau	13 R. du Louvre	Louvre Rivoli	67-74-85
10	F20-F21	**Deux Gares** (Rue des)	29 R. d'Alsace	R. du Fbg St-Denis	Gare de l'Est	26-30-31-32-38-39-42-43-46-48-54-56-65
13	Q21	**Deux Moulins** (Jardin des)	78 Av. Edison		Place d'Italie	27-47-57-67-83
18	E16	**Deux Néthes** (Impasse des)	30 Av. de Clichy	(en impasse)	Gaîté	54-74-80-81
1	I18	**Deux Pavillons** (Passage des)	6 R. de Beaujolais	R. des Petits Champs	Bourse	29-48
4	L20-L21	**Deux Ponts** (Rue des)	2 Q. d'Orléans	1 Q. de Bourbon	Pont Marie	67
20	K28	**Deux Portes** (Passage des)	R. Galleron	R. Saint-Blaise	Pte de Bagnolet	26-76
9	G18	**Deux Sœurs** (Passage des)	42 R. du Fbg Montmartre	56 R. La Fayette	Le Peletier	42-48-67-74-85
14	O15	**Deuxième D. B.** (Allée de la)	Gare Montparnasse		Montparnasse-Bienv.	28-88-89-91-92-94-95-96
15	O15	**Deuxième D. B.** (Allée de la)	Gare Montparnasse		Montparnasse-Bienv.	28-88-89-91-92-94-95-96
20	H27	**Devéria** (Rue)	146 R. Pelleport	23 R. du Télégraphe	Télégraphe	60-96
6	L16	**Deville** (Place Alphonse)	43 Bd Raspail	1 R. d'Assas	Sèvres-Babylone	68-83-94
12	M26	**Dewet** (Rue Christian)	35 R. du Sgt Bauchat	11 R. Dorian	Nation - Montgallet	29
20	H27-I28	**Dhuis** (Rue de la)	16 R. E. Marey	34 R. du Surmelin	Pelleport	60-61
20	H25	**Dhuit** (Allée du Père Julien)	9 R. Père J. Dhuit	13 R. des Envierges	Pyrénées	26
20	H25	**Dhuit** (Rue du Père Julien)	36 R. Piat		Pyrénées	26
9	G17	**Diaghilev** (Place)	41 Bd Haussmann	2 R. de Mogador	Chée d'Antin-La Fayette	22-32-42-53-66-68
19	G24	**Diane De Poitiers** (Allée)	21 R. de Belleville	36 R. Rébeval	Belleville	26
19	D25	**Diapason** (Square)	6 R. Adolphe Mille		Pte de Pantin	60
18	C18-D18	**Diard** (Rue)	125 R. Marcadet	18 R. Francoeur	Lamarck-Caulaincourt	31-60-80-85-Montmartrobus
16	M8	**Diaz** (Rue Narcisse)	72 Av. de Versailles	17 R. Mirabeau	Mirabeau	22-62-72
16	K10	**Dickens** (Rue Charles)	9 R. des Eaux	Av. René Boylesve	Passy	32-72
16	K10	**Dickens** (Square Charles)	6 R. des Eaux	(en impasse)	Passy	32-72
12	M26-N22	**Diderot** (Boulevard)	90 Q. de la Rapée	2 Pl. de la Nation	Reuilly Diderot	20-24-29-46-57-63-65-86-87-91
12	N23	**Diderot** (Cour)	R. de Bercy	Cour de Chalon	Gare de Lyon	20-29-57-61-63-65-87-91
14	R14	**Didot** (Porte)	Bd Brune	R. Didot	Pte de Vanves	58-PC1
14	P15-R14	**Didot** (Rue)	Pl. de Moro Giafferi	79 Bd Brune	Plaisance	58-62-PC1
15	Q12	**Dierx** (Rue Léon)	86 Bd Lefebvre	42 Av. A. Bartholomé	Pte de Vanves	95-PC1
16	I11	**Dietrich** (Place Marlène)	R. Boissière	R. de Lübeck	Boissière	32-63-82
16	O6-O7	**Dietz Monnin** (Villa)	10 Villa Cheysson	6 R. Parent de Rosan	Exelmans	22-62-72-PC1
20	K27	**Dieu** (Passage)	105 R. des Haies	50 R. des Orteaux	Maraîchers	26
10	H22	**Dieu** (Rue)	18 R. Yves Toudic	55 Q. de Valmy	République	75
13	R20-S20	**Dieulafoy** (Rue)	4 R. du Dr Leray	17 R. Henri Pape	Maison Blanche	57
18	C19	**Dijon** (Rue Joseph)	25 Bd Ornano	86 R. du Mont Cenis	Simplon	31-56-60-80-85-Montmartrobus
12	P25	**Dijon** (Rue de)	R. Joseph Kessel	1 R. de Bercy	Cour St-Émilion	24-62
18	B17	**Dimey** (Rue Bernard)	1 R. Jules Cloquet	70 R. Vauvenargues	Pte de St-Ouen	81-PC3

13	R22	**Disque** (Rue du)	28 Av. d'Ivry	70 Av. d'Ivry	Pte d'Ivry	83
14	P16	**Divry** (Rue Charles)	42 R. Boulard	29 R. Gassendi	Mouton-Duvernet	28-58
6	N16	**Dix-Huit Juin 1940** (Place du)	171 R. de Rennes	61 Bd du Montparnasse	Montparnasse-Bienv.	28-58-82-89-91- 92-94-95-96
15	N16	**Dix-Huit Juin 1940** (Place du)	171 R. de Rennes	61 Bd du Montparnasse	Montparnasse-Bienv.	28-58-82-89-91- 92-94-95-96
17	E10	**Dixmude** (Boulevard de)	11 Av. Pte de Villiers	Av. de Salonique	Pte Maillot	PC1-PC3
12	M23	**Dix-Neuf Mars 1962** (Place du)	Av. Daumesnil	R. Legraverend	Gare de Lyon	20-29-57-61-65-87-91
17	E10	**Dobropol** (Rue du)	2 Bd Pershing	3 Bd de Dixmude	Pte Maillot	43-PC1-PC3
12	P28	**Dodds** (Avenue du Général)	94 Bd Poniatowski	1 Av. du Gal Laperrine	Pte Dorée	PC2
16	P6	**Dode De La Brunerie** (Avenue)	6 Av. Marcel Doret	104 Av. G. Lafont	Pte de St-Cloud	22-62-72-PC1
10	G22	**Dodu** (Rue Juliette)	3 Av. C. Vellefaux	20 R. Grange aux Belles	Colonel Fabien	46-75
17	F11	**Doisy** (Passage)	55 Av. des Ternes	18 R. d'Armaillé	Ch. de Gaulle-Étoile	43
14	P18	**Dolent** (Rue Jean)	44 R. de la Santé	R. du Fbg St-Jacques	St-Jacques	38-88
20	I24-I25	**Dolet** (Rue Étienne)	6 Bd de Belleville	5 R. Julien Lacroix	Ménilmontant	96
18	B17	**Dollfus** (Rue Jean)	50 R. Leibniz	117 Bd Ney	Pte de St-Ouen	PC3
5	N20	**Dolomieu** (Rue)	41 R. de la Clef	77 R. Monge	Place Monge	47
13	Q24	**Dolto** (Rue Françoise)	45 Q. Panhard et Levassor	72 Av. de France	Bibl. F. Mitterrand	62-89
5	L19	**Domat** (Rue)	18 R. des Anglais	7 R. Dante	Maubert-Mutualité	24-47-63-86-87
15	P12	**Dombasle** (Impasse)	58 R. Dombasle	(en impasse)	Convention	62-89
15	P12	**Dombasle** (Passage)	126 R. de l'Abbé Groult	223 R. de la Convention	Convention	62
15	P12	**Dombasle** (Rue)	353 R. de Vaugirard	Pl. C. Vallin	Convention	39-62-80
16	H11	**Dôme** (Rue du)	24 R. Lauriston	27 Av. V. Hugo	Kléber	22-30-52
13	S20-T21	**Dominé** (Rue du Colonel)	Av. d'Italie	Bd Kellermann	Pte d'Italie	47-PC1
13	Q22-Q23	**Domrémy** (Rue de)	107 R. du Chevaleret	R. J. Colly	Bibl. F. Mitterrand	27-62
16	M7	**Donizetti** (Rue)	46 R. d'Auteuil	7 R. Poussin	Michel Ange-Auteuil	52-62
16	I8-H8	**Doornik** (Jardin Jan)	Bd Flandrin	R. de Longchamp	Avenue Foch (RER C)	PC1
15	N12	**Dorchain** (Rue Auguste)	1 R. J. Liouville	2 R. Quinault	Commerce	80
17	D12	**Dordogne** (Square de la)	122 Bd Berthier	(en impasse)	Pereire	53-94-PC3
17	D12-E13	**Doré** (Rue Gustave)	155 Av. de Wagram	75 Bd Péreire	Wagram - Pereire	31-94
12	P28	**Dorée** (Porte)	Av. Daumesnil		Pte Dorée	46-PC2
19	D26	**Dorées** (Sente des)	97 R. Petit	212 Av. J. Jaurès	Pte de Pantin	75-PC2-PC3
16	O6-P6	**Doret** (Avenue Marcel)	126 Bd Murat	Périphérique	Pte de St-Cloud	22-72-PC1
18	D18	**Dorgelès** (Carrefour Roland)	R. St-Vincent	15 R. des Saules	Lamarck-Caulaincourt	80-Montmartrobus
12	M26	**Dorian** (Avenue)	9 R. de Picpus	4 Pl. de la Nation	Nation	56-57-86
12	M26	**Dorian** (Rue)	12 R. de Picpus	1 R. P. Bourdan	Nation	56-57-86
18	D21-E21	**Dormoy** (Rue Marx)	20 Pl. de la Chapelle	1 R. Ordener	Marx Dormoy	48-60-65
16	H10-H9	**Dosne** (Rue)	159 R. de la Pompe	25 Av. Bugeaud	Victor Hugo	52
9	E16-F17	**Douai** (Rue de)	63 R. J.-B. Pigalle	77 Bd de Clichy	Pigalle	30-54-67-68-74-80-81- Montmartrobus
1	R17	**Douanier Rousseau** (Rue)	106 R. de la Tombe Issoire	13 R. du Père Corentin	Pte d'Orléans - Alésia	28-38
17	C13-B14	**Douaumont** (Boulevard de)	36 Av. Pte de Clichy	Bd Fort de Vaux	Pte de Clichy	54-74
4	L19	**Double** (Pont au)	21 Q. de Montebello	R. d'Arcole	St-Michel	24-47
5	L19	**Double** (Pont au)	21 Q. de Montebello	R. d'Arcole	St-Michel	24-47
18	D19-D21	**Doudeauville** (Rue)	59 R. Marx Dormoy	58 R. de Clignancourt	Marx Dormoy	31-56-60-65-80-85
16	J10-K9	**Doumer** (Avenue Paul)	Pl. du Trocadéro	82 R. de Passy	Trocadéro - La Muette	22-30-32-52-63
6	L17	**Dragon** (Rue du)	163 Bd St-Germain	56 R. du Four	St-Germain-des-Prés	39-63-70-84-87-95
11	I24	**Dranem** (Rue)	5 Impasse Gaudelet	15 Av. J. Aicard	Rue St-Maur	96
17	F9	**Dreux** (Rue de)	R. du Midi	Pte Maillot	Pte Maillot	73-82
18	E18	**Drevet** (Rue)	30 R. des Trois Frères	21 R. Gabrielle	Abbesses	Montmartrobus
13	R18-R19	**Dreyer** (Square André)	16 R. Wurtz		Glacière	21-62
15	M11	**Dreyfus** (Place Alfred)	Av. Emile Zola	R. Violet	Av. Emile Zola	42-70-88
12	M24	**Driancourt** (Passage)	33 R. de Cîteaux	58 R. Crozatier	Faidherbe-Chaligny	86
1	I18-J18	**Driant** (Rue du Colonel)	29 R. J.-J. Rousseau	8 R. de Valois	Palais Royal-Louvre	48-67-74-85
16	J10	**Droits de l'Homme** **et des Libertés** (Parvis des)	Pl. du Trocadéro	(Palais de Chaillot)	Trocadéro	32-63
15	O15	**Dronne** (Allée du Capitaine)	Gare Montparnasse		Montparnasse-Bienv.	88-89-91-92-94-95-96
9	G18-H18	**Drouot** (Rue)	2 Bd Haussmann	47 R. du Fbg Montmartre	Richelieu Drouot	20-39-48-67-74-85
17	E15	**Droux** (Rue Léon)	78 Bd des Batignolles	2 R. de Chéroy	Rome	30-53
12	M24	**Druinot** (Impasse)	41 R. de Cîteaux	(en impasse)	Faidherbe-Chaligny	86
4	L20	**Du Bellay** (Rue Jean)	42 Q. d'Orléans	33 Q. de Bourbon	Pont Marie	67
1	J19	**Du Bellay** (Place Joachim)	R.Berger	R. des Innocents	Châtelet-Les Halles	38-47
15	L12	**Du Guesclin** (Passage)	14 R. Dupleix	11 R. de Presles	La Motte-P.-Grenelle	82
15	L12	**Du Guesclin** (Rue)	15 R. de Presles	22 R. Dupleix	La Motte-P.-Grenelle	82
19	G23-G24	**Du Guillet** (Allée Pernette)	8 R. de l'Atlas	Al. L. Labé	Belleville	26
16	L8	**Dubail** (Avenue du Général)	23 R. de l'Assomption	1 Pl. Rodin	Ranelagh - Jasmin	52
10	G21	**Dubail** (Passage)	120 R. du Fbg St-Martin	50 R. Vinaigriers	Gare de l'Est	38-39-47-56-65
16	K9	**Duban** (Rue)	Pl. Chopin	1 R. Bois le Vent	La Muette	32
8	F16	**Dublin** (Place de)	18 R. de Moscou	R. de Turin	Liège	66-80-95
19	E24	**Dubois** (Rue André)	8 Av. de laumière	24 R. du Rhin	Laumière	48-60-75
6	L18	**Dubois** (Rue Antoine)	23 R. Éc. de Médecine	21 R. Mr le Prince	Odéon	63-86-87
18	E18-E19	**Dubois** (Rue du Cardinal)	1 R. Lamarck	11 R. Foyatier	Abbesses	Montmartrobus
14	Q17-Q18	**Dubois** (Rue Émile)	16 R. Dareau	23 R. de la Tombe Issoire	St-Jacques	88
12	P28	**Dubois** (Rue Marcel)	98 Bd Poniatowski	5 Av. du Gal Laperrine	Pte Dorée	46-PC2
3	I21	**Dubois** (Rue Paul)	18 R. Perrée	15 R. Dupetit Thouars	Temple	20-75
19	E24	**Dubois** (Passage)	38 R. Petit	(en impasse)	Laumière	60
20	G28-H27	**Dubouillon** (Rue Henri)	60 R. Haxo	199 Av. Gambetta	St-Fargeau	61-96
20	J27	**Dubourg** (Cité)	52 R. Stendhal	57 R. des Prairies	Gambetta	26
12	O25-O26	**Dubrunfaut** (Rue)	5 Bd de Reuilly	146 Av. Daumesnil	Dugommier	29-87
12	P25	**Dubuffet** (Passage)	53 Av. des Terroirs de Fr.	150 R. Pirogues de Bercy	Cour St-Émilion	24
18	C18-C19	**Duc** (Rue)	29 R. Hermel	52 R. Duhesme	Jules Joffrin	31-60-80-85- Montmartrobus
13	R22	**Duchamp** (Rue Marcel)	R. Chât. Rentiers	40 R. Nationale	Pte d'Ivry	83
13	P23-Q22	**Duchefdelaville** (Rue)	153 R. du Chevaleret	30 R. Dunois	Chevaleret	27-89
15	M11	**Duchène** (Rue Henri)	32 R. Fondary	133 Av. E. Zola	Av. Émile Zola	42-80
14	P14	**Duchêne** (Square Henri et Achille)	R. Vercingétorix	R. d'Alésia	Plaisance	62
19	B23	**Duchesne** (Rue Jacques)	192 Bd Macdonald	55 R. Émile Bollaert	Pte de la Chapelle	PC3

15	N13	**Duclaux** (Rue Émile)	13 R. Blomet	184 R. de Vaugirard	Volontaires	39-70-89
11	J24	**Dudouy** (Passage)	48 R. St-Maur	59 R. Servan	Rue St-Maur	46
20	H26	**Duée** (Passage de la)	15 R. de la Duée	26 R. Pixérécourt	Télégraphe	26-60-96
20	H26	**Duée** (Rue de la)	8 R. Pixérécourt	24 R. des Pavillons	Télégraphe	26-60-96
16	I8-I9	**Dufrenoy** (Rue)	184 Av. Victor Hugo	37 Bd Lannes	Av. H. Martin (RER C)	52-63-PC1
16	O7	**Dufresne** (Villa)	151 Bd Murat	39 R. C. Terrasse	Pte de St-Cloud	22-72-PC1
20	I25-I26	**Dufy** (Rue Raoul)	15 R. des Partants	Pl. Henri Matisse	Gambetta	61-69
12	O25-O26	**Dugommier** (Rue)	2 R. Dubrunfaut	152 Av. Daumesnil	Dugommier	29-87
6	M17	**Duguay Trouin** (Rue)	56 R. d'Assas	19 R. de Fleurus	N.-D. des Champs	58-82-83
13	Q24	**Duhamel** (Jardin Georges)	R. Choderlos de Laclos	10 R. Jean Anouilh	Bibl. F. Mitterrand	62
15	P14	**Duhamel** (Rue Georges)	87 R. de la Procession		Pernety	88-95
18	B19	**Duhesme** (Passage)	R. Neuve de la Chard.	R. du Mont Cenis	Pte de Clignancourt	56-85
18	B19-D18	**Duhesme** (Rue)	108 R. du Mont Cenis	42 R. Championnet	Pte de Clignancourt	31-56-60-80-85-Montmartrobus
12	O26	**Dukas** (Rue Paul)	177 Av. Daumesnil	15 Al. Vivaldi	Daumesnil	29-62
15	N14-N15	**Dulac** (Rue)	157 R. de Vaugirard	24 R. Falguière	Pasteur	39-48-70-89-95
20	I28	**Dulaure** (Rue)	36 Bd Mortier	9 R. Le Vau	Pte de Bagnolet	76-PC2
18	E18	**Dullin** (Place Charles)	1 Villa Dancourt	R. D'Orsel	Anvers	30-54-Montmartrobus
17	D14-E15	**Dulong** (Rue)	86 R. des Dames	140 R. Cardinet	Rome	31-53
11	K27-L25	**Dumas** (Rue Alexandre)	213 Bd Voltaire	22 R. Voltaire	Rue des Boulets	56-76
20	K27-L25	**Dumas** (Rue Alexandre)	213 Bd Voltaire	22 R. Voltaire	Rue des Boulets	76
17	E11	**Dumas** (Rue Jean-Baptiste)	44 R. Bayen	57 R. Laugier	Pte de Champerret	84-92-93-PC1-PC3
11	L25-L26	**Dumas** (Passage)	199 Bd Voltaire	69 Pl. de la Réunion	Alexandre-Dumas	56
20	G25	**Dumay** (Rue Jean-Baptiste)	346 R. des Pyrénées	114 R. de Belleville	Jourdain - Pyrénées	26
13	O20-P21	**Duméril** (Rue)	102 Bd de l'Hôpital	177 R. Jeanne d'Arc	Campo Formio	57-67-91
15	L11	**Dumézil** (Rue Georges)	16 R. Edgar Faure	Al. M. de Yourcenar	Dupleix	42
20	H27	**Dumien** (Rue Jules)	106 R. de Pelleport	3 R. H. Poincaré	Pelleport	60-61-96
14	Q16-Q17	**Dumoncel** (Rue Remy)	52 R. de la Tombe Issoire	51 Av. du Gal Leclerc	Mouton-Duvernet	38-68
16	H11-H12	**Dumont D'Urville** (Rue)	14 Pl. des États Unis	63 Av. d'Iéna	Kléber	22-30-92
14	Q16	**Dunand** (Square de l'Aspirant)	R. Mouton-Duvernet	R. Brézin	Alésia	28-58
13	S22	**Dunand** (Rue Jean)	R. de la Pointe d'Ivry	R. C. Bertheau	Pte de Choisy	83-PC1-PC2
8	H12	**Dunant** (Place Henry)	R. François Ier	40 Av. George V	George V	32-73
19	G24	**Dunes** (Rue des)	43 R. d'Alsace	39 Bd de Rochechouart	Gare du Nord - Anvers	26
9	E19-F21	**Dunkerque** (Rue de)	43 R. d'Alsace	39 Bd de Rochechouart	Gare du Nord - Anvers	30-31-42-48-54-56-85
10	F20-F21	**Dunkerque** (Rue de)	43 R. d'Alsace	39 Bd de Rochechouart	Gare du Nord - Anvers	26-30-31-38-42-43-46-48-54-56-65
13	P22-Q23	**Dunois** (Rue)	30 R. de Domrémy	82 Bd V. Auriol	Chevaleret	27-62
13	P22	**Dunois** (Square)	76 R. Dunois	(en impasse)	Chevaleret	27
17	E14	**Duparc** (Square Henri)	Sq. F. la Tombelle		Villiers	53
9	E17-E18	**Duperré** (Rue)	11 Pl. Pigalle	20 R. de Douai	Pigalle	30-54-67-74-Montmartrobus
3	I21	**Dupetit Thouars** (Cité)	27 R. de Picardie	160 R. du Temple	Temple	20-75
3	I21	**Dupetit Thouars** (Rue)	14 R. Dupetit Thouars	(en impasse)	Temple	20-65-75
1	H16-I16	**Duphot** (Rue)	382 R. St-Honoré	23 Bd de la Madeleine	Madeleine	24-42-52-84-94
8	H16	**Duphot** (Rue)	382 R. St-Honoré	23 Bd de la Madeleine	Madeleine	24-42-52-84-94
6	M16	**Dupin** (Rue)	47 R. de Sèvres	48 R. du Cherche Midi	Sèvres-Babylone	39-70-87
16	G10	**Duplan** (Cité)	12 R. Pergolèse	(en impasse)	Pte Maillot	73
15	L12	**Dupleix** (Place)	74 Av. de Suffren	83 Bd de Grenelle	Dupleix	80-82
15	L12-M11	**Dupleix** (Rue)	74 Av. de Suffren	83 Bd de Grenelle	Dupleix	82
18	D20	**Duployé** (Rue Émile)	53 R. Stephenson	3 R. Marcadet	Marx Dormoy	60
10	F22	**Dupont** (Rue Pierre)	12 R. Eugène Varlin	11 R. A. Parodi	Louis Blanc	46
11	J24	**Dupont** (Cité)	50 R. St-Maur	(en impasse)	Rue St-Maur	46
16	G10-G9	**Dupont** (Villa)	48 R. Pergolèse	(en impasse)	Pte Maillot	82-PC1
20	H27-I27	**Dupont de l'Eure** (Rue)	115 Av. Gambetta	R. Villiers de l'Isle-Adam	Pelleport	60-61
7	J12-K13	**Dupont des Loges** (Rue)	1 R. Sédillot	R. St-Dominique	Pont de l'Alma (RER C)	69-80-92
15	Q12	**Dupré** (Rue Jules)	4 R. des Périchaux	93 Bd Lefebvre	Pte de Versailles	89
3	I21-I22	**Dupuis** (Rue Charles-François)	4 R. Dupetit Thouars	7 R. Béranger	Temple - République	20-65-75
16	M8	**Dupuy** (Rue Paul)	20 R. Félicien David	(en impasse)	Mirabeau	22-52-72
18	D21	**Dupuy** (Impasse)	74 R. P. de Girard	(en impasse)	Marx Dormoy	60-65
13	S23	**Dupuy de Lôme** (Rue)	3 R. Péan	44 Av. Pte d'Ivry	Pte d'Ivry	27-83-PC1-PC2
6	L18	**Dupuytren** (Rue)	29 R. Éc. de Médecine	5 R. Mr le Prince	Odéon	58-63-70-86-87-96
7	L13-M14	**Duquesne** (Avenue)	1 Pl. École Militaire	6 R. Eblé	St-François Xavier	28-80-82-87-92
12	O26	**Durance** (Rue de la)	29 R. Brêche Loups	24 Bd de Reuilly	Daumesnil	62-87
14	Q13	**Durand Claye** (Rue Alfred)	198 R. R. Losserand	231 R. Vercingétorix	Pte de Vanves	58-PC1
11	J24-J25	**Duranti** (Rue)	20 R. St-Maur	59 R. de la Folie Regnault	Voltaire	61-69
18	D17-E18	**Durantin** (Rue)	1 R. Ravignan	62 R. Lepic	Abbesses	80-95-Montmartrobus
15	O10	**Duranton** (Jardin)	R. Duranton		Boucicaut	42-62
15	O10	**Duranton** (Rue)	135 R. de Lourmel	274 R. Lecourbe	Boucicaut	39-42-62-80
13	Q24	**Duras** (Rue Marguerite)	22 R. Françoise Dolto	13 R. Thomas Mann	Bibl. F. Mitterrand	62-89
8	H15	**Duras** (Rue de)	76 R. du Fbg St-Honoré	13 R. Montalivet	Miromesnil	52
16	G10	**Duret** (Rue)	48 Av. Foch	1 R. Pergolèse	Pte Maillot	73-82
20	I25	**Duris** (Passage)	9 R. Duris	(en impasse)	Père Lachaise	61-69
20	I25	**Duris** (Rue)	R. des Amandiers	36 R. des Panoyaux	Père Lachaise	61-69-96
13	P24-Q23	**Durkheim** (Rue Émile)	Av. de France	Q. F. Mauriac	Bibl. F. Mitterrand	62-89
11	I24	**Durmar** (Cité)	154 R. Oberkampf	(en impasse)	Ménilmontant	96
7	M14	**Duroc** (Rue)	52 Bd des Invalides	3 Pl. de Breteuil	Duroc	28-39-70-82-87-89-92
14	P16-Q16	**Durouchoux** (Rue)	3 R. C. Divry	178 Av. du Maine	Mouton-Duvernet	28-58
15	O12-P12	**Duruy** (Rue Victor)	329 R. de Vaugirard	221 R. de la Convention	Convention	39-62-80
20	G27	**Dury Vasselon** (Villa)	292 R. de Belleville	7 Villa Gagliardini	Pte des Lilas	48-61-96-PC2-PC3
15	M11	**Dussane** (Rue Béatrix)	19 R. Viala	16 R. de Lourmel	Dupleix	42
2	I19	**Dussoubs** (Rue)	24 R. Tiquetonne	35 R. du Caire	Étienne Marcel	20-29-38-39-47
14	Q15-R15	**Duthy** (Villa)	99 R. Didot	(en impasse)	Plaisance	58
15	O14-P13	**Dutot** (Rue)	52 R. des Volont.	5 Pl. d'Alleray	Volontaires	88-89-95
8	I14-I15	**Dutuit** (Avenue)	Cours la Reine	Av. des Chps Élysées	Champs-Elysées-Clem.	42-73-83-93
4	K21	**Duval** (Rue Ferdinand)	18 R. de Rivoli	7 R. des Rosiers	St-Paul	67-69-76-96
19	D23-D24	**Duvergier** (Rue)	79 Q. de la Seine	84 R. de Flandre	Crimée	54
20	J29	**Duvernois** (Rue Henri)	74 R. L. Lumière	25 R. Serpollet	Pte de Bagnolet	57
7	K13	**Duvivier** (Rue)	157 R. de Grenelle	20 Av. La Motte-Picquet	École Militaire	28-69

E

Arr.	Plan	Rues / Streets	Comencant	Finissant	Métro	Bus
13	O21	**Eastman** (Rue George)	61 Av. Edison	162 Av. de Choisy	Place d'Italie	83
16	K10	**Eaux** (Passage des)	R. Raynouard	8 R. C. Dickens	Passy	32
16	K10	**Eaux** (Rue des)	18 Av. du Pdt Kennedy	9 R. Raynouard	Passy	32-72
12	N25	**Ebelmen** (Rue)	19 R. Montgallet	4 R. Ste-Claire Deville	Montgallet	46
7	M14	**Éblé** (Rue)	46 Bd des Invalides	39 Av. Breteuil	St-Franç. Xavier	28-82-87-92
12	N25	**Éboué** (Rue Eugénie)	20 R. Érard	(en impasse)	Reuilly Diderot	46-57
12	O26	**Éboué** (Place Félix)	Av. Daumesnil	Bd de Reuilly	Daumesnil	29-46-62
6	L17-L18	**Échaudé** (Rue de l')	40 R. de Seine	164 Bd St-Germain	Mabillon	70-86
1	I17-J17	**Échelle** (Rue de l')	182 R. de Rivoli	3 Av. de l'Opéra	Palais Royal-Louvre	21-27-39-48-67-68-72-81-95
10	H19-H20	**Échiquier** (Rue de l')	33 R. du Fbg St-Denis	16 R. du Fbg Poissonnière	Strasbourg-St-Denis	20-39-48
10	F22-G22	**Écluses Saint-Martin** (R. des)	47 R. Grange aux Belles	146 Q. de Jemmapes	Colonel Fabien	46-75
9	F18	**École** (Impasse de l')	5 R. de l'Agent Bailly	(en impasse)	St-Georges	67-85
1	K18	**École** (Place de l')	12 Q. du Louvre	R. Prêtres St-Germain l'A.	Pont Neuf	21-24-27-58-67-69-70-72-74-75-76-81-85
6	L18	**École de Médecine** (Rue de l')	26 Bd St-Michel	85 Bd St-Germain	Odéon	63-86-87
7	L13	**École Militaire** (Place de l')	85 Av. Bosquet	Av. La Motte-Picquet	École Militaire	28-69-80-82-87-92
5	M19	**École Polytechnique** (R. de l')	52 R. Mont. Ste-Genev.	1 R. Valette	Maubert-Mutualité	63-86-87
20	I26	**Écoles** (Cité des)	13 R. Orfila	R. Villiers de l'Isle Adam	Gambetta	26-61-69
5	M18-M20	**Écoles** (Rue des)	30 R. du Card. Lemoine	25 Bd St-Michel	Maubert-Mutualité	21-27-38-63-85-86-87
15	N11	**Écoliers** (Passage des)	75 R. Violet	3 Pas. Entrepreneurs	Commerce	70-88
5	M19	**Écosse** (Rue d')	3 R. de Lanneau	(en impasse)	Maubert-Mutualité	63-86-87
4	K21	**Écouffes** (Rue des)	26 R. de Rivoli	19 R. des Rosiers	St-Paul	67-69-76-96
16	J7	**Écrivains Combattants Morts pour la France** (Square)	22 Bd Suchet	21 Av. du Mal Maunoury	La Muette	32-PC1
8	F15	**Edimbourg** (Rue d')	59 R. de Rome	70 R. du Rocher	Europe	53-66-80-95
13	Q21-R22	**Edison** (Avenue)	20 R. Baudricourt	178 Av. Choisy	Place d'Italie	83
19	D24	**Édit de Nantes** (Place de l')	Pl. de Bitche	R. Duvergier	Crimée	54
9	H16	**Edouard VII** (Place)	5 R. Ed. VII	(en impasse)	Opéra	20-21-22-27-29-32-42-52-53-66-68-81-95
9	H16	**Edouard VII** (Rue)	16 Bd des Capucines	18 R. Caumartin	Opéra-Auber	20-21-22-27-29-32-42-52-53-66-68-81-95
9	H16	**Edouard VII** (Square)	Pl. Edouard VII	R. Edouard VII	Opéra	20-21-22-27-29-32-42-52-53-66-68-81-95
19	F26	**Égalité** (Rue de l')	24 R. de la Liberté	55 R. Mouzaïa	Danube	75-PC2-PC3
4	L21	**Eginhard** (Rue)	31 R. St-Paul	4 R. Charlemagne	St-Paul	69-76-96
15	N11	**Église** (Impasse de l')	83 R. de l'Église	(en impasse)	Félix Faure	70-88
15	N10-N11	**Église** (Rue de l')	105 R. St-Charles	24 Pl. E. Pernet	Charles Michels	42-70-88
16	M7-M8	**Église d'Auteuil** (Place de l')	R. Chardon Lagache	Av. T. Gautier	Église d'Auteuil	22-52-62
16	K7	**Église de l'Assomption** (Pl. de l')	90 R. de l'Assomption		Ranelagh	22-32-52-PC1
19	C24	**Eiders** (Allée des)	10 R. de Cambrai	64 R. de l'Ourcq	Crimée	54-60
7	K11-K12	**Eiffel** (Avenue Gustave)	Av. S. de Sacy	Av. Octave Gréard	Ch. de Mars-Tr Eiffel (RER C)	42
8	I14	**Eisenhower** (Av. du Général)	Pl. Clemenceau	21 Av. F. D. Roosevelt	Champs-Elysées-Clem.	28-42-73-83-93
7	L14	**El Salvador** (Place)	42 Av. de Breteuil	Av. Duquesne	St-François Xavier	28-82-87-92
18	D21	**Eluard** (Place Paul)	R. Marx Dormoy	R. P. de Girard	Marx Dormoy	60-65
8	H15	**Élysée** (Rue de l')	24 Av. Gabriel	R. du Fbg St-Honoré	Chps Élysées Clem.	52
20	H25	**Élysée Ménilmontant** (R. de l')	8 R. Julien Lacroix	(en impasse)	Ménilmontant	96
8	H13-H14	**Élysées 26** (Galerie)	23 R. de Ponthieu	Av. des Chps Élysées	Franklin D. Roosevelt	28-32-42-73-80-83-93
8	H13	**Élysées La Boétie** (Galerie)	52 Av. des Chps Élysées	109 R. La Boétie	Franklin D. Roosevelt	32-73
8	H13-H14	**Élysées Rond-Point** (Galerie)	4 Av. F. D. Roosevelt	Rd-Pt des Chps Élysées	Franklin D. Roosevelt	28-32-42-73-80-83-93
3	K21	**Elzévir** (Rue)	24 R. Francs Bourgeois	21 R. du Parc Royal	St-Paul	29
19	D24	**Émélie** (Rue)	164 R. de Crimée	R. de Joinville	Crimée	54
15	L10-M10	**Émeriau** (Rue)	24 R. du Dr Finlay	29 R. Linois	Dupleix - Ch. Michels	42-70-88
20	H26	**Emmery** (Rue)	296 R. des Pyrénées	35 R. des Rigoles	Jourdain	26
19	F25	**Encheval** (Rue de l')	92 R. de la Villette	37 R. de Crimée	Botzaris	48-60
15	N14	**Enfant Jésus** (Impasse de l')	146 R. de Vaugirard	(en impasse)	Falguière	39-70-89
20	I28	**Enfantin** (R. du Père Prosper)	R. Géo Chavez	R. Irène Blanc	Pte de Bagnolet	57-76-PC2
14	O17	**Enfer** (Passage d')	21 R. Campagne Pr.	247 Bd Raspail	Raspail	68
13	S21-T21	**Enfert** (Rue Paulin)	125 Bd Masséna	18 Av. Léon Bollée	Pte d'Italie	PC1- PC2
10	H19-H20	**Enghien** (Rue d')	45 R. du Fbg St-Denis	20 R. du Fbg Poissonnière	Château d'Eau	20-38-39-47-48
15	N11	**Entrepreneurs** (Passage des)	87 R. des Entrepreneurs	10 Pl. du Commerce	Commerce	70-88
15	M10-N11	**Entrepreneurs** (Rue des)	76 Av. Émile Zola	102 R. de la Croix Nivert	Charles Michels	42-70-88
15	M10	**Entrepreneurs** (Villa des)	40 R. des Entrepreneurs	(en impasse)	Charles Michels	42-70-88
20	H25	**Envierges** (Rue des)	18 R. Piat	71 R. de la Mare	Pyrénées	26
5	N19-N20	**Épée de Bois** (Rue de l')	86 R. Monge	89 R. Mouffetard	Place Monge	47
6	L18	**Éperon** (Rue de l')	41 R. St-André des Arts	10 R. Danton	Odéon	63-86-87-96
17	B16-C15	**Épinettes** (Rue des)	62 R. de la Jonquière	45 Bd Bessières	Guy Môquet	66-PC3
17	C16	**Épinettes** (Square des)	R. J. Leclaire	R. M. Deraismes	Guy Môquet	31-81
17	B16	**Épinettes** (Villa des)	40 R. des Épinettes	43 R. Lantiez	Pte de St-Ouen	66-81-PC3
19	G24	**Équerre** (Rue de l')	71 R. Rébeval	23 Av. S. Bolivar	Pyrénées	26
12	M24-N25	**Érard** (Impasse)	7 R. Érard	(en impasse)	Reuilly Diderot	29-57
12	M25-N24	**Érard** (Rue)	157 R. de Charenton	26 R. de Reuilly	Reuilly Diderot	46-57
5	N19	**Erasme** (Rue)	R. Rataud	31 R. d'Ulm	Censier-Daubenton	21-27
18	E20	**Erckmann Chatrian** (Rue)	32 R. Polonceau	9 R. Richomme	Château Rouge	31-56-85
16	L7	**Erignac** (Pl. du Préfet Claude)	R. Serge Prokofiev		Jasmin	22-52
16	M7	**Erlanger** (Avenue)	5 R. Erlanger	(en impasse)	Michel Ange-Auteuil	52
16	M7-N6	**Erlanger** (Rue)	65 R. d'Auteuil	88 Bd Exelmans	Michel Ange-Molitor	52-62
16	M7	**Erlanger** (Villa)	25 R. Erlanger	(en impasse)	Michel Ange-Molitor	52
16	N7	**Ermitage** (Avenue de l')	10 Av. Villa Réunion	Gde Av. Villa de la Réunion	Chardon Lagache	22-62-72
20	H26	**Ermitage** (Cité de l')	113 R. Ménilmontant	R. des Pyrénées	Ménilmontant	26-96
20	H26	**Ermitage** (Rue de l')	105 R. Ménilmontant	23 R. O. Métra	Jourdain	26-96
20	H26	**Ermitage** (Villa de l')	12 R. de l'Ermitage	315 R. des Pyrénées	Jourdain	26-96
18	D20	**Ernestine** (Rue)	44 R. Doudeauville	25 R. Ordener	Marcadet-Poissonniers	60
20	I25	**Ernst** (Rue Max)	34 R. Duris	87 R. Amandiers	Ménilmontant	96

13	O23	**Escadrille Normandie-Niémen** (Place de l')	R. de Vimoutiers	R. P. Gourdault	Chevaleret	89
19	C23	**Escaut** (Rue de l')	229 R. de Crimée	60 R. Curial	Crimée	54-60
18	B18-B19	**Esclangon** (Rue)	102 R. du Ruisseau	47 R. Letort	Pte de Clignancourt	56-85
12	R26	**Escoffier** (Rue)	Q. de Bercy	(en impasse)	Pte de Charenton	24
9	F17	**Escudier** (Rue Paul)	56 R. Blanche	9 R. Henner	Blanche - Liège	68-74
7	J14	**Esnault Pelterie** (Rue Robert)	37 Q. d'Orsay	130 R. de l'Université	Invalides	63-69-83-93
13	R19	**Espérance** (Rue de l')	27 R. Butte aux Cailles	61 R. Barrault	Corvisart	62
7	M14	**Esquerré** (Square de l'Abbé)	Bd des Invalides	Av. Duquesne	St-François-Xavier	28-82-87-92
13	P21	**Esquirol** (Rue)	11 Pl. Pinel	R. Jeanne d'Arc	Nationale	27-57-67
5	O21	**Essai** (Rue de l')	34 Bd St-Marcel	35 R. Poliveau	St-Marcel	67-91
20	H26	**Est** (Rue de l')	11 R. Pixérécourt	290 R. des Pyrénées	Télégraphe	26-96
16	I11	**Estaing** (Rue de l'Amiral D')	8 R. de Lübeck	17 Pl. États-Unis	Iéna-Boissière	22-30-82
13	S22	**Este** (Villa d')	94 Bd Masséna	23 Av. d'Ivry	Pte d'Ivry	PC1- PC2
20	M29	**Esterel** (Square de l')	8 Bd Davout	3 Sq. du Var	Pte de Vincennes	26-PC2
15	N10	**Estienne** (Rue du Général)	119 R. St-Charles	2 R. Lacordaire	Charles Michels	42-62
8	H13	**Estienne** (Rue Robert)	26 R. Marbeuf	(en impasse)	Franklin D. Roosevelt	32-73
9	G17	**Estienne D'Orves** (Place D')	68 R. St-Lazare	60 R. Châteaudun	Trinité	26-32-43-68-81
16	M7-M8	**Estrade** (Cité Florentine)	8 R. Verderet	(en impasse)	Église d'Auteuil	22-52-62
5	N19	**Estrapade** (Place de l')	R. de l'Estrapade	R. Lhomond	Luxembourg (RER B)	84-89
5	N19	**Estrapade** (Rue de l')	2 R. Tournefort	1 Pl. l'Estrapade	Luxembourg (RER B)	84-89
19	G24	**Estrées** (Allée Gabrielle D')	3 R. Rampal	(en impasse)	Belleville	26
7	L13-L14	**Estrées** (Rue d')	34 Bd des Invalides	1 Pl. de Fontenoy	St-François Xavier	28-87
16	H11	**États Unis** (Place des)	Av. d'Iéna	13 R. Galilée	Kléber - Iéna	22-30-82
18	C16-D16	**Étex** (Rue)	R. Carpeaux	62 Av. de St-Ouen	Guy Môquet	81-95
18	C16-D16	**Étex** (Villa)	10 R. Étex	(en impasse)	Guy Môquet	81-95
12	Q25	**Etlin** (Rue Robert)	Q. de Bercy	Bd Poniatowski	Pte de Charenton	PC1-PC2
17	F11-G12	**Étoile** (Rue de l')	25 Av. de Wagram	20 Av. Mac Mahon	Ternes	30-31-43-92-93
11	L23	**Étoile d'Or** (Cour de l')	75 R. du Fbg St-Antoine	(en impasse)	Ledru-Rollin	76-86
8	H12	**Euler** (Rue)	31 R. de Bassano	66 R. Galilée	George V	73-92
20	H25	**Eupatoria** (Passage d')	R. d'Eupatoria	(en impasse)	Menilmontant	96
20	H25	**Eupatoria** (Rue d')	2 R. Julien Lacroix	1 R. de la Mare	Ménilmontant	96
14	P15	**Eure** (Rue de l')	14 R. H. Maindron	23 R. Didot	Pernety	58
8	F16	**Europe** (Place de l')	R. de Constantinople	58 R. de Londres	Europe	53-66-80-95
18	B23-C22	**Évangile** (Rue de l')	44 R. de Torcy	R. d'Aubervilliers	Marx Dormoy	60
20	I27	**Éveillard** (Impasse)	36 R. Belgrand	(en impasse)	Pte de Bagnolet	26-60-61-76-PC2
19	D24	**Evette** (Rue)	3 R. de Thionville	10 Q. de la Marne	Crimée	60
16	K8	**Evrard** (Place Jane)	Av. Paul Doumer	R. de Passy	La Muette	22-32-52
16	M6-O7	**Exelmans** (Boulevard)	168 Q. L. Blériot	R. d'Auteuil	Exelmans - Pte Auteuil	22-32-52-62-72-PC1
16	N7	**Exelmans** (Hameau)	1 Hameau Exelmans	66 Bd Exelmans	Exelmans	62
7	K13	**Exposition** (Rue de l')	129 R. St-Dominique	206 R. de Grenelle	École Militaire	69-80-92
16	I10-J10	**Eylau** (Avenue d')	10 Pl. du Trocadéro	Pl. de Mexico	Trocadéro	22-30-63
16	H11	**Eylau** (Villa d')	44 Av. Victor Hugo	(en impasse)	Kléber	52

F

Arr.	Plan	Rues / Streets	Comencant	Finissant	Métro	Bus
7	J14-K14	**Fabert** (Rue)	39 Q. d'Orsay	146 R. de Grenelle	La Tour-Maubourg	28-63-69-83-93
10	F22	**Fabien** (Place du Colonel)	82 Bd de la Villette	1 R. de Meaux	Colonel Fabien	46-75
19	F22	**Fabien** (Place du Colonel)	82 Bd de la Villette	1 R. de Meaux	Colonel Fabien	46-75
15	O12	**Fabre** (Rue Ferdinand)	135 R. Blomet	302 R. de Vaugirard	Convention	39-62-80
18	A17-A19	**Fabre** (Rue Jean-Henri)	Av. Pte de Clignancourt	Av. Pte Montmartre	Pte de Clignancourt	60-85-95
12	M26-N26	**Fabre d'Églantine** (Rue)	1 Av. de St-Mandé	16 Pl. de la Nation	Nation	29-56-57-86
11	I23	**Fabriques** (Cour des)	70 R. J.-P. Timbaud	(en impasse)	Parmentier	46-96
13	P20-Q21	**Fagon** (Rue)	28 Av. St. Pichon	163 Bd de l'Hôpital	Place d'Italie	27-47-57-67-83
14	S17	**Faguet** (Rue Émile)	63 Bd Jourdan	R. Prof. H. Vincent	Pte d'Orléans	PC1
11	L24	**Faidherbe** (Rue)	235 R. du Fbg St-Antoine	92 R. de Charonne	Faidherbe-Chaligny	46-76
16	H9-I8	**Faisanderie** (Rue de la)	59 Av. Bugeaud	198 Av. V. Hugo	Pte Dauphine	63-PC1
16	H9	**Faisanderie** (Villa de la)	26 R. de la Faisanderie	88 Bd Flandrin	Pte Dauphine	PC1
18	B17	**Falaise** (Cité)	36 R. Leibniz	8 R. J. Dollfus	Pte de St-Ouen	PC3
20	I27	**Falaises** (Villa des)	68 R. de la Py	(en impasse)	Pte de Bagnolet	60-61
10	F22	**Falck** (Square Jean)	115 Bd de la Villette		Jaurès	26-46-75
18	D19	**Falconet** (Rue)	6 R. du Chev. de la Barre	6 Pas. Cottin	Château Rouge	85-Montmartrobus
15	O14	**Falguière** (Cité)	72 R. Falguière	(en impasse)	Pasteur	88-95
15	P14	**Falguière** (Place)	R. de la Procession	R. Falguière	Vaugirard - Pernety	88-95
15	N15-P14	**Falguière** (Rue)	131 R. de Vaugirard	3 Pl. Falguière	Falguière - Pasteur	48-88-89-91-95
15	M11	**Fallempin** (Rue)	15 R. de Lourmel	18 R. Violet	Dupleix	42
19	F25	**Fallières** (Villa Armand)	6 R. Miguel Hidalgo		Botzaris	48-60
16	O7	**Fantin Latour** (Rue)	172 Q. L. Blériot	17 Bd Exelmans	Exelmans	22-62-72-PC1
17	E11-F11	**Faraday** (Rue)	8 R. Lebon	49 R. Laugier	Pereire	92-93
6	M15	**Fargue** (Place Léon-Paul)	Bd Montmartre	R. de Sèvres	Duroc	28-39-70-82-87-89-92
7	M15	**Fargue** (Place Léon-Paul)	Bd Montmartre	R. de Sèvres	Duroc	28-39-70-82-87-89-92
15	M15	**Fargue** (Place Léon-Paul)	Bd Montmartre	R. de Sèvres	Duroc	28-39-70-82-87-89-92
15	P8-P9	**Farman** (Rue Henry)	Av. Pte de Sèvres	R. C. Desmoulins	Place Balard	39
16	N5	**Farrère** (Rue Claude)	2 Av. Parc des Princes	R. Nungesser et Coli	Pte de St-Cloud	52
10	H23-I22	**Faubourg du Temple** (R. du)	10 Pl. de la République	1 Bd de la Villette	République	20-46-56-65-75
11	H22-H23	**Faubourg du Temple** (R. du)	10 Pl. de la République	1 Bd de la Villette	République	20-46-56-65-75
9	G18-H18	**Faubourg Montmartre** (R. du)	32 Bd Poissonnière	4 R. Fléchier	Grands Boulevards	20-26-32-39-43-48-67-74-85
9	E19-H19	**Faubourg Poissonnière** (R. du)	2 Bd Poissonnière	135 Bd Magenta	Bonne Nouvelle	20-26-30-31-32-39-42-43-48-54-56-85
10	E19-H19	**Faubourg Poissonnière** (R. du)	2 Bd Poissonnière	153 Bd de Magenta	Bonne Nouvelle	20-26-30-31-32-39-42-43-48-54-56-85
11	L22-M26	**Faubourg Saint-Antoine** (R. du)	2 R. de la Roquette	1 Pl. de la Nation	Bastille - Nation	46-57-61-76-86
12	L22-M26	**Faubourg Saint-Antoine** (R. du)	2 R. de la Roquette	1 Pl. de la Nation	Bastille - Nation	46-57-61-76-86
10	E21-H20	**Faubourg Saint-Denis** (R. du)	2 Bd de Bonne Nouvelle	37 Pl. de la Chapelle	Gare du Nord - Gare de l'Est	26-30-31-32-38-39-42-46-47-48-54-65

8	F12-H16	**Faubourg St-Honoré** (R. du)	15 R. Royale	46 Av. Wagram	Concorde - Ternes	21-22-24-27-28-29-30-31-32-39-42-43-48-52-67-68-72-80-81-83-93-94-95
14	O18-P17	**Faubourg St-Jacques** (R. du)	117 Bd de Port Royal	Pl. St-Jacques	Port Royal	83-91
10	E22-H20	**Faubourg Saint-Martin** (R. du)	2 Bd St-Denis	147 Bd de Villette	Gare de l'Est - L. Blanc	20-26-30-31-32-38-39-46-47-48-54-56
20	H25	**Faucheur** (Villa)	R. des Envierges	(en impasse)	Pyrénées	26
4	L21	**Fauconnier** (Rue du)	38 Q. des Célestins	13 R. Charlemagne	Pont Marie	67
15	L11-L12	**Faure** (Rue Edgar)	R. de Presles	R. Desaix	Dupleix	42
12	M29-N29	**Faure** (Rue Elie)	21 R. du Chaffault	24 Av. Pte de Vincennes	St-Mandé Tourelle	86
15	N11-O9	**Faure** (Avenue Félix)	26 Pl. E. Pernet	3 Pl. Balard	F. Faure - Balard	39-42-88-PC1
15	O10	**Faure** (Rue Félix)	85 Av. Félix Faure	5 R. F. Mistral	Lourmel	39-42
19	F26	**Faure** (Villa Félix)	44 R. de Mouzaïa	25 R. de Bellevue	Danube	48-PC2-PC3
17	E14	**Fauré** (Square Gabriel)	25 R. Legendre	(en impasse)	Malesherbes	53
13	R22-R23	**Fautrier** (Rue Jean)	47 R. Albert	42 R. Chât. Rentiers	Pte d'Ivry	27-62-83
18	D16	**Fauvet** (Rue)	51 R. Ganneron	36 Av. de St-Ouen	La Fourche	54-74-81
2	H18	**Favart** (Rue)	1 R. Grétry	9 Bd des Italiens	Richelieu Drouot	20-39-48-67-74-85
15	O13	**Favorites** (Rue des)	273 R. de Vaugirard	48 R. P. Barruel	Vaugirard	39-70-80-88-89-95
16	H8-I8	**Fayolle** (Avenue du Maréchal)	Pl. du Mal de Lattre de Tassigny	Av. L. Barthou	Av. H. Martin (RER C)	PC1
12	P26-P27	**Fécamp** (Rue de)	20 R. des Meuniers	250 Av. Daumesnil	Pte de Charenton	46-87
15	K11-L12	**Fédération** (Rue de la)	103 Q. Branly	70 Av. de Suffren	Bir Hakeim	42-82
6	L17	**Félibien** (Rue)	1 R. Clément	2 R. Lobineau	Mabillon	63-70
17	D14	**Félicité** (Rue de la)	82 R. de Tocqueville	107 R. de Saussure	Malesherbes	31-53
10	F20	**Fénelon** (Rue)	2 R. d'Abbeville	5 R. de Belzunce	Poissonnière	26-30-31-42-43-48-54-56
9	F18	**Fénelon** (Cité)	32 R. Milton	(en impasse)	Cadet	85
15	O12	**Fenoux** (Rue)	6 R. Gerbert	67 R. de l'Abbé Groult	Convention	39-80
5	O20	**Fer à Moulin** (Rue du)	2 Fossés St-Marcel	1 Av. des Gobelins	Censier-Daubenton	27-47-67
20	I28	**Ferber** (Rue du Capitaine)	15 R. Belgrand	59 Bd Mortier	Pte de Bagnolet	PC2
8	F14	**Ferdousi** (Avenue)	Av. Ruysdaël	Bd de Courcelles	Monceau	30-84
17	F11	**Férembach** (Cité)	21 R. St-Ferdinand	(en impasse)	Argentine	43
14	O16-P16	**Fermat** (Passage)	2 R. Fermat	69 R. Froidevaux	Gaîté	28-58-88
14	P16	**Fermat** (Rue)	57 R. Froidevaux	82 R. Daguerre	Gaîté	28-58-88
20	H24	**Ferme de Savy** (Rue de la)	27 R. Jouye Rouve	19 Pass. de Pékin	Pyrénées	26
10	G20	**Ferme St-Lazare** (Cour de la)	79 Bd de Magenta	(en impasse)	Gare de l'Est	30-31-32-38-39-47-56-65
10	G20	**Ferme Saint-Lazare** (Passage)	5 R. de Chabrol	4 Cr Ferme St-Lazare	Gare de l'Est	30-31-32-38-39-47-56-65
1	J18	**Fermes** (Cours des)	15 R. du Louvre	22 R. du Bouloi	Louvre Rivoli	48-67-74-85
17	D14	**Fermiers** (Rue des)	16 R. Jouffroy D'Abbans	89 R. de Saussure	Malesherbes	31-53
6	M17	**Férou** (Rue)	3 R. du Canivet	48 R. de Vaugirard	St-Sulpice	58-84-89
6	M16	**Ferrandi** (Rue Jean)	83 R. du Cherche Midi	100 R. de Vaugirard	Vaneau - St-Placide	89-94-95-96
7	K12	**Ferrié** (Avenue du Général)	Al. A. Lecouvreur	Al. Thomy Thierry	Ch. de Mars-Tr Eiffel (RER C)	42-69-87
1	J19	**Ferronnerie** (Rue de la)	41 R. St-Denis	R. de la Lingerie	Châtelet	21-38-47-58-67-69-70-72-74-76-81-85
14	Q18	**Ferrus** (Rue)	3 Bd St-Jacques	6 R. Cabanis	Glacière	21
16	O6-P6	**Ferry** (Rue Abel)	2 R. de la Petite Arche	128 Bd Murat	Pte de St-Cloud	22-72-PC1
11	H22-I22	**Ferry** (Boulevard Jules)	13 Av. de la République	28 R. du Fbg du Temple	République	75-96
11	I22	**Ferry** (Square Jules)	Bd Jules Ferry		République	75
19	F24-G25	**Fessart** (Rue)	1 R. de Palestine	26 R. Botzaris	Jourdain - Pyrénées	26-48-60
19	F26-G26	**Fêtes** (Place des)	21 R. des Fêtes	40 R. Compans	Pl. des Fêtes	48-60
19	G26	**Fêtes** (Rue des)	169 R. de Belleville	51 R. Compans	Pl. des Fêtes	48-60
5	N18	**Feuillantines** (Rue des)	Pl. P. Lampué	7 R. P. Nicole	Luxembourg (RER B)	21-27
1	I16-J17	**Feuillants** (Terrasse des)	J. des Tuileries		Tuileries	68-72
7	J12	**Feuillère** (Place Edwige)	R. Sédillot	R. Edmond	Valentin	42-69-80-87-92
16	J8	**Feuillet** (Rue Octave)	1 Bd Jules Sandeau	113 Av. H. Martin	La Muette	63-PC1
10	G23	**Feulard** (Rue Henri)	25 R. Sambre et M.	45 Bd de la Villette	Colonel Fabien	46-75
18	D19-E19	**Feutrier** (Rue)	8 R. A. del Sarte	10 R. P. Albert	Château Rouge	85-Montmartrobus
18	D18	**Féval** (Rue Paul)	35 R. du Mont Cenis	26 R. des Saules	Lamarck-Caulaincourt	80-Montmartrobus
2	H18	**Feydeau** (Galerie)	10 R. St-Marc	8 Gal. des Variétés	Bourse	39-48-67-74-85
2	H18	**Feydeau** (Rue)	27 R. N.-D. des Victoires	80 R. de Richelieu	Bourse	39-48-67-74-85
10	G20-G21	**Fidélité** (Rue de la)	75 Bd de Strasbourg	94 R. du Fbg St-Denis	Gare de l'Est	30-31-32-38-39-47-56-65
4	L21	**Figuier** (Rue du)	5 R. du Fauconnier	21 R. Charlemagne	St-Paul	69-76-96
3	J22	**Filles du Calvaire** (Bd des)	R. St-Sébastien	R. Filles du Calvaire	Filles du Calvaire	20-65-96
11	J22	**Filles du Calvaire** (Bd des)	R. St-Sébastien	R. Filles du Calvaire	Filles du Calvaire	20-65-96
3	J22	**Filles du Calvaire** (Rue des)	94 R. de Turenne	1 Bd du Temple	Filles du Calvaire	20-65-96
2	H18	**Filles Saint-Thomas** (Rue des)	1 R. du 4 Septembre	66 R. de Richelieu	Bourse	20-29-39-48-67-74-85
18	A22-B22	**Fillettes** (Impasse des)	46 R. C. Hermite		Pte de la Chapelle	54-65-PC3
18	C21	**Fillettes** (Rue des)	8 R. Boucry	R. Tristan Tzara	Marx Dormoy	60
17	D15	**Fillion** (Place Charles)	82 Pl. Dr Lobligeois	146 R. Cardinet	Brochant	31-53-66
7	J14	**Finlande** (Place de)	1 Bd de La Tr-Maubourg	R. Fabert	Invalides	28-63-83-93
15	L10-L11	**Finlay** (Rue du Docteur)	27 Q. de Grenelle	56 Bd de Grenelle	Dupleix	42
19	G23	**Fiszbin** (Place Henri)	19 R. Jules Romains	18 R. Rébeval	Belleville	46
15	Q13	**Fizeau** (Rue)	85 R. Brancion	118 R. Castagnary	Pte de Vanves	89-95
17	D12	**Flachat** (Rue Eugène)	1 R. Alfred Roll	51 Bd Berthier	Pereire	PC3
13	O22-P23	**Flamand** (Rue Edmond)	18 Bd Vincent Auriol	R. Fulton	Quai de la Gare	89
4	K19	**Flamel** (Rue Nicolas)	88 R. de Rivoli	7 R. des Lombards	Châtelet	67-69-75-76
18	B18	**Flammarion** (Rue Camille)	134 Bd Ney	36 R. René Binet	Pte de Clignancourt	60-95-PC3
19	C24-E22	**Flandre** (Avenue de)	210 Bd de la Villette	Av. Corentin Cariou	Stalingrad - Crimée	48-54-60
19	D23	**Flandre** (Passage de)	48 R. de Flandre	47 Q. de la Seine	Riquet	54
16	H9-I8	**Flandrin** (Boulevard)	Pl. Tattegrain	83 Av. Foch	Pte Dauphine	63-PC1
5	O19	**Flatters** (Rue)	50 Bd de Port Royal	25 R. Berthollet	Les Gobelins	21-83-91
17	E12-F12	**Flaubert** (Rue Gustave)	105 R. de Courcelles	14 R. Rennequin	Ternes - Pereire	31-84
9	G18	**Fléchier** (Rue)	18 R. de Châteaudun	67 R. du Fbg Montmartre	N.-D. de Lorette	26-43-67-74
19	E27-F28	**Fleming** (Rue Alexander)	76 Av. du Belvédère	Av. Pte du Pré St-Gervais	Pré St-Gervais	48-61-PC2-PC3
15	L10-M10	**Flers** (Rue Robert De)	6 R. Rouelle	11 R. Linois	Charles Michels	70
19	F25	**Fleurie** (Villa)	14 r. Carducci	(en impasse)	Jourdain	48-60
17	C15	**Fleurs** (Cité des)	154 Av. de Clichy	59 R. de la Jonquière	Brochant	31-54-66-74
4	K20-L20	**Fleurs** (Quai aux)	2 R. du Cloître N.-Dame	1 R. d'Arcole	St-Michel	24-47-67-69-72-75-76-96
6	M16-M17	**Fleurus** (Rue de)	22 R. Guynemer	7 R. N.-D. des Champs	St-Placide	58-68-83
20	H28-H29	**Fleury** (Square Emmanuel)	R. Le Vau		St-Fargeau	76-PC2
15	N12	**Fleury** (Rue Robert)	64 R. Cambronne	85 R. Mademoiselle	Vaugirard	39-70-80-89

18	E20	**Fleury** (Rue)	74 Bd de la Chapelle	17 R. de la Charbonnière	Barbès-Rochechouart	31-56-65-85
18	C19-D19	**Flocon** (Rue Ferdinand)	56 R. Ramey	99 R. Ordener	Jules Joffrin	31-60-80-85-Montmartrobus
7	K11-L12	**Floquet** (Avenue Charles)	3 Av. Octave Gréard	R. J. Carriès	Ch. de Mars-Tr Eiffel (RER C)	42-69-82-87
13	S19	**Florale** (Cité)	R. des Glycines	R. Brillat Savarin	Cité Univ. (RER B)	21-67
16	M7	**Flore** (Villa)	120 Av. Mozart	(en impasse)	Michel Ange-Auteuil	22-52
17	A15	**Floréal** (Rue)	R. Arago (St-Ouen)	Bd du Bois le Prêtre	Pte de St-Ouen	66
8	E16	**Florence** (Rue de)	33 R. St-Petersbourg	28 R. de Turin	Place de Clichy	66-80-95
19	F25	**Florentine** (Cité)	84 R. de la Villette	(en impasse)	Botzaris	48-60
20	J27-K27	**Florian** (Rue)	37 R. Vitruve	104 R. de Bagnolet	Pte de Bagnolet	26-76
14	Q14-Q15	**Florimont** (Impasse)	150 R. d'Alésia	(en impasse)	Plaisance	62
17	B16	**Flourens** (Passage)	19 Bd Bessières	39 R. J. Leclaire	Pte de St-Ouen	66-81-PC3
16	G11-H9	**Foch** (Avenue)	Pl. Ch. de Gaulle	Bd Lannes	Ch. de Gaulle-Étoile	52-73-PC1
14	R16	**Focillon** (Rue Adolphe)	26 R. Sarrette	11 R. Marguerin	Alésia	28-38-62-68
3	K22	**Foin** (Rue du)	3 R. de Béarn	30 R. de Turenne	Chemin Vert	29-96
11	H22-J23	**Folie Méricourt** (Rue de la)	1 R. St-Ambroise	2 R. Fontaine au Roi	St-Ambroise	75-96
11	J25	**Folie Regnault** (Pass. de la)	62 R. de la Folie Regnault	43 Bd de Ménilmontant	Père Lachaise	61-69
11	J25-K25	**Folie Regnault** (Rue de la)	70 R. Léon Frot	132 R. du Chemin Vert	Père Lachaise	61-69
11	K25	**Folie Regnault** (Sq. de la)	R. de la Folie Regnault	Pas. Courtois	Philippe Auguste	61-69
10	G21-G22	**Follereau** (Place Raoul)	Q. de Valmy	Av. de Verdun	Gare de l'Est	46
20	H28	**Foncin** (Rue Pierre)	100 Bd Mortier	5 R. des Fougères	St-Fargeau	PC2
19	F28	**Fonck** (Avenue René)	5 Av. du Belvédère	Av. Pte des Lilas	Pte des Lilas	61
15	M11-M12	**Fondary** (Rue)	23 R. de Lourmel	40 R. de la Croix Nivert	Émile Zola	42-80
15	M12	**Fondary** (Villa)	81 R. Fondary	(en impasse)	Émile Zola	80
11	I23	**Fonderie** (Passage de la)	72 R. J.-P. Timbaud	119 R. St-Maur	Parmentier	46-96
12	O25-O26	**Fonds Verts** (Rue des)	44 R. Proudhon	264 R. de Charenton	Dugommier	62-87
9	E17-F17	**Fontaine** (Rue Pierre)	R. J.-B. Pigalle	1 Pl. Blanche	Blanche	30-54-68-74-Montmartrobus
13	R20-S19	**Fontaine à Mulard** (Rue de la)	70 R. de la Colonie	2 Pl. de Rungis	Maison Blanche	67
11	H22-H24	**Fontaine au Roi** (Rue de la)	32 R. du Fbg du Temple	57 Bd de Belleville	Goncourt - Couronnes	46-75
19	D26	**Fontaine aux Lions** (Pl. de la)	219 Av. J. Jaurès	Gal. la Villette	Pte de Pantin	75-PC2-PC3
18	C18-D18	**Fontaine du But** (Rue de la)	95 R. Caulaincourt	26 R. Duhesme	Lamarck-Caulaincourt	31-60-80-Montmartrobus
19	E25-E26	**Fontainebleau** (Allée de)	98 R. Petit	118 R. Petit	Pte de Pantin	75-PC2-PC3
3	I21	**Fontaines du Temple** (R. des)	181 R. du Temple	58 R. de Turbigo	Arts et Métiers	20-75
17	E10	**Fontanarosa** (Jardin Lucien)	Bd d'Aurelle de Paladines	R. Cino Del Duca	Louise Michel	43-PC1-PC3
20	K27	**Fontarabie** (Rue de)	98 R. de la Réunion	135 R. des Pyrénées	Alexandre Dumas	26-76
12	N25	**Fontenay** (Place Maurice De)	48 R. de Reuilly	56 R. de Reuilly	Montgallet	46
19	F26	**Fontenay** (Villa de)	32 R. du Gal Brunet	7 R. de la Liberté	Danube	48-60-75
7	L13	**Fontenoy** (Place de)	Av. de Lowendal	Av. de Saxe	Ségur	28-80-82-87
17	D12	**Forain** (Rue Jean-Louis)	12 R. Abbé Rousselot	Av. Brunetière	Pereire	53-94-PC3
19	A26-B25	**Forceval** (Rue)	R. Berthier (Pantin)	R. du Chemin de Fer	Pte de la Villette	75-PC2-PC3
15	M10-M9	**Forest** (Place Fernand)	Q. de Grenelle	R. Linois	Charles Michels	70
18	E16-E17	**Forest** (Rue)	126 Bd de Clichy	2 R. Cavallotti	Place de Clichy	30-64-74-80-95
13	S19	**Forestier** (Square Jean-Claude-Nicolas)	Bd Kellermann	R. Thomire	Pte d'Italie	PC1
3	J21	**Forez** (Rue du)	57 R. Charlot	20 R. de Picardie	Temple	75-96
11	L24	**Forge Royale** (Rue de la)	165 R. du Fbg St-Antoine	R. C. Delescluze	Ledru-Rollin	86
2	I19	**Forges** (Rue des)	2 R. de Damiette	49 R. du Caire	Sentier	20-39
15	N12	**Formigé** (Rue Jean)	2 R. Léon Séché	21 R. Th. Renaudot	Vaugirard	39-70-80-88
14	R16-R17	**Fort** (Rue Paul)	140 R. de la Tombe Issoire	61 R. du Père Corentin	Pte d'Orléans	28-38
17	B14-C13	**Fort de Douaumont** (Bd du)	Bd Fort de Vaux	Bd V. Hugo (Clichy)	Pte de Clichy	54-74
17	C12-C13	**Fort de Vaux** (Boulevard du)	Pt du Chemin de Fer	32 Av. Pte d'Asnières	Pereire	53-94
12	Q27	**Fortifications** (Route des)	14 Av. Pte Charenton	Pte de Reuilly	Pte de Charenton	PC1-PC2
13	Q21	**Fortin** (Rue Nicolas)	65 Av. Edison	164 Av. Choisy	Place d'Italie	83
8	H13-G13	**Fortin** (Impasse)	9 R. F. Bastiat	(en impasse)	St-Philippe du R.	22-28-32-43-52-80-83-93
17	E13	**Fortuny** (Rue)	38 R. de Prony	39 Av. de Villiers	Malesherbes	30-31-94
5	M20	**Fossés Saint-Bernard** (R. des)	1 Bd St-Germain	R. Jussieu	Jussieu	63-67-86-87-89
5	M18-N19	**Fossés Saint-Jacques** (R. des)	161 R. St-Jacques	R. de l'Estrapade	Luxembourg (RER B)	24-47-63-86-87
5	O20	**Fossés Saint-Marcel** (R. des)	1 R. du Fer à Moulin	56 Bd St-Marcel	St-Marcel	67-91
5	L19	**Fouarre** (Rue du)	4 R. Lagrange	38 R. Galande	Maubert-Mutualité	24-47
13	R20	**Foubert** (Passage)	10 R. des Peupliers	175 R. de Tolbiac	Tolbiac	57-62
12	P28-Q27	**Foucauld** (Avenue Charles De)	9 R. Joseph Chailley	10 Av. du Gal Dodds	Pte Dorée	PC2
16	J11	**Foucault** (Rue)	30 Av. de New York	11 R. Fresnel	Iéna	72
20	G28-H28	**Fougères** (Rue des)	Av. Pte Ménilmontant	12 R. de Guébriant	St-Fargeau	PC2
13	S21-S22	**Fouillée** (Rue Alfred)	117 Bd Masséna	Av. Léon Bollée	Pte de Choisy	PC1- PC2
6	L17	**Four** (Rue du)	133 Bd St-Germain	37 R. Dragon	St-Germain-des-Prés	39-63-70-84-87-96
15	N12	**Fourastié** (Rue Jean)	14 R. Amiral Roussin	7 R. Meilhac	Av. Émile Zola	80
15	L11	**Fourcade** (Place Marie-Madeleine)	14 Pl. Dupleix		Dupleix	42
15	O12	**Fourcade** (Rue)	331 R. de Vaugirard	4 R. O. de Serres	Convention	39-62-80
17	F12	**Fourcroy** (Rue)	14 Av. Niel	13 R. Rennequin	Ternes	31-84-92-93
4	K21-L21	**Fourcy** (Rue de)	2 R. de Jouy	86 R. Fr. Miron	St-Paul	69-76-96
12	M28-M29	**Foureau** (Rue Fernand)	84 Bd Soult	13 Av. Lamoricière	Pte de Vincennes	86-PC2
13	R20	**Fourier** (Rue Charles)	4 Pl. Abbé G. Hénocque	193 R. de Tolbiac	Tolbiac	57-67
17	D15	**Fourneyron** (Rue)	43 R. des Moines	28 R. Brochant	Brochant	54-74
14	Q13	**Fournier** (Square Alain)	1 Sq. A. Renoir	3 R. de la Briqueterie	Pte de Vanves	58-PC1
10	H22	**Fournier** (Pl. du Dr Alfred)	43 R. Bichat	Av. Richerand	Goncourt	75
16	J8	**Fournier** (Rue Édouard)	19 Bd J. Sandeau	24 R. O. Feuillet	Av. H. Martin (RER C)	63-PC1
18	B18	**Fournière** (Rue Eugène)	120 Bd Ney	17 R. René Binet	Pte de Clignancourt	60-95-PC3
19	F23	**Fours à Chaux** (Passage des)	117 Av. S. Bolivar	(en impasse)	Bolivar	26-75
8	F15-G15	**Foy** (Rue du Général)	16 R. Bienfaisance	86 R. de Monceau	Villiers	22-28-30-32-43-80-94
18	E18	**Foyatier** (Rue)	Pl. Suzanne Valadon	5 R. St-Eleuthère	Anvers	Montmartrobus
17	C14-C15	**Fragonard** (Rue)	192 Av. de Clichy	R. de la Jonquière	Pte de Clichy	54-74-PC3
12	M23	**Fraisier** (Ruelle)	59 R. Daumesnil	(en impasse)	Bastille	20-29-57-61-65-87-91
13	S23	**Franc Nohain** (Rue)	18 Av. Boutroux	(en impasse)	Pte d'Ivry	27-83-PC1-PC2
1	I19-J19	**Française** (Rue)	3 R. de Turbigo	25 R. Tiquetonne	Étienne Marcel	29-38-47
2	I19	**Française** (Rue)	3 R. de turbigo	25 R. Tiquetonne	Étienne Marcel	29-38-47
7	K12	**France** (Avenue Anatole)	Av. G. Eiffel	Pl. Joffre	École Militaire	42-69-87
7	J15-J16	**France** (Quai Anatole)	2 R. du Bac	288 Bd St-Germain	Assemblée Nationale	24-63-68-69-73-83-84-94

13	P23-R24	**France** (Avenue de)	Bd Vincent Auriol	R. de Tolbiac	Quai de la Gare	89-62
3	I21-I22	**Franche-Comté** (Rue de)	32 R. de Picardie	3 R. Béranger	République	20-65-75
11	L24	**Franchemont** (Impasse)	14 R. J. Macé	(en impasse)	Charonne	46
16	K7-L6	**Franchet D'Espérey** (Avenue du Maréchal)	9 Pl. de la Pte Passy	Sq. Tolstoï	Jasmin - Ranelagh	32-PC1
14	R18	**Francine** (Rue Thomas)	21 R. de l'Emp. Valentinien	6 Av. de la Sibelle	Cité Univ. (RER B)	62-88
15	M13-M14	**Franck** (Rue César)	52 Av. de Saxe	5 R. Bellart	Sèvres-Lecourbe	28
7	J12	**Franco Russe** (Avenue)	8 Av. Rapp	195 R. de l'Université	Pont de l'Alma (RER C)	42-80-92
18	C17-D18	**Francœur** (Rue)	49 R. du Mont Cenis	141 R. Marcadet	Lamarck-Caulaincourt	80-95-Montmartrobus
16	O7	**François** (Place Claude)	31 Bd Exelmans	154 Av. de Versailles	Pte de St-Cloud	22-72
8	I13	**François Ier** (Place)	R. Bayard	R. J. Goujon	Franklin D. Roosevelt	28-42-72-80-80-93
8	H12-I14	**François Ier** (Rue)	Pl. du Canada	16 R. Q. Bauchart	Franklin D. Roosevelt	23-28-32-42-72-73-80-93
3	J21-K22	**Francs Bourgeois** (Rue des)	19 Pl. des Vosges	56 R. des Archives	St-Paul	29-75-96
4	K21-J21	**Francs Bourgeois** (Rue des)	19 Pl. des Vosges	56 R. des Archives	St Paul	29-75-96
16	J10-K10	**Franklin** (Rue Benjamin)	2 R. Vineuse	Pl. du Trocadéro	Passy - Trocadéro	22-32-63
15	P13	**Franquet** (Rue)	21 R. Santos Dumont	60 R. Labrouste	Pte de Vanves	62-89-95
16	J8	**Franqueville** (Rue de)	2 R. Maspéro	115 Av. H. Martin	La Muette	63-PC1
20	G28-G29	**Frapié** (Rue Léon)	R. de Guébriant	5 R. Evariste Galois	Pte des Lilas	PC2
19	E26-F26	**Fraternité** (Rue de la)	31 R. de la Liberté	52 R. D. d'Angers	Danube	75
19	G24	**Fréhel** (Place)	R. de Belleville	R. Julien Lacroix	Pyrénées	26
20	G24	**Fréhel** (Place)	R. de Belleville	R. Julien Lacroix	Pyrénées	26
15	M12	**Frémicourt** (Rue)	37 R. du Commerce	1 Pl. Cambronne	Cambronne	80
16	K10	**Frémiet** (Avenue)	24 Av. du Pdt Kennedy	5 R. C. Dickens	Passy	72
12	N23	**Frenay** (Place Henri)	Pl. Rutebeuf	10 R. Hector Malot	Gare de Lyon	20-29-57-61-63-65-87
20	K27	**Fréquel** (Passage)	7 R. Vitruve	24 R. de Fontarabie	Maraîchers	76
13	R21	**Frères d'Astier De La Vigerie** (Rue des)	Av. de Choisy	Av. d'Ivry	Maison Blanche	47-62-83
20	F28-G29	**Frères Flavien** (Rue des)	R. Léon Frapié	Av. de la Pte Lilas	Pte des Lilas	61
15	N11-O11	**Frères Morane** (Rue des)	21 Pl. E. Pernet	165 R. de Javel	Félix Faure	70-88
16	I12	**Frères Périer** (Rue des)	2 Av. de New York	1 Av. du Pdt Wilson	Alma-Marceau	42-63-72-80-92
15	Q8	**Frères Voisin** (Allée des)	R. du Col Pierre Avia	13 Bd F. Voisin	Corentin Celton	39
15	Q8	**Frères Voisin** (Boulevard des)	Bd Gallieni	R. Victor Hugo	Corentin Celton	39
16	I12-J11	**Fresnel** (Rue)	7 R. Manutention	4 Av. Albert de Mun	Iéna	32-63-72-82
19	E27	**Freud** (Rue Sigmund)	Av. Pte Pré St-Gervais	Av. Pte Chaumont	Pré St-Gervais	61-75-PC2-PC3
16	I11-I12	**Freycinet** (Rue)	10 Av. du Pdt Wilson	46 Av. d'Iéna	Iéna	63-92
14	R16	**Friant** (Rue)	13 Av. J. Moulin	177 Bd Brune	Pte d'Orléans - Alésia	28-38-62-68-PC1
20	H26	**Friedel** (Rue Charles)	18 R. Olivier Métra	43 R. Pixérécourt	Télégraphe	26-60
8	G12-G13	**Friedland** (Avenue de)	177 R. du Fbg St-Honoré	Pl. Ch. de Gaulle	Ch. de Gaulle-Étoile	22-43-52-83-93
13	Q24	**Frigos** (Rue des)	R. Neuve Tolbiac	R. Thomas Mann	Bibl. F. Mitterrand	62-89
9	E18-F18	**Frochot** (Avenue)	26 R. Victor Massé	3 Pl. Pigalle	Pigalle	30-54-67-Montmartrobus
9	E18-F18	**Frochot** (Rue)	28 R. Victor Massé	7 Pl. Pigalle	Pigalle	30-54-67-Montmartrobus
14	O16-P17	**Froidevaux** (Rue)	6 Pl. Denfert-Rochererau	89 Av. du Maine	Denfert-Rochereau	28-58-88
3	J22	**Froissart** (Rue)	3 Bd Filles du Calvaire	92 R. de Turenne	St-Sébastien-Froissart	20-65-96
18	C17	**Froment** (Place Jacques)	R. J. de Maistre	R. Lamarck	Guy Môquet	95
11	K23	**Froment** (Rue)	23 R. Sedaine	18 R. du Chemin Vert	Bréguet Sabin	69
9	E17	**Fromentin** (Rue)	32 R. Duperré	39 Bd de Clichy	Blanche - Pigalle	30-54-67-Montmartrobus
11	K24-L25	**Frot** (Rue Léon)	195 Bd Voltaire	158 R. de la Roquette	Rue des Boulets	56-61-69-76
17	A16	**Fructidor** (Rue)	R. La Fontaine (St-Ouen)	R. Vincent (St-Ouen)	Pte de St-Ouen	81
13	O23	**Fulton** (Rue)	13 Q. d'Austerlitz	18 R. Flamand	Quai de la Gare	89
6	K17-L17	**Furstenberg** (Rue de)	3 R. Jacob	4 R. l'Abbaye	St-Germain-des-Prés	63-70-86-96
14	Q15	**Furtado Heine** (Rue)	153 R. d'Alésia	8 R. Jacquier	Plaisance	58-62
5	O18	**Fustel De Coulanges** (Rue)	41 R. P. Nicole	344 R. St-Jacques	Port Royal	38-83-91

G

Arr.	Plan	Rues / Streets	Comencant	Finissant	Métro	Bus
12	M28-N28	**Gabon** (Rue du)	101 Av. de St-Mandé	52 R. de la Voûte	Pte de Vincennes	29-56-86-PC2
8	H14-I15	**Gabriel** (Avenue)	Pl. de la Concorde	2 Av. Matignon	Concorde	24-42-52-72-73-83-84-93-94
15	N15	**Gabriel** (Villa)	2 R. Falguière	(en impasse)	Falguière	89
18	E18	**Gabrielle** (Rue)	7 R. Foyatier	24 R. Ravignan	Abbesses	Montmartrobus
15	O13	**Gager Gabillot** (Rue)	36 R. de la Procession	45 R. des Favorites	Vaugirard	88-89-95
20	G27	**Gagliardini** (Villa)	100 R. Haxo	V. Dury Vasselon	Télégraphe	48-61-96-PC2-PC3
16	H8-H9	**Gaillard** (Pass. sout. Henri)	Bd de l'Aml Bruix	Bd Lannes	Pte Dauphine	PC1
2	H17	**Gaillon** (Place)	1 R. de la Michodière	18 R. Gaillon	Quatre Septembre	21-27-29-68-81-95
2	H17-I17	**Gaillon** (Rue)	28 Av. de l'Opéra	35 R. St-Augustin	Opéra	21-27-29-68-81-95
14	O16	**Gaîté** (Impasse de la)	3 R. de la Gaîté	(en impasse)	Edgar Quinet	28-58-91
14	O15-O16	**Gaîté** (Rue de la)	11 Bd Edgar Quinet	73 Av. du Maine	Gaîté - Edgar Quinet	28-58-91
5	L19	**Galande** (Rue)	10 R. Lagrange	17 R. du Petit Pont	St-Michel	24-47
8	H12-I11	**Galilée** (Rue)	53 Av. Kléber	111 Av. des Chps Élysées	Ch. de Gaulle-Étoile	22-30-73-92
16	H12-I11	**Galilée** (Rue)	53 Av. Kléber	111 Av. des Chps Élysées	Ch. de Gaulle-Étoile	22-30-82
15	Q13	**Galland** (Rue Victor)	22 R. Fizeau	130 R. Castagnary	Pte de Vanves	95
11	L25	**Gallé** (Square Emile)	16 Cité Beauharnais	32 R. Neuve des Boulets	Rue des Boulets	76
20	J28-K27	**Galleron** (Rue)	8 R. Florian	20 R. St-Blaise	Pte de Bagnolet	26-76
4	L21	**Galli** (Square Henri)	Bd Henri IV	Quai Henri IV	Sully-Morland	67-86-87
7	J14-K14	**Gallieni** (Av. du Maréchal)	Q. d'Orsay	Pl. des Invalides	Invalides	28-63-69-83-93
12	M29	**Gallieni** (Avenue)	1 R. L'Herminier	Av. Gallieni	St-Mandé Tourelle	86
20	M29	**Gallieni** (Avenue)	1 R. L'Herminier	Av. Gallieni	St-Mandé Tourelle	86
15	Q7	**Gallieni** (Boulevard)	R. C. Desmoulins (Issy)	1 Bd Frères Voisin	Mairie d'Issy	39
16	I12	**Galliera** (Rue de)	14 Av. du Pdt Wilson	12 Av. Pierre Ier de Serbie	Iéna	32-63-92
20	G29	**Galois** (Rue Evariste)	R. de Noisy-le-Sec	R. Léon Frapié	Pte des Lilas	PC2
17	E11	**Galvani** (Rue)	65 R. Laugier	19 Bd Gouvion St-Cyr	Pte de Champerret	84-92-93-PC1-PC3
15	O9-P10	**Gama** (Rue Vasco De)	119 Av. Félix Faure	74 R. Desnouettes	Lourmel	39-42
20	G28-J25	**Gambetta** (Avenue)	6 Pl. A. Métivier	Bd Mortier	Gambetta - Pte des Lilas	26-48-60-61-69-96-PC2-PC3
20	G27-H27	**Gambetta** (Passage)	31 R. St-Fargeau	38 R. du Borrégo	St-Fargeau	60-61-96
20	I27	**Gambetta** (Place)	R. Belgrand	R. des Pyrénées	Gambetta	26-60-61-69

Arr.	Plan	Rue	Début	Fin	Métro	Bus
11	I23	**Gambey** (Rue)	53 R. Oberkampf	32 Av. de la République	Parmentier	46-56-96
20	L28	**Gambon** (Rue Ferdinand)	113 R. d'Avron	R. Croix St-Simon	Maraîchers	26-57
13	P23	**Gance** (Rue Abel)	Q. de la Gare	Av. de France	Quai de la Gare	89
13	S21	**Gandon** (Rue)	15 R. Caillaux	146 Bd Masséna	Pte Italie - Mon Blanche	47-PC1
20	J28	**Ganne** (Rue Louis)	162 Bd Davout	73 R. L. Lumière	Pte de Bagnolet	57-PC2
18	D16	**Ganneron** (Passage)	42 Av. de St-Ouen	(en impasse)	La Fourche	81
18	D16-E16	**Ganneron** (Rue)	38 Av. de Clichy	1 R. Étex	La Fourche	54-74-80-81-95
15	R12-R13	**Garamond** (Rue Claude)	Pte Brancion	11 R. Julia Bartet	Malakoff-Plateau de Vanves	58
19	D25	**Garance** (Allée de la)	195 Av. Jean Jaurès	8 R. Edgar Varèse	Pte de Pantin	60
6	L17-M17	**Garancière** (Rue)	29 R. St-Sulpice	34 R. de Vaugirard	Mabillon	58-84-89
20	I28	**Garat** (Rue Martin)	8 R. de la Py	5 R. Géo Chavez	Pte de Bagnolet	57-76-PC2
20	M29	**Garcia** (Rue Cristino)	10 R. Maryse Hilsz	125 R. de Lagny	St-Mandé Tourelle	26-PC2
1	J19	**Garcia Lorca** (Allée Federico)	R. Baltard	Al. A. Breton	Les Halles	29-67-74-85
18	D20-E20	**Gardes** (Rue des)	26 R. de la Goutte d'Or	43 R. Myrha	Château Rouge	31-56-85
11	J24	**Gardette** (Square Maurice)	R. Lacharrière	R. Rochebrune	St Maur	46-69
13	P24	**Gare** (Port de la)	Pont de Bercy	Pont de Tolbiac	Quai de la Gare	89
13	R25	**Gare** (Porte de la)	Q. Panhard et Levassor	Q. d'Ivry	Bibl. F. Mitterrand	PC1-PC2
13	O23-P23	**Gare** (Quai de la)	R. de Tolbiac	1 Bd V. Auriol	Quai de la Gare	89
19	A23	**Gare** (Rue de la)	R. de la Haie du Coq	Q. Gambetta	Pte de la Villette	54-65
20	L28	**Gare de Charonne** (Jardin de la)	Bd Davout	R. du Volga	Pte de Montreuil	57-PC2
12	N26-O26	**Gare de Reuilly** (Rue de la)	119 R. de Reuilly	62 R. de Picpus	Daumesnil	29-46
14	P15	**Garenne** (Place de la)	7 Imp. Ste-Léonie	15 R. du Moulin des Lapins	Pernety	58
15	M13-N14	**Garibaldi** (Boulevard)	7 Pl. Cambronne	2 R. Lecourbe	Sèvres-Lecourbe	39-70-80-89
15	O7-O8	**Garigliano** (Pont du)	Q. A. Citroën	Q. L. Blériot	Bd Victor (RER C)	PC1
16	O7-O8	**Garigliano** (Pont du)	Q. A. Citroën	Q. L. Blériot	Bd Victor (RER C)	PC1
9	H17	**Garnier** (Place Charles)	1 R. Auber	2 R. Auber	Auber - Opéra	20-21-22-27-29-32-42-52-53-66-68-81-95
17	B16	**Garnier** (Rue Francis)	22 Bd Bessières	21 R. A. Bréchet	Pte de St-Ouen	66-81-PC3
15	N15	**Garnier** (Villa)	1 R. Falguière	131 R. de Vaugirard	Falguière	28-82-89-92
19	D25	**Garonne** (Quai de la)	R. de Thionville		Ourcq	60
18	E18	**Garreau** (Rue)	9 R. Ravignan	18 R. Durantin	Abbesses	Montmartrobus
20	I28	**Garros** (Square Roland)	49 R. Cap. Ferbert	(en impasse)	Pte de Bagnolet	PC2
20	L28-L29	**Gascogne** (Square de la)	74 Bd Davout	1 R. des Drs Déjerine	Pte de Montreuil	57-PC2
20	I26	**Gasnier-Guy** (Rue)	28 R. des Partants	3 Pl. M. Nadaud	Gambetta	61-69
14	P16	**Gassendi** (Rue)	39 R. Froidevaux	165 Av. du Maine	Mouton-Duvernet	28-58-88
12	N24	**Gatbois** (Passage)	R. P.-H. Grauwin	66 Av. Daumesnil	Gare de Lyon	29
20	I26-I27	**Gâtines** (Rue des)	75 Av. Gambetta	91 Av. Gambetta	Gambetta	26-60-61-69
11	I24	**Gaudelet** (Villa)	114 R. Oberkampf	(en impasse)	Rue St-Maur	96
14	R17	**Gauguet** (Rue)	36 R. des Artistes	(en impasse)	Alésia	62-88
17	D12	**Gauguin** (Rue)	2 R. de St-Marceaux	3 R. J. L. Forain	Pereire	53-94-PC3
18	D18	**Gaulard** (Rue Lucien)	Pl. C. Pecqueur	98 R. Caulaincourt	Lamarck-Caulaincourt	80-Montmartrobus
8	G11	**Gaulle** (Place Charles De)	49 Av. de Friedland	Av. des Chps Élysées	Ch. de Gaulle-Étoile	22-30-31-52-73-92
16	G11	**Gaulle** (Place Charles De)	49 Av. de Friedland	Av. Kléber	Ch. de Gaulle-Étoile	22-30-31-52-73-92
17	G11	**Gaulle** (Place Charles De)	48 Av. de Friedland	Av. Mac Mahon	Ch. de Gaulle-Étoile	22-30-31-52-73-92
12	N22	**Gaulle** (Pont Charles De)	Q. d'Austerlitz	R. Van Gogh	Gare d'Austerlitz	20-24-63-65-87
13	N22	**Gaulle** (Pont Charles De)	Q. d'Austerlitz	R. Van Gogh	Gare d'Austerlitz	24-63
20	L29-M29	**Gaumont** (Avenue Léon)	R. de Lagny	Av. Pte de Montreuil	St-Mandé Tourelle	57-86-PC2
17	C15	**Gauthey** (Rue)	140 Av. de Clichy	53 R. de la Jonquière	Brochant	31-54-66-74
18	D17	**Gauthier** (Rue Armand)	14 R. Félix Ziem	11 R. E. Carrière	Lamarck-Caulaincourt	80-95-Montmartrobus
19	G24	**Gauthier** (Passage)	63 R. Rébeval	35 Av. S. Bolivar	Buttes Chaumont	26
16	L9-M8	**Gautier** (Avenue Théophile)	27 R. Gros	8 R. Corot	Mirabeau	22-52-62-70
16	M8	**Gautier** (Square Théophile)	57 Av. T. Gautier		Église d'Auteuil	22-52-62
16	K10	**Gavarni** (Rue)	12 R. de Passy	11 R. de la Tour	Passy	32
6	L19	**Gay** (Rue Francisque)	6 Bd St-Michel	3 Pl. St-André des Arts	St-Michel	21-24-27-38-85-96
5	M18-O19	**Gay-Lussac** (Rue)	65 Bd St-Michel	52 R. d'Ulm	Luxembourg (RER B)	21-27-38-82-85
14	R18-S18	**Gazan** (Rue)	Av. Reille	R. de la Cité Universitaire	Cité Univ. (RER B)	21-88
13	P20	**Geffroy** (Rue Gustave)	5 R. des Gobelins	R. Berbier du Mets	Les Gobelins	27-47-83
17	E15-F15	**Geffroy Didelot** (Passage)	90 Bd des Batignolles	117 R. des Dames	Villiers	30-53
11	I24	**Gelez** (Rue Victor)	8 Pas. Ménilmontant	9 R. des Nanettes	Ménilmontant	96
18	B17-C17	**Gémier** (Rue Firmin)	23 R. Lagille	R. Vauvenargues	Pte de St-Ouen	31-81-PC3
20	H24	**Gênes** (Cité de)	7 R. Vilin	38 R. de Pali Kao	Couronnes	26-96 (à plus de 400 m)
18	C21	**Genevoix** (Rue Maurice)	17 R. Boucry	56 R. de la Chapelle	Pte de la Chapelle	65
12	M25	**Génie** (Passage du)	246 R. du Fbg St-Antoine	95 Bd Diderot	Reuilly Diderot	57-86
12	P28	**Gentil** (Square Louis)	5 R. J. Chailley	6 Av. du Gal Dodds	Pte Dorée	PC2
14	T19	**Gentilly** (Porte de)	Bd Périphérique		Gentilly	21-67-PC1
8	H12-I12	**George V** (Avenue)	5 Pl. de l'Alma	99 Av. des Chps Élysées	George V	32-42-72-73-80-92
20	H26-H27	**Georgina** (Villa)	9 R. Taclet	36 R. de la Duée	Télégraphe	26-60
9	E19-F19	**Gérando** (Rue)	2 Pl. d'Anvers	93 R. Rochechouart	Anvers	30-54-85
16	M8	**Gérard** (Rue François)	39 Av. T. Gautier	2 R. George Sand	Église d'Auteuil	22-52-62
13	Q20	**Gérard** (Rue)	R. du Moulin des Prés	11 R. Jonas	Corvisart	57-67
15	O12	**Gerbert** (Rue)	111 R. Blomet	280 R. de Vaugirard	Vaugirard	39-80-88
11	K25	**Gerbier** (Rue)	15 R. de la Folie Regnault	168 R. de la Roquette	Philippe Auguste	61-69
6	M16	**Gerbillon** (Rue Jean-François)	24 R. de l'Abbé Grégoire	4 R. de Bérite	St-Placide	39-70-87-89-94-95-96
14	P14	**Gergovie** (Passage de)	10 R. de Gergovie	128 R. Vercingétorix	Plaisance - Pernety	62
14	P14-Q15	**Gergovie** (Rue de)	R. de la Procession	134 R. d'Alésia	Plaisance - Pernety	58-62
17	E13	**Gerhardt** (Rue Charles)	1 R. G. Doré	(en impasse)	Wagram - Pereire	31-94
16	M7	**Géricault** (Rue)	50 R. d'Auteuil	27 R. Poussin	Michel Ange-Auteuil	52
14	Q17	**Germain** (Rue Sophie)	46 R. Hallé	23 Av. du Gal Leclerc	Mouton-Duvernet	38-68
12	P24	**Gershwin** (Rue George)	R. de Pommard	R. P. Belmondo	Cour St-Émilion	24
13	Q19	**Gervais** (Rue Paul)	40 R. Corvisart	72 Bd A. Blanqui	Corvisart - Glacière	21
17	D12	**Gervex** (Rue)	7 R. Jules Bourdais	2 R. de Senlis	Pereire	PC3
4	K19-K20	**Gesvres** (Quai de)	1 Pl. Hôtel de Ville	2 Pl. du Châtelet	Hôtel de Ville	27-47-58-67-69-70-72-74-75-76-96
15	P11-P12	**Gibez** (Rue Eugène)	373 R. de Vaugirard	42 R. O. de Serres	Convention	39-80
15	O14-P14	**Gide** (Rue André)	19 R. du Cotentin	79 R. de la Procession	Pernety	88-95
13	O23	**Giffard** (Rue)	3 Q. d'Austerlitz	8 Bd V. Auriol	Quai de la Gare	89
12	M23	**Gilbert** (Rue Émile)	21 Bd Diderot	4 R. Parrot	Gare de Lyon	20-29-57-61-65-87-91
18	E18	**Gill** (Rue André)	76 R. des Martyrs	(en impasse)	Pigalle	30-54-67-Montmartrobus
16	K9	**Gillet** (Rue de l'Abbé)	7 R. Lyautey	10 R. J. Bologne	Passy	32
15	P11-Q11	**Gillot** (Rue Firmin)	399 R. de Vaugirard	51 Bd Lefebvre	Pte de Versailles	80-PC1

15	N9	**Gilot** (Square Paul)	R. S. Mercier	40 R. de la Convention	Javel	62-88
18	D16	**Ginier** (Rue Pierre)	50 Av. de Clichy	9 R. H. Moreau	La Fourche	54-74-81
18	D16	**Ginier** (Villa Pierre)	7 R. P. Ginier	R. H. Moreau	La Fourche	54-74-81
12	O24	**Ginkgo** (Cour du)	16 Pl. Bat. Pacifique	11 Bd de Bercy	Cour St-Émilion	24-87
15	M10-M11	**Ginoux** (Rue)	53 R. Émeriau	52 R. de Lourmel	Charles Michels	42-70-88
13	P23	**Giono** (Rue Jean)	R. Abel Gance	R. Raymond Aron	Quai de la Gare	89
10	F21-E21	**Girard** (Rue Philippe De)	191 R. La Fayette	76 R. M. Dormoy	La Chapelle	26-48-54-60-65
18	D21-E21	**Girard** (Rue Philippe De)	212 Bd de Charonne	R. du Repos	Philippe Auguste	48-60-65
19	E24	**Girard** (Rue Pierre)	89 Av. J. Jaurès	12 R. Tandou	Laumière	60
18	D18	**Girardon** (Impasse)	R. Girardon	(en impasse)	Lamarck-Caulaincourt	Montmartrobus
18	D18	**Girardon** (Rue)	83 R. Lepic	Pl. Pequeur	Lamarck-Caulaincourt	80-Montmartrobus
19	D24-D25	**Giraud** (Rue Léon)	144 R. de Crimée	19 R. de l'Ourcq	Ourcq	60
16	H12	**Giraudoux** (Rue Jean)	39 Av. Marceau	R. La Pérouse	Kléber	32-92
8	I14	**Girault** (Avenue Charles)	Av. Dutuit	Av. W. Churchill	Champs-Elysées-Clem.	42-73-83-93
16	M7	**Girodet** (Rue)	48 R. d'Auteuil	11 R. Poussin	Michel Ange-Auteuil	52-62
19	B24-C25	**Gironde** (Quai de la)	43 Q. de l'Oise	129 Bd Macdonald	Corentin Cariou	75-PC3
6	L18	**Gît Le Cœur** (Rue)	23 Q. Gds Augustins	28 R. St-André des Arts	St-Michel	24-27
13	O19-R18	**Glacière** (Rue de la)	37 Bd de Port Royal	137 R. de la Santé	Glacière	21-62-83-88-91
20	F28-G28	**Glaïeuls** (Rue des)	R. C. Cros	Av. de la Pte des Lilas	Pte des Lilas	61
20	F28-G29	**Gley** (Avenue du Docteur)	Av. de la Pte Lilas	R. Frères Flavien	Pte des Lilas	61
16	M9	**Glizières** (Villa des)	4 R. des Patures		Mirabeau	22-72
9	G17-H17	**Gluck** (Rue)	Pl. J. Rouché	Pl. Diaghilev	Chée d'Antin-La Fayette	22-53-66
13	S19	**Glycines** (Rue des)	17 R. des Orchidées	37 R. A. Lançon	Cité Univ. (RER B)	21-67
5	O20	**Gobelins** (Avenue des)	123 R. Monge	1 Pl. d'Italie	Les Gobelins	27-47-83-91
13	O20	**Gobelins** (Avenue des)	123 R. Monge	1 Pl. d'Italie	PL. d'Italie	27-47-83-91
13	P20	**Gobelins** (Rue des)	30 Av. des Gobelins	R. Berbier du Mets	Les Gobelins	27-47-83-91
13	P20	**Gobelins** (Villa des)	52 Av. des Gobelins	(en impasse)	Les Gobelins	27-47-83
11	K24	**Gobert** (Rue)	24 R. R. Lenoir	158 Bd Voltaire	Voltaire - Charonne	46-56-76
16	I9	**Godard** (Rue Benjamin)	2 R. Dufrénoy	12 R. de Lota	Rue de la Pompe	52-63-PC1
12	P28	**Godard** (Villa Jean)	276 Av. Daumesnil	4 R. Ernest-Lacoste	Pte Dorée	46-PC2
13	Q20-Q21	**Godefroy** (Rue)	3 Pl. des Alpes	7 Pl. d'Italie	Place d'Italie	27-83
20	J27-K27	**Godin** (Villa)	85 R. de Bagnolet	(en impasse)	Alexandre Dumas	26-76
9	F18	**Godon** (Cité Charles)	25 R. Milton	41 R. Tour d'Auvergne	St-Georges	67-85
9	G16-H16	**Godot De Mauroy** (Rue)	8 Bd de la Madeleine	13 R. Mathurins	Havre-Caumartin	42-52
16	I12	**Goethe** (Rue)	Pl. P. Brisson	6 R. de Galliera	Alma-Marceau	32-63-92
19	E22	**Goix** (Passage)	16 R. d'Aubervilliers	11 R. du Département	Stalingrad	48
2	I19	**Goldoni** (Place)	R. Marie Stuart	R. Greneta	Étienne Marcel	29
1	I17	**Gomboust** (Impasse)	31 Pl. du Marché St-Honoré	(en impasse)	Pyramides	21-27-29-68-81-95
1	I17	**Gomboust** (Rue)	57 R. St-Roch	38 Pl. du Marché St-Honoré	Pyramides	21-27-29-68-81-95
11	H23	**Goncourt** (Rue des)	3 R. Darboy	66 R. du Fbg du Temple	Goncourt	46-75
13	Q19	**Gondinet** (Rue Edmond)	54 R. Corvisart	70 Bd A. Blanqui	Corvisart	21
11	M25	**Gonnet** (Rue)	285 R. du Fbg St-Antoine	60 R. de Montreuil	Rue des Boulets	86
15	Q11	**Gordini** (Place Amédée)	2 Av. Porte de la Plaine	Bd Lefebvre	Porte de Versailles	PC1
13	Q24	**Goscinny** (Rue René)	Q. Panhard et Levassor	Av. de France	Bibl. F. Mitterrand	62-89
12	O27	**Gossec** (Rue)	223 Av. Daumesnil	104 R. de Picpus	Michel Bizot	46
18	A19-A20	**Gosset** (Rue du Professeur)	Av. Pte des Poissonniers	Av. Pte de Clignancourt	Pte de Clignancourt	85
20	M28	**Got** (Square)	65 Crs de Vincennes	3 R. Mounet Sully	Pte de Vincennes	26-62-86
8	F14-F15	**Goubaux** (Place Prosper)	R. de Lévis	Bd des Batignolles	Villiers	30
17	F15	**Goubaux** (Place Prosper)	R. de Lévis	Bd des batignolles	Villiers	30
19	E25	**Goubet** (Rue)	125 R. Manin	88 R. Petit	Danube - Ourcq	75-PC2-PC3
10	H20	**Goublier** (Rue Gustave)	41 R. du Fbg St-Martin	18 Bd de Strasbourg	Château d'Eau	38-39-47
18	E18	**Goudeau** (Place Émile)	R. Ravignan	R. Berthe	Abbesses	Montmartrobus
17	C15	**Goüin** (Rue Ernest)	13 R. Émile Level	12 R. Boulay	Brochant	31-54-66-74
12	O26-O27	**Goujon** (Rue du Docteur)	55 Bd de Reuilly	86 R. de Picpus	Daumesnil	29-46-62
8	I13-I14	**Goujon** (Rue Jean)	21 Av. F. D. Roosevelt	Av. Montaigne	Alma-Marceau	28-42-80-83-93
17	E12	**Gounod** (Rue)	121 Av. de Wagram	79 R. de Prony	Pereire	31-84
7	K12	**Gouraud** (Place du Général)	Av. Rapp	Av. de La Bourdonnais	Pont de l'Alma (RER C)	42-69-87
13	Q22-Q23	**Gourdault** (Rue Pierre)	139 R. du Chevaleret	22 R. Dunois	Chevaleret	27
17	D12-E12	**Gourgaud** (Avenue)	6 Pl. du Mal Juin	51 Bd Berthier	Pereire	84-92-93-PC3
19	F23-F24	**Gourmont** (Rue Rémy De)	R. Barrelet Ricou	R. G. Lardennois	Buttes Chaumont	26-75
13	S20	**Gouthière** (Rue)	63 Bd Kellermann	Av. Caffieri	Maison Blanche	57
18	E19-E20	**Goutte d'Or** (Rue de la)	2 R. de la Charbonnière	22 Bd Barbès	Barbès-Rochechouart	31-56-85
17	E11-F10	**Gouvion Saint-Cyr** (Boulevard)	Pl. Pte de Champerret	236 Bd Péreire	Pte Maillot	84-92-93-PC1-PC3
17	E10	**Gouvion Saint-Cyr** (Square)	43 Bd Gouvion St-Cyr	(en impasse)	Pte de Champerret	43-PC1-PC3
6	L17	**Gozlin** (Rue)	2 R. des Ciseaux	43 R. Bonaparte	St-Germain-des-Prés	39-63-86-95
10	H23	**Grâce de Dieu** (Cour de la)	129 R. du Fbg du Temple	(en impasse)	Belleville	46-75
5	N20	**Gracieuse** (Rue)	2 R. de l'Épée de Bois	29 R. Lacépède	Place Monge	47
17	E10	**Graisivaudan** (Square du)	13 R. A. Charpentier	4 Av. Pte de Villiers	Pte de Champerret	93-PC1-PC3
15	N11-N12	**Gramme** (Rue)	65 R. du Commerce	68 R. de la Croix Nivert	Émile Zola - Commerce	70-80-88
2	H18	**Gramont** (Rue de)	12 R. St-Augustin	15 Bd des Italiens	Quatre Septembre	20-29-42-39
14	P17	**Grancey** (Rue de)	20 Pl. Denfert-Rochereau	8 R. Daguerre	Denfert-Rochereau	38-68-88
2	I19	**Grand Cerf** (Passage du)	146 R. St-Denis	8 R. Dussoubs	Étienne Marcel	29-38-47
15	O10	**Grand Pavois** (Jardin du)	R. de Lourmel	R. Lecourbe	Balard	39-42
11	I22	**Grand Prieuré** (Rue du)	27 R. de Crussol	18 Av. de la République	Oberkampf	56-96
3	K22	**Grand Veneur** (Rue du)	2 R. des Arquebusiers	Hôtel Grd Veneur	St-Sébastien-Froissart	20-65-96
16	F10-G11	**Grande Armée** (Avenue de la)	Pl. Ch. de Gaulle	279 Bd Péreire	Pte Maillot	22-30-31-52-73-82-92-PC1-PC3
17	F10-G11	**Grande Armée** (Avenue de la)	Pl. Ch. de Gaulle	279 Bd Péreire	Pte Maillot	22-30-31-52-73-82-92-PC1-PC3
17	G11	**Grande Armée** (Villa de la)	8 R. des Acacias	(en impasse)	Argentine	73
6	N17	**Grande Chaumière** (R. de la)	72 R. N.-D. des Champs	115 Bd du Montparnasse	Vavin	68-91
1	J19-J20	**Grande Truanderie** (R. de la)	55 Bd de Sébastopol	4 R. de Turbigo	Étienne Marcel	29-38-47
20	G25	**Grandes Rigolles** (Place des)	R. des Pyrénées	R. Levert	Jourdain	26
6	K18-L19	**Grands Augustins** (Quai des)	2 Pl. St-Michel	1 R. Dauphine	St-Michel	21-24-27-38-58-70-85-96
6	K18-L18	**Grands Augustins** (Rue des)	51 Q. des Gds Augustins	R. St-André des Arts	St-Michel	24-27-58-63-70-86-87-96
20	L28-M27	**Grands Champs** (Rue des)	30 Bd de Charonne	48 R. du Volga	Maraîchers	26-57
5	L19-L20	**Grands Degrés** (Rue des)	2 R. Maître Albert	3 R. du Haut Pavé	Maubert-Mutualité	24-47
13	Q24	**Grands Moulins** (Rue des)	R. du Chevaleret	Av. de France	Bibl. F. Mitterand	62-89
13	P19	**Grangé** (Square)	22 R. de la Glacière	(en impasse)	Glacière - Les Gobelins	21-83
10	F22-G22	**Grange aux Belles** (R. de la)	96 Q. de Jemmapes	3 Pl. du Col Fabien	Colonel Fabien	46-75

9	G18	**Grange Batelière** (Rue de la)	19 R. du Fbg Montmartre	R. Drouot	Grands Boulevards	48-67-74-85
7	L13	**Granier** (Rue Joseph)	3 R. L. Codet	8 Av. Tourville	École Militaire	28-80-82-87-92
16	I11-I12	**Grasse** (Place de l'Amiral De)	39 Av. d'Iéna	Pl. des États Unis	Iéna	32-82-92
12	N24	**Grauwin** (Rue Paul-Henri)	Pl. Rutebeuf	5 R. Guillaumot	Gare de Lyon	29-57
12	P26-P27	**Gravelle** (Rue de)	49 R. de Wattignies	55 R. C. Decaen	Daumesnil	87
3	J20-J21	**Gravilliers** (Passage des)	10 R. Chapon	R. des Gravilliers	Arts et Métiers	29-38-47-75
3	I20-J21	**Gravilliers** (Rue des)	119 R. du Temple	38 R. de Turbigo	Arts et Métiers	20-29-38-39-47-75
7	K11	**Gréard** (Avenue Octave)	Av. G. Eiffel	15 Av. de Suffren	Ch. de Mars-Tr Eiffel (RER C)	82
8	G16-H16	**Greffulhe** (Rue)	8 R. de Castellane	29 R. Mathurins	Madeleine	24-94
6	M16	**Grégoire** (Rue de l'Abbé)	73 R. de Sèvres	90 R. de Vaugirard	St-Placide - Rennes	39-70-87-89-94-95-96
19	D27	**Grenade** (Rue de la)	R. des Sept Arpents	12 R. Marseillaise	Hoche	75-PC2-PC3
15	L11-M12	**Grenelle** (Boulevard de)	107 Q. Branly	1 Pl. Cambronne	La Motte-P.-Grenelle	42-80
15	L9-M9	**Grenelle** (Pont de)	R. Maurice Bourdet	Pl. Fernand Forest	Kennedy R. France (RER C)	22-70-72
16	L9-M9	**Grenelle** (Pont de)	R. Maurice Bourdet	Pl. Fernand Forest	Kennedy R. France (RER C)	22-70-72
15	K10-M9	**Grenelle** (Port de)	Pt de Bir Hakeim	Pont de Grenelle	Kennedy R. France (RER C)	70
15	L11-M9	**Grenelle** (Quai de)	Bd de Grenelle	Pl. Forest	Kennedy R. France (RER C)	42-82
6	K13	**Grenelle** (Rue de)	44 R. du Dragon	83 Av. de La Bourdonnais	Ecole Militaire	69-80-87-92
7	K13-L16	**Grenelle** (Rue de)	44 R. du Dragon	83 Av. de La Bourdonnais	Ecole Militaire	28-69-80-82-87
15	M11	**Grenelle** (Villa de)	14 R. Violet	9 Villa Juge	Dupleix	42-80
2	I19-I20	**Greneta** (Cour)	163 R. St-Denis	32 R. Greneta	Étienne Marcel	20-38-39-47
2	I19-I20	**Greneta** (Rue)	241 R. St-Martin	78 R. Montorgueil	Reamur-Sébastopol	20-29-38-39-47
3	I19-I20	**Greneta** (Rue)	241 R. St-Martin	78 R. Montorgueil	Réaumur-Sébastopol	20-29-38-39-47
3	J20	**Grenier Saint-Lazare** (Rue du)	43 R. Beaubourg	186 R. St-Martin	Rambuteau	29-38-47-75
4	K20	**Grenier sur l'Eau** (Rue)	R. du Pt Louis-Philippe	12 R. des Barres	Pont Marie	67
20	K28	**Grés** (Place des)	R. Vitruve	R. St-Blaise	Pte de Bagnolet	57
20	J28	**Grés** (Square des)	R. St-Blaise	R. Vitruve	Pte de Bagnolet	57-PC2
19	C24-D24	**Gresset** (Rue)	174 R. de Crimée	11 R. de Joinville	Crimée	54-60
2	H18	**Grétry** (Rue)	1 R. Favart	18 R. de Gramont	Richelieu Drouot	20-29-39-48-67-74-85
16	I9-J10	**Greuze** (Rue)	4 Av. G. Mandel	17 R. Decamps	Trocadéro	22-30-63
7	K16	**Gribeauval** (Rue de)	2 Pl. St-Thomas d'Aquin	43 R. du Bac	Rue du Bac	68-69
5	N20-O20	**Gril** (Rue du)	8 R. Censier	9 R. Daubenton	Censier-Daubenton	67-89
19	E25	**Grimaud** (Impasse)	24 R. d'Hautpoul	130 R. Compans	Botzaris	75
13	S19	**Grimault** (Square Paul)	Pl. de Rungis	R. Bobillot	Maison Blanche	67
15	M13	**Grisel** (Impasse)	3 Bd Garibaldi	(en impasse)	Cambronne	80
11	I24	**Griset** (Cité)	125 R. Oberkampf	(en impasse)	Rue St-Maur	96
11	J22	**Gromaire** (Rue Marcel)	94 Bd Beaumarchais	83 R. Amelot	St-Sébastien-Froissart	20-65
20	K27	**Gros** (Impasse)	3 Pas. Dieu	(en impasse)	Maraîchers	26
16	L8-L9	**Gros** (Rue)	Pl. Clément Ader	15 R. J. De La Fontaine	Kennedy R. France (RER C)	22-52
7	J13	**Gros Caillou** (Port du)	Pont de l'Alma	Pont des Invalides	Pont de l'Alma (RER C)	28-42-63-80-83-92-93
7	K12-K13	**Gros Caillou** (Rue du)	11 R. Augereau	208 R. de Grenelle	École Militaire	69-87
18	B18-C18	**Grosse Bouteille** (Imp. de la)	67 R. du Poteau	(en impasse)	Pte de Clignancourt	31-60-95
16	O7	**Grossetti** (Rue du Général)	1 R. du Gal Malleterre	142 Bd Murat	Pte de St-Cloud	22-72-PC1
15	N11-P12	**Groult** (Rue de l'Abbé)	1 Pl. Et. Pernet	Pl. C. Vallin	Félix Faure	39-70-80-88
20	H27-H28	**Groupe Manouchian** (R. du)	31 R. du Surmelin	100 Av. Gambetta	St-Fargeau	61
10	H22-H23	**Groussier** (Rue Arthur)	168 Av. Parmentier	203 R. St-Maur	Goncourt	46-75
18	D21	**Guadeloupe** (Rue de la)	65 R. Pajol	8 R. L'Olive	Marx Dormoy	60
8	G15	**Guatemala** (Place du)	Bd Malesherbes	R. Bienfaisance	St-Augustin	22-28-32-43-80-94
16	O6	**Gudin** (Rue)	123 Bd Murat	215 Av. de Versailles	Pte de St-Cloud	22-72-PC1
18	B21	**Gué** (Impasse du)	79 R. de la Chapelle	(en impasse)	Pte de la Chapelle	65-PC3
20	G28	**Guébriant** (Rue de)	116 Bd Mortier	29 R. Fougères	St-Fargeau	PC2
15	O9	**Guedj** (Esplanade Max)	R. Gutenberg	R. de la Mont. d'Aulas	Balard	42-88
18	E18	**Guelma** (Villa de)	26 Bd de Clichy	(en impasse)	Pigalle	30-54-67-Montmartrobus
4	L22	**Guéménée** (Impasse)	26 R. St-Antoine	(en impasse)	Bastille	69-76
6	K18	**Guénégaud** (Rue)	5 Q. de Conti	15 R. Mazarine	Pont Neuf - Mabillon	24-27-58-70
11	L25-L26	**Guénot** (Passage)	221 Bd Voltaire	15 R. Guénot	Rue des Boulets	56
11	L26	**Guénot** (Rue)	243 Bd Voltaire	Imp. Jardiniers	Rue des Boulets	56
13	Q20	**Guérin** (Rue du Père)	4 R. Bobillot	3 R. du Moulin des Prés	Place d'Italie	57-67
16	L7-M7	**Guérin** (Rue Pierre)	30 R. d'Auteuil	(en impasse)	Michel Ange-Auteuil	52
2	I20	**Guérin Boisseau** (Rue)	31 R. de Palestro	183 R. St-Denis	Réaumur-Sébastopol	20-38-39-47
17	E10-F11	**Guersant** (Rue)	6 Pl. T. Bernard	35 Bd Gouvion St-Cyr	Pte de Champerret	43-PC1-PC3
14	O15-P15	**Guesde** (Rue Jules)	17 R. Vercingétorix	16 R. R. Losserand	Gaîté	28-58-91
18	D18-E18	**Guibert** (Rue du Cardinal)	Pl. Sacré Coeur	R. du Chev. de la Barre	Abbesses	Montmartrobus
16	J9	**Guibert** (Villa)	83 R. de la Tour	(en impasse)	Rue de la Pompe	52
16	K9	**Guichard** (Rue)	70 R. de Passy	83 Av. P. Doumer	La Muette	22-32
20	H26	**Guignier** (Place du)	R. des Pyrénées	R. du Guignier	Jourdain	26-96
20	H26	**Guignier** (Rue du)	2 Pl. du Guignier	21 R. des Rigoles	Jourdain	26-96
16	K9	**Guignières** (Villa des)	31 R. Singer		La Muette	22-32-52
16	N5-O5	**Guilbaud** (Rue du Cdt)	26 Av. Pte de St-Cloud	21 R. C. Farrère	Pte de St-Cloud	52-72
11	J24	**Guilhem** (Rue du Général)	95 R. du Chemin Vert	24 R. St-Ambroise	St-Ambroise	46-69
11	J24	**Guilhem** (Passage)	18 R. du Gal Guilhem	51 R. St-Maur	Rue St-Maur	46
15	Q11	**Guillaumat** (Rue du Général)	Av. A. Bartholomé	Pl. Insurgés de Varsovie	Pte de Versailles	89
17	E11-E12	**Guillaume Tell** (Rue)	60 R. Laugier	113 Av. de Villiers	Pte de Champerret	84-92-93-PC1-PC2
8	G12	**Guillaumin** (Place Georges)	Av. de Friedland	R. Balzac	Ch. de Gaulle-Étoile	22-52
12	M24-N23	**Guillaumot** (Rue)	42 Av. Daumesnil	R. J. Bouton	Gare de Lyon	29-57
14	O15	**Guillebon** (Al. du Chef d'Esc. De)	Gare Montparnasse		Montparnasse-Bienv.	28-88-89-91-92-94-95-96
15	P9	**Guillemard** (Place Robert)	R. Leblanc	R. Lecourbe	Balard	39-42
14	P15	**Guilleminot** (Rue)	54 R. de l'Ouest	1 R. Crocé Spinelli	Pernety	88-91
4	K21	**Guillemites** (Rue des)	10 R. Ste-Croix la Br.	9 R. des Blancs Manteaux	Hôtel de Ville	29-67-69-76-96
15	P12	**Guillot** (Square Léon)	11 R. de Dantzig	(en impasse)	Convention	62
15	N14	**Guillout** (Rue Edmond)	10 R. Dalou	43 Bd Pasteur	Pasteur	39-48-70-88-89-91-95
19	G24-H23	**Guimard** (Rue Hector)	R. Jules Romains	Pl. J. Rostand	Belleville	26-46-75
6	L17	**Guisarde** (Rue)	12 R. Mabillon	19 R. des Canettes	Mabillon	24-63-70-86-87-96
20	M27	**Guitry** (Rue Lucien et Sacha)	47 Crs de Vincennes	48 R. de lagny	Pte de Vincennes	86
17	F11-G11	**Guizot** (Villa)	21 R. des Acacias	(en impasse)	Argentine	43-73-92-93
16	J11	**Gustave V De Suède** (Av.)	Pl. de Varsovie	J. du Trocadéro	Trocadéro	32-63-72-82
15	N10-O9	**Gutenberg** (Rue)	54 R. de Javel	63 R. Balard	Javel - Balard	62-88
17	C14	**Guttin** (Rue)	5 R. Fragonard	113 Bd Bessières	Pte de Clichy	54-74-PC3
12	N29-P28	**Guyane** (Boulevard de la)	Av. Daumesnil	Av. Courteline	Pte Dorée	29-46-56-86-PC2
20	K28	**Guyenne** (Square de la)	82 Bd Davout	6 R. Mendelssohn	Pte de Montreuil	57-PC2
6	M17-N17	**Guynemer** (Rue)	21 R. de Vaugirard	55 R. d'Assas	St-Sulpice	58-82-83-84-89

H

Arr.	Plan	Rues / Streets	Comencant	Finissant	Métro	Bus
15	O12	**Hachette** (Rue Jeanne)	163 R. Lecourbe	112 R. Blomet	Vaugirard	39-70-80-88
16	F9	**Hackin** (Rue Joseph et Marie)	2 Bd Maillot	23 Av. de Neuilly	Pte Maillot	73-82
10	F22	**Haendel** (Rue Georg Friedrich)	150 Q. de Jemmapes	Pl. Robert Desnos	Colonel Fabien	46
20	L29-M29	**Hahn** (Rue Reynaldo)	109 R. de lagny	R. Paganini	Pte de Vincennes	PC2
19	A23	**Haie Coq** (Rue de la)	Pl. Skanderbeg	Q. L. Lefranc	Pte de la Villette	65
20	K27	**Haies** (Rue des)	4 R. Planchat	99 R. Maraîchers	Buzenval	26-57
19	D25-E25	**Hainaut** (Rue du)	75 R. Petit	174 Av. J. Jaurès	Ourcq	75-PC2-PC3
15	M10	**Hajje** (Rue Antoine)	93 R. St-Charles	(en impasse)	Charles Michels	42-70-88
9	G17-H17	**Halévy** (Rue)	8 Pl. de l'Opéra	25 Bd Haussmann	Opéra - Chée d'Antin-La F.	42-68-81
14	Q17	**Hallé** (Rue)	40 R. de la Tombe Issoire	10 R. du Commandeur	Mouton-Duvernet	38-68-88
14	Q17	**Hallé** (Villa)	36 R. Hallé	(en impasse)	Mouton-Duvernet	38-68-88
13	S19	**Haller** (Rue Albin)	19 R. Fontaine à M.	24 R. Brillat Savarin	Corvisart - Tolbiac	67
1	J19	**Halles** (Jardin des)	R. Coquillière	R. Berger	Les Halles	29-67-74-85
1	J19-K19	**Halles** (Rue des)	104 R. de Rivoli	R. du Pont Neuf	Châtelet	21-58-67-70-72-74-75-81-85
5	O19-O20	**Halpern** (Place Bernard)	24 R. des Patriarches	R. du Marché Patriarches	Censier-Daubenton	47
15	P10-P11	**Hameau** (Rue du)	226 R. de la Croix Nivert	51 Bd Victor	Pte de Versailles	39-80-PC1
16	H11-I11	**Hamelin** (Rue de l'Amiral)	16 R. de Lübeck	41 Av. Kléber	Iéna - Boissière	22-30-82
12	O24	**Hamelin** (Place Ginette)	50 R. de Bercy	R. de Pommard	Bercy	24
13	O20	**Hamon** (Esplanade Léo)	Bd Arago	Bd de Port Royal	Gobelins	27-47-83-91
12	P26-P27	**Hamont** (Rue Théodore)	327 R. de Charenton	27 R. des Meuniers	Pte de Charenton	87
10	F22	**Hampâté Bâ** (Sq. Amadou)	R. Boy Zelenski		Colonel Fabien	46
2	H17	**Hanovre** (Rue de)	17 R. de Choiseul	26 R. Louis le Grand	Quatre Septembre	20-21-27-29-68-81-95
20	J27	**Hardy** (Villa)	44 R. Stendhal	(en impasse)	Gambetta	26
9	E17	**Haret** (Rue Pierre)	54 R. de Douai	75 Bd de Clichy	Place de Clichy	30-54-68-74-80-95
7	K12	**Harispe** (Rue du Maréchal)	26 Av. de la Bourdonnais	Al. A. Lecouvreur	Ch. de Mars-Tr Eiffel (RER C)	42
1	K18-K19	**Harlay** (Rue de)	19 Q. de l'Horloge	42 Q. Orfèvres	Pont Neuf	24-27
15	P13-Q13	**Harmonie** (Rue de l')	72 R. Castagnary	63 R. Labrouste	Pte de Vanves	95
5	L19	**Harpe** (Rue de la)	31 R. de la Huchette	98 Bd St-Germain	St-Michel	21-24-27-38-85-96
20	K28	**Harpignies** (Rue)	110 Bd Davout	R. L. Lumière	Pte de Montreuil	57-PC2
19	F24-F25	**Hassard** (Rue)	24 R. du Plateau	52 R. Botzaris	Buttes Chaumont	26-48-60
12	N25	**Hatton** (Square Eugène)	124 Av. Daumesnil		Montgallet	29
3	J21	**Haudriettes** (Rue des)	53 R. des Archives	84 R. du Temple	Rambuteau	29-75
8	G14	**Haussmann** (Boulevard)	2 Bd des Italiens	R. du Fbg St-Honoré	Richelieu Drouot	22-28-32-43-52-80-83-84-93
9	H18-G16	**Haussmann** (Boulevard)	2 Bd des Italiens	R. du Fbg St-Honoré	Richelieu Drouot - Auber	20-21-22-24-26-27-28-32-39-42-43-48-53-66-67-68-74-80-81-85-94-95
5	L19	**Haut Pavé** (Rue du)	9 Q. de Montebello	10 R. des Gds Degrés	Maubert-Mutualité	24-47
15	L11	**Hauteclocque** (Jardin Nicole De)	Pl. Alfred Sauvy	Pl. M.-M. Fourcade	Dupleix	42
6	L18-L19	**Hautefeuille** (Impasse)	3 R. Hautefeuille	(en impasse)	St-Michel	21-27-38-85-96
6	L18	**Hautefeuille** (Rue)	9 Pl. St-André des Arts	R. Éc. de Médecine	St-Michel	21-27-38-86-87
19	F25-F26	**Hauterive** (Villa d')	27 R. du Gal Brunet	30 R. M. Hidalgo	Danube	48-60-75
13	R22	**Hautes Formes** (Rue des)	R. Baudricourt	R. Nationale	Tolbiac	62-83
20	L27	**Hautes Traverses** (Villa des)	88 R. des Haies	(en impasse)	Maraîchers	57
10	G20	**Hauteville** (Cité d')	82 R. d'Hauteville	51 R. de Chabrol	Poissonnière	26-32-42-43-48
10	F20-H19	**Hauteville** (Rue d')	30 Bd de Bonne Nouvelle	1 Pl. Franz Liszt	Strasbourg-St-Denis	20-26-30-31-32-39-42-43-48-54-56
19	D25-F25	**Hautpoul** (Rue d')	56 R. de Crimée	140 Av. J. Jaurès	Ourcq - Botzaris	48-60-75
20	G27	**Hauts de Belleville** (Villa des)	47 R. du Borrégo	(en impasse)	St-Fargeau	60-61
15	M13-M14	**Haüy** (Rue Valentin)	6 Pl. de Breteuil	7 R. Bellart	Ségur	28-39-70-89
8	G16	**Havre** (Cour du)	R. St-Lazare	R. d'Amsterdam	St-Lazare	20-22-24-27-29-43-53-66-68-88-94-95
9	G16	**Havre** (Passage du)	19 R. Caumartin	12 R. du Havre	St-Lazare	20-22-24-27-29-43-53-66-68-88-94-95
8	G16	**Havre** (Place du)	R. St-Lazare	R. du Havre	St-Lazare	20-22-24-27-29-43-53-66-68-88-94-95
9	G16	**Havre** (Place du)	R. d'Amsterdam	R. du havre	St Lazare	20-22-24-27-29-43-53-66-68-88-94-95
8	G16	**Havre** (Rue du)	70 Bd Haussmann	13 Pl. du Havre	Havre-Caumartin	20-22-24-27-29-43-53-66-68-88-94-95
9	G16	**Havre** (Rue du)	70 Bd Haussmann	13 Pl. du Havre	Havre-Caumartin	20-22-24-27-29-43-53-66-68-88-94-95
20	I28	**Haxo** (Impasse)	16 R. A. Penaud	(en impasse)	Pte de Bagnolet	PC2
19	F27-H28	**Haxo** (Rue)	39 R. du Surmelin	67 Bd Sérurier	Télégraphe	48-61-96-PC2-PC3
20	F27-H28	**Haxo** (Rue)	39 R. Surmelin	67 Bd Sérurier	Télégraphe	48-61-96-PC2-PC3
16	L9	**Hayem** (Place du Docteur)	2 R. J. De La Fontaine	R. de Boulainvilliers	Kennedy R. France (RER C)	22-52-70
16	J7	**Hébert** (Rue Ernest)	10 Bd Suchet	11 Av. du Mal Maunoury	Av. H. Martin (RER C)	PC1
18	C21	**Hébert** (Place)	R. des Roses	R. Cugnot	Marx Dormoy	60-65
16	L8	**Hébrard** (Avenue Adrien)	4 Pl. Rodin	65 Av. Mozart	Ranelagh - Jasmin	52
10	G23-H23	**Hébrard** (Passage)	202 R. St-Maur	5 R. du Chalet	Goncourt - Belleville	46-75
12	N24-N25	**Hébrard** (Ruelle des)	60 R. du Charolais	112 Av. Daumesnil	Montgallet	29
19	F23-F24	**Hecht** (Rue Philippe)	17 R. Barrelet de Ricou	37 R. Lardennois	Buttes Chaumont	26-75
16	L7	**Heine** (Rue Henri)	R. de la Source	49 R. Dr Blanche	Jasmin	22
9	H17	**Helder** (Rue du)	36 Bd Italiens	13 Bd Haussmann	Chée d'Antin-La Fayette	20-21-22-27-29-32-42-52-53-66-68-81-95
17	D16-E16	**Hélène** (Rue)	41 Av. de Clichy	18 R. Lemercier	La Fourche	54-74-81
16	J9	**Hélie** (Rue Faustin)	6 Pl. Possoz	10 R. de la Pompe	La Muette	22-32-52
17	E11	**Héliopolis** (Rue d')	19 R. Guillaume Tell	131 Av. de Villiers	Pte de Champerret	84-92-93-PC1-PC3
13	Q22	**Héloïse et Abélard** (Square)	R. Duchefdelaville	R. de Vimoutiers	Chevaleret	27
15	O8-O9	**Hemingway** (Rue Ernest)	R. Leblanc	Bd du Gal Valin	Balard	42-88-PC1
14	R17	**Hénaffe** (Place Jules)	R. de la Tombe Issoire	Av. Reille	Pte d'Orléans	28-38-PC1
12	N25-N26	**Hénard** (Rue Antoine-Julien)	159 Av. Daumesnil	78 R. de Reuilly	Montgallet	29-46

12	N24	**Hennel** (Passage)	140 R. de Charenton	101 Av. Daumesnil	Reuilly Diderot	29-57
9	F17	**Henner** (Rue)	42 R. La Bruyère	15 R. Chaptal	Trinité - St-Georges	68-74
13	R20	**Henocque** (Place de l'Abbé Georges)		30 R. des Peupliers	81 R. de la Colonie	Tolbiac 57
1	K18	**Henri** (Rue Robert)	Pont Neuf	Pl. Dauphine	Pont Neuf	24-27
15	O8	**Henri De France** (Esplanade)	Bd Martial Valin	Q. André Citroën	Bd Victor (RER C)	42-88
4	L21-M21	**Henri IV** (Boulevard)	12 Q. Béthune	1 Pl. de la Bastille	Sully-Morland	67-86-87
4	M21	**Henri IV** (Port)	Pont de Sully	Pont d'Austerlitz	Quai de la rapée	67-86-87
4	L21-M22	**Henri IV** (Quai)	1 Bd Morland	Pont de Sully	Sully-Morland	67-86-87
17	B16	**Henrys** (Rue du Général)	33 R. J. Leclaire	27 Bd Bessières	Pte de St-Ouen	66-81-PC3
17	A15	**Hérault De Séchelles** (Rue)	R. Floréal	R. Morel (Clichy)	Pte de St-Ouen	66
7	M13	**Heredia** (Rue José-Maria De)	67 Av. de Ségur	16 R. Pérignon	Ségur	28
16	P6	**Hérelle** (Avenue Félix D')	Av. G. Lafont	R. du Point du Jour	Pte de St-Cloud	22-62-72-PC1
15	M10	**Héricart** (Rue)	49 R. Émeriau	56 Pl. St-Charles	Charles Michels	42
18	D19	**Hermel** (Cité)	12 R. Hermel	(en impasse)	Jules Joffrin	80-85-Montmartrobus
18	C19-D19	**Hermel** (Rue)	54 R. Custine	41 Bd Ornano	Lamarck-Caulaincourt	31-60-80-85-Montmartrobus
18	A22-B22	**Hermite** (Rue Charles)	7 Av. Pte Aubervilliers	52 Bd Ney	Pte de la Chapelle	54-65-PC3
18	A22	**Hermite** (Square Charles)	R. C. Hermite		Pte de la Chapelle	54-65-PC3
1	I18	**Herold** (Rue)	42 R. de la Coquillière	47 R. Étienne Marcel	Louvre Rivoli	29-48-67-74-85
10	G22	**Héron** (Cité)	5 R. de l'Hôpital St-Louis	(en impasse)	Château Landon	75
5	N19	**Herr** (Place Lucien)	R. Vauquelin	R. P. Brossolette	Censier-Daubenton	21-27
16	I10-I9	**Herran** (Rue)	16 R. Decamps	101 R. Longchamp	Rue de la Pompe	52-63
16	I9	**Herran** (Villa)	81 R. de la Pompe	(en impasse)	Rue de la Pompe	52-63
8	G14	**Herrick** (Avenue Myron)	162 R. du Fbg St-Honoré	25 R. Courcelles	St-Philippe du R.	28-32-52-80-83-93
7	J15	**Herriot** (Pl. du Pdt Édouard)	3 Av. Ar. Briand	95 R. de l'Université	Assemblée Nationale	24-63-69-73-83-84-94
6	N18	**Herschel** (Rue)	70 Bd St-Michel	9 Av. de l'Observatoire	Luxembourg (RER B)	38-82
15	O13	**Hersent** (Villa)	27 R. d'Alleray	(en impasse)	Vaugirard	88
15	M9-N9	**Hervieu** (Rue Paul)	16 Av. Émile Zola	6 R. Cap. Ménard	Javel	62-88
3	J22-K22	**Hesse** (Rue de)	12 R. Villehardouin	R. St-Claude	St-Sébastien-Froissart	20-65
17	C16-D15	**Heulin** (Rue du Docteur)	100 Av. de Clichy	15 R. Davy	Brochant	31-54-74-81
16	M8	**Heuzey** (Avenue Léon)	19 R. de Rémusat	(en impasse)	Mirabeau	22-62
19	E26-F25	**Hidalgo** (Rue Miguel)	116 R. Compans	Pl. Rhin et Danube	Danube	48-60-75
12	N25	**Hillairet** (Rue Jacques)	2 R. Montgallet	68 R. de Reuilly	Montgallet	29-46
20	L29-M29	**Hilsz** (Rue Maryse)	113 R. de lagny	Av. Pte de Montreuil	Pte de Vincennes	PC2
6	L18	**Hirondelle** (Rue de l')	6 Pl. St-Michel	13 R. Gît le Coeur	St-Michel	24-27
10	H21	**Hittorf** (Cité)	Bd de Magenta	6 R. P. Bullet	Jacques Bonsergent	38-39-47
10	H21	**Hittorf** (Rue)	R. P. Bullet	R. du Fbg St-Martin	Château d'Eau	38-39-47-56-65
19	F23-F24	**Hiver** (Cité)	73 Av. Secrétan	(en impasse)	Bolivar	75
8	F13-G12	**Hoche** (Avenue)	Pl. du Gal Brocard	Pl. Ch. de Gaulle	Ch. de Gaulle-Étoile	22-31-43-52-73-84-92-93
17	F11	**Hoff** (Rue du Sergent)	25 R. P. Demours	10 R. Saint-Senoch	Ternes	92-93
14	P14	**Holweck** (Rue Fernand)	R. Vercingétorix	R. Du Cange	Pernety	62-88-95
19	D26	**Honegger** (Allée Arthur)	8 Sente des Dorées	228 Av. J. Jaurès	Pte de Pantin	75-PC2-PC3
6	N18	**Honnorat** (Place André)	7 R. Auguste Comte	2 Av. de l'Observatoire	Luxembourg (RER B)	38-82
5	O21	**Hôpital** (Boulevard de l')	3 Pl. Valhubert	3 Pl. d'Italie	St Michel	57-61-67-91
13	N22-Q20	**Hôpital** (Boulevard de l')	3 Pl. Valhubert	3 Pl. d'Italie	Gare d'Austerlitz	24-27-47-57-61-63-67-83-89-91
10	G22	**Hôpital Saint-Louis** (Rue de l')	21 R. Grange aux Belles	122 Q. de Jemmapes	Colonel Fabien	46-75
1	K18-K19	**Horloge** (Quai de l')	Pont au Change	Pont Neuf	Pont Neuf - Châtelet	21-24-27-38-85-96
3	J20	**Horloge à Automates** (Pass. de l')	R. Rambuteau	Pl. G. Pompidou	Rambuteau	29-38-47-75
14	Q14	**Hortensias** (Allée des)	R. Didot	(en impasse)	Plaisance	58
4	K21	**Hospitalières St-Gervais** (R. des)	46 R. des Rosiers	45 R. Francs Bourgeois	St-Paul	29
5	L19	**Hôtel Colbert** (Rue de l')	13 Q. de Montebello	9 R. Lagrange	Maubert-Mutualité	24-47
4	K21	**Hôtel d'Argenson** (Imp.de l')	20 R. Vieille du Temple	(en impasse)	St-Paul	67-69-76-96
4	K20	**Hôtel de Ville** (Place de l')	2 Q. de Gesvres	31 R. de Rivoli	Hôtel de Ville	38-47-58-67-69-70-72-74-75-76-96
4	L20	**Hôtel de Ville** (Port de)	Pont Louis Philippe	Pont Marie	Pont Marie	67
4	K20-L20	**Hôtel de Ville** (Quai de l')	Pont Marie	Pont d'Arcole	Pont Marie	67-69-72-75-76-96
4	K20-L21	**Hôtel de Ville** (Rue de l')	R. du Fauconnier	2 R. de Brosse	Pont Marie	67
4	L21	**Hôtel St-Paul** (Rue de l')	R. St-Antoine	R. Neuve St-Pierre	St Paul	69-76
20	I25-J25	**Houdart** (Rue)	9 Pl. A. Métivier	8 R. de Tlemcen	Père Lachaise	61-69
15	O10	**Houdart De Lamotte** (Rue)	43 Av. Félix Faure	(en impasse)	Boucicaut	62
11	H23	**Houdin** (Rue Robert)	29 R. de l'Orillon	102 R. du Fbg du Temple	Belleville	46-75
18	E18	**Houdon** (Rue)	16 Bd de Clichy	3 R. des Abbesses	Pigalle	30-54-67-Montmartrobus
5	N21	**Houël** (Rue Nicolas)	Bd de l'Hôpital	(en impasse)	Gare d'Austerlitz	57-61-89-91
20	I25	**Houseaux** (Villa des)	84 Bd de Ménilmontant	(en impasse)	Père Lachaise	61-69
8	G12	**Houssaye** (Rue Arsène)	152 Av. des Chps Élysées	3 R. Beaujon	Ch. de Gaulle-Étoile	22-52
13	P20-Q20	**Hovelacque** (Rue Abel)	62 Av. des Gobelins	16 Bd A. Blanqui	Place d'Italie	27-47-83
18	B17	**Huchard** (Rue Henri)	15 Av. Pte Montmartre	24 Av. Pte St-Ouen	Pte de St-Ouen	60-95-PC3
18	A17-B17	**Huchard** (Square Henri)	Av. Pte de St-Ouen		Pte de St-Ouen	81-PC3
5	L19	**Huchette** (Rue de la)	4 R. du Petit Pont	3 Pl. St-Michel	St-Michel	21-27-38-85-96
16	G11-I8	**Hugo** (Avenue Victor)	Pl. Ch. de Gaulle	127 R. de la Faisanderie	Av. H. Martin	52-82
16	H10	**Hugo** (Place Victor)	72 Av. Victor Hugo	Av. R. Poincaré	Victor Hugo	52-82
16	I9	**Hugo** (Villa Victor)	138 Av. Victor Hugo	(en impasse)	Rue de la Pompe	52
20	M28	**Huguenet** (Rue Félix)	61 Crs de Vincennes	60 R. de Lagny	Pte de Vincennes	86
19	E23	**Hugues** (Rue Clovis)	R. Armand Carrel	65 R. de Meaux	Jaurès	26-48
16	H8-H9	**Hugues** (Rue Jean)	160 R. Longchamp	(en impasse)	Pte Dauphine	PC1
10	G20-G21	**Huit Mai 1945** (Rue du)	131 R. du Fbg St-Martin	R. du Fbg St-Denis	Gare de l'Est	30-31-32-38-39-47-56-65
9	F19-G19	**Huit Novembre 1942** (Pl. du)	R. La Fayette	R. du Fbg Poissonnière	Poissonnière	26-32-42-43-48
10	F19-G19	**Huit Novembre 1942** (Pl. du)	R. La Fayette	R. du Fbg Poissonnière	Poissonnière	26-32-42-43-48
1	I18	**Hulot** (Passage)	31 R. de Montpensier	34 R. de Richelieu	Palais Royal-Louvre	29-48-39-67
15	M9	**Humbert** (Place Alphonse)	1 R. du Cap. Ménard	32 Av. Émile Zola	Javel	88
14	R13	**Humbert** (Rue du Général)	R. Wilfrid Laurier	R. Prévost Paradol	Pte de Vanves	58-PC1
15	L11	**Humblot** (Rue)	61 Bd de Grenelle	1 R. Daniel Stern	Dupleix	42
19	D24	**Humboldt** (Rue Alexandre De)	5 R. de Colmar	6 Q. de la Marne	Crimée	60
16	J10-J11	**Hussein Ier De Jordanie** (Av.)	Av. Albert Ier De Monaco	Av. Gustave V de Suède	Tracadéro	32-63-72-82
13	Q22	**Hutinel** (Rue Docteur Victor)	71 R. Jeanne D'Arc	14 R. J.-S. Bach	Nationale	27
17	C13	**Hutte au Garde** (Pass. de la)	17 R. Marguerite Long	2 Pl. Louis Bernier	Pereire	53-94-PC3
14	O16	**Huyghens** (Rue)	206 Bd Raspail	24 Bd Edgar Quinet	Vavin	68-91
6	M17-N16	**Huysmans** (Rue)	9 R. Duguay-Trouin	107 Bd Raspail	N.-D. des Champs	58-68-82
15	O15	**Hymans** (Square Max)	25 Bd de Vaugirard	87 Bd Pasteur	Montparnasse-Bienv.	91-95

I

Arr.	Plan	Rues / Streets	Comencant	Finissant	Métro	Bus
17	D10-D11	**Ibert** (Rue Jacques)	R. P. Wilson (Levallois-P.)	Av. Pte de Champerret	Louise Michel	84-92-93-PC1-PC3
20	I29	**Ibsen** (Avenue)	Av. Cartellier	Av. Gambetta	Pte de Bagnolet	76-PC2
16	H12-J11	**Iéna** (Avenue d')	6 Av. Albert de Mun	Pl. Ch. de Gaulle	Kléber	22-30-32-63-82-92
16	I11	**Iéna** (Place d')	Av. du Pdt Wilson	Av. Pierre Ier de Serbie	Iéna	32-63-82
7	J11-K11	**Iéna** (Pont d')	Av. de New York	Q. Branly	Trocadéro	42-72-82
16	J11-K11	**Iéna** (Pont d')	Av. de New York	Q. Branly	Trocadéro	42-72-82
12	M27	**Ile de la Réunion** (Place de l')	Av. du Trône	Bd de Picpus	Nation	56-57-86
14	P17-P18	**Ile de Sein** (Place de l')	Bd Arago	R. Jean Dolent	St-Jacques	38-68-88
4	L20	**Ile-de-France** (Square de l')	Q. de l'Archevêché		Pont Marie	24
11	M26	**Immeubles Industriels** (R. des)	307 R. du Fbg St-Antoine	262 Bd Voltaire	Nation	56-86
19	D26-E26	**Indochine** (Boulevard d')	15 Av. Pte Brunet	144 Bd Sérurier	Pte de Pantin	75-PC2-PC3
20	J27	**Indre** (Rue de l')	32 R. des Prairies	25 R. Pelleport	Pte de Bagnolet	76
11	I24	**Industrie** (Cité de l')	90 R. St-Maur	98 R. Oberkampf	Rue St-Maur	46-96
11	L25	**Industrie** (Cour de l')	37 R. de Montreuil	(en impasse)	Faidherbe-Chaligny	86
10	H20	**Industrie** (Passage de l')	27 Bd de Strasbourg	42 R. du Fbg St-Denis	Strasbourg-St-Denis	20-38-39-47
13	S21	**Industrie** (Rue de l')	7 R. Bourgon	14 R. du Tage	Maison Blanche	47
11	J24-K24	**Industrielle** (Cité)	115 R. de la Roquette	(en impasse)	Voltaire	46-56-61-69
12	N28-N29	**Indy** (Avenue Vincent D')	R. Jules Lemaître	6 Av. Courteline	Pte de Vincennes	29-56-PC2
1	J18	**Infante** (Jardin de l')	Q. F. Mitterrand	Cour Carrée	Louvre Rivoli	24-27-69-72
19	H23-H24	**Ingold** (Place du Général)	Bd de la Villette	R. de Belleville	Belleville	46-75
20	H23-H24	**Ingold** (Place du Général)	Bd de la Villette	R. de Belleville	Belleville	46-75
16	K7-K8	**Ingres** (Avenue)	Chée de la Muette	35 Bd Suchet	Ranelagh - La Muette	32-PC1
1	J19	**Innocents** (Rue des)	43 R. St-Denis	2 R. de la Lingerie	Châtelet-Les Halles	21-38-47-67-69-72-74-76-81-85
6	K17-K18	**Institut** (Place de l')	23 Q. de Conti	1 Q. Malaquais	Pont Neuf	24-27
15	Q11	**Insurgés de Varsovie** (Pl. des)	Av. de la Pte Plaine	R. L. Vicat	Pte de Versailles	89
7	L14	**Intendant** (Jardin de l')	Av. de Tourville	Bd de La Tr-Maubourg	La Tour-Maubourg	28-82-87-92
8	G16	**Intérieure** (Rue)	Cour de Rome	Cour du Havre	St-Lazare	20-22-24-27-29-43-53-66-68-88-94-95
13	S20	**Interne Loëb** (Rue de l')	2 R. Championnière	(en impasse)	Tolbiac	57
7	K14-M15	**Invalides** (Boulevard des)	127 R. de Grenelle	R. de Sèvres	Varenne - Duroc	69-82-87-92
7	J14-K14	**Invalides** (Esplanade des)	Q. d'Orsay	Hôtel des Invalides	Invalides	28-69-93
7	K14	**Invalides** (Place des)	Esplanade Invalides	R. de Grenelle	La Tour-Maubourg	69
7	I14-J14	**Invalides** (Pont des)	Pl. du Canada	Q. d'Orsay	Invalides	28-63-72-83-93
8	I14-J14	**Invalides** (Pont des)	Pl. du Canada	Q. d'Orsay	Invalides	28-63-72-83-93
7	J14-J15	**Invalides** (Port des)	Pont des Invalides	Pont de la Concorde	Invalides	24-28-63-73-83-84-92-93
13	S19	**Iris** (Rue des)	50 R. Brillat Savarin	R. des Glycines	Cité Univ. (RER B)	21-67
19	F27	**Iris** (Villa des)	1 Pas. des Mauxins	(en impasse)	Pte des Lilas	48-PC2-PC3
5	N19	**Irlandais** (Rue des)	15 R. de l'Estrapade	9 R. Lhomond	Card. Lemoine	84
16	M7	**Isabey** (Rue)	48 R. d'Auteuil	15 R. Poussin	Michel Ange-Auteuil	52-62
18	E20	**Islettes** (Rue des)	112 Bd de la Chapelle	57 R. de la Goutte d'Or	Barbès-Rochechouart	30-31-54-56-85
8	G16	**Isly** (Rue de l')	7 R. du Havre	10 R. de Rome	St-Lazare	20-22-24-27-29-43-53-66-68-88-94-95
17	E13	**Israël** (Place d')	130 Av. Wagram	41 R. Ampère	Wagram	31-94
15	P10	**Issy-les-Moulineaux** (Porte d')	Bd Victor		Balard	39-PC1
15	O8-P7	**Issy-les-Moulineaux** (Quai d')	Pont du Garigliano	Q. Pdt Roosevelt	Bd Victor (RER C)	PC1
13	Q20-S21	**Italie** (Avenue d')	20 Pl. d'Italie	2 Bd Kellermann	Place d'Italie - Pte Italie	47-62
13	Q20	**Italie** (Place d')	R. des Gobelins	Bd A. Blanqui	Place d'Italie	27-47-57-67-83
13	T21	**Italie** (Porte d')	Bd Périphérique		Pte d'Italie	47
13	R20	**Italie** (Rue d')	24 R. Damesme	99 R. du Moulin des Prés	Tolbiac - Pte d'Ivry	57
2	H17	**Italiens** (Boulevard des)	103 R. Richelieu	34 R. Louis le Grand	Opéra	20-29-39-42-48-52-58-67-74-81-85
9	H17	**Italiens** (Boulevard des)	103 R. Richelieu	34 R. Louis le Grand	Opéra	20-29-39-42-48-52-58-67-74-81-85
9	H17	**Italiens** (Rue des)	26 Bd des Italiens	3 R. Taitbout	Quatre Septembre	20-42
13	R21-S22	**Ivry** (Avenue d')	78 Bd Masséna	133 R. de Tolbiac	Tolbiac	62-83-PC1-PC2
13	S23	**Ivry** (Porte d')	Bd Périphérique		Bibl. F. Mitterrand	27-83-PC1-PC2
13	R25	**Ivry** (Quai d')	1 Bd Masséna	2 R. Bruneseau	Bibl. F. Mitterrand	PC1-PC2

J

Arr.	Plan	Rues / Streets	Comencant	Finissant	Métro	Bus
13	S20	**Jacob** (Rue Max)	5 R. Poterne des Peupliers	R. Keufer	Maison Blanche	57
6	K17-L18	**Jacob** (Rue)	45 R. de Seine	29 R. des Sts-Pères	St-Germain-des-Prés	39-95
11	I23	**Jacquard** (Rue)	15 R. Ternaux	54 R. Oberkampf	Parmentier	46-96
15	N12	**Jacquemaire Clemenceau** (Rue du Docteur)	36 R. Mademoiselle	1 R. Léon Séché	Commerce	39-70-80-88
17	D15-D16	**Jacquemont** (Rue)	87 Av. de Clichy	50 R. Lemercier	La Fourche	54-74-81
17	D15	**Jacquemont** (Villa)	12 R. Jacquemont	(en impasse)	La Fourche	54-74-81
14	P15	**Jacques** (Rue Édouard)	23 R. Losserand	141 R. du Château	Gaîté	58
14	Q15	**Jacquier** (Rue)	37 R. L. Morard	17 R. Bardinet	Plaisance	58-62
17	F13	**Jadin** (Rue)	39 R. de Chazelles	34 R. Médéric	Courcelles	30-84
5	N20	**Jaillot** (Passage)	3 R. St-Médard	10 R. Ortolan	Place Monge	47
20	H26-H27	**Jakubowicz** (Rue Hélène)	144 R. Ménilmontant	97 R. Villiers de l'Isle-Adam	St-Fargeau	26-60-61-96
13	S19	**Jambenoire** (Allée Marcel)	88 Bd Kellermann	(en impasse)	Cité Univ. (RER B)	21-67-PC1
10	F22	**Jammes** (Rue Francis)	R. G. F. Haendel	11 R. Louis Blanc	Colonel Fabien	46-75
14	Q15-R15	**Jamot** (Villa)	105 R. Didot	(en impasse)	Plaisance	58
19	G24	**Jandelle** (Cité)	53 R. Rébeval	(en impasse)	Buttes Chaumont	26
16	J9	**Janin** (Avenue Jules)	12 R. de la Pompe	32 R. de la Pompe	La Muette	52
19	F26-F27	**Janssen** (Rue)	18 R. des Lilas	11 R. Inspecteur Allès	Pré St-Gervais	48-PC2-PC3

20	I27	**Japon** (Rue du)	1 R. Belgrand	48 Av. Gambetta	Gambetta	26-60-61
11	K24	**Japy** (Rue)	4 R. Neufchâteau	7 R. Gobert	Voltaire	46-56
6	L18	**Jardinet** (Rue du)	12 R. de l'Éperon	Cour de Rohan	Odéon	58-63-70-86-87-96
11	L26	**Jardiniers** (Impasse des)	215 Bd Voltaire	(en impasse)	Rue des Boulets	56
12	P26	**Jardiniers** (Rue des)	313 R. de Charenton	29 R. des Meuniers	Pte de Charenton	87
4	L21	**Jardins Saint-Paul** (Rue des)	28 Q. Célestins	7 R. Charlemagne	St-Paul	69-76-96
4	K21	**Jarente** (Rue de)	13 R. de Turenne	12 R. de Sévigné	St-Paul	29-69-76-96
10	G20	**Jarry** (Rue)	67 Bd de Strasbourg	90 R. du Fbg St-Denis	Château d'Eau	32-38-39-47
16	L7	**Jasmin** (Cour)	16 R. Jasmin	(en impasse)	Jasmin	22
16	L7-L8	**Jasmin** (Rue)	78 Av. Mozart	14 R. Raffet	Jasmin	22
16	L7	**Jasmin** (Square)	8 R. Jasmin		Jasmin	22
12	M26	**Jaucourt** (Rue)	17 R. de Picpus	8 Pl. de la Nation	Nation	56-57-86
19	D26-E22	**Jaurès** (Avenue Jean)	2 Q. de la Loire	Pl. Pte de Pantin	Pte de Pantin - Jaurès	26-48-60-75-PC2-PC3
15	N8-M9	**Javel** (Port de)	Pont Garigliano	Pont de Grenelle	Mirabeau	42-62-70-88
15	M9-O11	**Javel** (Rue de)	37 Q. A. Citroën	152 R. Blomet	Javel - Convention	39-42-80-88
13	R22	**Javelot** (Rue du)	103 R. de Tolbiac	49 R. Baudricourt	Tolbiac	62-83
4	L20	**Jean XXIII** (Square)	Q. de l'Archevêché		Cité	24
13	O22	**Jeanne D'Arc** (Place)	R. Jeanne d'Arc	R. Lahire	Nationale	27
13	P21	**Jeanne D'Arc** (Rue)	52 R. de Domrémy	41 Bd St-Marcel	Nationale	27-57-67
13	O20	**Jégo** (Rue Jean-Marie)	8 R. Butte aux Cailles	3 R. Samson	Corvisart	57-67
10	F22-H22	**Jemmapes** (Quai de)	29 R. du Fbg du Temple	131 Bd de la Villette	Goncourt-Jaurès	26-46-75
13	P21-P22	**Jenner** (Rue)	80 Bd V. Auriol	140 R. Jeanne d'Arc	Nationale	57-67
18	E20-E21	**Jessaint** (Rue de)	28 Pl. de la Chapelle	1 R. de la Charbonnière	La Chapelle	65
18	E21	**Jessaint** (Square)	Pl. de la Chapelle		La Chapelle	48-65
11	I22	**Jeu de Boules** (Passage du)	142 R. Amelot	45 R. de Malte	Oberkampf	20-56-65-96
2	H18-H19	**Jeûneurs** (Rue des)	5 R. Poissonnière	156 R. Montmartre	Sentier	20-39-48-67-74-85
14	O15	**Joanès** (Passage)	93 R. Didot	10 R. Joanès	Plaisance	58
14	O15	**Joanès** (Rue)	54 R. de l'Abbé Carton	7 R. Boulitte	Plaisance	58
15	P12	**Jobbé Duval** (Rue)	40 R. Dombasle	23 R. des Morillons	Convention	62-89
16	I9	**Jocelyn** (Villa)	1 Sq. Lamartine	(en impasse)	Rue de la Pompe	52-63
18	D16	**Jodelle** (Rue Étienne)	11 Villa P. Ginier	10 Av. de St-Ouen	La Fourche	54-74-81
7	L12-L13	**Joffre** (Place)	Av. de La Bourdonnais	Av. de Suffren	École Militaire	28-80-82-87-92
18	C19	**Joffrin** (Place Jules)	R. Ordener	R. du Mont Cenis	Jules Joffrin	31-60-80-85-Montmartrobus
19	C24-D24	**Joinville** (Impasse de)	106 R. de Flandre	R. de Joinville	Crimée	54-60
19	D24	**Joinville** (Place de)	R. Jomard	Q. de l'Oise	Crimée	60
19	C24-D24	**Joinville** (Rue de)	3 Q. de l'Oise	102 R. de Flandre	Crimée	54-60
14	O16	**Jolivet** (Rue)	R. du Maine	R. Poinsot	Edgar Quinet	28-58-91
11	J24	**Joly** (Cité)	121 R. du Chemin Vert	(en impasse)	Père Lachaise	61-69
19	D24	**Jomard** (Rue)	160 R. de Crimée	R. de Joinville	Crimée	54-60
13	Q19-Q20	**Jonas** (Rue)	R. E. Atget	28 R. Samson	Corvisart	57-67
15	O9	**Jongkind** (Rue)	R. St-Charles	R. Varet	Lourmel	42
14	Q13-Q14	**Jonquilles** (Rue des)	182 R. R. Losserand	211 R. Vercingétorix	Pte de Vanves	58-62-PC1
14	Q14-Q15	**Jonquoy** (Rue)	9 R. des Suisses	78 R. Didot	Plaisance	58-62
18	B18	**Joséphine** (Rue)	117 R. Damrémont	(en impasse)	Pte de Clignancourt	60-95
20	K27-L27	**Josseaume** (Passage)	67 R. des Haies	72 R. des Vignoles	Buzenval	26
11	L23	**Josset** (Passage)	38 R. de Charonne	(en impasse)	Ledru-Rollin	61-76
17	F12-F13	**Jost** (Rue Léon)	1 R. de Chazelles	6 R. Cardinet	Courcelles	30-31-84
9	G16-G17	**Joubert** (Rue)	35 R. Chée d'Antin	Pl. G. Berry	Chée d'Antin-La Fayette	32-68
11	L26	**Joudrier** (Impasse)	87 Bd de Charonne	(en impasse)	Alexandre Dumas	76
9	G18-H18	**Jouffroy** (Passage)	10 Bd Montmartre	9 R. Grange Batelière	Grands Boulevards	48-67-74-85
17	D14-E12	**Jouffroy D'Abbans** (Rue)	145 R. Cardinet	80 Av. de Wagram	Wagram	31-53-84-94
10	H21-H22	**Jouhaux** (Rue Léon)	12 Pl. de la République	43 Q. de Valmy	République	20-56-65-75
1	I19-J19	**Jour** (Rue du)	2 R. de la Coquillière	9 R. Montmartre	Les Halles	29-67-74-85
20	G25	**Jourdain** (Rue du)	336 R. Pyrénées	134 R. de Belleville	Jourdain	26
14	S16-S19	**Jourdan** (Boulevard)	100 R. Aml Mouchez	1 Pl. du 25 Août 1944	Pte d'Orléans	21-67-PC1
19	D25	**Jouve** (Rue Pierre-Jean)	10 R. de l'Ourcq	23 R. Ardennes	Ourcq	60
6	L17-M17	**Jouvenel** (Rue Henry De)	7 Pl. St-Sulpice	6 R. du Canivet	St-Sulpice	63-70-84-86-87-96
16	N7-O7	**Jouvenet** (Rue)	150 Av. de Versailles	49 R. Boileau	Chardon Lagache	22-62-72-PC1
16	N7	**Jouvenet** (Square)	14 R. Jouvenet	(en impasse)	Chardon Lagache	22-62-72
18	D18	**Jouy** (Rue Jules)	16 R. Francoeur	3 R. Cyrano de Bergerac	Lamarck-Caulaincourt	80-Montmartrobus
4	K21-L21	**Jouy** (Rue de)	13 R. Nonnains d'H.	50 R. F. Miron	St-Paul	69-76-96
20	G24-H24	**Jouye Rouve** (Rue)	60 R. de Belleville	66 R. J. Lacroix	Pyrénées	26
13	P23	**Joyce** (Jardin James)	R. G. Balanchine	R. Abel Gance	Quai de la Gare	89
17	B16	**Joyeux** (Cité)	51 R. des Épinettes	(en impasse)	Pte de St-Ouen	66-PC3
15	M12	**Judlin** (Square Théodore)	28 R. du Laos		La Motte-P.-Grenelle	80
12	N29	**Jugan** (Rue Jeanne)	29 Av. Courteline	22 Av. Pte de Vincennes	St-Mandé Tourelle	29-56-86-PC2
15	L11-M11	**Juge** (Rue)	9 R. Viala	6 R. Violet	Dupleix	42-80
15	M11	**Juge** (Villa)	20 R. Juge	4 Villa Grenelle	Dupleix	42-80
4	K20	**Juges Consuls** (Rue des)	68 R. de la Verrerie	5 R. du Cloître St-Merri	Hôtel de Ville	38-47-75-76-96
20	I25-I26	**Juillet** (Rue)	44 R. de la Bidassoa	54 R. de la Bidassoa	Gambetta	96
17	E12	**Juin** (Place du Maréchal)	107 Av. de Villiers	Bd Péreire	Pereire	84-92-93-PC1-PC3
14	R18	**Julien** (Rue de l'Empereur)	R. Berges Hennequines	R. de l'Emp. Valentinien	Cité Univ. (RER B)	62-88
13	P19	**Julienne** (Rue de)	62 R. Pascal	45 Bd Arago	Les Gobelins	21-83
6	O17-O18	**Jullian** (Place Camille)	R. N.-D. des Champs	138 R. d'Assas	Port Royal	68
1	J18	**Jullien** (Rue Adolphe)	11 R. de Viarmes	40 R. du Louvre	Louvre - Les Halles	67-74-85
19	D26	**Jumin** (Rue Eugène)	95 R. Petit	198 Av. J. Jaurès	Pte de Pantin	75-PC2-PC3
18	D18	**Junot** (Avenue)	3 R. Girardon	66 R. Caulaincourt	Lamarck-Caulaincourt	80-Montmartrobus
13	O20	**Jura** (Rue du)	49 Bd St-Marcel	14 R. Oudry	Campo Formio	67-91
2	I19	**Jussienne** (Rue de la)	40 R. Étienne Marcel	41 R. Montmartre	Sentier	29-48-67-74-85
5	M20	**Jussieu** (Place)	22 R. Jussieu	R. Linné	Jussieu	67-89
5	M20-N21	**Jussieu** (Rue)	12 R. Cuvier	35 R. du Card. Lemoine	Jussieu	67-89
4	K20	**Justes de France** (Allée des)	17 R. Geoffroy l'Asnier	14 R. du Pt Louis-Philippe	Pont Marie	67-69-76-96
20	H28	**Justice** (Rue de la)	70 R. du Surmelin	61 Bd Mortier	St-Fargeau	PC2
18	E21	**Kablé** (Rue Jacques)	33 R. du Département	56 R. P. de Girard	La Chapelle	48-65

K

Arr.	Plan	Rues / Streets	Comencant	Finissant	Métro	Bus
19	E22	**Kabylie** (Rue de)	216 Bd de la Villette	12 R. de Tanger	Stalingrad	48-54
18	B19	**Kahn** (Place Albert)	Bd Ornano	R. Championnet	Pte de Clignancourt	56-85
15	O14	**Kandinsky** (Place Wassily)	56 R. Bargue	60 R. Bargue	Volontaires	88-95
9	G18	**Kaplan** (Place Jacob)	R. La Fayette	R. Laffitte	Le Peletier	42
1	J18	**Karcher** (Place du Lieutenant Henri)	R. Croix des Petits Chps	R. du Col. Driant	Palais Royal-Louvre	48
20	J27	**Karcher** (Square Henri)	R. des Pyrénées		Gambetta	26-76
19	B24-C24	**Karr** (Rue Alphonse)	169 R. de Flandre	20 R. de Cambrai	Corentin Cariou	54-60
5	N19	**Kastler** (Place Alfred)	1 R. Érasme	4 R. Rataud	Place Monge	21-27
15	M10-M9	**Keller** (Rue de l'Ingénieur Robert)	11 Q. A. Citroën	67 R. Émile Zola	Charles Michels	42-70-88
11	K23-L23	**Keller** (Rue)	41 R. de Charonne	72 R. de la Roquette	Ledru-Rollin	61-69-76
13	S19-S21	**Kellermann** (Boulevard)	192 Av. d'Italie	99 R. Aml Mouchez	Pte d'Italie-Cité Univ. (RER B)	21-47-67-PC1
13	T20	**Kellermann** (Parc)	R. Poterne des Peupliers	Bd Kellerman	Pte d'Italie	57
17	B16	**Kellner** (Rue Jacques)	125 Av. de St-Ouen	39 Bd Bessières	Pte de St-Ouen	66-81-PC3
16	K10-L9	**Kennedy** (Av. du Président)	1 R. Beethoven	Pl. Clément Ader	Passy	70-72
16	H12	**Kepler** (Rue)	19 R. de Bassano	40 R. Galilée	George V - Kléber	92
20	K28	**Kergomard** (Rue Pauline)	13 R. Mouraud	R. P. Kergomard	Maraîchers	26
12	P24-P25	**Kessel** (Rue Joseph)	Quai de Bercy	R. de Dijon	Cour St-Émilion	24-62
13	S20	**Keufer** (Rue)	31 Bd Kellermann	R. Max Jacob	Pte d'Italie	PC1
16	G11-J10	**Kléber** (Avenue)	Pl. Ch. De Gaulle	Pl. du Trocadéro	Trocadéro - Kléber	22-30-32-63-82
16	H11	**Kléber** (Impasse)	Av. Kléber	R. Lauriston	Boissière	22-30-82
13	O23	**Klee** (Rue Paul)	6 R. Fulton	34 Av. P. Mendès-France	Quai de la Gare	89
19	F27-G27	**Kock** (Rue Paul De)	4 R. Émile Desvaux	30 R. Émile Desvaux	Télégraphe	48
17	E10	**Kœnig** (Allée du Général)	Av. de Salonique	Bd d'Aurelle de Paladines	Pte Maillot	43-PC1-PC3
17	F10	**Kœnig** (Place du Général)	Bd Gouvion St-Cyr	Av. Pte des Ternes	Pte Maillot	43-PC1-PC3
18	B22-C22	**Korsakov** (Allée Rimski)	10 R. Tristan Tzara	(en impasse)	Pte de la Chapelle	60
19	D25	**Kosma** (Rue Joseph)	26 R. des Ardennes	Q. de la Garonne	Ourcq	60
9	G18	**Kossuth** (Place)	R. de Maubeuge	R. de Châteaudun	N.-D. de Lorette	26-42-43-67-74-85
18	C19	**Kracher** (Passage)	137 R. de Clignancourt	10 R. Nve la Chardonnière	Simplon	56-85
13	S20	**Küss** (Rue)	38 R. des Peupliers	R. Brillat Savarin	Maison Blanche	57
15	K11	**Kyoto** (Place de)	Quai Branly	R. de la Fédération	Bir Hakeim	42-82

L

Arr.	Plan	Rues / Streets	Comencant	Finissant	Métro	Bus
5	N18	**L'Épée** (Rue de l'Abbé De)	48 R. Gay Lussac	1 R. H. Barbusse	Luxembourg (RER B)	21-27-38-82
8	G14	**La Baume** (Rue De)	20 R. de Courcelles	11 Av. Percier	St-Philippe du R.	28-32-80
8	G15-H13	**La Boétie** (Rue)	3 Pl. St-Augustin	60 Av. des Chps Élysées	St-Philippe du R.	22-28-32-42-43-52-73-80-93-94
7	J12-L13	**La Bourdonnais** (Avenue De)	61 Q. Branly	2 Pl. Éc. Militaire	École Militaire	28-42-69-80-82-87-92
7	J11-J12	**La Bourdonnais** (Port De)	Pont d'Iéna	Pont de l'Alma	Alma-Marceau	42-63-80-82-92
5	N20	**La Brosse** (Rue Guy De)	11 R. Jussieu	R. Linné	Jussieu	67-89
9	F17-F18	**La Bruyère** (Rue)	31 R. N.-D. de Lorette	48 R. Blanche	St-Georges	67-68-74
9	F17	**La Bruyère** (Square)	19 R. J.-B. Pigalle		Trinité - St-Georges	68-74
19	D25	**La Champmeslé** (Square)	182 Av. Jean Jaurès	(en impasse)	Pte de Pantin	60
17	D16-E15	**La Condamine** (Rue)	73 Av. de Clichy	12 R. Dulong	Rome - La Fourche	30-53-54-66-74-81
9	E22-G17	**La Fayette** (Rue)	38 R. de la Chée d'Antin	1 Pl. de Stalingrad	Chée d'Antin-La Fayette	26-30-31-32-38-42-43-46-48-54-56-65-67-68-74-81-85
10	F20-E22	**La Fayette** (Rue)	38 R. de la Chée d'Antin	1 Pl. de Stalingrad	Chaussée d'Antin	26-30-31-32-38-42-43-46-48-54-56-65
1	I18	**La Feuillade** (Rue)	4 Pl. des Victoires	2 R. des Petits Pères	Bourse - Sentier	29-48-67-74-85
2	I18	**La Feuillade** (Rue)	4 Pl. des Victoires	2 R. des Petits Pères	Bourse - Sentier	29-48-67-74-85
16	L9-M7	**La Fontaine** (Rue Jean De)	1 Pl. du Dr Hayem	48 R. d'Auteuil	Michel Ange-Auteuil	22-52-70
16	L8-L9	**La Fontaine** (Hameau)	8 R. J. De La Fontaine	(en impasse)	Kennedy R. France (RER C)	22-52-70
16	N7	**La Fontaine** (Rond-Point)	Av. Molière	Impasse Voltaire	Michel Ange-Molitor	62
16	L8	**La Fontaine** (Square)	33 R. J. De La Fontaine	(en impasse)	Ranelagh - Jasmin	52
17	G11	**La Forge** (Rue Anatole De)	16 Av. de la Gde Armée	21 Av. Carnot	Argentine	73-92
15	O13-O14	**La Fresnaye** (Villa)	R. Dutor	(en impasse)	Volontaires	88-95
16	O6	**La Frillière** (Avenue De)	41 R. C. Lorrain	R. Parent de Rosan	Exelmans	22-62-72-PC1
17	C14-C15	**La Jonquière** (Impasse De)	101 R. de la Jonquière	(en impasse)	Pte de Clichy	54-74-PC3
17	C15-C16	**La Jonquière** (Rue De)	81 Av. de St-Ouen	107 Bd Bessières	Pte de Clichy	31-66-81-PC3
2	H17	**La Michodière** (Rue De)	28 R. St-Augustin	29 Bd des Italiens	Quatre Septembre	20-21-27-29-68-81-95
7	M12-K13	**La Motte-Picquet** (Av. De)	64 Bd de la Tr Maubourg	111 Bd de Grenelle	La Tour-Maubourg	28-80-82-87-92
15	M12-K13	**La Motte-Picquet** (Av. De)	64 Bd de la Tr Maubourg	111 Bd de Grenelle	La Tour-Maubourg	28-80-82-87-92
15	L12	**La Motte-Picquet** (Sq. De)	11 Pl. Cal Amette	5 R. d'Ouessant	La Motte-P.-Grenelle	42-82
16	H11	**La Pérouse** (Rue)	4 R. de Belloy	5 R. de Presbourg	Kléber	22-30-92
7	L16	**La Planche** (Rue De)	15 R. Varenne	(en impasse)	Sèvres-Babylone	63-68-83-84-94
15	O13	**La Quintinie** (Rue)	18 R. Bargue	31 R. d'Alleray	Volontaires	39-70-88-89-95
1	J19	**La Reynie** (Rue De)	89 R. St-Martin	32 R. St-Denis	Châtelet	38-47-67-70
4	J19	**La Reynie** (Rue De)	89 R. St-Martin	32 R. St-Denis	Châtelet	38-47-67-70
9	F17-G17	**La Rochefoucauld** (Rue De)	52 R. St-Lazare	52 R. J.-B. Pigalle	Trinité	30-32-26-43-54-67-68-74-81-Montmartrobus
7	L15-L16	**La Rochefoucauld** (Sq. De)	108 R. du Bac	(en impasse)	Sèvres-Babylone	87-63-68-69-83-84-94
12	P28	**La Roncière Le Noury** (R. de l'Aml)	4 Bd Soult	9 Av. Rousseau	Pte Dorée	PC2
1	I17	**La Sourdière** (Rue De)	306 R. St-Honoré	1 R. Gomboust	Tuileries	21-27-29-68-81-95
9	F18	**La Tour D'Auvergne** (Imp. De)	34 R. de la Tr d'Auvergne	(en impasse)	Anvers	67-85
9	F18-F19	**La Tour D'Auvergne** (Rue De)	35 R. Maubeuge	52 R. des Martyrs	St-Georges	42-67-85
20	L28-M28	**La Tour Du Pin** (R. Patrice De)	33 Bd Davout	Pl. Tessier de Marg.	Pte de Montreuil	PC2
7	J14-L14	**La Tour-Maubourg** (Bd De)	43 Q. d'Orsay	2 Av. Lowendal	La Tour-Maubourg	28-63-69-82-83-87-92-93

Arr.	Plan	Rue	Début	Fin	Métro	Bus
7	K13	**La Tour-Maubourg** (Sq. De)	143 R. de Grenelle	(en impasse)	La Tour-Maubourg	28-69
8	I12-I13	**La Trémoille** (Rue De)	14 Av. George V	27 R. François Ier	Alma-Marceau	32-42-63-80
11	K25	**La Vacquerie** (Rue)	3 R. Folie Regnault	164 R. de la Roquette	Charonne	61-69
16	P6-P7	**La Vaulx** (Rue Henry De)	Q. Saint-Exupéry	Av. D. de la Brunerie	Pte de St-Cloud	22-72-PC1
18	E18	**La Vieuville** (Rue De)	Pl. Abbesses	31 R. des Trois Frères	Abbesses	Montmartrobus
1	I18	**La Vrillière** (Rue)	41 R. Croix des Petits Chps	7 R. La Feuillade	Bourse	29-48
18	D19-D20	**Labat** (Rue)	61 R. des Poissonniers	14 R. Bachelet	Marcadet-Poissonniers	31-56-80-85-Montmartrobus
20	H28	**Labbé** (Rue du Docteur)	82 Bd Mortier	29 R. Le Vau	St-Fargeau	PC2
19	G24	**Labé** (Allée Louise)	19 R. Rébeval	61 Av. S. Bolivar	Belleville	26
16	J8	**Labiche** (Rue Eugène)	27 Bd J. Sandeau	28 R. O. Feuillet	Av. H. Martin (RER C)	63-PC1
17	F10-F11	**Labie** (Rue)	79 Av. des Ternes	44 R. Brunel	Pte Maillot	43
19	C22-C23	**Labois Rouillon** (Rue)	25 R. Curial	164 R. d'Aubervilliers	Crimée	54-60
8	G15	**Laborde** (Rue de)	15 R. du Rocher	58 R. de Miromesnil	St-Lazare	22-28-32-43-80-94
18	B18	**Labori** (Rue Fernand)	118 Bd Ney	9 R. René Binet	Pte de Clignancourt	56-85-PC3
7	L15	**Labouré** (Jardin Catherine)	R. de Babylone		Sèvres-Babylone	39-70-87
15	Q13	**Labrador** (Impasse du)	5 R. Camulogène	(en impasse)	Pte de Vanves	95-PC1
15	P14-Q13	**Labrouste** (Rue)	6 Pl. Falguière	109 R. des Morillons	Volontaires	62-88-95
20	I25	**Labyrinthe** (Cité du)	24 R. de Ménilmontant	35 R. des Panoyaux	Ménilmontant	96
14	R18-S18	**Lac** (Allée du)	Parc Montsouris		Cité Univ. (RER B)	21-88
17	C16	**Lacaille** (Rue)	51 R. Guy Môquet	19 R. de la Jonquière	Guy Môquet	31-81
14	R17	**Lacaze** (Rue)	128 R. de la Tombe Issoire	35 R. du Père Corentin	Pte d'Orléans - Alésia	28-38
5	N19-N20	**Lacépède** (Rue)	59 R. G. St-Hilaire	1 Pl. de la Contrescarpe	Place Monge	47-67-89
12	P25	**Lachambeaudie** (Place)	R. de Dijon	R. Proudhon	Cour St-Émilion	24-62
18	C20	**Lachapelle** (Rue Hermann)	31 R. Boinod	19 R. des Amiraux	Simplon	56
11	J23-J24	**Lacharrière** (Rue)	73 Bd Voltaire	61 R. St-Maur	Rue St-Maur	46
13	S22	**Lachelier** (Rue)	Pl. Port au Pr.	107 Bd Masséna	Pte de Choisy	PC1- PC2
15	N10-N9	**Lacordaire** (Rue)	80 R. de Javel	177 R. St-Charles	Lourmel - Boucicaut	42-62
12	P27-P28	**Lacoste** (Rue Ernest)	107 Bd Poniatowski	151 R. de Picpus	Pte Dorée	46-PC2
15	P11	**Lacretelle** (Rue)	393 R. Vaugirard	47 R. Vaugelas	Pte de Versailles	39-80
20	G24-I25	**Lacroix** (Rue Julien)	49 R. de Ménilmontant	56 R. de Belleville	Pyrénées	26-96
17	C16-D15	**Lacroix** (Rue)	112 Av. de Clichy	29 R. Davy	Brochant	31-54-74-81
12	M22-M23	**Lacuée** (Rue)	32 Bd de la Bastille	45 R. de Lyon	Bastille	20-29-65-87-91
17	D11-C12	**Lafay** (Promenade Bernard)	Bd A. de Paladines	Av. Pte d'Asnières	Pte de Champerret	84-92-94
14	R13-R14	**Lafenestre** (Avenue Georges)	56 Bd Brune	Bd Adolphe Pinard	Pte de Vanves	58-PC1
9	F18	**Laferrière** (Rue)	18 R. N.-D. de Lorette	2 R. H. Monnier	St-Georges	67-74
9	G18-H18	**Laffitte** (Rue)	18 Bd des Italiens	19 R. Châteaudun	Richelieu Drouot	26-42-43-67-74
16	O6-P6	**Lafont** (Avenue Georges)	Pl. Pte St-Cloud	Av. F. Buisson	Pte de St-Cloud	22-62-72-PC1
19	F25	**Laforgue** (Villa Jules)	13 R. M. Hidalgo	(en impasse)	Botzaris	48-60-75
6	N16	**Lafue** (Place Pierre)	Bd Raspail	R. Stanislas	N.-D. des Champs	58-68-82
17	C16	**Lagache** (Rue du Capitaine)	R. Legendre	R. Guy Môquet	Guy Môquet	31-81
5	O19	**Lagarde** (Rue)	11 R. Vauquelin	16 R. de l'Arbalète	Censier-Daubenton	21-27
5	O19	**Lagarde** (Square)	7 R. Lagarde	(en impasse)	Censier-Daubenton	21-27
18	D20	**Laghouat** (Rue de)	39 R. Stephenson	18 R. Léon	Marx Dormoy	60
18	C16-C17	**Lagille** (Rue)	116 Av. de St-Ouen	(en impasse)	Guy Môquet	31-81
20	L28-M28	**Lagny** (Passage de)	87 R. de lagny	18 R. Philidor	Pte de Vincennes	26
20	M27-M29	**Lagny** (Rue de)	10 Bd de Charonne	Av. L. Gaumont	Pte de Vincennes	26-56-62-86-PC2
5	L19	**Lagrange** (Rue)	21 Q. de Montebello	18 Pl. Maubert	Maubert-Mutualité	24-47
13	Q24	**Lagroua Weill-Hallé** (R. M.-A.)	25 R. Thomas Mann		Bibl. F. Mitterrand	PC1-PC2
13	Q22	**Lahire** (Rue)	33 Pl. Jeanne d'Arc	116 Pl. Nationale	Nationale	27
15	N11-N12	**Lakanal** (Rue)	85 R. du Commerce	88 R. de la Croix Nivert	Commerce	70-88
14	P16	**Lalande** (Rue)	17 R. Froidevaux	8 R. Liancourt	Denfert-Rochereau	68-88
9	F18	**Lallier** (Rue)	26 Av. Trudaine	53 Bd de Rochechouart	Pigalle	30-54-67-Montmartrobus
16	G9	**Lalo** (Rue)	62 R. Pergolèse	32 Bd Marbeau	Pte Dauphine	82-PC1
17	D15-E15	**Lamandé** (Rue)	6 R. Bridaine	78 R. Legendre	Rome - La Fourche	53-66
18	C16-E19	**Lamarck** (Rue)	R. Cal Dubois	68 Av. de St-Ouen	Lamarck-Caulaincourt	31-80-81-95-Montmartrobus
18	C17-D17	**Lamarck** (Square)	102 R. Lamarck	(en impasse)	Lamarck-Caulaincourt	80
14	P17	**Lamarque** (Square Georges)	R. Froidevaux	R. de Grancey	Denfert-Rochereau	38-68-88
9	G18-G19	**Lamartine** (Rue)	1 R. Rochechouart	72 R. du Fbg Montmartre	Cadet - N.-D.Lorette	48-67-74-85
16	I8-I9	**Lamartine** (Square)	189 Av. V. Hugo	70 Av. H. Martin	Rue de la Pompe	52-63
19	D23	**Lamaze** (Rue du Docteur)	36 R. Riquet	10 R. Archereau	Riquet	54
16	L10-L9	**Lamballe** (Avenue de)	68 Av. du Pdt Kennedy	63 R. Raynouard	Kennedy R. France (RER C)	72
20	K29	**Lambeau** (Rue Lucien)	R. des Drs Déjerine	Av. A. Lemierre	Pte de Montreuil	57-PC2
17	D13	**Lamber** (Rue Juliette)	36 Bd Péreire	190 Bd Malesherbes	Wagram - Pereire	53-94
7	K11	**Lambert** (Rue du Général)	Al. Thomy Thierry	23 Av. de Suffren	Ch. de Mars-Tr Eiffel (RER C)	42-69-82-87
18	D19	**Lambert** (Rue)	8 R. Nicolet	29 R. Custine	Château Rouge	80-85-Montmartrobus
12	O26-O27	**Lamblardie** (Rue)	7 Pl. Félix Éboué	84 R. de Picpus	Daumesnil	29-46-62
12	P25	**Lamé** (Rue Gabriel)	R. Joseph Kessel	R. des Pirogues de Bercy	Cour St-Émilion	24-62
8	G13	**Lamennais** (Rue)	27 R. Washington	19 Av. de Friedland	George V	22-52
11	K25	**Lamier** (Impasse)	8 R. Mont Louis	(en impasse)	Philippe Auguste	61-69
12	M29-N29	**Lamoricière** (Avenue)	5 Av. Courteline	8 R. F. Foureau	Pte de Vincennes	29-86-PC2
16	H9	**Lamoureux** (Rue Charles)	23 R. E. Ménier	25 R. Spontini	Pte Dauphine	52
5	O19	**Lampué** (Place Pierre)	R. Claude Bernard	R. Feuillantines	Luxembourg (RER B)	21-27
11	K23	**Lamy** (Rue du Commandant)	45 R. de la Roquette	30 R. Sedaine	Bréguet Sabin	69
8	G13-G14	**Lancereaux** (Rue du Docteur)	5 Pl. de Narvik	32 R. Courcelles	St-Philippe du R.	22-43-52-83-84-93
12	O26-P26	**Lancette** (Rue de la)	2 R. Taine	25 R. Nicolaï	Dugommier	62-87
13	R19-S18	**Lançon** (Rue Auguste)	74 R. Barrault	34 R. de Rungis	Corvisart	21-62-67
16	N7	**Lancret** (Rue)	138 Av. de Versailles	10 R. Jouvenet	Chardon Lagache	22-62-72-PC1
10	H21	**Lancry** (Rue de)	50 R. R. Boulanger	83 Q. de Valmy	Jacques Bonsergent	20-56-65
13	S20	**Landouzy** (Rue du Docteur)	4 R. Interne Lœb	39 R. des Peupliers	Maison Blanche	57
7	J13-K13	**Landrieu** (Passage)	169 R. de l'Université	R. St-Dominique	Pont de l'Alma (RER C)	69-80-92
20	J27	**Landrin** (Place Émile)	R. Cour Noues	R. des Prairies	Gambetta	26-61-69
20	J27	**Landrin** (Rue Émile)	50 R. Rondeaux	235 R. des Pyrénées	Gambetta	26-61-69
15	P11	**Langeac** (Rue de)	11 R. Desnouettes	356 R. de Vaugirard	Convention	39-80
5	M20	**Langevin** (Square Paul)	R. des Écoles	R. Monge	Card. Lemoine	47-63-86-87
4	J20	**L'Angevin** (Rue Geoffroy)	59 R. du Temple	6 R. Beaubourg	Rambuteau	29-38-47-75
12	Q25-R26	**Langle De Cary** (R. du Gal De)	R. Escoffier	Bd Poniatowski	Pte de Charenton	PC1-PC2
4	K21	**Langlois** (Square Ch.-V.)	R. des Blancs Manteaux	(en impasse)	St-Paul	29
16	J9	**Langlois** (Rue du Général)	1 R. E. Delacroix	(en impasse)	Rue de la Pompe	52-63

13	O20	**Langlois** (Place Henri)	R. Bobillot	Av. d'Italie	Place d'Italie	27-47-57-67-83
5	M19	**Lanneau** (Rue de)	2 R. Valette	29 R. de Beauvais	Maubert-Mutualité	63-86-87
14	S16-T17	**Lannelongue** (Av. du Docteur)	Av. A. Rivoire	R. E. Faguet	Cité Univ. (RER B)	88-PC1
16	H8-J8	**Lannes** (Boulevard)	5 Pl. Mal de Lattre de T.	98 Av. H. Martin	Av. H. Martin (RER C)	63-PC1
17	G11	**Lanrezac** (Rue du Général)	12 Av. Carnot	17 Av. Mac Mahon	Ch. de Gaulle-Étoile	73-92
1	K19	**Lantier** (Rue Jean)	1 R. St-Denis	R. Bertin Poirée	Châtelet	21-27-48-58-67-69-72-74-75-76-81
17	B16-C16	**Lantiez** (Rue)	50 R. de la Jonquière	13 R. du Gal Henrys	Pte de St-Ouen	31-66-81-PC3
17	C16	**Lantiez** (Villa)	32 R. Lantiez	(en impasse)	Guy Môquet	66-PC3
19	F27	**Laonnais** (Square du)	58 Bd Sérurier	(en impasse)	Pré St-Gervais	PC2-PC3
15	L12-M12	**Laos** (Rue du)	88 Av. Suffren	12 R. A. Cabanel	La Motte-P.-Grenelle	80
12	P28	**Laperrine** (Av. du Général)	9 Av. du Gal Dodds	4 Pl. E. Renard	Pte Dorée	46-PC2
14	R14	**Lapeyre** (Rue du Lieutenant)	46 Bd Brune	R. Séré Rivières	Pte de Vanves	58-PC1
18	C18-C19	**Lapeyrère** (Rue)	110 R. Marcadet	115 R. Ordener	Jules Joffrin	31-60-80-85-Montmartrobus
5	M19	**Laplace** (Rue)	58 R. Mont. Ste-Genev.	11 R. Valette	Maubert-Mutualité	84-89
7	M13	**Lapparent** (Rue Albert De)	30 Av. de Saxe	7 R. de Heredia	Ségur	28
11	L23	**Lappe** (Rue de)	32 R. de la Roquette	13 R. de Charonne	Bastille	76-86
13	P23	**Larbaud** (Rue Valéry)	R. Balanchine	R. Abel Gance	Quai de la Gare	89
19	F23-G24	**Lardennois** (Rue Georges)	38 Av. M. Moreau	1 R. Barrelet de Ricou	Bolivar	26
16	M7	**Largeau** (Rue du Général)	17 R. Perchamps	67 R. J. De La Fontaine	Église d'Auteuil	22-52
16	K8	**Largillière** (Rue)	12 Av. Mozart	1 Bd de Beauséjour	La Muette	22-32-52
15	L12-M12	**Larminat** (Rue du Général De)	56 Av. La Motte-Picquet	15 R. d'Ouessant	La Motte-P.-Grenelle	69-82-87
14	O16	**Larochelle** (Rue)	31 R. de la Gaîté	(en impasse)	Gaîté	28-58
5	N19	**Laromiguière** (Rue)	7 R. Estrapade	8 R. Amyot	Place Monge	84
14	Q14	**Larousse** (Rue Pierre)	92 R. Didot	161 R. R. Losserand	Plaisance	58-62
5	N20	**Larrey** (Rue)	18 R. Daubenton	75 R. Monge	Place Monge	47
8	F15	**Larribe** (Rue)	33 R. Constant.	86 R. du Rocher	Villiers	30
15	N12	**Larroumet** (Rue Gustave)	24 R. Mademoiselle	9 R. L. Lhermitte	Commerce	70-80-88
12	O29	**Lartet** (Rue Édouard)	R. du Gal Archinard	Bd de la Guyane	Pte Dorée	29
5	M20	**Lartigue** (Rue Jacques-Henri)	50 R. du Card. Lemoine	24 R. Monge	Cardinal Lemoine	47-89
7	K15	**Las Cases** (Rue)	38 R. Bellechasse	13 R. Bourgogne	Solférino	63-68-69-83-84-94
19	G24	**Lasalle** (Rue du Général)	70 R. Rébeval	Av. Simon Bolivar	Pyrénées	26
17	D10-D11	**Laskine** (Jardin Lily)	R. Jacques Ibert	R. du Caporal Peugeot	Pte de Champerret	84-92-93-PC1-PC3
4	K21-L20	**L'Asnier** (Rue Geoffroy)	Q. de l'Hôtel de Ville	48 R. F. Miron	Pont Marie	67-69-76-96
12	N28	**Lasson** (Rue)	34 Av. Dr. Netter	9 R. Marguettes	Picpus	29-56-62
19	G25	**Lassus** (Rue)	137 R. de Belleville	1 R. Fessart	Jourdain	26
16	H10	**Lasteyrie** (Rue de)	101 Av. R. Poincaré	180 R. de la Pompe	Victor Hugo	52-82
18	E16	**Lathuille** (Passage)	12 Av. de Clichy	11 Pas. de Clichy	Place de Clichy	54-74-80-81-95
5	M19	**Latran** (Rue de)	10 R. de Beauvais	7 R. Thénard	Maubert-Mutualité	63-86-87
16	H8	**Lattre De Tassigny** (Pl. du Mal De)	Bd Lannes	Bd de Aml Bruix	Pte Dauphine	PC1
17	E11-F12	**Laugier** (Rue)	23 R. Poncelet	7 Bd Gouvion St-Cyr	Ternes	30-31-43-84-92-93-PC1-PC3
17	E11-E12	**Laugier** (Villa)	36 R. Laugier	(en impasse)	Pte de Champerret	92-93
10	G19-G20	**Laumain** (Rue Gabriel)	27 R. d'Hauteville	36 R. du Fbg Poissonnière	Bonne Nouvelle	48
19	E24	**Laumière** (Avenue de)	2 R. A. Carrel	94 Av. J. Jaurès	Laumière	48-60-75
12	O28	**Laurencin** (Rue Marie)	46 R. du Sahel	R. A. Derain	Bel Air	62-PC2
16	L8	**Laurens** (Square Jean-Paul)	31 R. de l'Assomption		Ranelagh	52
11	K24	**Laurent** (Rue Auguste)	1 R. Mercoeur	140 R. de la Roquette	Voltaire	46-56-61-69
15	N13	**Laurent** (Square Charles)	71 R. Cambronne	102 R. Lecourbe	Cambronne	39-70-80-89
13	R20-R21	**Laurent** (Rue du Docteur)	102 Av. d'Italie	5 R. Damesme	Tolbiac	47-62
12	N29-O28	**Laurent** (Avenue Émile)	46 Bd Soult	40 Bd Carnot	Pte Dorée	29-PC2
20	M27	**Laurent** (Allée Marie)	R. de Buzenval	15 R. Mounet Sully	Buzenval	26-62
19	D22	**Laurent** (Rue Paul)	48 R. d'Aubervilliers	R. du Maroc	Stalingrad	54
14	R13	**Laurier** (Rue Wilfrid)	10 Bd Brune	Av. Marc Sangnier	Pte de Vanves	58-PC1
16	H11-I10	**Lauriston** (Rue)	9 R. de Presbourg	70 R. de Longchamp	Trocadéro - Kléber	22-30-52-82
18	B22	**Lauth** (Rue Charles)	18 Bd Ney	2 R. G. Tissandier	Pte de la Chapelle	54-65-PC3
1	J19	**Lautréamont** (Terrasse)	Forum des Halles	Niveau +1	Châtelet-Les Halles	21-29-38-47-67-69-72-74-76-81-85
19	G24	**Lauzin** (Rue)	39 R. Rébeval	59 Av. S. Bolivar	Buttes Chaumont	26
1	J19-K19	**Lavandières Sainte-Opportune** (Rue des)	24 Av. Victoria	7 R. des Halles	Châtelet-Les Halles	21-58-67-70-72-74-75-81-85
5	O18	**Laveran** (Place Alphonse)	1 R. du Val de Grâce	314 R. St-Jacques	Port Royal	21-27-38
12	P27-Q27	**Lavigerie** (Place du Cardinal)	90 Bd Poniatowski	Bois de Vincennes	Pte de Charenton	PC2
12	N28-O28	**Lavisse** (Rue Ernest)	5 R. Albert Malet	11 R. Albert Malet	Pte Dorée	29-PC2
10	H21	**Lavoir** (Villa du)	68 R. René Boulanger	(en impasse)	Starsbourg-St-Denis	20
8	G15	**Lavoisier** (Rue)	57 R. d'Anjou	22 R. d'Astorg	St-Augustin	84
18	C19	**Lavy** (Rue Aimé)	35 R. Hermel	74 R. du Mont Cenis	Jules Joffrin	31-56-60-80-85-Montmartrobus
2	I19-I20	**Lazareff** (Allée Pierre)	R. Petits Carreaux	R. Saint-Denis	Sentier	20-38-39-47
14	R15-S15	**Le Bon** (Rue Gustave)	1 R. C. Le Goffic	19 Av. E. Reyer	Pte d'Orléans	PC1
14	S16	**Le Brix et Mesmin** (Rue)	107 Bd Jourdan	6 R. Porto Riche	Pte d'Orléans	PC1
13	O20-P20	**Le Brun** (Rue)	55 Bd St-Marcel	47 Av. des Gobelins	Les Gobelins	27-47-83-91
20	I27	**Le Bua** (Rue)	56 R. Pelleport	24 R. du Surmelin	Pelleport	60-61
17	E12	**Le Châtelier** (Rue)	120 Av. de Villiers	183 R. Courcelles	Pereire	84-92-93-PC3
16	K8	**Le Coin** (Rue Robert)	60 R. Ranelagh	(en impasse)	Ranelagh	22-52
3	J20-J21	**Le Comte** (Rue Michel)	87 R. du Temple	54 R. Beaubourg	Rambuteau	29-38-47-75
6	L16	**Le Corbusier** (Place)	R. de Sèvres	R. de Babylone	Sèvres-Babylone	39-63-68-70-83-84-87-94
13	Q19	**Le Dantec** (Rue)	81 Bd A. Blanqui	12 R. Barrault	Corvisart	21
4	J20	**Le Franc** (Rue Simon)	45 R. du Temple	2 R. Beaubourg	Rambuteau	29-38-47-75
13	P19	**Le Gall** (Square René)	R. de Croulebarbe	R. Corvisart	Les Gobelins	21-27-47-83
5	M18	**Le Goff** (Rue)	15 R. Soufflot	9 R. Gay Lussac	Luxembourg (RER B)	21-27-38-82-85
14	R15	**Le Goffic** (Rue Charles)	2 R. G. Le Bon	11 Av. E. Reyer	Pte d'Orléans	58-PC1
15	N9	**Le Gramat** (Allée)	R. A. Lefebvre	R. de Gutenberg	Javel	42-88
16	O6-O7	**Le Marois** (Rue)	195 Av. de Versailles	117 Bd Murat	Pte de St-Cloud	22-62-72-PC1
16	J10-K11	**Le Nôtre** (Rue)	Av. de New York	1 Bd Delessert	Passy	32-72
9	G18-H18	**Le Peletier** (Rue)	16 Bd Italiens	Pl. Kossuth	Richelieu Drouot	42-67-74-85
7	L13	**Le Play** (Avenue Frédéric)	3 R. Savorgnan de Br.	4 Pl. Joffre	École Militaire	28-69-80-82-87-92
4	L20	**Le Regrattier** (Rue)	22 Q. d'Orléans	19 Q. Bourbon	Pont Marie	67
12	P25	**Le Roy** (Rue du Baron)	4 Pl. Lachambeaudie	(en impasse)	Cour St-Émilion	24-62

14	R14	**Le Roy** (Rue Pierre)	40 Bd Brune	7 R. M. Bouchor	Pte de Vanves	58-PC1
16	G10	**Le Sueur** (Rue)	32 Av. Foch	38 R. Duret	Argentine	73
18	E18	**Le Tac** (Rue Yvonne)	7 R. des Trois Frères	Pl. des Abbesses	Abbesses	Montmartrobus
16	J10	**Le Tasse** (Rue)	20 R. B. Franklin	(en impasse)	Passy - Trocadéro	32-72
20	H28-I29	**Le Vau** (Rue)	Av. Ibsen	Av. Pte Ménilmontant	Pte de Bagnolet	76-PC2
6	N17-O17	**Le Verrier** (Rue)	114 R. d'Assas	R. N.-D. des Champs	Vavin - Port Royal (RER B)	68-91
18	D17	**Léandre** (Villa)	23 Av. Junot	(en impasse)	Lamarck-Caulaincourt	80-95-Montmartrobus
15	O11	**Léandri** (Rue du Commandant)	152 R. de la Convention	2 R. J. Mawas	Convention	39-62-80
17	D12	**Léautaud** (Place Paul)	142 Bd Berthier	51 Bd Berthier	Pereire	84-92-PC3
9	F18-G18	**Lebas** (Rue Hippolyte)	7 R. Maubeuge	10 R. des Martyrs	N.-D. de Lorette	42-67-74-85
20	H27	**Lebaudy** (Square Amicie)	5 R. Lefèvre		Pelleport	60-61
14	P15	**Lebeuf** (Place de l'Abbé Jean)	R. de l'Ouest	R. du Château	Pernety	88-91
12	M24-N24	**Leblanc** (Passage Abel)	127 R. de Charenton	19 R. Crozatier	Reuilly Diderot	29-57
19	F26	**Leblanc** (Villa Eugène)	24 R. de Mouzaïa	11 R. de Bellevue	Danube	48-60-75
15	O8-P9	**Leblanc** (Rue)	171 Q. A. Citroën	364 R. Lecourbe	Balard-Bd Victor (RER C)	39-42-88-PC1
17	E11-F11	**Lebon** (Rue)	11 R. P. Demours	195 Bd Péreire	Pereire	43-92-93
14	O15-P15	**Lebouis** (Impasse)	5 R. Lebouis	(en impasse)	Gaîté	28-58-91
14	O15-P15	**Lebouis** (Rue)	21 R. de l'Ouest	10 R. R. Losserand	Gaîté	28-58-91
17	E14-E15	**Lebouteux** (Rue)	13 R. de Saussure	32 R. de Lévis	Villiers	30
12	M29-N29	**Lecache** (Rue Bernard)	21 R. du Chaffault	(en impasse)	St-Mandé Tourelle	86
13	S20	**Lecène** (Rue du Docteur)	16 R. Interne Loeb	5 R. Dr Landouzy	Maison Blanche	57
17	E16	**Lechapelais** (Rue)	33 Av. de Clichy	6 R. Lemercier	La Fourche	54-74-81
11	J23	**Léchevin** (Rue)	64 Av. Parmentier	9 Pas. St-Ambroise	Rue St-Maur	46
17	B16-C16	**Leclaire** (Rue Jean)	20 R. de la Jonquière	9 Bd Bessières	Pte de St-Ouen	31-81-PC3
17	B16	**Leclaire** (Square Jean)	R. Jean Leclaire	R. Lantiez	Pte de St-Ouen	66-81-PC3
20	J28	**Leclaire** (Cité)	17 R. Riblette	(en impasse)	Pte de Bagnolet	76
15	O14	**Leclanché** (Rue Georges)	R. Aristide Maillol	R. A. Gide	Volontaires - Pasteur	88-95
14	P17-R16	**Leclerc** (Avenue du Général)	13 Pl. Denfert-Rochereau	203 Bd Brune	Denfert-Rochereau	28-38-62-68-88
14	P17	**Leclerc** (Rue)	72 R. du Fbg St-Jacques	50 Bd St-Jacques	St-Jacques	38-68-88
17	E16	**Lécluse** (Rue)	14 Bd des Batignolles	15 R. des Dames	Place de Clichy	30-54-74-80-81-95
15	N11-O11	**Lecocq** (Rue Charles)	123 R. de la Croix Nivert	204 R. Lecourbe	Félix Faure	39-80
19	F23	**Lecointe** (Rue Sadi)	40 R. de Meaux	119 Av. S. Bolivar	Bolivar	26
17	D15	**Lecomte** (Rue)	97 R. Legendre	15 R. Clairaut	Brochant	54-74
16	N6	**Lecomte Du Noüy** (Rue)	58 Bd Murat	41 Av. du Gal Sarrail	Pte de St-Cloud	PC1
16	M7-M8	**Leconte De Lisle** (Rue)	60 Av. T. Gautier	8 R. P. Guérin	Église d'Auteuil	22-52-62
16	M8	**Leconte De Lisle** (Villa)	9 R. Leconte de Lisle	(en impasse)	Église d'Auteuil	22-52-62
15	N14-P10	**Lecourbe** (Rue)	2 Bd Pasteur	5 Bd Victor	Sèvres-Lecourbe	28-42-39-62-70-80-82-88-89-92
15	O10	**Lecourbe** (Villa)	295 R. Lecourbe	(en impasse)	Lourmel	39
7	K12-L13	**Lecouvreur** (Allée Adrienne)	Av. S. de Sacy	Pl. Joffre	École Militaire	42-69-87
14	Q15	**Lecuirot** (Rue)	141 R. d'Alésia	18 R. L. Morard	Alésia	58-62
18	B18	**Lécuyer** (Impasse Alexandre)	103 R. Ruisseau	(en impasse)	Pte de Clignancourt	56-85-PC3
18	D19	**Lécuyer** (Rue)	41 R. Ramey	48 R. Custine	Jules Joffrin	80-85-Montmartrobus
14	R14-R15	**Ledion** (Rue)	115 R. Didot	28 R. G. Bruno	Plaisance	58
14	P17	**Ledoux** (Sq. Claude-Nicolas)	Pl. Denfert-Rochereau		Denfert-Rochereau	38-68-88
11	K24-M22	**Ledru-Rollin** (Avenue)	96 Q. de la Rapée	114 R. de la Roquette	Voltaire	20-24-29-46-56-57-61-63-65-69-76-86-87-91
12	M22-K24	**Ledru-Rollin** (Avenue)	96 Q. de la Rapée	114 R de la Roquette	Quai de la Rapée	20-24-29-57-61-65-76-86-87-91
12	O28	**Leféburе** (Rue Ernest)	12 Bd Soult	2 Av. du Gal Messimy	Pte Dorée	PC2
15	N9	**Lefebvre** (Rue André)	R. Balard	R. des Cévennes	Javel	62-88
9	F16	**Lefebvre** (Rue Jules)	49 R. de Clichy	66 R. d'Amsterdam	Liège	68-81-95
15	Q11-Q13	**Lefebvre** (Boulevard)	407 R. de Vaugirard	3 Bd Brune	Pte de Versailles	89-95-PC1
15	Q11	**Lefebvre** (Rue)	108 R. O. de Serres	35 R. Firmin Gillot	Pte de Versailles	PC1
20	H27	**Lefèvre** (Rue Ernest)	19 R. Surmelin	84 Av. Gambetta	Pelleport	60-61
17	C16	**Legendre** (Passage)	59 Av. de St-Ouen	186 R. Legendre	Guy Môquet	31-81
17	C16-E14	**Legendre** (Rue)	Pl. du Gal Catroux	79 Av. de St-Ouen	Villiers - Guy Môquet	31-53-54-66-74-81-94
20	I25	**Léger** (Rue Fernand)	R. des Amandiers	R. des Mûriers	Père Lachaise	61-69
17	E14	**Léger** (Impasse)	57 R. Tocqueville	(en impasse)	Malesherbes	31-53
7	J16	**Légion d'Honneur** (Rue de la)	Pl. H. de Montherlant	R. de Lille	Solférino	24-68-69-73-84
14	S16	**Légion Étrangère** (Rue de la)	Av. Pte d'Orléans	Bd Romain Rolland	Pte d'Orléans	68
10	H21	**Legouvé** (Rue)	57 R. de lancry	24 R. L. Sampaix	Jacques Bonsergent	56-65
20	J27	**Legrand** (Rue Eugénie)	16 R. Rondeaux	13 R. Ramus	Gambetta	26
19	G23	**Legrand** (Rue)	12 R. Burnouf	83 Av. S. Bolivar	Bolivar - Col. Fabien	26
12	M23	**Legraverend** (Rue)	27 Bd Diderot	32 Av. Daumesnil	Gare de Lyon	20-29-57-61-65-87-91
18	B16-B18	**Leibniz** (Rue)	91 R. du Poteau	132 Av. de St-Ouen	Pte de St-Ouen	31-60-81-95-PC3
18	B17	**Leibniz** (Square)	62 R. Leibniz	(en impasse)	Pte de St-Ouen	31-PC3
16	K9	**Lekain** (Rue)	29 R. Annonciation	2 Pl. Chopin	La Muette	22-32-52
2	I18-I19	**Lelong** (Rue Paul)	89 R. Montmartre	14 R. de la Banque	Sentier	29-48-67-74-85
14	R18	**Lemaignan** (Rue)	26 R. Aml Mouchez	23 Av. Reille	Cité Univ. (RER B)	21-88
20	G25-G26	**Lemaître** (Rue Frédérick)	72 R. des Rigoles	188 R. de Belleville	Pl. des Fêtes	26-48-60
10	H22	**Lemaître** (Square Frédérick)	R. du Fbg du Temple	Q. de Jemmapes et V.	République	75
12	N28	**Lemaître** (Rue Jules)	62 Bd Soult	13 Av. M. Ravel	Pte de Vincennes	29-PC2
19	F28-G28	**Léman** (Rue du)	349 R. de Belleville	9 Bd Sérurier	Pte des Lilas	48-61-96-PC2-PC3
17	D16	**Lemercier** (Cité)	28 R. Lemercier	(en impasse)	La Fourche	54-74-81
17	D15-E16	**Lemercier** (Rue)	14 R. des Dames	168 R. Cardinet	Place de Clichy	31-54-66-74-81
20	K29-L29	**Lemierre** (Avenue Prof. André)	Av. Pte de Montreuil	Av. Gallieni	Pte de Montreuil	57-PC2
14	P14	**Lemire** (Square de l'Abbé)	R. Alain	R. de Gergovie	Plaisance	88-91
5	M20	**Lemoine** (Cité du Cardinal)	18 R. du Card. Lemoine	(en impasse)	Card. Lemoine	24-63-86-87
5	M20	**Lemoine** (Rue du Cardinal)	17 Q. de la Tournelle	1 Pl. de la Contrescarpe	Card. Lemoine	24-63-86-87
2	H20	**Lemoine** (Passage)	135 Bd Sébastopol	232 R. St-Denis	Strasbourg-St-Denis	20-38-39-47
20	H24	**Lémon** (Rue)	120 Bd de Belleville	9 R. Dénoyez	Belleville	26-96 (à plus de 400 m)
12	O25	**Lemonnier** (Rue Élisa)	11 R. Dubrunfaut	136 Av. Daumesnil	Dugommier	29-87
1	J17	**Lemonnier** (Av. du Général)	Q. des Tuileries	R. de Rivoli	Tuileries	24-68-69-72
14	R16	**Leneveux** (Rue)	12 R. Marguerin	14 R. A. Daudet	Alésia	28-38-62-68
11	I22-L22	**Lenoir** (Boulevard Richard)	14 Pl. de la Bastille	22 Av. de la République	St-Ambroise	20-29-56-65-69-76-86-87-96
11	K24-L24	**Lenoir** (Rue Richard)	91 R. de Charonne	132 Bd Voltaire	Voltaire	46-56-61-69-76
11	J23	**Lenoir** (Square Richard)	Bd R. Lenoir		Richard-Lenoir	56
9	F19	**Lentonnet** (Rue)	16 R. Condorcet	21 R. Pétrelle	Poissonnière	42-85

18	D20-E20	**Léon** (Rue)	34 R. Cavé	33 R. Ordener	Marcadet-Poissonniers	31-56-60
18	E20	**Léon** (Square)	3 R. St-Luc	25 R. Cavé	Château Rouge	31-56-85
16	H10	**Léonard De Vinci** (Rue)	37 R. P. Valéry	2 Pl. Victor Hugo	Victor Hugo	52-82
14	Q14-Q15	**Léone** (Villa)	16 R. Bardinet	(en impasse)	Plaisance	58-62
14	Q15-Q16	**Léonidas** (Rue)	32 R. des Plantes	31 R. H. Maindron	Plaisance - Alésia	58
15	N9	**Léontine** (Rue)	38 R. S. Mercier	29 R. des Cévennes	Javel	62-88
16	L8	**Léopold II** (Avenue)	36 R. J. De La Fontaine	Pl. Rodin	Ranelagh - Jasmin	52
16	M7	**Lepage** (Rue Bastien)	11 R. P. Guérin	79 R. J. De La Fontaine	Michel Ange-Auteuil	52
19	F23	**Lepage** (Cité)	31 R. de Meaux	168 Bd de la Villette	Bolivar-Jaurès	26-46-75
11	K25	**Lepeu** (Rue Émile)	40 R. Léon Frot	14 Imp. C. Mainguet	Charonne	56-76
11	K25	**Lepeu** (Passage Gustave)	48 R. Léon Frot	31 R. E. Lepeu	Charonne	56-76
18	E17	**Lepic** (Passage)	16 R. Lepic	10 R. R. Planquette	Blanche	30-54-68-74-Montmartrobus
18	D17-D18	**Lepic** (Rue)	82 Bd de Clichy	7 Pl. J.-B. Clément	Lamarck-Caulaincourt	80-95-Montmartrobus
18	E20-E21	**Lépine** (Rue Jean-François)	21 R. M. Dormoy	12 R. Stephenson	La Chapelle	65
4	K19	**Lépine** (Place Louis)	Q. de la Corse	R. de la Cité	Cité	21-27-38-47-85-96
13	R20-S20	**Leray** (Rue du Docteur)	34 R. Damesme	13 Pl. G. Henocque	Maison Blanche	57
13	Q23	**Leredde** (Rue)	17 R. de Tolbiac	R. Dessous des Berges	Bibl. F. Mitterrand	27-62
15	P11	**Leriche** (Rue)	375 R. de Vaugirard	52 R. O. de Serres	Convention	39-80-89
15	L11	**Leroi Gourhan** (Rue)	13 R. Bernard Shaw	12 Al. Gal Denain	Dupleix	42
7	J14	**Lerolle** (Rue Paul et Jean)	Espl. Invalides	7 R. Fabert	Invalides	28-63-83-93
7	L15-M15	**Leroux** (Rue Pierre)	7 R. Oudinot	60 R. de Sèvres	Vaneau	39-70-87
16	H10	**Leroux** (Rue)	54 Av. V. Hugo	33 Av. Foch	Victor Hugo	52-82
13	T22	**Leroy** (Rue Charles)	Av. Pte Choisy	R. des Châlets	Pte de Choisy	PC1- PC2
20	H26	**Leroy** (Cité)	315 R. des Pyrénées	(en impasse)	Jourdain	26-96
16	L8	**Leroy-Beaulieu** (Square)	6 Av. A. Hébrard	(en impasse)	Ranelagh	52
12	N27	**Leroy-Dupré** (Rue)	40 Bd de Picpus	25 R. Sibuet	Picpus	29-56
12	M22	**Lesage** (Square Georges)	3 Av. Ledru-Rollin	(en impasse)	Quai de la Rapée	24-57-63-65-91
20	G24-H24	**Lesage** (Cour)	13 R. Lesage	46 R. de Belleville	Belleville - Pyrénées	26
20	H24	**Lesage** (Rue)	28 R. de Tourtille	16 R. Jouye Rouve	Pyrénées	26
1	J19	**Lescot** (Rue Pierre)	2 R. des Innocents	14 R. de Turbigo	Étienne Marcel	29-38-47
4	L22	**Lesdiguières** (Rue de)	8 R. de la Cerisaie	9 R. St-Antoine	Bastille	69-76-86-87
20	K26	**Lespagnol** (Rue)	4 R. du Repos	(en impasse)	Philippe Auguste	61-69-76
20	K27	**Lesseps** (Rue de)	81 R. de Bagnolet	(en impasse)	Alexandre Dumas	26-76
7	M15	**Lesueur** (Avenue Daniel)	63 Bd des Invalides	(en impasse)	Duroc	28-39-70-82-87-89-92
20	I25	**Letalle** (Rue Victor)	20 R. de Ménilmontant	15 R. Panoyaux	Ménilmontant	96
15	M11-M12	**Letellier** (Rue)	21 R. Violet	26 R. de la Croix Nivert	Émile Zola	80
15	M11	**Letellier** (Villa)	18 R. Letellier	(en impasse)	Émile Zola	80
18	B19-C19	**Letort** (Impasse)	32 R. Letort	(en impasse)	Pte de Clignancourt	85
18	B19-C18	**Letort** (Rue)	71 R. Duhesme	R. belliard	Pte de Clignancourt	31-56-60-85-PC3-Montmartrobus
20	J27	**Leuck Mathieu** (Rue)	40 R. des Prairies	5 R. de la Cr des Noues	Pte de Bagnolet	26-76
20	J27	**Leuwen** (Rue Lucien)	3 R. Stendhal	(en impasse)	Pte de Bagnolet	26-76
12	Q25	**Levant** (Cour du)	R. Baron Le Roy	(en impasse)	Cour St-Émilion	24
13	S22	**Levassor** (Rue Émile)	79 Bd Masséna	R. D. Costes	Pte d'Ivry	83-PC1-PC2
17	C15	**Level** (Rue Émile)	172 Av. de Clichy	77 R. de la Jonquière	Brochant	31-54-66-74
20	G25-G26	**Levert** (Rue)	84 R. de la Mare	67 R. O. Métra	Jourdain	26-48-60
13	Q24	**Lévi** (Rue Primo)	Q. Panhard Levassor	R. Olivier Messiaen	Bibl. F. Mitterrand	62-89
17	E14-E15	**Lévis** (Impasse de)	20 R. de Lévis	(en impasse)	Villiers	30
17	E14	**Lévis** (Place de)	R. Legendre	R. de Lévis	Villiers	94
17	E14-F15	**Lévis** (Rue de)	2 Pl. P. Goubaux	100 R. Cardinet	Villiers	30-31-53
16	J8	**Leygues** (Rue Georges)	31 R. O. Feuillet	22 R. Franqueville	Av. H. Martin (RER C)	63-PC1
20	M29	**L'Herminier** (Rue du Cdt)	23 Av. Pte Vincennes	R. de lagny	St-Mandé Tourelle	86
15	N12	**Lhermitte** (Rue Léon)	91 R. de la Croix Nivert	4 R. Péclet	Commerce	70-80-88
12	P25	**Lheureux** (Rue)	R. des Pirogues de Bercy	Av. des Terroirs de Fr.	Cour St-Émilion	24
11	L23	**Lhomme** (Passage)	26 R. de Charonne	10 Pas. Josset	Ledru-Rollin	61-76
5	N19	**Lhomond** (Rue)	1 Pl. Estrapade	10 R. de l'Arbalète	Censier-Daubenton	84-89
15	P12	**Lhuillier** (Rue)	33 R. O. de Serres	(en impasse)	Convention	39-80
14	P16	**Liancourt** (Rue)	32 R. Boulard	129 Av. du Maine	Denfert-Rochereau	28-58
14	S18	**Liard** (Rue)	78 R. Aml Mouchez	1 R. Cité Universit.	Cité Univ. (RER B)	21-88
20	H25	**Liban** (Rue du)	7 R. J. Lacroix	46 R. des Maronites	Ménilmontant	96
19	F26	**Liberté** (Rue de la)	11 R. de Mouzaïa	1 R. de la Fraternité	Danube	48-60-75
12	Q25	**Libourne** (Rue de)	Av. des Terroirs de Fr.	R. des Pirogues de Bercy	Cour St-Émilion	24
14	R14	**Lichtenberger** (Sq. André)	2 R. Mariniers	(en impasse)	Pte de Vanves	58-PC1
8	H13	**Lido** (Arcades du)	Av. des Chps Élysées	R. de Ponthieu	Franklin D. Roosevelt	32-73
13	Q23	**Liégat** (Cour du)	113 R. Chevaleret	(en impasse)	Bibl. F. Mitterrand	89
8	F16	**Liège** (Rue de)	37 R. de Clichy	Pl. de l'Europe	Europe	53-66-68-80-81-95
9	F16	**Liège** (Rue de)	37 R. de Clichy	Pl. de l'Europe	Liège	68-81-95
12	N28	**Lieutenance** (Sentier de la)	81 Bd Soult	Villa du Bel Air	Pte de Vincennes	29-PC2
15	Q13	**Lieuvin** (Rue du)	72 R. des Morillons	13 R. Fizeau	Pte de Vanves	89-95
20	K26-K27	**Ligner** (Rue)	39 R. de Bagnolet	55 R. de Bagnolet	Alexandre Dumas	76
19	F28	**Lilas** (Porte des)	Bd Périphérique		Pte des Lilas	61-48-PC2-PC3
19	F26	**Lilas** (Rue des)	25 R. Pré St-Gervais	117 Bd Sérurier	Pré St-Gervais	48-60-PC2-PC3
19	F26	**Lilas** (Villa des)	36 R. de Mouzaïa	21 R. de Bellevue	Danube	48-60-75-PC2-PC3
7	J15-K17	**Lille** (Rue de)	4 R. Sts-Pères	1 R. A. Briand	Assemblée Nationale	24-39-63-68-69-73-83-84-94-95
13	R23-S23	**Limagne** (Square de la)	2 Av. Boutroux	21 Bd Masséna	Pte d'Ivry	27-PC1-PC2
13	R23-S23	**Limousin** (Square du)	17 Av. Pte Vitry	6 R. Darmesteter	Pte d'Ivry	27-PC1-PC2
11	K25	**Linadier** (Cité)	142 R. de Charonne	(en impasse)	Charonne	76
8	H13	**Lincoln** (Rue)	56 R. François Ier	73 Av. des Chps Élysées	George V	32-73
15	P11-P12	**Lindet** (Rue Robert)	55 R. O. de Serres	48 R. de Dantzig	Convention	89
15	P12	**Lindet** (Villa Robert)	14 R. des Morillons	13 R. R. Lindet	Convention	39-80-89
1	J19	**Lingères** (Passage des)	R. Berger	Pl. M. de Navarre	Châtelet-Les Halles	21-67-69-72-74-76-81-85
1	J19	**Lingerie** (Rue de la)	22 R. des Halles	15 R. Berger	Châtelet-Les Halles	21-67-69-72-74-76-81-85
5	M20-N20	**Linné** (Rue)	2 R. Lacépède	21 R. Jussieu	Jussieu	67-89
15	M10	**Linois** (Rue)	7 Pl. F. Forest	2 Pl. C. Michels	Charles Michels	42-70-88
4	L21	**Lions Saint-Paul** (Rue des)	7 R. Petit Musc	6 R. St-Paul	Sully-Morland	86-87
15	N12	**Liouville** (Rue Joseph)	4 R. A. Dorchain	43 R. Mademoiselle	Commerce	70-80-88
20	M29	**Lippmann** (Rue)	108 R. de lagny	7 R. L. Delaporte	Pte de Vincennes	26-PC2
11	K23-K24	**Lisa** (Passage)	26 R. Popincourt	(en impasse)	Voltaire	56-69

8	F13-F14	**Lisbonne** (Rue de)	13 R. du Gal Foy	60 R. Courcelles	Courcelles - Europe	84
13	S19	**Liserons** (Rue des)	46 R. Brillat Savarin	R. des Glycines	Cité Univ. (RER B)	21-67
20	J27	**Lisfranc** (Rue)	18 R. Stendhal	21 R. des Prairies	Gambetta	26-76
10	F20	**Liszt** (Place Franz)	R. d'Abbeville	R. La Fayette	Poissonnière	26-32-42-43-48
6	M16-N16	**Littré** (Rue)	81 R. de Vaugirard	148 R. de Rennes	Montparnasse-Bienv.	89-94-95-96
18	E19	**Livingstone** (Rue)	4 R. d'Orsel	2 R. C. Nodier	Anvers	30-54-85
4	K20	**Lobau** (Rue de)	Q. Hôtel de Ville	R. de Rivoli	Hôtel de Ville	67-69-72-75-76-96
6	L17-L18	**Lobineau** (Rue)	76 R. de Seine	5 R. Mabillon	Mabillon	63-70-86-87-96
17	D15	**Lobligeois** (Place du Dr Félix)	76 R. Legendre	2 Pl. C. Fillion	La Fourche - Brochant	53-66
11	I23	**Lockroy** (Rue Édouard)	88 Av. Parmentier	60 R. Timbaud	Parmentier	46-96
14	R17	**Lœwy** (Rue Maurice)	16 R. de l'Aude	(en impasse)	Alésia	28-38-62
17	E13-F13	**Logelbach** (Rue de)	1 R. de Phalsbourg	18 R. H. Rochefort	Monceau	30-94
20	L27	**Loi** (Passage de la)	R. des Haies	(en impasse)	Buzenval	57
14	R17	**Loing** (Rue du)	65 R. d'Alésia	18 R. Sarrette	Alésia	28-38-62
19	D24-E23	**Loire** (Quai de la)	1 Av. J. Jaurès	155 R. de Crimée	Jaurès - Laumière	26-48
13	R24	**Loiret** (Rue du)	8 R. Regnault	12 R. Chevaleret	Bibl. F. Mitterrand	PC1-PC2
20	M28	**Loliée** (Rue Frédéric)	10 R. Mounet Sully	25 R. des Pyrénées	Pte de Vincennes	26-62
1	J19-K20	**Lombards** (Rue des)	11 R. St-Martin	2 R. Ste-Opportune	Châtelet	38-47-67-69-70-75-76
4	K19-J19	**Lombards** (Rue des)	11 R. St-Martin	2 R. Ste-Opportune	Châtelet	27-47-38-67-69-75-76
13	R21	**Londres** (Place Albert)	9 R. Fr. d'Astier de la Vig.	R. Baudricourt	Pte de Choisy	62-83
9	G16	**Londres** (Cité de)	84 R. St-Lazare	13 R. de Londres	St-Lazare	26-32-43-68-81
8	G17	**Londres** (Rue de)	Pl. d'Estienne d'Orves	Pl. de l'Europe	Europe	26-32-43-80-81-95
9	F16-G17	**Londres** (Rue de)	Pl. d'Estienne d'Orves	Pl. de L'Europe	Europe	26-32-43-53-66-68-80-81-95
17	C13	**Long** (Rue Marguerite)	74 Bd Berthier	19 Bd du Fort de Vaux	Pereire	53-94-PC3
16	H8-I11	**Longchamp** (Rue de)	8 Pl. d'Iéna	9 Bd Lannes	Trocadéro-Av. Foch (RER C)	22-30-32-52-63-82-PC1
16	I11	**Longchamp** (Villa de)	36 R. Longchamp	(en impasse)	Boissière	32-63-82
13	S19	**Longues Raies** (Rue des)	17 Bd Kellermann	66 R. Cacheux	Cité Univ. (RER B)	21-67-PC1
16	N6-O7	**Lorrain** (Rue Claude)	82 R. Boileau	79 R. Michel Ange	Exelmans	22-62-72-PC1
16	O6	**Lorrain** (Villa Claude)	10 Av. La Frillière	(en impasse)	Exelmans	22-62-72-PC1
16	M7	**Lorrain** (Place Jean)	R. Donizetti	R. d'Auteuil	Michel Ange-Auteuil	52-62
19	D24-E25	**Lorraine** (Rue de)	96 R. de Crimée	134 R. de Crimée	Ourcq	60
19	F26	**Lorraine** (Villa de)	22 R. de la Liberté	(en impasse)	Danube	48-60-75
14	P16-Q13	**Losserand** (Rue Raymond)	106 Av. du Maine	5 Bd Brune	Gaîté - Pte de Vanves	58-62-PC1
14	Q14	**Losserand Suisses** (Square)	R. des Suisses	R. Pauly	Plaisance	62
19	A24-B24	**Lot** (Quai du)	Q. Gambetta	Bd Macdonald	Pte de la Villette	PC3
16	I9	**Lota** (Rue de)	131 R. Longchamp	11 R. B. Godard	Rue de la Pompe	PC1
7	K11-L12	**Loti** (Avenue Pierre)	Q. Branly	Pl. Joffre	Ch. de Mars-Tr Eiffel (RER C)	42-69-87
19	F26	**Loubet** (Villa Émile)	28 R. de Mouzaïa	11 R. de Bellevue	Danube	48-60-75-PC2-PC3
20	H25	**Loubeyre** (Cité Antoine)	23 R. de la Mare	(en impasse)	Pyrénées	26-96
17	B16	**Loucheur** (Rue Louis)	24 Bd Bessières	8 R. F. Pelloutier	Pte de St-Ouen	66-81-PC3
16	J9	**Louis David** (Rue)	39 R. Scheffer	72 R. de la Tour	Rue de la Pompe	22-32-63
2	H17-I17	**Louis le Grand** (Rue)	16 R. D. Casanova	31 Bd des Italiens	Opéra	20-21-27-29-68-81-95
11	L23	**Louis Philippe** (Passage)	21 R. de lappe	27 Pas. Thiéré	Bastille	69
4	L20	**Louis Philippe** (Pont)	Q. Hôtel de Ville	Q. de Bourbon	Pont Marie	67
20	H26	**Louis Robert** (Impasse)	R. de l'Ermitage	(en impasse)	Gambetta	26-96
4	K22	**Louis XIII** (Square)	Pl. des Vosges		Bastille	20-29-65-69-76-96
8	G16	**Louis XVI** (Square)	Bd Haussmann		St-Augustin	24-84-94
14	R17	**Louise et Tony** (Square)	7 R. du Loing	(en impasse)	Alésia	28-38-62
18	C21	**Louisiane** (Rue de la)	2 R. Guadeloupe	21 R. de Torcy	Marx Dormoy	60-65
14	Q18	**Lourcine** (Villa de)	20 R. Cabanis	7 R. Dareau	St-Jacques	88
15	M11-P9	**Lourmel** (Rue de)	62 Bd Grenelle	101 R. Leblanc	Dupleix - Ch. Michels	42-62-70-88
17	E13	**Loutil** (Place Monseigneur)	Av. de Villiers	R. Brémontier	Wagram	31-94
14	P16	**Louvat** (Impasse)	3 R. Sivel	(en impasse)	Mouton-Duvernet	28-58-88
14	P16	**Louvat** (Villa)	38 R. Boulard	(en impasse)	Mouton-Duvernet	28-58-88
10	H22-H23	**Louvel Tessier** (Rue Jacques)	22 R. Bichat	195 R. St-Maur	Goncourt	46-75
2	H18-I18	**Louvois** (Rue de)	71 R. de Richelieu	60 R. Ste-Anne	Quatre Septembre	20-29-39-48-67
2	I18	**Louvois** (Square)	R. Rameau		Bourse	20-29-39-48-67
1	J18	**Louvre** (Place du)	R. Aml de Coligny		Louvre Rivoli	21-67-69-72-74-76-81-85
1	J17-K17	**Louvre** (Port du)	Pont Royal	Ponts des Arts	Palais Royal-Louvre	24-27-39-68-69-72-95
1	J17-K18	**Louvre** (Quai du)	1 R. de la Monnaie	R. de l'Aml de Coligny	Pont Neuf	24-27-69-72
1	J18-I19	**Louvre** (Rue du)	154 R. de Rivoli	67 R. Montmartre	Louvre Rivoli	21-29-48-67-69-72-74-76-81-85
2	I19-J18	**Louvre** (Rue du)	154 R. de Rivoli	67 R. Montmartre	Louvre	20-21-29-39-48-67-69-72-74-76-81-85
16	L9-M9	**Louys** (Rue Pierre)	24 Av. de Versailles	7 R. F. David	Mirabeau	22-52-72
7	L14-M13	**Lowendal** (Avenue)	Av. de Tourville	Bd de Grenelle	École Militaire	28-82-87
15	L14-M13	**Lowendal** (Avenue)	Av. de Tourville	Bd de Grenelle	Cambronne	80-82
15	M13	**Lowendal** (Square)	5 R. A. Cabanel	(en impasse)	Cambronne	80
16	I11	**Lübeck** (Rue de)	23 Av. d'Iéna	34 Av. du Pdt Wilson	Iéna	32-63-82
14	R15	**Luchaire** (Rue Achille)	114 Bd Brune	8 R. Albert Sorel	Pte d'Orléans	68-89-PC1
13	S21	**Lucot** (Rue Philibert)	47 Av. Choisy	7 R. Gandon	Maison Blanche	47
15	O8-P9	**Lucotte** (Rue du Général)	Bd Victor	Av. Pte de Sèvres	Balard	39-PC1
11	J22	**Luizet** (Rue Charles)	16 Bd Filles du Calvaire	107 R. Amelot	St-Sébastien-Froissart	20-65
2	I18	**Lulli** (Rue)	2 R. Rameau	1 R. de Louvois	Quatre Septembre	20-29-39-48-67
20	I28-K28	**Lumière** (Rue Louis)	R. E. Reisz	Av. Pte de Bagnolet	Pte de Bagnolet	57-76-PC2
14	R16	**Lunain** (Rue du)	69 R. d'Alésia	24 R. Sarrette	Alésia	28-38-62
2	H19-H20	**Lune** (Rue de la)	5 Bd de Bonne Nouvelle	36 R. Poissonnière	Strasbourg-St-Denis	20-39-48
19	D25-E25	**Lunéville** (Rue de)	148 Av. J. Jaurès	65 R. Petit	Ourcq	60
20	H25	**Luquet** (Square Alexandre)	R. Piat	R. du Transvaal	Pyrénées	26
15	M10	**Luquet** (Villa Jean-Baptiste)	43 R. des Entrepreneurs	86 Av. Émile Zola	Charles Michel	42-70-88
4	K19	**Lutèce** (Rue de)	Pl. L. Lépine	3 Bd du Palais	Cité	21-27-38-47-85-96
6	M18	**Luxembourg** (Jardin du)	Bd St-Michel	R. de Vaugirard	Vavin	21-27-38-58-82-84-85-89
7	K16	**Luynes** (Rue de)	199 Bd St-Germain	9 Bd Raspail	Rue du Bac	63
7	K16-L16	**Luynes** (Square de)	5 R. de Luynes	(en impasse)	Rue du Bac	63-68-69-83-84-94
20	I27-J28	**Lyanes** (Rue des)	147 R. de Bagnolet	32 R. Pelleport	Pte de Bagnolet	76
20	I28-J28	**Lyanes** (Villa des)	14 R. des Lyanes	(en impasse)	Pte de Bagnolet	76
16	L6-M6	**Lyautey** (Av. du Maréchal)	1 Sq. Tolstoï	Pl. Pte d'Auteuil	Pte d'Auteuil	32-PC1
16	K10-K9	**Lyautey** (Rue)	30 R. Raynouard	1 R. de l'Abbé Gillet	Passy	32
12	L22-M23	**Lyon** (Rue de)	21 Bd Diderot	52 Bd de la Bastille	Gare de Lyon	20-29-65-87-91
5	O19	**Lyonnais** (Rue des)	40 R. Broca	19 R. Berthollet	Censier-Daubenton	21-83-91

M

Arr.	Plan	Rues / Streets	Comencant	Finissant	Métro	Bus
6	L17	**Mabillon** (Rue)	13 R. du Four	30 R. St-Sulpice	Mabillon	63-70-86-87-96
17	F11-G11	**Mac Mahon** (Avenue)	Pl. Ch. de Gaulle	33 Av. des Ternes	Ch. de Gaulle-Étoile	22-30-31-43-52-73-92-93
18	B21	**Mac Orlan** (Place Pierre)	R. J. Cottin	R. Tristan Tzara	Pte de la Chapelle	65
19	B23-B26	**Macdonald** (Boulevard)	Bd Sérurier	R. d'Aubervilliers	Pte de la Villette	54-65-75-PC2-PC3
11	L24-L25	**Macé** (Rue Jean)	21 R. Chanzy	40 R. Faidherbe	Charonne	46-76
12	P25	**Maconnais** (Rue des)	R. du Baron Le Roy	Pl. des Vins de France	Cour St-Émilion	24
12	P26	**Madagascar** (Rue de)	32 R. des Meuniers	56 R. de Wattignies	Pte de Charenton	87
6	L17-N17	**Madame** (Rue)	55 R. de Rennes	49 R. d'Assas	St-Sulpice	39-58-82-95
1	H16	**Madeleine** (Boulevard de la)	53 R. Cambon	10 Pl. de la Madeleine	Madeleine	24-42-52-84-94
8	H16	**Madeleine** (Boulevard de la)	53 R. Cambon	10 Pl. de la Madeleine	Madeleine	24-42-52-84-94
9	H16	**Madeleine** (Boulevard de la)	53 R. Cambon	10 Pl. de la Madeleine	Madeleine	24-42-52-84-94
8	H15-H16	**Madeleine** (Galerie de la)	9 Pl. de la Madeleine	30 R. Boissy d'Anglas	Madeleine	24-42-52-84-94
8	H16	**Madeleine** (Marché de la)	11 R. Castellane	12 R. Tronchet	Madeleine	24-42-52-84-94
8	H16	**Madeleine** (Passage de la)	19 Pl. de la Madeleine	4 R. de l'Arcade	Madeleine	24-42-52-84-94
8	H16	**Madeleine** (Place de la)	24 R. Royale	1 R. Tronchet	Madeleine	24-42-52-84-94
15	N11-N12	**Mademoiselle** (Rue)	105 R. des Entrepreneurs	80 R. Cambronne	Commerce - Vaugirard	39-70-80-88-89
18	D16	**Madon** (Rue du Capitaine)	50 Av. de St-Ouen	63 R. Ganneron	Guy Môquet	81-95
18	C21	**Madone** (Rue de la)	32 R. Marc Séguin	13 R. des Roses	Marx Dormoy	60-65
18	C21	**Madone** (Square de la)	R. de la Madone		Marx Dormoy	60-65
8	F15	**Madrid** (Rue de)	Pl. de l'Europe	16 R. du Gal Foy	Europe	53-66-80-95
17	C13	**Magasins de l'Opéra Comique** (Place des)	72 Bd Berthier	2 R. Marguerite Long	Pereire	53-94-PC3
16	I11	**Magdebourg** (Rue de)	38 R. de Lübeck	79 Av. Kléber	Trocadéro	22-30-32-63
8	H12	**Magellan** (Rue)	15 R. Q. Bauchart	48 R. de Bassano	George V	73-92
13	P19	**Magendie** (Rue)	8 R. Corvisart	7 R. des Tanneries	Glacière	21-83
10	E20-H21	**Magenta** (Boulevard de)	Pl. de la République	1 Bd de Rochechouart	Barbès-Rochechouart	20-26-30-31-32-38-39-42-43-46-47-48-54-56-65-75-85
10	H21	**Magenta** (Cité de)	33 Bd de Magenta	3 Cité Hittorff	Jacques Bonsergent	38-39-47-56-65
19	A25	**Magenta** (Rue)	Av. J. Jaurès (Pantin)	Av. E. Vaillant (Pantin)	Pte de la Villette	PC3
16	O6	**Maginot** (Rue du Sergent)	R. du Gal Roques	3 R. de l'Arioste	Pte de St-Cloud	PC1
15	N10-N11	**Magisson** (Rue Frédéric)	142 R. de Javel	25 R. Oscar Roty	Boucicaut	62
13	R21	**Magnan** (Rue du Docteur)	11 R. C. Moureu	120 Av. de Choisy	Tolbiac	62-83
16	J8	**Magnard** (Rue Albéric)	5 R. O. Feuillet	23 R. d'Andigné	La Muette	22-32-52
15	O14	**Maignen** (Rue Maurice)	R. du Cotentin	R. Aristide Maillol	Volontaires - Pasteur	88-95
20	L27-M27	**Maigrot Delaunay** (Passage)	36 R. des Ormeaux	15 R. de la Plaine	Buzenval	57
2	I18-I19	**Mail** (Rue du)	R. Vide Gousset	83 R. Montmartre	Sentier	29-48-67-74-85
17	F12	**Maillard** (Place Aimé)	Av. Niel	R. Laugier	Ternes - Pereire	92-93
11	K25	**Maillard** (Rue)	8 R. La Vacquerie	5 R. Gerbier	Philippe Auguste	61-69
19	F26-G26	**Maillet** (Sq. Monseigneur)	Pl. des Fêtes		Pl. des Fêtes	48-60
15	O14	**Maillol** (Rue Aristide)	99 R. Falguière	14 R. M. Maignen	Volontaires	88-95
17	F9	**Maillot** (Porte)	Av. de la Gde Armée	Av. de Neuilly	Pte Maillot	73-82-PC1-PC3
11	L24	**Main d'Or** (Passage de la)	131 R. du Fbg St-Antoine	58 R. de Charonne	Ledru-Rollin	61-76-86
11	L24	**Main d'Or** (Rue de la)	9 R. Trousseau	4 Pas. la Main d'Or	Ledru-Rollin	61-76-86
14	P16-Q15	**Maindron** (Rue Hippolyte)	53 R. M. Ripoche	130 R. d'Alésia	Pernety - Plaisance	28-58
14	N15-Q16	**Maine** (Avenue du)	38 Bd du Montparnasse	Pl. Victor Basch	Montparnasse-Bienv.	28-38-48-58-68-82-88-89-91-92-94-95-96
15	N15	**Maine** (Avenue du)	38 Bd du Montparnasse	Pl. V. Basch	Montparnasse-Bienv.	28-48-58-82-89-91-92-94-95-96
14	O15-O16	**Maine** (Rue du)	8 R. de la Gaîté	45 Av. du Maine	Montparnasse-Bienv.	28-58-91
6	M15-N15	**Maintenon** (Allée)	114 R. de Vaugirard	(en impasse)	Montparnasse-Bienv.	28-48-82-89-92-94-95-96
3	I20-I21	**Maire** (Rue au)	9 R. des Vertus	42 R. de Turbigo	Arts et Métiers	20-29-38-47-75
18	E18	**Mairie** (Cité de la)	20 R. La Vieuville	(en impasse)	Abbesses	Montmartrobus
13	R21	**Maison Blanche** (Rue de la)	63 Av. d'Italie	141 R. de Tolbiac	Tolbiac	47-62
11	L23	**Maison Brulée** (Cour de la)	89 R. du Fbg St-Antoine	(en impasse)	Ledru-Rollin	61-76-86
14	P15-P16	**Maison Dieu** (Rue)	21 R. R. Losserand	124 Av. du Maine	Gaîté	28-58
14	R14-R15	**Maistre** (Avenue du Général)	R. H. de Bournazel	R. du Gal de Maud'huy	Pte de Vanves	58-PC1
18	C17-E17	**Maistre** (Rue Joseph De)	31 R. Lepic	217 R. Championnet	Guy Môquet	31-80-81-95
11	L24	**Majorelle** (Square Louis)	21 R. St-Bernard	24 R. de la Forge Royale	Faidherbe-Chaligny	46
16	G10	**Malakoff** (Avenue de)	50 Av. Foch	89 Av. de la Gde Armée	Victor Hugo	73-82-PC1
16	G10	**Malakoff** (Impasse de)	Bd Aml Bruix	(en impasse)	Pte Maillot	82-PC1
16	I10	**Malakoff** (Villa)	30 Av. R. Poincaré	(en impasse)	Trocadéro	22-30-63
6	K17	**Malaquais** (Quai)	2 R. de Seine	1 R. des Sts-Pères	St-Germain-des-Prés	24-27-39-95
7	J13	**Malar** (Rue)	71 Q. d'Orsay	88 R. St-Dominique	Pont de l'Alma (RER C)	63-69-80-92
15	P11	**Malassis** (Rue)	23 R. Vaugelas	76 R. O. de Serres	Convention	39-80-89
5	N20	**Mâle** (Place Émile)	R. des Arènes	1 R. de Navarre	Jussieu - Place Monge	67-89
5	M18	**Malebranche** (Rue)	184 R. St-Jacques	1 R. Le Goff	Luxembourg (RER B)	21-27-38-82-85
8	F14-H16	**Malesherbes** (Boulevard)	9 Pl. de la Madeleine	Bd Berthier	Wagram	22-24-28-30-32-42-43-52-80-84-94
17	D13-F14	**Malesherbes** (Boulevard)	9 Pl. de la Madeleine	Bd Berthier	Wagram	22-24-28-30-31-32-42-43-53-62-80-84-94
9	F18	**Malesherbes** (Cité)	59 R. des Martyrs	20 R. Victor Massé	Pigalle	30-54-67-Montmartrobus
17	E14	**Malesherbes** (Villa)	112 Bd Malesherbes	(en impasse)	Malesherbes	31-94
12	N28-O28	**Malet** (Rue Albert)	7 Av. E. Laurent	8 R. J. Lemaître	Pte de Vincennes	29-PC2
8	F14	**Maleville** (Rue)	7 R. Corvetto	4 R. Mollien	Miromesnil	84-94
4	K21	**Malher** (Rue)	6 R. de Rivoli	20 R. Pavée	St-Paul	29-69-76-96
16	M6	**Malherbe** (Square)	134 Bd Suchet	41 Av. du Mal Lyautey	Pte d'Auteuil	32-52-PC1
17	D11-E11	**Mallarmé** (Avenue Stéphane)	191 R. Courcelles	4 Pl. Stuart Merrill	Pte de Champerret	84-92-93-PC1-PC3
14	Q14-Q15	**Mallebay** (Villa)	86 R. Didot	(en impasse)	Plaisance	58
16	O7-P7	**Malleterre** (Rue du Général)	1 R. du Gal Grossetti	1 R. Petite Arche	Pte de St-Cloud	22-62-72-PC1
16	K7-L7	**Mallet-Stevens** (Rue)	9 R. Dr Blanche	(en impasse)	Jasmin - Ranelagh	22-52
13	S21	**Malmaisons** (Rue des)	29 Av. de Choisy	21 R. Gandon	Pte de Choisy	47-PC1- PC2
12	M24-N23	**Malot** (Rue Hector)	48 R. de Chalon	106 R. de Charenton	Gare de Lyon	29-57

1	J17	**Malraux** (Place André)	1 R. de Richelieu	2 Av. de l'Opéra	Palais-Royal-Louvre	21-27-29-39-48-67-68-69-72-81-95
11	I22	**Malte** (Rue de)	21 R. Oberkampf	14 R. du Fbg du Temple	Oberkampf	20-56-65-96
20	I26-I27	**Malte Brun** (Rue)	17 R. E. Landrin	36 Av. Gambetta	Gambetta	26-69
5	N20	**Malus** (Rue)	45 R. de la Clef	75 R. Monge	Place Monge	47
2	I19	**Mandar** (Rue)	57 R. Montorgueil	66 R. Montmartre	Sentier	29-48-67-74-85
16	I9-J10	**Mandel** (Avenue Georges)	Pl. du Trocadéro	82 R. de la Pompe	Trocadéro	22-30-52-63
13	P20-P21	**Manet** (Rue Édouard)	28 Av. S. Pichon	161 Bd de l'Hôpital	Place d'Italie	57-67
16	K10-L9	**Mangin** (Avenue du Général)	7 R. d'Ankara	14 R. Germain Sée	Kennedy R. France (RER C)	70-72
17	B15-C15	**Manhès** (Rue du Colonel)	57 R. Berzélius	3 Pas. des Épinettes	Pte de Clichy	66-PC3
19	E26-G24	**Manin** (Rue)	42 Av. S. Bolivar	124 R. Petit	Pte de Pantin	26-48-60-75-PC2-PC3
19	E26	**Manin** (Villa)	8 R. Car. Amérique	25 R. de la Solidarité	Danube	75-PC2-PC3
13	Q24	**Mann** (Rue Thomas)	Q. Panhard Levassor	46 R. du Chevaleret	Bibl. F. Mitterrand	62-89
17	E10-F10	**Manoir** (Avenue Yves Du)	11b Av. Verzy	19 Av. des Pavillons	Pte Maillot	43-PC1-PC3
9	E17	**Mansart** (Rue)	25 R. de Douai	80 R. Blanche	Blanche	68-74
16	J9-K10	**Manuel** (Rue Eugène)	7 R. C. Chahu	65 Av. P. Doumer	Passy	22-32
16	J9-K9	**Manuel** (Villa Eugène)	7 R. E. Manuel	(en impasse)	Passy	22-32
9	F18	**Manuel** (Rue)	13 R. Milton	26 R. des Martyrs	N.-D. de Lorette	42-67-74-85
16	I12-J12	**Manutention** (Rue de la)	24 Av. de New York	15 Av. du Pdt Wilson	Iéna	32-63-72
16	O7	**Maquet** (Rue Auguste)	5 Bd Exelmans	185 Bd Murat	Bd Victor (RER C)	22-62-72-PC1
19	F28	**Maquis du Vercors** (Place du)	Av. René Fonck	Av. Pte des Lilas	Pte des Lilas	48-61
20	F28	**Maquis du Vercors** (Place du)	Av. René Fonck	Av. Pte des Lilas	Pte des Lilas	48-61
20	K28-M28	**Maraîchers** (Rue des)	Crs de Vincennes	R. des Pyrénées	Maraîchers	26-57-62
10	H21	**Marais** (Passage des)	R. Albert Thomas	R. Legouvé	Jacques Bonsergent	56-65
16	G9	**Marbeau** (Boulevard)	23 R. Marbeau	15 R. Lalo	Pte Dauphine	PC1
16	G9	**Marbeau** (Rue)	54 R. Pergolèse	Bd de l'Amiral Bruix	Pte Maillot	82-PC1
8	H13-I12	**Marbeuf** (Rue)	18 Av. George V	37 Av. des Chps Élysées	Franklin D. Roosevelt	32-73
18	C16-D20	**Marcadet** (Rue)	R. Ordener	86 Av. de St-Ouen	Marcadet-Poissonniers	31-56-60-80-81-85-95-Montmartrobus
8	G12-I12	**Marceau** (Avenue)	6 Av. du Pdt Wilson	Pl. Ch. de Gaulle	Alma-Marceau	32-92
16	H12-I12	**Marceau** (Avenue)	6 Av. du Pdt Wilson	Pl. Ch. de Gaule	Alma-Marceau	22-30-32-73-92
19	F26	**Marceau** (Villa)	28 R. du Gal Brunet	3 R. de la Liberté	Danube-Botzaris	48-60-75
1	I18-I19	**Marcel** (Rue Étienne)	65 Bd Sébastopol	7 Pl. des Victoires	Étienne-Marcel	29-38-47-48-67-74-85
2	I18-I19	**Marcel** (Rue Étienne)	65 Bd Sébastopol	7 Pl. des Victoires	Étienne-Marcel	29-38-47-48-67-74-85
11	K23	**Marcès** (Villa)	39 R. Popincourt	(en impasse)	St-Ambroise	56-69
19	E26-E27	**Marchais** (Rue des)	Bd d'Indochine	Av. de la Pte Brunet	Danube	PC2-PC3
20	I27-I28	**Marchal** (Rue du Capitaine)	1 R. Étienne Marey	32 R. Le Bua	Pelleport	60-61
16	G10	**Marchand** (Rue du Commandant)	Av de Malakoff	(en impasse)	Pte Maillot	82-PC1
13	Q18	**Marchand** (Passage Victor)	110 R. Glacière	111 R. de la Santé	Glacière	21
10	H21	**Marché** (Passage du)	19 R. Bouchardon	R. du Fbg St-Martin	Château d'Eau	38-39-47
5	O20-O21	**Marché aux Chevaux** (Impasse du)	5 R. G. St-Hilaire	(en impasse)	Les Gobelins	67-91
4	K21	**Marché des Blancs Manteaux** (Rue du)	1 R. Hospitalières St-G.	46 R. Vieille du Temple	St-Paul	29
5	O20	**Marché des Patriarches** (Rue du)	9 R. de Mirbel	7 R. des Patriarches	Censier-Daubenton	47
4	L19	**Marché Neuf** (Quai du)	6 R. de la Cité	Pont St-Michel	St-Michel	24-27
18	C17	**Marché Ordener** (Rue du)	172 R. Ordener	175 R. Championnet	Guy Môquet	31-60-95
11	I23	**Marché Popincourt** (Rue du)	12 R. Ternaux	16 R. Ternaux	Parmentier	46-96
12	M23	**Marché Saint-Antoine** (Cour du)	39 Av. Daumesnil	86 R. de Charenton	Gare de Lyon	20-29-57-61-65-87-91
4	K21	**Marché Sainte-Catherine** (Place du)	4 R. d'Ormesson	7 R. Caron	St-Paul	29-69-76-96
1	I17	**Marché Saint-Honoré** (Place du)	13 R. du Marché St-H.	R. du Marché St-Honoré	Tuileries-Opéra	21-27-29-68-81-95
1	I17	**Marché Saint-Honoré** (R. du)	326 R. St-Honoré	15 R. D. Casanova	Tuileries-Opéra	21-27-29-68-81-95
20	H25	**Mare** (Impasse de la)	14 R. de la Mare	(en impasse)	Pyrénées	96
20	G25-H25	**Mare** (Rue de la)	Pl. de Ménilmontant	383 R. des Pyrénées	Pyrénées	26-96
1	J18	**Marengo** (Rue de)	162 R. de Rivoli	149 R. St-Honoré	Louvre Rivoli	21-67-69-72-74-76-81-85
15	P12	**Marette** (Place Jacques)	R. de Cronstadt	R. des Morillons	Convention	89-95
20	H28-I28	**Marey** (Rue Étienne)	5 Pl. Oct. Chanute	50 R. du Surmelin	Pelleport	PC2
20	I28	**Marey** (Villa Étienne)	16 R. Étienne Marey	(en impasse)	St-Fargeau	PC2
14	R16	**Marguerin** (Rue)	71 R. d'Alésia	2 R. Leneveux	Alésia	28-38-62
7	K12	**Marguerite** (Avenue du Général)	Al. A. Lecouvreur	Al. Thomy Thierry	Ch. de Mars-Tr Eiffel (RER C)	42-69-87
17	F12-F13	**Margueritte** (Rue)	104 Bd de Courcelles	76 Av. de Wagram	Courcelles	30-31-84
12	N28	**Marguettes** (Rue des)	R. Lasson	100 Av. de St-Mandé	Pte de Vincennes	29-56-62-PC2
15	O10	**Maridor** (Rue Jean)	81 Av. Félix Faure	290 R. Lecourbe	Lourmel	39-42-80
9	G18-G19	**Marie** (Rue Geoffroy)	20 R. du Fbg Montmartre	29 R. Richer	Grands Boulevards	48-67-74-85
17	B15	**Marie** (Cité)	91 Bd Bessières	(en impasse)	Pte de Clichy	66-PC3
4	L21	**Marie** (Pont)	Q. des Célestins	Q. d'Anjou	Pont Marie	67
14	R16-R17	**Marié Davy** (Rue)	R. Sarrette	R. du Père Corentin	Alésia	28-38
10	H22	**Marie et Louise** (Rue)	33 R. Bichat	8 Av. Richerand	Goncourt	46-75
14	R17	**Marie Rose** (Rue)	23 R. du Père Corentin	R. Sarette	Alésia	28-38
8	H13	**Marignan** (Passage)	24 R. de Marignan	31 Av. des Chps Élysées	Franklin D. Roosevelt	32-42-73-80
8	H13-I13	**Marignan** (Rue de)	24 R. François Ier	33 Av. des Chps Élysées	Franklin D. Roosevelt	32-42-73-80
8	H15-I14	**Marigny** (Avenue de)	34 Av. Gabriel	59 R. du Fbg St-Honoré	Chps Élysées Clem.	42-52-73-83-93
18	E21	**Marillac** (Square Louise De)	R. Pajol		La Chapelle	48-65
5	N18	**Marin** (Place Louis)	66 Bd St-Michel	1 R. H. Barbusse	Luxembourg (RER B)	38-82
15	P10	**Marin La Meslée** (Square)	Bd Victor	Sq. Desnouettes	Pte de Versailles	39-PC1
14	R14	**Mariniers** (Rue des)	Sq. Lichtenberger	108 R. Didot	Pte de Vanves	58-PC1
7	K12	**Marinoni** (Rue)	48 Av. de La Bourdonnais	Al. A. Lecouvreur	École Militaire	69-87
17	E15	**Mariotte** (Rue)	54 R. des Dames	19 Av. des Batignolles	Rome	66
2	H18	**Marivaux** (Rue de)	4 R. Grétry	11 Bd des Italiens	Richelieu Drouot	20-39-48-67-74-85
15	O12-P12	**Marmontel** (Rue)	10 R. Yvart	209 R. de la Convention	Vaugirard	62-88
13	P20	**Marmousets** (Rue des)	24 R. Gobelins	15 Bd Arago	Les Gobelins	27-47-83-91
19	C25-D24	**Marne** (Quai de la)	158 R. de Crimée	Q. de Metz	Ourcq - Crimée	60
19	D24	**Marne** (Rue de la)	17 R. de Thionville	28 Q. de la Marne	Ourcq	60
19	D22	**Maroc** (Impasse du)	6 Pl. du Maroc	(en impasse)	Stalingrad	54

19	D22	**Maroc** (Place du)	18 R. de Tanger	18 R. du Maroc	Stalingrad	54
19	D22-E22	**Maroc** (Rue du)	25 R. de Flandre	54 R. d'Aubervilliers	Stalingrad	54
20	H25-I24	**Maronites** (Rue des)	16 Bd de Belleville	17 R. J. Lacroix	Ménilmontant	96
8	H12-I13	**Marot** (Rue Clément)	29 Av. Montaigne	46 R. P. Charron	Alma-Marceau	34-42-80
13	T23	**Marquès** (Boulevard Hippolyte)	Av. M. Thorez (Ivry-s-S.)	Av. Pte de Choisy	Pte de Choisy	83
20	K28	**Marquet** (Rue Albert)	15 R. Courat	44 R. Vitruve	Maraîchers	26-76
16	K9-L9	**Marronniers** (Rue des)	74 R. Raynouard	40 R. Boulainvilliers	La Muette	22-52
19	D26-E27	**Marseillaise** (Rue de la)	Av. Pte Chaumont	2 R. Sept Arpents	Pte de Pantin	75-PC2-PC3
19	D26	**Marseillaise** (Square de la)	R. de la Marseillaise		Pte de Pantin	75-PC2-PC3
10	H21-H22	**Marseille** (Rue de)	4 R. Yves Toudic	33 R. Beaurepaire	Jacques Bonsergent	56-65-75
2	I17	**Marsollier** (Rue)	1 R. Méhul	1 R. Monsigny	Pyramides	21-27-29-39-68-81-95
12	M27-N27	**Marsoulan** (Rue)	45 Av. de St-Mandé	48 Crs de Vincennes	Picpus	29-56-86
18	A21	**Marteau** (Impasse)	Av. Pte Chapelle	(en impasse)	Pte de la Chapelle	65
17	E15	**Martel** (Pass. Commandant Charles)	R. de Rome	R. Dulong	Rome	53
16	G9	**Martel** (Boulevard Thierry De)	Pte Maillot	Bd de l'Amiral Bruix	Pte Maillot	73-82-PC1
10	G20	**Martel** (Rue)	14 R. Ptes Écuries	15 R. de Paradis	Château d'Eau	32
16	J10	**Marti** (Place José)	R. du Cdt Schloesing	Av. P. Doumer	Trocadéro	22-32-63
7	K15	**Martignac** (Cité)	111 R. de Grenelle	(en impasse)	Varenne	69
7	K15	**Martignac** (Rue de)	33 R. St-Dominique	130 R. de Grenelle	Varenne	69
16	I9-J8	**Martin** (Avenue Henri)	77 R. de la Pompe	77 Bd Lannes	Rue de la Pompe	52-63-PC1
16	K8	**Martin** (Rue Marietta)	67 R. des Vignes	R. des Bauches	La Muette	22-52
18	C18	**Martinet** (Rue Achille)	178 R. Marcadet	30 R. Montcalm	Lamarck-Caulaincourt	31-60-95
10	H20	**Martini** (Impasse)	25 R. du Fbg St-Martin	(en impasse)	Strasbourg-St-Denis	20-38-39-47
18	C21	**Martinique** (Rue de la)	6 R. Guadeloupe	25 R. de Torcy	Marx Dormoy	60-65
17	B16	**Marty** (Impasse)	51 R. Lantiez	60 Pas. Châtelet	Pte de St-Ouen	66-81-PC3
9	E18-G18	**Martyrs** (Rue des) Montmartrobus	2 R. N.-D. de Lorette	14 R. de la Vieuville	Abbesses	30-54-67-
18	E18	**Martyrs** (Rue des)	2 R. N.-D. de Lorette	14 R. de la Vieuville	Abbesses	30-54-67- Montmartrobus
15	K10-L11	**Martyrs Juifs du Vélodrome d'Hiver** (Place des)	Q. Branly	Q. de Grenelle	Bir Hakeim	72-82
16	J8	**Maspéro** (Rue)	2 R. Collignon	10 R. d'Andigné	La Muette	22-32-52
17	D12	**Massard** (Avenue Émile et Armand)	7 R. J. Bourdais	20 Av. P. Adam	Pereire	84-92-PC3
14	T17	**Masse** (Avenue Pierre)	Av. P. Vaillant Couturier	R. Descaves	Gentilly	88-PC1
9	F17-F18	**Massé** (Rue Victor)	55 R. des Martyrs	58 R. J.-B. Pigalle	Pigalle	30-54-67-74- Montmartrobus
13	R25-S21	**Masséna** (Boulevard)	27 Q. d'Ivry	163 Av. d'Italie	Pte d'Italie - Pte d'Ivry	27-83-PC1-PC2
13	R23-S23	**Masséna** (Square)	42 Bd Masséna		Pte d'Ivry	27-83-PC1-PC2
16	K9	**Massenet** (Rue)	42 R. de Passy	27 R. Vital	Passy	22-32
7	M14	**Masseran** (Rue)	5 R. Eblé	6 R. Duroc	St-Franç. Xavier	28-82-87-92
12	P27	**Massif Central** (Square du)	2 R. des Meuniers	37 Bd Poniatowski	Pte de Charenton	87-PC2
4	L20	**Massillon** (Rue)	5 R. Chanoinesse	6 R. du Cloître N.-D.	Cité	24
13	Q20-R20	**Masson** (Place André)	17 R. Vandrezanne		Tolbiac	47
18	B20	**Massonnet** (Impasse)	8 R. Championnet	(en impasse)	Simplon	PC3
15	N14-O14	**Mathieu** (Impasse)	56 R. Falguière	(en impasse)	Pasteur	48-88-95
19	C23-D23	**Mathis** (Rue)	107 R. de Flandre	30 R. Curial	Crimée	54-60
8	G15-G17	**Mathurins** (Rue des)	17 R. Scribe	30 Bd Malesherbes	St-Lazare	20-21-24-27-29- 42-68-81-95
9	G15-G17	**Mathurins** (Rue des)	17 R. Scribe	30 Bd Malesherbes	St-Lazare	20-21-24-27-29- 42-68-81-95
8	H14	**Matignon** (Avenue)	Rd-Pt des Chps Élysées	31 R. de Penthièvre	Miromesnil	28-32-42-52-73-80-83-93
20	I26	**Matisse** (Place Henri)	2 R. Soleillet	R. Raoul Dufy	Gambetta	61-69
5	L19	**Maubert** (Impasse)	1 R. F. Sauton	(en impasse)	Maubert-Mutualité	24-63-86-87
5	M19	**Maubert** (Place)	Bd St-Germain	R. Lagrange	Maubert-Mutualité	24-47-63-86-87
9	E20-G18	**Maubeuge** (Rue de)	Pl. Kossuth	39 Bd de la Chapelle	Gare du Nord	26-30-31-32-35-42-43- 46-48-54-56-67-74-85
10	F20-E20	**Maubeuge** (Rue de)	Pl. Kossuth	39 Bd de la Chapelle	Gare du Nord	26-30-31-38-42- 43-46-48-54-56
9	F19	**Maubeuge** (Square de)	56 R. de Maubeuge	(en impasse)	Poissonnière	42-85
15	O12	**Maublanc** (Rue)	97 R. Blomet	264 R. de Vaugirard	Vaugirard	39-70-80-88
1	I19	**Mauconseil** (Rue)	3 R. Française	36 R. Montorgueil	Châtelet - Les Halles	29
14	R15	**Maud'Huy** (Rue du Général De)	Bd Brune	Av. M. d'Ocagne	Pte de Vanves	58-PC1
16	J7-K7	**Maunoury** (Avenue du Maréchal)	Pl. de Colombie	Pl. de la Pte Passy	Ranelagh	32-63-PC1
16	J8	**Maupassant** (Rue Guy De)	2 R. Ed. About	54 Bd E. Augier	Av. H. Martin (RER C)	63
3	J20	**Maure** (Passage du)	33 R. Beaubourg	R. Brantôme	Rambuteau	29-38-47-75
5	N21	**Maurel** (Passage)	8 Bd de l'Hôpital	7 R. Buffon	Gare d'Austerlitz	57-61-89-91
13	P23-P24	**Mauriac** (Quai François)	Q. de la Gare	Q. Panhard	Quai de la Gare	62-89
16	F9	**Maurois** (Boulevard André)	Pl. de la Pte Maillot	Bd Maillot (Neuilly)	Pte Maillot	73-82
4	K20	**Mauvais Garçons** (Rue des)	44 R. de Rivoli	1 R. de la Verrerie	Hôtel de Ville	67-69-75-76-96
20	K28	**Mauves** (Allée des)	43 R. Mouraud	72 R. St-Blaise	Pte de Montreuil	57-PC2
19	F28	**Mauxins** (Passage des)	59 R. Romainville	11 Bd Sérurier	Pte des Lilas	48-PC2-PC3
15	O11	**Mawas** (Rue Jacques)	R. du Cdt Léandri	R. Fr. Mouthon	Convention	39-62-80
9	E17	**Max** (Place Adolphe)	22 R. de Douai	53 R. Vintimille	Place de Clichy	30-54-68-74-80-81-95
17	D12	**Mayenne** (Square de la)	29 Av. Brunetière	(en impasse)	Pereire	53-84-92-94-PC3
6	M15	**Mayet** (Rue)	131 R. de Sèvres	122 R. du Cherche Midi	Duroc	28-39-70-82-87-89-92
9	F19-G19	**Mayran** (Rue)	26 R. de Montholon	12 R. Rochechouart	Cadet	26-32-42-43-48-85
10	H20	**Mazagran** (Rue de)	16 Bd de Bonne Nouvelle	9 R. de l'Échiquier	Strasbourg-St-Denis	20-39
6	K18-L18	**Mazarine** (Rue)	3 R. de Seine	52 R. Dauphine	Odéon	24-27-58-63-70-86-87-96
12	M22-N22	**Mazas** (Place)	Q. de la Rapée	Bd Diderot	Quai de la Rapée	24-57-61-63-91
12	M22-N22	**Mazas** (Voie)	Q. Henri IV	Q. de la Rapée	Quai de la Rapée	24-57-61-63-91
6	L18	**Mazet** (Rue André)	47 R. Dauphine	66 R. St-André des Arts	Odéon	58-70
19	E24-F23	**Meaux** (Rue de)	8 Pl. du Col Fabien	108 Av. J. Jaurès	Laumière - Bolivar	26-46-48-60-75
14	P18	**Méchain** (Rue)	32 R. de la Santé	R. du Fbg St-Jacques	St-Jacques	21-38-83
17	F13	**Médéric** (Rue)	108 R. Courcelles	41 R. de Prony	Wagram - Courcelles	30-31-84
6	M18	**Médicis** (Rue de)	Pl. P. Claudel	6 Pl. Ed. Rostand	Luxembourg (RER B)	21-27-38-58-82-84-85-89

1	K18-K19	**Mégisserie** (Quai de la)	1 Pl. du Châtelet	2 R. du Pont Neuf	Pont Neuf - Châtelet	21-58-67-69-70-72-74-75-76-81-85
2	I17	**Méhul** (Rue)	44 R. Petits Champs	1 R. Marsollier	Pyramides	21-27-29-39-68-81-95
15	N12	**Meilhac** (Rue)	53 R. de la Croix Nivert	1 R. Neuve du Théatre	Commerce	80
17	E13	**Meissonnier** (Rue)	48 R. de Prony	77 R. Jouffroy	Wagram	31
12	O28	**Mélies** (Square Georges)	Bd Soult	Av. E. Laurent	Pte de Vincennes	29-PC2
19	G25	**Mélingue** (Rue)	101 R. de Belleville	29 R. Fessart	Pyrénées	26
19	E23	**Melun** (Passage de)	60 Av. J. Jaurès	95 R. de Meaux	Laumière	48-60
19	F24	**Ménans** (Rue Jean)	42 R. E. Pailleron	47 R. Manin	Buttes Chaumont	75
15	M9-N9	**Ménard** (Rue du Capitaine)	32 R. de Javel	25 R. de la Convention	Javel	62-88
2	H18	**Ménars** (Rue)	79 R. de Richelieu	10 R. 4 Septembre	Bourse	20-29-39-48-67-74-85
20	K28-L29	**Mendelssohn** (Rue)	88 Bd Davout	3 R. des Drs Déjerine	Pte de Montreuil	57-PC2
17	D11-E11	**Mendès** (Rue Catulle)	10 Av. S. Mallarmé	21 Bd de la Somme	Pte de Champerret	84-92-93-PC1-PC3
13	O22	**Mendès France** (Avenue Pierre)	24 Bd V. Auriol	71 Q. d'Austerlitz	Gare d'Austerlitz	24-57-61-63-89
3	J20	**Ménétriers** (Passage des)	31 R. Beaubourg	2 R. Brantôme	Rambuteau	29-38-47-75
16	H9	**Ménier** (Rue Émile)	21 R. de Pomereu	R. des Belles Feuilles	Pte Dauphine	52
11	J25-I24	**Ménilmontant** (Boulevard de)	19 R. de Mont Louis	162 R. Oberkampf	Père Lachaise	61-69-96
20	J25-I24	**Ménilmontant** (Boulevard de)	19 R. de Mont Louis	162 R. Oberkampf	Père Lachaise	61-69-96
11	I24-I25	**Ménilmontant** (Passage de)	4 Av. J. Aicard	113 Bd de Ménilmontant	Ménilmontant	96
20	H25-I25	**Ménilmontant** (Place de)	R. de la Mare	67 R. de Ménilmontant	Ménilmontant	96
20	H28	**Ménilmontant** (Porte de)	R. du Surmelin	Av. Pte de Ménilmontant	St Fargeau	PC2
20	H27-I24	**Ménilmontant** (Rue de)	152 Bd de Ménilmontant	105 R. Pelleport	St-Fargeau	60-61-26-96
20	H26	**Ménilmontant** (Square de)	R. de Ménilmontant	R. Pixérécourt	St-Fargeau	26-60-96
15	Q12	**Mercié** (Rue Antonin)	90 Bd Lefebvre	49 Av. A. Bartholomé	Pte de Vanves	95-PC1
9	F16-F17	**Mercier** (Rue du Cardinal)	56 R. de Clichy	(en impasse)	Liège	68-81
15	N10-N9	**Mercier** (Rue Sébastien)	67 Q. A. Citroën	146 R. St-Charles	Javel	62-88
11	K24-K25	**Mercœur** (Rue)	127 Bd Voltaire	5 R. La Vacquerie	Voltaire	46-56-61-69
14	R17	**Méridienne** (Villa)	53 Av. René Coty	(en impasse)	Pte d'Orléans	62-88
16	H9	**Mérimée** (Rue)	59 R. des Belles Feuilles	20 R. E. Ménier	Pte Dauphine	52
12	N28	**Merisiers** (Sentier des)	101 Bd Soult	3 R. du Niger	Pte de Vincennes	29-56-PC2
11	J25-K25	**Merlin** (Rue)	151 R. de la Roquette	126 R. du Chemin Vert	Père Lachaise	61-69
8	H14	**Mermoz** (Rue Jean)	2 Rd-Pt des Chps Élysées	95 R. du Fbg St-Honoré	St-Philippe du R.	28-32-52-80-83-93
17	E11	**Merrill** (Place Stuart)	182 Bd Berthier	Av. S. Mallarmé	Pte de Champerret	84-92-93-PC1-PC3
13	Q20	**Méry** (Rue Paulin)	8 R. Bobillot	7 R. du Moulin des Prés	Place d'Italie	57-67
16	N6	**Meryon** (Rue)	Bd Murat	31 Av. du Gal Sarrail	Pte d'Auteuil	52-PC1
3	H21-I21	**Meslay** (Passage)	32 R. Meslay	25 Bd St-Martin	République	20
3	H20-I21	**Meslay** (Rue)	205 R. du Temple	328 R. St-Martin	République	20-38-39-47-56-65-75
16	H10-I10	**Mesnil** (Rue)	7 Pl. Victor Hugo	52 R. St-Didier	Victor Hugo	52-82
18	B18-C18	**Messager** (Rue André)	21 R. Letort	93 R. Championnet	Pte de Clignancourt	31-60-85
10	G19-G20	**Messageries** (Rue des)	69 R. d'Hauteville	78 R. du Fbg Poissonnière	Poissonnière	26-32-42-43-48
13	Q24	**Messiaen** (Rue Olivier)	R. Neuve Tolbiac	R. Thomas Mann	Bibl. F. Mitterrand	62-89
12	O27	**Messidor** (Rue)	36 R. de Toul	117 Av. du Gal M. Bizot	Bel Air	62
14	P18	**Messier** (Rue)	77 Bd Arago	4 R. J. Dolent	St-Jacques	38-88
12	O28	**Messimy** (Avenue du Général)	9 R. E. Lefébure	R. Nouv. Calédonie	Pte Dorée	PC2
8	F14-G14	**Messine** (Avenue de)	134 Bd Haussmann	1 Pl. Rio Janeiro	Miromesnil	22-28-32-43-80-84
8	G14	**Messine** (Rue de)	12 R. Dr Lancereaux	23 Av. de Messine	St-Philippe du R.	84
13	P21	**Mesureur** (Square Gustave)	103 R. Jeanne d'Arc	6 Pl. Pinel	Nationale	27
20	G25	**Métairie** (Cour de la)	92 R. de Belleville	403 R. des Pyrénées	Pyrénées	26
11	J25	**Métivier** (Place Auguste)	R. des Amandiers	1 Av. Gambetta	Père Lachaise	61-69
20	J25	**Métivier** (Place Auguste)	R. des Amandiers	1 Av. Gambetta	Père Lachaise	61-69
18	D17	**Métivier** (Rue Juste)	37 Av. Junot	56 R. Caulaincourt	Lamarck-Caulaincourt	80
20	G26-H26	**Métra** (Rue Olivier)	29 R. Pixérécourt	169 R. de Belleville	Jourdain	26-48-60
20	G26	**Métra** (Villa Olivier)	28 R. Olivier Métra	(en impasse)	Jourdain	26-60
19	C25-D25	**Metz** (Quai de)	R. de Thionville	Q. de la Marne	Ourcq - Pte de Pantin	60
10	H20	**Metz** (Rue de)	19 Bd de Strasbourg	24 R. du Fbg St-Denis	Strasbourg-St-Denis	20-38-39-47
20	H28-I28	**Meunier** (Rue Stanislas)	3 R. M. Berteaux	4 R. Vidal de la Blache	Pte de Bagnolet	PC2
12	P26-P27	**Meuniers** (Rue des)	33 Bd Poniatowski	10 R. Brêche Loups	Pte de Charenton	62-87
20	G28-G29	**Meurice** (Rue Paul)	10 R. Léon Frapié	(en impasse)	Pte des Lilas	48-61-96-PC2-PC3
19	D24	**Meurthe** (Rue de la)	39 R. de l'Ourcq	24 Q. de la Marne	Ourcq	60
16	I10	**Mexico** (Place de)	84 R. de Longchamp	2 R. Decamps	Rue de la Pompe	63
16	O6	**Meyer** (Villa Émile)	4 Villa Cheysson	14 R. Parent de Rosan	Exelmans	22-62-72-PC1
9	H17	**Meyerbeer** (Rue)	3 R. Chée d'Antin	Pl. J. Rouché	Chée d'Antin-La Fayette	20-21-22-27-29-32-42-52-53-66-68-81-95
19	E24-E25	**Meynadier** (Rue)	4 Pl. A. Carrel	97 R. de Crimée	Laumière	48-60-75
6	M17	**Mézières** (Rue de)	78 R. Bonaparte	79 R. de Rennes	St-Sulpice	84-95-96
13	R19	**Michal** (Rue)	39 R. Barrault	16 R. M. Bernard	Corvisart	57-62-67
16	O6	**Michaux** (Place du Docteur Paul)	Av. Pte de St-Cloud	Parc des Princes	Pte de St-Cloud	22-62-72-PC1
13	R20	**Michaux** (Rue Henri)	25 R. Vandrezanne	32 R. du Moulinet	Tolbiac	57-62-67
16	O6	**Michel-Ange** (Hameau)	21 R. Parent de Rosan	(en impasse)	Exelmans	62
16	M7-O6	**Michel-Ange** (Rue)	53 R. d'Auteuil	8 Pl. Pte St-Cloud	Michel-Ange-Auteuil	22-52-62-72-PC1
16	M7	**Michel-Ange** (Villa)	3 R. Bastien Lepage	(en impasse)	Michel Ange-Auteuil	52
4	J20	**Michelet** (Place Edmond)	107 R. St-Martin	1 R. Quincampoix	Rambuteau	38-47-67-69-75-76
6	N17-N18	**Michelet** (Rue)	82 Bd St-Michel	81 R. d'Assas	Luxembourg (RER B)	38-83
15	M10	**Michels** (Place Charles)	85 R. St-Charles	29 R. des Entrepreneurs	Charles Michels	42-70-88
18	E17	**Midi** (Cité du)	48 Bd de Clichy	(en impasse)	Pigalle - Blanche	30-54-67-Montmartrobus
14	O16	**Mie** (Rue Auguste)	73 R. Froidevaux	97 Av. du Maine	Gaîté	28-58-88
16	I9-J8	**Mignard** (Rue)	83 Av. H. Martin	18 R. de Siam	Rue de la Pompe	52-63
4	K21	**Migne** (Rue de l'Abbé)	R. Francs Bourgeois	(en impasse)	Rambuteau	29
14	P17	**Migne** (Square de l'Abbé)	Av. Denfert-Rochereau	Bd St-Jacques	Denfert-Rochereau	38-68-88
16	M8	**Mignet** (Rue)	9 R. George Sand	12 R. Leconte de Lisle	Église d'Auteuil	22-52-62
6	L18	**Mignon** (Rue)	7 R. Danton	110 Bd St-Germain	Odéon	96
16	J10	**Mignot** (Square)	20 R. Pétrarque	(en impasse)	Trocadéro	22-32
19	F26	**Mignottes** (Rue des)	86 R. Compans	14 R. de Mouzaïa	Botzaris	48-60
9	F16	**Milan** (Rue de)	31 R. de Clichy	46 R. d'Amsterdam	Liège	26-43-68-81-95
19	D26-E25	**Milhaud** (Allée Darius)	95 R. Manin	120 R. Petit	Pte de Pantin - Ourcq	48-60-75-PC2-PC3
19	D25	**Mille** (Rue Adolphe)	185 Av. J. Jaurès	(en impasse)	Ourcq - Pte de Pantin	60

15	P11-Q11	**Mille** (Rue Pierre)	43 R. Vaugelas	98 R. O. de Serres	Pte de Versailles	39-80-PC1
16	L8	**Milleret De Brou** (Avenue)	21 R. de l'Assomption	22 Av. R. Poincaré	Ranelagh - Jasmin	52
16	L8	**Millet** (Rue François)	20 Av. T. Gautier	29 R. J. De La Fontaine	Mirabeau	22-52
15	O11	**Millon** (Rue Eugène)	172 R. de la Convention	23 R. St-Lambert	Convention	39-62-80
17	E11	**Milne Edwards** (Rue)	164 Bd Pereire	4 R. J.-B. Dumas	Pte de la Chapelle	92-93
18	B16-B17	**Milord** (Impasse)	140 Av. de St-Ouen	(en impasse)	Pte de St-Ouen	81-PC3
9	F18-G18	**Milton** (Rue)	46 R. Lamartine	29 R. Tour d'Auvergne	N.-D. de Lorette	42-67-74-85
13	S19	**Mimosas** (Square des)	2 R. des Liserons	(en impasse)	Cité Univ. (RER B)	21-67
12	Q25	**Minervois** (Cour du)	R. de Libourne	Pl. des Vins de France	Cour St-Émilion	24
3	K22	**Minimes** (Rue des)	33 R. des Tournelles	34 R. de Turenne	Chemin Vert	20-29-65-96
14	P17	**Minjoz** (Rue Jean)	71 Bd St-Jacques	Villa St-Jacques	Denfert-Rochereau	38-68-88
15	M13-N12	**Miollis** (Rue)	48 Bd Garibaldi	33 R. Cambronne	Ségur	80
13	S19-T19	**Miomandre** (Rue Francis De)	R. Thomire	R. L. Pergaud	Cité Univ. (RER B)	PC1
15	M8-M9	**Mirabeau** (Pont)	Q. L. Blériot	Q. A. Citroën	Mirabeau - Javel	22-62-72-88
16	M8-M9	**Mirabeau** (Pont)	Q. L. Blériot	Q. A. Citroën	Mirabeau - Javel	22-62-72-88
16	M8-N7	**Mirabeau** (Rue)	Pl. de Barcelone	9 R. Chardon Lagache	Mirabeau	22-62-72
5	O20	**Mirbel** (Rue de)	20 R. Censier	7 R. Patriarches	Censier-Daubenton	47
14	S18	**Mire** (Allée de la)	Parc Montsouris		Cité Univ. (RER B)	21-88-PC1
18	D18	**Mire** (Rue de la)	17 R. Ravignan	112 R. Lepic	Abbesses	Montmartrobus
20	K28	**Miribel** (Place Marie De)	Bd Davout	R. des Orteaux	Pte de Montreuil	57-PC2
13	S21	**Miró** (Jardin Joan)	R. Gandon	R. Tagore	Pte d'Italie	47-PC1
8	F14-H15	**Miromesnil** (Rue de)	100 R. du Fbg St-Honoré	13 Bd de Courcelles	Villiers - Miromesnil	28-30-32-52-80-83-93-94
4	K20-K21	**Miron** (Rue François)	Pl. St-Gervais	11 R. de Fourcy	Hôtel de Ville	67-69-76-96
16	L7-M7	**Mission Marchand** (Rue de la)	28 R. P. Guérin	25 R. de la Source	Michel Ange-Auteuil	52
7	L16	**Missions Étrangères** (Square des)	R. du Bac		Sèvres-Babylone	63-68-83-84-94
15	O10	**Mistral** (Rue Frédéric)	14 R. J. Maridor	13 R. F. Faure	Lourmel	39
15	O10	**Mistral** (Villa Frédéric)	3 R. F. Mistral	296 R. Lecourbe	Lourmel	39
7	L14	**Mithouard** (Place du Président)	36 Bd des Invalides	25 Av. de Breteuil	St-François Xavier	28-82-87-92
1	J17	**Mitterrand** (Quai François)	Av. du Gal Lemonnier	R. de l'Aml de Coligny	Louvre Rivoli	24-27-39-68-69-72-95
15	N14-O14	**Mizon** (Rue)	6 R. Brown Séquard	63 Bd Pasteur	Pasteur	48-88-91-95
19	E24	**Moderne** (Avenue)	21 R. du Rhin	(en impasse)	Laumière	48-60-75
14	Q16	**Moderne** (Villa)	15 R. des Plantes	(en impasse)	Alésia	58
15	O9	**Modigliani** (Rue)	R. Balard	R. St-Charles	Balard - Lourmel	42
14	O15	**Modigliani** (Terrasse)	26 R. Mouchotte	(en impasse)	Gaîté	28-88-89-91-92-94-95-96
9	G17	**Mogador** (Rue de)	46 Bd Haussmann	75 R. St-Lazare	Trinité-Chée d'Antin-La F.	26-32-43-68-81
5	M20	**Mohammed V** (Place)	Q. St-Bernard	R. des Fossés St-Bernard	Jussieu	24-63-67-86-87-89
17	C16-D15	**Moines** (Rue des)	2 Pl. C. Fillion	41 R. de la Jonquière	Brochant	31-54-74
10	G22-G23	**Moinon** (Rue Jean)	24 Av. C. Vellefaux	34 R. Sambre et Meuse	Goncourt	46-75
15	N15	**Moisant** (Rue Armand)	25 R. Falguière	20 Bd Vaugirard	Montparnasse-Bienv.	48-89-91-92-94-95-96
7	J13	**Moissan** (Rue Henri)	59 Q. d'Orsay	12 Av. R. Schuman	La Tour-Maubourg	28-63-83-93
16	N7	**Molière** (Avenue)	1 Av. Despréaux	Imp. Racine	Michel Ange-Molitor	62
3	J20	**Molière** (Passage)	157 R. St-Martin	80 R. Quincampoix	Rambuteau	29-38-47
1	I17	**Molière** (Rue)	6 Av. de l'Opéra	37 R. de Richelieu	Pyramides	21-27-39-48-67-68-81-95
18	D22	**Molin** (Impasse)	10 R. Buzelin	(en impasse)	Marx Dormoy	60
16	N6	**Molitor** (Porte)	Bd Périphérique	Pl. Pte de Molitor	Pte d'Auteuil	52-PC1
16	N6-N7	**Molitor** (Rue)	14 R. Chardon Lagache	25 Bd Murat	Michel Ange-Molitor	22-52-62-PC1
16	N7	**Molitor** (Villa)	7 R. Molitor	26 R. Jouvenet	Chardon Lagache	22-62
17	F11-G11	**Moll** (Rue du Colonel)	15 R. des Acacias	9 R. St-Ferdinand	Argentine	43-73
19	B23	**Mollaret** (Allée Pierre)	204 Bd Macdonald	69 R. Émile Bollaert	Pte de la Chapelle	54-65-PC3
8	F14-G14	**Mollien** (Rue)	22 R. Treilhard	29 R. de Lisbonne	Miromesnil	84-94
17	D13	**Monbel** (Rue de)	102 R. Tocqueville	31 Bd Péreire	Malesherbes	31-53
8	F14-F13	**Monceau** (Parc de)	Bd de Courcelles	Av. Van Dyck	Monceau	30-84-94
8	F15-G13	**Monceau** (Rue de)	188 Bd Haussmann	89 R. du Rocher	Villiers	22-30-43-52-83-84-93
17	E15	**Monceau** (Square)	82 Bd des Batignolles	(en impasse)	Villiers	30-53
17	E12	**Monceau** (Villa)	156 R. de Courcelles	(en impasse)	Pereire	31-84-92-93
17	D16	**Moncey** (Passage)	35 Av. de St-Ouen	28 R. Dautancourt	La Fourche	81
9	F16-F17	**Moncey** (Rue)	35 R. Blanche	46 R. de Clichy	Liège	68-74-81
9	F17	**Moncey** (Square)	6 R. Moncey	(en impasse)	Liège	68-74-81
15	P14	**Monclar** (Place du Général)	R. de Vouillé	R. Saint-Amand	Plaisance	62-95
1	J19	**Mondétour** (Rue)	102 R. Rambuteau	10 R. de Turbigo	Les Halles	29
20	I28	**Mondonville** (Rue)	R. Irénée Blanc	R. Paul Strauss	Pte de Bagnolet	76-PC2
6	L18	**Mondor** (Place Henri)	87 Bd St-Germain	103 Bd St-Germain	Odéon	58-63-70-86-87-96
1	I16	**Mondovi** (Rue de)	252 R. de Rivoli	29 R. du Mont Thabor	Concorde	24-42-52-72-73-84-94
19	E25-F25	**Monet** (Villa Claude)	19 R. M. Hidalgo	7 R. F. Pinton	Botzaris	75
5	N20	**Monge** (Place)	72 R. Monge	14 R. Gracieuse	Place Monge	47
5	M19-O20	**Monge** (Rue)	47 Bd St-Germain	5 R. de Bazeilles	Place Monge	24-27-47-63-86-87
12	N29	**Mongenot** (Rue)	Av. de Guyane	Av. V. Hugo	St-Mandé Tourelle	29-56-86
19	G23	**Monjol** (Rue)	R. Burnouf	(en impasse)	Colonel Fabien	26
15	N12	**Monmarché** (Place Hubert)	R. Lecourbe	R. Pétel	Vaugirard	39-70-80-88
15	N12	**Monmarché** (Place Hubert)	R. Péclet	R. Lecourbe	Vaugirard	39-70-80-88
1	J18-K18	**Monnaie** (Rue de la)	1 R. du Pont Neuf	75 R. de Rivoli	Pont Neuf	58-70
16	I9	**Monnet** (Place Jean)	Av. Victor Hugo	R. des Belles Feuilles	Rue de la Pompe	52
9	F18	**Monnier** (Rue Henry)	38 R. N.-D. de Lorette	27 R. V. Massé	St-Georges	30-54-67-74-Montmartrobus
20	I25	**Monplaisir** (Passage)	106 Bd de Ménilmontant	(en impasse)	Ménilmontant	96
19	F27	**Monselet** (Rue Charles)	50 Bd Sérurier	7 Bd d'Algérie	Pré St-Gervais	48-PC2-PC3
7	L15-M15	**Monsieur** (Rue)	59 R. de Babylone	14 R. Oudinot	St-François Xavier	39-70-82-87-92
6	L18-M18	**Monsieur le Prince** (Rue)	R. de l'Odéon	Bd St-Michel	Odéon	21-24-27-38-85-86-87-96
2	H17-I17	**Monsigny** (Rue)	19 R. Marsollier	23 R. 4 Septembre	Quatre Septembre	20-21-27-29-68-81-95
20	K27	**Monsoreau** (Square de)	93 R. A. Dumas	17 R. Monte Cristo	Alexandre Dumas	76
15	N9	**Mont Aigoual** (Rue du)	12 R. Cauchy	R. Mont. de l'Espérou	Javel - Bd Victor (RER C)	88
16	M8	**Mont Blanc** (Square du)	25 Av. Perrichont	(en impasse)	Mirabeau	22-52-72
18	B19	**Mont Cenis** (Passage du)	133 R. du Mont Cenis	80 Bd Ornano	Pte de Clignancourt	56-85-PC3
18	B19-D18	**Mont Cenis** (Rue du)	12 R. St-Eleuthère	37 R. Belliard	Simplon - J. Joffrin	31-56-60-80-85-PC3-Montmartrobus
17	E16	**Mont Doré** (Rue du)	38 Bd des Batignolles	9 R. Batignolles	Rome	30-53-66
11	K25	**Mont Louis** (Impasse de)	4 R. de Mont Louis	(en impasse)	Philippe Auguste	61-69

11	K25	**Mont Louis** (Rue de)	30 R. de la Folie Regnault	1 Bd de Ménilmontant	Philippe Auguste	61-69
1	I16	**Mont Thabor** (Rue du)	5 R. d'Alger	7 R. de Mondovi	Tuileries-Concorde	24-42-52-72-73-84-94
15	N15	**Mont Tonnerre** (Villa du)	127 R. de Vaugirard	12 R. de l'Astrolabe	Falguière	28-82-89-92
5	N20	**Montagne** (Square Robert)	Pl. du Puits de l'Ermite		Place Monge	47-67-89
15	O9	**Montagne d'Aulas** (Rue de la)	65 R. Balard	186 R. St-Charles	Lourmel	42-88
15	O9	**Montagne de la Fage** (Rue de la)	64 R. Balard	88 R. Balard	Lourmel	42-88
15	N9-O9	**Montagne de l'Espérou** (Rue de la)	2 R. Cauchy	56 R. Balard	Javel - Bd Victor (RER C)	88
15	N9	**Montagne du Goulet** (Place)	R. Balard	R. C. Myionnet	Javel	62-88
5	M19	**Montagne Sainte-Geneviève** (Rue de la)	2 R. Monge	18 R. St-Etienne du Mont	Maubert-Mutualité	63-84-86-87-89
8	H14-I13	**Montaigne** (Avenue)	7 Pl. de l'Alma	3 Rd-Pt des Chps Élysées	Franklin D. Roosevelt	28-32-42-52-63-72-80-83-92-93
7	K16	**Montalembert** (Rue)	2 R. S. Bottin	31 R. du Bac	Rue du Bac	68-69
8	H15	**Montalivet** (Rue)	13 R. d'Aguesseau	10 R. Saussaies	St-Augustin	52
15	P12	**Montauban** (Rue)	20 R. Robert Lindet	(en impasse)	Convention	89
14	Q16-Q17	**Montbrun** (Passage)	41 R. R. Dumoncel	(en impasse)	Alésia	38-68
14	Q17	**Montbrun** (Rue)	39 R. R. Dumoncel	30 R. d'Alésia	Mouton-Duvernet	28-38-62-68
18	C17-C18	**Montcalm** (Rue)	78 R. Damrémont	65 R. du Ruisseau	Lamarck-Caulaincourt	31-60-95
18	C18	**Montcalm** (Villa)	17 R. Montcalm	55 R. des Cloys	Lamarck-Caulaincourt	31-60-95
20	K26-K27	**Monte Cristo** (Rue)	26 R. de Bagnolet	81 R. A. Dumas	Alexandre Dumas	76
5	L19-L20	**Montebello** (Port de)	Pont au double	Pont de l'Archevêché	Maubert-Mutualité	24-47
5	L19-L20	**Montebello** (Quai de)	2 R. des Gds Degrés	Pl. du Petit Pont	St-Michel	24-47
15	Q13	**Montebello** (Rue de)	5 R. Chauvelot	(en impasse)	Pte de Vanves	95-PC1
14	R13-R14	**Monteil** (Rue du Colonel)	36 Bd Brune	3 R. M. Bouchor	Pte de Vanves	58-PC1
12	O28	**Montempoivre** (Porte de)	Bd Soult	Av. E. Laurent	Bel Air	62-PC2
12	O27-O28	**Montempoivre** (Rue de)	120 Av. du Gal M. Bizot	67 Bd Soult	Bel Air	29-62-PC2
12	O27	**Montempoivre** (Sentier de)	16 Bd de Picpus	37 R. de Toul	Bel Air	62
19	G27	**Montenegro** (Passage du)	26 R. de Romainville	125 R. Haxo	Télégraphe	48-60-PC2-PC3
17	F12-G11	**Montenotte** (Rue de)	21 Av. des Ternes	16 Av. Mac Mahon	Ternes	30-31-43-92-93
12	M28-N28	**Montéra** (Rue)	83 Av. de St-Mandé	133 Bd Soult	Pte de Vincennes	29-56-62-86-PC2
16	I9	**Montespan** (Avenue de)	177 Av. Victor Hugo	99 R. de la Pompe	Rue de la Pompe	52-63
1	J18	**Montesquieu** (Rue)	11 R. Croix des Petits Chps	14 R. des Bons Enfants	Palais-Royal-Louvre	21-48-67-69-72-91
12	P28	**Montesquiou Fezensac** (Rue)	14 Av. A. Rousseau	(en impasse)	Pte Dorée	46
16	H8-I8	**Montevideo** (Rue de)	147 R. de Longchamps	16 R. Dufrénoy	Av. H. Martin (RER C)	PC1
6	L17	**Montfaucon** (Rue de)	131 Bd St-Germain	8 R. Clément	Mabillon	63-70-86-87-96
12	N25	**Montgallet** (Passage)	23 R. Montgallet	(en impasse)	Montgallet	46
12	N25	**Montgallet** (Rue)	187 R. de Charenton	66 R. de Reuilly	Montgallet	29-46
3	I21	**Montgolfier** (Rue)	2 R. Conté	21 R. du Vertbois	Arts et Métiers	20-75
13	R20	**Montgolfière** (Jardin de la)	R. Henri Michaux	P. Vandrezanne	Tolbiac	57-67
7	J16	**Montherlant** (Place Henry De)	Q. A. France		Solférino	24-68-69-73-84
9	F16	**Monthiers** (Cité)	55 R. de Clichy	72 Cour Amsterdam	Liège	68-81-95
9	G19	**Montholon** (Rue de)	85 R. du Fbg Poissonnière	42 R. Cadet	Poissonnière - Cadet	26-32-42-43-48
20	I27-I28	**Montibœufs** (Rue des)	19 R. Cap. Ferber	26 R. Le Bua	Pte de Bagnolet	60-61-76
14	S16	**Monticelli** (Rue)	95 Bd Jourdan	6 Av. P. Appell	Pte d'Orléans	PC1
2	H18	**Montmartre** (Boulevard)	169 R. Montmartre	112 R. de Richelieu	Grands Boulevards	20-39-48-67-74-85
9	H18	**Montmartre** (Boulevard)	169 R. Montmartre	112 R. de Richelieu	Grands Boulevards	20-39-48-67-74-85
2	I19	**Montmartre** (Cité)	55 R. Montmartre	(en impasse)	Sentier	29-48-67-74-85
2	H18	**Montmartre** (Galerie)	161 R. Montmartre	25 Pas. Panoramas	Grands Boulevards	48-67-74-85
18	B18	**Montmartre** (Porte)	Boulevard Ney	Av. Pte Montmartre	Pte de Clignancourt	60-95-PC3
1	H18-J19	**Montmartre** (Rue)	1 R. Montorgueil	1 Bd Montmartre	Sentier - Les Halles	20-29-39-48-67-74-85
2	H18-I19	**Montmartre** (Rue)	1 R. Montorgueil	1 Bd Montmartre	Sentier Les Halles	20-29-39-67-74-85
16	M7	**Montmorency** (Avenue de)	Av. des Peupliers	Av. du Sq.	Michel Ange-Auteuil	52
16	K7-M6	**Montmorency** (Boulevard de)	93 R. de l'Assomption	76 R. d'Auteuil	Pte d'Auteuil	32-52-PC1
3	J20-J21	**Montmorency** (Rue de)	103 R. du Temple	212 R. St-Martin	Rambuteau	29-38-47-75
16	M7	**Montmorency** (Villa de)	12 R. Poussin	93 Bd Montmorency	Michel Ange-Auteuil	52
1	I19-J19	**Montorgueil** (Rue)	2 R. Montmartre	59 R. St-Sauveur	Les Halles	20-29-39
6	M15-O18	**Montparnasse** (Boulevard du)	145 R. de Sèvres	20 Av. de l'Observatoire	Vavin	28-38-39-48-58-70-82-83-87-89-91-92-94-95-96
14	M15-O18	**Montparnasse** (Boulevard du)	145 R. de Sèvres	20 Av. de l'Observatoire	Montparnasse-Bienv.	28-38-48-58-82-83-89-91-92-94-95-96
15	M15-O18	**Montparnasse** (Boulevard du)	145 R. de Sèvres	20 Av. de l'Observatoire	Duroc	28-39-48-58-70-82-87-89-91-92-94-95-96
14	N16	**Montparnasse** (Passage)	R. du Départ	12 R. d'Odessa	Montparnasse-Bienv.	25-58-82-91
6	N16	**Montparnasse** (Rue du)	28 R. N.-D. des Champs	38 R. Delambre	Edgar-Quinet	58-68-82-91
14	N16	**Montparnasse** (Rue du)	28 R. N.-D. des Champs	38 R. Delambre	Edgar-Quinet	58-68-82-91
1	I18	**Montpensier** (Galerie)	Gal. de Beaujolais	Palais Royal	Palais Royal-Louvre	21-27-29-39-48-67-68-81-95
1	I18	**Montpensier** (Rue de)	8 R. de Richelieu	21 R. de Beaujolais	Palais Royal-Louvre	21-27-29-39-48-67-68-81-95
20	L29	**Montreuil** (Porte de)	Bd Périphérique		Pte de Montreuil	57-PC2
11	L24-L27	**Montreuil** (Rue de)	225 R. du Fbg St-Antoine	33 Bd de Charonne	Avron - Faidherbe-Ch.	46-56-57-86
14	R15	**Montrouge** (Porte de)	Bd Brune	Av. Pte de Montrouge	Pte d'Orléans	PC1
14	R18-S17	**Montsouris** (Allée de)	Al. du Puits	R. Deutsch de la M.	Pte d'Orléans	88
14	S18	**Montsouris** (Parc de)	Bd Jourdan	Av. Reille	Cité Univ. (RER B)	88-PC1
14	R17	**Montsouris** (Square de)	8 R. Nansouty	51 Av. Reille	Cité Univ. (RER B)	88
7	J12	**Montessuy** (Rue de)	18 Av. Rapp	21 Av. de La Bourdonnais	Pont de l'Alma (RER C)	42-69-80-92
9	G19	**Montyon** (Rue de)	7 R. de Trévise	18 R. du Fbg Montmartre	Grands Boulevards	42-67-74-85
16	I9	**Mony** (Rue)	68 R. Spontini	9 R. de Lota	Rue de la Pompe	52-63
17	C15-C16	**Môquet** (Rue Guy)	152 Av. de Clichy	1 R. de la Jonquière	Guy Môquet	31-54-66-74-81
11	H23-I23	**Morand** (Rue)	79 R. J.-P. Timbaud	16 R. de l'Orillon	Couronnes	46
17	G11	**Morandat** (Place Yvon et Claire)	R. Brunel	9 R. des Acacias	Argentine	73
14	Q24	**Morante** (Rue Elsa)	16 R. Watt	11 R. F. Dolto	Bibl. F. Mitterrand	62-89-PC1-PC2
14	Q15	**Morard** (Rue Louis)	56 R. des Plantes	1 R. Jacquier	Alésia	58-62

17	D11	**Moréas** (Rue Jean)	4 Av. S. Mallarmé	13 Bd de la Somme	Pte de Champerret	84-92-93-PC1-PC3
18	D16	**Moreau** (Rue Hégésippe)	15 R. Ganneron	29 R. Ganneron	La Fourche	54-74-81
19	F23-F24	**Moreau** (Avenue Mathurin)	4 Pl. du Col Fabien	29 R. Manin	Colonel Fabien	26-46-75
12	L23-M23	**Moreau** (Rue)	7 Av. Daumesnil	38 R. de Charenton	Gare de Lyon	29-61-87
14	R15-R16	**Morère** (Rue)	40 R. Friant	45 Av. J. Moulin	Pte d'Orléans	58-68-PC1
11	I24	**Moret** (Rue)	133 R. Oberkampf	102 R. J.-P. Timbaud	Ménilmontant	96
15	L11-L12	**Morieux** (Cité)	56 R. de la Fédération	(en impasse)	Dupleix	42-69-82-87
15	P12-Q13	**Morillons** (Rue des)	45 R. O. de Serres	88 R. Castagnary	Pte de Vanves	89-95
3	I20	**Morin** (Square du Général)	R. Réaumur	R. Vaucanson	Arts et Métiers	20-38-47-75
12	O25	**Morin** (Square Jean)	Bd de Bercy	Bd de Reuilly	Dugommier	87
4	L21	**Morland** (Boulevard)	2 Q. Henri IV	6 Bd Henri IV	Sully-Morland	67-86-87
4	M22	**Morland** (Pont)	Bd Bourdon	Bd de la Bastille	Quai de la Rapée	24-57-63-65-91
12	M22	**Morland** (Pont)	Bd Bourdon	Bd de la Bastille	Quai de la Rapée	24-57-63-65-91
11	L26	**Morlet** (Impasse)	113 R. de Montreuil	(en impasse)	Avron	57
9	F17-G17	**Morlot** (Rue)	77 Pl. d'Estienne d'Orves	3 R. de la Trinité	Trinité	32-26-43-68-81
4	M22	**Mornay** (Rue)	19 Bd Bourdon	2 R. de Sully	Sully-Morland	67-86-87
14	P15	**Moro Giafferi** (Place de)	141 R. du Château	2 R. Didot	Pernety	28-58
13	S19	**Morot** (Rue Aimé)	65 Bd Kellermann	Av. Caffieri	Corvisart	PC1
10	G21-G22	**Mortenol** (Rue du Commandant)	125 Q. de Valmy	(en impasse)	Gare de l'Est	46
20	G28-I28	**Mortier** (Boulevard)	49 R. Belgrand	261 Av. Gambetta	St-Fargeau	48-57-61-76-96-PC2-PC3
11	J24	**Morvan** (Rue du)	32 R. Pétion	23 R. St-Maur	Voltaire	46-56-61-69
13	R19	**Morveau** (Rue Guyton De)	76 R. Bobillot	43 R. de l'Espérance	Corvisart	62
8	E15-F16	**Moscou** (Rue de)	20 R. de Liège	41 Bd des Batignolles	Rome - Liège	30-53-66-80-81-95
19	E23-E24	**Moselle** (Passage de la)	70 Av. J. Jaurès	101 R. de Meaux	Laumière	60
19	E23	**Moselle** (Rue de la)	63 Av. J. Jaurès	50 Q. de la Loire	Laumière	60
18	B17	**Moskova** (Rue de la)	24 R. Leibniz	12 R. J. Dollfus	Pte de St-Ouen	60-95-PC3
13	R18-S19	**Mouchez** (Rue de l'Amiral)	1 Av. Reille	108 Bd Kellermann	Cité Univ. (RER B)	21-67-PC1
14	R18-S19	**Mouchez** (Rue de l'Amiral)	1 Av. Reille	108 Bd Kellermann	Cité Univ. (RER B)	21-67-PC1
14	O15	**Mouchotte** (Rue du Commandant René)	58 Av. du Maine	R. J. Zay	Montparnasse-Bienv.	88-91
5	N19-O19	**Mouffetard** (Rue)	3 R. Thouin	2 R. Censier	Place Monge	27-47-89
5	N19-N20	**Mouffetard Monge** (Galerie)	17 R. Gracieuse	76 R. Mouffetard	Place Monge	47
11	J23-K23	**Moufle** (Rue)	35 R. du Chemin Vert	62 Bd R. Lenoir	Richard-Lenoir	56-69
20	I28	**Mouillard** (Rue Pierre)	41 Bd Mortier	54 R. Cap. Ferber	Pte de Bagnolet	PC2
14	R15-R16	**Moulin** (Avenue Jean)	Pl. Victor Basch	143 Bd Brune	Pte d'Orléans - Alésia	28-38-58-62-68-PC1
14	R15	**Moulin** (Square Jean)	Bd Brune	Av. Pte de Chatillon	Pte d'Orléans	58-PC1
11	L26	**Moulin Dagobert** (Villa du)	21ter R. Voltaire	(en impasse)	Rue des Boulets	56
13	S21	**Moulin de la Pointe** (Jardin du)	R. du Moulin de la Pointe	Av. d'Italie	Maison Blanche	PC1
13	R21-S20	**Moulin de la Pointe** (Rue du)	R. du Dr Laurent	22 Bd Kellermann	Tolbiac	47-PC1
14	P14	**Moulin de la Vierge** (Jardin du)	R. Vercingétorix		Pernety	62
14	P14	**Moulin de la Vierge** (Rue du)	110 R. R. Losserand	131 R. Vercingétorix	Plaisance	62
14	P15	**Moulin des Lapins** (Rue du)	138 R. du Château	Pl. de la Garenne	Pernety	58
13	Q20	**Moulin des Prés** (Passage du)	19 R. du Moulin des Prés	22 R. Bobillot	Place d'Italie	57-67
13	Q20-R20	**Moulin des Prés** (Rue du)	25 Bd A. Blanqui	30 R. Damesme	Tolbiac - Place d'Italie	57-62-67
11	H24	**Moulin Joly** (Rue du)	93 R. J.-P. Timbaud	36 R. de l'Orillon	Couronnes	96
14	Q16	**Moulin Vert** (Impasse du)	27 R. des Plantes	(en impasse)	Alésia	58-62
14	Q15-Q16	**Moulin Vert** (Rue du)	218 Av. du Maine	69 R. Gergovie	Plaisance - Alésia	28-58
13	R20	**Moulinet** (Passage du)	45 R. du Moulinet	154 R. de Tolbiac	Tolbiac	57-62
13	R20	**Moulinet** (Rue du)	58 Av. d'Italie	57 R. Bobillot	Tolbiac	47-57-62-67
1	I17	**Moulins** (Rue des)	18 R. Thérèse	49 R. Petits Champs	Pyramides	21-27-29-39-48-67-68-81-95
19	E24	**Mouloudji** (Square Marcel)	8 R. Reverdy	7 V. R. Belleau	Laumière	60
20	M27-M28	**Mounet Sully** (Rue)	3 R. des Pyrénées	50 R. de la Plaine	Pte de Vincennes	26-62-86
20	K28-L28	**Mouraud** (Rue)	19 R. Croix St-Simon	80 R. St-Blaise	Pte de Montreuil	26-57-PC2
13	Q21-R21	**Moureu** (Rue Charles)	98 R. de Tolbiac	53 Av. Edison	Tolbiac - Place d'Italie	62-83
19	F27	**Mourlon** (Rue Frédéric)	50 Bd Sérurier	7 Bd d'Algérie	Pré St-Gervais	48-PC2-PC3
14	N16	**Mourlot** (Place Fernand)	Bd Edgar Quinet	R. de la Gaîté	Edgar Quinet	28-58-91
12	M26-N25	**Mousset** (Impasse)	81 R. de Reuilly	(en impasse)	Montgallet	46
12	N27-N28	**Mousset Robert** (Rue)	31 Av. Dr Netter	28 R. Sibuet	Picpus	29-56-62
18	B22-C22	**Moussorgsky** (Rue)	R. de l'Évangile	(en impasse)	Marx Dormoy	54-60
4	K20	**Moussy** (Rue de)	4 R. de la Verrerie	19 R. Ste-Croix la Br.	Hôtel de Ville	67-69-75-76-96
15	O11	**Mouthon** (Rue François)	245 R. Lecourbe	6 R. J. Mawas	Convention	36-62-80
14	P16-Q17	**Mouton-Duvernet** (Rue)	36 Av. du Gal Leclerc	Av. du Maine	Mouton-Duvernet	28-38-58-68
19	F25-F27	**Mouzaïa** (Rue de)	8 R. du Gal Brunet	103 Bd Sérurier	Botzaris	46-68-PC2-PC3
12	N25	**Moynet** (Cité)	179 R. de Charenton	1 R. Ste-Claire Deville	Reuilly Diderot	29
16	K8-M7	**Mozart** (Avenue)	1 Chée de la Muette	24 R. P. Guérin	Ranelagh - La Muette	22-32-52
16	K8	**Mozart** (Square)	28 Av. Mozart	(en impasse)	Ranelagh	22-52
16	L8	**Mozart** (Villa)	71 Av. Mozart	(en impasse)	Jasmin	22
16	K8	**Muette** (Chaussée de la)	65 R. de Boulainvilliers	Av. Ingres	La Muette	22-32-52
16	J7-J8	**Muette** (Porte de la)	Bd Périphérique		Av. H. Martin (RER C)	63-PC1
2	H19	**Mulhouse** (Rue de)	27 R. de Cléry	7 R. Jeûneurs	Sentier	20-39
16	O7	**Mulhouse** (Villa)	R. C. Lorrain	R. Parent de Rosan	Exelmans	22-62-72-PC1
18	D19	**Muller** (Rue)	49 R. de Clignancourt	8 R. P. Albert	Château Rouge	85-Montmartrobus
15	M14	**Mulot** (Place Georges)	R. Valentin Haüy	R. Bouchut	Sèvres-Lecourbe	28-39-70-89
16	I11-J11	**Mun** (Avenue Albert De)	54 Av. de New York	43 Av. du Pdt Wilson	Trocadéro	22-30-32-63-72-82
8	G13-G14	**Murat** (Rue Louis)	26 R. Dr Lancereaux	24 R. de Monceau	St-Philippe du R.	22-42-52-83-84-93
16	M6-O6	**Murat** (Boulevard)	Pl. Pte d'Auteuil	182 Q. L. Blériot	Pte de St-Cloud	22-32-52-62-72-PC1
16	O7	**Murat** (Villa)	37 R. C. Terrasse	153 Bd Murat	Pte de St-Cloud	22-72-PC1
19	F23	**Murger** (Rue Henri)	37 Av. M. Moreau	12 R. E. Pailleron	Bolivar	26-75
20	I25-I26	**Mûriers** (Jardin des)	R. des Mûriers		Gambetta	61-69
20	I26	**Mûriers** (Rue des)	27 Av. Gambetta	14 R. des Partants	Gambetta	61-69
8	F13-F14	**Murillo** (Rue)	1 Av. Ruysdaël	66 R. Courcelles	Monceau - Courcelles	84
16	N7	**Musset** (Rue)	7 R. Jouvenet	67 R. Boileau	Chardon Lagache	22-62-72-PC1
5	M20	**Mutualité** (Square de la)	24 R. St-Victor	(en impasse)	Maubert-Mutualité	24-47-63-86-87
15	N9	**Myionnet** (Rue Clément)	Pl. Mont. du Goulet	14 R. Léontine	Javel	62-88
18	D20-E19	**Myrha** (Rue)	29 R. Stephenson	2 R. Poulet	Château Rouge	31-56-85

N

Arr.	Plan	Rues / Streets	Comencant	Finissant	Métro	Bus
17	C15	**Naboulet** (Impasse)	68 R. de la Jonquière	(en impasse)	Brochant	66
16	J8	**Nadaud** (Rue Gustave)	11 R. de la Pompe	12 Bd E. Augier	La Muette	52
20	I26	**Nadaud** (Place Martin)	Av. Gambetta	R. Sorbier	Gambetta	26-61-69
10	H21	**Nancy** (Rue de)	35 Bd de Magenta	86 R. du Fbg St-Martin	Jacques Bonsergent	38-39-47-56-65
11	I24-I25	**Nanettes** (Rue des)	91 Av. de la République	101 Bd de Ménilmontant	Père Lachaise	61-69
14	S17	**Nansouty** (Impasse)	14 R. Deutsch de la M.	(en impasse)	Cité Univ. (RER B)	88-PC1
14	R17-S17	**Nansouty** (Rue)	25 Av. Reille	2 R. Deutsch de la M.	Cité Univ. (RER B)	88
19	C24	**Nantes** (Rue de)	17 Q. de l'Oise	130 R. de Flandre	Corentin Cariou	54-60
15	P13	**Nanteuil** (Rue)	19 R. Brancion	16 R. St-Amand	Vaugirard	62-89
8	F14-F15	**Naples** (Rue de)	61 R. de Rome	72 Bd Malesherbes	Villiers - Europe	53-94
1	J17	**Napoléon** (Cour)	Palais du Louvre		Palais Royal-Louvre	21-24-27-39-67-68-69-72-81-95
10	F20	**Napoléon III** (Place)	R. de St-Quentin	R. de Compiègne	Gare du Nord	26-30-31-42-43-48-54-56
7	L16	**Narbonne** (Rue de)	4 R. de la Planche	(en impasse)	Sèvres-Babylone	63-68-83-84-94
8	G14	**Narvik** (Place de)	12 R. de Téhéran	20 Av. de Messine	Miromesnil	22-43-84
11	M26	**Nation** (Place de la)	R. du Fbg St-Antoine	Av. du Trône	Nation	56-57-86
12	M26	**Nation** (Place de la)	R. du Fbg St-Antoine	Av. du Trône	Nation	56-57-86
13	R22	**National** (Passage)	25 R. Chât. Rentiers	20 R. Nationale	Pte d'Ivry	83
12	R25	**National** (Pont)	Q. de la Gare	Bd Poniatowski	Bibl. F. Mitterrand	PC1-PC2
13	R25	**National** (Pont)	Q. de la Gare	Bd Poniatowski	Bibl. F. Mitterrand	PC1-PC2
13	R22	**Nationale** (Impasse)	52 R. Nationale	(en impasse)	Pte d'Ivry	83
13	Q22	**Nationale** (Place)	R. Nationale	R. du Chât. Rentiers	Nationale	27-62-83
13	P21-S22	**Nationale** (Rue)	76 Bd Masséna	Bd Vincent Auriol	Pte d'Ivry - Nationale	27-62-83-PC1-PC2
16	J10-J11	**Nations Unies** (Avenue des)	Av. Albert de Mun	Bd Delessert	Trocadéro	32-72-82
12	P25	**Nativité** (Rue de la)	R. de Dijon	R. de l'Aubrac	Cour St-Émilion	24-62
18	D17	**Nattier** (Place)	R. Eugène Carrière	R. F. Ziem	Lamarck-Caulaincourt	95
9	F18	**Navarin** (Rue de)	37 R. des Martyrs	16 R. H. Monnier	St-Georges	67-74
13	Q22	**Navarre** (Place du Docteur)	1 R. Sthrau	91 R. Nationale	Tolbiac - Nationale	62-83
1	J19	**Navarre** (Pl. Marguerite De)	R. des Innocents	R. de la Lingerie	Châtelet-Les Halles	21-67-69-72-74-76-81-85
5	N20	**Navarre** (Rue de)	10 R. Lacépède	57 R. Monge	Place Monge	67-89
17	B15-B16	**Navier** (Rue)	121 Av. de St-Ouen	66 R. Pouchet	Pte de St-Ouen	66-81-PC3
4	K21	**Necker** (Rue)	2 R. d'Ormesson	1 R. de Jarente	St-Paul	29-69-76-96
15	O13	**Necker** (Square)	R. La Quintinie	R. Tessier	Volontaires	39-70-88-89
7	K13	**Négrier** (Cité)	151 R. de Grenelle	6 R. E. Psichari	La Tour-Maubourg	69
15	L10-L11	**Nélaton** (Rue)	4 Bd de Grenelle	7 R. Dr Finlay	Bir Hakeim	42
1	J17	**Nemours** (Galerie de)	R. St-Honoré	Gal. Théatre Fr.	Palais Royal-Louvre	21-27-48-67-68-69-72-81-95
11	I23	**Nemours** (Rue de)	R. Oberkampf	R. J.-P. Timbaud	Parmentier	46-56-96
18	A17-B17	**Nerval** (Rue Gérard De)	10 R. H. Huchard	R. L. Pasteur V. Radot	Pte de St-Ouen	60-85-PC3
6	K18	**Nesle** (Rue de)	22 R. Dauphine	17 R. de Nevers	Odéon - St-Michel	58-70
12	M28-O28	**Netter** (Av. du Docteur Arnold)	31 R. du Sahel	80 Crs de Vincennes	Pte de Vincennes	26-29-56-62-86
1	K18	**Neuf** (Pont)	Q. du Louvre	Q. de Conti	Pont Neuf	24-27-58-70
6	K18	**Neuf** (Pont)	Q. du Louvre	Q. de Conti	Pont Neuf	24-27-58-70
11	K24	**Neufchâteau** (R. François De)	34 R. R. Lenoir	152 Bd Voltaire	Voltaire	46-56-61-69
16	F9	**Neuilly** (Avenue de)	Pl. de la Pte Maillot	Av. Ch. de Gaulle	Pte Maillot	73-82-PC1-PC3
17	F9	**Neuilly** (Avenue de)	Pl. de la Pte Maillot	Av. Ch. de Gaulle	Pte Maillot	73-82-PC1-PC3
18	B19-C19	**Neuve de la Chardonnière** (R.)	50 R. du Simplon	41 R. Championnet	Simplon	56
11	L25	**Neuve des Boulets** (Rue)	12 R. Léon Frot	1 R. de Nice	Rue des Boulets	56-76
11	I23-J23	**Neuve Popincourt** (Rue)	58 R. Oberkampf	17 Pas. Beslay	Parmentier	46-96
4	L21-L22	**Neuve Saint-Pierre** (Rue)	19 R. Beautreillis	32 R. St-Paul	St-Paul	69-76-96
13	Q23-Q24	**Neuve Tolbiac** (Rue)	1 Q. F. Mauriac	114 Av. de France	Bibl. F. Mitterrand	62-89
17	D12-E13	**Neuville** (Rue Alphonse De)	Pl. d'Israël	79 Bd Péreire	Wagram	31-84-92-93-94
8	F12	**Néva** (Rue de la)	260 R. du Fbg St-Honoré	75 Bd de Courcelles	Ternes	30-31-43-93
6	K18	**Nevers** (Impasse de)	22 R. de Nevers	(en impasse)	Odéon	58-70
6	K18	**Nevers** (Rue de)	1 Q. de Conti	12 R. de Nesle	Pont Neuf	24-27-58-70
18	A19-B19	**Neveu** (Rue Ginette)	R. F. de Croisset	32 Av. Pte de Clignancourt	Pte de Clignancourt	56-85-PC3
16	I12-K11	**New York** (Avenue de)	Pont de l'Alma	2 R. Beethoven	Alma-Marceau	63-72-82-92
16	H12	**Newton** (Rue)	73 Av. Marceau	82 Av. d'Iéna	Kléber	22-30-92
18	B17-B22	**Ney** (Boulevard)	215 R. Aubervil.	156 Av. de St-Ouen	Pte de St-Ouen	54-56-60-65-81-95-PC3
17	E13	**Nicaragua** (Place du)	Bd Malesherbes	R. Ampère	Wagram	31-94
11	K25-L25	**Nice** (Rue de)	29 R. Neuve Boulets	152 R. de Charonne	Rue des Boulets	76
12	P26	**Nicolaï** (Rue)	R. de Charenton	(en impasse)	Dugommier	87
20	K28	**Nicolas** (Rue)	139 Bd Davout	(en impasse)	Pte de Montreuil	57-PC2
17	D15	**Nicolay** (Square)	16 R. des Moines	77 R. Legendre	Brochant	54-66-74
5	N18-O18	**Nicole** (Rue Pierre)	27 R. Feuillantines	88 Bd de Port Royal	Port Royal (RER B)	21-27-38-83-91
18	D19	**Nicolet** (Rue)	21 R. Ramey	2 R. Bachelet	Château Rouge	80-85-Montmartrobus
12	N25	**Nicolle** (Rue Charles)	173 R. de Charenton	11 Cité Moynet	Reuilly Diderot	29
16	K9	**Nicolo** (Hameau)	13 R. Nicolo		La Muette	22-32
16	J9-K9	**Nicolo** (Rue)	36 R. Passy	36 R. de la Pompe	La Muette	22-32-52
7	J13-K13	**Nicot** (Passage Jean)	89 R. St-Dominique	170 R. de Grenelle	La Tour-Maubourg	28-69
7	J13	**Nicot** (Rue Jean)	65 Q. d'Orsay	72 R. St-Dominique	La Tour-Maubourg	28-63-69
17	E12-F11	**Niel** (Avenue)	30 Av. des Ternes	5 Pl. du Mal Juin	Ternes - Pereire	30-31-43-84-92-93-PC3
17	F12	**Niel** (Villa)	30 Av. Niel	(en impasse)	Ternes - Pereire	92-93
14	P15	**Niepce** (Rue)	79 R. de l'Ouest	56 R. R. Losserand	Pernety	58-88-91
20	M28	**Niessel** (Rue du Général)	93 Crs de Vincennes	90 R. de Lagny	Pte de Vincennes	26-62-86
13	R23	**Nieuport** (Villa)	39 R. Terres Curé	(en impasse)	Pte d'Ivry	83
12	N28	**Niger** (Rue du)	111 Bd Soult	92 Av. de St-Mandé	Pte de Vincennes	29-56-62-PC2
15	M13	**Nikis** (Rue Mario)	112 Av. Suffren	8 R. Chasseloup Laubat	Cambronne	80
2	I19	**Nil** (Rue du)	1 R. de Damiette	30 R. des Petits Carreaux	Sentier	20-39
16	O7-P7	**Niox** (Rue du Général)	Q. Point du Jour	130 Bd Murat	Pte de St-Cloud	22-62-72-PC1
16	G9	**Noailles** (Square Anna De)	Bd Thierry Martel	R. du Gal Anselin	Pte Maillot	PC1
18	D18	**Nobel** (Rue)	119 R. Caulaincourt	9 R. Francoeur	Lamarck-Caulaincourt	80-Montmartrobus
15	L10	**Nocard** (Rue)	13 Q. de Grenelle	8 R. Nélaton	Bir Hakeim	42
18	E19	**Nodier** (Rue Charles)	10 R. Livingstone	R. Ronsard	Anvers	85-Montmartrobus

3	J20	**Noël** (Cité)	22 R. Rambuteau	(en impasse)	Rambuteau	29-38-47-75
19	E23	**Noguères** (Rue Henri)	45 Av. J. Jaurès	Q. de la Loire	Jaurès	48
14	R13	**Noguès** (Rue Maurice)	4 Av. M. Sangnier	(en impasse)	Pte de Vanves	58-95
14	R13	**Noguès** (Square Maurice)	R. Maurice Noguès		Pte de Vanves	58-95
19	E23	**Nohain** (Rue Jean)	R. Clovis Hugues	(en impasse)	Jaurès	26-48
16	H9	**Noisiel** (Rue de)	41 R. Émile Ménier	23 R. Spontini	Pte Dauphine	52
20	G29-H28	**Noisy-le-Sec** (Rue de)	R. des Fougères	R. de Noisy-le-Sec	St-Fargeau	PC2
17	D15-E16	**Nollet** (Rue)	20 R. des Dames	164 R. Cardinet	Place de Clichy	31-54-66-74-81
17	D15	**Nollet** (Square)	103 R. Nollet	(en impasse)	Brochant	31-66
18	C18	**Nollez** (Cité)	146 R. Ordener	(en impasse)	Lamarck-Caulaincourt	31-60-95
11	L23	**Nom de Jésus** (Cour du)	47 R. du Fbg St-Antoine	(en impasse)	Bastille	76-86
4	L21	**Nonnains d'Hyères** (Rue des)	Q. Hôtel de Ville	1 R. de Jouy	Pont Marie - St-Paul	69-76-96
19	E24	**Nord** (Passage du)	25 R. Petit	31 R. Petit	Laumière	60
18	C19-C20	**Nord** (Rue du)	97 R. des Poissonniers	114 R. Clignanc.	Marcadet-Poissonniers	31-56-60
11	L24	**Nordling** (Square Raoul)	R. Charrière	R. C. Delescluze	Faidherbe-Chaligny	46-76
13	P18-P19	**Nordmann** (R. Léon-Maurice)	45 Bd Arago	61 R. de la Santé	Glacière	21-83
3	I22-J22	**Normandie** (Rue de)	39 R. Debelleyme	62 R. Charlot	Filles du Calvaire	20-65-75-96
18	D18	**Norvins** (Rue)	Pl. du Tertre	4 R. Girardon	Abbesses	Montmartrobus
4	K19	**Notre-Dame** (Pont)	Q. de Gesvres	Q. de la Corse	Cité - Châtelet	21-27-38-47-58-67-69-72-75-76-85-96
2	H19	**Notre-Dame de Bonne Nouvelle** (Rue)	19 R. Beauregard	21 Bd Bonne Nouvelle	Bonne Nouvelle	20-39-48
9	F17-G18	**Notre-Dame de Lorette** (Rue)	2 R. St-Lazare	R. J.-B. Pigalle	St-Georges	26-42-43-67-74-85
3	I20-I21	**Notre-Dame de Nazareth** (R.)	201 R. Temple	104 Bd Sébastopol	Temple	20-38-39-47-75
2	H19	**Notre-Dame de Recouvrance** (Rue)	1 R. Beauregard	37 Bd Bonne Nouvelle	Bonne Nouvelle	20-39-48
6	M16-O17	**Notre-Dame des Champs** (R.)	125 R. de Rennes	18 Av. de l'Observatoire	Vavin - St-Placide	58-68-82-89-91-94-95-96
2	H18-I18	**Notre-Dame des Victoires** (R.)	9 Pl. Petits Pères	141 R. Montmartre	Bourse	20-29-39-48-67-74-85
17	C13	**Noureev** (Rue Rudolf)	8 R. Albert Roussel	(en impasse)	Pereire	53-94-PC3
20	I24	**Nouveau Belleville** (Sq. du)	32 Bd de Belleville	Sq. N. Belleville	Couronnes	96
19	D25	**Nouveau Conservatoire** (Avenue du)	R. Ed. Varèse	Av. Jean Jaurès	Pte de Pantin	60
8	G12	**Nouvelle** (Villa)	30 Av. de Wagram	(en impasse)	Ternes	30-31-43-93
12	O28	**Nouvelle Calédonie** (R. de la)	20 Bd Soult	R. du Gal Archinard	Pte Dorée	PC2
14	Q15-Q16	**Noyer** (Rue Olivier)	32 R. Léonidas	41 R. Didot	Plaisance - Alésia	58
19	D27-E27	**Noyer Durand** (Rue du)	59 Av. Pte Chaumont	R. du Progrès	Pte de Pantin	75-PC2-PC3
16	N5	**Nungesser et Coli** (Rue)	Bd d'Auteuil	14 R. C. Farrère	Pte d'Auteuil	52
20	H28	**Nymphéas** (Villa des)	R. Surmelin	R. de la Justice	St-Fargeau	PC2

O

Arr.	Plan	Rues / Streets	Comencant	Finissant	Métro	Bus
11	I24-J22	**Oberkampf** (Rue)	106 R. Amelot	143 Bd de Ménilmontant	Ménilmontant	20-46-56-65-96
19	A23	**Oberlé** (Rue Jean)	7 Av. Porte d'Aubervilliers	R. Emile Bollaert	Pte de la Chapelle	54-65-PC3
5	N18-O18	**Observatoire** (Avenue de l')	R. Auguste Comte	Observatoire de Paris	Port Royal (RER B)	38-82-83-91
6	N18-O18	**Observatoire** (Avenue de l')	R. Auguste Comte	Observatoire de Paris	Port Royal (RER B)	38-83
14	N18-O18	**Observatoire** (Avenue de l')	R. Auguste Comte	Observatoire de Paris	Port Royal (RER B)	38-83-91
14	R14-R15	**Ocagne** (Avenue Maurice D')	Av. G. Lafenestre	Av. Pte de Châtillon	Pte de Vanves	58-PC1
6	L18	**Odéon** (Carrefour de l')	Bd St-Germain	R. Mr le Prince	Odéon	58-63-70-86-87-96
6	M18	**Odéon** (Place de l')	R. de l'Odéon	R. Rotrou	Odéon	58
6	L18-M18	**Odéon** (Rue de l')	16 Carr. de l'Odéon	1 Pl. de l'Odéon	Odéon	24-58-86-87-96
14	O16	**Odessa** (Rue d')	3 R. du Départ	56 Bd E. Quinet	Montparnasse-Bienv.	28-58-89-91-94-95-96
8	G13	**Odiot** (Cité)	15 R. de Berri	26 R. Washington	George V	22-43-52-73-83-93
17	D10-D11	**Oestreicher** (Rue Jean)	Av. Pte de Champerret	R. du Caporal Peugeot	Pte de Champerret	93
16	K8	**Offenbach** (Rue Jacques)	3 R. du Gal Aubé	6 R. A. Arnauld	Ranelagh	22-52
19	C25-D24	**Oise** (Quai de l')	R. de Crimée	1 Q. de la Gironde	Crimée	60
19	D24	**Oise** (Rue de l')	9 Q. de l'Oise	47 R. de l'Ourcq	Crimée	60
3	J21	**Oiseaux** (Rue des)	R. de Bretagne	16 R. de Beauce	Filles du Calvaire	75
16	M7	**Olchanski** (Rue du Capitaine)	126 Av. Mozart	2 R. Mission Marchand	Michel Ange-Auteuil	52
15	P11	**Olier** (Rue)	25 R. Desnouettes	364 R. de Vaugirard	Pte de Versailles	39-80
15	D21-C21	**Olive** (Rue l')	92 R. Riquet	37 R. de Torcy	Marx Dormoy	60-65
7	M15	**Olivet** (Rue d')	68 R. Vaneau	9 R. P. Leroux	Vaneau	39-70-87
13	R20	**Onfroy** (Impasse)	13 R. Damesme	(en impasse)	Tolbiac	57
10	G21	**Onze Novembre 1918** (Pl. du)	R. d'Alsace	Pl. du 8 Mai 1945	Gare de l'Est	30-31-32-38-39-47-56-65
1	I17	**Opéra** (Avenue de l')	5 Pl. A. Malraux	1 Pl. de l'Opéra	Opéra	21-27-29-39-48-67-68-69-72-81-95
2	I17	**Opéra** (Avenue de l')	5 Pl. A. Malraux	1 Pl. de l'Opéra	Opéra	20-21-27-29-42-52-68-81-95
2	H17	**Opéra** (Place de l')	Av. de l'Opéra	R. Auber	Opéra	20-21-22-27-29-32-42-52-53-66-68-81-95
9	H17	**Opéra** (Place de l')	Av. de l'Opéra	R. Auber	Opéra	20-21-22-27-29-32-42-52-53-66-68-81-95
9	H16	**Opéra Louis Jouvet** (Square de l')	5 R. Boudreau	10 R. Édouard VII	Havre-Caumartin	20-21-22-27-29-32-42-52-53-66-68-81-95
15	Q10-Q9	**Oradour-sur-Glane** (Rue d')	R. Pte d'Issy	R. Ernest-Renan	Pte de Versailles	39
18	D20	**Oran** (Rue d')	3 R. Ernestine	46 R. des Poissonniers	Marcadet-Poissonniers	31-56-60
1	J18	**Oratoire** (Rue de l')	158 R. de Rivoli	143 R. St-Honoré	Louvre Rivoli	21-67-69-72-74-76-81-85
18	D18-E18	**Orchampt** (Rue d')	15 R. Ravignan	100 R. Lepic	Abbesses	Montmartrobus
13	S19	**Orchidées** (Rue des)	36 R. Brillat Savarin	27 R. A. Lançon	Cité Univ. (RER B)	21-67
18	C17-D21	**Ordener** (Rue)	73 R. M. Dormoy	191 R. Championnet	Marx Dormoy	31-56-60-65-80-85-95-Montmartrobus
18	C18	**Ordener** (Villa)	R. Ordener	(en impasse)	Jules Joffrin	31-60
1	K18-L19	**Orfèvres** (Quai des)	Pont St-Michel	Pont Neuf	St-Michel	21-24-27-38-85-96
1	K19	**Orfèvres** (Rue des)	6 R. St-Germain l'A.	15 R. J. Lantier	Châtelet	21-27-48-58-67-69-72-74-75-76-81
20	I26	**Orfila** (Impasse)	26 R. Orfila	(en impasse)	Gambetta	20-61-69
20	H27-I26	**Orfila** (Rue)	4 Pl. M. Nadaud	69 R. Pelleport	Gambetta - Pelleport	26-60-61-69

3	H21-I21	**Orgues** (Passage des)	36 R. Meslay	29 Bd St-Martin	République	20
19	D23	**Orgues de Flandre** (Allée des)	26 R. Riquet	11 R. Mathis	Riquet	54
11	H23-H24	**Orillon** (Rue de l')	158 R. St-Maur	71 Bd de Belleville	Goncourt - Belleville	46-75
14	S16	**Orléans** (Porte d')	Av. Pte Orléans	9 R. Légion Étrangère	Pte d'Orléans	28-38-68-PC1
14	Q16-Q17	**Orléans** (Portique d')	28 Av. du Gal Leclerc	2 Sq. Henri Delormel	Mouton-Duvernet	38-68
4	L20	**Orléans** (Quai d')	1 R. des Deux Ponts	2 R. J. du Bellay	Pont Marie	67
9	F17-F18	**Orléans** (Square d')	80 R. Taitbout	(en impasse)	St-Georges	26-32-43-67-74
14	Q16	**Orléans** (Villa d')	43 R. Bezout	Pas. Montbrun	Alésia	38-68
19	F27	**Orme** (Rue de l')	25 R. Romainville	87 Bd Sérurier	Pré St-Gervais	48-PC2-PC3
20	L27	**Ormeaux** (Rue des)	34 Bd de Charonne	22 R. d'Avron	Avron	57
20	L27	**Ormeaux** (Square des)	R. des Ormeaux	R. des Gds Champs	Buzenval	57
4	K21	**Ormesson** (Rue d')	R. de Sévigné	R. de Turenne	St-Paul	69-76-96
18	B19-C19	**Ornano** (Boulevard)	44 R. Ordener	33 Bd Ney	Marcadet-Poissonniers	31-56-60-85-PC3
18	C19	**Ornano** (Square)	14 Bd Ornano	(en impasse)	Marcadet-Poissonniers	31-56-60-85
18	B19	**Ornano** (Villa)	61 Bd Ornano	(en impasse)	Pte de Clignancourt	56-85
7	J13-J15	**Orsay** (Quai d')	Av. A. Briand	Pl. de la Résistance	Invalides	24-28-42-63-73-80-83-84-92-93
18	E18	**Orsel** (Cité d')	32 R. d'Orsel	19 Pl. St-Pierre	Abbesses	30-54-Montmartrobus
18	E18-E19	**Orsel** (Rue d')	3 R. de Clignancourt	88 R. Martyrs	Anvers	30-54-Montmartrobus
20	K27	**Orteaux** (Impasse des)	14 R. des Orteaux	Sq. Monsoreau	Alexandre Dumas	76
20	K26-K28	**Orteaux** (Rue des)	36 R. de Bagnolet	59 R. Croix St-Simon	Alexandre Dumas	26-57-76-PC2
5	N19-N20	**Ortolan** (Rue)	23 R. Gracieuse	55 R. Mouffetard	Place Monge	47
5	N20	**Ortolan** (Square)	R. St-Médard	R. Ortolan	Place Monge	47
18	C16-C17	**Oslo** (Rue d')	154 R. Lamarck	239 R. Marcadet	Guy Môquet	31-81-95
20	G27	**Otages** (Villa des)	85 R. Haxo	(en impasse)	Télégraphe	61-96
9	G17-H17	**Oudin** (Place Adrien)	26 Bd Haussmann	28 Bd Haussmann	Richelieu Drouot	42
13	R23-R24	**Oudiné** (Rue Eugène)	1 R. Cantagrel	30 R. Albert	Bd Masséna	27
7	L15	**Oudinot** (Impasse)	55 R. Vaneau	(en impasse)	Vaneau	39-70-87
7	L15-M14	**Oudinot** (Rue)	56 R. Vaneau	47 Bd des Invalides	Vaneau	39-70-82-87-92
12	O28-P28	**Oudot** (Rue du Colonel)	271 Av. Daumesnil	25 Bd Soult	Pte Dorée	46-PC2
13	O20-P20	**Oudry** (Rue)	14 R. du Jura	3 R. Le Brun	Les Gobelins	27-47-83-91
15	M12	**Ouessant** (Rue d')	7 R. Pondichéry	64 Av. La Motte-Picquet	La Motte-P.-Grenelle	80
14	O15-P14	**Ouest** (Rue de l')	92 Av. du Maine	180 R. d'Alésia	Plaisance - Gaîté	28-58-62-91
19	C25-C26	**Ourcq** (Galerie de l')	Parc de la Villette	Gal. de la Villette	Pte de la Villette	75
19	C23-D25	**Ourcq** (Rue de l')	143 Av. J. Jaurès	168 R. d'Aubervilliers	Ourcq - Crimée	54-60
11	L23	**Ours** (Cour de l')	95 R. du Fbg St-Antoine	(en impasse)	Ledru-Rollin	61-76-86
3	J20	**Ours** (Rue aux)	187 R. St-Martin	58 Bd Sébastopol	Étienne Marcel	29-38-47
6	N16	**Ozanam** (Place)	R. de Cicé	Bd du Montparnasse	Vavin	58-68-82-91
6	N16	**Ozanam** (Square)	R. de Cicé	Bd du Montparnasse	Vavin	58-68-82-91

P

Arr.	Plan	Rues / Streets	Comencant	Finissant	Métro	Bus
11	K24	**Pache** (Rue)	121 R. de la Roquette	11 R. St-Maur	Voltaire	46-56-61-69
16	L6	**Padirac** (Square de)	108 Bd Suchet	17 Av. du Mal Lyautey	Pte d'Auteuil	32-PC1
15	P11	**Pado** (Rue Dominique)	R. de la Croix Nivert		Pte de Versailles	39-80
20	L28-L29	**Paganini** (Rue)	46 Bd Davout	R. Maryse Hilsz	Pte de Montreuil	PC2
8	G15	**Pagnol** (Square Marcel)	R. Laborde	Av. C. Caire	St-Augustin	22-28-32-43-80-94
19	F23-F24	**Pailleron** (Rue Édouard)	114 Av. S. Bolivar	59 R. Manin	Bolivar	26-48-60-75
5	M18	**Paillet** (Rue)	9 R. Soufflot	4 R. Malebranche	Luxembourg (RER B)	84-89
5	M19	**Painlevé** (Place Paul)	1 R. de la Sorbonne	47 R. des Écoles	Cluny La Sorbonne	21-27-38-63-85-86-87
2	H17	**Paix** (Rue de la)	2 R. des Capucines	1 Pl. de l'Opéra	Opéra	21-27-29-42-52-68-81-95
18	C21-E21	**Pajol** (Rue)	8 Pl. de la Chapelle	1 Pl. Hébert	La Chapelle	48-60-65
16	K8	**Pajou** (Rue)	77 R. des Vignes	8 R. du Gal Aubé	La Muette	22-32-52
1	K19-L19	**Palais** (Boulevard du)	1 Q. de l'Horloge	8 Q. du Marché Neuf	Cité	21-27-38-47-58-67-69-72-75-76-85-96
4	K19	**Palais** (Boulevard du)	Pont St-Michel	Pont au Change	Cité	21-27-38-47-58-67-69-72-75-76-85-96
7	J15	**Palais Bourbon** (Place du)	85 R. de l'Université	4 R. de Bourgogne	Assemblée Nationale	24-63-69-73-83-84-94
1	I18	**Palais Royal** (Jardin du)	Palais Royal		Palais Royal-Louvre	29-48-39-67
1	J18	**Palais Royal** (Place du)	168 R. de Rivoli	155 R. St-Honoré	Palais Royal-Louvre	21-27-29-39-48-67-68-69-72-81-95
19	G25	**Palais Royal de Belleville** (Cité du)	38 R. des Solitaires	(en impasse)	Jourdain	48-60
6	L17	**Palatine** (Rue)	4 R. Garancière	1 Pl. St-Sulpice	Mabillon-St-Sulpice	63-70-84-86-87-96
19	G25	**Palestine** (Rue de)	139 R. de Belleville	26 R. des Solitaires	Jourdain	26-48-60
2	I20	**Palestro** (Rue de)	29 R. de Turbigo	7 R. du Caire	Réaumur-Sébastopol	20-29-38-39-47
20	H24	**Pali Kao** (Rue de)	74 Bd de Belleville	73 R. J. Lacroix	Couronnes	96
6	L17	**Palissy** (Rue Bernard)	54 R. de Rennes	15 R. Dragon	St-Germain-des-Prés	39-95
18	D20	**Panama** (Rue de)	15 R. Léon	32 R. des Poissonniers	Château Rouge	31-56
11	J23	**Paname** (Galerie de)	69 Bd Richard-Lenoir	79 Bd Richard-Lenoir	Richard-Lenoir	20-56-65
13	O21	**Panhard** (Rue René)	18 R. des Wallons	19 Bd St-Marcel	St-Marcel	57-91
13	Q24-R25	**Panhard et Levassor** (Quai)	Pont National	Pont de Tolbiac	Bibl. F. Mitterrand	62-PC1-PC2
11	L23	**Panier Fleuri** (Cour du)	17 R. de Charonne	(en impasse)	Bastille	61-69-76
2	H18	**Panoramas** (Passage des)	10 R. St-Marc	11 Bd Montmartre	Grands Boulevards	48-67-74-85
2	H18	**Panoramas** (Rue des)	14 R. Feydeau	9 R. St-Marc	Bourse	39-48-67-74-85
20	I25	**Panoyaux** (Impasse des)	6 R. des Panoyaux	(en impasse)	Ménilmontant	96
20	I24-I25	**Panoyaux** (Rue des)	130 Bd de Ménilmontant	R. des Plâtrières	Ménilmontant	96
5	M19	**Panthéon** (Place du)	R. Cujas	R. Clotaire	Card. Lemoine	84-89
19	D26	**Pantin** (Porte de)	Bd Sérurier	Pl. de la Pte Pantin	Pte de Pantin	75-PC2-PC3
13	R20	**Pape** (Rue Henri)	18 R. Damesme	Pl. Abbé G. Henocque	Tolbiac	57
6	L17	**Pape Carpantier** (Rue Marie)	20 R. Madame	1 R. Cassette	St-Sulpice	95-96
9	G19	**Papillon** (Rue)	2 R. Bleue	17 R. Montholon	Poissonnière - Cadet	26-32-42-43-48
3	I20	**Papin** (Rue)	259 R. St-Martin	98 Bd Sébastopol	Réaumur-Sébastopol	20-38-39-47
20	H27	**Paquelin** (Rue du Docteur)	76 Av. Gambetta	11 R. E. Lefèvre	Pelleport	60-61
10	G19-G20	**Paradis** (Cité)	43 R. de Paradis	(en impasse)	Poissonnière	32-48

10	G19-G20	**Paradis** (Rue de)	95 R. du Fbg St-Denis	64 R. du Fbg Poissonnière	Poissonnière	32-48
16	H9	**Paraguay** (Place du)	85 Av. Foch	50 Av. Bugeaud	Pte Dauphine	PC1
17	D13	**Paray** (Square Paul)	R. de Saussure	(en impasse)	Pereire	53-94-PC3
19	B25	**Parc** (La Terrasse du)	Bd Macdonald	Espl. de la Rotonde	porte de la Villette	75-PC2-PC3
19	G24	**Parc** (Villa du)	21 R. Pradier	10 R. Botzaris	Buttes Chaumont	26
20	J27	**Parc de Charonne** (Ch. du)	5 R. Prairies	2 R. Stendhal	Pte de Bagnolet	26-76
13	R21	**Parc de Choisy** (Allée du)	123 Av. Choisy	(en impasse)	Tolbiac	62
14	S17	**Parc de Montsouris** (Rue du)	4 R. Deutsch de la M.	18 R. Nansouty	Cité Univ. (RER B)	88-PC1
14	S17	**Parc de Montsouris** (Villa du)	8 R. Deutsch de la M.	(en impasse)	Cité Univ. (RER B)	88-PC1
16	K10	**Parc de Passy** (Avenue du)	34 Av. du Pdt Kennedy	25 R. Raynouard	Passy	72
16	N6-O6	**Parc des Princes** (Avenue du)	1 R. Claude Farrère	Pl. Dr P. Michaux	Pte de St-Cloud	22-62-72-PC1
3	K21-K22	**Parc Royal** (Rue du)	49 R. Turenne	4 Pl. de Thorigny	Chemin Vert	29-96
11	L23	**Parchappe** (Cité)	21 R. du Fbg St-Antoine	10 Pas. Cheval Blanc	Bastille	76-86
5	L19	**Parcheminerie** (Rue de la)	28 R. St-Jacques	41 R. de la Harpe	Cluny La Sorbonne	24-47
10	E20-F20	**Paré** (Rue Ambroise)	95 R. Maubeuge	152 Bd de Magenta	Gare du Nord	30-31-42-48-54-56
16	O6-O7	**Parent de Rosan** (Rue)	98 R. Boileau	89 R. Michel Ange	Exelmans	22-62-72-PC1
9	F16	**Parme** (Rue de)	59 R. de Clichy	78 R. d'Amsterdam	Liège	68-81-95
10	H22-K24	**Parmentier** (Avenue)	10 Pl. Léon Blum	24 R. Alibert	Parmentier	46-56-61-69-75-96
11	H23-K24	**Parmentier** (Avenue)	10 Pl. Leon Blum	24 R. Alibert	Parmentier	46-56-61-69-75-96
14	N16	**Parnassiens** (Galerie des)		Bd du Montparnasse	Vavin	58-68-82-91
10	F22	**Parodi** (Rue Alexandre)	167 Q. de Valmy	222 R. du Fbg St-Martin	Louis Blanc	46
16	G9	**Parodi** (Sq. Alexandre et René)	Bd de l'Amiral Bruix	Bd Thierry de Martel	Pte Maillot	73-82-PC1
12	M23	**Parrot** (Rue)	4 R. de Lyon	30 Av. Daumesnil	Gare de Lyon	20-29-57-61-65-87-91
20	I25-I26	**Partants** (Rue des)	52 R. Amandiers	24 R. Soleillet	Père Lachaise	61-69
19	B25	**Parvis** (Place du)	Av. Corentin Cariou	Espl. de la Rotonde	Pte de la Villette	75-PC2-PC3
18	E19	**Parvis du Sacré Cœur** (Pl. du)	Parvis Basilique	R. du Cardinal Dubois	Abbesses - Anvers	Montmartrobus
4	L19	**Parvis Notre-Dame** (Place du)	23 R. d'Arcole	6 R. de la Cité	St-Michel-N.-D.	24-47
16	J8	**Pascal** (Rue André)	23 R. Franqueville	(en impasse)	La Muette	PC1
5	O20-P19	**Pascal** (Rue)	2 R. de Bazeilles	50 R. Cordelières	Censier-Daubenton	27-47-83-91
13	O20-P19	**Pascal** (Rue)	2 R. de Bazeilles	50 R. Cordelières	Censier-Daubenton	27-47-83-91
3	K22	**Pas-de-la-Mule** (Rue du)	R. Francs Bourgeois	Bd Beaumarchais	Chemin Vert	20-29-65-69
4	K22	**Pas-de-la-Mule** (Rue du)	R. Francs Bourgeois	Bd Beaumarchais	Chemin Vert	20-29-65-69
11	J22	**Pasdeloup** (Place)	108 R. Amelot	Bd du Temple	Filles du Calvaire	20-65-96
12	P28	**Pasquier** (Square Pierre)	Bd Soult	Pte Dorée	Pte Dorée	46-PC2
8	G16-H16	**Pasquier** (Rue)	6 Bd Malesherbes	3 R. de la Pépinière	St-Lazare	20-22-24-27-29-32-42-43-53-66-68-84-88-94-95
16	K9	**Passy** (Place de)	67 R. de Passy	22 R. Duban	La Muette	32
16	L9-J11	**Passy** (Port de)	Pont de Grenelle	Pont d'Iéna	Passy	70-72-82
16	K7	**Passy** (Porte de)	Pont d'Iéna	Pont de Grenelle	Passy	32-PC1
16	K10-K8	**Passy** (Rue de)	Pl. de Costa Rica	60 R. de Boulainvilliers	Passy-La Muette	22-32-52
16	K9	**Passy-Plaza** (Galerie)	R. de Passy	R. de l'Annonciation	La Muette	32
15	N13-O15	**Pasteur** (Boulevard)	165 R. de Sèvres	Pl. des 5 Mart. du Lyc. B.	Sèvres-Lecourbe	39-48-70-88-89-91-95
11	J23	**Pasteur** (Rue)	8 R. de la Folie Méricourt	41 Av. Parmentier	St-Ambroise	46-56
15	N14	**Pasteur** (Square)	3 R. Lecourbe	(en impasse)	Sèvres-Lecourbe	39-70-89
18	A17	**Pasteur Vallery Radot** (Rue Louis)	Av. Pte de Saint-Ouen	36 Av. Pte de St-Ouen	Pte de St-Ouen	60-81-95
3	J21	**Pastourelle** (Rue)	17 R. Charlot	124 R. du Temple	Arts et Métiers	75
13	Q22-R23	**Patay** (Rue de)	12 Bd Masséna	49 R. de Domrémy	Pte d'Ivry	27-62
16	M8	**Paté** (Square Henry)	34 R. Félicien David	27 R. Fr. Gérard	Mirabeau	22-52-62
20	M28	**Patenne** (Square)	3 R. Frédéric Loliée	66 R. de la Plaine	Maraîchers	26
10	E20	**Patin** (Rue Guy)	R. Ambroise Paré	45 Bd de la Chapelle	Barbès-Rochechouart	30-31-54-56-85
5	O19-O20	**Patriarches** (Passage des)	6 R. des Patriarches	99 R. Mouffetard	Censier-Daubenton	47
5	N20-O20	**Patriarches** (Rue des)	7 R. de l'Épée de Bois	44 R. Daubenton	Censier-Daubenton	47
16	G10	**Patton** (Place du Général)	Av. de la Gde Armée	R. Duret	Pte Maillot	73
18	D18	**Patureau** (Rue de l'Abbé)	7 R. P. Féval	116 R. Caulaincourt	Lamarck-Caulaincourt	80-Montmartrobus
16	M8-M9	**Pâtures** (Rue des)	40 Av. de Versailles	19 R. Félicien David	Mirabeau	72
14	Q13	**Paturle** (Rue)	R. R. Losserand	235 R. Vercingétorix	Pte de Vanves	58-PC1
17	C13-B13	**Paul** (Rue Marcel)	Bd F. Douaumont	R. Cailloux	Pte de Clichy	54-74
7	J11-K12	**Paulhan** (Allée Jean)	Q. Branly	Av. G. Eiffel	Ch. de Mars-Tr Eiffel (RER C)	42-82
14	Q14	**Pauly** (Rue)	151 R. R. Losserand	16 R. Suisses	Plaisance	62
4	K21	**Pavée** (Rue)	10 R. de Rivoli	R. Francs Bourgeois	St-Paul	29-69-76-96
17	E10	**Pavillons** (Avenue des)	15 Av. Verzy	Av. Y. du Manoir	Pte de Champerret	43-PC1-PC3
18	B18	**Pavillons** (Impasse des)	4 R. Leibniz	(en impasse)	Pte de St-Ouen	60-95-PC3
20	H26	**Pavillons** (Rue des)	42 R. Pixérécourt	129 R. Pelleport	Télégraphe	60
15	O14	**Payen** (Rue Anselme)	11 R. Vigée Lebrun	99 R. Falguière	Volontaires	88-95
3	K21	**Payenne** (Rue)	20 R. Francs Bourgeois	15 R. du Parc Royal	St-Paul	29
13	S23	**Péan** (Rue)	55 Bd Masséna	10 Av. C. Regaud	Pte d'Ivry	27-83-PC1-PC2
17	C16	**Pécaut** (Rue Félix)	R. Maria Deraismes	R. J. Leclaire	Guy Môquet	31-81
15	N12-O12	**Péclet** (Rue)	42 R. Mademoiselle	102 R. Blomet	Vaugirard	39-70-80-88
4	J20	**Pecquay** (Rue)	34 R. des Bl. Manteaux	5 R. Rambuteau	Rambuteau	29-75
18	D18	**Pecqueur** (Place Constantin)	15 R. Girardon	2 R. Lucien Gaulard	Lamarck-Caulaincourt	80-Montmartrobus
15	P7	**Pégoud** (Rue)	9 Q. d'Issy les Moulineaux	Av. du Mal Gallieni	Bd Victor (RER C)	39-PC1
12	O28	**Péguy** (Square Charles)	R. Marie Laurencin		Michel Bizot	62-PC2
6	N16	**Péguy** (Rue)	11 R. Stanislas	93 Bd du Montparnasse	Vavin	58-68-82-91
2	I20-J20	**Peintres** (Impasse des)	112 R. St-Denis	(en impasse)	Étienne Marcel	29-38-47
20	H24	**Pékin** (Passage de)	62 R. J. Lacroix	56 R. J. Lacroix	Couronnes - Pyrénées	26
11	J22-J23	**Pelée** (Rue)	62 R. St-Sabin	63 Bd R. Lenoir	Richard-Lenoir	20-65
17	C15	**Pélerin** (Impasse du)	97 R. de la Jonquière	(en impasse)	Pte de Clichy	54-74-PC3
1	J18	**Pélican** (Rue du)	11 R. J.-J. Rousseau	8 R. Croix des Petits Chps	Palais Royal-Louvre	21-48-67-69-72-74-81-85
20	G27-J28	**Pelleport** (Rue)	143 R. de Bagnolet	234 R. de Belleville	Gambetta - Pelleport	60-61-76-96
20	G26	**Pelleport** (Villa)	155 R. Pelleport	(en impasse)	Télégraphe	60
14	P16	**Pelletan** (Rue Eugène)	13 R. Froidevaux	1 R. Lalande	Denfert-Rochereau	68-88
17	B16	**Pelloutier** (Rue Fernand)	4 R. Pont à Mousson	13 R. L. Loucheur	Pte de St-Ouen	66-81-PC3
8	F15	**Pelouze** (Rue)	7 R. Andrieux	36 R. Constantinople	Villiers	30-53
20	H28-I28	**Penaud** (Rue Alphonse)	39 R. Cap. Ferber	54 R. du Surmelin	Pelleport	PC2
18	B18	**Penel** (Passage)	84 R. Championnet	92 R. du Ruisseau	Pte de Clignancourt	56-85
12	M26-M27	**Pensionnat** (Rue du)	Av. du Bel Air	R. des Col. du Trône	Nation	56-57-86
8	G15-H14	**Penthièvre** (Rue de)	21 R. Cambacérès	124 R. du Fbg St-Honoré	Miromesnil	28-32-52-83-93
8	G15-G16	**Pépinière** (Rue de la)	Pl. Gabriel Péri	4 Pl. St-Augustin	St-Lazare	22-28-32-43-80-94
14	O15	**Perceval** (Rue de)	9 R. Vercingétorix	24 R. de l'Ouest	Gaîté	28-58-88-91

Arr.	Plan	Nom	Début	Fin	Métro	Bus
16	M7-M8	**Perchamps** (Rue des)	20 R. d'Auteuil	59 R. J. De La Fontaine	Église d'Auteuil	22-52
3	J21	**Perche** (Rue du)	107 R. Vieille du Temple	6 R. Charlot	St-Sébastien-Froissart	29
8	G14	**Percier** (Avenue)	38 R. La Boétie	121 Bd Haussmann	Miromesnil	28-32-80
10	E21	**Perdonnet** (Rue)	214 R. du Fbg St-Denis	33 R. P. de Girard	La Chapelle	48-65
20	I27-J26	**Père Lachaise** (Avenue du)	56 R. des Rondeaux	3 Pl. Gambetta	Gambetta	26-61-69
20	I28	**Perec** (Rue Georges)	R. Jules Siegfried	R. Paul Strauss	Pte de Bagnolet	76-PC2
17	D14-F10	**Péreire Nord** (Boulevard)	Bd Gouvion St-Cyr	R. de Saussure	Pte Maillot	43-53-73-82-84-92-93-94-PC1-PC3
17	D14-F10	**Péreire Sud** (Boulevard)	R. J. d'Abbans	Av. de la Gde Armée	Pte Maillot	31-43-53-73-82-84-92-93-94-PC1-PC3
13	T19	**Pergaud** (Rue Louis)	R. F. de Miomandre	R. du Val-de-Marne	Cité Univ. (RER B)	21-67-PC1
16	G10-G9	**Pergolèse** (Rue)	61 Av. de la Gde Armée	66 Av. Foch	Pte Maillot	82
8	G16	**Péri** (Place Gabriel)	12 R. de Rome	R. St-Lazare	St-Lazare	20-22-24-27-29-43-53-66-68-88-94-95
15	Q12	**Périchaux** (Rue des)	49 R. de Dantzig	112 R. Brancion	Pte de Versailles	89-95
15	Q12	**Périchaux** (Square des)	R. des Périchaux	Bd Lefèbvre	Pte de Vanves	89-95-PC1
7	K15	**Périer** (Rue Casimir)	31 R. St-Dominique	124 R. de Grenelle	Solférino	69
7	M13-M14	**Pérignon** (Rue)	48 Av. de Saxe	35 Bd Garibaldi	Ségur	28
15	M13-M14	**Pérignon** (Rue)	48 Av. de Saxe	35 Bd Garibaldi	Ségur	28
20	K28-L28	**Périgord** (Square du)	7 Sq. la Gascogne	4 Sq. la Guyenne	Pte de Montreuil	57-PC2
19	E26	**Périgueux** (Rue de)	106 Bd Sérurier	5 Bd d'Indochine	Danube	75-PC2-PC3
3	J21-K21	**Perle** (Rue de la)	1 Pl. de Thorigny	78 R. Vieille du Temple	St-Paul	29
4	K19	**Pernelle** (Rue)	7 R. St-Bon	4 Bd Sébastopol	Châtelet	67-69-75-76
15	N11	**Pernet** (Place Étienne)	98 R. des Entrepreneurs	2 R. F. Faure	Félix Faure	70-88
14	P14-P15	**Pernety** (Rue)	24 R. Didot	71 R. Vercingétorix	Pernety	58-62-88-91
8	G13	**Pérou** (Place du)	1 R. Rembrandt	47 R. de Courcelles	St-Philippe du R.	22-43-52-83-84-93
1	J18	**Perrault** (Rue)	4 Pl. du Louvre	85 R. de Rivoli	Louvre Rivoli	21-67-69-72-74-76-81-85
3	I21	**Perrée** (Rue)	21 R. de Picardie	158 R. du Temple	Temple	20-75
13	R21	**Perret** (Rue Auguste)	105 Av. de Choisy	81 Av. d'Italie	Tolbiac	47-62
20	I27	**Perreur** (Passage)	40 R. du Cap. Marchal	21 R. de la Dhuys	Pelleport	60-61
20	H28-I27	**Perreur** (Villa)	22 R. de la Dhuys	(en impasse)	Pelleport	60-61
16	M8	**Perrichont** (Avenue)	31 Av. Th. Gautier	24 R. Félicien David	Mirabeau	22-52-72
7	K17	**Perronet** (Rue)	32 R. Sts-Pères	15 R. du Pré Clercs	St-Germain-des-Prés	39-63-95
14	P16	**Perroy** (Place Gilbert)	R. Mouton-Duvernet	Av. du Maine	Mouton-Duvernet	28-58
18	D19	**Pers** (Impasse)	47 R. Ramey	(en impasse)	Marcadet-Poissonniers	80-85-Montmartrobus
17	E10-F10	**Pershing** (Boulevard)	46 Bd Gouvion St-Cyr	Pl. de Verdun	Pte Maillot	43-73-82-PC1-PC3
5	N20	**Pestalozzi** (Rue)	80 R. Monge	6 R. Épée de Bois	Place Monge	47
15	N12-O12	**Petel** (Rue)	12 R. Péclet	106 R. Blomet	Vaugirard	39-70-80-88
13	O20-P20	**Peter** (Rue Michel)	79 Bd St-Marcel	22 R. Reine Blanche	Les Gobelins	27-47-83-91
17	E10	**Peterhof** (Avenue de)	Av. des Pavillons	43 R. Guersant	Pte de Champerret	43-PC1-PC3
17	C16	**Petiet** (Rue)	101 Av. de St-Ouen	8 R. M. Deraismes	Guy Môquet	31-81
19	F27	**Petin** (Impasse)	24 R. des Bois	(en impasse)	Pré St-Gervais	48
11	J24-K24	**Pétion** (Rue)	119 R. de la Roquette	86 R. du Chemin Vert	Voltaire	46-56-61-69
11	L25	**Petit** (Impasse Charles)	4 R. P. Bert	(en impasse)	Faidherbe-Chaligny	46-86
19	D26-E24	**Petit** (Rue)	32 Av. Laumière	Bd Sérurier	Pte de Pantin	60-75-PC2-PC3
17	C15	**Petit Cerf** (Passage)	184 Av. de Clichy	19 R. Boulay	Pte de Clichy	54-74-PC3
16	E10	**Petit De Julleville** (Square Cardinal)	Bd d'Aurelle de Paladines	R. G. Charpentier	Pte Maillot	43
13	P21	**Petit Modèle** (Impasse du)	19 Av. S. Pichon	(en impasse)	Place d'Italie	27-57-67
5	O20	**Petit Moine** (Rue du)	23 R. de la Collégiale	7 Av. des Gobelins	Les Gobelins	27-47-83-91
4	L21-L22	**Petit Musc** (Rue du)	2 Q. des Célestins	23 R. St-Antoine	Sully-Morland	69-76-86-87
5	L19	**Petit Pont** (Place du)	Q. du Marché Neuf	Q. de Montebello	St-Michel	47
4	L19	**Petit Pont** (Pont)	Pl. du Petit Pont	R. de la Cité	St-Michel	47
5	L19	**Petit Pont** (Pont)	Pl. du Petit Pont	R. de la Cité	St-Michel	47
5	L19	**Petit Pont** (Rue du)	Q. de Montebello	R. Galande	St-Michel	47
16	P6-P7	**Petite Arche** (Rue de la)	21 R. Malleterre	R. Abel Ferry	Pte de St-Cloud	22-62-72-PC1
6	L17	**Petite Boucherie** (Passage)	1 R. de l'Abbaye	166 Bd St-Germain	St-Germain-des-Prés	63-86
11	K25-L25	**Petite Pierre** (Rue de la)	21 R. Neuve des Boulets	150 R. de Charonne	Rue des Boulets	76
1	J19	**Petite Truanderie** (Rue de la)	16 R. Mondétour	11 R. P. Lescot	Les Halles	29
11	I23	**Petite Voirie** (Passage de la)	20 R. du Marché Pop.	4 R. N. Popincourt	Parmentier	46-96
10	G20-H20	**Petites Écuries** (Cour des)	18 R. d'Enghien	61 R. du Fbg St-Denis	Château d'Eau	38-39-47-48
10	G20-H20	**Petites Écuries** (Passage des)	15 R. des Petites Écuries	Cr des Petites Écuries	Château d'Eau	38-39-47-48
10	G19-G20	**Petites Écuries** (Rue des)	71 R. du Fbg St-Denis	42 R. du Fbg Poissonnière	Château d'Eau	38-39-47-48
19	G26	**Petitot** (Rue)	15 R. Pré St-Gervais	14 R. des Fêtes	Pl. des Fêtes	48-60
2	H19-I19	**Petits Carreaux** (Rue des)	36 R. St-Sauveur	44 R. de Cléry	Sentier	20-39
1	I17-I18	**Petits Champs** (Rue des)	1 R. de la Banque	26 Av. de l'Opéra	Pyramides	21-27-29-39-48-67-68-74-81-85-95
2	I17-I18	**Petits Champs** (Rue des)	1 R. de la Banque	76 Av. de l'Opéra	Pyramides	21-27-29-39-48-67-68-74-81-85-95
10	F20-G20	**Petits Hôtels** (Rue des)	87 Bd de Magenta	4 R. de la Banque	Gare du Nord	26-30-31-32-38-42-43-46-48-54-56-65
2	I18	**Petits Pères** (Passage des)	R. de la Banque	Pl. Petits Pères	Bourse-Sentier	29-48-67-74-85
2	I18	**Petits Pères** (Place des)	R. des Petits Pères	R. du Mail	Bourse - Sentier	29-48-67-74-85
2	I18	**Petits Pères** (Rue des)	6 R. La Feuillade	1 R. Vide Gousset	Bourse - Sentier	29-48-67-74-85
19	C27-D26	**Petits Ponts** (Route des)	Av. Pte de Pantin	Av. du Gal Leclerc (Pantin)	Hoche	75-PC2-PC3
16	J10	**Pétrarque** (Rue)	10 Av. P. Doumer	28 R. Scheffer	Trocadéro	22-32
16	J10-J9	**Pétrarque** (Square)	31 R. Scheffer	(en impasse)	Trocadéro	22-32
9	F19	**Pétrelle** (Rue)	155 R. du Fbg Poissonnière	58 R. Rochechouart	Poissonnière	30-31-42-48-54-56-85
9	F19	**Pétrelle** (Square)	4 R. Pétrelle	(en impasse)	Poissonnière	30-31-42-48-54-56-85
18	C19	**Petrucciani** (Place Michel)	R. Versigny	R. Ste-Isaure	Jules Joffrin	31-56-60-80-85-Montmartrobus
17	D11	**Peugeot** (Rue du Caporal)	58 Bd de la Somme	R. J. Ibert	Pte de Champerret	84-92-93-PC1-PC3
16	M7	**Peupliers** (Avenue des)	12 R. Poussin	2 Av. Sycomores	Michel Ange-Auteuil	52
13	R20-S20	**Peupliers** (Rue des)	74 R. du Moulin des Prés	Bd Kellermann	Tolbiac	57
13	R20	**Peupliers** (Square des)	72 R. du Moulin des Prés	(en impasse)	Tolbiac	57-62
11	K25	**Phalsbourg** (Cité de)	149 Bd Voltaire	49 R. Léon Frot	Charonne	56-67
17	E13-F13	**Phalsbourg** (Rue de)	2 R. de Logelbach	30 R. H. Rochefort	Monceau	30-94
20	L28-M28	**Philidor** (Rue)	36 R. Maraîchers	17 Pas. de lagny	Maraîchers	26
16	I8	**Philipe** (Rue Gérard)	50 Bd Lannes	63 Av. du Mal Fayolle	Av. H. Martin (RER C)	PC1

11	K25-M26	**Philippe Auguste** (Avenue)	5 Pl. de la Nation	149 Bd de Charonne	Nation	56-57-61-69-76-86
11	L26	**Philippe Auguste** (Passage)	12 Pas. Turquetil	35 Av. Philippe-Auguste	Rue des Boulets	56
11	K25	**Philosophe** (Allée du)	145b Bd Voltaire	9 Cité de Phalsbourg	Charonne	56-74
20	I27-I28	**Piaf** (Place Édith)	R. Belgrand	5 R. Cap. Ferber	Pte de Bagnolet	26-60-61-76
20	H25	**Piat** (Passage)	63 R. des Couronnes	R. Piat	Pyrénées	26
20	G24-H25	**Piat** (Rue)	Pas. Piat	64 R. de Belleville	Pyrénées	26
15	N9	**Pic de Barette** (Rue du)	30 R. Balard	R. Mont. de l'Espérou	Javel	88
20	H24	**Picabia** (Rue Francis)	15 R. des Couronnes	R. de Tourtille	Couronnes	26-96 (à plus de 400 m)
18	E19	**Picard** (Rue Pierre)	13 R. de Clignancourt	2 R. C. Nodier	Barbès-Rochechouart	85
3	I21-J21	**Picardie** (Rue de)	40 R. de Bretagne	2 R. Franche Comté	Temple	75
6	N16	**Picasso** (Place Pablo)	Bd Raspail	Bd du Montparnasse	Vavin	58-68-82-91
14	N16	**Picasso** (Place Pablo)	Bd Raspail	Bd du Montparnasse	Vavin	58-68-82-91
16	G10	**Piccini** (Rue)	44 Av. Foch	134 Av. Malakoff	Victor Hugo	82
12	P26	**Pichard** (Rue Jules)	33 R. des Meuniers	(en impasse)	Pte de Charenton	87
16	G10	**Pichat** (Rue Laurent)	52 Av. Foch	49 R. Pergolèse	Victor Hugo	82
13	P21-Q21	**Pichon** (Avenue Stephen)	15 R. Pinel	2 Pl. des Alpes	Place d'Italie	27-57-67
16	H10-H9	**Picot** (Rue)	24 Av. Bugeaud	49 Av. Foch	Victor Hugo	52-82
12	M27-O27	**Picpus** (Boulevard de)	89 R. de Picpus	2 Cours de Vincennes	Picpus - Bel Air	29-56-62
12	M26-P27	**Picpus** (Rue de)	254 R. du Fbg St-Antoine	97 Bd Poniatowski	Pte Dorée - M. Bizot	29-46-57-62-86-PC2
18	E18	**Piémontési** (Rue)	21 R. Houdon	10 R. A. Antoine	Abbesses	30-54-67-Montmartrobus
6	K18	**Pierné** (Square Gabriel)	R. de Seine	R. Mazarine	Mabillon	24-27-39-58-70-95
4	J20	**Pierre au Lard** (Rue)	12 R. St-Merri	22 R. du Renard	Rambuteau	38-47-75
8	H12-I11	**Pierre Ier De Serbie** (Avenue)	Pl. d'Iéna	27 Av. George V	Alma-Marceau	32-73-92
16	H12-I11	**Pierre Ier De Serbie** (Avenue)	Pl. d'Iéna	27 Av. George V	Alma-Marceau	32-63-82-92
8	F12	**Pierre le Grand** (Rue)	11 R. Daru	73 Bd de Courcelles	Ternes	30-84
18	E20	**Pierre l'Ermite** (Rue)	2 R. Polonceau	9 R. St-Bruno	Barbès-Rochechouart	65
11	H22-I23	**Pierre Levée** (Rue de la)	1 R. Trois Bornes	R. Fontaine au Roi	Oberkampf	46-75-96
15	L12	**Pierre-Bloch** (Rue Jean)	44 Av. de Suffren	64 R. de la Fédération	Dupleix	42-69-82-87
15	N9	**Piet Mondrian** (Rue)	20 R. S. Mercier	Pl. Mont. du Goulet	Javel	62-88
13	S21	**Pieyre De Mandiargues** (Rue André)	164 Av. d'Italie	57b R. du Moulin de la Pointe	Maison Blanche	47
9	E18-F17	**Pigalle** (Rue Jean-Baptiste)	18 R. Blanche	9 Pl. Pigalle	Trinité - Pigalle	30-54-67-74-Montmartrobus
9	F17	**Pigalle** (Cité)	41 R. J.-B. Pigalle	(en impasse)	St-Georges	74
9	E18	**Pigalle** (Place)	15 Bd de Clichy	9 R. Frochot	Pigalle	30-54-67-Montmartrobus
11	J23	**Pihet** (Rue)	9 Pas. Beslay	10 R. du Marché Pop.	Parmentier	46-96
16	J8-K8	**Pilâtre de Rozier** (Allée)	Av. Raphaël	Chée de la Muette	La Muette	32-PC1
20	K25	**Pilier** (Impasse du)	8 Bd de Ménilmontant	(en impasse)	Philippe Auguste	61-69
9	G17-G18	**Pillet Will** (Rue)	15 R. Laffitte	20 R. La Fayette	Richelieu Drouot	42
18	D16	**Pilleux** (Cité)	30 Av. de St-Ouen	(en impasse)	La Fourche	54-74-81
18	E17-E18	**Pilon** (Cité Germain)	2 R. G. Pilon	(en impasse)	Abbesses	30-54-67-Montmartrobus
18	E17-E18	**Pilon** (Rue Germain)	36 Bd de Clichy	31 R. des Abbesses	Pigalle - Abbesses	30-54-67-Montmartrobus
14	R12-S14	**Pinard** (Boulevard Adolphe)	Pte de Châtillon	Av. P. Larousse	Malakoff-Plat. Vanves	58
13	P21	**Pinel** (Place)	Bd V. Auriol	R. Esquirol	Nationale	27-57-67
13	P21	**Pinel** (Rue)	9 Pl. Pinel	137 Bd de l'Hôpital	Nationale	27-57-67
19	E25-E26	**Pinot** (Rue Gaston)	13 R. D. d'Angers	13 R. Alsace L.	Danube	75
19	E25	**Pinton** (Rue François)	10 R. D. d'Angers	15 Villa C. Monet	Danube	75
14	Q15	**Piobetta** (Pl. du Lieutenant Stéphane)	Av. Villemain	R. d'Alésia	Plaisance	62
13	O21-P20	**Pirandello** (Rue)	15 R. Duméril	21 R. Le Brun	Campo Formio	57-67
12	P25-Q25	**Pirogues de Bercy** (Rue des)	Q. de Bercy	R. du Baron Le Roy	Cour St-Émilion	24
17	D13	**Pisan** (Rue Christine De)	130 R. de Saussure	(en impasse)	Wagram	53-94-PC3
17	D12	**Pissarro** (Rue Camille)	9 R. de St-Marceaux	8 R. J. L. Forain	Pereire	53-94-PC3
15	P14	**Pitard** (Rue Georges)	88 R. de la Procession	57 R. de Vouillé	Plaisance	62-95
17	D12	**Pitet** (Rue Raymond)	26 Bd de Reims	13 R. Curnonsky	Pereire	94
11	H23	**Piver** (Impasse)	3 Pas. Piver	(en impasse)	Belleville - Goncourt	46-75
11	H23	**Piver** (Passage)	15 R. de l'Orillon	92 R. du Fbg du Temple	Belleville - Goncourt	46-75
20	G26	**Pixérécourt** (Impasse)	11 R. C. Friedel	(en impasse)	Télégraphe	26-60
20	G26-H26	**Pixérécourt** (Rue)	133 R. de Ménilmontant	210 R. de Belleville	Télégraphe	26-60-96
15	R11	**Plaine** (Porte de la)	Pl. Insurgés de Varsovie		Pte de Versailles	89
20	L28-M27	**Plaine** (Rue de la)	22 Bd de Charonne	31 R. Maraîchers	Avron-Maraîchers	26-57
15	Q11	**Plaisance** (Porte de)	Bd Lefebvre	R. G. Boissier	Pte de Versailles	89-PC1
14	P15-Q15	**Plaisance** (Rue de)	26 R. Didot	83 R. R. Losserand	Pernety	58
20	H27	**Planchart** (Passage)	18 R. St-Fargeau	16 R. H. Poincaré	St-Fargeau	60-61-96
20	K26-L27	**Planchat** (Rue)	15 R. d'Avron	16 R. de Bagnolet	Avron - A. Dumas	57-76
3	H20-I20	**Planchette** (Impasse de la)	324 R. St-Martin	(en impasse)	Strasbourg-St-Denis	20-38-39-47
12	O25	**Planchette** (Ruelle de la)	2 R. du Charolais	236 R. de Charenton	Dugommier	87
18	E17	**Planquette** (Rue Robert)	22 R. Lepic	(en impasse)	Blanche	30-54-68-74-Montmartrobus
5	N21	**Plantes** (Jardin des)	Pl. Valhubert	R. Buffon	Gare d'Austerlitz	24-57-61-63-67-89-91
14	Q16-R15	**Plantes** (Rue des)	176 Av. du Maine	135 Bd Brune	Mouton-Duvernet	28-58-62-PC1
14	Q15-Q16	**Plantes** (Villa des)	32 R. des Plantes	(en impasse)	Alésia	58
20	H25	**Plantin** (Passage)	16 R. du Transvaal	81 R. des Couronnes	Pyrénées	26
1	J19-K19	**Plat d'Étain** (Rue du)	25 R. des Lavandières Sainte-Opportune	4 R. des Déchargeurs	Châtelet	21-58-67-70-72-74-75-81-85
18	E17	**Platanes** (Villa des)	R. R. Planquette	Bd de Clichy	Pigalle	30-54-67-Montmartrobus
19	F25	**Plateau** (Passage du)	10 R. du Plateau	11 R. du Tunnel	Buttes Chaumont	48-60
19	F24-F25	**Plateau** (Rue du)	31 R. des Alouettes	32 R. Botzaris	Buttes Chaumont	26
15	O14	**Platon** (Rue)	5 R. F. Guibert	49 R. Bargue	Volontaires	88-95
4	J20-K20	**Plâtre** (Rue du)	23 R. des Archives	32 R. du Temple	Rambuteau	29-38-47-75
20	I25	**Plâtrières** (Rue des)	104 R. Amandiers	16 R. Sorbier	Ménilmontant	96
15	O10	**Plélo** (Rue de)	114 R. de la Convention	19 R. Duranton	Boucicaut	39-62
12	O25-O26	**Pleyel** (Rue)	12 R. Dubrunfaut	17 R. Dugommier	Dugommier	29-87
11	J25	**Plichon** (Rue)	139 R. du Chemin Vert	112 Av. de la République	Père Lachaise	61-69
15	O13	**Plumet** (Rue)	50 R. des Volontaires	19 R. de la Procession	Volontaires	88-95

14	P14	**Plumier** (Square du Père)	R. Vercingétorix	R. d'Alésia	Plaisance	62
19	F23-G23	**Poë** (Rue Edgar)	3 R. Barrelet de Ricou	17 R. de Gourmont	Buttes Chaumont	26
16	M5	**Poètes** (Square des)	Av. Pte d'Auteuil		Pte d'Auteuil	52
20	H27	**Poincaré** (Rue Henri)	141 Av. Gambetta	10 R. St-Fargeau	Pelleport	60-61-96
16	H10-J10	**Poincaré** (Avenue Raymond)	6 Pl. Trocadéro	39 Av. Foch	Victor Hugo	22-30-32-52-63-82
16	L8	**Poincaré** (Avenue du Recteur)	R. J. De La Fontaine	Av. Léopold II	Jasmin	52
14	N16-O16	**Poinsot** (Rue)	25 Bd Edgar Quinet	10 R. du Maine	Edgar Quinet	28-58-89-91-94-95-96
16	O7-P7	**Point du Jour** (Port du)	Bd Périphérique	Pont du Garigliano	Porte de St Cloud	22-72-PC1
16	O6	**Point du Jour** (Porte du)	R. C. Terrasse	Av. M. Doret	Porte de St Cloud	22-72-PC1
8	H13	**Point Show** (Galerie)	Av. des Chps Élysées	R. de Ponthieu	Franklin D. Roosevelt	32-73
20	K27	**Pointe** (Sentier de la)	71 R. des Vignoles	60 Pl. de la Réunion	Buzenval	26-76
13	R22-S21	**Pointe d'Ivry** (Rue de la)	49 Av. d'Ivry	30 Av. de Choisy	Pte de Choisy	83-PC1-PC2
15	N13	**Poirier** (Villa)	88 R. Lecourbe	R. Colonna d'Ornano	Volontaires	39-70-80-89
14	R16	**Poirier de Narçay** (Rue du)	130 Av. du Gal Leclerc	25 R. Friant	Pte d'Orléans	28-38-68
17	F10-G10	**Poisson** (Rue Denis)	50 Av. de la Gde Armée	33 Pl. St-Ferdinand	Pte Maillot	73
4	K21	**Poissonnerie** (Impasse de la)	2 R. de Jarente	(en impasse)	St-Paul	29-69-76-96
2	H19	**Poissonnière** (Boulevard)	35 R. Poissonnière	178 R. Montmartre	Bonne Nouvelle	20-39-48-67-74-85
9	H19	**Poissonnière** (Boulevard)	35 R. Poissonnière	178 R. Montmartre	Bonne Nouvelle	20-39-48-67-74-85
2	H19	**Poissonnière** (Rue)	29 R. de Cléry	39 Bd Bonne Nouvelle	Sentier	20-39-48
18	E20	**Poissonnière** (Villa)	42 R. de la Goutte d'Or	41 R. Polonceau	Barbès-Rochechouart	31-56-85
18	B20	**Poissonniers** (Porte des)	Bd Ney	78 Bd Ney	Pte de Clignancourt	PC3
18	B20-E19	**Poissonniers** (Rue des)	24 Bd Barbès	1 R. Belliard	Barbès-Rochechouart	30-31-54-56-60-85-PC3
5	M20	**Poissy** (Rue de)	29 Q. de la Tournelle	4 R. des Écoles	Card. Lemoine	24-47-63-86-87
6	L18	**Poitevins** (Rue des)	6 R. Hautefeuille	5 R. Danton	St-Michel	21-27-38-86-87
7	K16	**Poitiers** (Rue de)	59 R. de Lille	66 R. de l'Université	Solférino	68-69
3	J21-J22	**Poitou** (Rue de)	95 R. de Turenne	14 R. Charlot	St-Sébastien-Froissart	75-96
18	C18	**Pôle Nord** (Rue du)	37 R. Montcalm	1 R. V. Compoint	Lamarck-Caulaincourt	31-60-95
12	N25	**Politzer** (Rue Georges et Maï)	38 R. Hénard	(en impasse)	Montgallet	46
5	O21	**Poliveau** (Rue)	38 Bd de l'Hôpital	18 R. G. St-Hilaire	St-Marcel	57-67-91
6	N18	**Polo** (Jardin Marco)	Sq. Observatoire		Port Royal (RER B)	38-83
16	H8	**Pologne** (Avenue de)	Bd Lannes	Av. du Mal Fayolle	Avenue Foch (RER C)	PC1
18	E20	**Polonceau** (Rue)	1 R. P. l'Ermite	8 R. des Poissonniers	Château Rouge	31-56-85
16	H9-I9	**Pomereu** (Rue de)	132 R. Longchamp	20 R. E. Ménier	Rue de la Pompe	52
12	O24-P25	**Pommard** (Rue de)	R. Joseph Kessel	41 R. de Bercy	Dugommier	24-62
16	H10-K8	**Pompe** (Rue de la)	100 Av. P. Doumer	41 Av. Foch	La Muette - V. Hugo	22-32-52-63-82
4	J20	**Pompidou** (Place Georges)	R. Rambuteau	R. St-Merri	Rambuteau	38-47-75
1	K19-L21	**Pompidou** (Voie Georges)	Pont Neuf	Q. Henry IV	Pont Neuf	21-27-38-67-69-70-72-74-75-76-85-96
4	K19-L21	**Pompidou** (Voie Georges)	Pont Neuf	Q. Henry IV	Pont Neuf	21-27-38-67-69-70-72-74-75-76-85-96
16	K10-O7	**Pompidou** (Voie Georges)	Q. St-Exupéry		Bd Victor (RER C)	22-62-70-72
2	I20	**Ponceau** (Passage du)	119 Bd Sébastopol	212 R. St-Denis	Réaumur-Sébastopol	20-38-39-47
2	I20	**Ponceau** (Rue du)	33 R. de Palestro	188 R. St-Denis	Réaumur-Sébastopol	20-38-39-47
17	F12	**Poncelet** (Passage)	27 R. Poncelet	12 R. Laugier	Ternes	30-31-92-93
17	F12	**Poncelet** (Rue)	10 Av. des Ternes	83 Av. Wagram	Ternes	31-43-84-92-93
15	L12-M12	**Pondichéry** (Rue de)	39 R. Dupleix	66 Av. La Motte-Picquet	La Motte-P.-Grenelle	80
19	E26	**Ponge** (Rue Francis)	Pl. Rhin et Danube	Bd Sérurier	Danube	75-PC2-PC3
12	P28-Q25	**Poniatowski** (Boulevard)	Q. de Bercy	282 Av. Daumesnil	Pte Dorée	46-87-PC1-PC2
16	J8-K8	**Ponsard** (Rue François)	2 Chée de la Muette	5 R. G. Nadaud	La Muette	22-32-52
13	R22	**Ponscarme** (Rue)	83 R. Chât. Rentiers	68 R. Nationale	Pte d'Ivry	83
17	B16	**Pont à Mousson** (Rue de)	42 Bd Bessières	R. A. Bréchet	Pte de St-Ouen	66-PC3
3	I21	**Pont aux Biches** (Passage du)	38 R. N.-D. de Nazareth	37 R. Meslay	Arts et Métiers	20-75
3	J22	**Pont aux Choux** (Rue du)	1 Bd Filles du Calvaire	86 R. de Turenne	St-Sébastien-Froissart	20-65-96
6	K18-L18	**Pont de Lodi** (Rue du)	6 R. Gds Augustins	17 R. Dauphine	St-Michel	24-27-58-70
4	K20-L20	**Pont Louis Philippe** (Rue du)	Q. l'Hôtel de Ville	23 R. de Rivoli	Hôtel de Ville	67-69-76-96
15	M9	**Pont Mirabeau** (Rond-Point du)	63 Q. A. Citroën	1 R. de la Convention	Javel	62-88
1	K18	**Pont Neuf** (Place du)	41 Q. de l'Horloge	76 Q. des Orfèvres	Pont Neuf	24-27-58-70
1	J19-K18	**Pont Neuf** (Rue du)	22 Q. de la Mégisserie	Pl. M. Quentin	Pont Neuf-Châtelet	21-58-67-69-70-72-74-76-81-85
8	H13-H14	**Ponthieu** (Rue de)	7 Av. Matignon	8 R. de Berri	St-Philippe du R.	28-32-52-73-80-83-93
5	L20-M20	**Pontoise** (Rue de)	39 Q. de la Tournelle	18 R. St-Victor	Card. Lemoine	24-47-63-86-87
11	J23	**Popincourt** (Cité)	14 R. de la Folie Méricourt	(en impasse)	St-Ambroise	56
11	K23	**Popincourt** (Impasse)	34 R. Popincourt	(en impasse)	Voltaire	69-56
11	J23-K24	**Popincourt** (Rue)	79 R. de la Roquette	90 Bd Voltaire	Voltaire	56-61-69
13	S22	**Port au Prince** (Place de)	Av. Pte de Choisy	R. Lachelier	Pte de Choisy	PC1- PC2
2	H17	**Port Mahon** (Rue de)	30 R. St-Augustin	31 R. du 4 Septembre	Quatre Septembre	20-21-27-29-68-81-95
5	O18-P20	**Port Royal** (Boulevard de)	22 Av. des Gobelins	49 Av. de l'Observatoire	Les Gobelins - Port Royal (RER B)	21-27-38-47-83-91
13	O18-P20	**Port Royal** (Boulevard de)	22 Av. des Gobelins	49 Av. de l'Observatoire	Les Gobelins - Port Royal (RER B)	21-27-38-47-83-91
14	O18-P20	**Port Royal** (Boulevard de)	22 Av. des Gobelins	49 Av. de l'Observatoire	Les Gobelins - Port Royal (RER B)	21-27-38-47-83-91
13	O18-P19	**Port Royal** (Square de)	15 R. de la Santé	(en impasse)	Censier-Daubenton	21-83-91
13	O19	**Port Royal** (Villa de)	49 Bd de Port Royal	(en impasse)	Censier-Daubenton	21-83-91
8	F15-G15	**Portalis** (Rue)	14 R. de la Bienfaisance	47 R. du Rocher	Europe	22-28-32-43-53-66-80-94-95
15	Q12-R12	**Porte Brancion** (Avenue de la)	94 Bd Lefebvre	R. L. Vicat	Pte de Vanves	95-PC1
19	E26-E27	**Porte Brunet** (Avenue de la)	94 Bd Sérurier	R. des Marchais	Danube	PC2-PC3
19	D26-E27	**Porte Chaumont** (Avenue de la)	124 Bd Sérurier	R. Estienne D'Orves	Pte de Pantin	75-PC2-PC3
18	A22-B22	**Porte d'Aubervilliers** (Avenue de la)	4 Bd Ney	Pl. Skanderbeg	Pte de la Chapelle	54-65-PC3
19	A22-B22	**Porte d'Aubervilliers** (Avenue de la)	4 Bd Ney	Pl. Skanderbeg	Pte de la Chapelle	54-65-PC3

17	C12-D13	**Porte d'Asnières** (Avenue de la)	96 Bd Berthier	R. V. Hugo (Levallois-P.)	Wagram - Pereire	53-94-PC3
16	M6	**Porte d'Auteuil** (Place de la)	Av. Pte d'Auteuil	Av. du Mal Lyautey	Pte d'Auteuil	32-52-PC1
20	I28	**Porte de Bagnolet** (Avenue de la)	6 Pl. Pte de Bagnolet	Av. Ibsen	Pte de Bagnolet	57-76-PC2
20	I28	**Porte de Bagnolet** (Place de la)	227 Bd Davout	1 Bd Mortier	Pte de Bagnolet	57-76-PC2
17	D10-E11	**Porte de Champerret** (Avenue de la)	2 Bd de l'Yser	Bd Bineau	Pte de Champerret	84-92-93-PC1-PC3
17	E11	**Porte de Champerret** (Place de la)	8 Bd Gouvion St-Cyr	25 Bd de la Somme	Pte de Champerret	84-92-93-PC1-PC3
12	Q27	**Porte de Charenton** (Avenue de la)	203 Av. de Paris	60 Bd Poniatowski	Pte de Charenton	PC1-PC2
14	R15-S14	**Porte de Châtillon** (Av. de la)	Pl. Pte de Châtillon	Bd R. Rolland	Pte d'Orléans	58-PC1
14	R15	**Porte de Châtillon** (Pl. de la)	104 Bd Brune	106 Bd Brune	Pte d'Orléans	58-PC1
13	S22-T22	**Porte de Choisy** (Av. de la)	R. C. Leroy	111 Bd Masséna	Pte de Choisy	PC1- PC2
17	B14-C14	**Porte de Clichy** (Av. de la)	2 Bd Berthier	Porte de Clichy	Pte de Clichy	54-74-PC3
18	A19-B19	**Porte de Clignancourt** (Avenue de la)	106 Bd Ney	Av. Michelet (St-Ouen)	Pte de Clignancourt	56-85-PC3
18	A21-B21	**Porte de la Chapelle** (Av. de la)	2 Bd Ney	21 Av. du Pdt Wilson	Pte de la Chapelle	65-PC3
15	Q11	**Porte de la Plaine** (Avenue la)	38 Bd Lefebvre	Pl. Insurgés de Varsovie	Pte de Versailles	89-PC1
19	A25	**Porte de la Villette** (Av. de la)	84 Bd Macdonald	R. E. Reynaud	Pte de la Villette	75-PC3
20	H28	**Porte de Ménilmontant** (Avenue de la)	94 Bd Mortier	1 R. des Fougères	St-Fargeau	PC2
18	A17-B18	**Porte de Montmartre** (Avenue de la)	142 Bd Ney	R. du Dr Babinski	Pte de St-Ouen	60-85-PC3
20	L28-L29	**Porte de Montreuil** (Avenue de la)	72 Bd Davout	Av. L. Gaumont	Pte de Montreuil	57-PC2
20	L29	**Porte de Montreuil** (Place de la)	6 Av. Pte de Montreuil		Pte de Montreuil	57-PC2
14	R16-S15	**Porte de Montrouge** (Avenue de la)	126 Bd Brune	Bd Romain Rolland	Pte d'Orléans	68
19	D26-D27	**Porte de Pantin** (Av. de la)	Pl. Pte de Pantin	Av. J. Lolive (Pantin)	Pte de Pantin - Hoche	75-PC2-PC3
19	D26	**Porte de Pantin** (Place de la)	148 Bd Sérurier	Bd d'Indochine	Pte de Pantin	75-PC2-PC3
16	K7	**Porte de Passy** (Place de la)	Bd Suchet	Av. du Mal Maunoury	Ranelagh	32-PC1
15	Q12	**Porte de Plaisance** (Avenue de la)	58 Bd Lefebvre	Av. A. Bartholomé	Pte de Versailles	89-PC1
16	O5	**Porte de Saint-Cloud** (Avenue de la)	Pl. Pte de St-Cloud	47 Av. F. Buisson	Pte de St-Cloud	22-62-72-PC1
16	O6	**Porte de Saint-Cloud** (Place de la)	111 Bd Murat	219 Av. de Versailles	Pte de St-Cloud	22-62-72-PC1
17	A17-B16	**Porte de Saint-Ouen** (Avenue de la)	2 Bd Bessière	R.Toulouse-Lautrec	Pte de St-Ouen	81-PC3
18	A17-B16	**Porte de Saint-Ouen** (Avenue de la)	2 Bd Bessière	R.Toulouse-Lautrec	Pte de St-Ouen	81-PC3
15	P9	**Porte de Sèvres** (Av. de la)	8 Bd Victor	Héliport	Balard	39-42-PC1
14	R13	**Porte de Vanves** (Av. de la)	Pl. Pte de Vanves	Bd Adolphe Pinard	Pte de Vanves	58-95
14	R13	**Porte de Vanves** (Place de la)	2 Bd Brune	Av. Pte de Vanves	Pte de Vanves	58-95
14	R13	**Porte de Vanves** (Sq. de la)	16 Av. Pte Vanves	(en impasse)	Pte de Vanves	58-95
15	P10	**Porte de Versailles** (Place de la)	Bd Victor	Av. E. Renan	Pte de Versailles	80-PC1
17	E10	**Porte de Villiers** (Av. de la)	30 Bd Gouvion St-Cyr	Bd de Villiers	Pte de Champerret	93-PC1-PC3
12	M28-M29	**Porte de Vincennes** (Avenue de la)	Bd Davout	R. Elie Faure	Pte de Vincennes	86-PC2
20	M28-M29	**Porte de Vincennes** (Avenue de la)	Bd Davout	R. Elie Faure	Pte de Vincennes	86-PC2
13	R23-S24	**Porte de Vitry** (Avenue de la)	Av. P. Sémard	7 Bd Masséna	Bibl. F. Mitterrand	27-PC1-PC2
19	F29-G28	**Porte des Lilas** (Avenue de la)	2 Bd Sérurier	R. de Paris (les Lilas)	Pte des Lilas	48-61-96-PC2-PC3
20	F29-G28	**Porte des Lilas** (Avenue de la)	2 Bd Sérurier	R. de Paris (les Lilas)	Pte des Lilas	48-61-96-PC2-PC3
18	A20-B20	**Porte des Poissonniers** (Avenue de la)	100 Bd Ney	R. des Poissonniers	Pte de la Chapelle	PC3
17	E9-F10	**Porte des Ternes** (Avenue de la)	Pl. du Gal Koenig	31 Av. du Roule	Pte Maillot	PC1-PC3
14	R14	**Porte Didot** (Avenue de la)	42 Bd Brune	Av. M. Sangnier	Pte de Vanves	58-PC1
15	P10-Q9	**Porte d'Issy** (Rue de la)	32 Bd Victor	R. Oradour-sur-Glane	Balard	39-PC1
13	S21-T21	**Porte d'Italie** (Avenue de la)	Bd Masséna	Av. Vaillant-Couturier	Pte d'Italie	47
13	S22-S23	**Porte d'Ivry** (Avenue de la)	Av. M. Thorez	75 Bd Masséna	Pte d'Ivry	83-PC1-PC2
12	P27	**Porte Dorée** (Villa de la)	159 R. de Picpus	8 Villa de la Pte Dorée	Pte Dorée	PC2
14	S16	**Porte d'Orléans** (Avenue de la)	Pl. du 25 août 1944	Rte d'Orléans	Pte d'Orléans	68-PC1
19	F27	**Porte du Pré Saint-Gervais** (Avenue de la)	6 Bd Sérurier	R. A. Fleming	Pré St-Gervais	48-PC2-PC3
16	F10	**Porte Maillot** (Place de la)	Bd Pershing	Bd Gouvion St-Cyr	Pte Maillot	73-82-PC1
17	F10	**Porte Maillot** (Place de la)	Bd Pershing	Bd Gouvion St-Cyr	Pte Maillot	73-82-PC1-PC3
16	N5-N6	**Porte Molitor** (Avenue de la)	24 Av. du Gal Sarrail	R. Nungesser et Coli	Pte d'Auteuil	52-PC1
16	N6	**Porte Molitor** (Place de la)	27 Bd Murat	Av. du Gal Sarrail	Pte d'Auteuil	52-PC1
17	B16	**Porte Pouchet** (Avenue de la)	44 Bd Bessières	Pl. A. Tzanck	Pte de St-Ouen	66-PC3
3	I21-J21	**Portefoin** (Rue)	81 R. des Archives	146 R. du Temple	Arts et Métiers	20-75
18	C19-C20	**Portes Blanches** (Rue des)	71 R. des Poissonniers	4 Bd Ornano	Marcadet-Poissonniers	31-56-60-85
14	S16	**Porto Riche** (Rue Georges De)	6 R. Monticelli	5 R. Henri Barboux	Pte d'Orléans	28-38-Pc1
16	H11	**Portugais** (Avenue des)	23 R. La Pérouse	17 Av. Kléber	Kléber	22-30-92
16	J9	**Possoz** (Place)	14 R. Guichard	2 R. Faustin Hélie	La Muette	22-32
5	O19	**Postes** (Passage des)	104 R. Mouffetard	55 R. Lhomond	Censier-Daubenton	21-27-47
5	N19	**Pot de Fer** (Rue du)	58 R. Mouffetard	33 R. Lhomond	Place Monge	47
19	F27-G27	**Potain** (Rue du Docteur)	251 R. de Belleville	18 R. des Bois	Télégraphe	48-60
18	B18	**Poteau** (Passage du)	95 R. du Poteau	105 Bd Ney	Pte de St-Ouen	60-95-PC3
18	B18-C19	**Poteau** (Rue du)	82 R. Ordener	87 Bd Ney	J. Joffrin - Pte St-Ouen	31-60-80-85-95-Montmartrobus
16	H7-H8	**Poteaux** (Allée des)	Rte Pte Dauphine	Al. Cavalière St-Denis	Pte Dauphine	PC1
13	S20	**Poterne des Peupliers** (Rue de la)	R. des Peupliers	Av. Gallieni (Gentilly)	Maison Blanche	57

1	I17-I18	**Potier** (Passage)	23 R. Montpensier	26 R. Richelieu	Palais Royal-Louvre	29-39-48-67
19	C23	**Pottier** (Cité)	44 R. Curial	(en impasse)	Crimée	54-60
16	L9	**Poubelle** (Rue Eugène)	Port d'Auteuil	7 Q. Louis Blériot	Kennedy R. France (RER C)	72
17	B15-B16	**Pouchet** (Passage)	41 R. des Épinettes	(en impasse)	Guy Môquet	66-PC3
17	B15	**Pouchet** (Porte)	Bd Berthier	Bd Bessières	Pte de St-Ouen	66-PC3
17	B15-B16	**Pouchet** (Rue)	162 Av. de Clichy	49 Bd Bessières	Brochant	66-PC3
17	E14	**Pouillet** (Rue Claude)	12 R. Lebouteux	34 R. Legendre	Villiers	53
18	D18-E18	**Poulbot** (Rue)	7 R. Norvins	5 Pl. du Calvaire	Abbesses	Montmartrobus
20	L27	**Poule** (Impasse)	24 R. des Vignoles	(en impasse)	Avron - Buzenval	57
19	E25	**Poulenc** (Place Francis)	R. Erick Satie	Al. Darius Milhaud	Ourcq	48-60-75
6	M18	**Poulenc** (Square Francis)	22 R. de Vaugirard	27 R. de Tournon	Odéon	58-84-89
18	D20-E19	**Poulet** (Rue)	36 R. de Clignancourt	33 R. des Poissonniers	Château Rouge	31-56-85
4	L21	**Poulletier** (Rue)	22 Q. de Béthune	19 Q. d'Anjou	Pont Marie	67-86-87
10	G21-H22	**Poulmarch** (Rue Jean)	73 Q. de Valmy	87 Q. de Valmy	Jacques Bonsergent	75
11	K24	**Poulot** (Square Denis)	Pl. Léon Blum	Bd Voltaire	Voltaire	46-56-61-69
14	O17	**Poussin** (Cité Nicolas)	240 Bd Raspail	(en impasse)	Raspail	68
16	M6-M7	**Poussin** (Rue)	17 R. P. Guérin	99 Bd Montmorency	Pte d'Auteuil	32-52-PC1
7	K12	**Pouvillon** (Avenue Émile)	Pl. du Gal Gouraud	Al. A. Lecouvreur	Ch. de Mars-Tr Eiffel (RER C)	42-69-87
13	R20	**Pouy** (Rue de)	7 R. Butte aux Cailles	6 R. M. Bernard	Corvisart	57-67
6	L17	**Prache** (Square Laurent)	R. de l'Abbaye	R. Bonaparte	St-Germain-des-Prés	39-63-86-95
19	G24	**Pradier** (Rue)	69 R. Rébeval	51 R. Fessart	Buttes Chaumont	26
10	H20	**Prado** (Passage du)	18 Bd St-Denis	12 R. du Fbg St-Denis	Strasbourg-St-Denis	20-39
12	M23	**Prague** (Rue de)	89 R. de Charenton	64 R. Traversière	Ledru-Rollin	61-76-86
20	I27-J28	**Prairies** (Rue des)	125 R. de Bagnolet	2 Pl. E. Landrin	Pte de Bagnolet	26-60-61-76
18	B21	**Pré** (Rue du)	92 R. de la Chapelle	(en impasse)	Pte de la Chapelle	65-PC3
16	L9	**Pré aux Chevaux** (Rue du)	R. de Boulainvilliers	R. Gros	La Muette	22-70
7	K17	**Pré aux Clercs** (Rue du)	9 R. de l'Université	14 R. St-Guillaume	St-Germain-des-Prés	39-63-95
19	E27-F27	**Pré Saint-Gervais** (Porte du)	Av. Pte du Pré St-Gervais	Pte Pré St-Gervais	Pré St-Gervais	PC2-PC3
19	F26	**Pré Saint-Gervais** (Rue du)	171 R. de Belleville	74 Bd Sérurier	Pré St-Gervais	48-PC2-PC3
19	F24	**Préault** (Rue)	54 R. Fessart	31 R. du Plateau	Buttes Chaumont	26
1	J19	**Prêcheurs** (Rue des)	81 R. St-Denis	14 R. P. Lescot	Les Halles	38-47
8	G11-H12	**Presbourg** (Rue de)	133 Av. des Chps Élysées	1 Av. de la Gde Armée	Ch. de Gaulle-Étoile	22-30-52-73-92
16	G11-H12	**Presbourg** (Rue de)	133 Av. des Chps Élysées	1 Av. de la Gde Armée	Kléber	22-30-52-73-92
11	H23-H24	**Présentation** (Rue de la)	43 R. de l'Orillon	112 R. du Fbg du Temple	Belleville	46-75
15	L12	**Presles** (Impasse de)	22 R. de Presles	(en impasse)	Dupleix	82
15	L12	**Presles** (Rue de)	58 Av. de Suffren	8 Pl. Dupleix	Dupleix	82
14	P15	**Pressensé** (Rue Francis De)	99 R. de l'Ouest	82 R. R. Losserand	Pernety	62
20	H24-I24	**Pressoir** (Rue du)	19 R. des Maronites	26 R. des Couronnes	Ménilmontant	96
16	I10	**Prêtres** (Impasse des)	35 Av. d'Eylau	(en impasse)	Rue de la Pompe	63
5	L19	**Prêtres Saint-Séverin** (Rue des)	5 R. St-Séverin	22 R. de la Parcheminerie	St-Michel	24-47
1	J18-K18	**Prêtres St-Germain l'Auxerrois** (Rue des)	R. de l'Arbre Sec	1 Pl. du Louvre	Pont Neuf	21-58-67-69-70-74-76-81-85
20	I25	**Prévert** (Rue Jacques)	R. des Amandiers	18 R. de Tlemcen	Père Lachaise	61-69
14	R13	**Prévost Paradol** (Rue)	Bd Brune	R. M. Bouchort	Pte de Vanves	58-PC1
4	K21-L21	**Prévôt** (Rue du)	18 R. Charlemagne	129 R. St-Antoine	St-Paul	69-76-96
19	E26	**Prévoyance** (Rue de la)	25 R. D. d'Angers	127 Bd Sérurier	Danube	75-PC2-PC3
13	P20	**Primatice** (Rue)	14 R. Rubens	6 R. de Champagne	Pl. d'Italie - Les Gobelins	27-47-57-67-83
11	K22	**Primevères** (Impasse des)	50 R. St-Sabin	(en impasse)	Chemin Vert	20-65-69
2	H18	**Princes** (Passage des)	5 Bd des Italiens	97 R. de Richelieu	Richelieu Drouot	20-39-48-67-74-85
6	L17	**Princesse** (Rue)	17 R. du Four	6 R. Guisarde	St-Germain-des-Prés	70-86-87-96
17	D13-D14	**Printemps** (Rue du)	98 R. Tocqueville	27 Bd Péreire	Malesherbes	31-53
14	R16	**Prisse d'Avennes** (Rue)	50 R. du Père Corentin	43 R. Sarrette	Pte d'Orléans - Alésia	28-38
5	L19	**Privas** (Rue Xavier)	13 Q. St-Michel	24 R. St-Séverin	St-Michel	21-27-38-85-96
14	P16	**Privat** (Place Gilbert)	13 à 17 R. Froidevaux		Denfert-Rochereau	88
15	O13-P14	**Procession** (Rue de la)	245 R. de Vaugirard	R. de Gergovie	Volontaires	39-70-80-88-89-95
19	F26	**Progrès** (Villa du)	37 R. de Mouzaïa	2 R. de l'Égalité	Danube	75-PC2-PC3
16	L7-L8	**Prokofiev** (Rue Serge)	64 Av. Mozart	(en impasse)	Ranelagh	22
17	E12-F13	**Prony** (Rue de)	6 Pl. Rép. Dominicaine	103 Av. de Villiers	Wagram - Monceau	30-31-84-92-93
11	L25	**Prost** (Cité)	28 R. de Chanzy	(en impasse)	Charonne	46
12	O25-P25	**Proudhon** (Rue)	Pl. Lachambeaudie	260 R. de Charenton	Dugommier	24-62-87
8	I14-I15	**Proust** (Allée Marcel)	Av. de Marigny	Pl. de la Concorde	Champs-Elysées-Clem.	42-73-83-93
16	K10	**Proust** (Avenue Marcel)	R. René Boylesve	18 R. Berton	Passy	32
1	J19	**Prouvaires** (Rue des)	48 R. St-Honoré	31 R. Berger	Châtelet	58-67-69-70-72-74-76-81-85
9	G16-G17	**Provence** (Avenue de)	56 R. de Provence	(en impasse)	Chée d'Antin-La Fayette	68-81
8	G16-G18	**Provence** (Rue de)	35 R. du Fbg Montmartre	4 R. de Rome	Le Peletier	20-22-24-27-29-32-42-43-53-66-68-88-94-95
9	G16-G18	**Provence** (Rue de)	35 R. du Fbg Montmartre	4 R. de Rome	Le Peletier	20-22-24-27-29-32-42-43-53-66-68-88-94-95
20	L27	**Providence** (Passage)	70 R. des Haies	(en impasse)	Buzenval	26
13	R19	**Providence** (Rue de la)	62 R. Bobillot	51 R. Barrault	Corvisart	57-62-67
16	J8-K8	**Prudhon** (Avenue)	Chée de la Muette	Av. Raphaël	La Muette	32
20	I25	**Pruniers** (Rue des)	10 Pas. des Mûriers	23 Av. Gambetta	Gambetta	61-69
7	K13	**Psichari** (Rue Ernest)	4 Cité Négrier	18 Av. La Motte-Picquet	La Tour-Maubourg	28-69
18	E17	**Puget** (Rue)	2 R. Lepic	11 R. Coustou	Blanche	30-54-68-74
14	S17-S18	**Puits** (Allée du)	Al. de Montsouris	Parc Montsouris	Cité Univ. (RER B)	88
5	N20	**Puits de l'Ermite** (Place du)	1 R. de Quatrefages	10 R. Larrey	Place Monge	47
5	N20	**Puits de l'Ermite** (Rue du)	9 R. Larrey	83 R. Monge	Place Monge	47
17	D14	**Pusy** (Cité de)	23 Bd Péreire	(en impasse)	Malesherbes	31-53
8	G16	**Puteaux** (Passage)	28 R. Pasquier	31 R. de l'Arcade	St-Augustin	24-84-94
17	E15	**Puteaux** (Rue)	52 Bd des Batignolles	59 R. des Dames	Rome	30-53-66
17	E12	**Puvis De Chavannes** (Rue)	38 R. Ampère	97 Bd Péreire	Wagram - Pereire	31-84-92-93
20	I27-J28	**Py** (Rue de la)	169 R. de Bagnolet	8 R. Le Bua	Pte de Bagnolet	57-60-61-76-PC2
1	J17	**Pyramides** (Place des)	192 R. de Rivoli	1 R. des Pyramides	Tuileries	68-72
1	I17	**Pyramides** (Rue des)	3 Pl. des Pyramides	19 Av. de l'Opéra	Tuileries	21-27-68-72-81-95
20	G25-M28	**Pyrénées** (Rue des)	67 Crs de Vincennes	92 R. de Belleville	Pte de Vincennes	26-57-60-61-62-69-76-86-96
20	L28	**Pyrénées** (Villa des)	75 R. des Pyrénées	(en impasse)	Maraîchers	26-57
20	I29-I28	**Python** (Rue Joseph)	90 R. L. Lumière	(en impasse)	Pte de Bagnolet	57-76-PC2

Q

Arr.	Plan	Rues / Streets	Comencant	Finissant	Métro	Bus
10	H20	**Quarante-neuf Faubourg Saint-Martin** (Impasse du)	49 R. du Fbg St-Martin	(en impasse)	Château d'Eau	38-39-47
19	G26	**Quarré** (Rue Jean)	12 R. Henri Ribière	21 R. du Dr Potain	Pl. des Fêtes	48-60
3	J21	**Quatre Fils** (Rue des)	93 R. Vieille Temple	60 R. des Archives	Rambuteau	29-75
15	M10	**Quatre Frères Peignot** (Rue)	36 R. Linois	45 R. de Javel	Charles Michels	88
2	H17-H18	**Quatre Septembre** (Rue du)	27 R. Vivienne	2 Pl. de l'Opéra	Bourse - Opéra	20-21-22-27-29-32-39-42-52-53-66-68-74-81-85-95
6	L18	**Quatre Vents** (Rue des)	2 R. de Condé	95 R. de Seine	Odéon	63-70-86-87
5	N20	**Quatrefages** (Rue de)	8 Pl. du Puits de l'Ermite	3 R. Lacépède	Place Monge	47-67-89
6	L17	**Québec** (Place du)	Bd St-Germain	R. de Rennes	St-Germain-des-Prés	39-63-86-95
11	L23	**Quellard** (Cour)	9 Pas. Thiéré	(en impasse)	Ledru-Rollin	69
18	B21	**Queneau** (Impasse Raymond)	8 R. Raymond Queneau	(en impasse)	Pte de la Chapelle	65
18	B21	**Queneau** (Rue Raymond)	Pl. P. Mac Orlan	70 R. de la Chapelle	Pte de la Chapelle	65
1	J19	**Quentin** (Place Maurice)	R. Berger	R. du Pont Neuf	Châtelet-Les Halles	21-67-69-72-74-76-81-85
5	O19	**Quénu** (Rue Édouard)	142 R. Mouffetard	6 R. C. Bernard	Censier-Daubenton	21-27-47
20	L28-L29	**Quercy** (Square du)	1 R. Charles et Robert	2 Av. Pte de Montreuil	Pte de Montreuil	57-PC2
11	I24	**Questre** (Impasse)	19 Bd de Belleville	(en impasse)	Couronnes	96
15	N14	**Queuille** (Place Henri)	Av. de Breteuil	Bd Pasteur	Sèvres-Lecourbe	39-70-89
20	I28	**Quillard** (Rue Pierre)	3 R. Dulaure	6 R. V. Dejeante	Pte de Bagnolet	PC2
15	N12	**Quinault** (Rue)	6 Av. A. Dorchain	55 R. Mademoiselle	Émile Zola - Commerce	70-80-88
3	J20	**Quincampoix** (Rue)	16 R. des Lombards	17 R. aux Ours	Étienne Marcel	29-38-47
4	J20-J19	**Quincampoix** (Rue)	16 R. des Lombards	17 R. aux Ours	Étienne Marcel	38-47-67-69-70-75-76
14	N16-O17	**Quinet** (Boulevard Edgar)	232 Bd Raspail	25 R. du Départ	Raspail - E. Quinet	28-58-68-82-91
11	H23	**Rabaud** (Rue Abel)	140 Av. Parmentier	7 R. des Goncourt	Goncourt	46-75

R

Arr.	Plan	Rues / Streets	Comencant	Finissant	Métro	Bus
8	H14	**Rabelais** (Rue)	17 Av. Matignon	26 R. J. Mermoz	St-Philippe du R.	28-32-52-80-83-93
12	P24	**Rabin** (Jardin Yitzhak)	R. Paul Belmondo	Q. de Bercy	Cour St-Émilion	24-62
16	M6	**Racan** (Square)	126 Bd Suchet	33 Av. du Mal Lyautey	Pte d'Auteuil	32-52-PC1
18	E17	**Rachel** (Avenue)	110 Bd de Clichy	Cimetière de Montmartre	Blanche	30-54-68-74-80-95
18	C21-C22	**Rachmaninov** (Jardin)	R. Tristan Tzara	R. de la Croix Moreau	Marx Dormoy	60
16	N7	**Racine** (Impasse)	Av. Molière	(en impasse)	Exelmans	62
6	M18	**Racine** (Rue)	30 Bd St-Michel	3 Pl. de l'Odéon	Odéon	21-27-38-58-63-85-86-87
19	C22-C23	**Radiguet** (Rue Raymond)	17 R. Curial	R. d'Aubervilliers	Crimée	54-60
1	I18	**Radziwill** (Rue)	1 R. des Petits Champs	(en impasse)	Bourse	29-48
16	N6	**Raffaëlli** (Rue)	52 Bd Murat	35 Av. du Gal Sarrail	Pte d'Auteuil	PC1
16	L7	**Raffet** (Impasse)	7 R. Raffet	(en impasse)	Jasmin	52
16	L7	**Raffet** (Rue)	34 R. de la Source	43 Bd Montmorency	Michel-Ange-Auteuil	32-PC1
12	N24	**Raguinot** (Passage)	R. P. H. Grauwin	56 Av. Daumesnil	Gare de Lyon	29-57
11	K25	**Rajman** (Square Marcel)	R. de la Roquette	R. R. Chapelle	Philippe-Auguste	61-69
12	N28-O28	**Rambervillers** (Rue de)	6 Av. Dr Netter	53 R. du Sahel	Bel Air	29-62-PC2
12	N24	**Rambouillet** (Rue de)	144 R. de Bercy	160 R. de Charenton	Gare de Lyon	29
1	J19-J20	**Rambuteau** (Rue)	41 R. des Archives	R. du Jour	Rambuteau-Les Halles	29-38-47
3	J19-J20	**Rambuteau** (Rue)	41 R. des Archives	R. du Jour	Rambuteau	29-38-47-75
4	J19-J20	**Rambuteau** (Rue)	41 R. des Archives	R. du Jour	Rambuteau	29-38-47-75
2	I17-I18	**Rameau** (Rue)	69 R. de Richelieu	56 R. Ste-Anne	Quatre Septembre	20-29-39-48-67
18	D19	**Ramey** (Passage)	40 R. Ramey	73 R. Marcadet	Jules Joffrin	80-85-Montmartrobus
18	C19-D19	**Ramey** (Rue)	51 R. de Clignancourt	20 R. Hermel	Jules Joffrin	80-85-Montmartrobus
19	G24	**Rampal** (Rue)	35 R. de Belleville	48 R. Rébeval	Belleville	26
11	I22	**Rampon** (Rue)	9 Bd Voltaire	83 R. de la Folie Méricourt	Oberkampf	20-56-65-96
20	H24	**Ramponeau** (Rue)	108 Bd de Belleville	85 R. J. Lacroix	Couronnes - Pyrénées	26-96 (à plus de 400 m)
20	J26-J27	**Ramus** (Rue)	5 R. C. Renouvier	4 Av. du Père Lachaise	Gambetta	26-61-69
18	B17	**Ranc** (Rue Arthur)	166 Bd Ney	13 R. H. Huchard	Pte de St-Ouen	PC3
20	K27	**Rançon** (Impasse)	84 R. des Vignoles	(en impasse)	Buzenval	26
16	K7-K8	**Ranelagh** (Avenue du)	Av. Ingres	Av. Raphaël	La Muette	22-32-52-PC1
16	J8-K8	**Ranelagh** (Jardin du)	Av. Raphaël		La Muette	32
16	K7-L9	**Ranelagh** (Rue du)	106 Av. du Pdt Kennedy	59 Bd Beauséjour	Ranelagh	22-32-52-70-72-PC1
16	K8	**Ranelagh** (Square du)	117 R. Ranelagh	(en impasse)	Ranelagh	22-52
11	K25	**Ranvier** (Rue Henri)	16 R. Gerbier	33 R. de la Folie Regnault	Philippe Auguste	61-69
12	O26	**Raoul** (Rue)	92 R. C. Decaen	176 Av. Daumesnil	Daumesnil	29-46-62
12	N22-N23	**Rapée** (Port de la)	Pont de Bercy	Pont d'Austerlitz	Quai de la Rapée	20-24-57-61-63-65-87-89-91
12	N22-O23	**Rapée** (Quai de la)	Pont de Bercy	2 Bd de la Bastille	Quai de la Rapée	20-24-57-61-63-65-87-89-91
16	J7-K7	**Raphaël** (Avenue)	1 Bd Suchet	2 Av. Ingres	Ranelagh - La Muette	32-63-PC1
7	J12-K12	**Rapp** (Avenue)	Pl. de la Résistance	Pl. du Gal Gouraud	Pont de l'Alma (RER C)	42-63-69-80-87-92
7	K12	**Rapp** (Square)	33 Av. Rapp	(en impasse)	Pont de l'Alma (RER C)	42-69-87
6	K16-P17	**Raspail** (Boulevard)	205 Bd St-Germain	Pl. Denfert-Rochereau	Sèvres-Babylone	58-68-82-91
7	K16-P17	**Raspail** (Boulevard)	205 Bd St-Germain	Pl. Denfert-Rochereau	Rue du Bac	63-68-83-84-94
14	K16-P17	**Raspail** (Boulevard)	205 Bd St-Germain	Pl. Denfert-Rochereau	Denfert-Rochereau	38-68-88
20	L28	**Rasselins** (Rue des)	135 R. d'Avron	84 R. des Orteaux	Pte de Montreuil	26-57-PC2
5	O19	**Rataud** (Rue)	32 R. Lhomond	78 R. C. Bernard	Place Monge	21-27
11	L24	**Rauch** (Passage)	8 Pas. C. Dallery	9 R. Basfroi	Ledru-Rollin	61-76
15	P8	**Ravaud** (Rue René)	Bd Général Martial Valin	Bd Périphérique	Bd Victor (RER C)	PC1
12	N29	**Ravel** (Avenue Maurice)	15 Av. E. Laurent	10 R. J. Lemaître	Pte de Vincennes	29-56-PC2
18	E18	**Ravignan** (Rue)	26 R. des Abbesses	51 R. Gabrielle	Abbesses	Montmartrobus
15	N9	**Raynal** (Al. du Commandant)	21 R. Cauchy	16 A. Le Gramat	Javel	88
20	H26	**Raynaud** (Rue Fernand)	R. de l'Hermitage	R. des Cascades	Pyrénées	26
16	K10-L9	**Raynouard** (Rue)	Pl. de Costa Rica	10 R. de Boulainvilliers	Passy	32-52-70

16	K10	**Raynouard** (Square)	16 R. Raynouard	(en impasse)	Passy	32
20	I28	**Réau** (Rue de l'Adjudant)	20 R. du Cap. Marchal	1 R. de la Dhuis	Pte de Bagnolet	60-61-PC2
2	H18-I21	**Réaumur** (Rue)	163 R. du Temple	32 R. N.-D. des Victoires	Sentier	20-26-29-38-39-47-48-67-74-75-85
3	H18-I21	**Réaumur** (Rue)	163 R. du Temple	32 R. N.-D. des Victoires	Arts et Métiers	20-26-29-38-39-47-48-67-74-75-85
19	G23-G24	**Rébeval** (Rue)	42 Bd de la Villette	69 R. de Belleville	Belleville - Pyrénées	26
19	G23	**Rébeval** (Square de)	Pl. J. Rostand		Belleville	26
17	B14-B15	**Rebière** (Rue Pierre)	1 Bd du Bois le Prêtre	1 R. Saint-Just	Pte de Clichy	54-66-74-PC3
19	E22	**Rébuffat** (Rue Gaston)	R. deTanger	Av. de Flandre	Stalingrad	48-54
7	L16	**Récamier** (Rue)	12 R. de Sèvres	(en impasse)	Sèvres-Babylone	39-63-68-70-83-84-87-94-96
19	F23	**Recipion** (Allée Georges)	20 R. de Meaux	34 R. de Meaux	Colonel Fabien	26-46-75
7	K12	**Reclus** (Avenue Elisée)	3 Av. Silvestre de Sacy	Av. J. Bouvard	Ch. de Mars-Tr Eiffel (RER C)	42-69-87
10	G21	**Récollets** (Passage des)	122 R. du Fbg St-Martin	17 R. des Récollets	Gare de l'Est	32-38-39-47-56-65
10	G21	**Récollets** (Rue des)	97 Q. de Valmy	144 R. du Fbg St-Martin	Gare de l'Est	32-38-39-47-56-65
10	G21-G22	**Récollets** (Square des)	R. Grange aux Belles	Q. de Jemmapes	Gare de l'Est	56-65-75
13	Q19-Q20	**Reculettes** (Rue des)	34 R. A. Hovelacque	47 R. Croulebarbe	Corvisart	27-47-57-67-83
17	D12-D13	**Redon** (Rue)	12 R. de St-Marceaux	7 R. Sisley	Pereire	53-94-PC3
11	K25	**Redouté** (Sq. Pierre-Joseph)	132b R. de Charonne		Charonne	56-76
7	K11	**Refuzniks** (Allée des)	Al. du Chps de Mars	Al. L. Bourgeois	Ch. de Mars-Tr Eiffel (RER C)	82
6	M16	**Regard** (Rue du)	37 R. du Cherche Midi	116 R. de Rennes	Rennes	68-94-95-96
19	G26	**Regard de la Lanterne** (J. du)	R. Compans		Pl. des Fêtes	48-60
13	S23	**Regaud** (Avenue Claude)	49 Bd Masséna	6 Pl. Dr Yersin	Pte d'Ivry	27-83-PC1-PC2
6	M16	**Régis** (Rue)	24 R. de l'Abbé Grégoire	3 R. de Bérite	St-Placide	39-70-87-89-94-95-96
20	K28-L28	**Réglises** (Rue des)	85 Bd Davout	36 R. Croix St-Simon	Pte de Montreuil	57-PC2
6	M18	**Regnard** (Rue)	4 Pl. de l'Odéon	25 R. de Condé	Odéon	58-84-89
14	R16-R17	**Regnault** (Rue Henri)	132 R. de la Tombe Issoire	45 R. du Père Corentin	Pte d'Orléans	28-38
13	R24-S22	**Regnault** (Rue)	S.N.C.F.	20 Av. d'Ivry	Pte d'Ivry	27-83-PC1-PC2
15	O13	**Régnier** (Rue Mathurin)	235 R. de Vaugirard	47 R. Bargue	Volontaires	39-70-88-89-95
10	H20	**Reilhac** (Passage)	54 R. du Fbg St-Denis	39 Bd de Strasbourg	Château d'Eau	38-39-47
14	R17-R18	**Reille** (Avenue)	1 R. d'Alésia	121 R. de la Tombe Issoire	Pte d'Orléans	21-88
14	R18	**Reille** (Impasse)	4 Av. Reille	(en impasse)	Glacière	21-62
17	C12	**Reims** (Boulevard de)	35 Av. Pte d'Asnières	R. de Courcelles	Pte de Champerret	53-94
13	Q23	**Reims** (Rue de)	103 R. Dessous des Berges	108 R. de Patay	Bibl. F. Mitterrand	27-62
8	I14-I15	**Reine** (Cours de la)	Pl. de la Concorde	Pl. du Canada	Champs-Elysées-Clem.	24-28-42-72-73-83-93
8	I12	**Reine Astrid** (Place de la)	Av. Montaigne	Cours Albert Ier	Alma-Marceau	42-72-80
13	O20-P20	**Reine Blanche** (Rue de la)	4 R. Le Brun	33 Av. des Gobelins	Les Gobelins	27-47-83-91
1	I19-J19	**Reine de Hongrie** (Pass. de la)	17 R. Montorgueil	16 R. Montmartre	Les Halles	29
20	K28	**Reisz** (Rue Eugène)	94 Bd Davout	R. des Drs Déjerine	Pte de Montreuil	57-PC2
20	M27	**Réjane** (Square)	Cours de Vincennes		Pte de Vincennes	86
8	F13-G13	**Rembrandt** (Rue)	Pl. du Pérou	Parc de Monceau	Monceau	22-43-52-83-84-93
16	M8	**Rémusat** (Rue de)	4 Pl. de Barcelone	55 Av. T. Gautier	Mirabeau	22-62-72
8	I13	**Renaissance** (Rue de la)	9 R. de la Trémoille	8 R. Marbeuf	Alma-Marceau	32-42-80
19	F26	**Renaissance** (Villa de la)	43 R. de Mouzaïa	6 R. de l'Égalité	Danube	75-PC2-PC3
15	Q10	**Renan** (Avenue Ernest)	Pl. Pte Versailles	35 R. Oradour-sur-Glane	Pte de Versailles	80-PC1
15	N14	**Renan** (Rue Ernest)	17 R. Lecourbe	174 R. de Vaugirard	Sèvres-Lecourbe	39-48-70-89-95
13	Q22	**Renard** (Rue Baptiste)	105 R. Chât. Rentiers	94 R. Nationale	Nationale	62-83
17	F11	**Renard** (Rue des Colonels)	10 R. du Col Moll	15 R. d'Armaillé	Argentine	43
12	P28	**Renard** (Place Édouard)	Bd Soult	Av. A. Rousseau	Pte Dorée	46-PC2
17	E11	**Renard** (Place Jules)	Bd Gouvion St-Cyr	R. A. Charpentier	Pte de Champerret	93-PC1-PC3
4	J20-K20	**Renard** (Rue du)	70 R. de Rivoli	15 R. S. le Franc	Hôtel de Ville	29-38-47-75-96
17	E12-F12	**Renaudes** (Rue des)	110 Bd de Courcelles	56 R. P. Demours	Ternes	30-31-43-84-92-93
15	N11-O12	**Renaudot** (Rue Théophraste)	101 R. de la Croix Nivert	182 R. Lecourbe	Commerce	39-70-80-88
11	J24	**Renault** (Rue du Général)	36 Av. Parmentier	5 R. du Gal Blaise	St-Ambroise	46-69
17	F11	**Renault** (Rue Marcel)	5 R. Villebois Mareuil	10 R. P. Demours	Ternes	43-92-93
13	S20	**Renault** (Rue du Prof. Louis)	33 Bd Kellermann	12 R. Max Jacob	Maison Blanche	PC1
12	M28-N27	**Rendez-Vous** (Cité du)	22 R. du Rendez-Vous	(en impasse)	Picpus	29-56-62
12	M27-N28	**Rendez-Vous** (Rue du)	67 Av. de St-Mandé	96 Bd de Picpus	Nation - Picpus	29-56-62
19	D26-E26	**Rendu** (Avenue Ambroise)	3 Av. de la Pte Brunet	6 Av. Pte Chaumont	Danube	75-PC2-PC3
17	E11-F12	**Rennequin** (Rue)	85 Av. de Wagram	22 R. Guillaume Tell	Ternes - Pereire	31-84-92-93
6	L17-N16	**Rennes** (Rue de)	Bd St-Germain	1 Pl. 18 Juin 1940	St-Germain-des-Prés	39-68-83-89-94-95-96
14	Q13-R13	**Renoir** (Square Auguste)	207 R. R. Losserand	Bd Brune	Pte de Vanves	58-PC1
12	O24-P24	**Renoir** (Rue Jean)	48 R. Paul Belmondo	47 R. de Pommard	Cour St-Émilion	24
20	J27	**Renouvier** (Rue Charles)	10 R. des Rondeaux	21 R. Stendhal	Gambetta	26
20	J25-K26	**Repos** (Rue du)	194 Bd de Charonne	28 Bd de Ménilmontant	Philippe Auguste	61-69-76
11	I22-J25	**République** (Avenue de la)	8 Pl. de la République	71 Bd de Ménilmontant	Père Lachaise	20-46-56-61-65-69-75-96
3	I22	**République** (Place de la)	Bd du Temple	Bd St-Martin	République	20-56-65-75
10	I22	**République** (Place de la)	Bd du Temple	Bd St-Martin	République	20-56-65-75
11	I22	**République** (Place de la)	Bd du Temple	Bd St-Martin	République	20-56-65-75
8	F13	**République de l'Équateur** (Place de la)	Bd de Courcelles	R. de Chazelles	Courcelles	30-84
17	F13	**République de l'Équateur** (Place de la)	Bd de Courcelles	R. de Chazelles	Courcelles	30-84
15	M13	**République de Panama** (Place de la)	Av. de Suffren	Bd Garibaldi	Sèvres-Lecourbe	28-39-70-89
8	F13-F14	**République Dominicaine** (Place de la)	Parc de Monceau	50 Bd de Courcelles	Monceau	30-94
17	F13-F14	**République Dominicaine** (Place de la)	Parc de Monceau	50 Bd de Courcelles	Monceau	30-94
13	R23	**Résal** (Rue)	19 R. Cantagrel	44 R. Dessous des Berges	Bibl. F. Mitterrand	27
7	J12	**Résistance** (Place de la)	Av. Bosquet	Av. Rapp	Pont de l'Alma (RER C)	42-63-80-92
8	H15	**Retiro** (Cité du)	R. du Fbg St-Honoré	35 R. Boissy d'Anglas	Madeleine	24-42-52-84-94
20	H26	**Retrait** (Passage du)	34 R. du Retrait	295 R. des Pyrénées	Gambetta	26-96
20	H26-I26	**Retrait** (Rue du)	271 R. des Pyrénées	106 R. de Ménilmontant	Gambetta	26-96
12	O25-O27	**Reuilly** (Boulevard de)	211 R. de Charenton	94 R. de Picpus	Daumesnil	29-42-62-87
12	N25	**Reuilly** (Jardin de)	Av. Daumesnil		Montgallet	29-46
12	P27	**Reuilly** (Porte de)	Rte des Fortifications	Rte de la Croix Rouge	Pte Dorée	87-PC2
12	M25-O26	**Reuilly** (Rue de)	202 R. du Fbg St-Antoine	1 Pl. F. Éboué	Faidherbe-Chaligny	29-46-57-62-86
20	K27	**Réunion** (Place de la)	105 R. A. Dumas	62 R. de la Réunion	Buzenval	26-76

Arr.	Plan	Rue	Début	Fin	Métro	Bus
20	K27-L27	**Réunion** (Rue de la)	73 R. d'Avron	Cim. du Père Lachaise	Maraîchers	26-57-76
16	N7	**Réunion** (Villa de la)	R. Chardon	Av. de Versailles	Exelmans	22-62-72
19	E23-E24	**Reverdy** (Rue Pierre)	R. de la Moselle	R. E. Dehaynin	Laumière	60
15	K11	**Rey** (Rue Jean)	16 Av. de Suffren	101 Q. Branly	Bir Hakeim	82
14	R15-S16	**Reyer** (Avenue Ernest)	Av. Pte de Châtillon	Pl. du 25 Août 1944	Pte d'Orléans	58-PC1
19	A25	**Reynaud** (Rue Émile)	Av. Pte de la Villette	Bd de la Commanderie	Pte de la Villette	PC3
16	I12	**Reynaud** (Rue Léonce)	5 Av. Marceau	10 R. Freycinet	Alma-Marceau	32-63-92
16	O6-O7	**Reynaud** (Place Paul)	195 Av. de Versailles	R. Le Marois	Pte de St-Cloud	22-62-72-PC1
19	E24	**Rhin** (Rue du)	104 Av. de Meaux	1 R. Meynadier	Laumière	48-60-75
19	E26	**Rhin et Danube** (Place de)	45 R. du Gal Brunet	37 R. D. d'Angers	Danube	75-PC2-PC3
17	D12	**Rhône** (Square du)	118 Bd Berthier	(en impasse)	Pereire	53-94-PC3
16	L8	**Ribera** (Rue)	66 R. J. De La Fontaine	83 Av. Mozart	Jasmin	22-52
20	K26	**Riberolle** (Villa)	35 R. de Bagnolet	(en impasse)	Alexandre Dumas	76
15	M12	**Ribet** (Passage)	29 R. de la Croix Nivert	(en impasse)	Émile Zola	80
19	F26-G26	**Ribière** (Rue Henri)	12 R. Compans	2 R. des Bois	Pl. des Fêtes	48-60
20	J28	**Riblette** (Rue)	13 R. St-Blaise	3 R. des Balkans	Pte de Bagnolet	76
19	F26	**Ribot** (Villa Alexandre)	74 R. D. d'Angers	17 R. de l'Égalité	Danube	75-PC2-PC3
17	F12	**Ribot** (Rue Théodule)	106 Bd de Courcelles	72 Av. de Wagram	Courcelles	30-31-84
11	I24	**Ribot** (Cité)	139 R. Oberkampf	112 R. J.-P.Timbaud	Couronnes	96
9	G19	**Riboutté** (Rue)	12 R. Bleue	82 R. La Fayette	Cadet	26-32-42-43-48
13	Q21	**Ricaut** (Rue)	167 R. Chât. Rentiers	50 Av. Edison	Nationale	83
14	O17-P16	**Richard** (Rue Émile)	1 Bd Edgar Quinet	R. Froidevaux	Raspail	68-88
15	P13	**Richard** (Impasse)	40 R. de Vouillé	(en impasse)	Convention	62-89-95
1	I17-I18	**Richelieu** (Passage de)	15 R. Montpensier	18 R. de Richelieu	Palais Royal-Louvre	29-39-48-67
1	H18-I17	**Richelieu** (Rue de)	2 Pl. A. Malraux	1 Bd des Italiens	Palais Royal-Louvre	20-29-39-48-67-74-85
2	H18-I17	**Richelieu** (Rue de)	2 Pl. A. Malraux	1 Bd des Italiens	Richelieu Drouot	20-21-27-29-39-48-67-68-74-81-85-95
13	Q22-R22	**Richemont** (Rue de)	53 R. de Domrémy	58 R. de Tolbiac	Pte d'Ivry	27-62
16	J8-J9	**Richepin** (Rue Jean)	39 R. de la Pompe	40 Bd E. Augier	La Muette	52
9	G18-G19	**Richer** (Rue)	41 R. du Fbg Poissonnière	32 R. du Fbg Montmartre	Cadet - Le Peletier	48-67-74-85
10	H22	**Richerand** (Avenue)	74 Q. de Jemmapes	47 R. Bichat	République - Goncourt	75
13	Q22	**Richet** (Rue du Dr Charles)	79 R. Jeanne d'Arc	160 R. Nationale	Nationale	27
18	D20-E20	**Richomme** (Rue)	25 R. des Gardes	10 R. des Poissonniers	Château Rouge	31-56-85
18	E18	**Rictus** (Square Jehan)	Pl. des Abbesses	(en impasse)	Abbesses	Montmartrobus
14	Q14	**Ridder** (Rue de)	150 R. R. Losserand	161 R. Vercingétorix	Plaisance	62-95
12	N25	**Riesener** (Rue)	21 R. Hénard	40 R. J. Hillairet	Montgallet	29-46
19	G27	**Rigaunes** (Impasse des)	10 R. du Dr Potain	(en impasse)	Télégraphe	60
8	G15	**Rigny** (Rue de)	7 Pl. St-Augustin	6 R. Roy	St-Augustin	22-28-32-43-80-94
20	G25-H26	**Rigoles** (Rue des)	23 R. Pixérécourt	2 R. du Jourdain	Jourdain	26-96
13	O23-P24	**Rimbaud** (Allée Arthur)	Pont de Bercy (R. G.)	Pont de Tolbiac (R. G.)	Quai de la Gare	62-89
19	F25	**Rimbaud** (Villa)	3 R. Miguel Hidalgo	(en impasse)	Botzaris	48-60-75
14	Q16	**Rimbaut** (Passage)	72 Av. du Gal Leclerc	197 Av. du Maine	Alésia	28-38-68
16	O5	**Rimet** (Place Jules)	Av. du Parc des Princes		Pte de St-Cloud	PC1
8	F14	**Rio de Janeiro** (Place de)	41 R. de Monceau	28 R. de Lisbonne	Monceau	84
14	P15-P16	**Ripoche** (Rue Maurice)	166 Av. du Maine	11 R. Didot	Pernety	28-58
18	D21-D22	**Riquet** (Rue)	67 Q. de la Seine	Pl. P. Eluard	Marx Dormoy	60-65
19	D22-D23	**Riquet** (Rue)	67 Q. de la Seine	Pl. P. Eluard	Riquet	54
7	K12-L12	**Risler** (Avenue Charles)	Al. A. Lecouvreur	Al. Thomy Thierry	École Militaire	69-82-87
16	O7	**Risler** (Avenue Georges)	19 Villa C. Lorrain	Villa Cheysson	Exelmans	22-62-72-PC1
10	H21	**Riverin** (Cité)	74 R. R. Boulanger	29 R. du Château d'Eau	Jacques Bonsergent	20-38-39-47
8	G14-H13	**Rivière** (Rue du Commandant)	71 Av. F. D. Roosevelt	10 R. d'Artois	St-Philippe du R.	28-32-52-80-83-93
16	M8	**Rivière** (Place Théodore)	R. Chardon Lagache	R. du Buis	Église d'Auteuil	22-52-62
14	S17	**Rivoire** (Avenue André)	Av. P. Masse	15 Av. D. Weill	Cité Univ. (RER B)	88-PC1
1	I16-K21	**Rivoli** (Rue de)	45 R. F. Miron	Pl. de la Concorde	Concorde	21-24-27-29-38-39-42-47-48-52-58-67-68-69-72-73-74-75-76-81-84-85-94-95
4	I16-K21	**Rivoli** (Rue de)	45 R. F. Miron	Pl. de la Concorde	St-Paul	21-47-58-67-69-75-76-70-72-74-81-85-96
9	F18-G18	**Rizal** (Place José)	R. de Maubeuge	R. Charon	Cadet	42-85
12	O27-P27	**Robert** (Rue Édouard)	39 R. de Fécamp	6 R. Tourneux	Michel Bizot	46-87
1	K18	**Robert** (Rue Henri)	27 Pl. Dauphine	13 Pl. du Pont Neuf	Pont Neuf	24-27-58-70
18	D21	**Robert** (Rue Jean)	10 R. Doudeauville	9 R. Ordener	Marx Dormoy	60-65
14	O17	**Robert** (Rue Léopold)	122 Bd du Montparnasse	213 Bd Raspail	Vavin-Raspail	68-91
18	B18-C18	**Robert** (Impasse)	115 R. Championnet	(en impasse)	Pte de Clignancourt	31-60-95
17	C15	**Roberval** (Rue)	5 R. Baron	8 R. des Épinettes	Brochant - G. Môquet	31-66
7	K13	**Robiac** (Square de)	192 R. de Grenelle	(en impasse)	École Militaire	69-80-92
19	F25	**Robida** (Villa Albert)	51 R. A. Rozier	36 R. de Crimée	Botzaris	48-60
10	F22-G22	**Robin** (Rue Charles)	37 Av. C. Vellefaux	38 R. Grange aux Belles	Colonel Fabien	46-75
20	I26	**Robineau** (Rue)	4 R. Désirée	1 Pl. M. Nadaud	Gambetta	61-69
6	N16	**Robiquet** (Impasse)	81 Bd du Montparnasse	(en impasse)	Montparnasse-Bienv.	28-58-82-91
16	L6	**Rocamadour** (Square de)	92 Bd Suchet	1 Av. du Mal Lyautey	Pte d'Auteuil	32-PC1
16	I12	**Rochambeau** (Place)	Av. Pierre Ier de Serbie	R. Freycinet	Iéna	32-63-92
9	F19-G19	**Rochambeau** (Rue)	1 R. P. Semard	2 R. Mayran	Poissonnière - Cadet	26-32-42-43-48-85
17	B15	**Roche** (Rue Ernest)	2 R. du Dr Brousse	75 R. Pouchet	Pte de Clichy	66-PC3
11	J24	**Rochebrune** (Passage)	9 R. Rochebrune	Pas. Guilhem	Voltaire	46-69
11	J24	**Rochebrune** (Rue)	28 Av. Parmentier	41 R. St-Maur	Voltaire	46-69
9	E18-E19	**Rochechouart** (Boulevard de)	157 Bd de Magenta	72 R. des Martyrs	Pigalle	30-31-54-56-67-85
18	E18-E19	**Rochechouart** (Boulevard de)	157 Bd de Magenta	72 R. des Martyrs	Barbès-Rochechouart	30-31-54-56-67-85
9	E19-G19	**Rochechouart** (Rue de)	2 R. Lamartine	19 Bd de Rochechouart	Cadet	26-30-32-42-43-48-54-85
17	F13-E13	**Rochefort** (Rue Henri)	24 R. de Prony	17 R. Phalsbourg	Malesherbes	30-94
8	F15-G16	**Rocher** (Rue du)	15 R. de Rome	1 Pl. P. Goubaux	Europe - Villiers	22-28-30-32-43-53-66-80-94-95
14	S18	**Rockefeller** (Avenue)	Cité Universitaire	(en impasse)	Cité Univ. (RER B)	88-PC1
10	F20	**Rocroy** (Rue de)	8 R. d'Abbeville	133 Bd de Magenta	Poissonnière	26-30-31-32-42-43-48-54-56
14	P18	**Rodenbach** (Allée)	25 R. J. Dolent	12 Al. Verhaeren	St-Jacques	38-88
10	G22	**Rodhain** (Rue Monseigneur)	Q. de Valmy	R. Robert Blache	Château Landon	46-75
9	F19-G18	**Rodier** (Rue)	9 R. de Maubeuge	17 Av. Trudaine	Cadet-Anvers	30-42-54-85
16	I8-J9	**Rodin** (Avenue)	3 R. Mignard	122 R. de la Tour	Av. H. Martin (RER C)	52-63
16	L8	**Rodin** (Place)	Av. A. Hébrard	Av. du Gal Dubail	Ranelagh - Jasmin	52

15	N11	**Roger** (Rue Edmond)	62 R. Violet	65 R. des Entrepreneurs	Commerce	70-88
14	P16	**Roger** (Rue)	43 R. Froidevaux	64 R. Daguerre	Raspail	88
6	L18	**Rohan** (Cour de)	R. du Jardinet	Cr du Comm. St-André	Odéon	58-70
1	J17	**Rohan** (Rue de)	172 R. de Rivoli	157 R. St-Honoré	Palais Royal-Louvre	21-27-29-39-48-67-68-69-72-81-95
18	B19-C19	**Roi d'Alger** (Passage du)	15 R. du Roi d'Alger	49 R. Championnet	Simplon	56-85
18	B19-C19	**Roi d'Alger** (Rue du)	54 Bd Ornano	9 R. Nve Chardonnière	Simplon	56-85
4	K20-K21	**Roi de Sicile** (Rue du)	1 R. Malher	4 R. Bourg Tibourg	St-Paul	67-69-76-96
3	J22	**Roi Doré** (Rue du)	77 R. de Turenne	20 R. de Thorigny	St-Sébastien-Froissart	96
2	I20	**Roi François** (Cour du)	194 R. St-Denis	(en impasse)	Réaumur-Sébastopol	20-38-39-47
14	S18	**Roli** (Rue)	14 R. d'Arcueil	9 R. Cité Universitaire	Cité Univ. (RER B)	21-67
17	D12	**Roll** (Rue Alfred)	80 Bd Péreire	33 Bd Berthier	Pereire	PC3
14	S14-S16	**Rolland** (Boulevard Romain)	Av. Lannelongue	Bd Adolphe Pinard	Pte d'Orléans	68
20	L27	**Rolleboise** (Impasse)	20 R. des Vignoles	(en impasse)	Avron	57
15	N11	**Rollet** (Place Henri)	340 R. de Vaugirard	1 R. Desnouettes	Convention	39-80
5	N19-N20	**Rollin** (Rue)	56 R. Monge	79 R. du Card. Lemoine	Place Monge	47-89
19	E25-F26	**Rollinat** (Villa Maurice)	29 R. M. Hidalgo	(en impasse)	Danube	75
14	P17	**Rol-Tanguy** (Av. du Col. Henri)	Pl. Denfert-Rochereau		Denfert-Rochereau	38-68-88
19	G23-H24	**Romains** (Rue Jules)	R. de Belleville	R. Henri Ribière	Belleville	26
19	G27-G28	**Romainville** (Rue de)	263 R. de Belleville	337 R. de Belleville	Télégraphe	48-60-61-96-PC2-PC3
3	I21	**Rome** (Cour de)	24 R. des Gravilliers	9 R. des Vertus	Arts et Métiers	20-75
8	G16	**Rome** (Cour de)	Gare St-Lazare		St-Lazare	20-22-24-27-29-43-53-66-68-88-94-95
8	D14-G16	**Rome** (Rue de)	76 Bd Haussmann	142 R. Cardinet	St-Lazare	22-28-30-32-43-53-66-80-94-95
17	D14-G16	**Rome** (Rue de)	76 Bd Haussmann	142 R. Cardinet	Rome	30-31-53-66
20	I26	**Rondeaux** (Passage des)	88 R. des Rondeaux	26 Av. Gambetta	Gambetta	61-69
20	I26-J27	**Rondeaux** (Rue des)	R. C. Renouvier	24 Av. Gambetta	Gambetta	26-61-69
12	M25	**Rondelet** (Rue)	21 R. Érard	98 Bd Diderot	Reuilly Diderot	57
20	J27	**Rondonneaux** (Rue des)	227 R. des Pyrénées	16 R. E. Landrin	Gambetta	26-61-69
19	C25	**Rond-Point des Canaux** (Pl. du)	Gal. de la Villette	Al. du Belvédère	Pte de Pantin	60
18	E19	**Ronsard** (Rue)	3 Pl. St-Pierre	R. P. Albert	Anvers	30-54-85-Montmartrobus
15	N14	**Ronsin** (Impasse)	152 R. de Vaugirard	(en impasse)	Pasteur	39-70-89
8	H14-I14	**Roosevelt** (Avenue Franklin D.)	Pl. du Canada	123 R. du Fbg St-Honoré	Chps Élysées Clem.	28-32-42-52-72-73-80-83-93
13	S20	**Rops** (Avenue Félicien)	R. Poterne des Peupliers	R. de Ste-Hélène	Pte d'Italie	57
8	G15	**Roquépine** (Rue)	39 Bd Malesherbes	18 R. Cambacérès	St-Augustin	84
16	O6	**Roques** (Rue du Général)	5 Pl. du Gal Stéfanik	Av. du Parc des Princes	Pte de St-Cloud	PC1
11	K23-L23	**Roquette** (Cité de la)	58 R. de la Roquette	(en impasse)	Bréguet Sabin	69
11	K24-L22	**Roquette** (Rue de la)	1 R. du Fbg St-Antoine	21 Bd de Ménilmontant	Bastille - Voltaire	20-29-46-56-61-65-69-76-86
11	J25	**Roquette** (Square de la)	R. Servan	R. de la Roquette	Voltaire	61-69
13	P20	**Roret** (Rue Nicolas)	23 R. de la Reine Blanche	30 R. Le Brun	Les Gobelins	27-47-83-91
15	P13-Q13	**Rosenwald** (Rue)	36 R. de Vouillé	99 R. des Morillons	Pte de Vanves	62-89-95
18	C21	**Roses** (Rue des)	5 Pl. Hébert	42 R. de la Chapelle	Marx Dormoy	60-65
18	C21	**Roses** (Villa des)	44 R. de la Chapelle	(en impasse)	Marx Dormoy	65
15	N10-N11	**Rosière** (Rue de la)	68 R. des Entrepreneurs	51 R. de l'Église	F. Faure - Commerce	70-88
4	K21	**Rosiers** (Rue des)	131 R. Malher	40 R. Vieille du Temple	St-Paul	29-69-76-96
13	T21	**Rosny Aîné** (Square)	R. Dr Bourneville	(en impasse)	Pte d'Italie	47-PC1-PC2
5	M21	**Rossi** (Square Tino)	Pont de Sully	Pont d'Austerlitz	Gare d'Austerlitz	24-63-89
12	N25	**Rossif** (Square Frederic)	R. de Charenton	R. Charles Nicolle	Reuilly Diderot	29
9	G18	**Rossini** (Rue)	19 R. Grange Batelière	26 R. Laffitte	Richelieu Drouot	42-67-74-85
6	M18	**Rostand** (Place Edmond)	Bd St-Michel	R. de Médicis	Luxembourg (RER B)	21-27-38-82-84-85-89
19	G23	**Rostand** (Place Jean)	Bd de la Villette	R. H. Guimard	Belleville	46-75
18	D16	**Rothschild** (Impasse)	16 Av. de St-Ouen	(en impasse)	La Fourche	54-74-81
6	M18	**Rotrou** (Rue)	8 Pl. de l'Odéon	20 R. de Vaugirard	Odéon	58-84-89
12	O27-O28	**Rottembourg** (Rue)	94 Av. du Gal M. Bizot	49 Bd Soult	Pte Dorée	46-PC2
15	N10	**Roty** (Rue Oscar)	109 R. de Lourmel	32 Av. F. Faure	Boucicaut	42-62
18	B18	**Rouanet** (Rue Gustave)	89 R. du Ruisseau	82 R. du Poteau	Pte de Clignancourt	60-95
20	H24-H25	**Rouault** (Allée Georges)	41 R. J. Lacroix	30 R. du Pressoir	Couronnes	96
10	F20	**Roubaix** (Place de)	Bd de Magenta	R. de Maubeuge	Gare du Nord	30-31-42-48-54-56
11	M25	**Roubo** (Rue)	261 R. du Fbg St-Antoine	40 R. de Montreuil	Faidherbe-Chaligny	46-86
9	H17	**Rouché** (Place Jacques)	R. Meyerbeer	R. Gluck	Chée d'Antin-La Fayette	20-21-22-27-29-32-42-52-53-66-68-81-95
16	M8	**Roucher** (Rue Antoine)	14 R. Mirabeau	4 R. Corot	Mirabeau	22-52-62-72
15	L10-M11	**Rouelle** (Rue)	47 Q. de Grenelle	26 R. de Lourmel	Dupleix	42
19	D23	**Rouen** (Rue de)	55 Q. de la Seine	54 R. de Flandre	Riquet	54
14	R16	**Rouet** (Impasse du)	4 Av. J. Moulin	(en impasse)	Alésia	28-38-62-68
9	H19	**Rougemont** (Cité)	17 R. Bergère	5 R. Rougemont	Grands Boulevards	20-39-48
9	H19	**Rougemont** (Rue)	16 Bd Poissonnière	13 R. Bergère	Bonne Nouvelle	20-39-48
1	I16	**Rouget De L'Isle** (Rue)	238 R. de Rivoli	19 R. du Mont Thabor	Concorde	72
1	J19	**Roule** (Rue du)	136 R. de Rivoli	77 R. St-Honoré	Pont Neuf	21-58-67-69-70-72-74-76-81-85
8	G12	**Roule** (Square du)	223 R. du Fbg St-Honoré	(en impasse)	Ternes	31-43-93
14	S16	**Rousse** (Rue Edmond)	132 Bd Brune	39 Av. E. Reyer	Pte d'Orléans	28-38-68-PC1
12	P28	**Rousseau** (Avenue Armand)	3 Pl. E. Renard	1 R. E. Lefébure	Pte Dorée	46-PC2
1	I19-J18	**Rousseau** (Rue Jean-Jacques)	158 R. St-Honoré	21 R. Montmartre	Louvre Rivoli	21-29-48-67-69-72-74-81-85
16	L8	**Rousseau** (Avenue Théodore)	2 Pl. Rodin	29 R. de l'Assomption	Ranelagh - Jasmin	52
16	L8-M8	**Roussel** (Avenue de l'Abbé)	35 R. J. De La Fontaine	30 Av. T. Gautier	Jasmin	22-52
17	C13	**Roussel** (Rue Albert)	R. S. Grappelli	Bd Berthier	Pereire	53-94-PC3
12	L23-M24	**Roussel** (Rue Théophile)	17 R. de Cotte	10 R. de Prague	Ledru-Rollin	61-76-86
7	M15	**Rousselet** (Rue)	17 R. Oudinot	68 R. de Sèvres	Vaneau	28-39-70-82-87-89-92
13	R20	**Rousselle** (R. Ernest et Henri)	16 R. Damesme	69 R. du Moulin des Prés	Tolbiac	57
13	R20	**Rousselle** (Square Henri)	R. Bobillot	R. de la Butte aux Cailles	Tolbiac	57-67
17	D12	**Rousselot** (Rue de l'Abbé)	116 Bd Berthier	Av. Brunetière	Pereire	53-94-PC3
15	N12	**Roussin** (Rue de l'Amiral)	39 R. de la Croix Nivert	88 R. Blomet	Vaugirard - É. Zola	39-70-80
19	C24-C25	**Rouvet** (Rue)	3 Q. de la Gironde	2 Av. C. Cariou	Corentin Cariou	54-60
14	Q14	**Rouvier** (Rue Maurice)	166 R. R. Losserand	183 R. Vercingétorix	Plaisance	62-95

16	M7	Rouvray (Avenue de)	20 R. Boileau	(en impasse)	Chardon Lagache	62
15	N14-O14	Roux (Rue du Docteur)	34 Bd Pasteur	49 R. des Volontaires	Pasteur	48-88-95
17	F12	Roux (Passage)	19 R. Rennequin	42 R. des Renaudes	Pereire - Ternes	31-84-92-93
8	G15	Roy (Rue)	4 R. La Boétie	39 R. de laborde	St-Augustin	22-28-32-43-80-94
1	J16-J17	Royal (Pont)	Q. Voltaire	Q. Fr. Mitterrand	Musée d'Orsay (RER C)	24-68-69-72
7	J16-J17	Royal (Pont)	Q. Voltaire	Q. Fr. Mitterrand	Musée d'Orsay (RER C)	24-68-69-72
8	I15	Royale (Galerie)	R. Royale	R. Boissy d'Anglas	Concorde	24-42-52-72-73-84-94
8	H16-I15	Royale (Rue)	2 Pl. de la Concorde	2 Pl. de la Madeleine	Madeleine - Concorde	24-42-52-84-94
1	J18	Royer (Rue Clémence)	29 R. de Viarmes	R. Coquillière	Louvre Rivoli	67-74-85
5	N18	Royer Collard (Impasse)	15 R. Royer Collard	(en impasse)	Luxembourg (RER B)	21-27-82-85
5	M18-N18	Royer Collard (Rue)	202 R. St-Jacques	71 Bd St-Michel	Luxembourg (RER B)	21-27-38-82-85
12	M25-N25	Rozanoff (Rue du Colonel)	42 R. de Reuilly	32 R. de Reuilly	Luxembourg (RER B)	46
19	F26-G25	Rozier (Rue Arthur)	37 R. des Solitaires	67 R. Compans	Jourdain	48-60
13	P20	Rubens (Rue)	31 R. du Banquier	140 Bd de l'Hôpital	Les Gobelins	27-47-57-67-83
16	G11	Rude (Rue)	12 Av. Foch	11 Av. de la Gde Armée	Ch. de Gaulle-Étoile	73
7	K12	Rueff (Place Jacques)	Av. J. Bouvard	Av. J. Bouvard	Ch. de Mars-Tr Eiffel (RER C)	42-69-87
18	D21	Ruelle (Passage)	29 R. M. Dormoy	Imp. Jessaint	La Chapelle	65
18	C17	Ruggieri (Rue Désiré)	166 R. Ordener	167 R. Championnet	Guy Môquet	31-60-95
17	E10-F10	Ruhmkorff (Rue)	47 Bd Gouvion St-Cyr	55 Bd Gouvion St-Cyr	Pte Maillot	43-PC1-PC3
18	B18-C18	Ruisseau (Rue du)	31 R. Duhesme	45 Bd Ney	Lamarck-Caulaincourt	31-56-60
20	H26	Ruisseau de Ménilmontant (Passage du)	25 R. du Retrait	26 R. Boyer	Gambetta	26-96
13	S19	Rungis (Place de)	40 R. Brillat Savarin	100 R. Barrault	Corvisart	21-67
13	S18-S19	Rungis (Rue de)	2 Pl. de Rungis	65 R. Aml Mouchez	Cité Univ. (RER B)	21-67
12	N24	Rutebeuf (Place)	Pas. Raguinot	Pas. Gatbois	Gare de Lyon	29-57
8	F14	Ruysdaël (Avenue)	5 Pl. Rio de Janeiro	Parc de Monceau	Monceau	84

S

Arr.	Plan	Rues / Streets	Comencant	Finissant	Métro	Bus
14	P15-Q16	Sablière (Rue de la)	186 Av. du Maine	35 R. Didot	Pernety	28-58
16	I10-J9	Sablons (Rue des)	35 R. St-Didier	32 Av. G. Mandel	Victor Hugo	63
17	F9	Sablonville (Rue de)	Pl. du marché	R. G. Charpentier	Porte Maillot	73-82
6	L17	Sabot (Rue du)	11 R. B. Palissy	64 R. de Rennes	St-Germain-des-Prés	39-70-84-87-95
14	Q16	Saché (Rue Georges)	10 R. de la Sablière	11 R. Severo	Mouton-Duvernet	28-58
18	D18	Sacré Cœur (Cité du)	38 R. du Chev. de la Barre	(en impasse)	Abbesses	Montmartrobus
7	J12-K12	Sacy (Avenue Silvestre De)	18 Av. de La Bourdonnais	Av. G. Eiffel	Ch. de Mars-Tr Eiffel	42
12	O27-O28	Sahel (Rue du)	30 Bd de Picpus	69 Bd Soult	Bel Air	29-62-PC2
12	O28	Sahel (Villa du)	45 R. du Sahel	(en impasse)	Bel Air	62
16	G9	Saïd (Villa)	68 R. Pergolèse	(en impasse)	Pte Dauphine	PC1
15	P11-Q12	Saïda (Rue de la)	75 R. O. de Serres	62 R. de Dantzig	Pte de Versailles	89-PC1
16	G11	Saïgon (Rue de)	3 R. Rude	4 R. d'Argentine	Ch. de Gaulle-Étoile	73
14	P16-Q16	Saillard (Rue)	1 R. C. Divry	30 R. Brézin	Mouton-Duvernet	28-58
3	J20	Saint-Aignan (Jardin)	Cité Noël		Rambuteau	29-38-47-75
14	S16	Saint-Alphonse (Impasse)	77 R. du Père Corentin	(en impasse)	Pte d'Orléans	28-38-Pc1
15	P13	Saint-Amand (Rue)	8 Pl. d'Alleray	53 R. de Vouillé	Plaisance	62-88-89-95
11	J23-J24	Saint-Ambroise (Passage)	29 R. St-Ambroise	(en impasse)	Rue St-Maur	46
11	J23-J24	Saint-Ambroise (Rue)	2 R. de la Folie Méricourt	67 R. St-Maur	Rue St-Maur	46-56
6	L18	Saint-André des Arts (Place)	2 R. Hautefeuille	21 R. St-André des Arts	St-Michel	21-27-38-86-87-96
6	L18	Saint-André des Arts (Rue)	Pl. St-André des Arts	1 R. de l'Anc. Comédie	St-Michel	58-70-96
17	B16	Saint-Ange (Passage)	131 Av. de St-Ouen	20 R. J. Leclaire	Pte de St-Ouen	66-81-PC3
17	B16	Saint-Ange (Villa)	8 Passage St-Ange	(en impasse)	Pte de St-Ouen	66-81-PC3
11	L23	Saint-Antoine (Passage)	34 R. de Charonne	8 Pas. Josset	Ledru-Rollin	61-76
4	K21-L22	Saint-Antoine (Rue)	3 Pl. de la Bastille	2 R. de Sévigné	St-Paul-Bastille	20-29-65-69-76-86-87-96
8	G15	Saint-Augustin (Place)	Bd Haussmann	Bd Malesherbes	St-Augustin	22-28-32-43-80-94
2	H17-H18	Saint-Augustin (Rue)	75 R. Richelieu	14 R. d'Antin	Quatre Septembre	20-21-27-29-39-68-81-95
6	K17-L17	Saint-Benoît (Rue)	31 R. Jacob	170 Bd St-Germain	St-Germain-des-Prés	39-63-86-95
11	L24	Saint-Bernard (Passage)	159 R. du Fbg St-Antoine	8 R. C. Delescluze	Ledru-Rollin	46-86
5	M21-N22	Saint-Bernard (Port)	Pont d'Austerlitz	Pont de Sully	Gare d'Austerlitz	24-63-89
5	M21-N22	Saint-Bernard (Quai)	21 Pl. Valhubert	Pont de Sully	Gare d'Austerlitz	24-63-89
11	L24	Saint-Bernard (Rue)	183 R. du Fbg St-Antoine	78 R. de Charonne	Faidherbe-Chaligny	46-76
20	J27	Saint-Blaise (Place)	119 R. de Bagnolet	R. Saint-Blaise	Pte de Bagnolet	26-76
20	J27-K28	Saint-Blaise (Rue)	Pl. Saint-Blaise	109 Bd Davout	Pte de Bagnolet	57-76-PC2
4	K20	Saint-Bon (Rue)	82 R. de Rivoli	91 R. de la Verrerie	Hôtel de Ville	38-47-75-96
18	E20	Saint-Bruno (Rue)	13 R. Stephenson	6 R. St-Luc	La Chapelle	65
15	M10	Saint-Charles (Place)	47 R. St-Charles	41 R. du Théâtre	Charles Michels	42
15	N9	Saint-Charles (Rond-Point)	154 R. St-Charles	63 R. des Cévennes	Lourmel	42
15	L11-O9	Saint-Charles (Rue)	32 Bd Grenelle	77 R. Leblanc	Balard-Bir Hakeim	42-62-70-88
12	M25	Saint-Charles (Square)	55 R. de Reuilly	17 R. P. Bourdan	Reuilly Diderot	46-57
15	M10-N10	Saint-Charles (Villa)	98 R. St-Charles	(en impasse)	Charles Michels	42-70-88
19	G23	Saint-Chaumont (Cité)	50 Bd de la Villette	71 Av. S. Bolivar	Belleville	26
15	N9	Saint-Christophe (Rue)	28 R. de la Convention	29 R. S. Mercier	Javel	62
3	J22	Saint-Claude (Impasse)	14 R. St-Claude	(en impasse)	St-Sébastien-Froissart	20-65-96
3	J22	Saint-Claude (Rue)	99 Bd Beaumarchais	70 R. de Turenne	St-Sébastien-Froissart	20-65-96
16	P6	Saint-Cloud (Porte de)	Bd Périphérique		Pte de St-Cloud	22-62-72-PC1
2	H20	Saint-Denis (Boulevard)	1 R. du Fbg St-Martin	2 R. du Fbg St-Denis	Strasbourg-St-Denis	20-38-39-47
3	H20	Saint-Denis (Boulevard)	1 R. du Fbg St-Martin	2 R. du Fbg St-Denis	Strasbourg-St-Denis	20-38-39-47
10	H20	Saint-Denis (Boulevard)	1 R. du Fbg St-Martin	2 R. du Fbg St-Denis	Strasbourg-St-Denis	20-38-39-47
2	I19-I20	Saint-Denis (Impasse)	177 R. St-Denis	(en impasse)	Réaumur-Sébastopol	20-38-39-47
1	I20-H20	Saint-Denis (Rue)	12 Av. Victoria	1 Bd Bonne Nouvelle	Châtelet-Les Halles	20-29-38-39-47
2	I20-H20	Saint-Denis (Rue)	12 Av. Victoria	1 Bd Bonne Nouvelle	Châtelet-Les Halles	20-29-38-39-47
16	I11-I9	Saint-Didier (Rue)	92 Av. Kléber	36 R. des Belles Feuilles	Victor Hugo	22-30-52-82
7	K12-K16	Saint-Dominique (Rue)	219 Bd St-Germain	Pl. du Gal Gouraud	Solférino - Invalides	28-42-69-80-87-92
3	J21-J22	Sainte-Anastase (Rue)	69 R. de Turenne	12 R. de Thorigny	St-Sébastien-Froissart	29-96
2	I17	Sainte-Anne (Passage)	59 R. Ste-Anne	52 Pas. Choiseul	Quatre Septembre	39
1	H18-I17	Sainte-Anne (Rue)	12 Av. de l'Opéra	13 R. St-Augustin	Pyramides	21-27-29-39-48-67-68-81-95

2	H18-I17	**Sainte-Anne** (Rue)	12 Av. de l'Opéra	13 R. St-Augustin	Quatre Septembre	20-29-39-48-67
11	K22-K23	**Ste-Anne Popincourt** (Pass.)	42 R. St-Sabin	43 Bd R. Lenoir	Bréguet Sabin	56-69
2	H20	**Sainte-Apolline** (Rue)	357 R. St-Martin	248 R. St-Denis	Strasbourg-St-Denis	20-38-39-47
3	J20	**Sainte-Avoie** (Passage)	8 R. Rambuteau	62 R. du Temple	Rambuteau	29-75
6	N16-N17	**Sainte-Beuve** (Rue)	44 R. N.-D. des Champs	131 Bd Raspail	N.-D. des Champs	58-68-82
9	G19	**Sainte-Cécile** (Rue)	29 R. du Fbg Poissonnière	6 R. de Trévise	Bonne Nouvelle	48
12	N25	**Sainte-Claire Deville** (Rue)	21 Cité Moynet	9 Pas. Montgallet	Montgallet	29-46
17	C16	**Sainte-Croix** (Villa)	37 R. de la Jonquière	(en impasse)	Guy Môquet	31-66-81
4	K20-K21	**Sainte-Croix la Bretonnerie** (R.)	31 R. Vieille du Temple	24 R. du Temple	Hôtel de Ville	38-47-67-69-75-76-96
4	K20	**Ste-Croix la Bretonnerie** (Sq.)	13 R. des Archives	35 R. Ste-Croix la Br.	Hôtel de Ville	29-75
3	I21	**Sainte-Elisabeth** (Passage)	195 R. du Temple	72 R. de Turbigo	Temple	20-75
3	I21	**Sainte-Elisabeth** (Rue)	8 R. des Font. du Temple	70 R. de Turbigo	Temple	20-75
15	P12	**Sainte-Eugénie** (Avenue)	30 R. Dombasle	(en impasse)	Convention	39-62-80
15	O13	**Sainte-Félicité** (Rue)	12 R. de la Procession	17 R. des Favorites	Vaugirard	39-70-88-89-95
2	H19-I19	**Sainte-Foy** (Galerie)	57 Pas. du Caire		Sentier	20-39-48
2	H20	**Sainte-Foy** (Passage)	261 R. St-Denis	14 R. Ste-Foy	Strasbourg-St-Denis	20-38-39-47
2	H20	**Sainte-Foy** (Rue)	33 R. d'Alexandrie	279 R. St-Denis	Strasbourg-St-Denis	20-38-39-47
5	M19	**Sainte-Geneviève** (Place)	62 R. Mont. Ste-Genev.	Pl. du Panthéon	Maubert-Mutualité	84-89
13	S20-T20	**Sainte-Hélène** (Rue de)	Av. Caffieri	R. Poterne des Peupliers	Maison Blanche	57
18	B18-B19	**Sainte-Hélène** (Square)	R. Letort	R. Esclangon	Pte de Clignancourt	56-85
18	B18-B19	**Sainte-Henriette** (Impasse)	51 R. Letort	(en impasse)	Pte de Clignancourt	56-85-PC3
18	C19	**Sainte-Isaure** (Rue)	4 R. du Poteau	7 R. Versigny	Jules Joffrin	31-60-80-85-Montmartrobus
14	P15	**Sainte-Léonie** (Rue)	22 R. Pernety	(en impasse)	Pernety	58-62
18	D18-E18	**Saint-Eleuthère** (Rue)	11 R. Foyatier	2 R. du Mont Cenis	Anvers - Abbesses	Montmartrobus
12	M25	**Saint-Eloi** (Cour)	39 R. de Reuilly	134 Bd Diderot	Reuilly Diderot	46-57
15	N10	**Sainte-Lucie** (Rue)	20 R. de l'Église	95 R. de Javel	Charles Michels	42-70-88
12	P28-P29	**Sainte-Marie** (Avenue)	Bd de la Guyane	Jeanne d'Arc	Pte Dorée	46-86
20	H28	**Sainte-Marie** (Villa)	9 Pl. Adj. Vincenot	(en impasse)	St-Fargeau	PC2
10	G23	**Sainte-Marthe** (Impasse)	25 R. Ste-Marthe	(en impasse)	Colonel Fabien	46-75
10	G23	**Sainte-Marthe** (Place)	32 R. Ste-Marthe	R. du Chalet	Belleville	46-75
10	G22-G23	**Sainte-Marthe** (Rue)	214 R. St-Maur	38 R. Sambre et Meuse	Goncourt - Belleville	46-75
12	P25-Q25	**Saint-Émilion** (Cour)	Q. de Bercy	R. Gabriel Lamé	Cour St-Émilion	24
12	P25	**Saint-Émilion** (Passage)	35 R. Pirogues de Bercy	34 R. F. Truffaut	Cour St-Émilion	24
18	C16	**Sainte-Monique** (Impasse)	15 R. des Tennis	(en impasse)	Pte de St-Ouen	31-81
17	D11	**Sainte-Odile** (Square)	Av. St. Mallarmé	R. de Courcelles	Pte de Champerret	84-92-93-PC1-PC3
1	K19	**Sainte-Opportune** (Place)	8 R. des Halles	1 R. Ste-Opportune	Châtelet	27-47-38-67-69-75-76
1	J19	**Sainte-Opportune** (Rue)	10 Pl. Ste-Opport.	19 R. de la Ferronnerie	Châtelet	21-58-67-70-72-74-81-85
11	L23-L24	**Saint-Esprit** (Cour du)	127 R. du Fbg St-Antoine	(en impasse)	Ledru-Rollin	61-76-86
12	Q25	**Saint-Estèphe** (Place)	Av. des Terroirs de Fr.	Q. de Bercy	Cour St-Émilion	24
5	M19	**Saint-Etienne du Mont** (Rue)	24 R. Descartes	Pl. Ste-Geneviève	Card. Lemoine	84-89
1	J19	**Saint-Eustache** (Impasse)	3 R. Montmartre	(en impasse)	Les Halles	29
16	O7-P6	**Saint-Exupéry** (Quai)	Bd Murat	Q. du Point du Jour	Pte de St-Cloud	22-72-PC1
20	H27	**Saint-Fargeau** (Place)	108 Av. Gambetta	30 R. St-Fargeau	St-Fargeau	61
20	H27	**Saint-Fargeau** (Rue)	130 R. Pelleport	125 Bd Mortier	St-Fargeau	60-61-96
20	H27	**Saint-Fargeau** (Villa)	25-27 R. St-Fargeau		St-Fargeau	60-61-96
17	F10	**Saint-Ferdinand** (Place)	21 R. Brunel	34 R. St-Ferdinand	Argentine	43-73
17	F11-G10	**Saint-Ferdinand** (Rue)	5 Pl. T. Bernard	64 Av. de la Gde Armée	Pte Maillot	43-73
2	H19	**Saint-Fiacre** (Rue)	26 R. des Jeûneurs	9 Bd Poissonnière	Bonne Nouvelle	20-39-48
1	I16	**Saint-Florentin** (Rue)	2 Pl. de la Concorde	271 R. St-Honoré	Concorde	24-42-52-72-73-84-94
8	I16	**Saint-Florentin** (Rue)	2 Pl. de la Concorde	271 R. St-Honoré	Concorde	24-42-52-72-73-84-94
18	B19	**Saint-François** (Impasse)	48 R. Letort	(en impasse)	Pte de Clignancourt	56-85
1	H16-I16	**Saint-Georges** (R. du Chev. de)	404 R. St-Honoré	21 R. Duphot	Madeleine	24-42-52-84-94
8	H16-I16	**Saint-Georges** (R. du Chev. de)	404 R. St-Honoré	21 R. Duphot	Madeleine	24-42-52-84-94
9	F18	**Saint-Georges** (Place)	51 R. Saint-Georges	30 R. N.-D. de Lorette	St-Georges	67-74
9	F18-G18	**Saint-Georges** (Rue)	32 R. de Provence	25 R. N.-D. de Lorette	St-Georges	26-32-42-43-67-74
5	J15-M20	**Saint-Germain** (Boulevard)	1 Q. de la Tournelle	31 Q. A. France	Maubert-Mutualité	21-24-27-38-47-63-67-85-86-87-89-96
6	J15-M20	**Saint-Germain** (Boulevard)	1 Q. de la Tournelle	31 Q. A. France	St-Germain-des-Prés	21-27-38-39-63-70-85-86-87-95-96
7	J15-M20	**Saint-Germain** (Boulevard)	1 Q. de la Tournelle	31 Q. A. France	Solférino	24-39-63-68-69-73-83-84-94-95
1	K18-K19	**Saint-Germain l'Auxerrois** (Rue)	1 R. des Lavandières Sainte-Opportune	4 R. des Bourdonnais	Pont Neuf	21-58-67-69-70-72-74-75-76-81-85
6	L17	**Saint-Germain-des-Prés** (Pl.)	R. Bonaparte	168 Bd Saint-Germain	St-Germain-des-Prés	39-63-86-95
4	K20	**Saint-Gervais** (Place)	4 R. de Lobau	10 R. de Brosse	Hôtel de Ville	67-69-72-75-76-96
3	K22	**Saint-Gilles** (Rue)	63 Bd Beaumarchais	48 R. de Turenne	Chemin Vert	20-29-65-69-96
14	Q17-R17	**Saint-Gothard** (Rue du)	45 R. Dareau	6 R. d'Alésia	St-Jacques	62-88
7	K17-L16	**Saint-Guillaume** (Rue)	18 R. du Pré aux Clercs	32 R. de Grenelle	Rue du Bac	39-63-68-83-84-94-95
5	O20	**Saint-Hilaire** (Rue Geoffroy)	42 Bd St-Marcel	1 R. Lacépède	St-Marcel	67-89-91
13	P19	**Saint-Hippolyte** (Rue)	42 R. Pascal	9 R. de la Glacière	Les Gobelins	21-83
1	I16-J19	**Saint-Honoré** (Rue)	21 R. des Halles	14 R. Royale	Concorde - Palais Royal	21-24-27-29-39-42-48-52-67-68-69-72-73-74-76-81-84-85-94-95
8	I16-J19	**Saint-Honoré** (Rue)	21 R. des Halles	14 R. Royale	Concorde	24-42-52-72-73-84-94
16	I10	**Saint-Honoré d'Eylau** (Av.)	58 Av. R. Poincaré	(en impasse)	Victor Hugo	82
11	I24-J24	**Saint-Hubert** (Rue)	66 R. St-Maur	86 Av. de la République	Rue St-Maur	46
1	I17	**Saint-Hyacinthe** (Rue)	13 R. La Sourdière	8 R. Marché St-Honoré	Pyramides	68-72
11	J23	**Saint-Irénée** (Square)	R. Lacharrière	(en impasse)	St-Ambroise	46-56
14	P17-Q18	**Saint-Jacques** (Boulevard)	50 R. de la Santé	3 Pl. Denfert-Rochereau	St-Jacques	38-68-88
14	P17	**Saint-Jacques** (Place)	83 R. du Fbg St-Jacques	48 Bd St-Jacques	St-Jacques	38-68-88
5	L19-O18	**Saint-Jacques** (Rue)	79 R. Galande	84 Bd de Port Royal	St-Michel	21-24-27-47-63-84-86-87-89
14	P17-Q17	**Saint-Jacques** (Villa)	61 Bd St-Jacques	20 R. de la Tombe Issoire	St-Jacques	38-68-88
17	D16	**Saint-Jean** (Place)	R. Saint-Jean	Passage St-Michel	La Fourche	54-74-81
17	D16	**Saint-Jean** (Rue)	80 Av. de Clichy	4 R. Dautancourt	La Fourche	54-74-81
6	M15	**St-Jean-Baptiste de la Salle** (R.)	117 R. de Sèvres	110 R. du Cherche Midi	Vaneau	28-39-70-82-87-89-92
18	D20-E20	**Saint-Jérôme** (Rue)	8 R. St-Mathieu	11 R. Cavé	Château Rouge	65
1	J19	**Saint-John Perse** (Allée)	R. Berger	Pl. René Cassin	Les Halles	29-67-74-85
11	L23	**Saint-Joseph** (Cour)	5 R. de Charonne	(en impasse)	Bastille	76-86

2	H19-I19	**Saint-Joseph** (Rue)	7 R. du Sentier	140 R. Montmartre	Sentier	20-39-48-67-74-85
18	B17	**Saint-Jules** (Passage)	18 R. Leibniz	2 R. A. Compoint	Pte de St-Ouen	60-95-PC3
5	L19	**Saint-Julien le Pauvre** (Rue)	25 Q. de Montebello	52 R. Galande	St-Michel	24-47
17	B14	**Saint-Just** (Rue)	88 R. P. Rebière	(en impasse)	Pte de Clichy	54-74-PC3
15	O11-P11	**Saint-Lambert** (Rue)	259 R. Lecourbe	4 R. Desnouettes	Convention	39-80
15	N12	**Saint-Lambert** (Square)	R. L. Lhermitte	R. T. Renaudot	Commerce	70-80-88
10	G21	**Saint-Laurent** (Rue)	127 R. du Fbg St-Martin	72 Bd de Magenta	Gare de l'Est	30-31-32-38-39-47-56-65
10	G21	**Saint-Laurent** (Square)	Bd de Magenta	Gare de l'Est	Gare de l'Est	38-39-47-56-65
8	G16	**Saint-Lazare** (Rue)	9 R. Bourdaloue	14 Pl. Gabriel Péri	St-Lazare	20-22-24-27-29-43-53-66-68-88-94-95
9	G16	**Saint-Lazare** (Rue)	9 R. Bourdaloue	14 Pl. Gabriel Péri	Trinité	20-22-24-27-29-43-53-66-68-88-94-95
11	L23	**Saint-Louis** (Cour)	45 R. du Fbg St-Antoine	26 R. de lappe	Bastille	76-86
4	L20	**Saint-Louis** (Pont)	Q. d'Orléans	Q. aux Fleurs	St-Michel	24-67
4	L20-L21	**Saint-Louis en l'Ile** (Rue)	1 Q. d'Anjou	4 R. J. du Bellay	Sully-Morland - Pt Marie	67
18	D20-E20	**Saint-Luc** (Rue)	10 R. Polonceau	21 R. Cavé	Barbès-Rochechouart	31-56
12	N26-N28	**Saint-Mandé** (Avenue de)	29 R. de Picpus	115 Bd Soult	Picpus - Nation	29-56-62-PC2
12	N28-N29	**Saint-Mandé** (Porte de)	Av. Courteline	Av. Victor Hugo	St-Mandé Tourelle	29-56-PC2
12	M27-N27	**Saint-Mandé** (Villa de)	29 Av. de St-Mandé	63 Bd de Picpus	Picpus	29-56
2	H18	**Saint-Marc** (Galerie)	8 R. St-Marc	23 Gal. des Variétés	Grands Boulevards	48-67-74-85
2	H18	**Saint-Marc** (Rue)	149 R. Montmartre	10 R. Favart	Grands Boulevards	39-48-67-74-85
17	D12	**Saint-Marceaux** (Rue de)	110 Bd Berthier	Av. Brunetière	Pereire	53-94-PC3
5	O21-P20	**Saint-Marcel** (Boulevard)	42 Bd de l'Hôpital	23 Av. des Gobelins	St-Marcel - Les Gobelins	27-47-57-67-83-91
13	O21-P20	**Saint-Marcel** (Boulevard)	42 Bd de l'Hôpital	23 Av. des Gobelins	St-Marcel - Les Gobelins	27-47-57-67-83-91
3	H20-I21	**Saint-Martin** (Boulevard)	16 Pl. de la République	332 R. St-Martin	République	20-38-39-47-56-65-75
10	H20-I21	**Saint-Martin** (Boulevard)	16 Pl. de la République	332 R. St-Martin	République	20-38-39-47-56-65-75
10	G21	**Saint-Martin** (Cité)	90 R. du Fbg St-Martin	(en impasse)	Jacques Bonsergent	38-39-47-56-65
3	H20-J20	**Saint-Martin** (Rue)	8 Q. de Gesvres	1 Bd Saint-Denis	Arts et Métiers	20-29-38-39-47-75
4	H20-J20	**Saint-Martin** (Rue)	8 Q. de Gesvres	1 Bd Saint-Denis	Châtelet-Les Halles	20-29-38-39-47-75
18	E20	**Saint-Mathieu** (Rue)	21 R. Stephenson	8 R. St-Luc	La Chapelle	65
11	J24	**Saint-Maur** (Passage)	81 R. St-Maur	9 Pas. St-Ambroise	Rue St-Maur	46
10	G22-K24	**Saint-Maur** (Rue)	133 R. de la Roquette	22 Av. C. Vellefaux	Goncourt	46-61-69-75-96
11	G22-K24	**Saint-Maur** (Rue)	133 R. de la Roquette	22 Av. C. Vellefaux	Rue St-Maur	46-61-69-75-96
5	N19-N20	**Saint-Médard** (Rue)	35 R. Gracieuse	33 R. Mouffetard	Place Monge	47
4	J20-K20	**Saint-Merri** (Rue)	23 R. du Temple	100 St-Martin	Rambuteau	38-47-75
5	L19-O18	**Saint-Michel** (Boulevard)	7 Pl. St-Michel	29 Av. G. Bernanos	St-Michel	21-27-38-82-85-96
6	L19-O18	**Saint-Michel** (Boulevard)	7 Pl. St-Michel	29 Av. G. Bernanos	Luxembourg	21-27-38-82-85
17	D16	**Saint-Michel** (Passage)	15 Av. de St-Ouen	15 R. St-Jacques	La Fourche	54-74-81
5	L19	**Saint-Michel** (Place)	29 Q. St-Michel	1 Bd St-Michel	St-Michel	24-27-96
6	L19	**Saint-Michel** (Place)	29 Q. St-Michel	1 Bd St-Michel	St-Michel	24-27-96
1	L19	**Saint-Michel** (Pont)	Q. des Orfèvres	Q. St-Michel	St-Michel	21-24-27-38-85-96
4	L19	**Saint-Michel** (Pont)	Q. des Orfèvres	Q. St-Michel	St-Michel	21-24-27-38-85-96
5	L19	**Saint-Michel** (Pont)	Q. des Orfèvres	Q. St-Michel	St-Michel	21-24-27-38-85-96
6	L19	**Saint-Michel** (Pont)	Q. des Orfèvres	Q. St-Michel	St-Michel	21-24-27-38-85-96
5	L18-L19	**Saint-Michel** (Quai)	2 Pl. Petit Pont	Pont St-Michel	St-Michel	24-27-96
18	D16	**Saint-Michel** (Villa)	46 Av. de St-Ouen	61 R. Ganneron	Guy Môquet - La Fourche	81-95
11	L25	**Saint-Nicolas** (Cour)	45 R. de Montreuil	(en impasse)	Rue des Boulets	86
12	L23-M23	**Saint-Nicolas** (Rue)	67 R. de Charenton	80 R. du Fbg St-Antoine	Ledru-Rollin	61-76-86
3	I22-J21	**Saintonge** (Rue de)	8 R. du Perche	19 Bd du Temple	Filles du Calvaire	20-29-65-96
17	B16-D16	**Saint-Ouen** (Avenue de)	62 Av. de Clichy	Bd Ney	Pte de St-Ouen	31-54-74-81-PC3
18	B16-D16	**Saint-Ouen** (Avenue de)	62 Av. de Clichy	Bd Ney	La Fourche	31-54-74-81-PC3
17	C16	**Saint-Ouen** (Impasse)	3 R. Petiet	(en impasse)	Guy Môquet	31-81
17	A16	**Saint-Ouen** (Porte de)	33 Av. de St-Ouen	Pte de St-Ouen	Pte de St-Ouen	81
18	A16	**Saint-Ouen** (Porte de)	33 Av. de St-Ouen	Pte de St-Ouen	Pte de St-Ouen	81
16	I12	**Saint-Paul** (Rue Gaston De)	10 Av. de New York	9 Av. du Pdt Wilson	Alma-Marceau	63-92
20	K27	**Saint-Paul** (Impasse)	5 Pas. Dieu	(en impasse)	Maraîchers	26
4	L21	**Saint-Paul** (Passage)	43 R. St-Paul	(en impasse)	St-Paul	69-76-96
4	L21	**Saint-Paul** (Rue)	22 Q. Célestins	85 R. St-Antoine	Sully-Morland	67-69-76-96
4	L21	**Saint-Paul** (Village)	R. Saint-Paul	R. des Jardins St-Paul	St-Paul	69-76-96
8	E16-F16	**Saint-Pétersbourg** (Rue de)	Pl. de l'Europe	5 Bd des Batignolles	Place de Clichy	30-53-54-66-68-74-80-81-95
2	H19	**Saint-Philippe** (Rue)	113 R. d'Aboukir	70 R. de Cléry	Strasbourg-St-Denis	20-39
8	G14	**Saint-Philippe du Roule** (Pass.)	152 R. du Fbg St-Honoré	7 R. de Courcelles	St-Philippe du R.	38-32-52-80-83-93
8	G13-G14	**Saint-Philippe du Roule** (Rue)	129 R. du Fbg St-Honoré	14 R. d'Artois	St-Philippe du R.	28-32-80-83-93
17	D16	**Saint-Pierre** (Cour)	47b Av. de Clichy	(en impasse)	La Fourche	54-74-81
20	K27-L27	**Saint-Pierre** (Impasse)	47 R. des Vignoles	(en impasse)	Buzenval	26-57-76 (à plus de 400 m)
18	E18-E19	**Saint-Pierre** (Place)	7 R. Livingstone	1 R. Tardieu	Anvers	30-54-Montmartrobus
11	J22-J23	**Saint-Pierre Amelot** (Pass.)	98b R. Amelot	54 Bd Voltaire	Filles du Calvaire	20-56-65-96
6	M16	**Saint-Placide** (Rue)	53 R. de Sèvres	88 R. de Vaugirard	Sèvres-Babylone	89-94-95-96
10	F20-G20	**Saint-Quentin** (Rue de)	92 Bd de Magenta	17 R. Dunkerque	Gare du Nord	26-30-31-32-38-42-43-46-48-54-56-65
1	I17	**Saint-Roch** (Passage)	284 R. St-Honoré	15 R. des Pyramides	Pyramides	21-27-29-68-72-81-95
1	I17	**Saint-Roch** (Rue)	194 R. de Rivoli	29 Av. de l'Opéra	Tuileries - Pyramides	21-27-29-68-72-81-95
6	M15	**Saint-Romain** (Rue)	109 R. de Sèvres	102 R. du Cherche Midi	Vaneau	28-39-70-82-87-89-92
6	M15	**Saint-Romain** (Square)	9 R. St-Romain	(en impasse)	Vaneau	28-39-70-82-87-89-92
18	D18	**Saint-Rustique** (Rue)	5 R. du Mont Cenis	2 R. des Saules	Abbesses	Montmartrobus
11	K23	**Saint-Sabin** (Passage)	31 R. de la Roquette	14 R. St-Sabin	Bastille - Bréguet Sabin	69
11	J22-L22	**Saint-Sabin** (Rue)	17 R. de la Roquette	86 Bd Beaumarchais	St-Sébastien-Froissart	20-29-65-69-76-86
15	L11	**Saint-Saëns** (Rue)	28 R. de la Fédération	27 Bd de Grenelle	Bir Hakeim	42
2	I19-I20	**Saint-Sauveur** (Rue)	181 R. St-Denis	2 R. des Petits Carreaux	Réaumur-Sébastopol	20-29-38-39-47
11	J22-J23	**Saint-Sébastien** (Impasse)	30 R. St-Sébastien	(en impasse)	Richard-Lenoir	20-65
11	J22-J23	**Saint-Sébastien** (Passage)	95 Bd R. Lenoir	(en impasse)	St-Sébastien-Froissart	20-56-65-96
11	J22-J23	**Saint-Sébastien** (Rue)	2 Bd Filles du Calvaire	19 R. de la Folie Méricourt	St-Sébastien-Froissart	20-56-65
17	E11-F11	**Saint-Senoch** (Rue de)	32 R. Bayen	45 R. Laugier	Pte de Champerret	92-93
5	L19	**Saint-Séverin** (Rue)	18 R. du Petit Pont	3 Bd St-Michel	St-Michel	21-24-27-38-47-85-96
7	K16	**Saint-Simon** (Rue de)	215 Bd St-Germain	90 R. de Grenelle	Rue du Bac	63-68-69-83-84-94
20	H26	**Saint-Simoniens** (Pass. des)	4 R. Pixérécourt	18 R. de la Duée	St-Fargeau	26-60-96
6	K18	**Saints-Pères** (Port des)	Pont des Arts	Pont Royal	Rue du Bac	24-37-39-68-69-95
7	K18	**Saints-Pères** (Port des)	Pont des Arts	Pont Royal	Rue du Bac	24-37-39-68-69-95
6	K17-L16	**Saints-Pères** (Rue des)	1 Q. Voltaire	8 R. de Sèvres	St-Germain-des-Prés	24-27-39-63-70-84-87-95

7	K17-L16	**Saints-Pères** (Rue des)	1 Q. Voltaire	8 R. de Sèvres	Sèvres-Babylone	24-27-39-63-70-84-87-95
2	H20-I20	**Saint-Spire** (Rue)	14 R. d'Alexandrie	8 R. Ste-Foy	Strasbourg-St-Denis	20-38-39-47
6	L17	**Saint-Sulpice** (Place)	R. Bonaparte	R. St-Sulpice	St-Sulpice	63-70-84-86-87-96
6	L17-L18	**Saint-Sulpice** (Rue)	4 R. de Condé	2 Pl. St-Sulpice	Odéon-St-Sulpice	63-70-86-87-96
7	K16	**Saint-Thomas d'Aquin** (Place)	Église St-Thomas d'Aquin	Bd St-Germain	Rue du Bac	63-68-69
7	K16	**Saint-Thomas d'Aquin** (Rue)	5 Pl. St-Thomas d'Aquin	230 Bd St-Germain	Rue du Bac	63-68-69
5	M20	**Saint-Victor** (Rue)	32 R. de Poissy	38 R. Bernardins	Maubert-Mutualité	63-86-87
19	F25	**Saint-Vincent** (Impasse)	7 R. du Plateau	(en impasse)	Buttes Chaumont	48-60
18	D18	**Saint-Vincent** (Rue)	12 R. de la Bonne	R. Girardon	Lamarck-Caulaincourt	80-Montmartrobus
10	F20	**Saint-Vincent de Paul** (Rue)	10 R. Belzunce	5 R. A. Paré	Gare du Nord	26-30-31-42-43-48-54-56
12	P25	**Saint-Vivant** (Passage)			Cour St-Émilion	24
14	R17	**Saint-Yves** (Rue)	Av. Reille	105 R. de la Tombe Issoire	Alésia	28-38-88
20	K28	**Salamandre** (Square de la)	R. P.-J. Toulet		Maraîchers	26-57-PC2
11	K23	**Salarnier** (Passage)	4 R. Froment	37 R. Sedaine	Bréguet Sabin	69
5	L19	**Salembrière** (Impasse)	4b R. St-Séverin	(en impasse)	St-Michel	21-27-38-85-96
17	E14	**Salneuve** (Rue)	29 R. Legendre	67 R. de Saussure	Villiers	31-53
17	E10	**Salonique** (Avenue de)	Pl. Pte des Ternes	Bd de Dixmude	Pte Maillot	43-PC1-PC3
17	D11	**Samain** (Rue Albert)	168 Bd Berthier	5 Av. S. Mallarmé	Pte de Champerret	84-92-93-PC1-PC3
10	G22-G23	**Sambre et Meuse** (Rue de)	12 R. Juliette Dodu	33 Bd de la Villette	Colonel Fabien	46-75
10	G21-H21	**Sampaix** (Rue Lucien)	32 R. du Château d'Eau	R. des Récollets	Jacques Bonsergent	56-65
13	Q20-R20	**Samson** (Rue)	8 R. Jonas	20 R. Butte aux Cailles	Corvisart	57-67
19	F24	**San Martin** (Av. du Général)	R. Botzaris	R. Manin	Buttes Chaumont	26-75
12	P27	**Sancerrois** (Square du)	2 R. des Meuniers	37 Bd Poniatowski	Pte de Charenton	87-PC2
16	L7-M8	**Sand** (Rue George)	24 R. F. Gérard	113 R. Mozart	Église d'Auteuil	22-52-62
16	M8	**Sand** (Villa George)	24 R. George Sand	(en impasse)	Jasmin	22-52
16	J8	**Sandeau** (Boulevard Jules)	2 R. Oct. Feuillet	Av. H. Martin	La Muette	63
9	H16-H17	**Sandrié** (Impasse)	3 R. Auber	(en impasse)	Chaussée d'Antin	20-21-22-27-29-32-42-52-53-66-68-81-95
14	R13-R14	**Sangnier** (Avenue Marc)	Av. Pte de Vanves	14 Av. G. Lafenestre	Pte de Vanves	95
8	G16	**Sansbœuf** (Rue Joseph)	6 R. de la Pépinière	5 R. du Rocher	St-Lazare	22-28-32-43-80-84-94
13	P18-P19	**Santé** (Impasse de la)	17 R. de la Santé	(en impasse)	Glacière-Port Royal (RER B)	21-83
13	O18-R18	**Santé** (Rue de la)	R. Amiral Mouchez	Bd de Port Royal	Glacière	21-62-83-91
14	O18-R18	**Santé** (Rue de la)	R. Amiral Mouchez	Bd de Port Royal	Glacière	21-62-83-91
12	N26-N27	**Santerre** (Rue)	55 R. de Picpus	27 Bd de Picpus	Bel Air	29-56
5	O20	**Santeuil** (Rue)	12 R. du Fer à Moulin	19 R. Censier	Censier-Daubenton	47-67-89
7	K14	**Santiago du Chili** (Square)	Av. La Motte-Picquet	Pl. Salvador Allende	La Tour-Maubourg	28-69
15	P13-Q13	**Santos Dumont** (Rue)	28 R. de Vouillé	79 R. des Morillons	Pte de Vanves	62-89-95
15	P13	**Santos Dumont** (Villa)	32 R. Santos Dumont	(en impasse)	Pte de Vanves	62-89-95
14	Q17	**Saône** (Rue de la)	27 R. du Commandeur	32 R. d'Alésia	Alésia	28-38-62-68
15	N10	**Sarasate** (Rue)	93 R. de la Convention	6 R. Oscar Roty	Boucicaut	42-62
16	J10-K9	**Sarcey** (Rue Francisque)	25 R. de la Tour	10 R. E. Manuel	Passy	22-32
16	N7-N8	**Sardou** (Rue Victorien)	116 Av. de Versailles	1 Villa V. Sardou	Chardon Lagache	22-72
16	N7	**Sardou** (Square Victorien)	93 Bd de Port Royal	134 R. de la Glacière	Chardon Lagache	22-72
16	N7	**Sardou** (Villa Victorien)	14 R. V. Sardou	(en impasse)	Chardon Lagache	22-72
15	O8	**Sarrabezolles** (Square Carlo)	Bd Gal M. Valin	R. Lucien Bossoutrot	Balard	42-88-PC1
16	M6-N6	**Sarrail** (Avenue du Général)	Pl. Pte d'Auteuil	8 R. Lecomte du Noüy	Pte d'Auteuil	32-52
6	L18	**Sarrazin** (Rue Pierre)	24 Bd St-Michel	19 R. Hautefeuille	Cluny La Sorbonne	63-86-87
14	R16-R17	**Sarrette** (Rue)	88 R. de la Tombe Issoire	109 Av. du Gal Leclerc	Pte d'Orléans - Alésia	28-38-62-68
18	E19	**Sarte** (Rue André Del)	29 R. de Clignancourt	14 R. C. Nodier	Barbès-Rochechouart	85-Montmartrobus
20	K27	**Satan** (Impasse)	92 R. des Vignoles	(en impasse)	Buzenval	26
19	E25	**Satie** (Rue Erik)	19 Al. D. Milhaud	R. G. Auric	Ourcq	48-60-75
10	G20	**Satragne** (Square Alban)	107 R. du Fbg St-Denis		Gare de l'Est	30-31-32-38-39-47-56-65
17	C15-D15	**Sauffroy** (Rue)	132 Av. de Clichy	49 R. de la Jonquière	Brochant	31-54-66-74
20	K26	**Saulaie** (Villa de la)	168 Bd de Charonne	(en impasse)	Philippe Auguste	76
18	C18-D18	**Saules** (Rue des)	20 R. Norvins	135 R. Marcadet	Lamarck-Caulaincourt	80-Montmartrobus
9	G19	**Saulnier** (Rue)	34 R. Richer	70 R. La Fayette	Cadet	26-32-42-43-48-85
16	J9-K9	**Saunière** (Rue Paul)	13 R. E. Manuel	20 R. Nicolo	Passy	22-32
8	H15	**Saussaies** (Place des)	1 R. Cambacérès	R. de la Ville l'Evêque	Miromesnil	52
8	H15	**Saussaies** (Rue des)	92 Pl. Beauvau	1 Pl. des Saussaies	Miromesnil	52
17	F11-F12	**Saussier Leroy** (Rue)	15 R. Poncelet	22 Av. Niel	Ternes	43-92-93
17	D13-E15	**Saussure** (Rue de)	94 R. des Dames	Bd Berthier	Rome - Malesherbes	53-94-PC3
5	L19	**Sauton** (Rue Frédéric)	9 R. des Gds Degrés	19 R. Lagrange	Maubert-Mutualité	24-63-86-87
1	J18	**Sauval** (Rue)	96 R. St-Honoré	1 R. de Viarmes	Louvre Rivoli	67-74-85
15	L11	**Sauvy** (Place Alfred)	23 R. Desaix	8 Al. M. Yourcenar	Dupleix	42
20	H26-I26	**Savart** (Rue Laurence)	16 R. Boyer	19 R. du Retrait	Gambetta	26
20	K27	**Savart** (Passage)	79 R. des Haies	82 R. des Vignoles	Buzenval	26
20	H25-H26	**Savies** (Rue de)	56 R. de la Mare	55 R. des Cascades	Jourdain	26
6	L18	**Savoie** (Rue de)	11 R. des Gds Augustins	6 R. Séguier	St-Michel	24-27
7	K13-L13	**Savorgnan De Brazza** (Rue)	68 Av. de La Bourdonnais	Al. A. Lecouvreur	École Militaire	69-80-82-87
7	L13-M14	**Saxe** (Avenue de)	3 Pl. de Fontenoy	98 R. de Sèvres	Ségur	28-39-70-82-87-89-92
15	L13-M14	**Saxe** (Avenue de)	3 Pl. de Fontenoy	98 R. de Sèvres	Sèvres-Lecourbe	28-39-70-82-87-89-92
7	M14	**Saxe** (Villa de)	17 Av. de Saxe	(en impasse)	Ségur	28-87
9	F18	**Say** (Rue Jean-Baptiste)	1b R. Bochart de Saron	2 R. Lallier	Anvers - Pigalle	30-54-67-85
13	Q21	**Say** (Square Louis)	147 Bd V. Auriol	163 R. Nationale	Nationale	27
11	K22	**Scarron** (Rue)	72 Bd Beaumarchais	61 R. Amelot	Chemin Vert	20-29-65
16	I9-J10	**Scheffer** (Rue)	17 R. B. Franklin	59 Av. Mandel	Rue de la Pompe	22-32-52-63
16	J9	**Scheffer** (Villa)	49 R. Scheffer	(en impasse)	Rue de la Pompe	52-63
16	J10	**Schlœsing** (Rue du Cdt)	1 Av. P. Doumer	6 R. Pétrarque	Trocadéro	22-32-63
18	B18	**Schneider** (Rue Frédéric)	138 Bd Ney	44 R. R. Binet	Pte de Clignancourt	60-95-PC3
14	O17-P17	**Schœlcher** (Rue Victor)	268 Bd Raspail	12 R. Froidevaux	Denfert-Rochereau	68-88
4	M21-M22	**Schomberg** (Rue de)	30 Q. Henri IV	1 R. de Sully	Sully-Morland	67-86-87
20	L29	**Schubert** (Rue)	R. Paganini	R. Charles et Robert	Pte de Montreuil	PC2
15	Q8	**Schuman** (Pl. du Pdt Robert)	Bd Gallieni	Bd des Frères Voisin	Corentin Celton	39
7	J13-J14	**Schuman** (Avenue Robert)	6 R. Surcouf	R. J. Nicot	La Tour-Maubourg	28-63-69-83-93
16	H8	**Schuman** (Square)	Av. de Pologne	Av. du Mal Fayolle	Pte Dauphine	PC1
15	L10-L11	**Schutzenberger** (Rue)	20 R. Émeriau	16 R. S. Michel	Bir Hakeim - Dupleix	42
4	L21	**Schweitzer** (Square Albert)	R. de l'Hôtel de Ville	R. Nonnains d'Hyères	Pont Marie	67-69-76-96
5	O20	**Scipion** (Rue)	68 Bd St-Marcel	25 R. du Fer à Moulin	Les Gobelins	27-47-83-91
5	O20	**Scipion** (Square)	8 R. Scipion	19 R. du Fer à Moulin	Censier-Daubenton	67-91
15	L11	**Scott** (Rue du Capitaine)	10 R. Desaix	37 R. de la Fédération	Dupleix	42-69-82-87

19	E23	**Scotto** (Rue Vincent)	Q. de la Loire	R. P. Reverdy	Laumière	60
9	G17-H17	**Scribe** (Rue)	12 Bd des Capucines	Pl. Diaghilev	Chée d'Antin-La Fayette	32-42-68
1	H20-K19	**Sébastopol** (Boulevard de)	12 Av. Victoria	9 Bd St-Denis	Châtelet-Les Halles	21-38-47-48-58-67-69-70-72-74-75-76-81-85-96
2	H20-K19	**Sébastopol** (Boulevard de)	12 Av. Victoria	9 Bd St-Denis	Réaumur-Sébastopol	20-29-38-39-47
3	H20-K19	**Sébastopol** (Boulevard de)	12 Av. Victoria	9 Bd St-Denis	Réaumur-Sébastopol	20-29-38-39-47
4	H20-K19	**Sébastopol** (Boulevard de)	12 Av. Victoria	9 Bd St-Denis	Châtelet-Les Halles	21-38-47-48-58-67-69-70-72-74-75-76-81-85-96
15	N12	**Séché** (Rue Léon)	21 R. Dr Jacquemaire Clemenceau	2 R. Petel	Vaugirard	39-70-80-88
19	E23-F24	**Secrétan** (Avenue)	198 Bd de la Villette	31 R. Manin	Jaurès - Bolivar	26-48-75
15	M12	**Sécurité** (Passage)	112 Bd de Grenelle	19 R. Tiphaine	La Motte-P.-Grenelle	80
11	K23	**Sedaine** (Cour)	40 R. Sedaine	(en impasse)	Bréguet Sabin	69
11	K22-K24	**Sedaine** (Rue)	18 Bd R. Lenoir	3 Av. Parmentier	Voltaire - Brég. Sabin	20-29-46-56-61-65-69-76
7	J12-K12	**Sédillot** (Rue)	25 Av. Rapp	112 R. St-Dominique	Pont de l'Alma (RER C)	42-69-82-87-92
7	K12-K13	**Sédillot** (Square)	133 R. St-Dominique		École Militaire	69
16	L9	**Sée** (R. du Docteur Germain)	104 Av. du Pdt Kennedy	23 Av. Lamballe	Kennedy R. France (RER C)	70
20	J28	**Ségalen** (Rue Victor)	R. Riblette	R. des Balkans	Pte de Bagnolet	76
20	H27	**Seghers** (Square Pierre)	R. H. Jakubowicz		St-Fargeau	60-96
6	L18	**Séguier** (Rue)	33 Q. Gds Augustins	36 R. St-André des Arts	St-Michel	24-27
18	C21-C22	**Séguin** (Rue Marc)	7 R. Cugnot	24 R. de la Chapelle	Marx Dormoy	60-65
7	L14-M13	**Ségur** (Avenue de)	Pl. Vauban	29 Bd Garibaldi	Ségur	28-82-87-92
15	L14-M13	**Ségur** (Avenue de)	Pl. Vauban	29 Bd Garibaldi	St-François Xavier	80
7	M14	**Ségur** (Villa de)	41 Av. de Ségur	(en impasse)	Ségur	28-87
19	D24-E22	**Seine** (Quai de la)	2 R. de Flandre	161 R. de Crimée	Stalingrad - Riquet	48-54
6	K1-L18	**Seine** (Rue de)	3 Q. Malaquais	16 R. St-Sulpice	Mabillon	24-27-58-63-70-86-96
6	N17-O17	**Séjourné** (Rue Paul)	82 R. N.-D. des Champs	129 Bd du Montparnasse	Vavin	83-91
8	I14	**Selves** (Avenue de)	Av. des Chps Élysées	Av. F. D. Roosevelt	Champs-Elysées-Clem.	42-73-83-93
19	E27	**Semanaz** (Rue Jean-Baptiste)	R. S. Freud	R. A. Joineau	Danube	61
9	F19-G19	**Semard** (Rue Pierre)	81 R. La Fayette	80 R. Maubeuge	Poissonnière	26-32-42-43-48-85
18	B18	**Sembat** (Rue Marcel)	R. F. Schneider	R. René Binet	Pte de Clignancourt	60-95-PC3
18	B18	**Sembat** (Square Marcel)	R. René Binet	R. Marcel Sembat	Pte de Clignancourt	60-95-PC3
6	L17-M17	**Séminaire** (Allée du)	Pl. St-Sulpice	58 R. de Vaugirard	St-Sulpice	58-84-89
19	F28	**Senard** (Place Jules)	11 Av. Pte des Lilas	(en impasse)	Pte des Lilas	48-61-PC2-PC3
20	H24	**Sénégal** (Rue du)	39 R. Bisson	75 R. Julien Lacroix	Couronnes	26-96 (à plus de 400 m)
17	D12	**Senlis** (Rue de)	2 Av. P. Adam	1 av. E. et A. Massard	Pereire	84-92-PC3
2	H19-I19	**Sentier** (Rue du)	114 R. Réaumur	7 Bd Poissonnière	Sentier	20-39-48-67-74-85
14	P15	**Séoul** (Place de)	R. Guilleminot		Pernety	88-91
19	D27	**Sept Arpents** (Rue des)	8 Av. Pte de Pantin	R. des Sept Arpents	Pte de Pantin-Hoche	75-PC2-PC3
10	F21	**September** (Place Dulcie)	R. La Fayette	R. du Château Landon	Château Landon	26-46-54
19	F25	**Septième Art** (Cours du)	53 R. de la Villette	34 R. des Alouettes	Botzaris	48-60
14	R14	**Séré De Rivières** (Rue du Gal)	6 Av. de la Pte Didot	10 Av. Lafenestre	Pte de Vanves	58-PC1
14	S15-S16	**Serment de Koufra** (Square)	Av. Pte Montrouge	R. de la Légion Etrangère	Pte d'Orléans	68
6	L18	**Serpente** (Rue)	18 Bd St-Michel	9 R. de l'Éperon	Odéon	96
18	C18	**Serpollet** (Square Léon)	Imp. des Cloÿs		Jules Joffrin	31-60-80-95-Montmartrobus
20	J28-J29	**Serpollet** (Rue)	132 Bd Davout	(en impasse)	Pte de Bagnolet	57-PC2
15	P11-P12	**Serres** (Passage Olivier De)	363 R. de Vaugirard	30 R. O. de Serres	Convention	39-62-80
15	O12-O11	**Serres** (Rue Olivier De)	14 R. V. Duruy	57 Bd Lefebvre	Pte de Versailles	39-62-80-PC1
16	M5	**Serres d'Auteuil** (Jardin des)	Av. G. Bennett		Pte d'Auteuil	52
15	N11-O11	**Serret** (Rue)	37 Av. F. Faure	20 R. Bocquillon	Boucicaut	62
19	C26-F28	**Sérurier** (Boulevard)	353 R. de Belleville	Bd Macdonald	Pte des Lilas	48-75-96-PC2-PC3
11	J24-K25	**Servan** (Rue)	141 R. de la Roquette	92 Av. de la République	Voltaire - Rue St-Maur	61-69
11	J24	**Servan** (Square)	31 R. Servan		Voltaire	61-69
6	L17-M17	**Servandoni** (Rue)	5 R. Palatine	40 R. de Vaugirard	Mabillon-St-Sulpice	58-84-89
14	R17	**Seurat** (Villa)	101 R. de la Tombe Issoire	(en impasse)	Alésia	28-38
20	I28	**Séverine** (Square)	Bd Mortier	Av. Pte de Bagnolet	Pte de Bagnolet	57-76-PC2
14	P16-Q16	**Severo** (Rue)	4 R. des Plantes	13 R. H. Maindron	Pernety	28-58
18	E19	**Seveste** (Rue)	56 Bd de Rochechouart	Pl. St-Pierre	Anvers	30-54-85
3	K21-K22	**Sévigné** (Rue de)	2 R. de Rivoli	3 R. du Parc Royal	Bréguet Sabin	29-69-76-96
4	K21-K22	**Sévigné** (Rue de)	2 R. de Rivoli	3 R. du Parc Royal	St-Paul	29-69-76-96
15	P9	**Sèvres** (Porte de)	Av. Pte de Sèvres	R. Louis Armand	Balard	39
6	L16-N14	**Sèvres** (Rue de)	2 Carr. de la Croix Rouge	1 Bd Pasteur	Sèvres-Babylone	28-39-63-68-70-82-83-84-87-89-92-94
7	L16-N14	**Sèvres** (Rue de)	2 Carr. de la Croix Rouge	1 Bd Pasteur	Duroc	28-39-63-68-70-82-83-84-87-89-92-94
15	L16-N14	**Sèvres** (Rue de)	2 Carr. de la Croix Rouge	1 Bd Pasteur	Sèvres-Lecourbe	28-39-63-68-70-82-83-84-87-89-92-94
6	M15	**Sevrien** (Galerie le)	R. de Sèvres	R. du Cherche Midi	Vaneau	38-70-87
15	L11	**Sextius Michel** (Rue)	24 R. Dr Finlay	30 R. St-Charles	Bir Hakeim - Dupleix	42
8	H16	**Sèze** (Rue de)	2 Bd Madeleine	26 Pl. de la Madeleine	Madeleine	24-42-52-84-94
9	H16	**Sèze** (Rue de)	2 Bd Madeleine	26 Pl. de la Madeleine	Madeleine	24-42-52-84-94
16	H10	**Sfax** (Rue de)	95 Av. R. Poincaré	10 R. de Sontay	Victor Hugo	52-82
15	L11	**Shaw** (Rue George-Bernard)	R. Desaix	R. D. Stern	Dupleix	42
16	J8-J9	**Siam** (Rue de)	43 R. de la Pompe	15 R. Mignard	Rue de la Pompe	52
14	R18	**Sibelle** (Avenue de la)	Av. Reille	R. d'Alésia	Cité Univ. (RER B)	62-88
10	G21	**Sibour** (Rue)	121 R. du Fbg St-Martin	70 Bd de Strasbourg	Gare de l'Est	30-31-32-38-39-47-56-65
12	N27-O27	**Sibuet** (Rue)	9 R. du Sahel	58 Bd de Picpus	Picpus - Bel Air	29-56-62
15	Q12	**Sicard** (Rue Jean)	82 Bd Lefebvre	41 Av. A. Bartholomé	Pte de Vanves	95-PC1
12	O27	**Sidi Brahim** (Rue)	219 Av. Daumesnil	98 R. de Picpus	Daumesnil - M. Bizot	29-46-62
20	I28	**Siegfried** (Rue Jules)	1 R. Irénée Blanc	32 R. P. Strauss	Pte de Bagnolet	76-PC2
13	Q19	**Sigaud** (Passage)	13 R. Alphand	19 R. Barrault	Corvisart	57-62-67
20	I27	**Signac** (Place Paul)	121 Av. Gambetta	92 R. Pelleport	Pelleport	60-61
19	E23	**Signoret Montand** (Prom.)	Q. de la Seine		Riquet	54-48
18	C19-D19	**Simart** (Rue)	59 Bd Barbès	99 R. Ordener	Jules Joffrin	31-56-60-80-85-Montmartrobus
14	P16	**Simon** (Villa Adrienne)	48 R. Daguerre	(en impasse)	Denfert-Rochereau	88
15	O11	**Simon** (Rue Jules)	141 R. de la Croix Nivert	2 R. Cournot	Félix Faure	39-62-80
13	Q20	**Simonet** (Rue)	26 R. du Moulin des Prés	53 R. Gérard	Corvisart	57-67
18	C19-C20	**Simplon** (Rue du)	107 R. des Poissonniers	96 R. du Mont Cenis	Simplon	56-85

Arr.	Plan	Rue	Début	Fin	Métro	Bus
16	K9	**Singer** (Passage)	29 R. Singer	36 R. des Vignes	La Muette	22-32-52
16	K8-K9	**Singer** (Rue)	64 R. Raynouard	64 R. des Vignes	La Muette	22-32-52
4	K21	**Singes** (Passage des)	43 R. Vieille du Temple	6 R. des Guillemites	Hôtel de Ville	29-69-76-96
17	D13	**Sisley** (Rue)	106 Bd Berthier	5 Av. Pte d'Asnières	Pereire	53-94-PC3
14	P16	**Sivel** (Rue)	15 R. Liancourt	12 R. C. Divry	Denfert-Rochereau	28-58
7	M14	**Sizeranne** (R. Maurice De La)	1 R. Duroc	90 R. de Sèvres	Duroc	28-39-70-82-87-89-92
19	E25	**Sizerins** (Villa des)	12 R. David d'Angers		Danube	75
19	A23	**Skanderbeg** (Place)	Av. Pte Aubervilliers		Pte de la Chapelle	54-65-PC3
13	Q18-Q19	**Sœur Catherine-Marie** (Rue)	86 R. de la Glacière	98 R. de la Glacière	Glacière	21
13	Q20	**Sœur Rosalie** (Avenue de la)	6 Pl. d'Italie	13 R. Hovelacque	Place d'Italie	27-47-57-67-83
18	E19	**Sofia** (Rue de)	5 Bd Barbès	16 R. de Clignancourt	Barbès-Rochechouart	30-31-54-56-85
19	E23	**Soissons** (Rue de)	25 Q. de la Seine	26 R. de Flandre	Stalingrad	54
20	G26	**Soleil** (Rue du)	190 R. de Belleville	69 R. Pixérécourt	Télégraphe	60
15	N13-O13	**Soleil d'Or** (Ruelle du)	61 R. Blomet	(en impasse)	Vaugirard	39-70-80-88-89
20	I26	**Soleillet** (Rue)	14 R. E. Borey	40 R. Sorbier	Gambetta	61-69
1	J16	**Solférino** (Passerelle)	Q. des Tuileries	Q. A. France	Musée d'Orsay (RER C)	24-68-69-72-73-84
7	J16	**Solférino** (Passerelle)	Q. des Tuileries	Q. A. France	Musée d'Orsay (RER C)	24-68-69-72-73-84
7	J15-K16	**Solférino** (Port de)	Pont Royal	pont de la Concorde	Assemblée Nationale	24-63-68-69-73-83-84-94
7	J16	**Solférino** (Rue de)	9b Q. A. France	260 Bd St-Germain	Solférino	24-63-68-69-73-83-84-94
19	E25-E26	**Solidarité** (Rue de la)	9 R. D. d'Angers	135 Bd Sérurier	Danube	75-PC2-PC3
19	G25-G26	**Solitaires** (Rue des)	50 R. de la Villette	19 R. des Fêtes	Jourdain	48-60
17	D11	**Somme** (Boulevard de la)	R. de Courcelles	2 Av. Pte de Champerret	Pte de Champerret	84-92-93-PC1-PC3
16	O7	**Sommeiller** (Villa)	149 Bd Murat	43 R. C. Terrasse	Pte de St-Cloud	22-72-PC1
5	L19-M19	**Sommerard** (Rue du)	6 R. des Carmes	25 Bd St-Michel	Maubert-Mutualité	24-47-63-86-87
15	Q13	**Sommet des Alpes** (Rue)	18 R. Fizeau	134 R. Castagnary	Pte de Vanves	89-95-PC1
19	D25	**Sonatine** (Villa)	R. Jean Kosma	(en impasse)	Ourcq	60
16	H10	**Sontay** (Rue de)	6 Pl. Victor Hugo	174 R. de la Pompe	Victor Hugo	52-82
20	H25-I26	**Sorbier** (Rue)	68 R. de Ménilmontant	Pl. Martin Nadaud	Gambetta	61-69-96
5	M18	**Sorbonne** (Place de la)	22 R. de la Sorbonne	47 Bd St-Michel	Luxembourg (RER B)	21-27-38-63-85-86-87
5	M18-M19	**Sorbonne** (Rue de la)	49 R. des Écoles	2 Pl. de la Sorbonne	Cluny La Sorbonne	21-27-38-63-85-86-87
14	R15-S15	**Sorel** (Rue Albert)	122 Bd Brune	29 Av. E. Reyer	Pte d'Orléans	PC1
20	I27	**Souchet** (Villa)	105 Av. Gambetta	100 R. Orfila	Pelleport	60-61
16	J9	**Souchier** (Villa)	5 R. E. Delacroix	(en impasse)	Rue de la Pompe	52-63
15	M12	**Soudan** (Rue du)	10 R. Pondichéry	95 Bd de Grenelle	Dupleix	42-80
5	M18-M19	**Soufflot** (Rue)	21 Pl. Panthéon	63 Bd St-Michel	Luxembourg (RER B)	21-27-38-82-85
20	L27	**Souhaits** (Impasse des)	31 R. des Vignoles	(en impasse)	Buzenval-Avron	57
13	Q22	**Souham** (Place)	2 Pl. Jeanne d'Arc	114 R. Chât. Rentiers	Chevaleret - Nationale	27-62-83
14	P15	**Soulange Bodin** (R. de l'Abbé)	15 R. Guilleminot	75 R. de l'Ouest	Pernety	88-91
20	G29-H29	**Soulié** (Rue Pierre)	R. Hoche (Bagnolet)	R. de Noisy-le-Sec	St-Fargeau	76
12	M28-P28	**Soult** (Boulevard)	279 Av. Daumesnil	Cours de Vincennes	Pte Dorée	29-46-56-86-PC2
20	H26-I26	**Soupirs** (Passage des)	244 R. des Pyrénées	49 R. de la Chine	Gambetta	26-96
18	C17	**Souplex** (Square Raymond)	182 R. Marcadet	R. Montcalm	Lamarck-Caulaincourt	31-60-95
16	L8-M7	**Source** (Rue de la)	29 R. Ribera	34 R. P. Guérin	Michel Ange-Auteuil	22
3	J21	**Sourdis** (Ruelle)	3 R. Charlot	15 R. Pastourelle	Arts et Métiers	75
7	L14	**Souvenir Français** (Espl. du)	Av. d'Estrées	Pl. Vauban	St-François Xavier	28-82-87-92
11	L25	**Souzy** (Cité)	39 R. des Boulets	(en impasse)	Rue des Boulets	56
11	I25-J25	**Spinoza** (Rue)	103 Av. de la République	81 Bd de Ménilmontant	Père Lachaise	61-69
16	H9-I9	**Spontini** (Rue)	73 Av. Foch	182 Av. V. Hugo	Rue de la Pompe	52-63-PC1
16	H9-I9	**Spontini** (Villa)	37 R. Spontini	(en impasse)	Pte Dauphine	52-PC1
3	I21	**Spuller** (Rue Eugène)	R. de Bretagne	R. Dupetit Thouars	Temple	75
16	L7-M7	**Square** (Avenue du)	27 R. P. Guérin	69 Bd Montmorency	Michel Ange-Auteuil	32-PC1
18	C17	**Square Carpeaux** (Rue du)	53 R. E. Carrière	228 R. Marcadet	Guy Môquet	31-60-95
15	N14	**Staël** (Rue de)	11 R. Lecourbe	166 R. de Vaugirard	Pasteur	39-48-70-89-95
6	N16	**Stanislas** (Rue)	42 R. N.-D. des Champs	93 Bd du Montparnasse	Vavin	58-68-82-91
19	B24-C24	**Station** (Sentier de la)	1 Av. Pont Flandre	(en impasse)	Corentin Cariou	75
16	O6	**Stefanik** (Place du Général)	99 Bd Murat	R. du Gal Roques	Pte de St-Cloud	62-PC1
18	E18-E19	**Steinkerque** (Rue de)	70 Bd de Rochechouart	13 Pl. St-Pierre	Anvers	30-54-Montmartrobus
18	D17	**Steinlen** (Rue)	17 R. Damrémont	4 R. E. Carrière	Blanche	80-95-Montmartrobus
19	G23	**Stemler** (Cité)	56 Bd de la Villette		Belleville	46-75
20	J27	**Stendhal** (Passage)	19 R. Stendhal	6 R. C. Renouvier	Gambetta	26
20	J27	**Stendhal** (Rue)	Pl. St-Blaise	190 R. des Pyrénées	Pte de Bagnolet	26
20	J27	**Stendhal** (Villa)	34 R. Stendhal	(en impasse)	Gambetta	26
18	D20-E20	**Stephenson** (Rue)	12 R. de Jessaint	21b R. Ordener	Marx Dormoy	60-65
15	L11	**Stern** (Rue Daniel)	20 Pl. Dupleix	59 Bd de Grenelle	Dupleix	42
9	E18-F18	**Stevens** (Passage Alfred)	10 R. A. Stevens	9 Bd de Clichy	Pigalle	30-54-67-Montmartrobus
9	F18	**Stevens** (Rue Alfred)	65 R. Martyrs	Pas. A. Stevens	Pigalle	30-54-67-Montmartrobus
13	Q22-R22	**Sthrau** (Rue)	72 R. de Tolbiac	100 R. Nationale	Pte d'Ivry-Tolbiac	62-83
12	N25	**Stinville** (Passage)	27 R. Montgallet	(en impasse)	Montgallet	46
16	P6	**Stock** (Place de l'Abbé Frantz)	Av. D. de la Brunerie	Av. du Gal Clavery	Pte de St-Cloud	22-72-PC1
8	G15-G16	**Stockholm** (Rue de)	33 R. de Rome	10 R. de Vienne	Europe-St-Lazare	53-66-80-95
10	G21-H20	**Strasbourg** (Boulevard de)	10 Bd St-Denis	7 R. du 8 Mai 1945	Strasbourg-St-Denis	30-31-32-38-39-47-56-65
3	I21	**Strauss** (Place Johann)	R. René Boulanger	Bd St-Martin	République	20-56-65-75
10	I21	**Strauss** (Place Johann)	R. René Boulanger	Bd St-Martin	République	20-56-65-75
20	I28	**Strauss** (Rue Paul)	R. Géo Chavez	5 R. P. Mouillard	Pte de Bagnolet	PC2
4	J20	**Stravinsky** (Place Igor)	R. St-Merri	R. Brisemiche	Rambuteau	28-47-75
2	I19	**Stuart** (Rue Marie)	1 R. Dussoubs	60 R. Montorgueil	Étienne Marcel	29-38-47
17	C14	**Suares** (Rue André)	16 Bd Berthier	9 Av. Pte de Clichy	Pte de Clichy	54-74-PC3
16	J8-M6	**Suchet** (Boulevard)	1 Pl. de Colombie	Pl. Pte d'Auteuil	Jasmin-Ranelagh	32-63-PC1
19	E24	**Sud** (Passage du)	28 R. Petit	(en impasse)	Laumière	60
18	C19-D19	**Süe** (Rue Eugène)	92 R. Marcadet	105 R. de Clignancourt	Marcadet-Poissonniers	31-56-60-80-85
20	K27	**Suez** (Impasse)	77 R. de Bagnolet	(en impasse)	Alexandre Dumas	26-76
18	D20	**Suez** (Rue de)	1 R. de Panama	24 R. des Poissonniers	Château Rouge	31-56
7	K11-N13	**Suffren** (Avenue de)	71 Q. Branly	59 Bd Garibaldi	Ch. de Mars-Tr Eiffel (RER C)	42-69-80-82-87
15	K11-N13	**Suffren** (Avenue de)	71 Quai Branly	59 Bd Garibaldi	Ch. de Mars-Tr Eiffel (RER C)	42-69-80-82-87
7	L10	**Suffren** (Port de)	Pont d'Iéna	Pont de Bir Hakeim	Bir Hakeim	82
6	L18	**Suger** (Rue)	15 Pl. St-André des Arts	3 R. de l'Éperon	St-Michel	21-27-38-86-87-96
14	Q14	**Suisses** (Rue des)	197 R. d'Alésia	48 R. P. Larousse	Plaisance	58-62
4	M22	**Sully** (Pont de)	Q. Henri IV	Q. d'Anjou	Sully-Morland	67-86-87
5	M21	**Sully** (Pont de)	Q. Henri IV	Q. d'Anjou	Sully-Morland	67-86-87
4	L21-M22	**Sully** (Rue de)	6 R. Mornay	12 Bd Henri IV	Sully-Morland	67-86-87

7	J13	**Sully Prudhomme** (Avenue)	55 Q. d'Orsay	150 R. de l'Université	La Tour-Maubourg	28-63-69-83-93
1	J19	**Supervielle** (Allée Jules)	R. Berger	Pl. René Cassin	Les Halles	74-67-85
7	J14	**Surcouf** (Rue)	49 Q. d'Orsay	52 R. St-Dominique	La Tour-Maubourg	28-63-69-83-93
8	H15	**Surène** (Rue de)	45 R. Boissy d'Anglas	2 Pl. des Saussaies	Madeleine	24-42-52-84-94
20	H28	**Surmelin** (Passage du)	45 R. du Surmelin	12 R. Haxo	St-Fargeau	61-PC2
20	H28-I27	**Surmelin** (Rue du)	90 R. Pelleport	1 Pl. Vincenot	St-Fargeau	60-61-PC2
15	M9-N9	**Surville** (Rue Laure)	4 Av. Émile Zola	3 R. de la Convention	Javel	62-88
16	L7-M6	**Sycomores** (Avenue des)	93 Bd Montmorency	25 Av. des Tilleuls	Pte d'Auteuil	32-52-PC1
7	K11	**Sydney** (Place de)	Av. de Suffren	Av. Octave Gréard	Bir Hakeim	82
15	K11	**Sydney** (Place de)	Av. de Suffren	Av. Octave Gréard	Bir Hakeim	82
11	K22-K23	**Sylvia** (Rue Gaby)	4 R. Appert	51 Bd R. Lenoir	Richard-Lenoir	69

T

Arr.	Plan	Rues / Streets	Comencant	Finissant	Métro	Bus
4	K19-K20	**Tacherie** (Rue de la)	6 Q. de Gesvres	35 R. de Rivoli	Châtelet	38-47-75-76
20	H26-H27	**Taclet** (Rue)	26 R. de la Duée	121 R. Pelleport	Télégraphe	26-60
13	S20-S21	**Tage** (Rue du)	152 Av. d'Italie	65 R. Damesme	Maison Blanche	47
13	S21	**Tagore** (Rue)	28 R. Gandon	141 Av. d'Italie	Pte d'Italie	47-PC1
19	F23	**Tagrine** (Rue Michel)	R. G. Lardennois	R. G. Lardennois	Colonel Fabien	26-75
18	D16	**Tahan** (Rue Camille)	10 R. Cavallotti	(en impasse)	Place de Clichy	54-74-80-81-95
20	G26	**Taillade** (Avenue)	28 R. F. Lemaître	(en impasse)	Pl. des Fêtes	26
11	L23	**Taillandiers** (Passage des)	8 Pas. Thiéré	7 R. des Taillandiers	Bastille	61-76
11	K23-L23	**Taillandiers** (Rue des)	29 R. de Charonne	66 R. de la Roquette	Ledru-Rollin	61-69-76
11	M26-M27	**Taillebourg** (Avenue de)	11b Pl. de la Nation	23 Bd de Charonne	Nation	56-57-86
19	D25	**Tailleferre** (Rue Germaine)	24 R. des Ardennes		Ourcq	60
12	O26	**Taine** (Rue)	237 R. de Charenton	44 Bd de Reuilly	Daumesnil	29-46-62-87
9	F17-H18	**Taitbout** (Rue)	22 Bd des Italiens	17 R. d'Aumale	Trinité - Rich. Drouot	20-26-30-42-43-67-68-74-81
12	O27	**Taïti** (Rue de)	83 R. de Picpus	5 Bd de Picpus	Bel Air	29-62
7	K14	**Talleyrand** (Rue de)	25 R. Constantine	144 R. de Grenelle	Varenne	69
16	K9	**Talma** (Rue)	11 R. Bois le Vent	40 R. Singer	La Muette	22-32-52
11	J24-J25	**Talon** (Rue Omer)	30 R. Servan	31 R. Merlin	Père Lachaise	61-69
18	B17	**Talus** (Cité du)	157 R. Belliard	(en impasse)	Pte de St-Ouen	31-PC3
18	B17	**Talus** (Impasse du)	56 R. Leibniz	(en impasse)	Pte de St-Ouen	31-PC3
19	D24-E24	**Tandou** (Rue)	10 R. E. Dehaynin	135 R. de Crimée	Laumière	60
19	D23-E22	**Tanger** (Rue de)	222 Bd de la Villette	41 R. Riquet	Stalingrad - Riquet	48-54
13	P19	**Tanneries** (Rue des)	117 R. Nordmann	6 R. Champ de l'Alouette	Glacière	21-83
16	N7	**Tansman** (Villa Alexandre)	1 R. Lancret		Exelmans	22-62-72
17	D13	**Tapisseries** (Rue des)	Bd Péreire	131 R. de Saussure	Pereire	53
17	D14-E14	**Tarbé** (Rue)	74 R. de Saussure	138 R. Cardinet	Villiers	31-53
7	L14	**Tardieu** (Place André)	34 Bd des Invalides	33 R. Babylone	St-François Xavier	28-82-87-92
18	E18	**Tardieu** (Rue)	19 Pl. St-Pierre	2 R. Chappe	Anvers - Abbesses	30-54-Montmartrobus
17	D12	**Tarn** (Square du)	4 R. J. Bourdais	(en impasse)	Pereire	PC3
20	I28	**Tarron** (Rue du Capitaine)	2 R. Géo Chavez	1 Bd Mortier	Pte de Bagnolet	57-76-PC2
16	I8	**Tattegrain** (Place)	Bd Flandrin	Av. H. Martin	Rue de la Pompe	63-PC1
14	R15	**Taunay** (Rue Nicolas)	5 Pl. Pte de Châtillon	11 Av. E. Reyer	Pte d'Orléans	58-PC1
10	H21	**Taylor** (Rue)	62 R. R. Boulanger	25 R. du Château d'Eau	Jacques Bonsergent	56-65
16	M6	**Tchad** (Square du)	8 Av. du Gal Sarrail		Porte d'Auteuil	52
18	B22-C22	**Tchaïkovski** (Rue)	R. Croix Moreau	R. de l'Evangile	Pte de la Chapelle	60
8	F14-G14	**Téhéran** (Rue de)	142 Bd Haussmann	58 R. de Monceau	Monceau	22-28-32-43-80-84
4	L21	**Teilhard De Chardin** (Pl. du Père)	Bd Henri IV	R. de Mornay	Sully-Morland	67-86-87
5	N19-O20	**Teilhard De Chardin** (R. du Père)	6 R. des Patriarches	15 R. Épée de Bois	Censier-Daubenton	47
20	G26-G27	**Télégraphe** (Passage du)	39 R. Télégraphe	178 R. Pelleport	Télégraphe	60
20	G27-H27	**Télégraphe** (Rue du)	13 R. St-Fargeau	240 R. de Belleville	Télégraphe	60-96
16	O7	**Tellier** (Rue Charles)	157 Bd Murat	19 R. Le Marois	Pte de St-Cloud	22-72-PC1
3	I22-J22	**Temple** (Boulevard du)	25 R. Filles du Calvaire	1 Pl. de la République	République	20-56-65-96
11	I22-J22	**Temple** (Boulevard du)	25 R. Filles du Calvaire	1 Pl. de la République	République	20-56-65-96
3	I21-K20	**Temple** (Rue du)	64 R. de Rivoli	13 Pl. de la République	Temple	20-29-38-47-75
4	I21-K20	**Temple** (Rue du)	64 R. de Rivoli	13 Pl. de la République	Hôtel de Ville	29-38-47-58-69-70-72-74-75-96
3	I21	**Temple** (Square du)	R. du Temple	R. de Bretagne	Arts et Métiers	20-75
14	O15	**Templier** (Parvis Daniel)	Av. du Maine		Gaîté	28-58-91
14	P16	**Tenaille** (Passage)	147 Av. du Maine	38 R. Gassendi	Gaîté	28-58
18	B17-C16	**Tennis** (Rue des)	13 R. Lagille	183 R. Belliard	Guy Môquet	31-81-PC3
11	I23	**Ternaux** (Rue)	48 R. de la Folie Méricourt	2b R. N. Popincourt	Parmentier	46-56-96
17	F10-F12	**Ternes** (Avenue des)	49 Av. de Wagram	59 Bd Gouvion St-Cyr	Ternes	30-31-43-92-93-PC1-PC3
8	F12	**Ternes** (Place des)	272 R. du Fbg St-Honoré	50 Av. de Wagram	Ternes	30-31-43-93
17	F12	**Ternes** (Place des)	272 R. du Fbg St-Honoré	50 Av. de Wagram	Ternes	30-31-43-93
17	F10	**Ternes** (Porte des)	Av. Porte des Ternes	Av. des Ternes	Pte Maillot	43-PC1-PC3
17	F11	**Ternes** (Rue des)	200 Bd Péreire	27 R. Guersant	Pte Maillot	43
17	F10	**Ternes** (Villa des)	96 Av. des Ternes	Av. de Verzy	Pte Maillot	43-PC1-PC3
10	F21-G22	**Terrage** (Rue du)	137 Q. de Valmy	174 R. du Fbg St-Martin	Château Landon	46
16	O6-O7	**Terrasse** (Rue Claude)	185 Av. de Versailles	129 Bd Murat	Pte de St-Cloud	22-62-72-PC1
17	E14-F14	**Terrasse** (Rue de la)	96 Bd Malesherbes	33 R. de Lévis	Villiers	30-94
17	E14	**Terrasse** (Villa de la)	19 R. de la Terrasse	(en impasse)	Villiers	30-94
20	K27-L26	**Terre Neuve** (Rue de)	106 Bd de Charonne	Pl. de la Réunion	Avron	76
13	R23	**Terres au Curé** (Rue des)	70 R. Regnault	45 R. Albert	Pte d'Ivry	83-PC1-PC2
20	K28	**Terrier** (Rue Félix)	R. Eugène Reisz	2 R. Harpignies	Pte de Montreuil	57-PC2
12	P25-Q25	**Terroirs de France** (Av. des)	Q. de Bercy	R. du Baron Le Roy	Cour St-Émilion	24
18	D18	**Tertre** (Impasse du)	3 R. Norvins	(en impasse)	Abbesses	Montmartrobus
18	D18	**Tertre** (Place du)	3 R. Norvins	R. St-Eleuthère	Abbesses	Montmartrobus
19	B23	**Tessier** (Rue Gaston)	254 R. de Crimée	89 R. Curial	Crimée	54-60
15	O13	**Tessier** (Rue)	16 R. Bargue	11b R. de la Procession	Volontaires	39-70-88-89-95
20	L28	**Tessier De Marguerittes** (Pl. du Gal)	R. de la Tour du Pin	R. Henri Tomasi	Pte de Montreuil	26-57
10	H22-H23	**Tesson** (Rue)	160 Av. Parmentier	187 R. St-Maur	Goncourt	46-75
14	O15-P15	**Texel** (Rue du)	25 R. Vercingétorix	22 R. R. Losserand	Gaîté	88-91
17	E14-F13	**Thann** (Rue de)	2 R. de Phalsbourg	3 Pl. Malesherbes	Monceau	30-94

15	L10-N12	**Théâtre** (Rue du)	53 Q. de Grenelle	58 R. de la Croix Nivert	Kennedy R. France (RER C)	42-70
15	M12	**Thébaud** (Square Jean)	2 R. P. Chautard	6 R. P. Chautard	Cambronne	80
5	L19-M19	**Thénard** (Rue)	61 Bd St-Germain	44 R. des Écoles	Maubert-Mutualité	24-47-63-86-87
1	I17-I18	**Thérèse** (Rue)	39 R. Richelieu	24 Av. de l'Opéra	Pyramides	21-27-29-39-48-67-68-81-95
14	P15-Q15	**Thermopyles** (Rue des)	32 R. Didot	87 R. R. Losserand	Pernety	58
15	Q12	**Theuriet** (Rue André)	111 Bd Lefebvre	42 Av. A. Bartholomé	Pte de Versailles	89-PC1
14	Q16	**Thibaud** (Rue)	66 Av. du Gal Leclerc	191 Av. du Maine	Mouton-Duvernet	28-38-68
15	P13	**Thiboumery** (Rue)	56 R. d'Alleray	9 R. de Vouillé	Vaugirard	62-88-89
11	L23	**Thiéré** (Passage)	23 R. de Charonne	48 R. de la Roquette	Bastille	69
19	G26	**Thierry** (Rue Augustin)	11 R. Compans	12 R. Pré St-Gervais	Pl. des Fêtes	48-60
16	I9	**Thiers** (Rue)	168 Av. V. Hugo	57 R. Spontini	Rue de la Pompe	52
16	I9	**Thiers** (Square)	155 Av. V. Hugo		Rue de la Pompe	52
16	D25	**Thill** (Rue Georges)	73 R. Petit	168 Av. Jean Jaurès	Ourcq	60
17	D12	**Thimerais** (Square du)	11 R. de Senlis	212 R. Courcelles	Pereire	84-92-93-PC3
9	F19	**Thimonnier** (Rue)	3 R. Lentonnet	54 R. Rochechouart	Poissonnière	42-85
19	D24	**Thionville** (Passage de)	11 R. Léon Giraud	12 R. de Thionville	Ourcq	60
19	C25-D24	**Thionville** (Rue de)	150 R. de Crimée	Quai de la Garonne	Ourcq - Laumière	60
18	D17-E17	**Tholozé** (Rue)	56 R. des Abbesses	88 R. Lepic	Abbesses	80-95-Montmartrobus
10	H21-H22	**Thomas** (Rue Albert)	5 R. Léon Jouhaux	2 Pl. J. Bonsergent	République	20-56-65-75
9	G19	**Thomas** (Rue Ambroise)	4 R. Richer	57 R. du Fbg Poissonnière	Poissonnière - Cadet	32-48
13	S19	**Thomire** (Rue)	77 Bd Kellermann	Av. Caffieri	Cité Univ. (RER B)	PC1
7	K11-L12	**Thomy Thierry** (Allée)	Av. O. Gréard	Pl. Joffre	École Militaire	42-69-87
2	H19	**Thorel** (Rue)	9 R. Beauregard	31 Bd de Bonne Nouvelle	Bonne Nouvelle	20-39-48
15	O10	**Thoréton** (Villa)	324 R. Lecourbe	(en impasse)	Lourmel	39-42
3	K21	**Thorigny** (Place de)	R. Elzévir	16 R. du Parc Royal	St-Sébastien-Froissart	29
3	J22-K21	**Thorigny** (Rue de)	2 R. de la Perle	3 R. Debelleyme	St-Sébastien-Froissart	29-96
12	P25	**Thorins** (Rue de)	R. du Baron Le Roy	Pl. des Vins de France	Cour St-Émilion	24
5	N19	**Thouin** (Rue)	68 R. du Card. Lemoine	R. de l'Estrapade	Card. Lemoine	89
5	N18-N19	**Thuillier** (Rue Louis)	42 R. d'Ulm	41 R. Gay Lussac	Luxembourg (RER B)	21-27
19	F26	**Thuliez** (Rue Louise)	48 R. Compans	19 R. Henri Ribière	Pl. des Fêtes	48-60
15	N12	**Thuré** (Cité)	130 R. du Théâtre	(en impasse)	Émile Zola - Commerce	70-80-88
15	Q11	**Thureau Dangin** (Rue)	42 Bd Lefebvre	7 Av. A. Bartholomé	Pte de Versailles	89-PC1
13	S20	**Tibre** (Rue du)	58 R. Moulin de la Pointe	71 R. Damesme	Maison Blanche	47-PC1
16	L7-M7	**Tilleuls** (Avenue des)	6 Av. du Square	53 Bd Montmorency	Michel Ange-Auteuil	32-PC1
12	M25	**Tillier** (Rue Claude)	79 Bd Diderot	238 R. du Fbg St-Antoine	Reuilly Diderot	46-57-86
19	B23	**Tillon** (Place Charles)	R. Jean Oberlé	Av. Pte d'Aubervilliers	Pte de la Chapelle	54-65-PC3
8	G11-G12	**Tilsitt** (Rue de)	154 Av. des Chps Élysées	2 Av. de la Gde Armée	Ch. de Gaulle-Étoile	22-30-31-52-73-92
17	G11-G12	**Tilsitt** (Rue de)	154 Av. des Chps Élysées	2 Av. de la Gde Armée	Ch. de Gaulle-Étoile	22-30-31-52-73-92
11	I22	**Timbaud** (Rue Jean-Pierre)	20 Bd du Temple	35 Bd de Belleville	Couronnes	20-56-65-96
11	I23-I24	**Timbaud** (Sq. Jean-Pierre)	R. J.-P. Timbaud	R. des Trois Couronnes	Couronnes	96
15	M11-M12	**Tiphaine** (Rue)	11 R. Violet	6 R. du Commerce	Dupleix	80
2	I19-I20	**Tiquetonne** (Rue)	137 R. St-Denis	32 R. Étienne Marcel	Étienne Marcel	29-38-47-48-67-74-85
4	K21	**Tiron** (Rue)	27 R. F. Miron	13 R. de Rivoli	Pont Marie	69-76-96
1	J18	**Tison** (Rue Jean)	150 R. de Rivoli	11 R. Bailleul	Louvre Rivoli	21-67-69-72-74-76-81-85
18	B22	**Tissandier** (Rue Gaston)	32 Bd Ney	R. C. Hermite	Pte de la Chapelle	65-PC3
15	O10	**Tisserand** (Rue)	141 R. Lourmel	72 Av. F. Faure	Lourmel - Boucicaut	42
13	P21	**Titien** (Rue)	104 Bd de l'Hôpital	1 R. du Banquier	Campo Formio	57-67
11	L25	**Titon** (Rue)	33 R. de Montreuil	34 R. Chanzy	Faidherbe-Chaligny	46-86
20	I25	**Tlemcen** (Rue de)	76 Bd de Ménilmontant	61 R. Amandiers	Père Lachaise	61-69
19	D25	**Toccata** (Villa)	R. Jean Kosma	(en impasse)	Ourcq	60
17	D13	**Tocqueville** (Jardin de)	R. de Tocqueville		Wagram	31-53-94
17	D13-F14	**Tocqueville** (Rue de)	12 Av. de Villiers	Bd Berthier	Malesherbes - Villiers	31-53-PC3
17	D13	**Tocqueville** (Square de)	120 R. Tocqueville	(en impasse)	Wagram - Pereire	53-94
16	I12	**Tokyo** (Place de)	16 Av. du Pdt Wilson		Iéna	32-63-92
20	L27	**Tolain** (Rue)	61 R. des Gds Champs	66 R. d'Avron	Maraîchers	57
12	P24	**Tolbiac** (Pont de)	Q. de Bercy	Q. de la Gare	Cour St-Émilion	62
13	P24	**Tolbiac** (Pont de)	Q. de Bercy	Q. de la Gare	Cour St-Émilion	62
13	Q24-R25	**Tolbiac** (Port de)	Pont National	Pont de Tolbiac	Bibl. F. Mitterrand	62-PC1-PC2
13	Q23-R18	**Tolbiac** (Rue de)	93 Q. de la Gare	129 R. de la Glacière	Tolbiac	62-89
13	R22	**Tolbiac** (Villa)	65 R. de Tolbiac	(en impasse)	Pte d'Ivry - Tolbiac	83
19	E23	**Tollendal** (Rue Lally)	71 R. de Meaux	38 Av. J. Jaurès	Bolivar-Jaurès	26-48
3	I22	**Tollet** (Square André)	Pl. de la République		République	20-65-75
11	I22	**Tollet** (Square André)	Pl. de la République		République	20-65-75
16	L6	**Tolstoï** (Square)	92 Bd Suchet	1 Av. du Mal Lyautey	Jasmin	32-PC1
20	L28	**Tomasi** (Rue Henri)	Bd Davout	(en impasse)	Pte de Montreuil	PC2
14	P17	**Tombe Issoire** (Rue de la)	59 Bd St-Jacques	48 Bd Jourdan	Pte d'Orléans	68-88
17	E14	**Tombelle** (Sq. Fernand De La)	Sq. Em. Chabrier	Sq. Gabriel Fauré	Malesherbes	53
18	E20	**Tombouctou** (Rue de)	56 Bd de la Chapelle	11 R. de Jessaint	La Chapelle	65
18	C21	**Torcy** (Place de)	R. de Torcy	1 R. de l'Evangile	Marx Dormoy	60-65
18	C21-C22	**Torcy** (Rue de)	1 R. Cugnot	10 R. de la Chapelle	Marx Dormoy	60-65
17	F11	**Torricelli** (Rue)	10 R. Guersant	41 R. Bayen	Ternes	43
17	C13	**Tortelier** (Place Paul)	20 R. Marguerite Long	2 Pl. Louis Bernier	Pereire	53-94-PC3
10	H21-I22	**Toudic** (Rue Yves)	9 R. du Fbg du Temple	40 R. de lancry	République	20-56-65-75
9	F18	**Toudouze** (Place Gustave)	R. Clauzel	R. Henri Monnier	St-Georges	67-74
12	O27	**Toul** (Rue de)	133 R. de Picpus	28 Bd de Picpus	M. Bizot - Bel Air	46-62
20	K28	**Toulet** (Rue Paul-Jean)	R. du Clos	Sq. la Salamandre	Maraîchers	26-57-PC2
5	M18	**Toullier** (Rue)	9 R. Cujas	14 R. Soufflot	Luxembourg (RER B)	84-89
19	E26	**Toulouse** (Rue de)	110 Bd Sérurier	19 Bd d'Indochine	Danube	75-PC2-PC3
17	A17-A16	**Toulouse-Lautrec** (Rue)	47 Av. Pte de St-Ouen	R. J. De La Fontaine	Pte de St-Ouen	81
16	I8-K10	**Tour** (Rue de la)	Pl. Costa Rica	1 Pl. Tattegrain	Passy	22-32-52-63
16	J9	**Tour** (Villa de la)	R. de la Tour	19 R. E. Delacroix	Rue de la Pompe	52
14	P15-P16	**Tour de Vanves** (Pass. de la)	144 Av. du Maine	7 R. Asseline	Pernety - Gaîté	28-58
9	F17	**Tour des Dames** (Rue la)	7 R. La Rochefoucauld	12 R. Blanche	Trinité	32-26-43-68-81
4	K19	**Tour Saint-Jacques** (Sq. de la)	R. de Rivoli	R. St-Martin	Châtelet	27-47-58-67-69-72-75-76-96
20	G27-G28	**Tourelles** (Passage des)	11 R. des Tourelles	15 R. des Tourelles	Pte des Lilas	61-96
20	G27-G28	**Tourelles** (Rue des)	86 R. Haxo	161 Bd Mortier	Télégraphe-Pte des Lilas	48-61-96-PC2-PC3
18	D17	**Tourlaque** (Passage)	27 R. Caulaincourt	18 R. Damrémont	Lamarck-Caulaincourt	80-95-Montmartrobus
18	D17	**Tourlaque** (Rue)	47 R. Lepic	42 R. J. de Maistre	Blanche - Abbesses	80-95-Montmartrobus
12	N22	**Tournaire** (Square Albert)	Pl. Mazas		Quai de la Rapée	24-57-61-63-91

Arr.	Plan	Nom	Début	Fin	Métro	Bus
5	N19	**Tournefort** (Rue)	11 R. Blainville	2 Pl. Lucien Herr	Place Monge	21-27-84-89
4	L20-M20	**Tournelle** (Pont de la)	Q. d'Orléans	Q. de la Tournelle	Pont Marie	24-67
5	L20-M20	**Tournelle** (Pont de la)	Q. d'Orléans	Q. de la Tournelle	Pont Marie	24-67
5	L20-M20	**Tournelle** (Port de la)	Pont de Sully	Pont de l'Archevêché	Maubert-Mutualité	24
5	L20-M20	**Tournelle** (Quai de la)	2 Bd St-Germain	1 R. Maître Albert	Maubert-Mutualité	24
3	K22-L22	**Tournelles** (Rue des)	8 R. St-Antoine	77 Bd Beaumarchais	Chemin Vert - Bastille	20-29-65-69-76
4	K22-L22	**Tournelles** (Rue des)	8 R. St-Antoine	77 Bd Beaumarchais	Chemin Vert - Bastille	20-29-65-69-76
17	E10	**Tournemire** (Rue Charles)	Av. Pte de Champerret	Av. Pte de Villiers	Pte de Champerret	93-PC1-PC3
12	O27-P27	**Tourneux** (Impasse)	4 R. Tourneux	(en impasse)	Michel Bizot	46-87
12	O27	**Tourneux** (Rue)	66 R. C. Decaen	206 Av. Daumesnil	Michel Bizot	46
6	L18-M18	**Tournon** (Rue de)	19 R. St-Sulpice	24 R. de Vaugirard	Odéon - Mabillon	58-84-89
15	M11	**Tournus** (Rue)	38 R. Fondary	101 R. du Théâtre	Émile Zola	70-88
6	L18	**Tours** (Rue Grégoire De)	5 R. de Buci	18 R. Quatre Vents	Odéon - Mabillon	63-86-87
20	H24	**Tourtille** (Rue de)	27 R. de Pali Kao	32 R. de Belleville	Couronnes	26-96 (à plus de 400 m)
7	L13-L14	**Tourville** (Avenue de)	8 Bd des Invalides	3 Pl. École Militaire	École Militaire	28-80-82-87-92
15	P12	**Toussaint** (Square Marcel)	7 R. de Dantzig	(en impasse)	Convention	62-89
13	R21	**Toussaint-Féron** (Rue)	139 Av. de Choisy	51 Av. d'Italie	Tolbiac	47-62
6	L18	**Toustain** (Rue)	74 R. de Seine	1 R. Félibien	Mabillon	63-86-87
2	I20	**Tracy** (Rue de)	127 Bd Sébastopol	222 R. St-Denis	Strasbourg-St-Denis	20-38-39-47
18	C19-C20	**Traëger** (Cité)	17 R. Boinod	(en impasse)	Marcadet-Poissonniers	31-56-60
16	G11-H11	**Traktir** (Rue de)	14 Av. V. Hugo	9 Av. Foch	Ch. de Gaulle-Étoile	52
13	Q20	**Trannoy** (Place André)	R. des Cinq Diamants	Bd Auguste Blanqui	Corvisart	57
20	H25	**Transvaal** (Rue du)	R. Piat	93 R. des Couronnes	Pyrénées	26
12	L23-N22	**Traversière** (Rue)	84 Q. de la Rapée	100 R. du Fbg St-Antoine	Ledru-Rollin	20-57-61-63-76-86-87
15	N14	**Tréfouel** (Pl. Jacques et Thérèse)	R. de Vaugirard	R. Dr Roux	Pasteur	39-48-70-88-89-91-95
8	G14	**Treilhard** (Rue)	40 R. Bienfaisance	6 Pl. de Narvik	Miromesnil	80-84
13	S22	**Trélat** (Square Ulysse)	166 R. Regnault		Pte d'Ivry	83-PC1-PC2
16	H9	**Trentinian** (Pl. des Généraux De)	Av. Foch		Pte Dauphine	PC1
4	K21	**Trésor** (Rue du)	9 R. des Écouffes	26 R. Vieille du Temple	St-Paul	67-69-76-96
18	C18	**Trétaigne** (Rue de)	112 R. Marcadet	117 R. Ordener	Jules Joffrin	31-60-80-85- Montmartrobus
9	G19	**Trévise** (Cité de)	14 R. Richer	7 R. Bleue	Cadet	26-32-42-43-48
9	G19-H19	**Trévise** (Rue de)	22 R. Bergère	76 R. La Fayette	Grands Boulevards	26-32-42-43-48-67-74-85
2	I20	**Trinité** (Passage de la)	164 R. St-Denis	21 R. de Palestro	Réaumur-Sébastopol	20-38-39-47
9	F17	**Trinité** (Rue de la)	7 R. Blanche	8 R. de Clichy	Trinité	32-26-43-68-81
7	K12-L12	**Tripier** (Avenue du Général)	Al. Thomy Thierry	Av. de Suffren	Ch. de Mars-Tr Eiffel (RER C)	42-69-82-87
14	P15	**Tristan** (Place Flora)	R. Didot	R. de la Sablière	Pernety	58
16	J10-J11	**Trocadéro** (Jardin du)	Av. Albert de Mun	Bd Delessert	Trocadéro	22-30-32-63-72-82
16	J10	**Trocadéro** (Square du)	38 R. Scheffer		Rue de la Pompe	22-32-63
16	J10	**Trocadéro et du 11 Nov.** (Pl. du)	Av. du Pdt Wilson	39 R. Franklin	Trocadéro	22-30-32-63
11	I23	**Trois Bornes** (Cité des)	3 R. Trois Bornes	(en impasse)	Parmentier	46-96
11	I23	**Trois Bornes** (Rue des)	21 Av. de la République	139 R. St-Maur	Parmentier	46-96
11	I23	**Trois Couronnes** (Rue des)	120 R. St-Maur	1 R. Morand	Parmentier	46
20	H24-I24	**Trois Couronnes** (Villa des)	R. des Couronnes	R. de Pali Kao	Couronnes	96
11	L23	**Trois Frères** (Cour des)	81 R. du Fbg St-Antoine	(en impasse)	Ledru-Rollin	76-86
18	E18	**Trois Frères** (Rue des)	R. d'Orsel	10 R. Ravignan	Anvers	Montmartrobus
5	L19	**Trois Portes** (Rue des)	10 R. F. Sauton	13 R. de l'Hôtel Colbert	Maubert-Mutualité	24-47
1	H16	**Trois Quartiers** (Galerie)	Bd de la Madeleine	R. Duphot	Madeleine	24-42-52-84-94
11	K23-K24	**Trois Sœurs** (Impasse des)	26 R. Popincourt	(en impasse)	Voltaire	56-69
13	R23	**Trolley de Prévaux** (Rue)	R. Albert	R. de Patay	Bibl. F. Mitterrand	27
8	G16-H16	**Tronchet** (Rue)	35 Pl. de la Madeleine	55 Bd Haussmann	Madeleine	20-22-24-27-29-32-42- 43-53-66-68-88-94-95
9	G16-H16	**Tronchet** (Rue)	35 Pl. de la Madeleine	55 Bd Haussmann	Madeleine	20-22-24-27-29-32-42- 43-53-66-68-88-94-95
11	M26-M27	**Trône** (Avenue du)	19 Pl. de la Nation	1 Bd de Charonne	Nation	56-57-86
12	M27	**Trône** (Avenue du)	19 Pl. de la Nation	1 Bd de Charonne	Nation	56-57-86
11	M27	**Trône** (Passage du)	5 Bd de Charonne	8 Av. Taillebourg	Nation	56-57-86
8	G15-G16	**Tronson du Coudray** (Rue)	25 R. Pasquier	52 R. d'Anjou	St-Augustin	24-84-94
11	L24	**Trousseau** (Rue)	R. du Fbg St-Antoine	R. de Charonne	Ledru-Rollin	76-86
12	L23	**Trousseau** (Square)	R. du Fbg St-Antoine	R. Antoine Vollon	Ledru-Rollin	61-76-86
17	G11-G12	**Troyon** (Rue)	9 Av. de Wagram	12 Av. Mac Mahon	Ch. de Gaulle-Étoile	30-31-92
13	R20	**Trubert Bellier** (Passage)	21 R. C. Fourier	65 R. de la Colonie	Corvisart	57-62-67
17	E16	**Truchet** (Rue Abel)	30 Bd des Batignolles	11 R. Caroline	Place de Clichy	30-66
9	E19-F18	**Trudaine** (Avenue)	77 R. Rochechouart	64 R. Martyrs	Pigalle - Anvers	67-85
9	F18	**Trudaine** (Square)	52 R. Martyrs		St-Georges	67-85
12	P25-Q25	**Truffaut** (Rue François)	Q. de Bercy	R. du Baron Le Roy	Cour St-Émilion	24-62
17	D15-E16	**Truffaut** (Rue)	34 R. des Dames	154 R. Cardinet	Place de Clichy	31-66
11	J23	**Truillot** (Impasse)	86 Bd Voltaire	(en impasse)	St-Ambroise	56-69
8	I14-I15	**Tuck** (Avenue Edward)	Cours la Reine	Av. Dutuit	Champs-Elysées-Clem.	42-73
13	S20	**Tuffier** (Rue du Docteur)	52 R. Damesme	43 R. des Peupliers	Maison Blanche	57-PC1
1	J16	**Tuileries** (Jardin des)	Pl. de la Concorde	Av. du Gal Lemonier	Tuileries-Concorde	24-42-52-68-69-72-73-84-94
1	J15-K16	**Tuileries** (Port des)	Pont Royal	Q. des Tuileries	Assemblée Nationale	24-27-39-68-69-72-95
1	J15-J16	**Tuileries** (Quai des)	Av. du Gal Lemonnier	Pont de la Concorde	Concorde	24-27-39-68-69-72-95
18	B18	**Tulipes** (Villa des)	101 R. Ruisseau	(en impasse)	Pte de Clignancourt	56-85-PC3
11	L26-M26	**Tunis** (Rue de)	7 Pl. de la Nation	92 R. de Montreuil	Nation	56-57-86
14	S17-S18	**Tunisie** (Avenue de la)	Al. de Montsouris	Parc Montsouris	Cité Univ. (RER B)	88-PC1
19	F25	**Tunnel** (Rue du)	43 R. des Alouettes	54 R. Botzaris	Buttes Chaumont	48-60
1	I21-J19	**Turbigo** (Rue de)	8 R. Montorgueil	199 R. du Temple	Arts et Métiers	20-29-38-39-47-67-75
2	J19-I21	**Turbigo** (Rue de)	R. Montorgueil	R. du Temple	Arts et Métiers	20-29-38-39-47-67-75
3	I20-I21	**Turbigo** (Rue de)	R. Montorgueil	R. du Temple	Arts et Métiers	20-29-38-39-47-67-75
3	I22-L21	**Turenne** (Rue de)	72 R. St-Antoine	70 R. Charlot	St-Sébastien Froissart	20-29-65-96
4	I22-L21	**Turenne** (Rue de)	72 R. St-Antoine	70 R. Charlot	St-Sébastien Froissart	29-69-76-96
9	F19	**Turgot** (Rue)	32 R. Condorcet	15 Av. Trudaine	Anvers	85
8	E16-F16	**Turin** (Rue de)	32 R. de Liège	25 Bd des Batignolles	Place de Clichy	30-66-80-95
18	D19	**Turlure** (Parc de la)	R. Lamarck		Château Rouge	Montmartrobus
19	G23	**Turot** (Rue Henri)	86 Bd de la Villette	93 Av. S. Bolivar	Colonel Fabien	26-46-75
16	L7	**Turquan** (Rue Robert)	13 R. de l'Yvette	(en impasse)	Jasmin	22
11	L26	**Turquetil** (Passage)	93 R. de Montreuil	43 Av. Philippe-Auguste	Nation	56
17	B16	**Tzanck** (Place Arnault)	Av. de la Pte Pouchet	31 R. A. Brechet	Pte de St-Ouen	66-PC3
18	B21-C22	**Tzara** (Rue Tristan)	35 R. de l'Evangile	Pl. P. Mac Orlan	Pte de la Chapelle	60

U

Arr.	Plan	Rues / Streets	Comencant	Finissant	Métro	Bus
5	N19	**Ulm** (Rue d')	9 Pl. Panthéon	51 R. Gay Lussac	Luxembourg (RER B)	21-27-84-89
17	D12	**Ulmann** (Jardin André)	Bd de Reims	Av. Brunetière	Pereire	53-84-92-94-PC3
7	K13	**Union** (Passage de l')	175 R. de Grenelle	14 R. Champ de Mars	École Militaire	69-80-92
16	I10	**Union** (Square de l')	84 R. Lauriston		Boissière	22-30-82
7	J12-K17	**Université** (Rue de l')	20 R. Sts-Pères	11 Al. Deschanel	St-Germain-des-Prés	28-39-42-63-68-69-73-80-83-84-92-93-94-95
16	L6-M6	**Urfé** (Square d')	118 Bd Suchet	33 Av. du Mal Lyautey	Pte d'Auteuil	32-PC1
4	L20	**Ursins** (Rue des)	2 R. Chantres	1 R. de la Colombe	Cité	24
5	N18	**Ursulines** (Rue des)	52 R. Gay Lussac	245 R. St-Jacques	Luxembourg (RER B)	21-27
16	H12	**Uruguay** (Place de l')	Av. d'Iéna	R. J. Giraudoux	Kléber	92
18	D19-E19	**Utrillo** (Rue Maurice)	1 R. P. Albert	R. Cardinal Dubois	Anvers	85-Montmartrobus
2	H18-H19	**Uzès** (Rue d')	15 R. St-Fiacre	170 R. Montmartre	Grands Boulevards	48-67-74-85

V

Arr.	Plan	Rues / Streets	Comencant	Finissant	Métro	Bus
16	H11-H12	**Vacquerie** (Rue Auguste)	3 R. Newton	12 R. Dumont d'Urville	Kléber	22-30-92
20	I27	**Vaillant** (Square Edouard)	R. de la Chine	R. du Japon	Gambetta	26-60-61
16	O5-P6	**Vaillant** (Avenue Édouard)	Av. Pte de St-Cloud	Av. F. Buisson	Pte de St-Cloud	22-62-72-PC1
14	T17-T18	**Vaillant-Couturier** (Av. Paul)	Av. Mazagran	Av. L. Descaves	Gentilly	88-PC1
18	E18	**Valadon** (Place Suzanne)	R. Foyatier	R. Tardieu	Anvers - Abbesses	Montmartrobus
7	K13	**Valadon** (Rue)	167 R. de Grenelle	10 R. Chp de Mars	École Militaire	69-80-92
5	N18-O18	**Val-de-Grâce** (Rue du)	Pl. A. Laveran	137 Bd St-Michel	Port Royal (RER B)	38-83-91
13	T19-T20	**Val-de-Marne** (Rue du)	Av. Mazagran	R. Gallieni (Gentilly)	Gentilly	57
5	O19-O20	**Valence** (Rue de)	2 Av. des Gobelins	19 R. Pascal	Censier-Daubenton	27-47-91
10	F20	**Valenciennes** (Place de)	112 Bd de Magenta	134 R. La Fayette	Gare du Nord	26-30-31-42-43-48-54-56
10	F20	**Valenciennes** (Rue de)	141 R. du Fbg St-Denis	110 Bd de Magenta	Gare du Nord	26-30-31-38-42-43-46-48-54-56-65
7	J12-J13	**Valentin** (Rue Edmond)	14 Av. Bosquet	23 Av. Rapp	Pont de l'Alma (RER C)	42-69-80-87-92
14	R18	**Valentinien** (R. de l'Empereur)	8 Av. de la Sibelle		Cité Univ. (RER B)	88
16	H10-H11	**Valéry** (Rue Paul)	50 Av. Kléber	27 Av. Foch	Victor Hugo	22-30-55-82
5	M19	**Valette** (Rue)	1 R. Lanneau	8 Pl. du Panthéon	Maubert-Mutualité	63-84-86-87-89
5	N22	**Valhubert** (Place)	57 Q. Austerlitz	1 Bd de l'Hôpital	Gare d'Austerlitz	24-57-61-63-89-91
13	N22	**Valhubert** (Place)	57 Q. Austerlitz	1 Bd de l'Hôpital	Gare d'Austerlitz	24-57-61-63-89-91
15	O8-P9	**Valin** (Boulevard du Général Martial)	Q. Issy les Moulineaux	Bd Victor	Balard	39-42-PC1
12	P27	**Vallée de Fécamp** (Impasse de la)	18 R. de Fécamp	(en impasse)	Pte de Charenton	87
11	L25	**Vallès** (Rue Jules)	23 R. Chanzy	102 R. de Charonne	Charonne	56-76
13	P21	**Vallet** (Passage)	11 R. Pinel	11 Av. S. Pichon	Nationale	27-57-67
15	P13	**Vallin** (Place Charles)	139 R. de l'Abbé Groult	60 R. Dombasle	Convention	62-89
15	P13	**Vallois** (Square Frédéric)	3 R. de Vouillé	(en impasse)	Convention	62-89
7	K16	**Valmy** (Impasse de)	40 R. du Bac	(en impasse)	Rue du Bac	68-69
10	E22-H22	**Valmy** (Quai de)	27 R. du Fbg du Temple	230 R. La Fayette	République - Jaurès	20-26-38-39-46-47-48-54-56-65-75
8	F14	**Valois** (Avenue de)	115 Bd Malesherbes	(en impasse)	Villiers	30-94
1	I18	**Valois** (Galerie de)	Gal. de Beaujolais	Palais Royal	Palais Royal-Louvre	21-27-29-39-48-67-68-72-81-95
1	J18	**Valois** (Place de)	4 Pl. de Valois	Pas. Vérité	Palais Royal-Louvre	21-48-67-69-72-91
1	I18-J18	**Valois** (Rue de)	202 R. St-Honoré	1 R. de Beaujolais	Palais Royal-Louvre	21-29-39-48-67-69-81
8	F13	**Van Dyck** (Avenue)	Pl. du Gal Brocard	Parc de Monceau	Courcelles	84
12	N23	**Van Gogh** (Rue)	62 Q. Rapée	197 R. de Bercy	Gare de Lyon	20-24-63-65-87
16	N7-O7	**Van Loo** (Rue)	Q. Louis Blériot	154 Av. de Versailles	Exelmans-Bd Victor (RER C)	22-72-PC1
12	P28	**Van Vollenhoven** (Square)	Bd Poniatowski		Pte Dorée	46-PC2
14	R13	**Vandal** (Impasse)	27 Bd Brune	(en impasse)	Pte de Vanves	58-PC1
14	O15-O16	**Vandamme** (Rue)	22 R. de la Gaîté	66 Av. du Maine	Gaîté	28-58
13	R20	**Vandrezanne** (Passage)	37 R. Vandrezanne	57 R. du Moulin des Prés	Tolbiac	47-57-67
13	Q20-R20	**Vandrezanne** (Rue)	42 Av. d'Italie	39 R. du Moulin des Prés	Tolbiac	47-57-67
7	L15	**Vaneau** (Cité)	63 R. Varenne	12 R. Vaneau	Varenne	69-87
7	K15-M15	**Vaneau** (Rue)	61 R. Varenne	44 R. de Sèvres	Vaneau - Varenne	39-70-87
14	R18	**Vanne** (Allée de la)	Al. du Lac	Parc Montsouris	Cité Univ. (RER B)	88
14	R13	**Vanves** (Porte de)	Bd Périphérique		Pte de Vanves	58
20	M29	**Var** (Square du)	7 R. Noël Ballay	8 R. Lippmann	Pte de Vincennes	26-PC2
18	B17	**Varenne** (Rue Jean)	154 Bd Ney	11 Av. Pte Montmartre	Pte de St-Ouen	60-95-PC3
7	L15	**Varenne** (Cité de)	51 R. de Varenne	(en impasse)	Rue du Bac	87-63-68-69-83-84-94
7	K15-L16	**Varenne** (Rue de)	14 R. de la Chaise	17 Bd des Invalides	Varenne	63-68-83-84-94
19	D25	**Varèse** (Rue Edgar)	12 R. A. Mille	Gal. la Villette	Pte de Pantin	60
15	O10-O9	**Varet** (Rue)	197b R. St-Charles	164 R. de Lourmel	Lourmel	42
2	H18	**Variétés** (Galerie des)	38 R. Vivienne	28 Gal. St-Marc	Grands Boulevards	48-67-74-85
20	G28	**Variot** (Square du Docteur)	Av. Gambetta	Bd Mortier	Pte des Lilas	48-61-96-PC2-PC3
16	N6-O6	**Varize** (Rue de)	104 R. Michel Ange	63 Bd Murat	Pte de St-Cloud	62-PC1
10	F21-F22	**Varlin** (Rue Eugène)	145 Q. de Valmy	196 R. du Fbg St-Martin	Château Landon	24-46-54
10	F22	**Varlin** (Square Eugène)	R. Eugène Varlin	Q. de Valmy	Château Landon	46
16	J11	**Varsovie** (Place de)	Bd Delessert	Pont d'Iéna	Trocadéro	72-82
15	N15	**Vassilieff** (Villa Marie)	21 Av. du Maine	(en impasse)	Montparnasse-Bienv.	48-89-91-92-94-95-96
12	M28	**Vassou** (Impasse)	37 R. de la Voûte	(en impasse)	Pte de Vincennes	26-86-PC2
7	L14	**Vauban** (Place)	5 Av. de Tourville	1 Av. de Breteuil	St-François Xavier	82-87-92
3	I20	**Vaucanson** (Rue)	53 R. de Turbigo	29 R. du Vertbois	Arts et Métiers	20-38-47-75
17	D12	**Vaucluse** (Square de)	23 Av. Brunetière	(en impasse)	Pereire	94
11	H23-I24	**Vaucouleurs** (Rue de)	83 R. Timbaud	28 R. de l'Orillon	Couronnes	96

Arr.	Plan	Rue	Début	Fin	Métro	Bus
7	M13	**Vaudoyer** (Rue Léon)	40 Av. de Saxe	12 R. Pérignon	Ségur	28
20	J28	**Vaudrey** (Place Pierre)	19 R. des Balkans	21 Cité Leclaire	Pte de Bagnolet	76
15	P11	**Vaugelas** (Rue)	58 R. O. de Serres	28 R. Lacretelle	Pte de Versailles	39-80
15	N15-O14	**Vaugirard** (Boulevard de)	2 Pl. Raoul Dautry	71 Bd Pasteur	Montparnasse-Bienv.	28-48-58-88-91-92-94-95-96
15	N14-N15	**Vaugirard** (Galerie)	R. Falguière	Bd Vaugirard	Montparnasse-Bienv.	89-91-95
6	M18-P11	**Vaugirard** (Rue de)	44 Bd St-Michel	1 Bd Lefebvre	St-Sulpice	28-39-58-62-70-80-82-84-88-89-92-94-95-96
15	M18-P11	**Vaugirard** (Rue de)	44 Bd St-Michel	1 Bd Lefebvre	Convention	28-39-58-62-70-80-82-84-88-89-92-94-95-96
5	N19-O19	**Vauquelin** (Rue)	48 R. Lhomond	70 R. C. Bernard	Censier-Daubenton	21-27
18	B16-C17	**Vauvenargues** (Rue)	65 R. Damrémont	153 Bd Ney	Lamarck-Caulaincourt	31-60-81-95-PC3
18	B17	**Vauvenargues** (Villa)	82 R. Leibniz	(en impasse)	Pte de St-Ouen	81-PC3
1	J18-J19	**Vauvilliers** (Rue)	76 R. St-Honoré	R. Berger	Louvre Rivoli	67-74-85
11	K22	**Vaux** (Rue Clotilde De)	56 Bd Beaumarchais	47 R. Amelot	Chemin Vert	20-29-65-69
6	N17	**Vavin** (Avenue)	84 R. d'Assas	(en impasse)	Vavin	58-82-83
6	N16-N17	**Vavin** (Rue)	76 R. d'Assas	99 Bd du Montparnasse	Vavin	58-68-82-83-91
20	J28	**Veber** (Rue Jean)	154 Bd Davout	67 R. L. Lumière	Pte de Bagnolet	57-PC2
12	O27-P27	**Véga** (Rue de la)	257 Av. Daumesnil	118 Av. du Gal M. Bizot	Pte Dorée - M. Bizot	46-62
8	F14	**Velasquez** (Avenue)	Bd Malesherbes	Parc de Monceau	Monceau	30-94
13	R23-S23	**Velay** (Square du)	6 Av. Boutroux	23 Bd Masséna	Pte dIvry	27-PC1-PC2
10	F22-H22	**Vellefaux** (Avenue Claude)	24 R. Alibert	1 Pl. du Col Fabien	Goncourt	46-75
7	L16	**Velpeau** (Rue)	1 R. Babylone	R. de Sèvres	Sèvres-Babylone	39-70-87
12	P27	**Vendée** (Square de la)	2 R. des Meuniers	37 Bd Poniatowski	Pte de Charenton	87-PC2
1	I16	**Vendôme** (Cour)	364 R. St-Honoré	7 Pl. Vendôme	Tuileries-Opéra	72
3	I22	**Vendôme** (Passage)	16 R. Béranger	3 Pl. de la République	République	20-65-75
1	I16-I17	**Vendôme** (Place)	237 R. St-Honoré	1 R. des Capucines	Tuileries-Opéra	21-27-29-42-52-68-72-81-95
13	S22	**Vénétie** (Place de)	18 Av. de Choisy		Pte de Choisy	PC1- PC2
16	H10	**Vénézuela** (Place du)	R. Leroux	R. L. de Vinci	Victor Hugo	52-82
4	J20	**Venise** (Rue de)	129 R. St-Martin	54 R. Quincampoix	Rambuteau	29-38-47-75
14	P14	**Ventadour** (Rue Bernard De)	R. Pernety	7 R. Desprez	Pernety	62-88-95
1	I17	**Ventadour** (Rue de)	20 R. Thérèse	57 R. Petits Champs	Pyramides	21-27-29-39-48-67-68-81-95
9	F18	**Ventura** (Place Lino)	R. des Martyrs	Av. Trudaine	Pigalle	67-85
14	O15-Q13	**Vercingétorix** (Rue)	82 Av. du Maine	Bd Brune	Gaîté - Pte de Vanves	28-58-62-88-91-PC1
9	G18	**Verdeau** (Passage)	6 R. Grange Batelière	31b R. du Fbg Montmartre	Grands Boulevards	48-67-74-85
16	M7-M8	**Verderet** (Rue)	1 R. d'Auteuil	2 R. du Buis	Église d'Auteuil	22-52-62
16	J8	**Verdi** (Rue)	1 R. Oct. Feuillet	2 R. Franqueville	La Muette	22-32-52
15	Q11	**Verdier** (Square du Cardinal)	R. Thureau Dangin	Bd Lefebvre	Pte de Versailles	89-PC1
10	G21	**Verdun** (Avenue de)	156 R. du Fbg St-Martin	R. du Terrage	Gare de l'Est	46
19	D24	**Verdun** (Passage de)	4b R. de Thionville	5 R. Léon Giraud	Ourcq	60
17	F9	**Verdun** (Place de)	82 Av. de la Gde Armée	16 Av. Ch. de Gaulle	Pte Maillot	73-82-PC1-PC3
10	G21	**Verdun** (Square de)	14 Av. Verdun		Gare de l'Est	46
15	O12-O13	**Vergennes** (Square)	279 R. de Vaugirard		Vaugirard	39-70-80-88-89
12	P26	**Vergers** (Allée des)	12 R. des Jardiniers	(en impasse)	Pte de Charenton	87-PC1-PC2
13	Q19-S19	**Vergniaud** (Rue)	99 Bd A. Blanqui	66 R. Brillat Savarin	Corvisart - Glacière	21
14	P18	**Verhaeren** (Allée)	23ter R. J. Dolent	(en impasse)	St-Jacques	38-88
1	J18	**Vérité** (Passage)	11 R. des Bons Enfants	7 Pl. de Valois	Palais Royal-Louvre	21-48-67-69-72-91
13	Q20	**Verlaine** (Place Paul)	49 R. Bobillot	R. de la Butte aux Cailles	Corvisart	57-67
19	E25-F25	**Verlaine** (Villa Paul)	9 R. M. Hidalgo	(en impasse)	Botzaris	75
3	K22	**Verlomme** (Rue Roger)	33 R. des Tournelles	6 R. de Béarn	Chemin Vert	29-96
19	F26-F27	**Vermandois** (Square du)	64 Bd Sérurier		Pré St-Gervais	PC2-PC3
5	O19	**Vermenouze** (Square)	112 R. Mouffetard	61 R. Lhomond	Censier-Daubenton	47
11	H23	**Verne** (Rue Jules)	21 R. de l'Orillon	98 R. du Fbg du Temple	Belleville	46-75
8	H12	**Vernet** (Rue)	21 R. Q. Bauchart	1 R. de Presbourg	George V	73-92
7	K16-K17	**Verneuil** (Rue de)	8 R. Sts-Pères	9 R. de Poitiers	Rue du Bac	39-68-69-95
17	E11	**Vernier** (Rue)	50 R. Bayen	9 Bd Gouvion St-Cyr	Pte de Champerret	93-PC1-PC3
17	D12	**Verniquet** (Rue)	86 Bd Péreire	15 Bd Berthier	Pereire	53-94-PC3
1	J18	**Vero Dodat** (Galerie)	19 R.Rousseau	2 R. du Bouloi	Palais Royal-Louvre	21-48-67-69-72-74-81-85
18	E17	**Véron** (Cité)	94 Bd Clichy	(en impasse)	Blanche	Montmartrobus
18	E17-E18	**Véron** (Rue)	31 R. A. Antoine	26 R. Lepic	Abbesses	30-54-67-Montmartrobus
13	P20	**Véronèse** (Rue)	12 R. Rubens	69 Av. des Gobelins	Les Gobelins	27-47-57-67-83
4	K20	**Verrerie** (Rue de la)	13 R. Bourg Tibourg	76 R. St-Martin	Hôtel de Ville	38-47-69-75-96
16	L9-O6	**Versailles** (Avenue de)	2 Q. Blériot	4 Pl. Pte St-Cloud	Pte de St-Cloud	22-62-70-72-PC1
15	P10-P11	**Versailles** (Porte de)	Bd Victor	Bd Lefebvre	Porte de Versailles	80-PC1
18	C19	**Versigny** (Rue)	103 R. du Mont Cenis	22 R. Letort	Jules Joffrin	31-60-80-85-Montmartrobus
1	K18	**Vert Galant** (Square du)	Pl. du Pont Neuf		Pont Neuf	24-27-58-70
3	I20	**Vertbois** (Passage du)	64 R. Vertois	57 R. N.-D. de Nazareth	Arts et Métiers	20-38-47-75
3	I20-I21	**Vertbois** (Rue du)	75 R. Turbigo	306 R. St-Martin	Temple	20-38-39-47-75
11	J23-K22	**Verte** (Allée)	58 R. St-Sabin	59 Bd R. Lenoir	Richard-Lenoir	20-65-69
3	I21-J21	**Vertus** (Rue des)	14 R. Gravilliers	13 R. Réaumur	Arts et Métiers	20-75
17	E11-F10	**Verzy** (Avenue de)	96 Av. des Ternes	39 R. Guersant	Pte Maillot	43-PC1-PC3
5	O20	**Vésale** (Rue)	9 R. Scipion	10 R. de la Collégiale	Les Gobelins	27-47-83-91
8	F14	**Vézelay** (Rue de)	20 R. de Lisbonne	66 R. Monceau	Villiers	84-94
15	L11-M10	**Viala** (Rue)	58 Bd Grenelle	31 R. St-Charles	Dupleix	42
13	S21	**Vialatte** (Allée Alexandre)	R. du Tage	R. A. Pieyre de Mand.	Maison Blanche	47
11	K24	**Viallet** (Passage)	44 R. R. Lenoir	144 Bd Voltaire	Voltaire	46-56-61-69
18	E20	**Vian** (Rue Boris)	18 R. Chartres	7 R. Polonceau	Barbès-Rochechouart	31-56-85
1	J18	**Viarmes** (Rue de)	18 R. Sauval	R. C. Royer	Louvre Rivoli	67-74-85
3	I21	**Vicaire** (Rue Gabriel)	12 R. Perrée	11 R. Dupetit Thouars	Temple	20-75
15	R11-R12	**Vicat** (Rue Louis)	Pl. Insurgés de Varsovie	Pte Brancion	Malakoff-Plateau de Vanves	89
15	P11	**Vichy** (Rue de)	6 R. P. Delmet	5 R. Malassis	Convention	39-80-89
10	G22-23	**Vicq d'Azir** (Rue)	22 R. Grange aux Belles	65 Bd de la Villette	Colonel Fabien	46-75
9	G17-G18	**Victoire** (Rue de la)	43 R. La Fayette	20 R. Joubert	Le Peletier - Trinité	32-42-67-68-74-85
1	I18	**Victoires** (Place des)	4 R. Catinat	1 R. Vide Gousset	Bourse - Sentier	29-48-67-74-85
2	I18	**Victoires** (Place des)	4 R. Catinat	1 R. Vide Gousset	Bourse - Sentier	29-48-67-74-85

15	P10-P9	**Victor** (Boulevard)	Bd Gal Martial Valin	Pl. Pte de Versailles	Pte de Versailles	39-42-80-PC1
15	O8	**Victor** (Square)	Bd Gal Martial Valin	R. R. Ravaud	Bd Victor (RER C)	42-88-PC1
1	K19-K20	**Victoria** (Avenue)	5 Pl. de l'Hôtel de Ville	2 R. Ste-Opportune	Hôtel de Ville	27-47-58-67-69-70-72-74-75-76-96
4	K19-K20	**Victoria** (Avenue)	5 Pl. de l'Hôtel de Ville	2 R. Ste-Opportune	Hôtel de Ville	27-47-58-67-69-70-72-74-75-76-96
20	H28	**Vidal de la Blache** (Rue)	78 Bd Mortier	25 R. Le Vau	Pte de Bagnolet	PC2
2	I18	**Vide Gousset** (Rue)	12 Pl. Victoires	2 R. du Mail	Sentier	29-48-67-74-85
3	J22-K21	**Vieille du Temple** (Rue)	36 R. de Rivoli	1 R. de Bretagne	Filles du Calvaire	20-29-65-96
4	J22-K21	**Vieille du Temple** (Rue)	36 R. de Rivoli	1 R. de Bretagne	St-Paul - Hôtel de Ville	29-69-76-96
8	F16-G15	**Vienne** (Rue de)	8 Pl. H. Bergson	Pl. de l'Europe	Europe	28-53-66-80-95
7	K13	**Vierge** (Passage de la)	54 R. Cler	75 Av. Bosquet	École Militaire	28-80-92
17	D11	**Vierne** (Rue Louis)	R. J. Ibert	(en impasse)	Louise Michel	84-92-93-PC1-PC3
17	E13	**Viète** (Rue)	66 Av. de Villiers	145 Bd Malesherbes	Wagram	31-94
6	L17	**Vieux Colombier** (Rue du)	74 R. Bonaparte	1 R. du Cherche Midi	St-Sulpice	39-63-70-84-87
15	O14	**Vigée Lebrun** (Rue)	41 R. Dr Roux	106 R. Falguière	Volontaires	88-95
16	K8-L9	**Vignes** (Rue des)	72 R. Raynouard	13 Av. Mozart	La Muette	22-52-70
20	K27	**Vignoles** (Impasse des)	78 R. Vignoles	(en impasse)	Buzenval	26
20	K27-L26	**Vignoles** (Rue des)	84 Bd de Charonne	44 R. des Orteaux	Buzenval-Avron	26-57
8	G16-H16	**Vignon** (Rue)	Bd Madeleine	26 R. Tronchet	Madeleine	20-22-24-27-29-32-42-43-53-66-68-88-94-95
9	G16-H16	**Vignon** (Rue)	Bd Madeleine	26 R. Tronchet	Madeleine	20-22-24-27-29-32-42-43-53-66-68-88-94-95
8	F13	**Vigny** (Rue Alfred De)	Pl. du Gal Brocard	10 R. Chazelles	Courcelles	30-84
17	F13	**Vigny** (Rue Alfred De)	Pl. du Gal Brocard	10 R. Chazelles	Courcelles	30-84
11	L23	**Viguès** (Cour Jacques)	3 Cour St-Joseph	(en impasse)	Ledru-Rollin	76-86
11	L23	**Viguès** (Cour)	R. du Fbg St-Antoine	(en impasse)	Bastille	76-86
13	P23	**Vilar** (Place Jean)	R. Fernand Braudel		Quai de la Gare	89
20	H24	**Vilin** (Rue)	29 R. des Couronnes	19 R. Piat	Couronnes	96
16	N7	**Villa de la Réunion** (Grande avenue de la)	122 Av. de Versailles	47 R. Chardon Lagache	Chardon Lagache	22-62-72
15	Q13	**Villafranca** (Rue de)	54 R. des Morillons	5 R. Fizeau	Pte de Vanves	89-95
8	H16-H15	**Village Royal** ()	Cité Berryer	R. Royale	Madeleine	24-42-52-84-94
16	H10	**Villarceau** (Rue Yvon)	37 R. Copernic	64 R. Boissière	Victor Hugo	52-82
17	G11	**Villaret de Joyeuse** (Rue)	1 R. des Acacias	5 R. des Acacias	Argentine	73
17	F11-G11	**Villaret de Joyeuse** (Square)	7 R. Villaret de Joyeuse		Argentine	73
7	L14	**Villars** (Avenue de)	3 Pl. Vauban	2 R. d'Estrées	St-François Xavier	28-82-87-92
16	H10-H11	**Ville** (Rue Georges)	61 Av. Victor Hugo	17 R. P. Valéry	Victor Hugo	52
8	H15	**Ville l'Evêque** (Rue de la)	9 Bd Malesherbes	Pl. des Saussaies	St-Augustin	24-42-52-84-94
2	H19	**Ville Neuve** (Rue de la)	5 R. Beauregard	35 Bd Bonne Nouvelle	Bonne Nouvelle	20-39-48
17	F11	**Villebois Mareuil** (Rue)	40 Av. des Ternes	25 R. Bayen	Ternes	43-92-93
1	I17-I18	**Villedo** (Rue)	41 R. Richelieu	32 R. Ste-Anne	Pyramides	21-27-39-48-67-68-81-95
3	K22	**Villehardouin** (Rue)	24 R. St-Gilles	56 R. de Turenne	Chemin Vert	29-96
14	P14-Q15	**Villemain** (Avenue)	115 R. R. Losserand	148 R. d'Alésia	Plaisance - Pernety	58-62
10	G21	**Villemin** (Jardin)	R. des Récollets	Al. du Canal	Gare de l'Est	38-39-46
11	J25	**Villermé** (Rue René)	70 R. de la Folie Regnault	138 R. du Chemin Vert	Père Lachaise	61-69
7	K16	**Villersexel** (Rue de)	53 R. de l'Université	Bd St-Germain	Solférino	63-68-69-83-84-94
10	E22-H23	**Villette** (Boulevard de la)	137 Faubourg du Temple	56 R. Château Landon	Belleville - Jaurès	26-46-48-54-75
19	E22-H23	**Villette** (Boulevard de la)	137 R. du Fbg du Temple	56 R. Château Landon	Belleville - Jaurès	26-46-48-54-75
19	C25-D26	**Villette** (Galerie de la)	Av. J. Jaurès	Av. Corentin Cariou	Pte de la Villette	75
19	C25	**Villette** (Parc de la)	Bd Macdonald	Bd Sérurier	Pte de la Villette	75-PC2-PC3
19	A25	**Villette** (Porte de la)	Av. Pte de la Villette	Pl. A. Baron	Pte de la Villette	75-PC2-PC3
19	F25-G25	**Villette** (Rue de la)	115 R. de Belleville	72 R. Botzaris	Jourdain-Botzaris	26-48-60
7	J13-K13	**Villey** (Rue Pierre)	92 R. St-Dominique	(en impasse)	École Militaire	69-80-92
17	E11-F14	**Villiers** (Avenue de)	2 Bd de Courcelles	1 Bd Gouvion St-Cyr	Villiers - Pereire	31-84-92-93-94-PC1-PC3
17	E10	**Villiers** (Porte de)	Av. Pte de Villiers	R. Guersant	Porte de Champerret	PC1-PC3
20	H27-I26	**Villiers de l'Isle Adam** (Rue)	21 R. Sorbier	81 R. Pelleport	Pelleport - Gambetta	26-60-61-69
12	N23-O23	**Villiot** (Rue)	28 Q. de la Rapée	155 R. de Bercy	Gare de Lyon	20-24-63-65-87
15	O12	**Villon** (Rue François)	2 R. d'Alleray	5 R. Victor Duruy	Vaugirard	39-80-88
13	Q22-Q23	**Vimoutiers** (Rue de)	14 R. Charcot	R. Duchefdelaville	Chevaleret	27
10	G21	**Vinaigriers** (Rue des)	89 Q. de Valmy	100 R. du Fbg St-Martin	Jacques Bonsergent	38-39-47-56-65
12	M27-M28	**Vincennes** (Cours de)	Bd de Picpus	141 Bd Soult	Pte de Vincennes	26-56-57-62-86
20	M27-M28	**Vincennes** (Cours de)	Bd de Picpus	141 Bd Soult	Pte de Vincennes	26-56-57-62-86
20	M29	**Vincennes** (Porte de)	Av. Pte de Vincennes	Bd Davout	Pte de Vincennes	26-86-PC2
20	H28	**Vincenot** (Place Adjudant)	80 R. du Surmelin	96 Bd Mortier	St-Fargeau	PC2
14	S17	**Vincent** (Rue du Professeur Hyacinthe)	R. Émile Faguet	Bd Périphérique	Pte d'Orléans	PC1
16	J10-K10	**Vineuse** (Rue)	1 R. Franklin	35 R. Franklin	Passy - Trocadéro	22-32
14	S16	**Vingt-Cinq Août 1944** (Place du)	203 Bd Brune	142 Av. du Gal Leclerc	Pte d'Orléans	28-38-PC1
1	I17	**Vingt-Neuf Juillet** (Rue du)	208 R. de Rivoli	213 R. St-Honoré	Tuileries	68-72
12	P25-Q25	**Vins de France** (Place des)	Av. des Terroirs de Fr.	R. des Pirogues de Bercy	Cour St-Émilion	24
9	E17-F16	**Vintimille** (Rue de)	64 R. de Clichy	5 Pl. Adolphe Max	Place de Clichy	30-54-68-74-80-81-95
15	N11	**Violet** (Place)	R. de Violet	R. des Entrepreneurs	Commerce	70-88
15	M11-N11	**Violet** (Rue)	92 Bd Grenelle	5 Pl. Violet	Commerce	70-88
15	N11	**Violet** (Square)	R. de l'Église	Villa Violet	Commerce	70-88
15	N11	**Violet** (Villa)	80 R. des Entrepreneurs	(en impasse)	Commerce	70-88
9	E18-F18	**Viollet-le-Duc** (Rue)	1 R. Lallier	63 Bd de Rochechouart	Pigalle	30-54-67-Montmartrobus
16	K8	**Vion Whitcomb** (Avenue)	86 R. Ranelagh	27 Bd Beauséjour	Ranelagh	22-32-52
14	R16	**Virginie** (Villa)	66 R. P. Corentin	115 Av. du Gal Leclerc	Pte d'Orléans	28-38-68
15	N12	**Viroflay** (Rue de)	64 R. Aml Roussin	23 R. Péclet	Vaugirard	39-70-80-88
6	K17	**Visconti** (Rue)	24 R. de Seine	19 R. Bonaparte	Mabillon	39-95
7	K16	**Visitation** (Passage de la)	6 R. Saint-Simon	(en impasse)	Rue du Bac	63-69-83-84-94
13	R21-S21	**Vistule** (Rue de la)	73 Av. Choisy	103 Av. d'Italie	Maison Blanche	47
16	J9-K9	**Vital** (Rue)	51 R. de la Tour	66 R. de Passy	R. de la Pompe - La Muette	22-32
20	J28-K27	**Vitruve** (Rue)	68 Pl. de la Réunion	171 Bd Davout	Pte de Bagnolet	26-57-PC2
20	J28-K28	**Vitruve** (Square)	80 R. Vitruve	147 Bd Davout	Pte de Bagnolet	57-PC2
13	R24	**Vitry** (Porte de)	Bd Masséna	Av. Pte de Vitry	Pte d'Ivry	27-PC1-PC2

Arr.	Plan	Rues / Streets	Comencant	Finissant	Métro	Bus
15	M9-N9	**Vitu** (Rue Auguste)	14 Av. E. Zola	13 R. S. Mercier	Javel	62-88
12	N25-O26	**Vivaldi** (Allée)	104 R. de Reuilly	(en impasse)	Montgallet	29-46
17	E10	**Vivarais** (Square du)	24 Bd Gouvion St-Cyr	1 Sq. Graisivaudan	Pte de Champerret	93-PC1-PC3
5	L19	**Viviani** (Square)	R. du Fouarre	Quai de Montebello	St-Michel	24-47
2	I18	**Vivienne** (Galerie)	4 R. Pts Champs	6 R. Vivienne	Bourse	29-48
1	I18	**Vivienne** (Rue)	14 R. Beaujolais	13 Bd Montmartre	Richelieu Drouot	20-29-39-48-67-74-85
2	I18-H18	**Vivienne** (Rue)	14 R. Beaujolais	13 Bd Montmartre	Richelieu Drouot	20-29-39-48-67-74-85
13	S23	**Voguet** (Rue André)	R. René Villars	R. du Vieux Chemin	Pte d'Ivry	27-83-PC1-PC2
11	K25	**Voisin** (Rue Félix)	6 R. Gerbier	27 R. de la Folie Regnault	Philippe Auguste	61-69
20	L27-L28	**Volga** (Rue du)	70 R. d'Avron	65 Bd Davout	Pte de Montreuil	26-57
12	L23-M23	**Vollon** (Rue Antoine)	8 R. T. Roussel	106 R. du Fbg St-Antoine	Ledru-Rollin	61-76-86
2	H16-H17	**Volney** (Rue)	10 R. des Capucines	19 R. Daunou	Opéra	21-27-29-42-52-68-81-95
15	N13-O14	**Volontaires** (Rue des)	59 R. Lecourbe	44 R. Dr Roux	Volontaires	39-70-88-89-95
3	I20-I21	**Volta** (Rue)	8 R. au Maire	31 R. N.-D. de Nazareth	Arts et Métiers	20-38-47-75
11	I22-M26	**Voltaire** (Boulevard)	4 Pl. de la République	3 Pl. de la Nation	Nation - Voltaire	20-46-56-57-61-65-69-76-86-96
11	L25-L26	**Voltaire** (Cité)	207 Bd Voltaire	(en impasse)	Rue des Boulets	56
16	N6-N7	**Voltaire** (Impasse)	Impasse Racine	(en impasse)	Exelmans	62
6	J16-K17	**Voltaire** (Quai)	2 R. des Sts-Pères	R. du Bac	Musée d'Orsay (RER C)	24-27-39-68-69-95
7	J16-K17	**Voltaire** (Quai)	2 R. des Sts-Pères	R. du Bac	Musée d'Orsay (RER C)	24-27-39-68-69-95
11	L25-L26	**Voltaire** (Rue)	211 Bd Voltaire	55 Av. Philippe-Auguste	Rue des Boulets	56
13	S19	**Volubilis** (Rue des)	1 R. des Iris	1 R. des Glycines	Cité Univ. (RER B)	21-61
3	K22	**Vosges** (Place des)	11b R. Birague	1 R. de Béarn	Chemin Vert	20-29-65-69-76-96
4	K22	**Vosges** (Place des)	11 Bis R. Birague	1 R. du Béarn	Chemin Vert	20-29-65-69-76-96
15	P13	**Vouillé** (Rue de)	Pl. C. Vallin	R. d'Alésia	Plaisance	62-89-95
12	M28	**Voûte** (Passage de la)	45 R. de la Voûte	100 C. Vincennes	Pte de Vincennes	26-86-PC2
12	M28-N28	**Voûte** (Rue de la)	54 Av. Dr Netter	139 Bd Soult	Pte de Vincennes	29-56-62-86-PC2
13	P19-Q19	**Vulpian** (Rue)	3 R. Champ de l'A.	84 Bd A. Blanqui	Glacière	21

W

Arr.	Plan	Rues / Streets	Comencant	Finissant	Métro	Bus
11	K22	**Wagner** (Rue du Pasteur)	26 Bd Beaumarchais	7 Bd R. Lenoir	Chemin Vert	20-29-65-69
8	D13-G12	**Wagram** (Avenue de)	Pl. Ch. De Gaulle	1 Pl. de Wagram	Wagram	30-31-43-84-92-93-94
17	G12-D13	**Wagram** (Avenue de)	Pl. Ch. De Gaulle	1 Pl. de Wagram	Wagram	30-31-43-84-92-93-94
17	D13	**Wagram** (Place de)	181 Bd Malesherbes	Bd Péreire	Wagram	53-94
8	G12	**Wagram St Honoré** (Villa)	233 R. du Fbg St-Honoré	(en impasse)	Ternes	30-31-43-93
17	F10	**Waldeck Rousseau** (Rue)	Bd Péreire	91 Av. des Ternes	Pte Maillot	43-PC1-PC3
13	O21	**Wallons** (Rue des)	48 Bd de l'Hôpital	R. Jules Breton	St-Marcel	57-67-91
8	G13-H12	**Washington** (Rue)	114 Av. des Chps Élysées	179 Bd Haussmann	George V	22-43-52-73-83-93
13	Q24-R24	**Watt** (Rue)	31 Q. de la Gare	24 R. Chevaleret	Bibl. F. Mitterrand	PC1-PC2
13	P20-P21	**Watteau** (Rue)	114 Bd de l'Hôpital	(en impasse)	Campo Formio	57-67
19	C23	**Wattieaux** (Passage)	74 R. de l'Ourcq	78 R. Curial	Crimée	54-60
12	P27	**Wattignies** (Impasse de)	76 R. Wattignies	(en impasse)	Pte de Charenton	87
12	O26-P27	**Wattignies** (Rue de)	243 R. de Charenton	19 R. C. Decaen	Pte de Charenton	62-87
10	H21	**Wauxhall** (Cité du)	4 Bd de Magenta	27 R. A. Thomas	République	20-56-65-75
16	G10-G9	**Weber** (Rue)	38 R. Pergolèse	Bd de l'Amiral Bruix	Pte Maillot	82-PC1
13	R21-R22	**Weil** (Rue Simone)	108 Av. d'Ivry	R. Beaudricourt	Pte de Choisy	62-83
14	S17	**Weill** (Avenue David)	32 Bd Jourdan	Av. A. Rivoire	Cité Univ. (RER B)	88-PC1
15	P13	**Weiss** (Rue Charles)	45 R. Labrouste	52 R. Castagnary	Plaisance	62-95
13	P22-P23	**Weiss** (Rue Louise)	108 R. Chevaleret	57 Bd V. Auriol	Chevaleret	27-89
13	S21-T21	**Widal** (Rue Fernand)	131 Bd Masséna	30 Av. L. Bollée	Pte d'Italie	47-PC1-PC2
16	O7	**Widor** (Rue Charles-Marie)	87 R. Chardon Lagache	77 R. Boileau	Exelmans	22-62
16	M8-N8	**Wilhem** (Rue)	100 Q. L. Blériot	1 R. Chardon Lagache	Mirabeau	22-62-72
20	M29	**Willemetz** (Rue Albert)	Av. Pte Vincennes	R. du Cdt L'Herminier	St-Mandé Tourelle	86
18	E18-E19	**Willette** (Square)	Pl. St-Pierre		Anvers	30-54-Montmartrobus
8	I12-J10	**Wilson** (Av. du Président)	1 Pl. de l'Alma	1 Pl. Trocadéro	Trocadéro	22-30-32-42-63-72-80-92
16	J11-I12	**Wilson** (Av. du Président)	1 Pl. de l'Alma	1 Pl. du Trocadéro	Trocadéro	32-63-72-80-82-92
13	R19	**Wurtz** (Rue)	17 R. Daviel	40 R. Boussingault	Glacière - Corvisart	62
14	P14	**Wyszynski** (Square Cardinal)	R. Alain	R. Vercingétorix	Pernety	88-95

X Y Z

Arr.	Plan	Rues / Streets	Comencant	Finissant	Métro	Bus
13	Q22-Q23	**Xaintrailles** (Rue)	32 R. Domrémy	16 Pl. Jeanne d'Arc	Bibl. F. Mitterrand	27
13	Q21	**Yéo Thomas** (Rue)	151 R. Nationale	196 R. Chât. des R.	Nationale	27-87
13	S23	**Yersin** (Place du Docteur)	Av. de la Pte d'Ivry	23 Av. C. Regaud	Pte d'Ivry	27-PC1-PC2
12	P25	**Yonne** (Passage de l')	R. F. Truffaut	R. des Pirogues de Bercy	Cour St-Émilion	24
16	J10	**Yorktown** (Square)	Av. P. Doumer	Pl. du Trocadéro	Trocadéro	22-32-63
15	L11	**Yourcenar** (Allée Marguerite)	21 R. Desaix	26 R. Edgar Faure	Dupleix	42
17	E10-E11	**Yser** (Boulevard de l')	3 R. C. Debussy	16 Av. Pte de Villiers	Pte de Champerret	93-PC1-PC3
15	O12-P13	**Yvart** (Rue)	16 R. d'Alleray	34 R. d'Alleray	Vaugirard	62-88-89
16	L7	**Yvette** (Rue de l')	2 R. Jasmin	29 R. Dr Blanche	Jasmin	22
16	I8	**Yvon** (Rue Adolphe)	6 Pl. Tattegrain	65 Bd Lannes	Rue de la Pompe	63-PC1
13	Q22	**Zadkine** (Rue)	R. Baudoin	R. Duchefdelaville	Chevaleret	27
19	F28	**Zarapoff** (Sq. du Général)	10 Av. R. Fonck	(en impasse)	Pte des Lilas	61
14	O15	**Zay** (Rue Jean)	Av. du Maine	R. Jules Guesde	Gaîté	28-58-88-91
16	K8	**Zédé** (Rue Gustave)	1 R. du Gal Aubé	72 R. Ranelagh	Ranelagh	22-52
19	C26	**Zénith** (Allée du)	Pl. Fontaine aux Lions	(en impasse)	Pte de Pantin	75-PC2-PC3
18	D17	**Ziem** (Rue Félix)	27 R. Damrémont	22 R. E. Carrière	Lamarck-Caulaincourt	80-95
15	M11-M9	**Zola** (Avenue Émile)	Rd-Pt du Pont Mirabeau	40 R. du Commerce	Javel - Ch. Michels	42-62-70-88
15	M10	**Zola** (Square Émile)	87 Av. E. Zola	(en impasse)	Charles Michels	42-70-88

les rues du 1er

Alger (Rue d') I17
Aragon (Allée Louis) J19
Arbre Sec (Rue de l') J18
Argenteuil (Rue d') I17
Arts (Pont des) K18
Baillet (Rue) J18
Bailleul (Rue) J18
Baltard (Rue) J19
Barrès (Place Maurice) I16
Beaujolais (Galerie de) I18
Beaujolais (Passage de) I18
Beaujolais (Rue de) I18
Berger (Rue) J18-J19
Bertin Poirée (Rue) K19
Bons Enfants (Rue des) J18
Bord de l'Eau (Terr. du) J16-J17
Boucher (Rue) J19
Bouloi (Rue du) I18-J18
Bourdonnais (Imp. des) J19
Bourdonnais (Rue des) J19-K19
Breton (Allée André) J19
Cambon (Rue) H16-I16
Capucines (Rue des) H16-H17
Carême (Pass. Antoine) J19
Carrée (Cour) J18
Carrousel (Place du) J17
Carrousel (Pont du) J17-K17
Casanova (Rue Danielle) I17
Cassin (Place René) J19
Castiglione (Rue de) I16
Catinat (Rue) I18
Cendrars (Allée Blaise) J18-J19
Change (Pont au) K19
Châtelet (Place du) K19
Colette (Place) I17-J17
Coligny (R. de l'Aml De) J18-K18
Colonne (Rue Édouard) K19
Coq Héron (Rue) I18
Coquillière (Rue) I18-J19
Cossonnerie (Rue de la) J19
Courtalon (Rue) J19
Croix des Petits Champs (R.) I18-J18
Cygne (Rue du) J19-J20
Dauphine (Place) K18
Déchargeurs (Rue des) J19
Deux Boules (Rue des) K19
Deux Écus (Place des) J18
Deux Pavillons (Pass. des) I18
Douanier Rousseau (Rue) R17
Driant (Rue du Colonel) I18-J18
Du Bellay (Place Joachim) J19
Duphot (Rue) H16-I16
Échelle (Rue de l') I17-J17
École (Place de l') K18
Fermes (Cours des) J18
Ferronnerie (Rue de la) J19
Feuillants (Terr. des) I16-J17
Française (Rue) I19-J19
Garcia Lorca (Al. Federico) J19
Gomboust (Impasse) I17
Gomboust (Rue) I17
Grande Truanderie (R. de la) J19-J20
Halles (Jardin des) J19
Halles (Rue des) J19-K19
Harlay (Rue de) K18-K19
Henri (Rue Robert) K18
Herold (Rue) I18
Horloge (Quai de l') K18-K19
Hulot (Passage) I18
Innocents (Rue des) J19
Jour (Rue du) I19-J19
Jullien (Rue Adolphe) J18
Karcher (Pl. du Lt Henri) J18
La Feuillade (Rue) I18
La Reynie (Rue De) J19
La Sourdière (Rue De) I17
La Vrillière (Rue) I18
Lantier (Rue Jean) K19
Lautréamont (Terrasse) J19
Lavandières Sainte-Opportune (Rue des) J19-K19
Lemonnier (Av. du Général) J17
Lescot (Rue Pierre) J19
Lingères (Passage des) J19
Lingerie (Rue de la) .... J19 
Lombards (Rue des) J19-K20
Louvre (Place du) J18
Louvre (Port du) J17-K17
Louvre (Quai du) J17-K18
Louvre (Rue du) J18-I19
Madeleine (Bd de la) H16
Malraux (Place André) J17
Marcel (Rue Étienne) I18-I19
Marché St-Honoré (Pl. du) I17
Marché St-Honoré (R. du) I17
Marengo (Rue de) J18
Mauconseil (Rue) I19
Mégisserie (Quai de la) K18-K19
Mitterrand (Quai François) J17
Molière (Rue) I17
Mondétour (Rue) J19
Mondovi (Rue de) I16
Monnaie (Rue de la) J18-K18
Mont Thabor (Rue du) I16
Montesquieu (Rue) J18
Montmartre (Rue) H18-J19
Montorgueil (Rue) I19-J19
Montpensier (Galerie) I18
Montpensier (Rue de) I18
Moulins (Rue des) I17
Napoléon (Cour) J17
Navarre (Pl. Marguerite De) J19
Nemours (Galerie de) J17
Neuf (Pont) K18
Opéra (Avenue de l') I17
Oratoire (Rue de l') J1
Orfèvres (Quai des) K18-L1
Orfèvres (Rue des) K1
Palais (Boulevard du) K19-L1
Palais Royal (Place du) J1
Pélican (Rue du) J1
Perrault (Rue) J1
Petite Truanderie (R. de la) J1
Petits Champs (Rue des) I17-I1
Plat d'Étain (Rue du) J19-K1
Pompidou (V. Georges) K19-L2
Pont Neuf (Place du) K1
Pont Neuf (Rue du) J19-K1
Potier (Passage) I17-I1
Prêcheurs (Rue des) J1

1 carreau = 500m

les rues du 2e

Aboukir (Rue d') I18-I19
Alexandrie (Rue d') I20-H19
Amboise (Rue d') H18
Antin (Rue d') H17-I17
Argout (Rue d') I19-I18
Bachaumont (Rue) I19
Banque (Rue de la) H18-I18
Basfour (Passage) I20
Beauregard (Rue) H19-H20
Beaurepaire (Cité) I19
Bellan (Rue Léopold) I19
BenAïad (Passage) I19
Blondel (Rue) H20
Boieldieu (Place) H18
Bonne Nouvelle (Boulevard de) H19-H20
Bourg l'Abbé (Passage du) I20
Bourse (Place de la) H18
Bourse (Rue de la) H18
Brongniart (Rue) H18
Caire (Passage du) I19-I20
Caire (Place du) I19
Caire (Rue du) I19-I20
Capucines (Boulevard des) H16-H17
Capucines (Rue des) H16-H17
Casanova (Rue Danielle) I17
Chabanais (Rue) I18
Chénier (Rue) H20
Chérubini (Rue) I17-I18
Choiseul (Passage) H17-I17
Choiseul (Rue de) H17
Cladel (Rue Léon) H18
Cléry (Passage de) H19
Cléry (Rue de) H20-I19
Colbert (Galerie) I18
Colbert (Rue) I18
Colonnes (Rue des) H18
Croissant (Rue du) H19
Dalayrac (Rue) I17
Damiette (Rue de) I19
Daunou (Rue) H17
Degrés (Rue des) H20
Dussoubs (Rue) I19
Favart (Rue) H18
Feydeau (Galerie) H18
Feydeau (Rue) H18
Filles Saint-Thomas (R. des) H18
Forges (Rue des) I19
Française (Rue) I19
Gaillon (Place) H17
Gaillon (Rue) H17-I17
Goldoni (Place) I19
Gramont (Rue de) H18
Grand Cerf (Passage du) I19
Greneta (Cour) I19-I20
Greneta (Rue) I19-I20
Grétry (Rue) H18
Guérin Boisseau (Rue) I20
Hanovre (Rue de) H17
Italiens (Boulevard des) H17
Jeûneurs (Rue des) H18-H19
Jussienne (Rue de la) I19
La Feuillade (Rue) I18
La Michodière (Rue De) H17
Lazareff (Allée Pierre) I19-I20
Lelong (Rue Paul) I18-I19
Lemoine (Passage) H20
Louis le Grand (Rue) H17-I17
Louvois (Rue de) H18-I18
Louvois (Square) I18
Louvre (Rue du) I19-J18
Lulli (Rue) I18
Lune (Rue de la) H19-H20
Mail (Rue du) I18-I19
Mandar (Rue) I19
Marcel (Rue Étienne) I18-I19
Marivaux (Rue de) H18
Marsollier (Rue) I17
Méhul (Rue) I17
Ménars (Rue) H18
Monsigny (Rue) H17-I17
Montmartre (Boulevard) H18
Montmartre (Cité) I19
Montmartre (Galerie) H18
Montmartre (Rue) H18-I19
Mulhouse (Rue de) H19
Nil (Rue du) I19
Notre-Dame de Bonne Nouvelle (Rue) H19
Notre-Dame de Recouvrance (Rue) H19
Notre-Dame des Victoires (Rue) H18-I18
Opéra (Avenue de l') I17
Opéra (Place de l') H17
Paix (Rue de la) H17
Palestro (Rue de) I20
Panoramas (Passage des) H18
Panoramas (Rue des) H18
Peintres (Impasse des) I20-J20
Petits Carreaux (Rue des) H19-I19
Petits Champs (Rue des) I17-I18
Petits Pères (Passage des) I18
Petits Pères (Place des) I18
Petits Pères (Rue des) I18
Poissonnière (Boulevard) H19
Poissonnière (Rue) H19
Ponceau (Passage du) I20
Ponceau (Rue du) I20
Port Mahon (Rue de) H17
Princes (Passage des) H18
Quatre Septembre * (Rue du) H17-H18
Rameau (Rue) I17-I18
Réaumur (Rue) H18-I21
Richelieu (Rue de) H18-I17
Roi François (Cour du) I20
Saint-Augustin (Rue) H17-H18
Saint-Denis (Boulevard) H20
Saint-Denis (Impasse) I19-I20
Saint-Denis (Rue) I20-H20
Sainte-Anne (Passage) I17
Sainte-Anne (Rue) H18-I17
Sainte-Apolline (Rue) H20
Sainte-Foy (Galerie) H19-I19
Sainte-Foy (Passage) H20
Sainte-Foy (Rue) H20
Saint-Fiacre (Rue) H19
Saint-Joseph (Rue) H19-I19
Saint-Marc (Galerie) H18
Saint-Marc (Rue) H18
Saint-Philippe (Rue) H19
Saint-Sauveur (Rue) I19-I20
Saint-Spire (Rue) H20-I20
Sébastopol (Boulevard de) H20-K19

2e
Bourse
10e
3e
Bd Montmartre
Bd Poissonnière
Bd de Bonne Nouvelle
Bd St-Denis
Boulevard de Sébastopol
Rue Réaumur
Rue Montmartre
Rue du Louvre
Rue Étienne Marcel
Rue Saint-Sauveur
Rue Turbigo
Richelieu Drouot
Grands Boulevards
Bonne Nouvelle
Strasbourg St-Denis
Sentier
Réaumur Sébastopol
Arts et Métiers
Etienne Marcel
Les Halles
Châtelet Les Halles
Palais de la Bourse
Musée Grévin
Hôtel des Postes
St-Eustache
Forum des Halles
Bourse de Comm.
Pl. des Victoires
1 carreau = 500m

les rues du 3e

Achille (Square Louis) K21
Alombert (Passage) I20-I21
Ancre (Passage de l') I20
Archives (Rue des) J21
Arquebusiers (Rue des) J22-K22
Bailly (Rue) I20
Barbette (Rue) K21
Barrois (Passage) I20
Béarn (Rue de) K22
Beaubourg (Impasse) J20
Beaubourg (Rue) I20-J20
Beauce (Rue de) J21
Beaumarchais (Boulevard) K22
Béranger (Rue) I21-I22
Berthaud (Impasse) J20
Blondel (Rue) H20
Borda (Rue) I21
Bourg l'Abbé (Rue du) I20-J20
Brantôme (Passage) J20
Brantôme (Rue) J20
Braque (Rue de) J20-J21
Bretagne (Rue de) I21-J22
Caffarelli (Rue) I21-J21
Cain (Square Georges) K21
Caus (Rue Salomon De) I20
Chapon (Rue) I20-J21
Charlot (Rue) I22-J21
Chautemps (Square Émile) I20
Clairvaux (Rue Bernard De) J20
Commerce Saint-Martin (Passage du) J20
Commines (Rue) J22
Conté (Rue) I20
Corderie (Rue de la) I21
Coutures Saint-Gervais (Rue des) J21
Cunin Gridaine (Rue) I20
Debelleyme (Rue) J21-J22
Dubois (Rue Paul) I21
Dupetit Thouars (Cité) I21
Dupetit Thouars (Rue) I21
Dupuis (Rue Charles-François) I21-I22
Elzévir (Rue) K21
Filles du Calvaire (Boulevard des) J22
Filles du Calvaire (Rue des) J22
Foin (Rue du) K22
Fontaines du Temple (Rue des) I21
Forez (Rue du) J21
Franche-Comté (Rue de) I21-I22
Francs Bourgeois (Rue des) J21-K22
Froissart (Rue) J22
Grand Veneur (Rue du) K22
Gravilliers (Passage des) J20-J21
Gravilliers (Rue des) I20-J21
Greneta (Rue) I19-I20
Grenier Saint-Lazare (Rue du) J20
Haudriettes (Rue des) J21
Hesse (Rue de) J22-K22
Horloge à Automates (Passage de l') J20
Le Comte (Rue Michel) J20-J21
Maire (Rue au) I20-I21
Maure (Passage du) J20
Ménétriers (Passage des) J20
Meslay (Passage) H21-I21
Meslay (Rue) H20-I21
Minimes (Rue des) K22
Molière (Passage) J20
Montgolfier (Rue) I21
Montmorency (Rue de) J20-J21
Morin (Square du Général) I20
Noël (Cité) J20
Normandie (Rue de) I22-J22
Notre-Dame de Nazareth (Rue) I20-I21
Oiseaux (Rue des) J21
Orgues (Passage des) H21-I21
Ours (Rue aux) J20
Papin (Rue) I20
Parc Royal (Rue du) K21-K22
Pas-de-la-Mule (Rue du) K22
Pastourelle (Rue) J21
Payenne (Rue) K21
Perche (Rue du) J21
Perle (Rue de la) J21-K21
Perrée (Rue) I21
Picardie (Rue de) I21-J21
Planchette (Impasse de la) H20-I20
Poitou (Rue de) J21-J22
Pont aux Biches (Passage du) I21
Pont aux Choux (Rue du) J22
Portefoin (Rue) I21-J21
Quatre Fils (Rue des) J21
Quincampoix (Rue) J20
Rambuteau (Rue) J19-J20
Réaumur (Rue) H18-I21
République (Place de la) I22
Roi Doré (Rue du) J22
Rome (Cour de) I21
Saint-Aignan (Jardin) J20
Saint-Claude (Impasse) J22
Saint-Claude (Rue) J22
Saint-Denis (Boulevard) H20
Sainte-Anastase (Rue) J21-J22
Sainte-Avoie (Passage) J20
Sainte-Elisabeth (Passage) I21
Sainte-Elisabeth (Rue) I21
Saint-Gilles (Rue) K22
Saint-Martin (Boulevard) H20-I21
Saint-Martin (Rue) H20-J20
Saintonge (Rue de) I22-J21
Sébastopol (Boulevard de) H20-K19
Sévigné (Rue de) K21-K22
Sourdis (Ruelle) J21
Spuller (Rue Eugène) I21
Strauss (Place Johann) I21
Temple (Boulevard du) I22-J22
Temple (Rue du) I21-K20
Temple (Square du) I21
Thorigny (Place de) K21
Thorigny (Rue de) J22-K21
Tollet (Square André) I22
Tournelles (Rue des) K22-L22
Turbigo (Rue de) I20-I21
Turenne (Rue de) I22-L21
Vaucanson (Rue) I20
Vendôme (Passage) I22
Verlomme (Rue Roger) K22
Vertbois (Passage du) I20
Vertbois (Rue du) I20-I21
Vertus (Rue des) I21-J21
Vicaire (Rue Gabriel) I21
Vieille du Temple (Rue) J22-K21
Villehardouin (Rue) K22
Volta (Rue) I20-I21
Vosges (Place des) K22

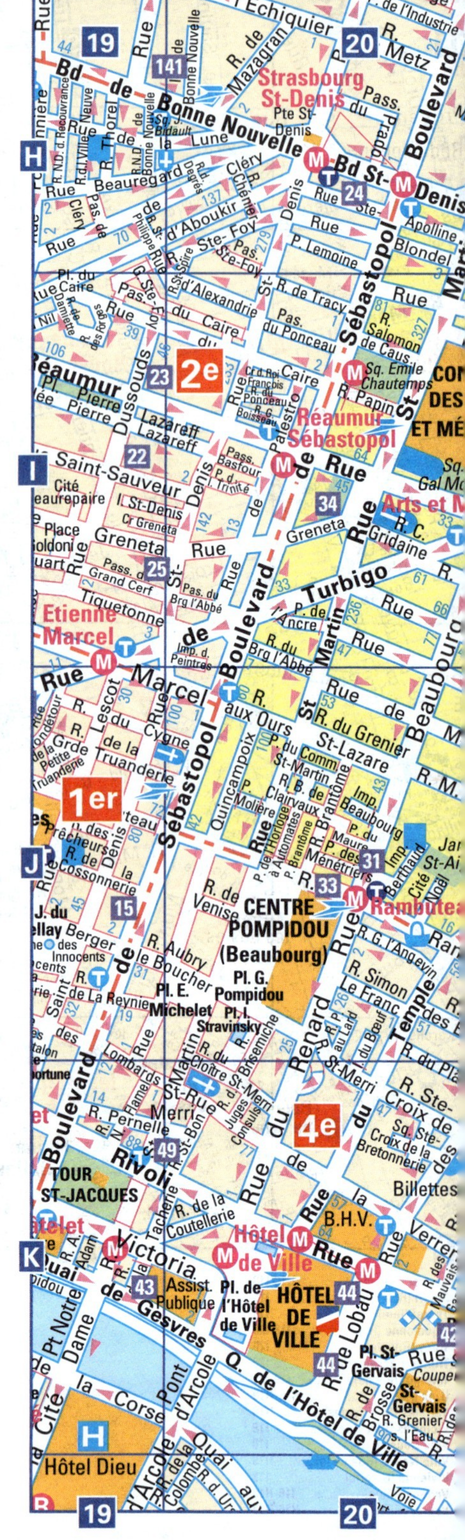

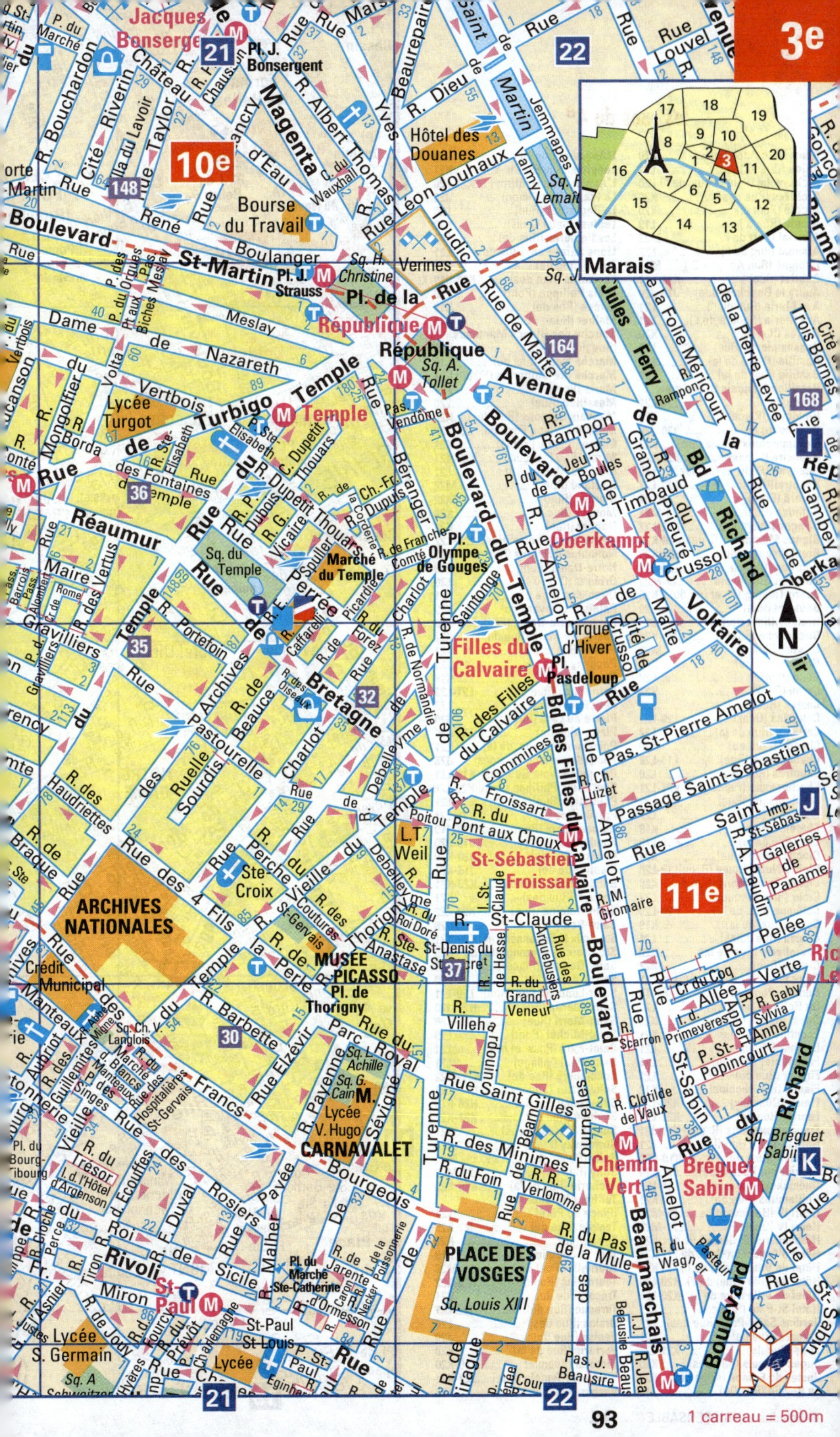
3e
10e
11e
Marais
Jacques Bonsergent
Pl. J. Bonsergent
Bourse du Travail
Hôtel des Douanes
Boulevard St-Martin
Pl. J. Strauss
Sq. H. Christine
Verines
Pl. de la République
République
Sq. A. Tollet
Avenue de la République
Temple
Rue Turbigo
Rue de Turbigo
Rue Réaumur
Rue du Temple
Lycée Turgot
Sq. du Temple
Marché du Temple
Rue de Bretagne
Pl. Olympe de Gouges
Boulevard du Temple
Filles du Calvaire
Pl. Pasdeloup
Cirque d'Hiver
Oberkampf
Bd Richard Lenoir
Rue de Crussol
Boulevard Voltaire
Pas. St-Pierre Amelot
Passage Saint-Sébastien
Galeries de Paname
St-Sébastien Froissart
Bd des Filles du Calvaire
Rue Vieille du Temple
Archives Nationales
Crédit Municipal
Ste-Croix
Musée Picasso
Pl. de Thorigny
Parc Royal
Sq. L. Achille
Sq. G. Cain
M. Carnavalet
Lycée V. Hugo
Rue Saint Gilles
Chemin Vert
Bréguet Sabin
Boulevard Beaumarchais
Place des Vosges
Sq. Louis XIII
Rue de Rivoli
St-Paul
Pl. du Marché Ste-Catherine
Lycée S. Germain
Rue des Francs Bourgeois
Rue de Sévigné
Rue de Turenne
Rue Charlot
Rue Béranger
Rue Amelot
Rue des Archives
Rue de Saintonge
Rue Saint-Claude
Rue des Rosiers
Rue du Pas de la Mule
Rue de Malte
Bd Jules Ferry
Rue de la Folie Méricourt
Rue de Meslay
Rue Notre-Dame de Nazareth
Rue de Vertbois
Rue Portefoin
Rue Pastourelle
Rue des 4 Fils
Rue de la Perle
Rue Barbette
Rue Elzévir
Rue Payenne
Rue des Minimes
Rue du Foin
Rue Saint-Sabin
Rue Pelée
Rue Popincourt
Rue des Haudriettes
Rue Rambuteau
Rue Beaubourg
Rue Vieille du Temple
21
22
30
32
35
36
37
148
164
168
N
1 carreau = 500m

les rues du 4e

Adam (Rue Adolphe) K19
Anjou (Quai d') L21
Archevêché (Pont et quai de l') L20
Archives (Rue des) K20
Arcole (Pont d') K20
Arcole (Rue d') L19
Arsenal (Port de l') M22
Arsenal (Rue de l') L22
Aubigné (Rue Agrippa D') M21
Aubriot (Rue) K20-K21
Aubry le Boucher (Rue) J19-J20
Ave Maria (Rue de l') L21
Avé Maria (Square de l') L21
Barres (Rue des) K20
Bassompierre (Rue) L22
Bastille (Place de la) L22
Bastille (Rue de la) L22
Bataillon Français ONU Corée (Place du) L20-L21
Baudoyer (Place) K20
Beaubourg (Rue) I20-J20
Beaumarchais (Boulevard) K22
Beausire (Impasse Jean) K22-L22
Beausire (Pass. et rue Jean) L22
Beautreillis (Rue) L21-L22
Bérard (Cour) L22
Béthune (Quai de) L20-M21
Birague (Rue de) K22-L22
Blancs Manteaux (R. des) J20-K21
Bœuf (Impasse du) J20-K20
Bourbon (Quai de) L20-L21
Bourdon (Boulevard) L22-M22
Bourg Tibourg (Pl. et rue du) K20
Boutarel (Rue) L20
Bretonvilliers (Rue de) L21
Brisemiche (Rue) J20-K20
Brissac (Rue de) M22
Brosse (Rue de) K20
Budé (Rue) L20
Caron (Rue) K21
Castex (Rue) L22
Célestins (Quai des) L20-L21
Cerisaie (Rue de la) L22
Change (Pont au) K19
Chanoinesse (Rue) L19-L20
Chantres (Rue des) L20
Charlemagne (Passage) K21-L21
Charlemagne (Rue) L21
Charles V (Rue) L21
Châtelet (Place du) K19
Cité (Rue de la) K19-L19
Cloche Perce (Rue) K21
Cloître Notre-Dame (R. du) L19-L20
Cloître Saint-Merri (Rue du) K20
Cœur (Rue Jacques) L22
Colombe (Rue de la) K20-L20
Corse (Quai de la) K19
Cousin (Rue Jules) L21
Coutellerie (Rue de la) K20
Crillon (Rue) M22
Deux Ponts (Rue des) L20-L21
Double (Pont au) L19
Du Bellay (Rue Jean) L20
Duval (Rue Ferdinand) K21
Écouffes (Rue des) K21
Eginhard (Rue) L21
Fauconnier (Rue du) L21
Figuier (Rue du) L21
Flamel (Rue Nicolas) K19
Fleurs (Quai aux) K20-L20
Fourcy (Rue de) K21-L21
Francs Bourgeois (R. des) K21-J21
Galli (Square Henri) L21
Gesvres (Quai de) K19-K20
Grenier sur l'Eau (Rue) K20
Guéménée (Impasse) L22
Guillemites (Rue des) K21
Henri IV (Boulevard) L21-M21
Henri IV (Quai) L21-M22
Hospitalières St-Gervais (R. des) K21
Hôtel d'Argenson (Imp. de l') K21
Hôtel de Ville (Place de l') K20
Hôtel de Ville (Quai de l') K20-L20
Hôtel de Ville (Rue de l') K20-L21
Hôtel St-Paul (Rue de l') L21
Jardins Saint-Paul (Rue des) L21
Jarente (Rue de) K21
Jouy (Rue de) K21-L21
Juges Consuls (Rue des) K20
Justes de France (Allée des) K20
La Reynie (Rue De) J19
L'Angevin (Rue Geoffroy) J20
Langlois (Square Ch.-V.) K21
L'Asnier (Rue Geoffroy) K21-L20
Le Franc (Rue Simon) J20
Le Regrattier (Rue) L20
Lépine (Place Louis) K19
Lesdiguières (Rue de) L22
Lions Saint-Paul (Rue des) L21
Lobau (Rue de) K20
Lombards (Rue des) K19-J19
Louis Philippe (Pont) L20
Lutèce (Rue de) K19
Malher (Rue) K21
Marché des Blancs Manteaux (Rue du) K21
Marché Neuf (Quai du) L19
Marché Ste-Catherine (Pl. du) K21
Marie (Pont) L21
Massillon (Rue) L20
Mauvais Garçons (Rue des) K20
Michelet (Place Edmond) J20
Migne (Rue de l'Abbé) K21
Miron (Rue François) K20-K21
Morland (Boulevard) L21
Morland (Pont) M22
Mornay (Rue) M22
Moussy (Rue de) K20
Necker (Rue) K21
Neuve Saint-Pierre (Rue) L21-L22
Nonnains d'Hyères (Rue des) L21
Notre-Dame (Pont) K19
Orléans (Quai d') L20
Ormesson (Rue d') K21
Palais (Boulevard du) K19
Parvis Notre-Dame (Pl. du) L19
Pas-de-la-Mule (Rue du) K22
Pavée (Rue) K21
Pecquay (Rue) J20
Pernelle (Rue) K19
Petit Musc (Rue du) L21-L22
Petit Pont (Pont) L19
Pierre au Lard (Rue) J20
Plâtre (Rue du) J20-K20
Poissonnerie (Imp. de la) K21
Pompidou (Place Georges) J20
Pompidou (Voie Georges) K19-L21
Pont Louis Philippe (R. du) K20-L20
Poulletier (Rue) L21
Prévôt (Rue du) K21-L21
Quincampoix (Rue) J20-J19
Rambuteau (Rue) J19-J20
Renard (Rue du) J20-K20
Rivoli (Rue de) I16-K21
Roi de Sicile (Rue du) K20-K21
Rosiers (Rue des) K21
Saint-Antoine (Rue) K21-L22
Saint-Bon (Rue) K20
Ste-Croix la Bretonnerie (R.) K20-K21
Ste-Croix la Bretonnerie (Sq.) K20
Saint-Gervais (Place) K20
Saint-Louis (Pont) L20
Saint-Louis en l'Ile (Rue) L20-L21
Saint-Martin (Rue) H20-J20
Saint-Merri (Rue) J20-K20
Saint-Michel (Pont) L19
Saint-Paul (Pass. et rue) L21
Saint-Paul (Village) L21
Schomberg (Rue de) M21-M22
Schweitzer (Square Albert) L21
Sébastopol (Bd de) H20-K19
Sévigné (Rue de) K21-K22
Singes (Passage des) K21
Stravinsky (Place Igor) J20
Sully (Pont de) M22
Sully (Rue de) L21-M22
Tacherie (Rue de la) K19-K20
Teilhard De Chardin (Place du Père) L21
Temple (Rue du) I21-K20
Tiron (Rue) K21
Tour St-Jacques (Sq. de la) K19
Tournelle (Pont de la) L20-M19
Tournelles (Rue des) K22-L22
Trésor (Rue du) K21
Turenne (Rue de) I22-L21
Ursins (Rue des) L20
Venise (Rue de) J20
Verrerie (Rue de la) K20
Victoria (Avenue) K19-K20
Vieille du Temple (Rue) J22-K21
Vosges (Place des) K22

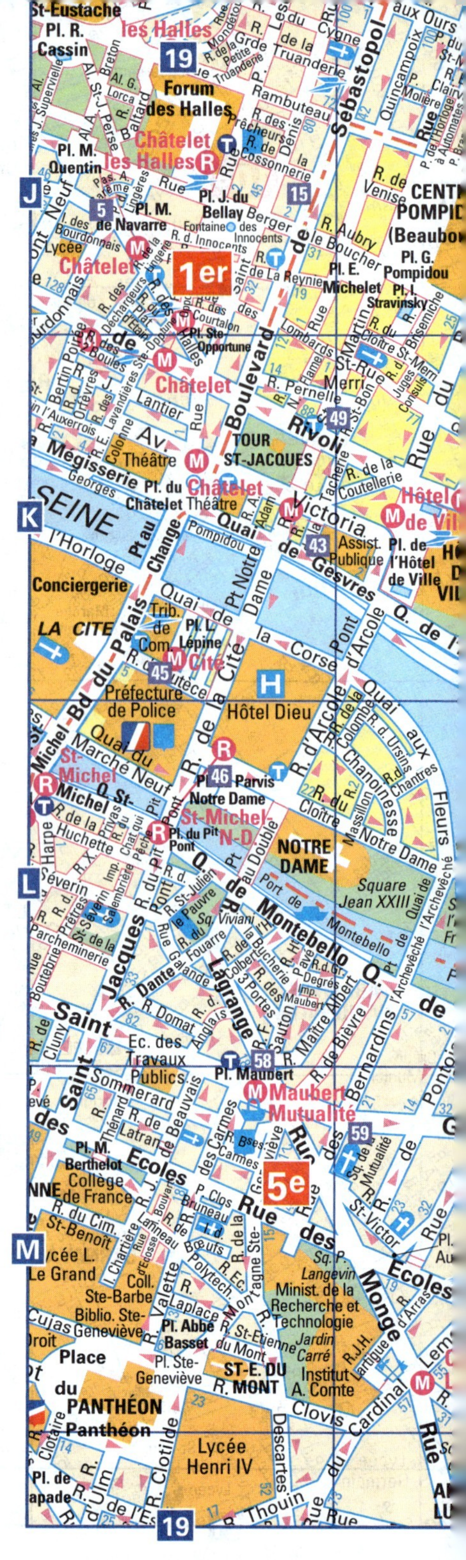

1 carreau = 500m

les rues du 5e

Adanson (Square) O20
Albert (Rue Maître) L19-L20
Amyot (Rue) N19
Anglais (Rue des) L19
Arbalète (Rue de l') O19
Archevêché (Pont de l') L20
Arènes (Rue des) N20
Arènes de Lutèce (Square des) N20
Arras (Rue d') M20
Audin (Place Maurice) M20
Austerlitz (Pont d') N22
Austerlitz (Villa d') N21
Barbusse (Rue Henri) N18-O18
Basse des Carmes (Rue) M19
Basset (Place de l'Abbé) M19
Bazeilles (Rue de) O19-O20
Beauvais (Rue Jean De) M19
Bernanos (Avenue Georges) O18
Bernard (Rue Claude) O19-O20
Bernardins (Rue des) L20-M19
Berthelot (Place Marcellin) M19
Berthollet (Rue) O19
Bièvre (Rue de) L20-M19
Blainville (Rue) N19
Bœufs (Impasse des) M19
Boulangers (Rue des) M20
Boutebrie (Rue) L19
Bouvart (Impasse) M19
Broca (Rue) O19
Brossolette (Rue Pierre) N19
Bûcherie (Rue de la) L19
Buffon (Rue) N22-O20
Calvin (Rue Jean) N19
Candolle (Rue de) O20
Capitan (Square) N20
Carmes (Rue des) M19
Carré (Jardin) M19
Censier (Rue) O20
Champollion (Rue) M18
Chantiers (Rue des) M20
Chartière (Impasse) M19
Chat qui Pêche (Rue du) L19
Cimetière Saint-Benoît (Rue du) M19
Clef (Rue de la) O20
Clos Bruneau (Passage du) M19
Clotaire (Rue) M19-N19
Clotilde (Rue) M19-N19
Clovis (Rue) M19-M20
Cluny (Rue de) L19
Cochin (Rue) M20
Collégiale (Rue de la) O20
Contrescarpe (Place de la) N19
Cousin (Rue Victor) M18
Cujas (Rue) M18-M19
Curie (Rue Pierre et Marie) N18-N19
Cuvier (Rue) M21-N20
Dante (Rue) L19
Daubenton (Rue) O19-N20
Descartes (Rue) M19-N19
Desplas (Rue Georges) N20
Dolomieu (Rue) N20
Domat (Rue) L19
Double (Pont au) L19
École Polytechnique (Rue de l') M19
Écoles (Rue des) M18-M20
Écosse (Rue d') M19
Épée de Bois (Rue de l') N19-N20
Erasme (Rue) N19
Essai (Rue de l') O21
Estrapade (Place de l') N19
Estrapade (Rue de l') N19
Fer à Moulin (Rue du) O20
Feuillantines (Rue des) N18
Flatters (Rue) O19
Fossés Saint-Bernard (Rue des) M20
Fossés Saint-Jacques (Rue des) M18-N19
Fossés Saint-Marcel (Rue des) O20
Fouarre (Rue du) L19
Fustel De Coulanges (Rue) O18
Galande (Rue) L19
Gay-Lussac (Rue) M18-O19
Gobelins (Avenue des) O20
Gracieuse (Rue) N20
Grands Degrés (Rue des) L19-L20
Gril (Rue du) N20-O20
Halpern (Place Bernard) O19-O20
Harpe (Rue de la) L19
Haut Pavé (Rue du) L19
Herr (Place Lucien) N19
Hôpital (Boulevard de l') O21
Hôtel Colbert (Rue de l') L19
Houël (Rue Nicolas) N21
Huchette (Rue de la) L19
Irlandais (Rue des) N19
Jaillot (Passage) N20
Jussieu (Place) M20
Jussieu (Rue) M20-N21
Kastler (Place Alfred) N19
L'Épée (Rue de l'Abbé De) N18
La Brosse (Rue Guy De) N20
Lacépède (Rue) N19-N20
Lagarde (Rue) O19
Lagarde (Square) O19
Lagrange (Rue) L19
Lampué (Place Pierre) O19
Langevin (Square Paul) M20
Lanneau (Rue de) M19
Laplace (Rue) M19
Laromiguière (Rue) N19
Larrey (Rue) N20
Lartigue (Rue Jacques-Henri) M20
Latran (Rue de) M19
Laveran (Place Alphonse) O18
Le Goff (Rue) M18
Lemoine (Cité du Cardinal) M20
Lemoine (Rue du Cardinal) M20
Lhomond (Rue) N19
Linné (Rue) M20-N20
Lyonnais (Rue des) O19
Mâle (Place Émile) N20
Malebranche (Rue) M18
Malus (Rue) N20
Marché aux Chevaux (Impasse du) O20-O21
Marché des Patriarches (Rue du) O20
Marin (Place Louis) N18
Maubert (Impasse) L19
Maubert (Place) M19
Maurel (Passage) N21
Mirbel (Rue de) O20
Mohammed V (Place) M20
Monge (Place) N20
Monge (Rue) M19-O20
Montagne (Square Robert) N20
Montagne Sainte-Geneviève (Rue de la) M19
Montebello (Port de) L19-L20
Montebello (Quai de) L19-L20
Mouffetard (Rue) N19-O19
Mouffetard Monge (Galerie) N19-N20
Mutualité (Square de la) M20
Navarre (Rue de) N20
Nicole (Rue Pierre) N18-O18
Observatoire (Avenue de l') N18-O18
Ortolan (Rue) N19-N20
Ortolan (Square) N20
Paillet (Rue) M18
Painlevé (Place Paul) M19
Panthéon (Place du) M19
Parcheminerie (Rue de la) L19
Pascal (Rue) O20-P19
Patriarches (Passage des) O19-O20
Patriarches (Rue des) N20-O20
Pestalozzi (Rue) N20
Petit Moine (Rue du) O20
Petit Pont (Place du) L19
Petit Pont (Pont) L19
Petit Pont (Rue du) L19
Plantes (Jardin des) N21
Poissy (Rue de) M20
Poliveau (Rue) O21
Pontoise (Rue de) L20-M20
Port Royal (Boulevard de) O18-P20
Postes (Passage des) O19

Pot de Fer (Rue du) N19
Prêtres Saint-Séverin (Rue des) L19
Privas (Rue Xavier) L19
Puits de l'Ermite (Place du) N20
Puits de l'Ermite (Rue du) N20
Quatrefages (Rue de) N20
Quénu (Rue Édouard) O19
Rataud (Rue) O19
Rollin (Rue) N19-N20
Rossi (Square Tino) M21
Royer Collard (Impasse) N18
Royer Collard (Rue) M18-N18
Saint-Bernard (Port) M21-N22
Saint-Bernard (Quai) M21-N22
Sainte-Geneviève (Place) M19
Saint-Etienne du Mont (Rue) M19
Saint-Germain (Boulevard) J15-M20
Saint-Hilaire (Rue Geoffroy) O20
Saint-Jacques (Rue) L19-O18
Saint-Julien le Pauvre (Rue) L19
Saint-Marcel (Boulevard) O21-P20
Saint-Médard (Rue) N19-N20
Saint-Michel (Boulevard) L19-O18
Saint-Michel (Place) L19
Saint-Michel (Pont) L19
Saint-Michel (Quai) L18-L19
Saint-Séverin (Rue) L19

5e
4e
13e
Panthéon
1 carreau = 500m
19
20
21
Hôtel Dieu
Parvis Notre Dame
St-Michel-N.-D.
NOTRE DAME
Square Jean XXIII
Sq. de l'Ile de France
ILE SAINT LOUIS
ST-LOUIS EN L'ILE
Quai de Montebello
Quai de la Tournelle
Quai de Béthune
Quai d'Orléans
Quai de Bourbon
Pont de Sully
Bd Henri IV
Sq. Barye
Pl. Maubert
Maubert Mutualité
Germain
Rue des Écoles
Place Mohammed V
INSTITUT DU MONDE ARABE
Faculté des Sciences
Quai Saint Bernard
Sq. Tino Rossi
Cardinal Lemoine
Place Jussieu
Jussieu
Rue Cuvier
Ménagerie
Jardin des Plantes
MUSÉUM NATIONAL D'HISTOIRE NATURELLE
MOSQUÉE DE PARIS
ARÈNES DE LUTÈCE
Sq. d. Arènes de Lutèce
Lycée Henri IV
ST-E. DU MONT
Institut A. Comte
Minist. de la Recherche et Technologie
Pl. de la Contrescarpe
Rue Monge
Rue Mouffetard
Pl. Monge
Rue Lacépède
Rue Linné
Rue Geoffroy
Rue Buffon
Place Valhubert
Gare d'Austerlitz
Quai d'Austerlitz
Pont d'Austerlitz
Caisse des et Consig
Square Marie Curie
Rue Daubenton
Censier Daubenton
Fac. d. Lettres et Sciences Humain.
Rue Poliveau
Rue Censier
Institut National Agronomique
Boulevard de l'Hôpital
Boulevard Saint Marcel
St-Marcel
St-Louis
la Pitié-Salpêtrière
Université de Paris Faculté de Médecine Pitié-Salpêtrière
Sq. Scipion
Assistance Publique
Avenue des Gobelins
Gobelins
Boulevard de Port Royal
Port Royal
Espl. Léo Hamon
Rue Broca
Rue Pascal
Rue Claude Bernard
Boulevard Morland
Pont Morland
Biblio. de l'Arsenal
Schomberg
Rue Mornay

les rues du 6e

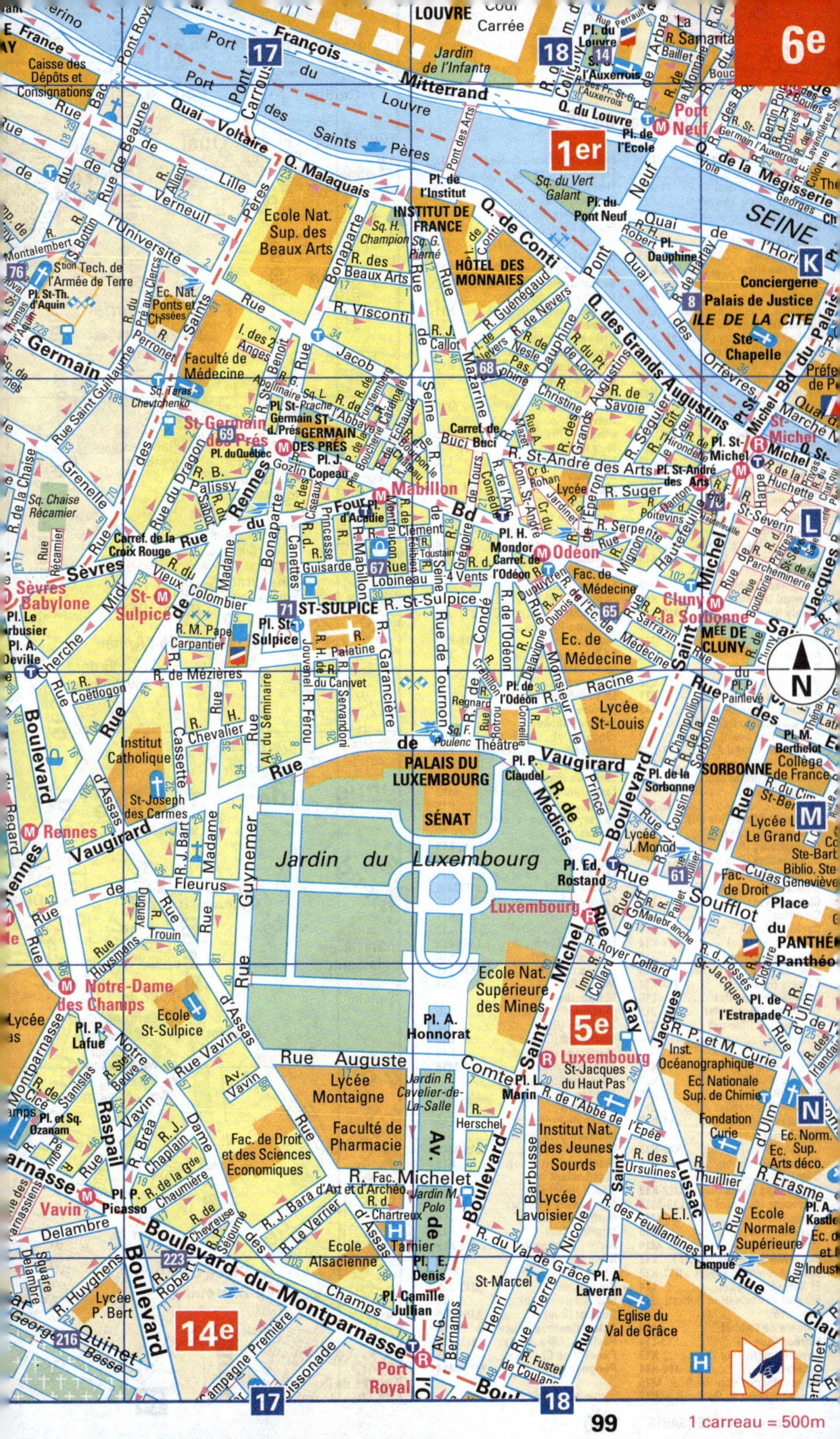
6e
1er
5e
14e
SEINE
LOUVRE
Cour Carrée
Jardin de l'Infante
Q. François Mitterrand
Port des Saints Pères
Port du Louvre
Quai Voltaire
Q. Malaquais
Q. de Conti
Q. des Grands Augustins
Q. du Louvre
Quai de l'Horloge
Q. de la Mégisserie
Caisse des Dépôts et Consignations
Pont Royal
Pont du Carrousel
Pont des Arts
Pont Neuf
Pont St-Michel
Sq. du Vert Galant
Pl. du Pont Neuf
Pl. de l'Institut
Pl. de l'Ecole
Pl. Dauphine
INSTITUT DE FRANCE
Sq. H. Champion
Sq. G. Pierné
HÔTEL DES MONNAIES
Ecole Nat. Sup. des Beaux Arts
Conciergerie
Palais de Justice
ILE DE LA CITE
Ste-Chapelle
La Samaritaine
Rue du Bac
Rue de Beaune
Rue de Lille
Rue de Verneuil
Rue de l'Université
Rue Jacob
Rue Bonaparte
R. des Beaux Arts
R. Visconti
Rue de Seine
Rue Mazarine
R. Guénégaud
R. de Nesle
R. de Nevers
Rue Dauphine
R. Christine
R. des Grands Augustins
R. de Savoie
R. Séguier
R. Gît le Cœur
R. de l'Hirondelle
Pl. St-Michel
Pl. St-André des Arts
R. St-André des Arts
Stion Tech. de l'Armée de Terre
Pl. St-Th. d'Aquin
Ec. Nat. Ponts et Chaussées
Faculté de Médecine
Bd St-Germain
Sq. Taras Chevtchenko
St-Germain des Prés
Pl. du Québec
Pl. St-Germain d. Prés
ST-GERMAIN DES PRES
Pl. J. Copeau
R. Gozlin
Sq. Chaise Récamier
R. de Grenelle
Rue Saint Guillaume
Rue du Dragon
R. B. Palissy
Rue de Rennes
Carref. de la Croix Rouge
Rue de Sèvres
Sèvres Babylone
Pl. Le Corbusier
Pl. A. Deville
R. du Cherche Midi
R. du Vieux Colombier
St-Sulpice
Rue Madame
R. des Canettes
R. Princesse
R. Guisarde
Rue Mabillon
Rue Lobineau
Mabillon
Four d'Acadie
R. Clément
R. de Montfaucon
Carref. de Buci
Rue de Buci
Bd St-Germain
Cour de Rohan
Lycée Fénelon
R. Suger
R. Serpente
R. Danton
Odéon
Pl. H. Mondor
Carref. de l'Odéon
R. de l'Ancienne Comédie
Fac. de Médecine
R. de l'Ecole de Médecine
Cluny la Sorbonne
MEE DE CLUNY
Boulevard Saint Michel
Rue St-Séverin
R. de la Huchette
R. de la Harpe
R. de la Parcheminerie
Rue St-Jacques
ST-SULPICE
Pl. St-Sulpice
R. St-Sulpice
R. M. Pape Carpantier
R. Palatine
R. Garancière
R. de Tournon
R. de Condé
R. de l'Odéon
R. Crébillon
Pl. de l'Odéon
Théâtre
Sq. F. Poulenc
Rue Racine
Lycée St-Louis
R. Monsieur le Prince
R. de Mézières
R. Coëtlogon
R. Cassette
R. Chevalier
R. du Vieux Colombier
R. H. de Jouvenel
R. Férou
R. Servandoni
R. du Canivet
R. de Vaugirard
Institut Catholique
St-Joseph des Carmes
Boulevard Raspail
Rennes
Rue de Fleurus
R. J. Bart
Rue Guynemer
PALAIS DU LUXEMBOURG
SÉNAT
Jardin du Luxembourg
Pl. P. Claudel
R. de Médicis
Pl. Ed. Rostand
Luxembourg
Pl. de la Sorbonne
SORBONNE
Collège de France
Pl. M. Berthelot
Lycée Louis Le Grand
Lycée St-Louis
Lycée J. Monod
Rue Soufflot
Fac. de Droit
Rue Cujas
Place du Panthéon
R. Royer Collard
R. Le Goff
R. Malebranche
R. des Fossés St-Jacques
Pl. de l'Estrapade
Rue d'Ulm
Pl. P. Painlevé
R. Champollion
Ecole Nat. Supérieure des Mines
Pl. A. Honnorat
Rue Auguste Comte
Lycée Montaigne
Faculté de Pharmacie
Jardin R. Cavelier-de-La-Salle
Av. de l'Observatoire
Rue Vavin
Av. Vavin
Rue Huysmans
Rue de Fleurus
Notre-Dame des Champs
Ecole St-Sulpice
Pl. P. Lafue
R. Stanislas
Pl. et Sq. Ozanam
Rue Notre Dame des Champs
R. Bréa
R. J. Chaplain
Fac. de Droit et des Sciences Economiques
R. Fac. Michelet
Jardin M. Polo
R. de la Gde Chaumière
R. de Chevreuse
Pl. P. Picasso
Vavin
Rue Delambre
Square Delambre
Boulevard du Montparnasse
R. J. Bara
R. Le Verrier
Ecole Alsacienne
R. d'Assas
Pl. E. Denis
Pl. Camille Jullian
Tarnier
Pl. L. Marin
R. de l'Abbé de l'Epée
St-Jacques du Haut Pas
Luxembourg
Institut Nat. des Jeunes Sourds
Lycée Lavoisier
R. Herschel
Rue Gay Lussac
R. des Ursulines
Inst. Océanographique
Ec. Nationale Sup. de Chimie
Fondation Curie
R. P. et M. Curie
Ec. Norm. Sup.
Ec. Arts déco.
R. Erasme
Ecole Normale Supérieure
R. Lhomond
L.E.I.
R. des Feuillantines
Pl. P. Lampué
Rue Claude Bernard
R. du Val de Grâce
Pl. A. Laveran
Eglise du Val de Grâce
St-Marcel
Rue Henri Barbusse
Rue Pierre Nicole
R. Fustel de Coulanges
Bd de Port Royal
Port Royal
Av. G. Bernanos
Rue Campagne Première
R. Boissonade
Lycée P. Bert
R. Huyghens
Boulevard Edgar Quinet
R. Besse
Boulevard Raspail
Robert
1 carreau = 500m

les rues du 7e

Suite de l'index page 102

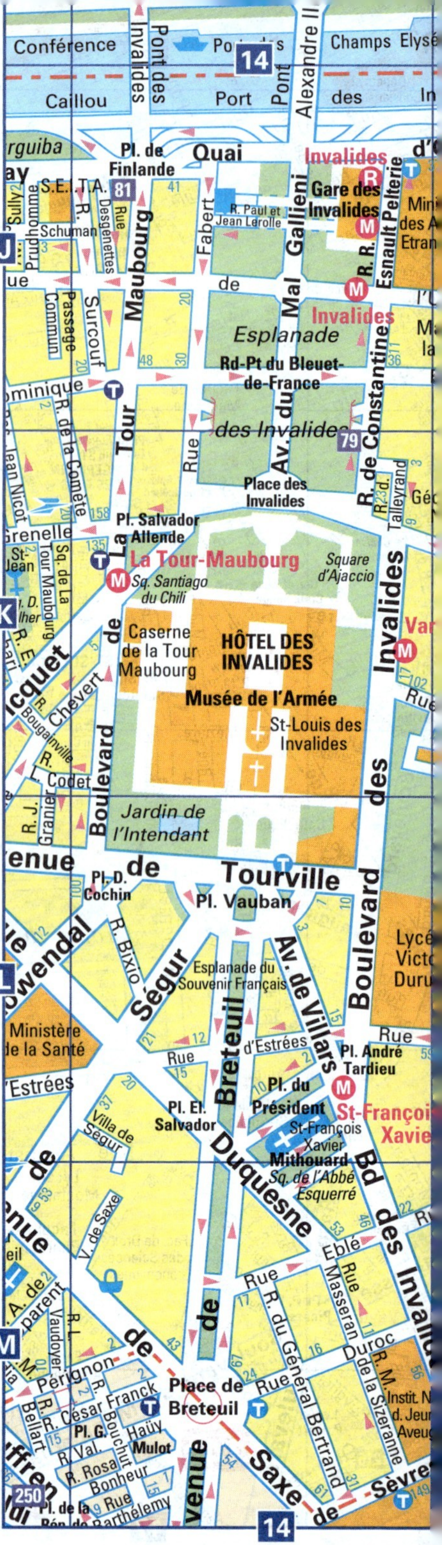

7e est
Invalides
ASSEMBLÉE NATIONALE
PALAIS BOURBON
Assemblée Nationale
ORANGERIE
Jardin des Tuileries
Tuileries
1er
Quai Anatole France
Port de la Concorde
Port des Tuileries
Terrasse du Bord de l'Eau
Quai des Tuileries
Pont de la Concorde
Passerelle de Solférino
Port de Solférino
Musée d'Orsay
MUSÉE D'ORSAY
Palais de la Légion d'Honneur
Pl. H. de Montherlant
Secrt d'Etat aux P.M.E. au Com. et à l'Artisanat
Ministère de la Défense
Caisse des Dépôts et Consignations
Quai Voltaire
Port des Saints Pères
Pont Royal
Pont du Carrousel
Pl. du Palais Bourbon
Pl. du Prés. E. Herriot
Boulevard Saint Germain
Rue de Lille
Rue de l'Université
Rue de Verneuil
Rue du Bac
Rue de Beaune
Rue de Poitiers
Rue de Bellechasse
Rue de Villersexel
R. de la Légion d'Honneur
Pl. J. Bainville
Solférino
Rue Saint Dominique
Rue Las Cases
Ste-Clotilde
Minis. de l'Education Nationale
Rue de Bourgogne
Rue de Grenelle
Pentemont
Ministère de l'Agriculture
Rue de Varenne
Hôtel Matignon
Cité de Varenne
Sq. de La Rochefoucauld
Rue de Babylone
Rue Barbet de Jouy
Rue Vaneau
Rue de Chanaleilles
Rue Monsieur
Rue Oudinot
Jardin C. Labouré
Ancien Hôpital Laennec
St-Jean de Dieu
Rue Rousselet
Rue Pierre Leroux
Vaneau
Rue de Sèvres
Sèvres Babylone
Bon Marché
Square Boucicaut
Pl. Le Corbusier
Pl. A. Deville
St-Ignace
St-Vincent de Paul
Galerie Sévrien
Sq. St-Romain
Rue du Cherche Midi
Rue de l'Abbé Grégoire
Rue Saint Placide
Rue du Regard
Boulevard Raspail
Rue du Bac
Rue de la Chaise
Sq. Chaise Récamier
Rue Récamier
Sq. des Missions Etrangères
R. de Commaille
R. de Narbonne
R. de la Planche
Rue Saint Guillaume
Rue du Dragon
Carref. de la Croix Rouge
Rue de Rennes
Rue des Saints Pères
Faculté de Médecine
Sq. Taras Chevtchenko
St-Germain des Prés
Pl. du Québec
Ec. Nat. Ponts et Chssées
Rue du Pré aux Clercs
Rue Perronet
Stion Tech. de l'Armée de Terre
Pl. St-Th. d'Aquin
Rue du Bac
Rue de Luynes
Sq. de Luynes
Rue Montalembert
Rue de Gribeauval
Rue St-Simon
Rue Bonaparte
Rue du Vieux Colombier
Rue Madame
St-Sulpice
Pl. St-Sulpice
R. M. Pape Carpantier
R. de Mézières
Rue Cassette
Institut Catholique
St-Joseph des Carmes
Rue de Vaugirard
Rue d'Assas
Rue de Fleurus
Rue Guynemer
Rennes
St-Placide
6e
Boulevard du Montparnasse
Rue Mayet
Rue de la Salle
Pl. L.P. Fargue

les rues du 7e (suite)

Perronet (Rue) K17
Poitiers (Rue de) K16
Pouvillon (Avenue Émile) K12
Pré aux Clercs (Rue du) K17
Psichari (Rue Ernest) K13
Rapp (Avenue) J12-K12
Rapp (Square) K12
Raspail (Boulevard) K16-P17
Récamier (Rue) L16
Reclus (Avenue Elisée) K12
Refuzniks (Allée des) K11
Résistance (Place de la) J12
Risler (Avenue Charles) K12-L12
Robiac (Square de) K13
Rousselet (Rue) M15
Royal (Pont) J16-J17
Rueff (Place Jacques) K12
Sacy
(Avenue Silvestre De) J12-K12
Saint-Dominique (Rue) K12-K16
Saint-Germain
(Boulevard) J15-M20
Saint-Guillaume (Rue) K17-L16
Saint-Simon (Rue de) K16
Saints-Pères (Port des) K18
Saints-Pères (Rue des) K17-L16
Saint-Thomas d'Aquin (Pl.) K16
Saint-Thomas d'Aquin (Rue) K16
Santiago du Chili (Square) K14
Savorgnan De Brazza (R.) K13-L13
Saxe (Avenue de) L13-M14
Saxe (Villa de) M14
Schuman
(Avenue Robert) J13-J14
Sédillot (Rue) J12-K12
Sédillot (Square) K12-K13
Ségur (Avenue de) L14-M13
Ségur (Villa de) M14
Sèvres (Rue de) L16-N14
Sizeranne
(Rue Maurice De La) M14
Solférino (Passerelle) J16
Solférino (Port de) J15-K16
Solférino (Rue de) J16
Souvenir Français
(Esplanade du) L14
Suffren (Avenue de) K11-N13
Suffren (Port de) L10
Sully Prudhomme (Avenue) J13
Surcouf (Rue) J14
Sydney (Place de) K11
Talleyrand (Rue de) K14
Tardieu (Place André) L14
Thomy Thierry (Allée) K11-L12
Tourville (Avenue de) L13-L14
Tripier
(Avenue du Général) K12-L12
Union (Passage de l') K13
Université (Rue de l') J12-K17
Valadon (Rue) K13
Valentin (Rue Edmond) J12-J13
Valmy (Impasse de) K16
Vaneau (Cité) L15
Vaneau (Rue) K15-M15
Varenne (Cité de) L15
Varenne (Rue de) K15-L16
Vauban (Place) L14
Vaudoyer (Rue Léon) M13
Velpeau (Rue) L16
Verneuil (Rue de) K16-K17
Vierge (Passage de la) K13
Villars (Avenue de) L14
Villersexel (Rue de) K16
Villey (Rue Pierre) J13-K13
Visitation (Passage de la) K16
Voltaire (Quai) J16-K17

voir plan de l'est page précédente

Port de la Conférence
Port du Gros Caillou
Esplanade Habib Bourguiba
Quai d'Orsay
Invalides
Gare des Invalides
Ministère des Affaires Etrangères
ASSEMBLÉE NATIONALE
PALAIS BOURBON
Maison de la Chimie
Esplanade des Invalides
Rd-Pt du Bleuet-de-France
Place des Invalides
Institut Géographique National
La Tour-Maubourg
Varenne
HÔTEL DES INVALIDES
Musée de l'Armée
St-Louis des Invalides
MUSÉE RODIN
Jardin de l'Intendant
Ecole Militaire
Place de l'Ecole Militaire
Avenue de Tourville
Pl. Vauban
Lycée Victor Duruy
Ecole Supérieure de Guerre
ECOLE MILITAIRE
Ministère de la Santé
Place de Fontenoy
Esplanade du Souvenir Français
St-François Xavier
U.N.E.S.C.O.
N.-D. du Bon Conseil
St-Jean de Dieu
Cambronne
Ségur
Place de Breteuil
Duroc
Instit. Nat. d. Jeunes Aveugles
Boulevard Garibaldi
St-Pie X
Avenue de Saxe
Boulevard des Invalides
Avenue Bosquet
Rue St-Dominique
Rue de Grenelle
Avenue de la Motte Picquet
Avenue de Lowendal
Avenue de Ségur
Avenue de Suffren
Avenue Duquesne
Avenue de Breteuil
Rue de Sèvres
1 carreau = 500m

les rues du 8e

Aguesseau (Rue d') H15
Albert Ier (Cours) I13
Alexandre III (Pont) I14-J14
Alma (Place de l') I12
Alma (Pont de l') J12
Amsterdam (Cour d') F16-G16
Amsterdam (Impasse d') F16
Amsterdam (Rue d') F16-E16
Andrieux (Rue) F15
Anjou (Rue d') H15
Antin (Impasse d') I13-I14
Arcade (Rue de l') G16
Argenson (Rue d') G15
Artois (Rue d') H13-G13
Astorg (Rue d') G15
Balzac (Rue) G12-G13
Bassano (Rue de) H12-I12
Bastiat (Rue Frédéric) G13-H13
Batignolles (Boulevard des) E16-F15
Bauchart (Rue Quentin) H12-H13
Baudry (Rue Paul) H13
Bayard (Rue) I13
Beaucour (Avenue) F13-G12
Beaujon (Rue) G12-G13
Beaujon (Square) G14
Beauvau (Place) H15
Bergson (Place Henri) G15
Berlin (Square de) I14
Berne (Rue de) E15-F16
Bernoulli (Rue) F15
Berri (Rue de) G13-H13
Berri-Washington (Galerie) H13
Berryer (Cité) H15-H16
Berryer (Rue) G13
Berthie Albrecht (Avenue) G12
Bertillon (Imp. du Docteur Jacques) I12
Beyrouth (Place de) I12
Bienfaisance (Rue de la) G14-G15
Boccador (Rue du) I12-I13
Boissy d'Anglas (Rue) H15-I15
Bourdin (Impasse) I13
Brocard (Place du Général) F13
Bucarest (Rue de) F16
Budapest (Place de) F16
Byron (Rue Lord) G12
Caire (Avenue César) G15
Cambacérès (Rue) G15-H15
Canada (Place du) I14
Carré d'Or (Galerie) H12
Castellane (Rue de) H16
Cerisoles (Rue de) H13
Cézanne (Rue Paul) G13-G14
Chambiges (Rue) I13
Champs (Galerie des) H13
Champs Élysées (Avenue des) G12-I15
Champs Élysées (Port des) I14
Champs Élysées Marcel Dassault (Rond-Point des) H14-I14
Charron (Rue Pierre) H12-H13
Chassaigne Goyon (Place) G14-H14
Chateaubriand (Rue) G12-G13
Chauveau Lagarde (Rue) H15-H16
Churchill (Avenue Winston) I14
Cirque (Rue du) H14
Clapeyron (Rue) E16-F16
Claridge (Galerie du) H13
Clemenceau (Place) I14
Clichy (Place de) E16
Colisée (Rue du) H13-H14
Colomb (Rue Christophe) H12
Commun (Passage) I13
Comtesse De Ségur (Allée) F13-F14
Concorde (Place de la) I15
Concorde (Pont de la) I15-J15
Concorde (Port de la) I15
Conférence (Port de la) I13
Constantinople (Rue de) F15
Copenhague (Rue de) F15
Corvetto (Rue) F14-G14
Courcelles (Boulevard de) F12-F14
Courcelles (Rue de) G14
Dany (Impasse) F15
Daru (Rue) F13-G12
Delcassé (Avenue) G14
Dublin (Place de) F16
Dunant (Place Henry) H12
Duphot (Rue) H16
Duras (Rue de) H15
Dutuit (Avenue) I14-I15
Edimbourg (Rue d') F15
Eisenhower (Avenue du Général) I14
Élysée (Rue de l') H15
Élysées 26 (Galerie) H13-H14
Élysées La Boétie (Galerie) H13
Élysées Rond-Point (Galerie) H13-H14
Estienne (Rue Robert) H13
Euler (Rue) H12
Europe (Place de l') F16
Faubourg Saint-Honoré (Rue du) F12-H16
Ferdousi (Avenue) F14
Florence (Rue de) E16
Fortin (Impasse) H13-G13
Foy (Rue du Général) F15-G15
François Ier (Place) I13
François Ier (Rue) H12-I14
Friedland (Avenue de) G12-G13
Gabriel (Avenue) H14-I15
Galilée (Rue) H12-I11
Gaulle (Place Charles De) G11
George V (Avenue) H12-I12
Girault (Avenue Charles) I14
Goubaux (Place Prosper) F14-F15
Goujon (Rue Jean) I13-I14
Greffulhe (Rue) G16-H16
Guatemala (Place du) G15
Guillaumin (Place Georges) G12
Haussmann (Boulevard) G14
Havre (Cour du) G16
Havre (Place du) G16
Havre (Rue du) G16
Herrick (Avenue Myron) G14
Hoche (Avenue) F13-G12
Houssaye (Rue Arsène) G12
Intérieure (Rue) G16
Invalides (Pont des) I14-J14
Isly (Rue de l') G16
La Baume (Rue De) G14
La Boétie (Rue) G15-H13
La Trémoille (Rue De) I12-I13
Laborde (Rue de) G15
Lamennais (Rue) G13
Lancereaux (Rue du Docteur) G13-G14
Larribe (Rue) F15
Lavoisier (Rue) G15
Lido (Arcades du) H13
Liège (Rue de) F16
Lincoln (Rue) H13
Lisbonne (Rue de) F13-F14
Londres (Rue de) G17
Louis XVI (Square) G16
Madeleine (Boulevard de la) H16
Madeleine (Galerie de la) H15-H16
Madeleine (Marché de la) H16
Madeleine (Passage de la) H16
Madeleine (Place de la) H16
Madrid (Rue de) F15
Magellan (Rue) H12
Malesherbes (Boulevard) F14-H16
Maleville (Rue) F14
Marbeuf (Rue) H13-I12
Marceau (Avenue) G12-I12
Marignan (Passage) H13
Marignan (Rue de) H13-I13
Marigny (Avenue de) H15-I14
Marot (Rue Clément) H12-I13
Mathurins (Rue des) G15-G17
Matignon (Avenue) H14
Mermoz (Rue Jean) H14
Messine (Avenue de) F14-G14
Messine (Rue de) G14
Miromesnil (Rue de) F14-H15
Mollien (Rue) F14-G14
Monceau (Parc de) F14-F13
Monceau (Rue de) F15-G13
Montaigne (Avenue) H14-I13

Montalivet (Rue) H15
Moscou (Rue de) E15-F16
Murat (Rue Louis) G13-G14
Murillo (Rue) F13-F14
Naples (Rue de) F14-F15
Narvik (Place de) G14
Néva (Rue de la) F12
Nouvelle (Villa) G12
Odiot (Cité) G13
Pagnol (Square Marcel) G15
Pasquier (Rue) G16-H16
Pelouze (Rue) F15
Penthièvre (Rue de) G15-H14
Pépinière (Rue de la) G15-G16
Percier (Avenue) G14
Péri (Place Gabriel) G16
Pérou (Place du) G13
Pierre Ier De Serbie (Avenue) H12-I11
Pierre le Grand (Rue) F12
Point Show (Galerie) H13
Ponthieu (Rue de) H13-H14
Portalis (Rue) F15-G15
Presbourg (Rue de) G11-H12
Proust (Allée Marcel) I14-I15
Provence (Rue de) G16-G18
Puteaux (Passage) G16
Rabelais (Rue) H14
Reine (Cours de la) I14-I15
Reine Astrid (Place de la) I12
Rembrandt (Rue) F13-G13
Renaissance (Rue de la) I13

1 carreau = 500m

9e

les rues du 9e

Abbeville (Rue d') F20
Amsterdam (Rue d') G16-E16
Antin (Cité d') G17
Anvers (Place d') E19
Athènes (Rue d') F16
Auber (Rue) G16-H17
Aumale (Rue d') F17-F18
Bailly (Rue de l'Agent) F18
Ballu (Rue) E16-F17
Ballu (Villa) E16-F16
Bellefond (Rue de) F19
Bergère (Cité) H18-H19
Bergère (Rue) H18-H19
Berry (Place Georges) G16
Blanche (Place) E17
Blanche (Rue) E17-G17
Bleue (Rue) G19
Bochart de Saron (Rue) E18-F18
Boudreau (Rue) H16
Boulanger (Place Lili) E16-E17
Boule Rouge (Impasse de la) G19
Boule Rouge (Rue de la) G19
Bourdaloue (Rue) G18
Briare (Impasse) G18-G19
Bruxelles (Rue de) E16-E17
Budapest (Place de) F16
Budapest (Rue de) G16
Buffault (Rue) G18
Cadet (Rue) G18-G19
Calais (Rue de) E17
Capucines (Bd des) H16-H17
Caumartin (Rue de) G16-H16
Chantilly (Rue de) F19
Chaptal (Cité et rue) F17
Charras (Rue) G16-G17
Châteaudun (Rue de) G17-G18
Chauchat (Rue) G18-H18
Chaussée d'Antin (R. de la) G17-H17
Cheverus (Rue de) F17-G17
Choron (Rue) F18-G18
Clauzel (Rue) F18
Clichy (Boulevard de) E16-E18
Clichy (Place de) E16
Clichy (Rue de) E16-G17
Collin (Passage) E17
Condorcet (Cité) F19
Condorcet (Rue) F18-F19
Conservatoire (Rue du) G19-H19
Coq (Avenue du) G17
Cretet (Rue) E18-F18
Delta (Rue du) E19
Deux Sœurs (Passage des) G18
Diaghilev (Place) G17
Douai (Rue de) E16-F17
Drouot (Rue) G18-H18
Dunkerque (Rue de) E19-F21
Duperré (Rue) E17-E18
École (Impasse de l') F18
Edouard VII (Place et rue) H16
Edouard VII (Square) H16
Escudier (Rue Paul) F17
Estienne D'Orves (Place D') G17
Fbg Montmartre (R. du) G18-H18
Fbg Poissonnière (R. du) E19-H19
Fénélon (Cité) F18
Fléchier (Rue) G18
Fontaine (Rue Pierre) E17-F17
Frochot (Avenue) E18-F18
Frochot (Rue) E18-F18
Fromentin (Rue) E17
Garnier (Place Charles) H17
Gérando (Rue) E19-F19
Gluck (Rue) G17-H17
Godon (Cité Charles) F18
Godot De Mauroy (Rue) G16-H16
Grange Batelière (R. de la) G18
Halévy (Rue) G17-H17
Haret (Rue Pierre) E17
Haussmann (Boulevard) H18-G16
Havre (Passage et place du) G16
Havre (Rue du) G16
Helder (Rue du) H17
Henner (Rue) F17
Huit Nov. 1942 (Pl. du) F19-G19
Italiens (Boulevard des) H17
Italiens (Rue des) H17
Joubert (Rue) G16-G17
Jouffroy (Passage) G18-H18
Kaplan (Place Jacob) G18
Kossuth (Place) G18
La Bruyère (Rue) F17-F18
La Bruyère (Square) F17
La Fayette (Rue) E22-G17
La Rochefoucauld (R. De) F17-G17
La Tour D'Auvergne (Imp. De) F18
La Tour D'Auvergne (R. De) F18-F19
Laferrière (Rue) F18
Laffitte (Rue) G18-H18
Lallier (Rue) F18
Lamartine (Rue) G18-G19
Le Peletier (Rue) G18-H18
Lebas (Rue Hippolyte) F18-G18
Lefebvre (Rue Jules) F16
Lentonnet (Rue) F19
Liège (Rue de) F16
Londres (Cité de) G16
Londres (Rue de) F16-G17
Madeleine (Boulevard de la) H16
Malesherbes (Cité) F18
Mansart (Rue) E17
Manuel (Rue) F18
Marie (Rue Geoffroy) G18-G19
Martyrs (Rue des) E18-G18
Massé (Rue Victor) F17-F18
Mathurins (Rue des) G15-G17
Maubeuge (Rue de) E20-G18
Maubeuge (Square de) F19
Max (Place Adolphe) E17
Mayran (Rue) F19-G19
Mercier (R. du Cardinal) F16-F17
Meyerbeer (Rue) H17
Milan (Rue de) F16
Milton (Rue) F18-G18
Mogador (Rue de) G17
Moncey (Rue) F16-F17
Moncey (Square) F17
Monnier (Rue Henry) F18
Monthiers (Cité) F16
Montholon (Rue de) G19
Montmartre (Boulevard) H18
Montyon (Rue de) G19
Morlot (Rue) F17-G17
Navarin (Rue de) F18
Notre-Dame de Lorette (R.) F17-G18
Opéra (Place de l') H17
Opéra Louis Jouvet (Sq. de l') H16
Orléans (Square d') F17-F18
Oudin (Place Adrien) G17-H17
Papillon (Rue) G19
Parme (Rue de) F16
Pétrelle (Rue et square) F19
Pigalle (Cité) F17
Pigalle (Place) E18
Pigalle (R. Jean-Baptiste) E18-F17
Pillet Will (Rue) G17-G18
Poissonnière (Boulevard) H19
Provence (Avenue de) G16-G17
Provence (Rue de) G16-G18
Riboutté (Rue) G19
Richer (Rue) G18-G19
Rizal (Place José) F18-G18
Rochambeau (Rue) F19-G19
Rochechouart (Bd de) E18-E19
Rochechouart (Rue de) E19-G19
Rodier (Rue) F19-G18
Rossini (Rue) G18
Rouché (Place Jacques) H17
Rougemont (Cité et rue) H19
Sainte-Cécile (Rue) G19
Saint-Georges (Place) F18
Saint-Georges (Rue) F18-G18
Saint-Lazare (Rue) G16
Sandrié (Impasse) H16-H17
Saulnier (Rue) G19
Say (Rue Jean-Baptiste) F18
Scribe (Rue) G17-H17
Semard (Rue Pierre) F19-G19
Sèze (Rue de) H16
Stevens (Pass. Alfred) E18-F18
Stevens (Rue Alfred) F18
Taitbout (Rue) F17-H18
Thimonnier (Rue) F19
Thomas (Rue Ambroise) G19
Toudouze (Place Gustave) F18
Tour des Dames (Rue la) F17
Trévise (Cité de) G19
Trévise (Rue de) G19-H19
Trinité (Rue de la) F17
Tronchet (Rue) G16-H16
Trudaine (Avenue) E19-F18
Trudaine (Square) F18
Turgot (Rue) F19
Ventura (Place Lino) F18
Verdeau (Passage) G18
Victoire (Rue de la) G17-G18
Vignon (Rue) G16-H16
Vintimille (Rue de) E17-F16
Viollet-le-Duc (Rue) E18-F18

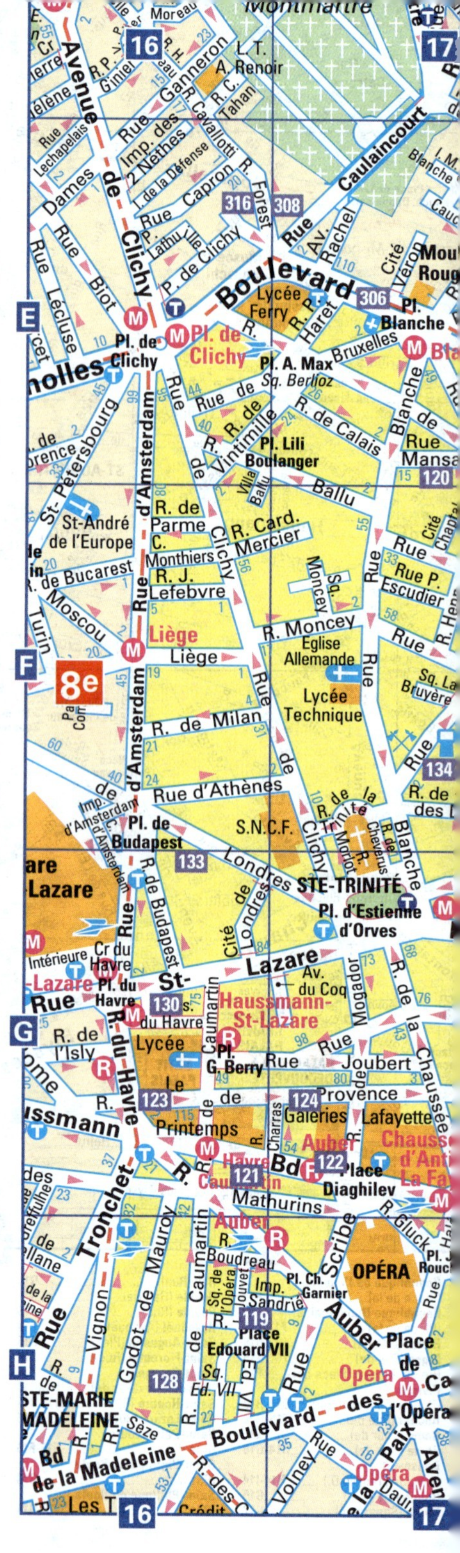

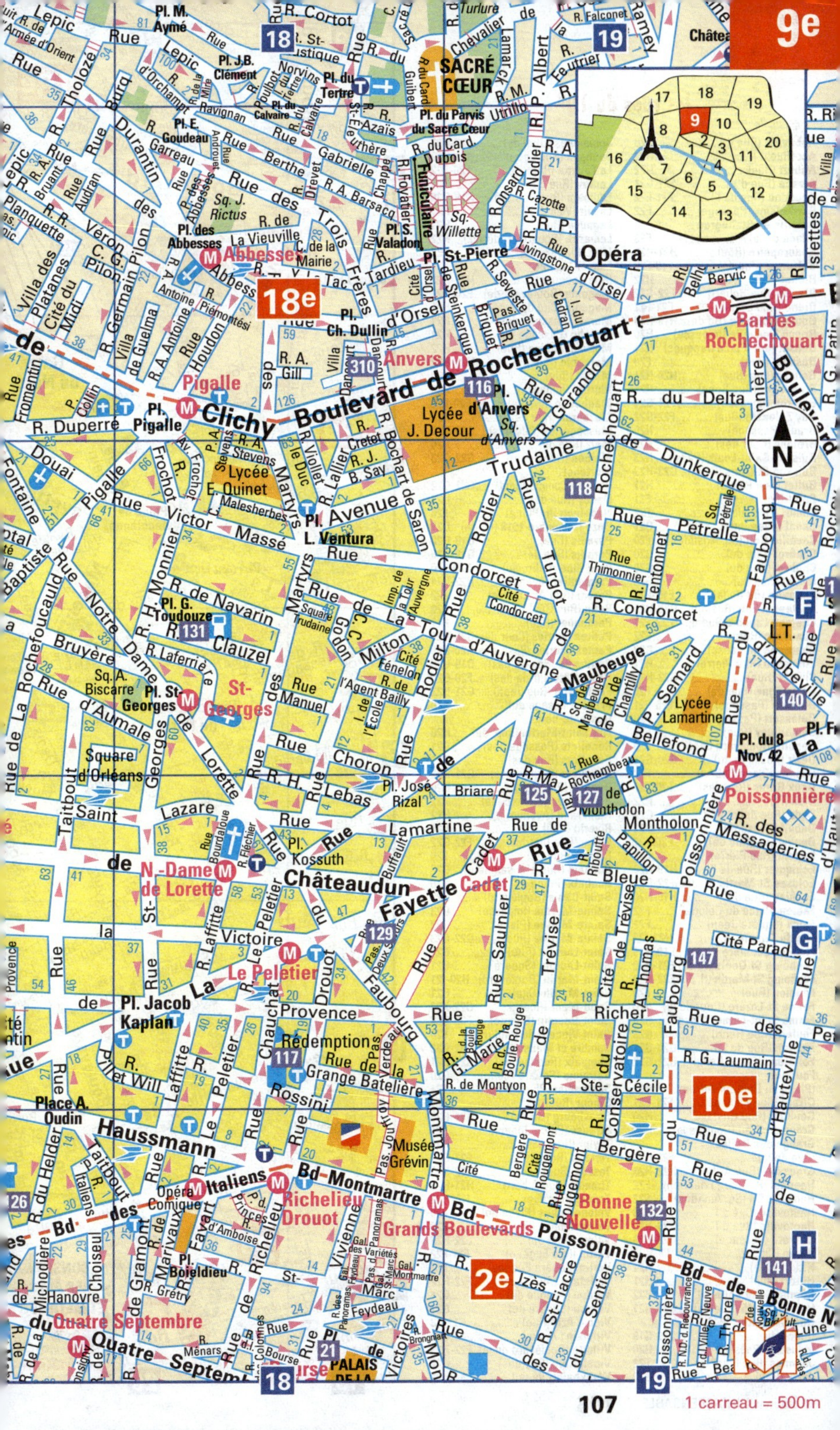
9e
18
19
Opéra
17
18
19
8
9
10
20
16
1
2
3
11
7
4
6
5
12
15
14
13
18e
10e
2e
N
Sacré Cœur
Pl. du Tertre
Pl. du Parvis du Sacré Cœur
Funiculaire
Sq. Willette
Pl. St-Pierre
Abbesses
Pl. des Abbesses
Sq. J. Rictus
Pl. S. Valadon
Pl. Ch. Dullin
Anvers
Pl. d'Anvers
Sq. d'Anvers
Lycée J. Decour
Barbès Rochechouart
Boulevard de Rochechouart
Pigalle
Pl. Pigalle
Clichy
Lycée E. Quinet
Pl. L. Ventura
Avenue Trudaine
Rue Condorcet
Cité Condorcet
Rue de Dunkerque
Rue Pétrelle
Sq. Pétrelle
Rue de Maubeuge
Maubeuge
Rue de Bellefond
Lycée Lamartine
Pl. du 8 Nov. 42
Poissonnière
Rue Victor Massé
Rue de Navarin
Pl. G. Toudouze
Rue Clauzel
Rue de la Tour d'Auvergne
Cité Fénelon
Rue Milton
Square Trudaine
St-Georges
Pl. St Georges
Sq. A. Biscarre
Rue d'Aumale
Square d'Orléans
Rue Choron
Pl. José Rizal
Rue Lamartine
Rue Saint Lazare
Pl. Kossuth
N-Dame de Lorette
Rue de Châteaudun
Rue La Fayette
Cadet
Rue de Montholon
Rue des Messageries
Rue Bleue
Le Peletier
Rue de Provence
Pl. Jacob Kaplan
Rue de la Victoire
Rue Richer
Rédemption
Rue de la Grange Batelière
Rue Rossini
Musée Grévin
Rue Bergère
Rue Ste-Cécile
Place A. Oudin
Bd Haussmann
Bd des Italiens
Bd Montmartre
Richelieu Drouot
Grands Boulevards
Bd Poissonnière
Bonne Nouvelle
Opéra Comique
Pl. Boïeldieu
Quatre Septembre
Rue du Quatre Septembre
Palais de la Bourse
Bd de Bonne Nouvelle
Rue d'Hauteville
Rue du Faubourg Poissonnière
Rue du Faubourg Montmartre
Rue Drouot
Rue de Richelieu
Rue Vivienne
Rue Montmartre
Rue du Sentier
Rue d'Uzès
1 carreau = 500m

les rues du 10e

Abbeville (Rue d') F20
Aix (Rue d') H22
Alibert (Rue) H22
Alsace (Rue d') F21-G21
Aqueduc (Rue de l') F21-E22
Barthélemy (Passage) E22
Bataille de Stalingrad (Place de la) E23
Beaurepaire (Rue) H21-H22
Belzunce (Rue de) F19-F20
Bichat (Rue) H22
Blache (Rue Robert) F22-G22
Blanc (Rue Louis) E21-F22
Bonne Nouvelle (Bd de) H19-H20
Bonne Nouvelle (Impasse) H20
Bonsergent (Place Jacques) H21
Bossuet (Rue) F20
Bouchardon (Rue) H20-H21
Boulanger (Rue René) H21
Boutron (Impasse) F21-G21
Boy Zelenski (Rue) F22-G22
Brady (Passage) H20
Bretons (Cour des) H23
Buisson Saint-Louis (Pass.) H23
Buisson St-Louis (R. du) G23-H23
Bullet (Rue Pierre) H21
Cail (Rue) E21
Camus (Rue Albert) F22
Canal (Allée du) G21
Cavaillé-Coll (Sq. Aristide) F20
Chabrol (Cité de) G20
Chabrol (Rue de) G20
Chalet (Rue du) G23
Chapelle (Bd de la) E19-E22
Château d'Eau (Rue du) G20-H21
Château Landon (Rue du) E22-F21
Chaudron (Rue) E22
Chausson (Impasse) G22
Chausson (Rue Pierre) H21
Civiale (Rue) G23-H23
Compiègne (Rue de) F20
Delanos (Passage) F20-F21
Delessert (Passage) F22
Demarquay (Rue) F21
Denain (Boulevard de) F20
Désir (Passage du) G20-G21
Desnos (Place Robert) F22
Deux Gares (Rue des) F20-F21
Dieu (Rue) H22
Dodu (Rue Juliette) G22
Dubail (Passage) G21
Dunkerque (Rue de) F20-F21
Dupont (Rue Pierre) F22
Échiquier (Rue de l') H19-H20
Écluses St-Martin (R. des) F22-G22
Enghien (Rue d') H19-H20
Fabien (Place du Colonel) F22
Falck (Square Jean) F22
Fbg du Temple (R. du) H23-I22
Fbg Poissonnière (R. du) E19-H19
Faubourg St-Denis (R. du) E21-H20
Faubourg St-Martin (R. du) E22-H20
Fénelon (Rue) F20
Ferme St-Lazare (Cour de la) G20
Ferme Saint-Lazare (Pass.) G20
Feulard (Rue Henri) G23
Fidélité (Rue de la) G20-G21
Follereau (Place Raoul) G21-G22
Fournier (Place du Docteur Alfred) H22
Girard (Rue Philippe De) F21-E21
Goublier (Rue Gustave) H20
Grâce de Dieu (Cour de la) H23
Grange aux Belles (Rue de la) F22-G22
Groussier (Rue Arthur) H22-H23
Haendel (R. Georg Friedrich) F22
Hampâté Bâ (Sq. Amadou) F22
Hauteville (Cité d') G20
Hauteville (Rue d') F20-H19
Hébrard (Passage) G23-H23
Héron (Cité) G22
Hittorf (Cité) H21
Hittorf (Rue) H21
Hôpital Saint-Louis (R. de l') G22
Huit Mai 1945 (Rue du) G20-G21
Huit Novembre 1942 (Place du) F19-G19
Industrie (Passage de l') H20
Jammes (Rue Francis) F22
Jarry (Rue) G20
Jemmapes (Quai de) F22-H22
Jouhaux (Rue Léon) H21-H22
La Fayette (Rue) F20-E22
Lancry (Rue de) H21
Laumain (Rue Gabriel) G19-G20
Lavoir (Villa du) H21
Legouvé (Rue) H21
Lemaître (Square Frédérick) H22
Liszt (Place Franz) F20
Louvel Tessier (Rue Jacques) H22-H23
Magenta (Boulevard de) E20-H21
Magenta (Cité de) H21
Marais (Passage des) H21
Marché (Passage du) H21
Marie et Louise (Rue) H22
Marseille (Rue de) H21-H22
Martel (Rue) G20
Martini (Impasse) H20
Maubeuge (Rue de) F20-E20
Mazagran (Rue de) H20
Messageries (Rue des) G19-G20
Metz (Rue de) H20
Moinon (Rue Jean) G22-G23
Mortenol (Rue du Commandant) G21-G22
Nancy (Rue de) H21
Napoléon III (Place) F20
Onze Novembre 1918 (Pl. du) G21
Paradis (Cité) G19-G20
Paradis (Rue de) G19-G20
Paré (Rue Ambroise) E20-F20
Parmentier (Avenue) H22-K24
Parodi (Rue Alexandre) F22
Patin (Rue Guy) E20
Perdonnet (Rue) E21
Petites Écuries (Cour des) G20-H20
Petites Écuries (Pass. des) G20-H20
Petites Écuries (R. des) G19-G20
Petits Hôtels (Rue des) F20-G20
Poulmarch (Rue Jean) G21-H22
Prado (Passage du) H20
Quarante-neuf Fbg Saint-Martin (Imp. du) H20
Récollets (Passage des) G21
Récollets (Rue des) G21
Récollets (Square des) G21-G22
Reilhac (Passage) H20
République (Place de la) I22
Richerand (Avenue) H22
Riverin (Cité) H21
Robin (Rue Charles) F22-G22
Rocroy (Rue de) F20
Rodhain (Rue Monseigneur) G22
Roubaix (Place de) F20
Saint-Denis (Boulevard) H20
Sainte-Marthe (Impasse) G23
Sainte-Marthe (Place) G23
Sainte-Marthe (Rue) G22-G23
Saint-Laurent (Rue) G21
Saint-Laurent (Square) G21
Saint-Martin (Boulevard) H20-I21
Saint-Martin (Cité) G21
Saint-Maur (Rue) G22-K24
Saint-Quentin (Rue de) F20-G20
Saint-Vincent de Paul (Rue) F20
Sambre et Meuse (R. de) G22-G23
Sampaix (Rue Lucien) G21-H21
Satragne (Square Alban) G20
September (Place Dulcie) F21
Sibour (Rue) G21
Strasbourg (Bd de) G21-H20
Strauss (Place Johann) I21
Taylor (Rue) H21
Terrage (Rue du) F21-G22
Tesson (Rue) H22-H23
Thomas (Rue Albert) H21-H22
Toudic (Rue Yves) H21-I22
Valenciennes (Place de) F20
Valenciennes (Rue de) F20
Valmy (Quai de) E22-H22
Varlin (Rue Eugène) F21-F22
Varlin (Square Eugène) F22
Vellefaux (Av. Claude) F22-H22
Verdun (Avenue de) G21
Verdun (Square de) G21
Vicq d'Azir (Rue) G22-23
Villemin (Jardin) G21
Villette (Boulevard de la) E22-H23
Vinaigriers (Rue des) G21
Wauxhall (Cité du) H21

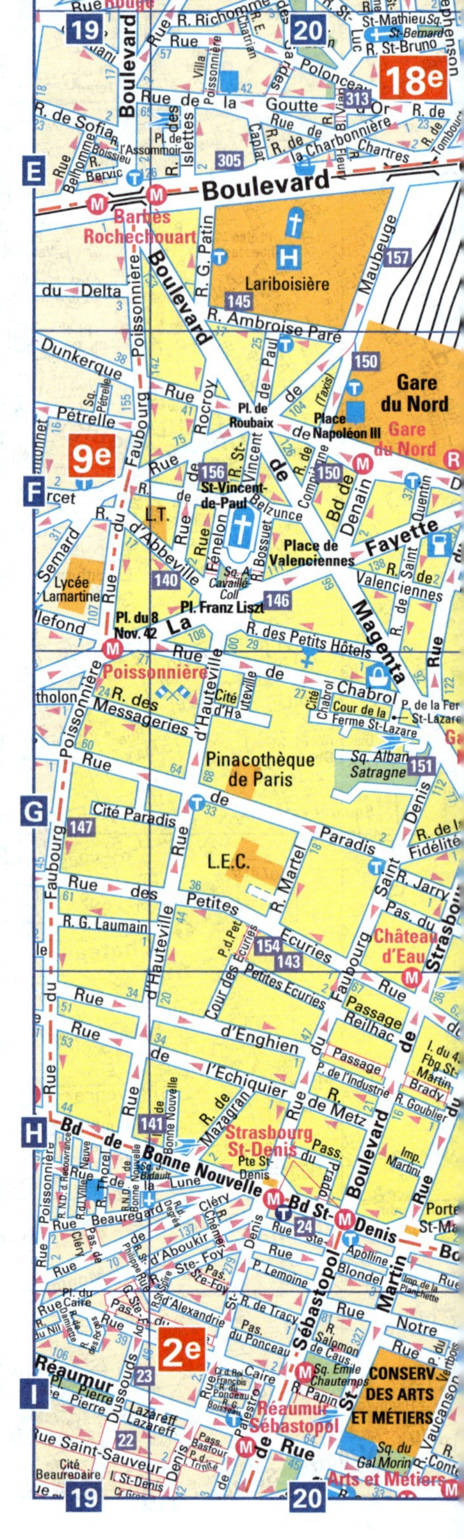

10e
Magenta
17
18
19
8
9
10
16
1
2
3
20
7
4
11
6
5
15
12
14
13
21
22
23
Stalingrad
Pl. de la Chapelle
Sq. L. de Marillac
La Chapelle
Boulevard de la Chapelle
Rue du Faubourg Saint Denis
R. Perdonnet
Rue Philippe de Girard
Lycée Colbert
Rue Cail
N.-D. des Malades
Fernand Widal
R. Demarquay
Rue de l'Aqueduc
Rue Louis Blanc
Rue Château Landon
Rue Lafayette
Rue du Faubourg Saint Martin
St-Joseph Artisan
Quai de Valmy
Rue Saint Maur
Rotonde de la Villette
Place de la Bataille de Stalingrad
Jaurès
Boulevard de la Villette
Avenue Secrétan
Avenue Simon Bolivar
Rue Bouret
Lycée Tech. Jacquard
Lycée Bergson
Bolivar
Rue de Meaux
Rue Lepage
Cité Lepage
R. Sadi Lecointe
Rue Edouard Pailleron
Rue Mathurin Moreau
R. des Chaufourniers
Pl. Dulcie September
Magenta
Rue A. Parodi
Passage Delessert
Sq. J. Falck
Quai de Jemmapes
Château Landon
Pl. Robert Desnos
Place du Colonel Fabien
Colonel Fabien
R. Haendel
Sq. E. Varlin
Rue Varlin
Rue du Terrage
T.E.P.
Sq. A. Hampâté Bâ
R. des Écluses St-Martin
Rue Juliette Dodu
Rue Vicq d'Azir
Rue Claude Vellefaux
Rue de la Grange aux Belles
Gare de l'Est
Pl. du 11 Nov. 1918
Rue du 8 Mai 1945
Pl. Raoul Follereau
Av. de Verdun
Allée du Canal
Jardin Villemin
Quai de Valmy
L.P. G. Ferrié
Impasse Chausson
R. de l'Hôpital Saint Louis
Cité Héron
19e
Rue de Sambre et Meuse
Pl. Ste-Marthe
R. du Chalet
Rue Saint Laurent
Rue des Récollets
Pas. des Récollets
Rue Dubail
Rue des Vinaigriers
Sq. des Récollets
Rue Bichat
Saint-Louis
Pl. du Dr A. Fournier
Canal Saint Martin
Rue Lucien Sampaix
Rue Legouvé
Rue de Lancry
Rue de Marseille
Rue Beaurepaire
Av. Richerand
R. Marie et Louise
Rue Alibert
Avenue Parmentier
Rue Jacques Louvel Tessier
Pas. Hébrard
R. du Buisson St-Louis
Rue du Faubourg du Temple
Belleville
Cité de Magenta
Jacques Bonsergent
Pl. J. Bonsergent
Boulevard de Magenta
R. Albert Thomas
Rue du Château d'Eau
R. Dieu
Hôtel des Douanes
Sq. F. Lemaître
Goncourt
R. Tesson
Rue Darboy
St-Joseph
Rue Fontaine au Roi
Rue Léon Jouhaux
Bourse du Travail
Rue René Boulanger
Bd St-Martin
Pl. J. Strauss
Sq. H. Christine
Pl. de la République
République
Sq. J. Ferry
Bd Jules Ferry
R. de la Folie Méricourt
R. de la Pierre Levée
Cité des Trois Bornes
Rue des Trois Bornes
11e
3e
Rue Meslay
Rue Nazareth
Rue Vertbois
Lycée Turgot
Rue de Turbigo
Temple
Rue du Temple
Sq. A. Tollet
Avenue de la République
Boulevard du Temple
R. Rampon
Rue Jean-Pierre Timbaud
Avenue Parmentier
R. E. Lockroy
1 carreau = 500m

les rues du 11e

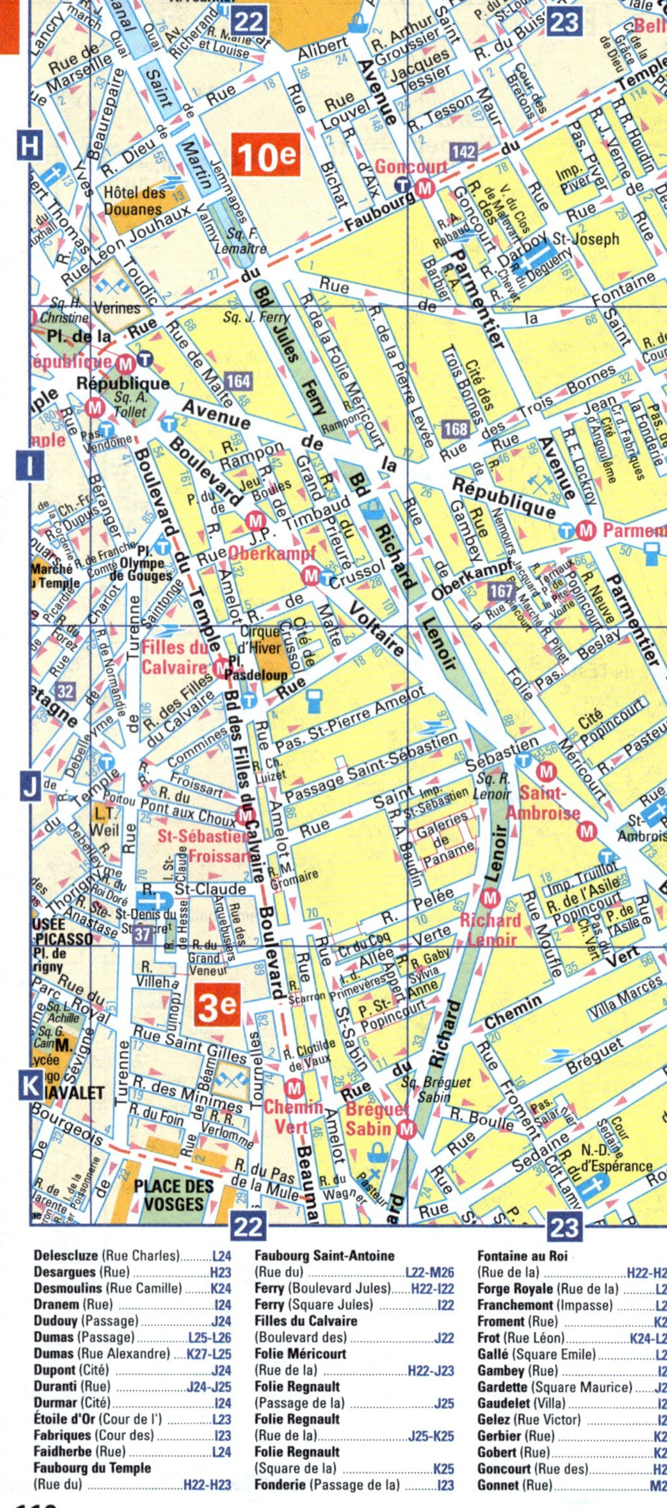

Aicard (Avenue Jean) I24
Alexandrine (Passage) K25
Amelot (Rue) J22
Ameublement (Cité de l') L25
Angoulême (Cité d') I23
Antilles (Place des)..................M27
Appert (Rue Nicolas) K22
Asile (Passage de l')..................J23
Asile Popincourt (Rue de l') J23
Avenir (Cité de l') I24
Baleine (Impasse de la) I23-I24
Barbier (Rue Auguste)...............H23
Basfroi (Passage)........................K24
Basfroi (Rue) K23-L24
Bastille (Place de la) L22
Baudin (Rue Alphonse)......J22-J23
Beauharnais (Cité) L25
Beaumarchais (Boulevard) K22
Béclère
(Place du Docteur Antoine) M24
Belfort (Rue de)...................K24-K25
Belleville (Boulevard de) ..H23-I24
Bert (Rue Paul).............................L25
Bertrand (Cité) I24
Bertrand (Rue Guillaume) ..I24-J24
Beslay (Passage) I23-J23
Blaise (Rue du Général)..............J24
Blégny (Villa Nicolas De)............K23
Bluets (Rue des) I24-I25
Blum (Place Léon).......................K24
Bon Secours (Impasse) K24
Bonne Graine
(Passage de la)....................L23-L24
Bonnet (Rue Louis) H23
Boulets (Rue des)..............L25-M26
Boulle (Rue)..................................K23
Bouvier (Rue) L25
Bouvines (Avenue de) L26-M26
Bouvines (Rue de) M26
Bréguet (Rue)...............................K23
Bréguet Sabin (Square) K23
Bullourde (Passage) K24-L23
Bureau (Impasse du)....................L26
Bureau (Passage du) K26
Candie (Rue de) L24
Cantal (Cour du)..........................L23
Carrière Mainguet
(Impasse) K25
Carrière Mainguet (Rue) K25
Cavaignac
(Rue Godefroy) K24-L24
Cesselin (Impasse) L25
Chaillet (Place du Père) K24
Chanzy (Rue).........................L24-K25
Charonne
(Boulevard de) K25-M27
Charonne (Rue de)..............K26-L23
Charrière (Rue) L24
Chemin Vert
(Passage du) J23-K23
Chemin Vert (Rue du) J25-K22
Cheval Blanc (Passage du).......L23
Chevet (Rue du)...........................H23
Chevreul (Rue)............................M26
Clos de Malevart (Villa du) H23
Condillac (Rue).....................I24-J24
Coq (Cour du)......................J22-K22
Courtois (Passage) K25
Couvent (Cité du) K24-L24
Crespin du Gast (Rue) I24
Croix Faubin (Rue de la) K25
Crussol (Cité de) I22-J22
Crussol (Rue de) I23-J22
Dahomey (Rue du) L24
Dallery
(Passage Charles) K23-L24
Damia (Jardin).............................L26
Damoye (Cour) L22-L23
Darboy (Rue) H23
Daunay (Impasse) J25
Daval (Rue).........................K22-L23
Debille (Cour) K24
Deguerry (Rue) H23
Delaunay (Impasse) K25
Delaunay
(Rue Robert et Sonia) K26
Delépine (Cour) L23
Delépine (Impasse).....................L25
Delescluze (Rue Charles)..........L24
Desargues (Rue) H23
Desmoulins (Rue Camille) K24
Dranem (Rue) I24
Dudouy (Passage) J24
Dumas (Passage).................L25-L26
Dumas (Rue Alexandre) K27-L25
Dupont (Cité) J24
Duranti (Rue) J24-J25
Durmar (Cité)................................I24
Étoile d'Or (Cour de l') L23
Fabriques (Cour des) I23
Faidherbe (Rue) L24
Faubourg du Temple
(Rue du) H22-H23
Faubourg Saint-Antoine
(Rue du) L22-M26
Ferry (Boulevard Jules)......H22-I22
Ferry (Square Jules) I22
Filles du Calvaire
(Boulevard des) J22
Folie Méricourt
(Rue de la) H22-J23
Folie Regnault
(Passage de la) J25
Folie Regnault
(Rue de la).............................J25-K25
Folie Regnault
(Square de la) K25
Fonderie (Passage de la) I23
Fontaine au Roi
(Rue de la) H22-H24
Forge Royale (Rue de la) L24
Franchemont (Impasse) L24
Froment (Rue) K23
Frot (Rue Léon)......................K24-L25
Gallé (Square Emile)...................L25
Gambey (Rue) I23
Gardette (Square Maurice) J24
Gaudelet (Villa)............................I24
Gelez (Rue Victor) I24
Gerbier (Rue) K25
Gobert (Rue)................................K24
Goncourt (Rue des).....................H23
Gonnet (Rue)................................M25

Suite de l'index page 112

voir plan du sud page suivante

1 carreau = 500m

les rues du 11e (suite)

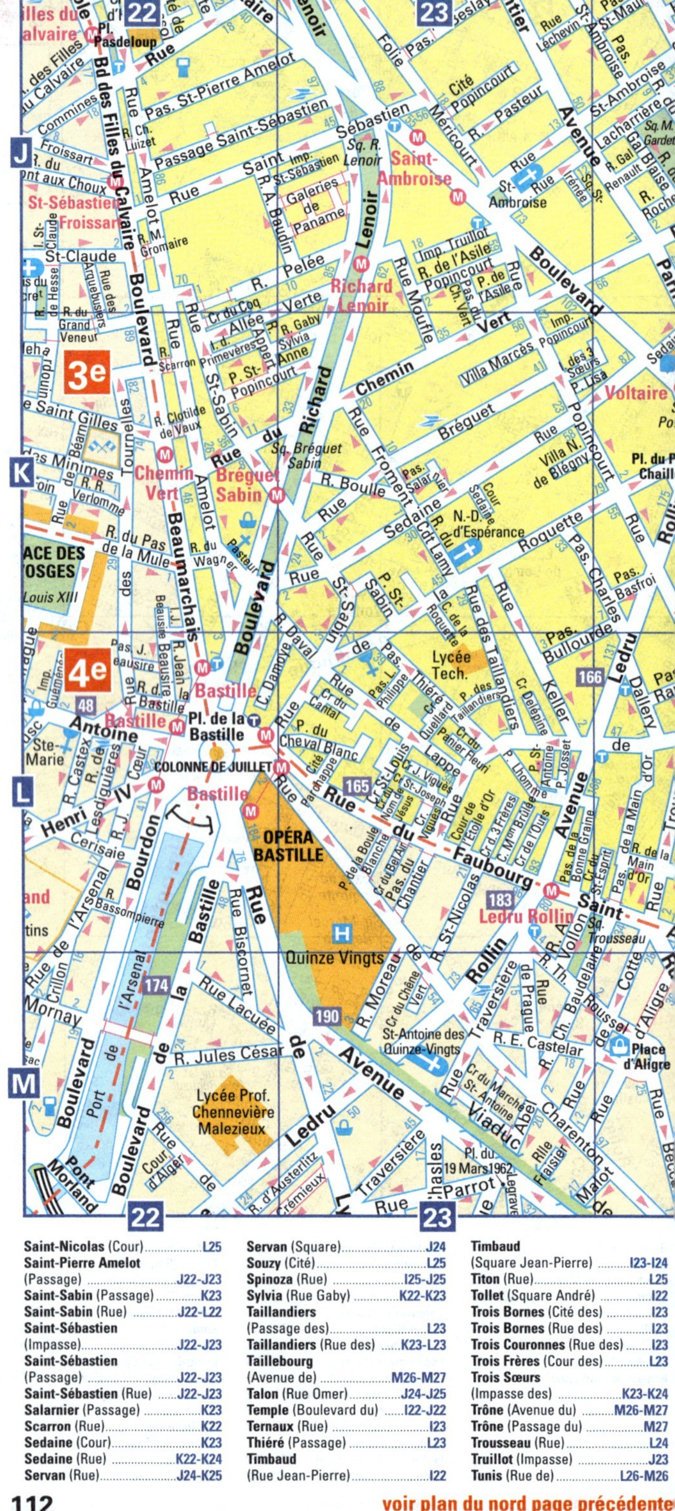

  voir plan du nord page précédente

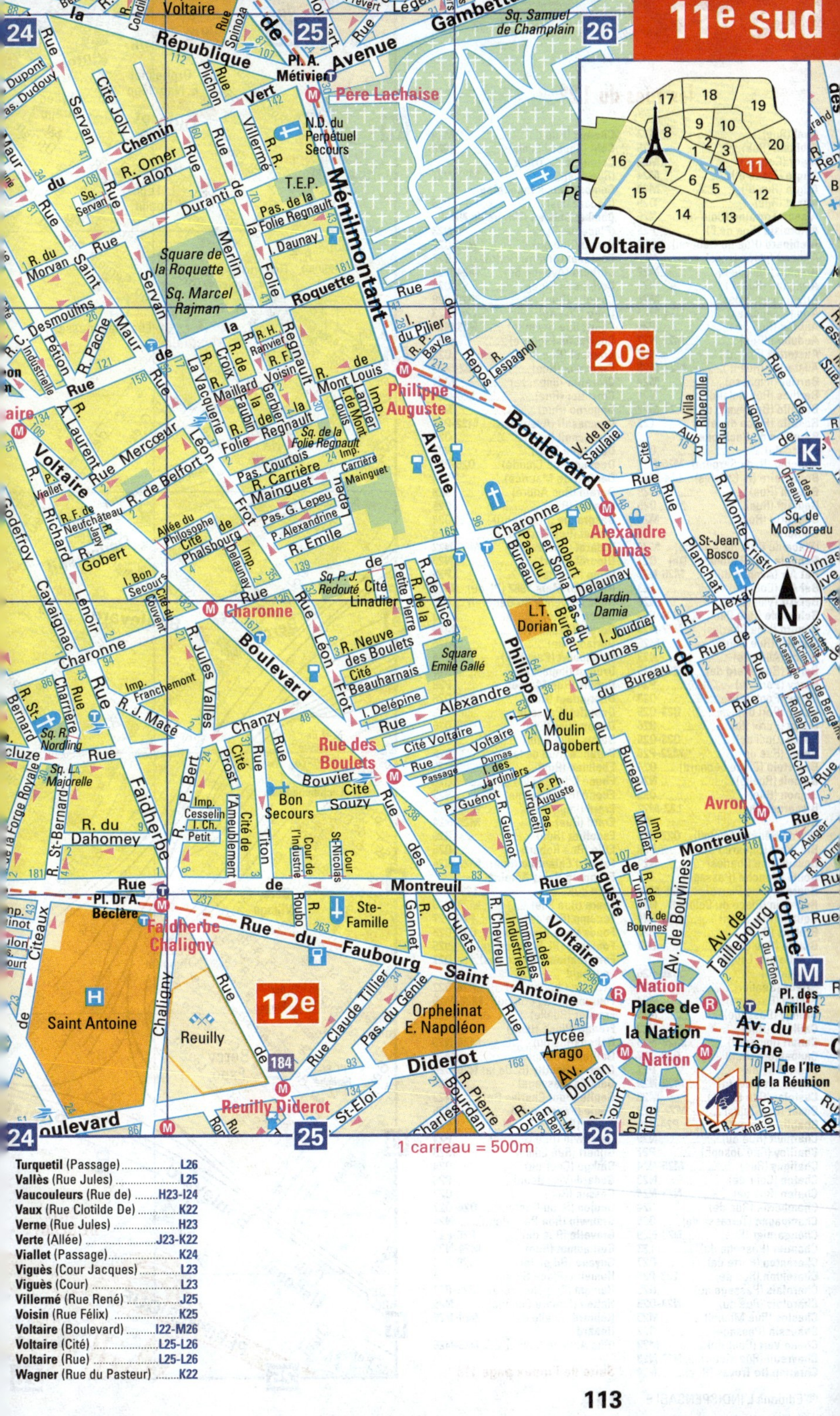
24
25
26
Voltaire
17
18
19
8
9
10
20
16
1
2
3
11
4
7
6
5
12
15
14
13
Père Lachaise
Ménilmontant
Philippe Auguste
Alexandre Dumas
Charonne
Rue des Boulets
Avron
Faidherbe Chaligny
Reuilly Diderot
Nation
Place de la Nation
Pl. A. Métivier
Pl. Dr A. Béclère
Pl. des Antilles
Pl. de l'Ile de la Réunion
Sq. Samuel de Champlain
Square de la Roquette
Sq. Marcel Rajman
Sq. de la Folie Regnault
Sq. P. J. Redouté
Square Emile Gallé
Sq. R. Nordling
Sq. L. Majorelle
Sq. de Monsoreau
Jardin Damia
N.D. du Perpétuel Secours
T.E.P.
Bon Secours
Ste-Famille
St-Jean Bosco
L.T. Dorian
Lycée Arago
Saint Antoine
Reuilly
Orphelinat E. Napoléon
20e
12e
Boulevard de Ménilmontant
Avenue Gambetta
Rue de la Roquette
Boulevard de Charonne
Avenue Philippe Auguste
Boulevard Voltaire
Rue de Montreuil
Rue du Faubourg Saint Antoine
Rue de Charonne
Rue Alexandre Dumas
Rue Faidherbe
Rue Léon Frot
Rue de la Folie Regnault
Rue du Chemin Vert
Rue Saint Maur
Boulevard Diderot
Av. du Trône
Rue des Boulets
1 carreau = 500m

les rues du 12e

Suite de l'index page 116

voir plan de l'ouest page suivante

1 carreau = 500m

les rues du 12e (suite)

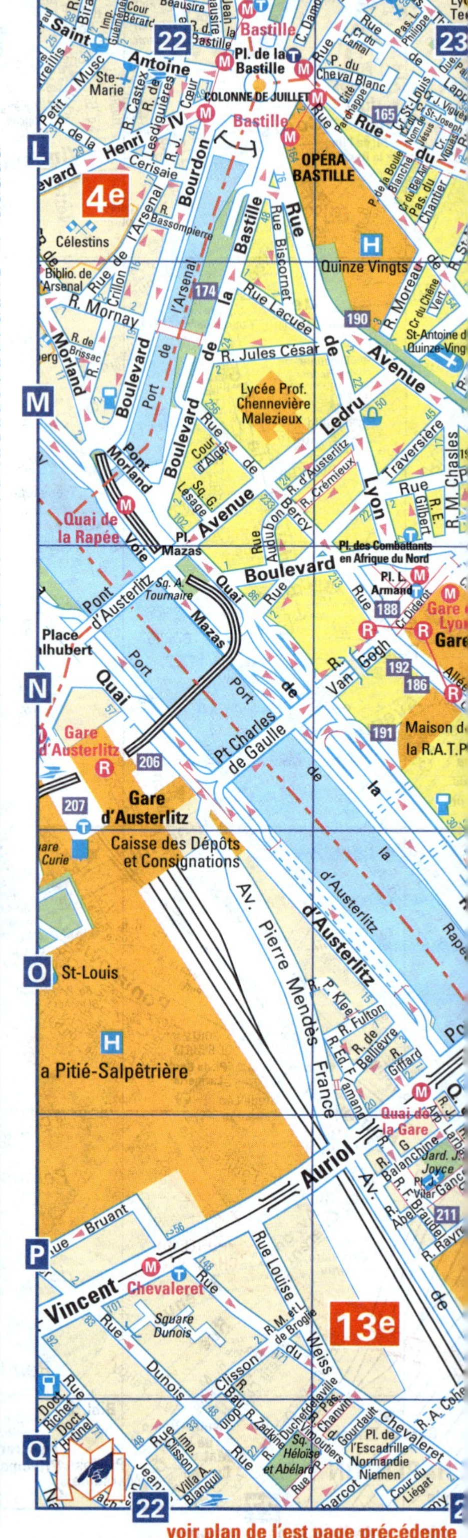

voir plan de l'est page précédente

1 carreau = 500m

les rues du 13e

Suite de l'index page 120

Bibliothèque
12e
Gare de Lyon
Maison de la R.A.T.P.
MINISTÈRE DE L'ÉCONOMIE DES FINANCES ET DU BUDGET
Pl. du Bataillon du Pacifique
Bd de Bercy
Bercy
PALAIS OMNISPORTS DE PARIS-BERCY (P.O.P.B.)
Gare de Bercy Auto Train
Pl. Léonard Bernstein
Maison du Cinéma
Pl. Ginette Hamelin
N.-D. de la Nativité de Bercy
Place Lachambeaudie
LE PARC
Jardin Yitzhak Rabin
DE
BERCY
Bercy Village
Cour St-Emilion
Pl. des Vins de France
Complexe Cinémas
Bercy Expo
Pl. St-Estèphe
Pas. Dubuffet
Quai de la Gare
Passerelle (en projet)
Pont de Bercy
Pont de Tolbiac
BIBLIOTHÈQUE NATIONALE DE FRANCE (Fr. Mitterrand)
Complexe Cinémas
Jard. G. Duhamel
Sq. Héloïse et Abélard
Pl. de l'Escadrille Normandie Niemen
Bibliothèque Fr. Mitterrand
Collège T. Mann
Quai d'Austerlitz
Av. Pierre Mendès France
Quai François Mauriac
Quai Panhard et Levassor
Rue de Tolbiac
Boulevard Masséna
Pont National
PÉRIPHÉRIQUE
QUAI D'IVRY
Complexe Cinémas
Z.A.C.
PORT D'IVRY
IVRY-SUR-SEINE
Déchetterie
PORTE DE VITRY
Square Masséna
Lycée de la Chimie
PORTE D'IVRY
Av. de la Pte d'Ivry
PORTE DE LA GARE
Quai d'Ivry
Quai Marcel

les rues du 13e (suite)

voir plan de l'est page précédente

Gare d'Austerlitz
Square Marie Curie
St-Louis
la Pitié-Salpêtrière
Université de Paris Faculté de Médecine Pitié-Salpêtrière
Boulevard Saint Marcel
Bd de l'Hôpital
St-Marcel
Gobelins
Campo Formio
Chevaleret
Nationale
Boulevard Vincent Auriol
Ecole Nat. d'Arts et Métiers
Place d'Italie
Italie 2
Institut Dentaire et de Stomatologie
Parc de Choisy
Lycée Cl. Monet
Olympiades
Tolbiac
les Olympiades
Collège G. Flaubert
Lycée Gabriel Fauré
Maison Blanche
Lycée G. Bachelard
Porte de Choisy
Porte d'Ivry
Porte d'Italie
Massena
Stade Georges Carpentier
Parc Kellermann
Boulevard Kellermann
IVRY-SUR-SEINE
GENTILLY
1 carreau = 500m

14e nord

les rues du 14e

Adrienne (Villa) Q17
Aide Sociale (Square de l') P16
Alain (Rue) O15
Alembert (Rue D') Q17
Alésia (Rue d') P14-R18
Alésia (Villa d') Q16
Alésia-Ridder (Square) Q14
Alice (Square) R14
Amphithéâtre (Place de l') O15
Annibal (Cité) R17
Antoine (Square Jacques) P17
Appell (Avenue Paul) S16
Arago (Boulevard) P18
Arbustes (Rue des) Q13-Q14
Arcueil (Porte d') S17
Arcueil (Rue d') S18
Arnould (Rue Jean-Claude) P17
Artistes (Rue des) R17
Arts (Passage des) P15
Asseline (Rue) P15
Aude (Rue de l') R17
Audiard (Place Michel) Q17
Bachelard (Allée Gaston) R14
Baillou (Rue) Q15
Baker (Place Joséphine) N16
Barboux (Rue Henri) S16
Barbusse (Rue Henri) N18-O18
Bardinet (Rue) Q15
Bartet (Rue Julia) R12-R13
Basch (Pl. Victor et Hélène) R16
Bauer (Cité) Q15
Beaunier (Rue) R16-R17
Beckett (Allée Samuel) Q17
Bénard (Rue) Q15-Q16
Berges Hennequines (R. des) R18
Besse (Allée Georges) N16-O17
Bezout (Rue) Q16-Q17
Bigorre (Rue de) Q17
Blanche (Cité) Q13
Boissonade (Rue) O17
Bouchor (Rue Maurice) R13-R14
Boulard (Rue) P17-Q16
Boulitte (Rue) Q15
Bournazel (Rue Henry De) R14
Boyer Barret (Rue) P15-Q15
Brancusi (Place Constantin) O15
Braque (Rue Georges) S17
Brézin (Rue) Q16
Briqueterie (Rue de la) Q13-R13
Broussais (Rue) Q18-R18
Bruller (Rue) Q17
Brune (Boulevard) R13-S16
Brune (Villa) R15
Bruno (Rue Giordano) R15
Brunot
(Place et square Ferdinand) P16
Cabanis (Rue) Q18
Cain (Rue Auguste) R15
Camélias (Rue des) Q13
Campagne Première (Rue) O17
Cange (Rue du) P14
Carton (Rue de l'Abbé) Q14-R15
Cassini (Rue) O17-P18
Catalogne (Place de) O15
Cels (Impasse) P16
Cels (Rue) O16-P16
Chantin (Rue Antoine) R15-R16
Château (Rue du) P15-P16
Châtillon (Porte de) S14
Châtillon (Rue de) Q15-R16
Châtillon (Square de) R16
Cinq Martyrs du Lycée Buffon
(Place des) O15
Cité Universitaire (R. de la) S18
Claudius-Petit (Pl. Eugène) R18
Cœur de Vey (Villa) Q16
Collet (Villa) R14
Coluche (Place) R18
Commandeur (Rue du) Q16-Q17
Considérant (Rue Victor) P17
Corentin (Rue du Père) R16-R17
Corot (Villa) S18
Coty (Avenue René) P17-R17
Coubertin (Av. Pierre De) T19
Couche (Rue) R17
Couëdic (Rue du) Q16-Q17
Coulmiers (Rue de) R15-R16
Cresson (Rue Ernest) P16-Q17
Crocé Spinelli (Rue) P15
Daguerre (Rue) P16-P17
Danville (Rue) P16

Dareau (Passage) Q17
Dareau (Rue) Q17-Q18
Daudet (Rue Alphonse) R16
Debu-Bridel (Pl. Jacques) R18
Decrès (Rue) P14-Q14
Delambre (Rue) N16-O16
Delambre (Square) O16
Delbet (Rue) Q15
Delormel (Square Henri) P17-Q16
Demy (Place Jacques) Q16
Denfert-Rochereau (Av.) O17-P17
Denfert-Rochereau (Place) P17
Deparcieux (Rue) P16
Départ (Rue du) N15-N16
Descaves (Avenue Lucien) T17
Deshayes (Villa) Q14-R15
Desprez (Rue) P14-P15
Deutsch De La Meurthe
(Rue Émile) S17
Deuxième D. B. (Allée de la) O15
Didot (Porte) R14
Didot (Rue) P15-R14
Divry (Rue Charles) P16
Dolent (Rue Jean) P18
Dubois (Rue Émile) Q17-Q18
Duchêne (Sq. Henri et Achille) P14
Dumoncel (Rue Remy) Q16-Q17
Dunand (Sq. de l'Aspirant) Q16
Durand Claye (Rue Alfred) Q13
Durouchoux (Rue) P16-Q16
Duthy (Villa) Q15-R15
Enfer (Passage d') O17
Eure (Rue de l') P15
Faguet (Rue Émile) S17
Faubourg Saint-Jacques
(Rue du) O18-P17
Fermat (Passage) O16-P16
Fermat (Rue) P16
Ferrus (Rue) Q18
Florimont (Impasse) Q14-Q15
Focillon (Rue Adolphe) R16
Fort (Rue Paul) R16-R17
Fournier (Square Alain) Q13
Francine (Rue Thomas) R18
Friant (Rue) R16
Froidevaux (Rue) O16-P17
Furtado Heine (Rue) Q15
Gaîté (Impasse de la) O16

Suite de l'index page 124

voir plan du sud page suivante

1 carreau = 500m

les rues du 14e (suite)

voir plan du nord page précédente

1 carreau = 500m

les rues du 15e

Suite de l'index page 128

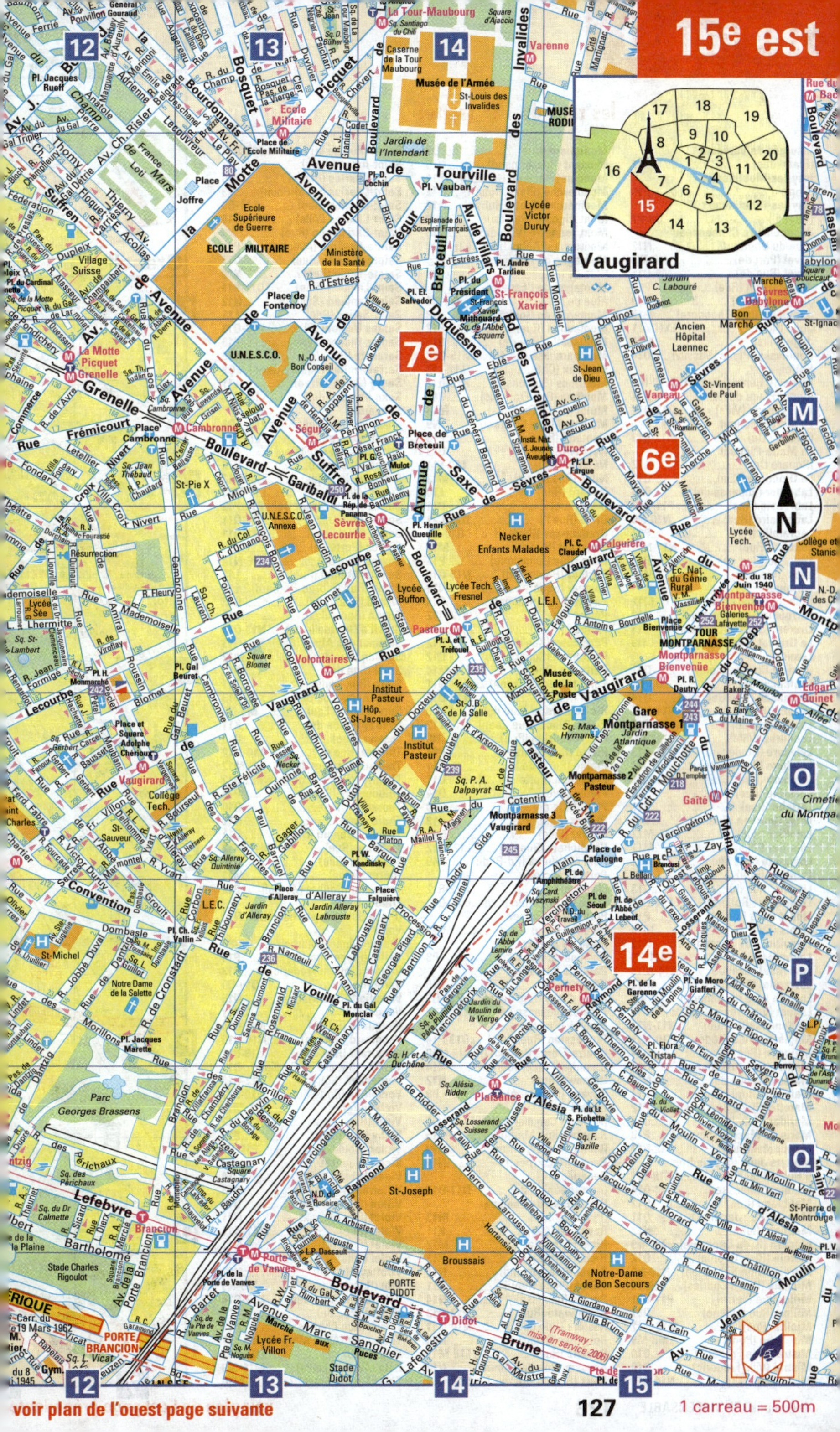
15e est
Vaugirard
18
17
19
9
10
8
2
3
20
16
1
4
11
7
6
5
12
15
14
13
7e
6e
14e
12
13
14
15
M
N
O
P
Q
N
Ecole Militaire
Musée de l'Armée
St-Louis des Invalides
Jardin de l'Intendant
Ecole Supérieure de Guerre
U.N.E.S.C.O.
Ministère de la Santé
Lycée Victor Duruy
Ancien Hôpital Laennec
Necker Enfants Malades
Lycée Buffon
Lycée Tech. Fresnel
Institut Pasteur
Gare Montparnasse 1
Jardin Atlantique
Montparnasse 2 Pasteur
Montparnasse 3 Vaugirard
Tour Montparnasse
Place de Catalogne
Parc Georges Brassens
Stade Charles Rigoulot
St-Joseph
Broussais
Notre-Dame de Bon Secours
Porte Brancion
Porte de Vanves
Porte Didot
Lycée Fr. Villon
Stade Didot
Boulevard de Grenelle
Boulevard Garibaldi
Boulevard Pasteur
Bd de Vaugirard
Boulevard Lefebvre
Boulevard Brune
Rue de Vaugirard
Rue Lecourbe
Rue de la Convention
Avenue de Suffren
Avenue de Ségur
Avenue du Maine
Rue de Sèvres
Avenue de Tourville
Bd des Invalides
Rue Raymond Losserand
Rue d'Alésia
(Tramway : mise en service 2006)

les rues du 15e (suite)

Insurgés de Varsovie
(Place des) Q11
Issy-les-Moulineaux
(Porte d') P10
Issy-les-Moulineaux
(Quai d') O8-P7
Jacquemaire Clemenceau
(Rue du Docteur) N12
Javel (Port de) N8-M9
Javel (Rue de) M9-O11
Jobbé Duval (Rue) P12
Jongkind (Rue) O9
Judlin (Square Théodore) M12
Juge (Rue) L11-M11
Juge (Villa) M11
Kandinsky (Place Wassily) O14
Keller
(R. de l'Ingénieur Robert) M10-M9
Kyoto (Place de) K11
La Fresnaye (Villa) O13-O14
La Motte-Picquet
(Avenue De) M12-K13
La Motte-Picquet
(Square De) L12
La Quintinie (Rue) O13
Labrador (Impasse du) Q13
Labrouste (Rue) P14-Q13
Lacordaire (Rue) N10-N9
Lacretelle (Rue) P11
Lakanal (Rue) N11-N12
Langeac (Rue de) P11
Laos (Rue du) L12-M12
Larminat
(Rue du Général De) L12-M12
Larroumet (Rue Gustave) N12
Laurent (Square Charles) N13
Le Gramat (Allée) N9
Léandri
(Rue du Commandant) O11
Leblanc (Rue) O8-P9
Leclanché (Rue Georges) O14
Lecocq (Rue Charles) N11-O11
Lecourbe (Rue) N14-P10
Lecourbe (Villa) O10
Lefebvre (Boulevard) Q11-Q13
Lefebvre (Rue André) N9
Lefebvre (Rue) Q11
Léontine (Rue) N9
Leriche (Rue) P11
Leroi Gourhan (Rue) L11
Letellier (Rue) M11-M12
Letellier (Villa) M11
Lhermitte (Rue Léon) N12
Lhuillier (Rue) P12
Lieuvin (Rue du) Q13
Lindet (Rue Robert) P11-P12
Lindet (Villa Robert) P12
Linois (Rue) M10
Liouville (Rue Joseph) N12
Lourmel (Rue de) M11-P9
Lowendal (Avenue) L14-M13
Lowendal (Square) M13
Lucotte (Rue du Général) O8-P9
Luquet (Villa Jean-Baptiste) M10
Mademoiselle (Rue) N11-N12
Magisson (Rue Frédéric) N10-N11
Maignen (Rue Maurice) O14
Maillol (Rue Aristide) O14
Maine (Avenue du) N15
Malassis (Rue) P11
Marette (Place Jacques) P12
Maridor (Rue Jean) O10
Marin La Meslée (Square) P10
Marmontel (Rue) O12-P12
Martyrs Juifs du Vélodrome
d'Hiver (Place des) K10-L11
Mathieu (Impasse) N14-O14
Maublanc (Rue) O12
Mawas (Rue Jacques) O11
Meilhac (Rue) N12
Ménard (R. du Capitaine) M9-N9
Mercié (Rue Antonin) Q12
Mercier (Rue Sébastien) N10-N9
Michels (Place Charles) M10
Mille (Rue Pierre) P11-Q11
Millon (Rue Eugène) O11
Miollis (Rue) M13-N12
Mirabeau (Pont) M8-M9
Mistral (Rue Frédéric) O10
Mistral (Villa Frédéric) O10
Mizon (Rue) N14-O14

Modigliani (Rue) O9
Moisant (Rue Armand) N15
Monclar (Place du Général) P14
Monmarché (Place Hubert) N12
Monmarché (Place Hubert) N12
Mont Aigoual (Rue du) N9
Mont Tonnerre (Villa du) N15
Montagne d'Aulas (Rue de la) O9
Montagne de la Fage
(Rue de la) O9
Montagne de l'Espérou
(Rue de la) N9-O9
Montagne du Goulet (Place) N9
Montauban (Rue) P12
Montebello (Rue de) Q13
Montparnasse (Bd du) M15-O18
Morieux (Cité) L11-L12
Morillons (Rue des) P12-Q13
Mouthon (Rue François) O11
Mulot (Place Georges) M14
Myionnet (Rue Clément) N9
Nanteuil (Rue) P13
Necker (Square) O13
Nélaton (Rue) L10-L11
Nikis (Rue Mario) M13
Nocard (Rue) L10
Olier (Rue) P11
Olive (Rue l') D21-C21
Oradour-sur-Glane (R. d') Q10-Q9
Ouessant (Rue d') M12
Pado (Rue Dominique) P11
Pasteur (Boulevard) N13-O15
Pasteur (Square) N14
Payen (Rue Anselme) O14
Péclet (Rue) N12-O12
Pégoud (Rue) P7
Périchaux (Rue des) Q12
Périchaux (Square des) Q12
Pérignon (Rue) M13-M14
Pernet (Place Étienne) N11
Petel (Rue) N12-O12
Pic de Barette (Rue du) N9
Pierre-Bloch (Rue Jean) L12
Piet Mondrian (Rue) N9
Pitard (Rue Georges) P14
Plaine (Porte de la) R11
Plaisance (Porte de) Q11
Platon (Rue) O14
Plélo (Rue de) O10
Plumet (Rue) O13
Poirier (Villa) N13
Pondichéry (Rue de) L12-M12
Pont Mirabeau (Rd-Pt du) M9
Porte Brancion
(Avenue de la) Q12-R12
Porte de la Plaine (Avenue la) Q11
Porte de Plaisance
(Avenue de la) Q12
Porte de Sèvres
(Avenue de la) P9
Porte de Versailles
(Place de la) P10
Porte d'Issy (Rue de la) P10-Q9
Presles (Impasse de) L12
Presles (Rue de) L12
Procession (Rue de la) O13-P14
Quatre Frères Peignot (Rue) M10
Queuille (Place Henri) N14
Quinault (Rue) N12
Ravaud (Rue René) P8
Raynal
(Allée du Commandant) N9
Régnier (Rue Mathurin) O13
Renan (Avenue Ernest) Q10
Renan (Rue Ernest) N14
Renaudot
(Rue Théophraste) N11-O12
République de Panama
(Place de la) M13
Rey (Rue Jean) K11
Ribet (Passage) M12
Richard (Impasse) P13
Roger (Rue Edmond) N11
Rollet (Place Henri) P11
Ronsin (Impasse) N14
Rosenwald (Rue) P13-Q13
Rosière (Rue de la) N10-N11
Roty (Rue Oscar) N10
Rouelle (Rue) L10-M11
Roussin (Rue de l'Amiral) N12
Roux (Rue du Docteur) N14-O14

Saïda (Rue de la) P11-Q12
Saint-Amand (Rue) P13
Saint-Charles (Place) M10
Saint-Charles (Rond-Point) N9
Saint-Charles (Rue) L11-O9
Saint-Charles (Villa) M10-N10
Saint-Christophe (Rue) N9
Sainte-Eugénie (Avenue) P12
Sainte-Félicité (Rue) O13
Sainte-Lucie (Rue) N10
Saint-Lambert (Rue) O11-P11
Saint-Lambert (Square) N12
Saint-Saëns (Rue) L11
Santos Dumont (Rue) P13-Q13
Santos Dumont (Villa) P13
Sarasate (Rue) N10
Sarrabezolles (Square Carlo) O8
Sauvy (Place Alfred) L11
Saxe (Avenue de) L13-M14
Schuman
(Place du Président Robert) Q8
Schutzenberger (Rue) L10-L11
Scott (Rue du Capitaine) L11
Séché (Rue Léon) N12
Sécurité (Passage) M12
Ségur (Avenue de) L14-M13
Serres (Pass. Olivier De) P11-P12
Serres (Rue Olivier De) O12-Q11
Serret (Rue) N11-O11
Sèvres (Porte de) P9
Sèvres (Rue de) L16-N14
Sextius Michel (Rue) L11
Shaw (Rue George-Bernard) L11
Sicard (Rue Jean) Q12
Simon (Rue Jules) O11
Soleil d'Or (Ruelle du) N13-O13
Sommet des Alpes (Rue) Q13
Soudan (Rue du) M12
Staël (Rue de) N14
Stern (Rue Daniel) L11
Suffren (Avenue de) K11-N13
Surville (Rue Laure) M9-N9
Sydney (Place de) K11
Tessier (Rue) O13
Théâtre (Rue du) L10-N12
Thébaud (Square Jean) M12
Theuriet (Rue André) Q12
Thiboumery (Rue) P13
Thoréton (Villa) O10
Thuré (Cité) N12
Thureau Dangin (Rue) Q11
Tiphaine (Rue) M11-M12
Tisserand (Rue) O10
Tournus (Rue) M11
Toussaint (Square Marcel) P12
Tréfouel
(Place Jacques et Thérèse) N14
Valin
(Bd du Général Martial) O8-P9
Vallin (Place Charles) P13
Vallois (Square Frédéric) P13
Varet (Rue) O10-O9
Vassilieff (Villa Marie) N15
Vaugelas (Rue) P11
Vaugirard (Bd de) N15-O14
Vaugirard (Galerie) N14-N15
Vaugirard (Rue de) M18-P11
Verdier (Square du Cardinal) Q11
Vergennes (Square) O12-O13
Versailles (Porte de) P10-P11
Viala (Rue) L11-M10
Vicat (Rue Louis) R11-R12
Vichy (Rue de) P11
Victor (Boulevard) P10-P9
Victor (Square) O8
Vigée Lebrun (Rue) O14
Villafranca (Rue de) Q13
Villon (Rue François) Q12
Violet (Place) N11
Violet (Rue) M11-N11
Violet (Square) N11
Violet (Villa) N11
Viroflay (Rue de) N12
Vitu (Rue Auguste) M9-N9
Volontaires (Rue des) N13-O14
Vouillé (Rue de) P13
Weiss (Rue Charles) P13
Yourcenar (Allée Marguerite) L11
Yvart (Rue) O12-P13
Zola (Avenue Émile) M11-M9
Zola (Square Émile) M10

voir plan de l'est page précédente

16e
MAISON DE RADIO FRANCE
Kennedy Radio-France
Bir Hakeim
Passy
Champ de Mars Tour Eiffel
Stade E. Anthoine
Port Autonome de Paris
Journal Officiel
Dupleix
La Motte Picquet Grenelle
Village Suisse
Javel
Charles Michels
Av. Emile Zola
Commerce
Lycée Tech. R. Verlomme
Place du Commerce
Imprimerie Nationale
Félix Faure
Boucicaut
Anc. Hôpital Boucicaut
Rond Point St-Charles Université Paris I
Parc André Citroën
Lourmel
Cimetière de Vaugirard
Lycée Tech. Louis Armand
Notre-Dame de Nazareth
Notre-Dame de Charité
Orphelinat Saint Charles
Convention
Vaugirard
Ministère de la Défense (Armée de l'Air)
Balard
PORTE DE SÈVRES
PORTE DE VERSAILLES
PALAIS DES SPORTS
PARC DES EXPOSITIONS
Porte de Versailles
ISSY-LES-MOULINEAUX
Hôpital Corentin Celton
Corentin Celton
Parc Georges Brassens
PORTE DE PLAISANCE
Dantzig
Brancion
PORTE DE LA PLAINE
PÉRIPHÉRIQUE
Stade Charles Rigoulot
Paris II
St-Michel
Notre Dame de la Salette
Européen Georges Pompidou
Aquaboulevard
Institution St-Nicolas
BOULEVARD
Tramway : mise en service 2006
(Tramway : mise en service 2006)
N

les rues du 16e

About (Rue Edmond) J8
Adenauer (Pl. du Chancelier) J5
Ader (Place Clément) L9
Agar (Rue) L8
Albert Ier de Monaco (Av.) J11
Alboni (Rue de l') K10
Alboni (Square de l') K10
Alexandre Ier de Yougoslavie (Square) J8
Aliscamps (Square des) L6
Alma (Place de l') I12
Alma (Pont de l') J12
Alphand (Avenue) G10
Alphonse XIII (Avenue) K9
Andigné (Rue d') K8
Ankara (Rue d') K10
Annonciation (Rue de l') K9
Anselin (Jardin du Général) I8-H8
Anselin (Rue du Général) G9
Appert (Rue du Général) H9
Argentine (Cité de l') H10
Argentine (Rue d') G11
Arioste (Rue de l') N6
Arnauld (Rue Antoine) K8
Arnauld (Square Antoine) K8
Assomption (Rue de l') K7
Aubé (Rue du Général) K8
Augier (Boulevard Émile) J8-K8
Auteuil (Port d') N8-M9
Auteuil (Porte d') M6
Auteuil (Rue d') M6-M7
Avenue du Bois (Square de l') G10
Avenue Foch (Square de l') G9
Balfourier (Av. du Général) N6
Barcelone (Place de) M8
Barlier (Jardin Maurice) H8
Barrès (Square du Capitaine) F7
Barthou (Avenue Louis) I7-I8
Bassano (Rue de) H12
Bataille (Square Henry) K7
Bauches (Rue des) K8
Bazille (Square Frédéric) Q15
Bazin (Rue René) L7
Beaudouin (Passage Eugène) L7
Beauregard (Place Paul) M8
Beauséjour (Boulevard) K7-K8
Beauséjour (Villa de) K8
Beethoven (Rue) K10
Belles Feuilles (Impasse) H9
Belles Feuilles (Rue des) H9-I10
Bellini (Rue) J10
Belloy (Rue de) H11
Benouville (Rue) H9
Béranger (Hameau) L8
Bergerat (Avenue Émile) L8
Berlioz (Rue) G10
Berton (Rue) K9
Beyrouth (Place de) I12
Bir Hakeim (Pont de) K10
Bizet (Rue Georges) I12
Blanche (Rue du Docteur) K7-L7
Blanche (Square du Docteur) L7
Blériot (Quai Louis) M9-N8
Blumenthal (R. Florence) M8-M9
Bœgner (R. du Pasteur Marc) J9
Boileau (Hameau) N6-N7
Boileau (Rue) M7-O7
Boileau (Villa) M7-N7
Boilly (Rue Louis) J7-K7
Bois de Boulogne (Rue du) G10
Boisle Vent (Rue) K8-K9
Boissière (Rue) H10-I11
Boissière (Villa) I11
Bolivie (Place de) L10
Bologne (Rue Jean) K9
Bonnat (Rue Léon) L8
Bonnet (Avenue du Colonel) K9
Bornier (Rue Henri De) J8
Bosio (Rue) M7
Boudart (Villa Patrice) L8
Boudon (Avenue) L8-M8
Boufflers (Avenue de) L7-M7
Boulainvilliers (Hameau) L8
Boulainvilliers (Rue de) K9-L9
Bouquet de Longchamp (Rue) I11
Bourdet (Rue Maurice) L9
Boylesve (Avenue René) K10
Bresse (Square de la) O7
Brignole (Rue) I12
Brignole Galliera (Square) I12
Brisson (Place Pierre) I12
Brottier (Rue du Père) L8-M8
Bruix (Bd de l'Amiral) G10-H9
Bruneau (Rue Alfred) K9
Bugeaud (Avenue) H10-H9
Buis (Rue du) M7-M8
Buisson (Av. Ferdinand) O5-P6
Callas (Allée Maria) J10
Callas (Place Maria) I12
Camoëns (Avenue de) J10
Capus (Square Alfred) L6
Carrières (Impasse des) K10-K9
Chahu (Rue Claude) K10
Chaillot (Rue de) I12
Chaillot (Square de) H12-I12
Chalets (Avenue des) K8
Chalgrin (Rue) G10-G11
Chamfort (Rue) L7
Champagnat (Place du Père Marcellin) K9
Chanez (Rue) M6-N6
Chanez (Villa) M6
Chantemesse (Avenue) I8
Chapu (Rue) O7
Chardin (Rue) K10
Chardon Lagache (Rue) M8-O7
Chernoviz (Rue) K10-K9
Cheysson (Villa) O6-O7
Chopin (Place) K9
Cimarosa (Rue) H11-I11
Civry (Rue de) N6
Claretie (Rue Jules) J8
Clavery (Avenue du Général) P6
Clergerie (Rue du Général) H10
Cloué (Rue de l'Amiral) M8
Colledebœuf (Rue André) L8
Collet (Square Henri) L9
Collignon (R. du Conseiller) J8-K8
Colombie (Place de) J8
Copernic (Rue) H10-H11
Copernic (Villa) H10
Corneille (Impasse) N7
Corot (Rue) M8
Cortambert (Rue) J9
Costa Rica (Place de) K10
Coudenhove Kalergi (Place Richard De) H11-H12
Courbet (Rue Gustave) I9
Courbet (Rue de l'Amiral) H10
Crevaux (Rue) H9
Cruz (Rue Oswaldo) K8
Cruz (Villa Oswaldo) K8
Cure (Rue de la) L7-N8
Dangeau (Rue) L8
Daumier (Rue) O7
Dauphine (Porte) H8
David (Rue Félicien) L9-M8
Daviout (Rue) K8-L8
Debilly (Passerelle) J12
Debilly (Port) J11-J12
Debrousse (Rue) I12
Debussy (Jardin Claude) I8
Decamps (Rue) I10-J9
Degas (Rue) M8-M9
Dehodencq (Rue Alfred) J8
Dehodencq (Square Alfred) J8
Delacroix (Rue Eugène) I9-J9
Delaroche (Rue Paul) J9-K9
Delessert (Boulevard) J10-K10
Delestraint (R. du Général) N6-O6
Delibes (Rue Léo) I10-I11
Deport (Rue du Lieutenant-Colonel) O6
Désaugiers (Rue) M7
Desbordes Valmore (Rue) J9
Despréaux (Avenue) N7
Deubel (Place Léon) O6
Diaz (Rue Narcisse) M8
Dickens (Rue Charles) K10
Dickens (Square Charles) K10
Dietrich (Place Marlène) I11
Dietz Monnin (Villa) O6-O7
Dode De La Brunerie (Av.) P6
Dôme (Rue du) H11
Donizetti (Rue) M7
Doornik (Jardin Jan) I8-H8
Doret (Avenue Marcel) O6-P6
Dosne (Rue) H10-H9
Doumer (Avenue Paul) J10-K9
Droits de l'Homme et des Libertés (Parvis des) J10
Dubail (Avenue du Général) L8
Duban (Rue) K9
Dufrenoy (Rue) I8-I9
Dufresne (Villa) O7
Dumont D'Urville (Rue) H11-H12
Duplan (Cité) G10
Dupont (Villa) G10-G9
Dupuy (Rue Paul) M8
Duret (Rue) G10
Eaux (Passage des) K10
Eaux (Rue des) K10
Écrivains Combattants Morts pour la France (Square) J7
Église d'Auteuil (Pl. de l') M7-M8
Église de l'Assomption (Place de l') K7
Erignac (Pl. du Préfet Claude) L7
Erlanger (Avenue) M7
Erlanger (Rue) M7-N6
Erlanger (Villa) M7
Ermitage (Avenue de l') N7
Estaing (Rue de l'Amiral D') I11
Estrade (Cité Florentine) M7-M8
États Unis (Place des) H11
Evrard (Place Jane) K8
Exelmans (Boulevard) M6-O7
Exelmans (Hameau) N7
Eylau (Avenue d') I10-J10
Eylau (Villa d') H11
Faisanderie (Rue de la) H9-I8
Faisanderie (Villa de la) H9
Fantin Latour (Rue) O7
Farrère (Rue Claude) N5
Fayolle (Av. du Maréchal) H8-I8
Ferry (Rue Abel) O6-P6
Feuillet (Rue Octave) J8
Flandrin (Boulevard) H9-I8
Flore (Villa) M7
Foch (Avenue) G11-H9
Foucault (Rue) J11
Fournier (Rue Édouard) J8
Franchet D'Espérey (Avenue du Maréchal) K7-L6
François (Place Claude) O7
Franklin (Rue Benjamin) J10-K10
Franqueville (Rue de) J8
Frémiet (Avenue) K10
Frères Périer (Rue des) I12
Fresnel (Rue) I12-J11
Freycinet (Rue) I11-I12
Gaillard (Passage souterrain Henri) H8-H9
Galilée (Rue) H12-I11
Galliera (Rue de) I12
Garigliano (Pont du) O7-O8
Gaulle (Place Charles De) G11
Gautier (Av. Théophile) L9-M8
Gautier (Square Théophile) M8
Gavarni (Rue) K10
Gérard (Rue François) M8
Géricault (Rue) M7
Gillet (Rue de l'Abbé) K9
Giraudoux (Rue Jean) H12
Girodet (Rue) M7
Glizières (Villa des) M9
Godard (Rue Benjamin) I9
Goethe (Rue) I12
Grande Armée (Avenue de la) F10-G11
Grasse (Place de l'Amiral De) I11-I12
Grenelle (Pont de) L9-M9
Greuze (Rue) I9-J10
Gros (Rue) L8-L9
Grossetti (Rue du Général) O7
Gudin (Rue) O6
Guérin (Rue Pierre) L7-M7
Guibert (Villa) J9
Guichard (Rue) K9
Guignières (Villa des) K9
Guilbaud (Rue du Commandant) N5-O5
Gustave V De Suède (Avenue) J11
Hackin (Rue Joseph et Marie) F9
Hamelin (Rue de l'Amiral) H11-I11
Hayem (Place du Docteur) L9
Hébert (Rue Ernest) J7
Hébrard (Avenue Adrien) L8
Heine (Rue Henri) L7
Hélie (Rue Faustin) J9
Hérelle (Avenue Félix D') P6
Herran (Rue) I10-I9

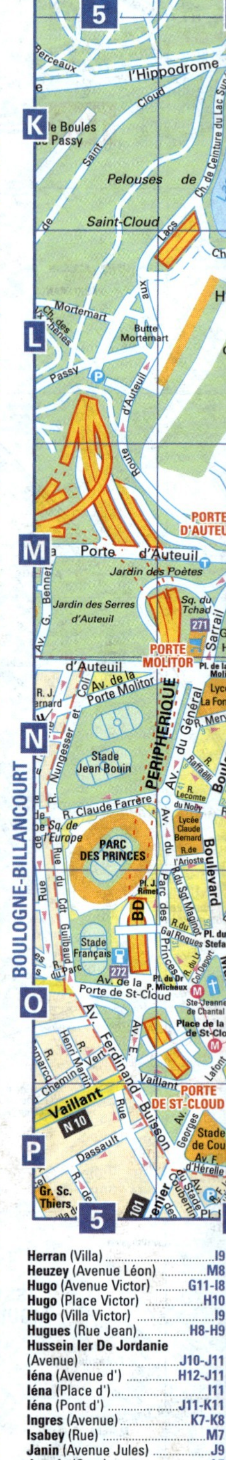

Herran (Villa) I9
Heuzey (Avenue Léon) M8
Hugo (Avenue Victor) G11-I8
Hugo (Place Victor) H10
Hugo (Villa Victor) I9
Hugues (Rue Jean) H8-H9
Hussein Ier De Jordanie (Avenue) J10-J11
Iéna (Avenue d') H12-J11
Iéna (Place d') I11
Iéna (Pont d') J11-K11
Ingres (Avenue) K7-K8
Isabey (Rue) M7
Janin (Avenue Jules) J9
Jasmin (Cour) L7
Jasmin (Rue) L7-L8

Jasmin (Square)	L7
Jocelyn (Villa)	I9
Jouvenet (Rue)	N7-O7
Jouvenet (Square)	N7
Kennedy (Avenue du Président)	K10-L9
Kepler (Rue)	H12
Kléber (Avenue)	G11-J10
Kléber (Impasse)	H11
La Fontaine (Hameau)	L8-L9
La Fontaine (Rond-Point)	N7
La Fontaine (Rue Jean De)	L9-M7
La Fontaine (Square)	L8
La Frillière (Avenue De)	O6
La Pérouse (Rue)	H11
La Vaulx (Rue Henry De)	P6-P7
Labiche (Rue Eugène)	J8
Lafont (Avenue Georges)	O6-P6
Lalo (Rue)	G9
Lamartine (Square)	I8-I9
Lamballe (Avenue de)	L10-L9
Lamoureux (Rue Charles)	H9
Lancret (Rue)	N7
Langlois (Rue du Général)	J9
Lannes (Boulevard)	H8-J8
Largeau (Rue du Général)	M7
Largillière (Rue)	K8
Lasteyrie (Rue de)	H10
Lattre De Tassigny (Place du Maréchal De)	H8
Laurens (Square Jean-Paul)	L8
Lauriston (Rue)	H11-I10
Le Coin (Rue Robert)	K8
Le Marois (Rue)	O6-O7
Le Nôtre (Rue)	J10-K11
Le Sueur (Rue)	G10
Le Tasse (Rue)	J10
Lecomte Du Noüy (Rue)	N6
Leconte De Lisle (Rue)	M7-M8
Leconte De Lisle (Villa)	M8
Lekain (Rue)	K9
Léonard De Vinci (Rue)	H10
Léopold II (Avenue)	L8
Lepage (Rue Bastien)	M7
Leroux (Rue)	H10
Leroy-Beaulieu (Square)	L8
Leygues (Rue Georges)	J8
Longchamp (Rue de)	H8-I11
Longchamp (Villa de)	I11
Lorrain (Place Jean)	M7
Lorrain (Rue Claude)	N6-O7
Lorrain (Villa Claude)	O6
Lota (Rue de)	I9
Louis David (Rue)	J9
Louys (Rue Pierre)	L9-M9
Lübeck (Rue de)	I11
Lyautey (Av. du Maréchal)	L6-M6
Lyautey (Rue)	K10-K9
Magdebourg (Rue de)	I11
Maginot (Rue du Sergent)	O6
Magnard (Rue Albéric)	J8
Malakoff (Avenue de)	G10

voir plan du nord page suivante

Suite de l'index page 132

1 carreau = 500m

les rues du 16e (suite)

Malakoff (Impasse de) G10
Malakoff (Villa) I10
Malherbe (Square) M6
Malleterre (R. du Général) O7-P7
Mallet-Stevens (Rue) K7-L7
Mandel (Av. Georges) I9-J10
Mangin (Av. du Général) K10-L9
Manuel (Rue Eugène) J9-K10
Manuel (Villa Eugène) J9-K9
Manutention (Rue de la) I12-J12
Maquet (Rue Auguste) O7
Marbeau (Boulevard) G9
Marbeau (Rue) G9
Marceau (Avenue) H12-I12
Marchand
(Rue du Commandant) G10
Marronniers (Rue des) K9-L9
Martel
(Boulevard Thierry De) G9
Marti (Place José) J10
Martin (Avenue Henri) I9-J8
Martin (Rue Marietta) K8
Maspéro (Rue) J8
Massenet (Rue) K9
Maunoury
(Avenue du Maréchal) J7-K7
Maupassant (Rue Guy De) J8
Maurois (Boulevard André) F9
Ménier (Rue Émile) H9
Mérimée (Rue) H9
Meryon (Rue) N6
Mesnil (Rue) H10-I10
Mexico (Place de) I10
Meyer (Villa Émile) O6
Michaux
(Place du Docteur Paul) O6
Michel-Ange (Hameau) O6
Michel-Ange (Rue) M7-O6
Michel-Ange (Villa) M7
Mignard (Rue) I9-J8
Mignet (Rue) M8
Mignot (Square) J10
Milleret De Brou (Avenue) L8
Millet (Rue François) L8
Mirabeau (Pont) M8-M9
Mirabeau (Rue) M8-N7
Mission Marchand
(Rue de la) L7-M7
Molière (Avenue) N7
Molitor (Porte) N6
Molitor (Rue) N6-N7
Molitor (Villa) N7
Monnet (Place Jean) I9
Mont Blanc (Square du) M8
Montespan (Avenue de) I9
Montevideo (Rue de) H8-I8
Montmorency (Avenue de) M7
Montmorency (Bd de) K7-M6
Montmorency (Villa de) M7
Mony (Rue) I9
Mozart (Avenue) K8-M7
Mozart (Square) K8
Mozart (Villa) L8
Muette (Chaussée de la) K8
Muette (Porte de la) J7-J8
Mulhouse (Villa) O7
Mun (Avenue Albert De) I11-J11
Murat (Boulevard) M6-O6
Murat (Villa) O7
Musset (Rue) N7
Nadaud (Rue Gustave) J8
Nations Unies
(Avenue des) J10-J11
Neuilly (Avenue de) F9
New York (Avenue de) I12-K11
Newton (Rue) H12
Nicolo (Hameau) K9
Nicolo (Rue) J9-K9
Niox (Rue du Général) O7-P7
Noailles (Square Anna De) G9
Noisiel (Rue de) H9
Nungesser et Coli (Rue) N5
Offenbach (Rue Jacques) K8
Olchanski (Rue du Capitaine) M7
Padirac (Square de) L6
Pajou (Rue) K8
Paraguay (Place du) H9
Parc de Passy (Avenue du) K10
Parc des Princes
(Avenue du) N6-O6
Parent de Rosan (Rue) O6-O7
Parodi
(Square Alexandre et René) G9
Pascal (Rue André) J8
Passy (Place de) K9
Passy (Port de) L9-J11
Passy (Porte de) K7
Passy (Rue de) K10-K8
Passy-Plaza (Galerie) K9
Paté (Square Henry) M8
Patton (Place du Général) G10
Pâtures (Rue des) M8-M9
Perchamps (Rue des) M7-M8
Pergolèse (Rue) G10-G9
Perrichont (Avenue) M8
Petit De Julleville
(Square Cardinal) E10
Petite Arche (Rue de la) P6-P7
Pétrarque (Rue) J10
Pétrarque (Square) J10-J9
Peupliers (Avenue des) M7
Philipe (Rue Gérard) I8
Piccini (Rue) G10
Pichat (Rue Laurent) G10
Picot (Rue) H10-H9
Pierre Ier De Serbie
(Avenue) H12-I11
Pilâtre de Rozier (Allée) J8-K8
Poètes (Square des) M5
Poincaré
(Avenue Raymond) H10-J10
Poincaré (Av. du Recteur) L8
Point du Jour (Port du) O7-P7
Point du Jour (Porte du) O6
Pologne (Avenue de) H8
Pomereu (Rue de) H9-I9
Pompe (Rue de la) H10-K8
Pompidou (Voie Georges) K10-O7
Ponsard (Rue François) J8-K8
Porte d'Auteuil (Place de la) M6
Porte de Passy (Place de la) K7
Porte de Saint-Cloud
(Avenue de la) O5
Porte de Saint-Cloud
(Place de la) O6
Porte Maillot (Place de la) F10
Porte Molitor
(Avenue de la) N5-N6
Porte Molitor (Place de la) N6
Portugais (Avenue des) H11
Possoz (Place) J9
Poteaux (Allée des) H7-H8
Poubelle (Rue Eugène) L9
Poussin (Rue) M6-M7
Pré aux Chevaux (Rue du) L9
Presbourg (Rue de) G11-H12
Prêtres (Impasse des) I10
Prokofiev (Rue Serge) L7-L8
Proust (Avenue Marcel) K10
Prudhon (Avenue) J8-K8
Racan (Square) M6
Racine (Impasse) N7
Raffaëlli (Rue) N6
Raffet (Impasse) L7
Raffet (Rue) L7
Ranelagh (Avenue du) K7-K8
Ranelagh (Jardin du) J8-K8
Ranelagh (Rue du) K7-L9
Ranelagh (Square du) K8
Raphaël (Avenue) J7-K7
Raynouard (Rue) K10-L9
Raynouard (Square) K10
Rémusat (Rue de) M8
Réunion (Villa de la) N7
Reynaud (Place Paul) O6-O7
Reynaud (Rue Léonce) I12
Ribera (Rue) L8
Richepin (Rue Jean) J8-J9
Rimet (Place Jules) O5
Risler (Avenue Georges) O7
Rivière (Place Théodore) M8
Rocamadour (Square de) L6
Rochambeau (Place) I12
Rodin (Avenue) I8-J9
Rodin (Place) L8
Roques (Rue du Général) O6
Roucher (Rue Antoine) M8
Rousseau (Avenue Théodore) L8
Roussel (Av. de l'Abbé) L8-M8
Rouvray (Avenue de) M7
Rude (Rue) G11
Sablons (Rue des) I10-J9
Saïd (Villa) G9
Saïgon (Rue de) G11
Saint-Cloud (Porte de) P6
Saint-Didier (Rue) I11-I9
Saint-Exupéry (Quai) O7-P6
Saint-Honoré d'Eylau (Av.) I10
Saint-Paul (Rue Gaston De) I12
Sand (Rue George) L7-M8
Sand (Villa George) M8
Sandeau (Boulevard Jules) J8
Sarcey (Rue Francisque) J10-K9
Sardou (Rue Victorien) N7-N8
Sardou (Square Victorien) N7
Sardou (Villa Victorien) N7
Sarrail (Av. du Général) M6-N6
Saunière (Rue Paul) J9-K9
Scheffer (Rue) I9-J10
Scheffer (Villa) J9
Schlœsing
(Rue du Commandant) J10
Schuman (Square) H8
Sée (Rue du Docteur Germain) L9
Serres d'Auteuil (Jardin des) M5
Sfax (Rue de) H10
Siam (Rue de) J8-J9
Singer (Passage) K9
Singer (Rue) K8-K9
Sommeiller (Villa) O7
Sontay (Rue de) H10
Souchier (Villa) J9
Source (Rue de la) L8-M7
Spontini (Rue) H9-I9
Spontini (Villa) H9-I9
Square (Avenue du) L7-M7
Stefanik (Place du Général) O6
Stock (Place de l'Abbé Frantz) P6
Suchet (Boulevard) J8-M6
Sycomores (Avenue des) L7-M6
Talma (Rue) K9
Tansman (Villa Alexandre) N7
Tattegrain (Place) I8
Tchad (Square du) M6
Tellier (Rue Charles) O7
Terrasse (Rue Claude) O6-O7
Thiers (Rue) I9
Thiers (Square) I9
Thill (Rue Georges) D25
Tilleuls (Avenue des) L7-M7
Tokyo (Place de) I12
Tolstoï (Square) L6
Tour (Rue de la) I8-K10
Tour (Villa de la) J9
Traktir (Rue de) G11-H11
Trentinian
(Place des Généraux De) H9
Trocadéro (Jardin du) J10-J11
Trocadéro (Square du) J10
Trocadéro et du Onze Novembre
(Place du) J10
Turquan (Rue Robert) L7
Union (Square de l') I10
Urfé (Square d') L6-M6
Uruguay (Place de l') H12
Vacquerie (R. Auguste) H11-H12
Vaillant (Avenue Edouard) O5-P6
Valéry (Rue Paul) H10-H11
Van Loo (Rue) N7-O7
Varize (Rue de) N6-O6
Varsovie (Place de) J11
Vénézuela (Place du) H10
Verderet (Rue) M7-M8
Verdi (Rue) J8
Versailles (Avenue de) L9-O6
Vignes (Rue des) K8-L9
Villa de la Réunion
(Grande avenue de la) N7
Villarceau (Rue Yvon) H10
Ville (Rue Georges) H10-H11
Vineuse (Rue) J10-K10
Vion Whitcomb (Avenue) K8
Vital (Rue) J9-K9
Voltaire (Impasse) N6-N7
Weber (Rue) G10-G9
Widor (Rue Charles-Marie) O7
Wilhem (Rue) M8-N8
Wilson
(Avenue du Président) J11-I12
Yorktown (Square) J10
Yvette (Rue de l') L7
Yvon (Rue Adolphe) I8
Zédé (Rue Gustave) K8

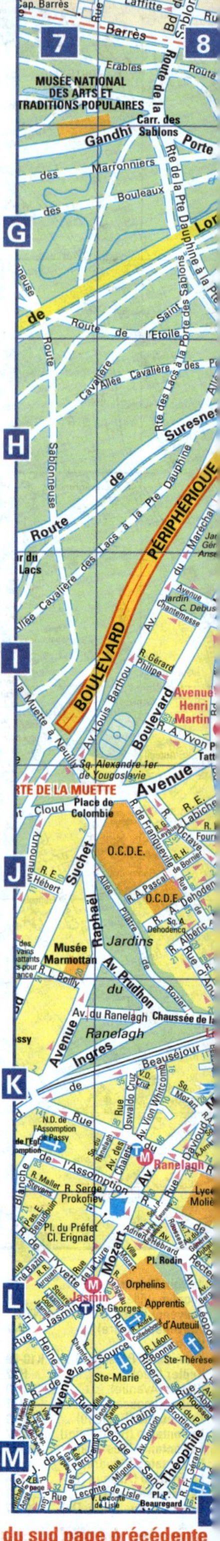

voir plan du sud page précédente

16e nord
17e
8e
7e
15e
PORTE MAILLOT
Place de la Porte Maillot
PALAIS DES CONGRÈS
Neuilly Porte Maillot Palais des Congrès
Porte Maillot
Av. de la Grande Armée
Argentine
Ch. De Gaulle Étoile
Place Charles De Gaulle
ARC DE TRIOMPHE
Avenue Foch
Avenue Foch
Porte Dauphine
Avenue Foch
Victor Hugo
Place Victor Hugo
Réservoirs de Passy
Kléber
Boissière
Place des États-Unis
Pl. Amiral de Grasse
Musée des Cristalleries de Baccarat
MUSÉE GUIMET
Iéna
Place d'Iéna
PALAIS GALLIERA
PALAIS DE TOKYO
Alma-Marceau
Pl. de l'Alma
Lycée Janson De Sailly
Rue de la Pompe
Av. Georges Mandel
Trocadéro
Pl. du Trocadéro et du 11 Novembre
PALAIS DE CHAILLOT
Jardins
Musée de l'Homme
Musée de la Marine
Place de Varsovie
Cimetière de Passy
Pont d'Iéna
Musée (Ouverture 2006)
TOUR EIFFEL
Champ de Mars Tour Eiffel
Stade E. Anthoine
Bir Hakeim
Pont de Bir-Hakeim
Passy
Boulainvilliers
Kennedy Radio-France
MAISON DE RADIO FRANCE
Square Henri Collet
Av. du Président Kennedy
Quai de Grenelle
Dupleix
Statue de la Liberté
Pl. Jacques Rueff
Av. J. Bouvard
Passy
17 18 19 8 9 10 16 2 3 11 20 1 4 7 6 5 12 15 14 13
9 10 11 G H I J K L
133
1 carreau = 500m

les rues du 17e

Suite de l'index page 136

voir plan de l'est page suivante

1 carreau = 500m

les rues du 17e (suite)

Mariotte (Rue) E15
Martel (Pass. Commandant Charles) E15
Marty (Impasse) B16
Massard (Avenue Émile et Armand) D12
Mayenne (Square de la) D12
Médéric (Rue) F13
Meissonnier (Rue) E13
Mendès (Rue Catulle) D11-E11
Merrill (Place Stuart) E11
Milne Edwards (Rue) E11
Moines (Rue des) C16-D15
Moll (Rue du Colonel) F11-G11
Monbel (Rue de) D13
Monceau (Square) E15
Monceau (Villa) E12
Moncey (Passage) D16
Mont Doré (Rue du) E16
Montenotte (Rue de) F12-G11
Môquet (Rue Guy) C15-C16
Morandat (Place Yvon et Claire) G11
Moréas (Rue Jean) D11
Naboulet (Impasse) C15
Navier (Rue) B15-B16
Neuilly (Avenue de) F9
Neuville (Rue Alphonse De) D12-E13
Nicaragua (Place du) E13
Nicolay (Square) D15
Niel (Avenue) E12-F11
Niel (Villa) F12
Nollet (Rue) D15-E16
Nollet (Square) D15
Noureev (Rue Rudolf) C13
Oestreicher (Rue Jean) D10-D11
Paray (Square Paul) D13
Paul (Rue Marcel) C13-B13
Pavillons (Avenue des) E10
Pécaut (Rue Félix) C16
Pélerin (Impasse du) C15
Pelloutier (Rue Fernand) B16
Péreire Nord (Boulevard) D14-F10
Péreire Sud (Boulevard) D14-F10
Pershing (Boulevard) E10-F10
Peterhof (Avenue de) E10
Petiet (Rue) C16
Petit Cerf (Passage) C15
Peugeot (Rue du Caporal) D11
Phalsbourg (Rue de) E13-F13
Pisan (Rue Christine De) D13
Pissarro (Rue Camille) D12
Pitet (Rue Raymond) D12
Poisson (Rue Denis) F10-G10
Poncelet (Passage) F12
Poncelet (Rue) F12
Pont à Mousson (Rue de) B16
Porte d'Asnières (Avenue de la) C12-D13
Porte de Champerret (Avenue de la) D10-E11
Porte de Champerret (Place de la) E11
Porte de Clichy (Avenue de la) B14-C14
Porte de Saint-Ouen (Avenue de la) A17-B16
Porte de Villiers (Avenue de la) E10
Porte des Ternes (Avenue de la) E9-F10
Porte Maillot (Place de la) F10
Porte Pouchet (Avenue de la) B16
Pouchet (Passage) B15-B16
Pouchet (Porte) B15
Pouchet (Rue) B15-B16
Pouillet (Rue Claude) E14
Printemps (Rue du) D13-D14
Prony (Rue de) E12-F13
Pusy (Cité de) D14
Puteaux (Rue) E15
Puvis De Chavannes (Rue) E12
Rebière (Rue Pierre) B14-B15
Redon (Rue) D12-D13
Reims (Boulevard de) C12
Renard (Place Jules) E11
Renard (Rue des Colonels) F11
Renaudes (Rue des) E12-F12
Renault (Rue Marcel) F11
Rennequin (Rue) E11-F12
République de l'Équateur (Place de la) F13
République Dominicaine (Place de la) F13-F14
Rhône (Square du) D12
Ribot (Rue Théodule) F12
Roberval (Rue) C15
Roche (Rue Ernest) B15
Rochefort (Rue Henri) F13-E13
Roll (Rue Alfred) D12
Rome (Rue de) D14-G16
Roussel (Rue Albert) C13
Rousselot (Rue de l'Abbé) D12
Roux (Passage) F12
Ruhmkorff (Rue) E10-F10
Sablonville (Rue de) F9
Saint-Ange (Passage) B16
Saint-Ange (Villa) B16
Sainte-Croix (Villa) C16
Sainte-Odile (Square) D11
Saint-Ferdinand (Place) F10
Saint-Ferdinand (Rue) F11-G10
Saint-Jean (Place) D16
Saint-Jean (Rue) D16
Saint-Just (Rue) B14
Saint-Marceaux (Rue de) D12
Saint-Michel (Passage) D16
Saint-Ouen (Avenue de) B16-D16
Saint-Ouen (Impasse) C16
Saint-Ouen (Porte de) A16
Saint-Pierre (Cour) D16
Saint-Senoch (Rue de) E11-F11
Salneuve (Rue) E14
Salonique (Avenue de) E10
Samain (Rue Albert) D11
Sauffroy (Rue) C15-D15
Saussier Leroy (Rue) F11-F12
Saussure (Rue de) D13-E15
Senlis (Rue de) D12
Sisley (Rue) D13
Somme (Boulevard de la) D11
Suares (Rue André) C14
Tapisseries (Rue des) D13
Tarbé (Rue) D14-E14
Tarn (Square du) D12
Ternes (Avenue des) F10-F12
Ternes (Place des) F12
Ternes (Porte des) F10
Ternes (Rue des) F11
Ternes (Villa des) F10
Terrasse (Rue de la) E14-F14
Terrasse (Villa de la) E14
Thann (Rue de) E14-F13
Thimerais (Square du) D12
Tilsitt (Rue de) G11-G12
Tocqueville (Jardin de) D13
Tocqueville (Rue de) D13-F14
Tocqueville (Square de) D13
Tombelle (Square Fernand De La) E14
Torricelli (Rue) F11
Tortelier (Place Paul) C13
Toulouse-Lautrec (Rue) A17-A16
Tournemire (Rue Charles) E10
Troyon (Rue) G11-G12
Truchet (Rue Abel) E16
Truffaut (Rue) D15-E16
Tzanck (Place Arnault) B16
Ulmann (Jardin André) D12
Vaucluse (Square de) D12
Verdun (Place de) F9
Vernier (Rue) E11
Verniquet (Rue) D12
Verzy (Avenue de) E11-F10
Vierne (Rue Louis) D11
Viète (Rue) E13
Vigny (Rue Alfred De) F13
Villaret de Joyeuse (Rue) G11
Villaret de Joyeuse (Square) F11-G11
Villebois Mareuil (Rue) F11
Villiers (Avenue de) E11-F14
Villiers (Porte de) E10
Vivarais (Square du) E10
Wagram (Avenue de) G12-D13
Wagram (Place de) D13
Waldeck Rousseau (Rue) F10
Yser (Boulevard de l') E10-E11

voir plan de l'ouest page précédente

14
15
16
A
B
C
D
E
F
ST-OUEN
PORTE DE ST-OUEN
Porte de St-Ouen
Stade Max Rousie
Sq. Emile Borel
Pl. Arnault-Tzanck
Rue André Bréchet
Bichat Claude Bernar
Cimetière Parisien des Batignolles
Ecole Nat. de Commerce
PORTE POUCHET
Bessières
Stade L. Biancotto
Lycée Honoré de Balzac
Boulevard
Berthier
Porte de Clichy
Av. de la Porte de Clichy
Av. de la Porte de St-Ouen
Bd du Gal Leclerc
Victor Hugo
Leclerc
Gr. Sc. V. Hugo
N.-D. Auxiliatrice
Ctre Mun. de Santé
Annexe
Ann.
D 912
Mat. Condorcet
Parc H. Sellier
R. Hérault de Séchelles
Fructidor
Toulouse Lautrec
Rue Ernest Roche
St-Joseph des Epinettes
Sq. Jean Leclaire
Sq. des Epinettes
Lycée Stéphane Mallarmé
Guy Môquet
Rue de La Jonquière
Avenue de Saint Ouen
Brochant
Avenue de Clichy
Cité des Fleurs
Rue Guy Môquet
Rue Cardinet
Autocars
Sq. des Batignolles
Station Pont Cardinet
Pl. Ch. Fillion
Pl. du Dr F. Lobligeois
Ste-Marie d. Batignolles
Ascension
Rue Legendre
St-Michel des Batignolles
Pl. St-Jean
La Fourche
Jard. E. Chausson
18e
Cimetière de Montmartre
Bretonneau
L.T. A. Renoir
Lycée Ferry
Boulevard de Clichy
Pl. de Clichy
Pl. A. Max
Sq. Berlioz
Pl. Lili Boulanger
9e
Pl. de Lévis
St-Ch. de Monceau
Villiers
Pl. P. Goubaux
Boulevard de Courcelles
Boulevard des Batignolles
Rome
Ecole Norm. d'Instit.
Pl. R. Baret
Lycée Chaptal
8e
St-André de l'Europe
Pl. de Dublin
Liège
Musée Cernuschi
Boulevard Malesherbes
Rue de Rome
Rue d'Amsterdam
Rue de Constantinople
Rue de Moscou
Rue de Bucarest
Rue de Turin
Rue de Berne
Caulaincourt
Rue Damrémont
Rue Marcadet
Square Carpeaux
Pl. J. Froment
Lamarck
Rue Championnet
Villa Compoint
Mûquet
Rue Boursault
Rue Nollet
Rue des Dames
Rue Truffaut
Rue Lemercier
Rue de Lévis
Rue de Tocqueville
Rue de Saussure
Rue Dulong
Rue de Naples
Rue d'Edimbourg

les rues du 18e

Suite de l'index page 140

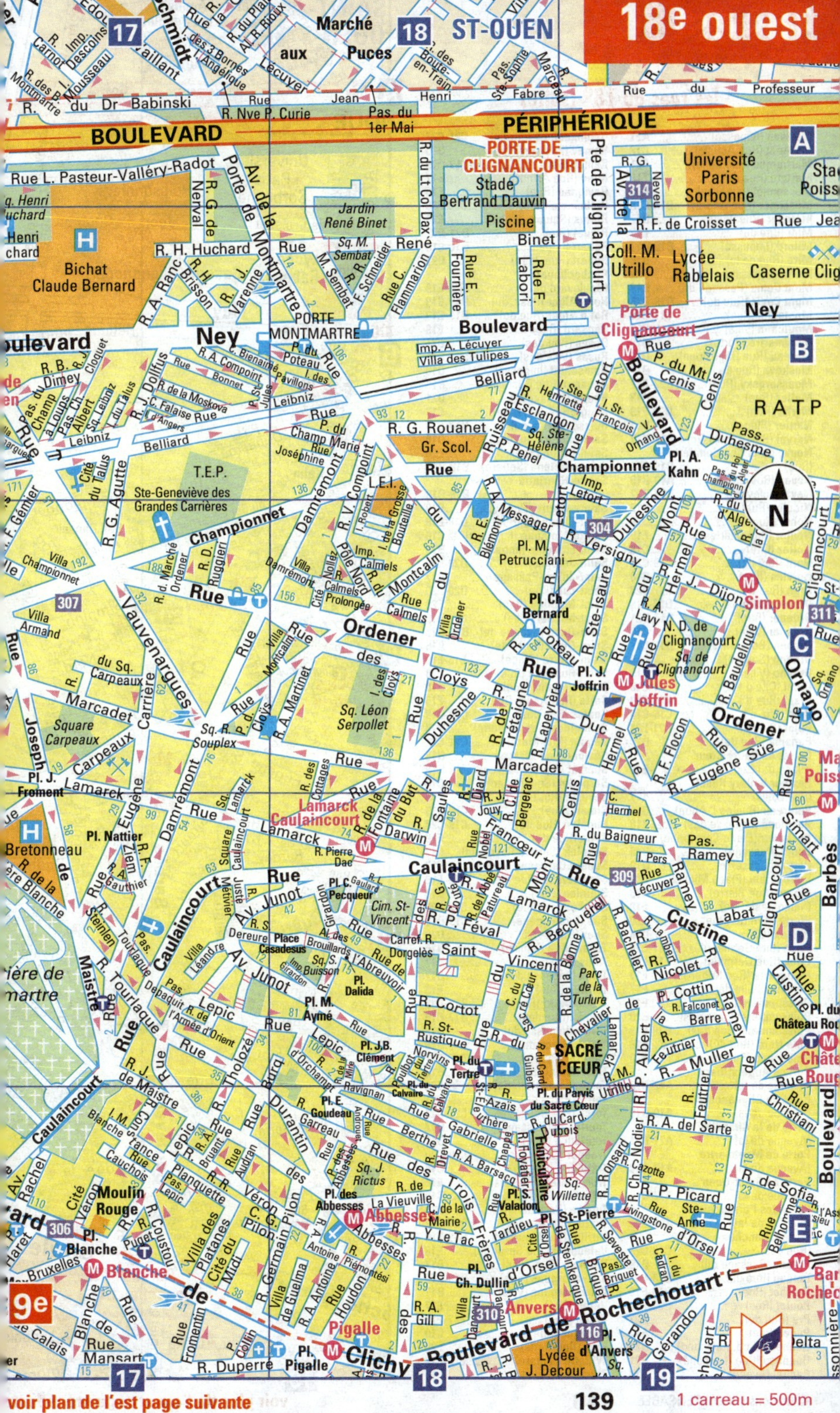

voir plan de l'est page suivante

1 carreau = 500m

les rues du 18e (suite)

Marteau (Impasse) A21
Martinet (Rue Achille) C18
Martinique (Rue de la) C21
Martyrs (Rue des) E18
Massonnet (Impasse) B20
Messager (Rue André) B18-C18
Métivier (Rue Juste) D17
Midi (Cité du) E17
Milord (Impasse) B16-B17
Mire (Rue de la) D18
Molin (Impasse) D22
Mont Cenis (Passage du) B19
Mont Cenis (Rue du) B19-D18
Montcalm (Rue) C17-C18
Montcalm (Villa) C18
Montmartre (Porte) B18
Moreau (Rue Hégésippe) D16
Moskova (Rue de la) B17
Moussorgsky (Rue) B22-C22
Muller (Rue) D19
Myrha (Rue) D20-E19
Nattier (Place) D17
Nerval (Rue Gérard De) A17-B17
Neuve de la Chardonnière (Rue) B19-C19
Neveu (Rue Ginette) A19-B19
Ney (Boulevard) B17-B22
Nicolet (Rue) D19
Nobel (Rue) D18
Nodier (Rue Charles) E19
Nollez (Cité) C18
Nord (Rue du) C19-C20
Norvins (Rue) D18
Oran (Rue d') D20
Orchampt (Rue d') D18-E18
Ordener (Rue) C17-D21
Ordener (Villa) C18
Ornano (Boulevard) B19-C19
Ornano (Square) C19
Ornano (Villa) B19
Orsel (Cité d') E18
Orsel (Rue d') E18-E19
Oslo (Rue d') C16-C17
Pajol (Rue) C21-E21
Panama (Rue de) D20
Parvis du Sacré Cœur (Place du) E19
Pasteur Vallery Radot (Rue Louis) A17
Patureau (Rue de l' Abbé) D18
Pavillons (Impasse des) B18
Pecqueur (Place Constantin) D18
Penel (Passage) B18
Pers (Impasse) D19
Petrucciani (Place Michel) C19
Picard (Rue Pierre) E19
Piémontési (Rue) E18
Pierre l'Ermite (Rue) E20
Pilleux (Cité) D16
Pilon (Cité Germain) E17-E18
Pilon (Rue Germain) E17-E18
Planquette (Rue Robert) E17
Platanes (Villa des) E17
Poissonnière (Villa) E20
Poissonniers (Porte des) B20
Poissonniers (Rue des) B20-E19
Pôle Nord (Rue du) C18
Polonceau (Rue) E20
Porte d'Aubervilliers (Avenue de la) A22-B22
Porte de Clignancourt (Avenue de la) A19-B19
Porte de la Chapelle (Avenue de la) A21-B21
Porte de Montmartre (Avenue de la) A17-B18
Porte de Saint-Ouen (Avenue de la) A17-B16
Porte des Poissonniers (Avenue de la) A20-B20
Portes Blanches (Rue des) C19-C20
Poteau (Passage du) B18
Poteau (Rue du) B18-C19
Poulbot (Rue) D18-E18
Poulet (Rue) D20-E19
Pré (Rue du) B21
Puget (Rue) E17
Queneau (Imp. Raymond) B21
Queneau (Rue Raymond) B21
Rachel (Avenue) E17
Rachmaninov (Jardin) C21-C22
Ramey (Passage) D19
Ramey (Rue) C19-D19
Ranc (Rue Arthur) B17
Ravignan (Rue) E18
Richomme (Rue) D20-E20
Rictus (Square Jehan) E18
Riquet (Rue) D21-D22
Robert (Impasse) B18-C18
Robert (Rue Jean) D21
Rochechouart (Boulevard de) E18-E19
Roi d'Alger (Pass. du) B19-C19
Roi d'Alger (Rue du) B19-C19
Ronsard (Rue) E19
Roses (Rue des) C21
Roses (Villa des) C21
Rothschild (Impasse) D16
Rouanet (Rue Gustave) B18
Ruelle (Passage) D21
Ruggieri (Rue Désiré) C17
Ruisseau (Rue du) B18-C18
Sacré Cœur (Cité du) D18
Saint-Bruno (Rue) E20
Sainte-Hélène (Square) B18-B19
Sainte-Henriette (Impasse) B18-B19
Sainte-Isaure (Rue) C19
Saint-Eleuthère (Rue) D18-E18
Sainte-Monique (Impasse) C16
Saint-François (Impasse) B19
Saint-Jérôme (Rue) D20-E20
Saint-Jules (Passage) B17
Saint-Luc (Rue) D20-E20
Saint-Mathieu (Rue) E20
Saint-Michel (Villa) D16
Saint-Ouen (Avenue de) B16-D16
Saint-Ouen (Porte de) A16
Saint-Pierre (Place) E18-E19
Saint-Rustique (Rue) D18
Saint-Vincent (Rue) D18
Sarte (Rue André Del) E19
Saules (Rue des) C18-D18
Schneider (Rue Frédéric) B18
Séguin (Rue Marc) C21-C22
Sembat (Rue Marcel) B18
Sembat (Square Marcel) B18
Serpollet (Square Léon) C18
Seveste (Rue) E19
Simart (Rue) C19-D19
Simplon (Rue du) C19-C20
Sofia (Rue de) E19
Souplex (Square Raymond) C17
Square Carpeaux (Rue du) C17
Steinkerque (Rue de) E18-E19
Steinlen (Rue) D17
Stephenson (Rue) D20-E20
Süe (Rue Eugène) C19-D19
Suez (Rue de) D20
Tahan (Rue Camille) D16
Talus (Cité du) B17
Talus (Impasse du) B17
Tardieu (Rue) E18
Tchaïkovski (Rue) B22-C22
Tennis (Rue des) B17-C16
Tertre (Impasse du) D18
Tertre (Place du) D18
Tholozé (Rue) D17-E17
Tissandier (Rue Gaston) B22
Tombouctou (Rue de) E20
Torcy (Place de) C21
Torcy (Rue de) C21-C22
Tourlaque (Passage) D17
Tourlaque (Rue) D17
Traëger (Cité) C19-C20
Trétaigne (Rue de) C18
Trois Frères (Rue des) E18
Tulipes (Villa des) B18
Turlure (Parc de la) D19
Tzara (Rue Tristan) B21-C22
Utrillo (Rue Maurice) D19-E19
Valadon (Place Suzanne) E18
Varenne (Rue Jean) B17
Vauvenargues (Rue) B16-C17
Vauvenargues (Villa) B17
Véron (Cité) E17
Véron (Rue) E17-E18
Versigny (Rue) C19
Vian (Rue Boris) E20
Willette (Square) E18-E19
Ziem (Rue Félix) D17

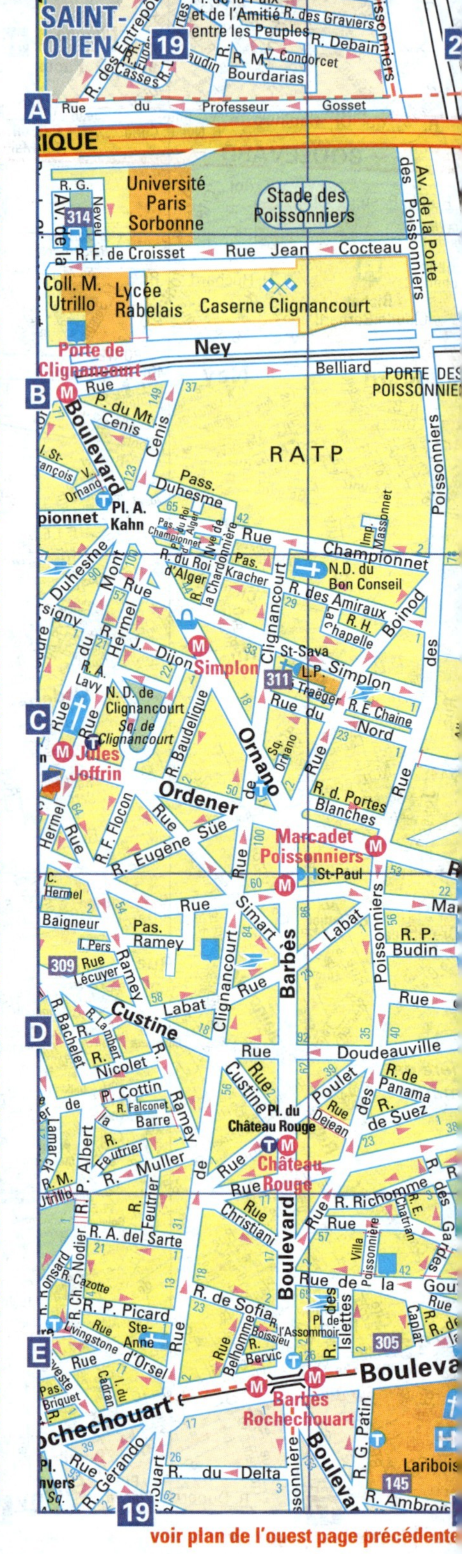

voir plan de l'ouest page précédente

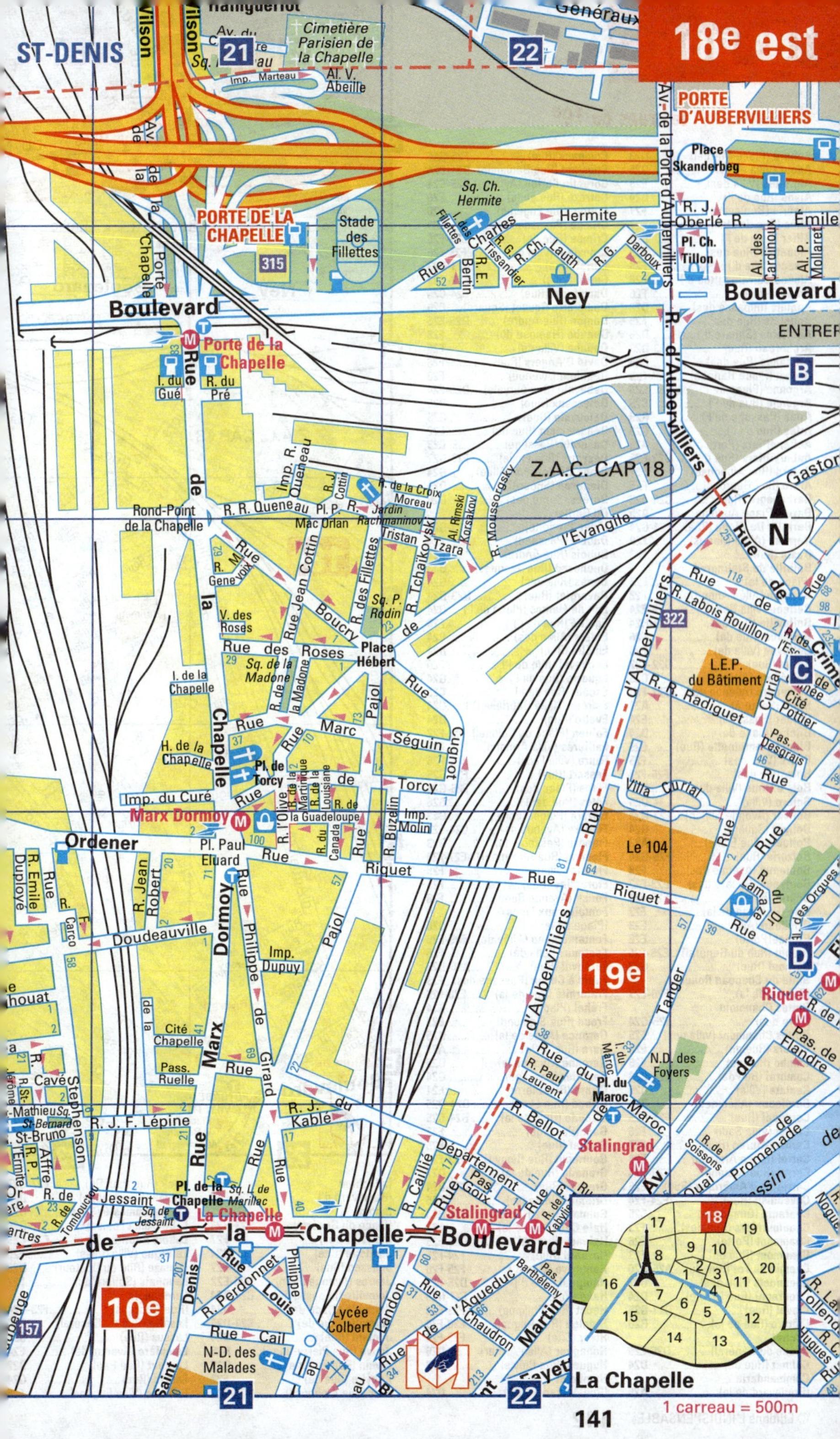

ST-DENIS
Cimetière Parisien de la Chapelle
Al. V. Abeille
Imp. Marteau
21
22
Généraux
PORTE D'AUBERVILLIERS
Place Skanderbeg
R. J. Oberlé
R. Émile
Pl. Ch. Tillon
Al. des Cardinoux
Al. P. Mollaret
Boulevard
ENTREP
B
PORTE DE LA CHAPELLE
315
Stade des Fillettes
Sq. Ch. Hermite
Hermite
I. des Fillettes
Charles
R. G. Tissandier
R. Ch. Lauth
R. G. Darboux
R. E. Bertin
Rue
Ney
Boulevard
Porte de la Chapelle
I. du Gué
R. du Pré
Rue de la Chapelle
Av. de la Porte d'Aubervilliers
R. d'Aubervilliers
Z.A.C. CAP 18
Imp. R. Queneau
R. R. Queneau
Pl. P. Mac Orlan
R. J. Cottin
R. de la Croix Moreau
Jardin Rachmaninov
Al. Rimski Korsakov
R. Moussorgsky
Tristan Tzara
Rue de l'Evangile
Gaston
Rond-Point de la Chapelle
R. M. Genevoix
Rue Jean Cottin
R. des Fillettes
Sq. P. Rodin
R. Tchaïkovski
Rue Boucry
V. des Roses
Rue des Roses
Sq. de la Madone
Place Hébert
I. de la Chapelle
R. de la Madone
Rue Pajol
Rue Marc Séguin
Rue Cugnot
H. de la Chapelle
Pl. de Torcy
R. de la Martinique
R. de la Louisiane
Rue de Torcy
Imp. du Curé
R. de la Guadeloupe
R. du Canada
R. Buzelin
Imp. Molin
Marx Dormoy
Ordener
Pl. Paul Eluard
Rue Riquet
R. Émile Duployé
R. Jean Robert
R. F. Carco
Doudeauville
Rue Marx Dormoy
Rue Philippe de Girard
Imp. Dupuy
Cité Chapelle
Pass. Ruelle
R. J. Kable
Rue du Département
R. Caillié
Pas. Goix
R. de Kabylie
R. Cavé
Sq. St-Bernard
St-Bruno
R. J. F. Lépine
Rue Stephenson
Affre
Rue Jessaint
Sq. de Jessaint
R. de Tombouctou
Pl. de la Chapelle
Sq. L. de Marillac
La Chapelle
Stalingrad
de la Chapelle Boulevard
10e
Rue Perdonnet
Rue Philippe
Louis
Rue Cail
N-D. des Malades
Lycée Colbert
Rue Landon
Rue de l'Aqueduc
Pas. Barthélemy
Chaudron
Martin
Saint Denis
322
Rue de Crimée
R. Labois Rouillon
C
L.E.P. du Bâtiment
R. R. Radiguet
Curial
Cité Pottier
Pas. Desgrais
Villa Curial
Le 104
Riquet
R. du Dr Lamaze
Al. des Orgues
D
19e
R. de Flandre
Pas. de Flandre
Tanger
Rue d'Aubervilliers
R. Paul Laurent
Rue du Maroc
I. du Maroc
Pl. du Maroc
N.D. des Foyers
R. Bellot
Av. de Flandre
Quai de la Seine
R. de Soissons
Promenade
Bassin
17
18
19
9
10
8
2
3
1
4
20
11
16
7
6
5
12
15
14
13
La Chapelle
1 carreau = 500m

les rues du 19e

Suite de l'index page 144

voir plan du sud page suivante

1 carreau = 500m

les rues du 19e (suite)

Noyer Durand (Rue du) D27-E27
Oberlé (Rue Jean)....A23
Oise (Quai de l')....C25-D24
Oise (Rue de l')....D24
Orgues de Flandre (Allée des) D23
Orme (Rue de l')....F27
Ourcq (Galerie de l') C25-C26
Ourcq (Rue de l')....C23-D25
Pailleron (Rue Édouard)....F23-F24
Palais Royal de Belleville (Cité du)....G25
Palestine (Rue de)....G25
Pantin (Porte de)....D26
Parc (La Terrasse du)....B25
Parc (Villa du)....G24
Parvis (Place du)....B25
Périgueux (Rue de)....E26
Petin (Impasse)....F27
Petit (Rue)....D26-E24
Petitot (Rue)....G26
Petits Ponts (Route des) C27-D26
Pinot (Rue Gaston) E25-E26
Pinton (Rue François)....E25
Plateau (Passage du) F25
Plateau (Rue du)....F24-F25
Poë (Rue Edgar)....F23-G23
Ponge (Rue Francis)....E26
Porte Brunet (Avenue de la) E26-E27
Porte Chaumont (Avenue de la) D26-E27
Porte d'Aubervilliers (Avenue de la) A22-B22
Porte de la Villette (Avenue de la) A25
Porte de Pantin (Avenue de la) D26-D27
Porte de Pantin (Place de la)....D26
Porte des Lilas (Avenue de la) F29-G28
Porte du Pré Saint-Gervais (Avenue de la)....F27
Potain (Rue du Docteur) F27-G27
Pottier (Cité)....C23
Poulenc (Place Francis)....E25
Pradier (Rue)....G24
Pré Saint-Gervais (Porte du)....E27-F27
Pré Saint-Gervais (Rue du) F26
Préault (Rue)....F24
Prévoyance (Rue de la) E26
Progrès (Villa du)....F26
Quarré (Rue Jean)....G26
Radiguet (Rue Raymond) C22-C23
Rampal (Rue)....G24
Rébeval (Rue)....G23-G24
Rébeval (Square de)....G23
Rébuffat (Rue Gaston) E22
Recipion (Allée Georges)....F23
Regard de la Lanterne (Jardin du) G26
Renaissance (Villa de la) F26
Rendu (Avenue Ambroise) D26-E26
Reverdy (Rue Pierre)....E23-E24
Reynaud (Rue Émile) A25
Rhin (Rue du) E24
Rhin et Danube (Place de)....E26
Ribière (Rue Henri) F26-G26
Ribot (Villa Alexandre)....F26
Rigaunes (Impasse des) G27
Rimbaud (Villa)....F25
Riquet (Rue)....D22-D23
Robida (Villa Albert) F25
Rollinat (Villa Maurice)....E25-F26
Romains (Rue Jules) G23-H24
Romainville (Rue de) G27-G28
Rond-Point des Canaux (Place du) C25
Rostand (Place Jean)....G23
Rouen (Rue de) D23
Rouvet (Rue)....C24-C25
Rozier (Rue Arthur) F26-G25
Saint-Chaumont (Cité)....G23
Saint-Vincent (Impasse) F25
San Martin (Avenue du Général)....F24
Satie (Rue Erik) E25
Scotto (Rue Vincent)....E23

Secrétan (Avenue)....E23-F24
Seine (Quai de la) D24-E22
Semanaz (Rue Jean-Baptiste) E27
Senard (Place Jules)....F28
Sept Arpents (Rue des) D27
Septième Art (Cours du)....F25
Sérurier (Boulevard) C26-F28
Signoret Montand (Promenade)....E23
Sizerins (Villa des) E25
Skanderbeg (Place) A23
Soissons (Rue de) E23
Solidarité (Rue de la) E25-E26
Solitaires (Rue des) G25-G26
Sonatine (Villa) D25

Station (Sentier de la) B24-C24
Stemler (Cité)....G23
Sud (Passage du) E24
Tagrine (Rue Michel) F23
Tailleferre (Rue Germaine) D25
Tandou (Rue)....D24-E24
Tanger (Rue de) D23-E22
Tessier (Rue Gaston) B23
Thierry (Rue Augustin)....G26
Thionville (Passage de)....D24
Thionville (Rue de)....C25-D24
Thuliez (Rue Louise) F26
Tillon (Place Charles)....B23
Toccata (Villa) D25
Tollendal (Rue Lally) E23
Toulouse (Rue de) E26

Tunnel (Rue du) F25
Turot (Rue Henri)....G23
Varèse (Rue Edgar)....D25
Verdun (Passage de) D24
Verlaine (Villa Paul)....E25-F25
Vermandois (Square du)....F26-F27
Villette (Boulevard de la)....E22-H23
Villette (Galerie de la) C25-D26
Villette (Parc de la)....C25
Villette (Porte de la)....A25
Villette (Rue de la) F25-G25
Wattieaux (Passage) C23
Zarapoff (Square du Général)....F28
Zénith (Allée du) C26

voir plan du nord page précédente

19e sud
Buttes Chaumont
LA VILLETTE
GRANDE HALLE
CITÉ DE LA MUSIQUE
Conserv. Sup. de Musique et de Danse de Paris
Porte de Pantin
PORTE DE PANTIN
Lycée Tech. d'Alembert
Ste-Claire
Sq. de la Marseillaise
PORTE CHAUMONT
Jaurès
Avenue Jean Jaurès
Ctre de Loisirs
Hoche
Pl. du Gal Cochet
Av. de la Porte Chaumont
Bd Sérurier
Boulevard d'Indochine
Cimetière de la Villette
Rue Manin
Centre Sportif
Ste-Famille
R. Honoré d'Estienne d'Orves
LE PRÉ-ST-GERVAIS
Pl. Jean Jaurès
Avenue du Belvédère
Bibl. F. Mitterrand
Pl. de Rhin et Danube
Danube
Lycée Diderot
PORTE BRUNET
Sq. de la Butte du Chapeau Rouge
Boulevard d'Algérie
PORTE DU PRÉ ST-GERVAIS
Rue Alexander Fleming
Robert Debré
N. D. de Fatima
Centre des Archives
PORTE DES LILAS
Pl. du Maquis du Vercors
Porte des Lilas
Pré St-Gervais
Rue Mouzaïa
Rue de Bellevue
Rue de Crimée
Pl. des Fêtes
Collège G. Bude
Lycée Prof.
Jardin du Regard de la Lanterne
St-J.B. de Belleville
Jourdain
Rue de Belleville
Télégraphe
Cimetière de Belleville
Réservoirs de Belleville
Rue Pelleport
Rue Haxo
N.D. des Otages
Mortier
Tourelles
Stade Henri Paté
Boulevard Mortier
Avenue Gambetta
Rue Saint Fargeau
Pl. St-Fargeau
Rue des Pyrénées
20e
1 carreau = 500m

les rues du 20e

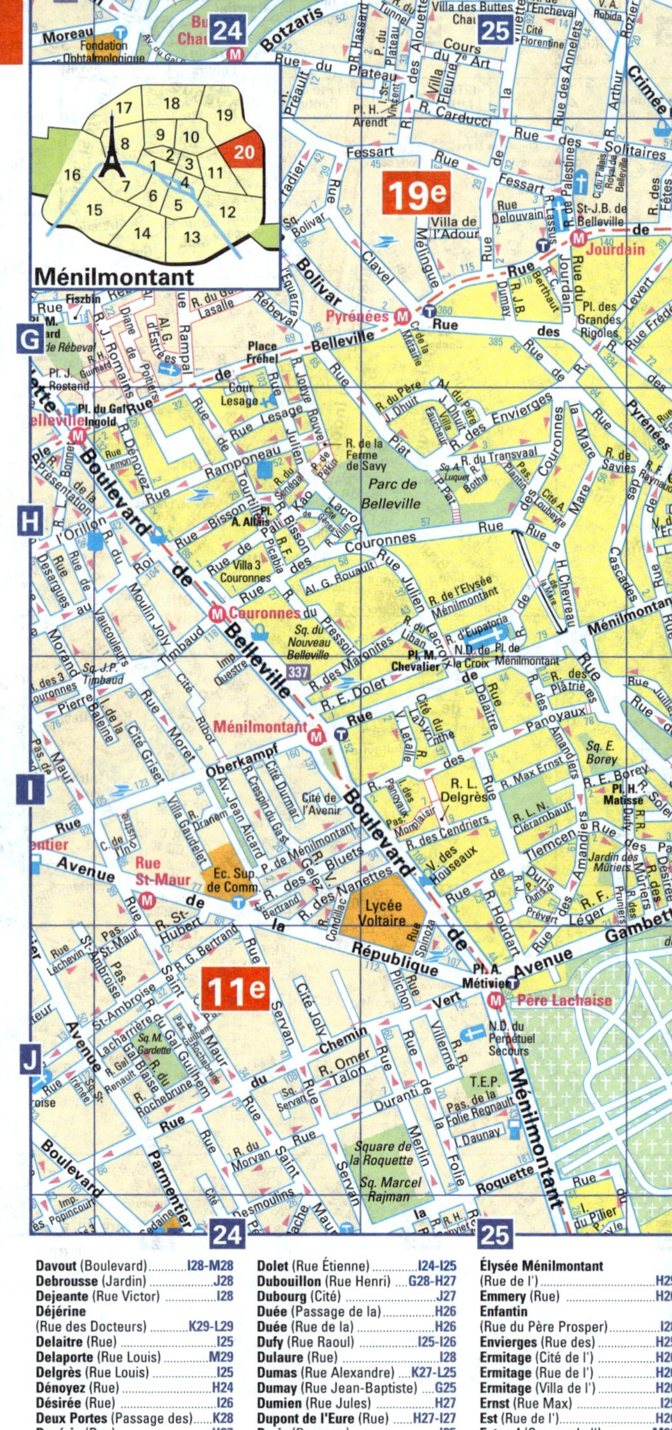

Suite de l'index page 148

voir plan du sud page suivante

1 carreau = 500m

les rues du 20e (suite)

Houseaux (Villa des) I25
Huguenet (Rue Félix) M28
Ibsen (Avenue) I29
Indre (Rue de l') J27
Ingold (Pl. du Général) H23-H24
Jakubowicz (Rue Hélène) H26-H27
Japon (Rue du) I27
Josseaume (Passage) K27-L27
Jourdain (Rue du) G25
Jouye Rouve (Rue) G24-H24
Juillet (Rue) I25-I26
Justice (Rue de la) H28
Karcher (Square Henri) J27
Kergomard (Rue Pauline) K28
La Tour Du Pin (Rue Patrice De) L28-M28
Labbé (Rue du Docteur) H28
Labyrinthe (Cité du) I25
Lacroix (Rue Julien) G24-I25
Lagny (Passage de) L28-M28
Lagny (Rue de) M27-M29
Lambeau (Rue Lucien) K29
Landrin (Place Émile) J27
Landrin (Rue Émile) J27
Laurent (Allée Marie) M27
Le Bua (Rue) I27
Le Vau (Rue) H28-I29
Lebaudy (Square Amicie) H27
Leclaire (Cité) J28
Lefèvre (Rue Ernest) H27
Léger (Rue Fernand) I25
Legrand (Rue Eugénie) J27
Lemaître (Rue Frédérick) G25-G26
Lemierre (Av. Professeur André) K29-L29
Lémon (Rue) H24
Leroy (Cité) H26
Lesage (Cour) G24-H24
Lesage (Rue) H24
Lespagnol (Rue) K26
Lesseps (Rue de) K27
Letalle (Rue Victor) I25
Leuck Mathieu (Rue) J27
Leuwen (Rue Lucien) J27
Levert (Rue) G25-G26
L'Herminier (Rue du Commandant) M29
Liban (Rue du) H25
Ligner (Rue) K26-K27
Lippmann (Rue) M29
Lisfranc (Rue) J27
Loi (Passage de la) L27
Loliée (Rue Frédéric) M28
Loubeyre (Cité Antoine) H25
Louis Robert (Impasse) H26
Lumière (Rue Louis) I28-K28
Luquet (Square Alexandre) H25
Lyanes (Rue des) I27-J28
Lyanes (Villa des) I28-J28
Maigrot Delaunay (Passage) L27-M27
Malte Brun (Rue) I26-I27
Maquis du Vercors (Place du) F28
Maraîchers (Rue des) K28-M28
Marchal (R. du Capitaine) I27-I28
Mare (Impasse de la) H25
Mare (Rue de la) G25-H25
Marey (Rue Étienne) H28-I28
Marey (Villa Étienne) I28
Maronites (Rue des) H25-I24
Marquet (Rue Albert) K28
Matisse (Place Henri) I26
Mauves (Allée des) K28
Mendelssohn (Rue) K28-L29
Ménilmontant (Boulevard de) J25-I24
Ménilmontant (Place de) H25-I25
Ménilmontant (Porte de) H28
Ménilmontant (Rue de) H27-I24
Ménilmontant (Square de) H26
Métairie (Cour de la) G25
Métivier (Place Auguste) J25
Métra (Rue Olivier) G26-H26
Métra (Villa Olivier) G26
Meunier (Rue Stanislas) H28-I28
Meurice (Rue Paul) G28-G29
Miribel (Place Marie De) K28
Mondonville (Rue) I28
Monplaisir (Passage) I25
Monsoreau (Square de) K27
Monte Cristo (Rue) K26-K27
Montibœufs (Rue des) I27-I28
Montreuil (Porte de) L29
Mortier (Boulevard) G28-I28
Mouillard (Rue Pierre) I28
Mounet Sully (Rue) M27-M28
Mouraud (Rue) K28-L28
Mûriers (Jardin des) I25-I26
Mûriers (Rue des) I26
Nadaud (Place Martin) I26
Nicolas (Rue) K28
Niessel (Rue du Général) M28
Noisy-le-Sec (Rue de) G29-H28
Nouveau Belleville (Sq. du) I24
Nymphéas (Villa des) H28
Orfila (Impasse) I26
Orfila (Rue) H27-I26
Ormeaux (Rue des) L27
Ormeaux (Square des) L27
Orteaux (Impasse des) K27
Orteaux (Rue des) K26-K28
Otages (Villa des) G27
Paganini (Rue) L28-L29
Pali Kao (Rue de) H24
Panoyaux (Impasse des) I25
Panoyaux (Rue des) I24-I25
Paquelin (Rue du Docteur) H27
Parc de Charonne (Ch. du) J27
Partants (Rue des) I25-I26
Patenne (Square) M28
Pavillons (Rue des) H26
Pékin (Passage de) H24
Pelleport (Rue) G27-J28
Pelleport (Villa) G26
Penaud (Rue Alphonse) H28-I28
Père Lachaise (Av. du) I27-J26
Perec (Rue Georges) I28
Périgord (Square du) K28-L28
Perreur (Passage) I27
Perreur (Villa) H28-I27
Philidor (Rue) L28-M28
Piaf (Place Édith) I27-I28
Piat (Passage) H25
Piat (Rue) G24-H25
Picabia (Rue Francis) H24
Pilier (Impasse du) K25
Pixérécourt (Impasse) G26
Pixérécourt (Rue) G26-H26
Plaine (Rue de la) L28-M27
Planchart (Passage) H27
Planchat (Rue) K26-L27
Plantin (Passage) H25
Plâtrières (Rue des) I25
Poincaré (Rue Henri) H27
Pointe (Sentier de la) K27
Porte de Bagnolet (Avenue de la) I28
Porte de Bagnolet (Pl. de la) I28
Porte de Ménilmontant (Avenue de la) H28
Porte de Montreuil (Avenue de la) L28-L29
Porte de Montreuil (Place de la) L29
Porte de Vincennes (Avenue de la) M28-M29
Porte des Lilas (Avenue de la) F29-G28
Poule (Impasse) L27
Prairies (Rue des) I27-J28
Pressoir (Rue du) H24-I24
Prévert (Rue Jacques) I25
Providence (Passage) L27
Pruniers (Rue des) I25
Py (Rue de la) I27-J28
Pyrénées (Rue des) G25-M28
Pyrénées (Villa des) L28
Python (Rue Joseph) I29-I28
Quercy (Square du) L28-L29
Quillard (Rue Pierre) I28
Ramponeau (Rue) H24
Ramus (Rue) J26-J27
Rançon (Impasse) K27
Rasselins (Rue des) L28
Raynaud (Rue Fernand) H26
Réau (Rue de l'Adjudant) I28
Réglises (Rue des) K28-L28
Reisz (Rue Eugène) K28
Réjane (Square) M27
Renouvier (Rue Charles) J27
Repos (Rue du) J25-K26
Retrait (Passage du) H26
Retrait (Rue du) H26-I26
Réunion (Place de la) K27
Réunion (Rue de la) K27-L27
Riberolle (Villa) K26
Riblette (Rue) J28
Rigoles (Rue des) G25-H26
Robineau (Rue) I26
Rolleboise (Impasse) L27
Rondeaux (Passage des) I26
Rondeaux (Rue des) I26-J27
Rondonneaux (Rue des) J27
Rouault (Allée Georges) H24-H25
Ruisseau de Ménilmontant (Passage du) H26
Saint-Blaise (Place) J27
Saint-Blaise (Rue) J27-K28
Sainte-Marie (Villa) H28
Saint-Fargeau (Place) H27
Saint-Fargeau (Rue) H27
Saint-Fargeau (Villa) H27
Saint-Paul (Impasse) K27
Saint-Pierre (Impasse) K27-L27
Saint-Simoniens (Passage des) H26
Salamandre (Square de la) K28
Satan (Impasse) K27
Saulaie (Villa de la) K26
Savart (Passage) K27
Savart (Rue Laurence) H26-I26
Savies (Rue de) H25-H26
Schubert (Rue) L29
Ségalen (Rue Victor) J28
Seghers (Square Pierre) H27
Sénégal (Rue du) H24
Serpollet (Rue) J28-J29
Séverine (Square) I28
Siegfried (Rue Jules) I28
Signac (Place Paul) I27
Soleil (Rue du) G26
Soleillet (Rue) I26
Sorbier (Rue) H25-I26
Souchet (Villa) I27
Souhaits (Impasse des) L27
Soulié (Rue Pierre) G29-H29
Soupirs (Passage des) H26-I26
Stendhal (Passage) J27
Stendhal (Rue) J27
Stendhal (Villa) J27
Strauss (Rue Paul) I28
Suez (Impasse) K27
Surmelin (Passage du) H28
Surmelin (Rue du) H28-I27
Taclet (Rue) H26-H27
Taillade (Avenue) G26
Tarron (Rue du Capitaine) I28
Télégraphe (Passage du) G26-G27
Télégraphe (Rue du) G27-H27
Terre Neuve (Rue de) K27-L26
Terrier (Rue Félix) K28
Tessier De Marguerittes (Place du Général) L28
Tlemcen (Rue de) I25
Tolain (Rue) L27
Tomasi (Rue Henri) L28
Toulet (Rue Paul-Jean) K28
Tourelles (Passage des) G27-G28
Tourelles (Rue des) G27-G28
Tourtille (Rue de) H24
Transvaal (Rue du) H25
Trois Couronnes (Villa des) H24-I24
Vaillant (Square Edouard) I27
Var (Square du) M29
Variot (Square du Docteur) G28
Vaudrey (Place Pierre) J28
Veber (Rue Jean) J28
Vidal de la Blache (Rue) H28
Vignoles (Impasse des) K27
Vignoles (Rue des) K27-L26
Vilin (Rue) H24
Villiers de l'Isle Adam (R.) H27-I26
Vincennes (Cours de) M27-M28
Vincennes (Porte de) M29
Vincenot (Place Adjudant) H28
Vitruve (Rue) J28-K27
Vitruve (Square) J28-K28
Volga (Rue du) L27-L28
Willemetz (Rue Albert) M29

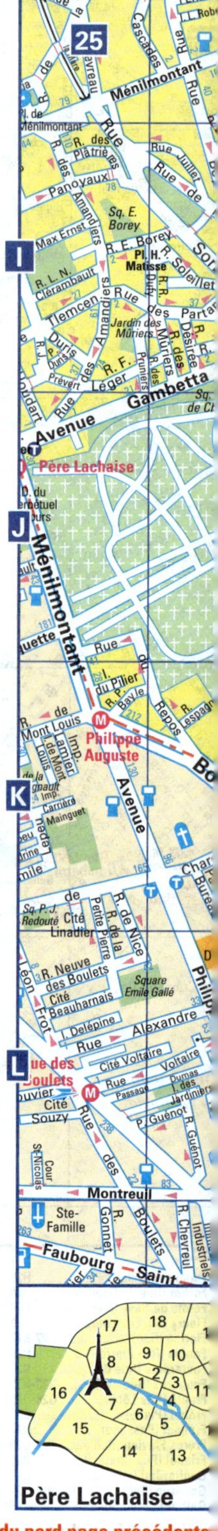

voir plan du nord page précédente

1 carreau = 500m

les voies du bois de Boulogne

Abbaye (1) (Chemin de l') I2
Anciens Combattants
(Carrefour des) M4
Anselin (2) (Rue du Général) G9
Auteuil (Boulevard d') M5
Auteuil (Porte d') M6
Auteuil à Suresnes (Route d') K4
Auteuil aux Lacs (3) (Route d') .. L5
Avre (4) (Passerelle de l') L1
Bagatelle (Porte de) G5
Barrès (Boulevard Maurice) F7
Barthou (Avenue Louis) I8
Bennett (5) (Avenue Gordon) M5
Bord de l'Eau (Allée du) G4
Bouleaux
(Allée Cavalière des) H5
Boulogne (Porte de) M4
Boulogne à Passy (Route de) L5
Bout des Lacs (Carrefour du) I7
Bruix (Boulevard de l'Amiral) G9
Camping du Bois
de Boulogne H3
Cascade J3
Cascades (Carrefour des) K6
Centre International
de l'Enfance I3
Champ d'Entrainement
(Route du) G5
Champ d'Entrainement H4
Charcot
(Boulevard du Commandant) F6
Château (Parc de Bagatelle) H4
Croix Catelan (Carrefour) I6
Croix Catelan (6) (Ch. de la) I6
Dames (Allée des) J7
Dauphine (Porte) G9
Erables (7) (Route des) F6
Espérance (Route de l') L3
Etang de Boulogne L2
Etang de l'Abbaye I2
Etang de Suresnes I2
Etang des Réservoirs J4
Etang des Tribunes J2
Etoile (8) (Route de l') G6
Fayolle (Avenue du Maréchal) .. H8
Fortifications (Allée des) J7
Fortunée (Allée) M5
Fortunée (9) (Allée Cavalière) G8
France (Boulevard Anatole) L3
Franchet D'Espérey (10)
(Avenue Maréchal) K7
Gandhi (Avenue du Mahatma) .. G7
Grande Cascade (Route de la) .. J5
Gravilliers (Chemin des) K4
Hackin (11) (Rue J. et M.) F9
Hippodrome (Porte de l') L3
Hippodrome (Route de l') K5
Hippodrome de Longchamp K2
Jardin d'Acclimatation F7
Jardin des Serres d'Auteuil M5
Jeu de Boules de Passy K5
Lac Inférieur
(Chemin de Ceinture du) I6
Lac Inférieur I6
Lac pour le Patinage G6
Lac Supérieur K6
Lac Supérieur (12)
(Chemin de Ceinture du) K6
Lacs à Bagatelle (13)
(Route des) H5
Lacs à la Porte Dauphine (14)
(Allée Cavalière des) I7
Lacs à la Porte des Sablons (15)
(Route des) G8
Lacs à Madrid (Route des) H6
Lacs à Passy (16) (Route des) K6
Lattre De Tassigny
(Place Maréchal De) H8
Lenglen (17) (Rue Suzanne) M5
Longchamp (Allée de) I5
Longchamp (Carrefour de) J4
Longchamp au Bout des Lacs (18)
(Route de) H7
Longue Queue (19)
(Piste Cyclable de la) H5

Lyautey
(Avenue du Maréchal) L6
Madrid à Neuilly (20)
(Piste Cyclable de) G6
Maillot (Boulevard) F8
Maillot (Porte) G9
Mare d'Armenonville G8
Mare Saint-James G6
Marguerite
(Allée de la Reine) H5
Marronniers (21) (Allée des) G7
Maunoury
(Avenue du Maréchal) J7
Maurois (22)
(Boulevard André) F9
Mélèzes (Rond des) J5
Molitor (Porte) M6
Mortemart (Butte) L5
Moulins (Route des) I4
Muette (Porte de la) J7
Muette à Neuilly (23) (Rte de la) .. G7
Musée National des Arts
et Traditions Populaires F7
Neuilly (Porte de) F6
Norvège (Carrefour de) I3
Parc de Bagatelle H5
Parc de Boulogne M2
Passy (Porte de) K6
Pavillon d'Armenonville (24)
(Chemin) G9
Pelouses de la Muette I7
Pelouses de Saint-Cloud K5
Pépinières K1
Pépinières (25) (Chemin des) K2
Pins (Route des) J7
Point du Jour à Bagatelle
(Route du) I5
Point du Jour à Suresnes
(Route du) K4
Porte Maillot (Place de la) G9
Porte d'Auteuil (Av. de la) M5
Porte d'Auteuil (Place de la) M6
Porte Dauphine
à la Porte des Sablons (26)
(Route de la) G8

5
6
7
8
9
F
G
H
I
J
K
L
M
N
Jardin d'Acclimatation
Musée National des Arts et Traditions Populaires
Porte des Sablons
Carr. des Sablons
Mare d'Armenonville
Place de la Porte Maillot
Neuilly Pte Maillot
Porte Maillot
PORTE MAILLOT
Av. de la Gde Armée
Porte St-James
Mare St-James
Avenue du Mahatma Gandhi
Carr. de la Pte de Madrid
Lac pour le Patinage
Société Equestre de l'Etrier
Tir aux pigeons
PORTE DAUPHINE
Pl. du Mal de Lattre de Tassigny
Porte Dauphine
Avenue Foch
Bd Périphérique
Carr. du Bout des Lacs
Carref. Croix Catelan
Pré Catelan
Racing Club de France
Lac Inférieur
Pelouses de la Muette
PORTE DE LA MUETTE
Avenue Henri Martin
PARIS
16e
Pl. du Trocadéro et du 11 Novembre
Palais de Chaillot
Services Municipaux
Carref. des Cascades
PORTE DE PASSY
Jeu de Boules de Passy
Pelouses de St-Cloud
Lac Supérieur
Hippodrome d'Auteuil
Butte Mortemart
PORTE D'AUTEUIL
Pl. de la Porte d'Auteuil
Jardin des Serres d'Auteuil
Porte d'Auteuil
PORTE MOLITOR
Av. du Président Kennedy
Quai de Grenelle
SEINE
15e
1 carreau = 500m

les voies du bois de Vincennes

VINCENNES
FONTENAY-SOUS-BOIS
Vincennes
Fontenay-s-Bois
Château de Vincennes
Fort Neuf
Esplanade
Sq. St-Louis
Caserne Carnot
Maison Paris Nature
Parc Floral
Hall de la Pinède
Centre Culturel de la Cartoucherie
Stade Municipal de Vincennes
Rond-Point Dauphine
Rond Point de la Pyramide
Plaine de la Faluère
Plaine de la Belle Etoile
Plaine St-Hubert
Rond-Point de la Belle Etoile
Institut National des Sports (INSEP)
Stade Pershing
Lac des Minimes
Ile de la Porte Jaune
Porte Jaune
CIRAD
Collège de France
Rond-Point Mortemart
Plaine Mortemart
Carr. de Beauté
Hippodrome de Vincennes
Carr. de la Ferme de la Faisanderie
Ecole d'Horticulture du Breuil
Ferme de Paris
Carr. de la Patte d'Oie
Arboretum
Lac de Gravelle
Redoute de Gravelle
Stade J.P. Garchery
Joinville-le-Pont
Pont de Joinville
Carr. des Canadiens
Autoroute A4
1 carreau = 500m

Plan	Tour / Société	Secteur
C4	Acacia	10
B2	Adria	Fbg de l'Arche/Courbevoie
C4	AGF Athéna	10
C4	AGF Neptune	1
C3	AIG	2
B3	Ampère	6
B3	Areva	6
C3	Ariane	9
C3	Atlantique	9
C3	Atofina	10
C3	Aurore	2
C4	Axa	1
B4	Balzac	5
A3	Berkeley Building	Courbevoie
C3-C4	Bureau Véritas	2
C1	CBC	Puteaux
A2	Cèdre	Fbg de l'Arche/Courbevoie
C2	Centre de Gestion	8
B4	CES	3
B3	Cœur Défense	4
C3	Coface	10
A2	Colisée (le)	Fbg de l'Arche/Courbevoie
B2	Collines de l'Arche (les)	12
B3	Delalande	6
B3	Descartes	5
C3	Diamant (le)	Puteaux
C3	EDF	8
A2	Egée	Fbg de l'Arche/Courbevoie
B3	Ellipse	5
C2	Elysée - La Défense	7
B1	Espace 21	7
C4	Eurocourtage	3
B3	Europe	2
B3	Europlaza	4
B3	France Télécom	2
C2	Franklin	8
C3	Galion (le)	Puteaux
C4	GAN	2
B2	Grande Arche (la)	7
C1	Guillaumet (le)	Puteaux
C3	Haworth	2
C3	Ile-de-France	9
C4	Initiale	11
C4	Iris (l')	2

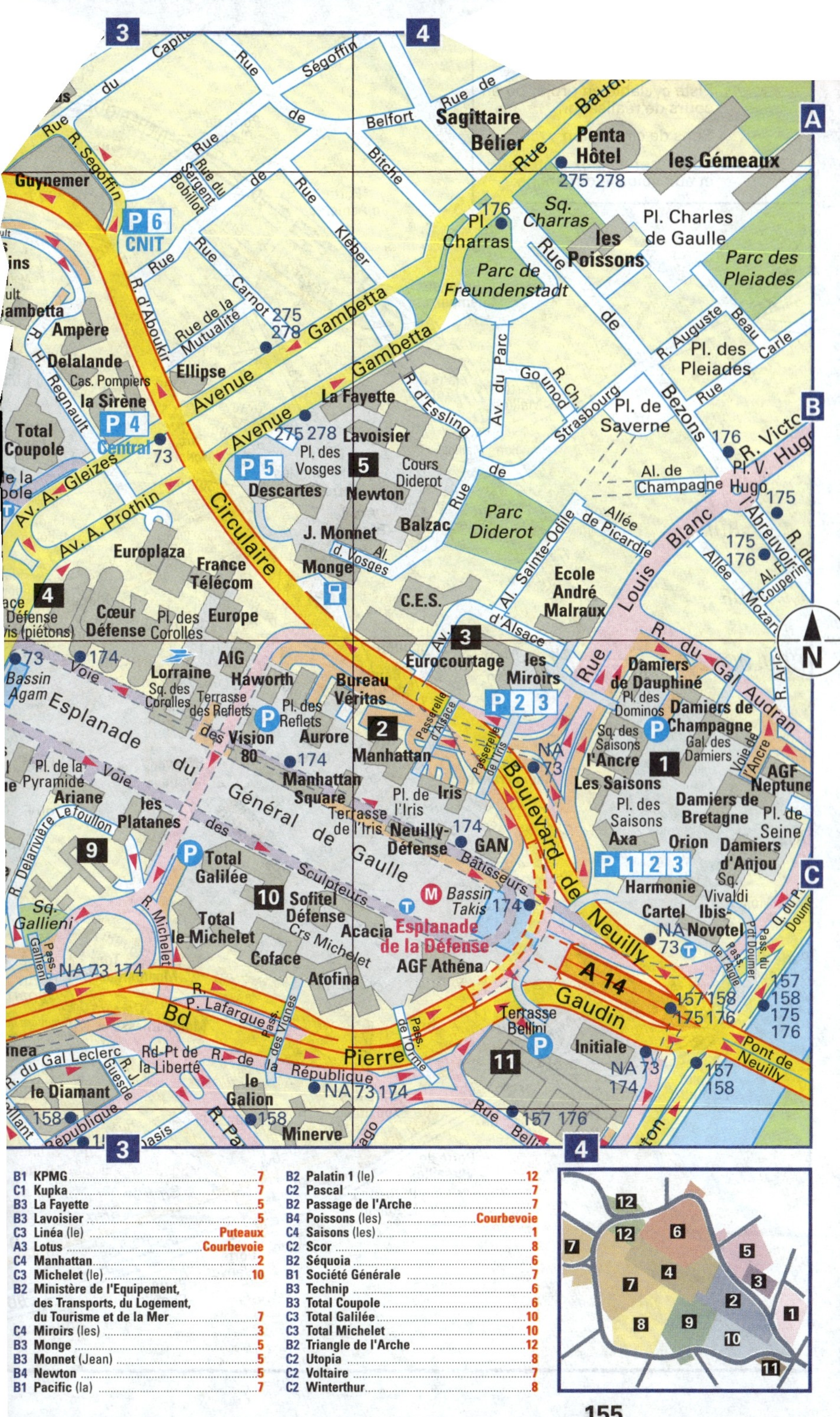
Rue Ségoffin
Rue du Capitaine
Rue de Bitche
Rue Belfort
Rue de Bezons
Rue Baudin
Sagittaire
Bélier
Penta Hôtel
275 278
les Gémeaux
Guynemer
R. Ségoffin
P 6
CNIT
Rue du Sergent Bobillot
Rue Kléber
Pl. Charras
176
Sq. Charras
Parc de Freundenstadt
les Poissons
Pl. Charles de Gaulle
Parc des Pleiades
R. d'Aboukir
Rue de la Mutualité
Rue Carnot
275 278
Avenue Gambetta
Ampère
R. H. Regnault
Delalande
Cas. Pompiers
la Sirène
Ellipse
P 4
Central
73
Total Coupole
Av. A. Gleizes
Av. A. Prothin
La Fayette
Lavoisier
275 278
Pl. des Vosges
P 5
Descartes
5
Newton
Cours Diderot
R. d'Essling
Av. du Parc
Gounod
R. Ch.
Strasbourg
Pl. de Saverne
R. Auguste Beau
Pl. des Pleiades
Rue Carle
R. Victor Hugo
Pl. V. Hugo
176
175
Al. de Champagne
Allée de Picardie
Parc Diderot
Balzac
J. Monnet
Al. d. Vosges
Monge
Europlaza
France Télécom
Boulevard Circulaire
C.E.S.
Ecole André Malraux
Al. Sainte-Odile
Rue Louis Blanc
R. de l'Abreuvoir
Allée Mozart
Al. F. Couperin
4
Cœur Défense
Pl. des Corolles
Europe
Défense (piétons)
73
174
Lorraine
AIG
Haworth
Sq. des Corolles
Terrasse des Reflets
Pl. des Reflets
Bureau Véritas
Av. d'Alsace
3
Eurocourtage
les Miroirs
P 2 3
Damiers de Dauphiné
Pl. des Dominos
Damiers de Champagne
Gal. des Damiers
R. du Gal Audran
Bassin Agam
Voie des Vision 80
Esplanade du Général de Gaulle
Aurore
174
2
Manhattan
Manhattan Square
Passerelle d'Alsace
Passerelle de l'Iris
NA 73
Sq. des Saisons
l'Ancre
1
Voie de l'Ancre
AGF Neptune
Pl. de la Pyramide
Ariane
les Platanes
Voie des Sculpteurs
Terrasse de l'Iris
Pl. de l'Iris
Iris
Neuilly-Défense
174
GAN
Les Saisons
Pl. des Saisons
Axa
Damiers de Bretagne
Pl. de Seine
Orion
Damiers d'Anjou
R. Delarivière Lefoullon
9
Total Galilée
Bâtisseurs
Boulevard de Neuilly
P 1 2 3
Harmonie
Sq. Vivaldi
Sq. Gallieni
R. Michelet
10
Sofitel Défense
Total le Michelet
Bassin Takis
174
Esplanade de la Défense
Cartel
Ibis-Novotel
NA 73
Pass. de l'Aigle
Pass. du Pdt Doumer
Q. du P. Doumer
Pass. Gallieni
NA 73 174
Crs Michelet
Acacia
Coface
AGF Athéna
Atofina
A 14
Gaudin
157 158 175 176
Bd Pierre
R. P. Lafargue
Pass. des Vignes
Pass. de l'Orme
Terrasse Bellini
Initiale
Pont de Neuilly
Linéa
R. du Gal Leclerc
Rd-Pt de la Liberté
R. J. Guesde
R. de la République
11
NA 73 174
157 158
le Diamant
le Galion
NA 73 174
158
Minerve
Rue Bellini
157 176
N
A
B
C
3
4

Piste cyclable existante
Piste cyclable en projet ou en cours de réalisation
Sens de circulation
Voie réservée aux piétons et aux vélos le dimanche
Porte de St-Ouen
PÉRIPHÉRIQUE
Porte de Clichy
Bessières
Bd Berthier
Porte d'Asnières
BD
Avenue de Clichy
LA SEINE
A14
Porte de Champerret
Boulevard
Pereire
Rue
Pl. du Mal Juin
Bd de Wagram
Pl. du Gal Catroux
Bd des Batignolles
Pte des Ternes
Pereire
Porte Maillot
Pl. de la Porte Maillot
Bd de Courcelles
Parc de Monceau
de Rome
Gare St-Lazare
Av. de la Grde Armée
Pl. Charles De Gaulle
Boulevard Haussmann
Faubourg
Bd de l'Am. Bruix
Av. Foch
Arc de Triomphe
Pl. de la Madeleine
Porte Dauphine
BOIS DE BOULOGNE
Av. des Champs Elysées
Rond Point des Champs Elysées
St-Honoré
Av. Kléber
Av. Marceau
Bd Lannes
Porte de la Muette
Av. G. Mandel
Pl. du Trocadéro
Cʳˢ de la Reine
Place de la Concorde
Jardin des Tuileries
Cʳˢ Albert 1ᵉʳ
Av. H. Martin
Palais de Chaillot
Voie sur Berge
Branly
Q. d'Orsay
R. de l'Université
Bd St-Germain
Porte de Passy
Suchet
Tour Eiffel
Hippodrome d'Auteuil
Boulevard
Maison de Radio France
Quai
Hôtel des Invalides
Porte d'Auteuil
Q. de Grenelle
Bd de Grenelle
Ecole Militaire
R. du Four
A13
Pl. de la Pte d'Auteuil
Versailles
Av. de Breteuil
R. de Rennes
Porte Molitor
Murat
Avenue de Versailles
Citroën
Bd du Montparnasse
Bd
LA SEINE
Rue de la Convention
Vaugirard
Lecourbe
Tour Montparnasse
R. du Départ
Porte de St-Cloud
Place de la Pte St-Cloud
Q. André
Bd Gal Martial Valin
Rue
Gare Montparnasse
Cimetière du Montparnasse
R. de Vouille
Porte du Point du Jour
Bd Victor
Pl. Denfert Rochereau
Quai d'Issy
Porte de Sèvres
Parc des Expositions
R. Vercingétorix
Rue
Mairie du 14e
Pl. et Sq. F. Brunot
Sq. de l'Aspirant Dunand
Bd Lefebvre
Porte de Versailles
Porte de la Plaine
Bd Brune
Porte Brancion
Porte de Vanves
Porte de Châtillon
BD
Porte d'Orléans

Porte de Clignancourt
Porte de la Chapelle
A 1
Porte d'Aubervilliers
Porte de la Villette
Ney
Bd Ney
Bd Ney
Bd Macdonald
Bd Macdonald
BD PÉRIPHÉRIQUE
Bd Ornano
R. de la Chapelle
Rue d'Aubervilliers
Rue Curial
Flandre
Cité des Sciences et de l'Industrie
Bd Sérurier
Rue Ordener
Bd Barbès
R. de Tanger
Avenue de
Q. de la Marne
Porte de Pantin
Allée D. Milhaud
Sacré-Cœur
Bd de la Chapelle
Bd de Clichy
Rochechouart
Pl. de la Bataille de Stalingrad
Crimée
Gare du Nord
Bd
Gare de l'Est
Quai de Jemmapes
Parc des Buttes Chaumont
Porte des Lilas
Sérurier
Lafayette
Rue Provence
Bd de Strasbourg
Q. de Valmy
Magenta
Bd de Belleville
Rue de Belleville
Rue des Pyrénées
Bd Mortier
Bd Bonne Nouvelle
Pl. de la République
R. Réaumur
R. de Turbigo
Av. de la République
Porte de Bagnolet
A3
Av. Gambetta
R. Belgrand
Palais Royal
Forum des Halles
Bd de Sébastopol
R. Beaubourg
Bd Beaumarchais
Bd Richard Lenoir
Cimetière du Père Lachaise
Rivoli
Centre G. Pompidou
R. du Renard
Pl. du Châtelet
Pl. des Vosges
Bd de Charonne
Rue des Pyrénées
Porte de Montreuil
H. de Ville
R. de Rivoli
Voltaire
Ile de la Cité
Germain des-Prés
Notre-Dame
Voie G. Pompidou
Place de la Bastille
Bd Davout
Bd St-Michel
Ile St-Louis
Bd Henri IV
R. du Fbg St-Antoine
Opéra Bastille
Place de la Nation
Bd St-Germain
Porte de Vincennes
St-Sulpice
Cours de Vincennes
R. de Lanneau
Diderot
R. Descartes
Bd
Gare de Lyon
Av. Daumesnil
Bd Soult
Panthéon
Jardin des Plantes
Porte de St-Mandé
R. St-Jacques
Bd St-Michel
R. Mouffetard
Gare d'Austerlitz
Q. d'Austerlitz
R. Villiot
R. de Bercy
Promenade Plantée
R. E. Lartet
P.O.P.B
Bd de Port-Royal
LA SEINE
Q. de Bercy
Av. Daumesnil
Bd
Bd de la Guyane
Auriol
Bibliothèque Nationale de France
Bd Vincent
Poniatowski
Porte Dorée
BOIS DE VINCENNES
Bd St-Jacques
Place d'Italie
R. du Château des Rentiers
Tolbiac
Bd
Porte de Charenton
R. Baudricourt
Av. Edison
Av. d'Italie
Rue de Tolbiac
Masséna
Porte de Bercy
A4
Avenue d'Ivry
Quai d'Ivry
Bd Kellermann
Bd
Jourdan
Porte d'Ivry
PÉRIPHÉRIQUE
Porte de Gentilly
Porte d'Italie
A6a
A6b

PARKINGS ET LEURS ÉQUIPEMENTS

- 24/24 : Ouvert 24h/24h
- Zone deux roues
- Lavage
- Accès handicapés
- Station service
- Borne de recharge

Plan	Nom	Adresse	24/24	Accès handicapés	Zone deux roues	Station service	Lavage	Borne de recharge	N°
1									
J17	**Carrousel du Louvre**	Avenue du Général Lemonnier					✔		2
J18	**Croix des Petits Champs**	14 rue de la Croix des Petits Champs	✔	✔	✔				3
J19	**Forum des Halles Nord**	Rue de Turbigo	✔				✔		4
J19	**Forum des Halles Sud**	Rue des Halles	✔						5
I17	**Marché Saint-Honoré**	39 Place du Marché Saint-Honoré	✔	✔	✔		✔	✔	6
J18	**Halles Garage**	10 bis rue de Bailleul	✔		✔	✔	✔		7
K18	**Harlay - Pont-Neuf**	Quai des Orfèvres	✔	✔	✔				8
J19	**La Belle Jardinière**	4 rue du Pont Neuf		✔	✔		✔		9
J18	**Louvre des Antiquaires**	1 rue Marengo	✔						10
I16	**New York Garage**	38 rue du Mont Thabor		✔		✔	✔		11
I17	**Pyramides**	Face au 15 rue des Pyramides	✔		✔		✔		12
J19	**Saint-Eustache**	Rue Coquillière	✔	✔	✔			✔	13
J18	**St-Germain-l'Auxerrois**	Place du Louvre	✔		✔			✔	14
J19	**Sébastopol**	43 bis boulevard de Sébastopol	✔	✔	✔			✔	15
I16	**Vendôme**	Place Vendôme	✔	✔	✔		✔	✔	16
2									
H18	**Bourse**	Place de la Bourse	✔				✔	✔	21
I19	**Champeaux**	32 rue Dussoubs				✔			22
I20	**Réaumur - Saint-Denis**	40 rue Dussoubs	✔	✔	✔		✔		23
H20	**Sainte-Apolline**	17-21 rue Sainte-Apolline			✔		✔		24
I19	**Turbigo Saint-Denis**	149 rue Saint-Denis	✔	✔	✔				25
3									
K21	**Barbette**	7 rue Barbette			✔		✔		30
J20	**Beaubourg-l'Horloge**	31 rue Beaubourg	✔		✔		✔		31
J21	**Garage de Bretagne**	14 rue de Bretagne					✔		32
J20	**Georges Pompidou**	Angle rue Beaubourg, rue Rambuteau	✔	✔	✔				33
I20	**Saint-Martin**	253 rue Saint-Martin		✔	✔		✔		34
J21	**Temple**	132 rue du Temple							35
I21	**Turbigo - Fontaine**	21 rue des Fontaines du Temple	✔	✔					36
J22	**Turenne**	66 rue de Turenne							37
4									
K20	**Baudoyer**	Place Baudoyer (face au 44 rue de Rivoli)	✔	✔	✔		✔		42
K19	**Hôtel de Ville**	3 rue de la Tacherie	✔		✔		✔	✔	43
K20	**Lobau**	Rue Lobau	✔		✔		✔		44
K19	**Lutèce**	1 place Louis Lépine - Boulevard du Palais					✔		45
K19	**Notre-Dame**	Place du Parvis Notre-Dame	✔		✔				46
L20	**Pont Marie**	48 rue de l'Hôtel de Ville	✔		✔				47
L22	**Saint-Antoine**	16 rue Saint-Antoine			✔	✔	✔		48
K19	**Saint-Martin Rivoli**	Angle rue Saint-Bon et rue Pernelle	✔	✔	✔			✔	49
L21	**Sully**	5 rue Agrippa d'Aubigné	✔		✔	✔	✔		50

Plan	Nom	Adresse	24/24	Handicapés	Motos	Carburant	Lavage	Recharge électrique	N°
5									
O21	**Garage de l'Essai**	6-8 rue de l'Essai			✓	✓	✓		56
O20	**Geoffroy Saint-Hilaire**	15 rue Censier	✓						57
L19	**Lagrange**	Face au 19 rue Lagrange	✓		✓				58
M20	**Maubert Saint-Germain**	Face au 39 boulevard St-Germain	✓	✓	✓			✓	59
O20	**Patriarches**	Rue Daubenton	✓	✓	✓				60
M18	**Soufflot**	22 rue Soufflot (proche du Panthéon)	✓	✓	✓		✓	✓	61
6									
L18	**Ecole de Médecine**	21 rue de l'Ecole de Médecine	✓		✓			✓	65
N16	**FNAC-Rennes**	153 bis rue de Rennes	✓				✓		66
L17	**Marché Saint-Germain**	14 rue Lobineau	✓	✓	✓		✓		67
K18	**Mazarine**	27 rue Mazarine	✓						68
L17	**Saint-Germain-des-Prés**	Face au 171 boulevard Saint-Germain	✓		✓		✓		69
L19	**Saint-Michel**	Rue Francisque Gay	✓	✓	✓		✓	✓	70
L17	**Saint-Sulpice**	Place Saint-Sulpice	✓		✓		✓		71
7									
K16	**Bac Montalembert**	9 rue Montalembert			✓				76
L16	**Boucicaut**	Angle rue Velpeau et rue de Babylone			✓				77
L16	**Garage de l'Abbaye**	30 boulevard Raspail	✓	✓	✓	✓	✓		78
K14	**Invalides**	Face au 23 rue de Constantine (sous l'esplanade)	✓		✓	✓	✓		79
L13	**Joffre - Ecole Militaire**	2 place Joffre	✓		✓		✓		80
J14	**La Tour Maubourg Orsay**	Contre allée du quai d'Orsay, angle rue Desgenettes		✓	✓			✓	81
J16	**Musée d'Orsay**	(surface) sur le quai Anatole France	✓		✓				82
K12	**Saint-Dominique Sédillot**	133 rue St-Dominique	✓		✓		✓		83
8									
I12	**Alma-George V**	Face aux 6 et 19 avenue George V	✓	✓			✓		88
G15	**Bergson**	Rue de Laborde (sous Square Marcel Pagnol)	✓		✓		✓		89
H13	**Berri - Ponthieu**	66 rue de Ponthieu				✓	✓		90
H13	**Berri Washington**	5 rue de Berri	✓		✓		✓		91
H13	**Champs-Elysées**	Face au 88 avenue des Champs Elysées	✓	✓	✓		✓		92
H13	**Champs-Elysées Pierre Charron**	65 rue Pierre Charron	✓	✓			✓		93
I15	**Concorde**	(surface) Sud-Est place de la Concorde							94
I15	**Concorde**	6 place de la Concorde - face hôtel Crillon	✓		✓	✓		✓	95
H13	**Elysées 66**	49-51 rue de Ponthieu	✓						96
G12	**Etoile-Friedland**	31 avenue de Friedland		✓					97
G12	**Etoile-Wagram**	22 bis avenue de Wagram	✓		✓		✓		98
E15	**Europe**	43 bis boulevard des Batignolles	✓		✓				99
I13	**François Ier**	Face au 24 rue François Ier	✓				✓		100
H14	**Franklin Roosevelt**	47 avenue Franklin Roosevelt	✓						101
H12	**George V**	Face au 103 avenue George V	✓	✓	✓	✓	✓	✓	102
G13	**Haussmann-Berri**	164 boulevard Haussmann	✓		✓	✓	✓		103
G12	**Hoche**	Face au 18 avenue Hoche	✓	✓	✓		✓		104
H16	**Madeleine - Tronchet**	Place de la Madeleine - face à la rue Tronchet	✓	✓	✓	✓	✓		105
H15	**Malesherbes Anjou**	22-33 boulevard Malesherbes	✓		✓	✓	✓		106
H12	**Marceau Etoile**	82 avenue Marceau	✓	✓	✓		✓	✓	107
H14	**Matignon**	1 rue Rabelais					✓		108
H13	**Ponthieu Claridge**	60 rue de Ponthieu	✓		✓	✓	✓		109
H14	**Rond-Point des Champs-Elysées**	Av. des Champs-Elysées - av. Matignon	✓		✓	✓	✓		110

Plan	Nom	Adresse	24/24	♿	Moto	Carburant	Lavage	Recharge	N°
9									
E19	**Anvers**	41 boulevard Rochechouart	✔	✔	✔				116
G18	**Chauchat - Drouot**	12-14 rue Chauchat	✔						117
F19	**Dru**	69 rue de Rochechouart			✔				118
H16	**Edouard VII**	Face au 15 rue Edouard VII	✔	✔					119
E17	**Garage Mansart**	7 rue Mansart	✔		✔	✔	✔		120
G16	**Haussmann - C & A**	16 rue des Mathurins		✔					121
G17	**Haussmann Mogador**	48 boulevard Haussmann	✔	✔			✔		122
G16	**Haussmann - Printemps**	99 rue de Provence		✔			✔		123
G17	**Haussmann Galeries Lafayette**	95 bis rue de Provence	✔				✔		124
G19	**Mayran**	5 rue Mayran			✔		✔		125
H17	**Meyerbeer Opéra**	3 rue de la Chaussée-d'Antin	✔		✔		✔		126
G19	**Montholon**	8 rue Rochambault	✔					✔	127
H16	**Olympia-Caumartin**	7 rue Caumartin		✔			✔		128
G18	**Parking 1er**	4 rue Buffault					✔		129
G16	**Passage du Havre**	103-107 rue Saint-Lazare			✔				130
F18	**Place Saint-Georges**	20 rue Clauzel	✔		✔	✔	✔		131
H19	**Rex Atrium**	7 rue du Faubourg Poissonnière	✔		✔				132
G16	**Saint-Lazare**	29 rue de Londres			✔			✔	133
F17	**Trinité D'Estienne D'Orves**	10-12 rue Jean-Baptiste Pigalle	✔	✔	✔	✔		✔	134
10									
F20	**Abbeville**	5 rue d'Abbeville			✔		✔		140
H19	**Bonne Nouvelle**	28 boulevard de Bonne Nouvelle			✔		✔		141
H23	**Cambacauto**	83 rue du Faubourg du Temple	✔	✔	✔				142
G20	**Central Park**	7 rue des Petites Écuries			✔				143
G21	**Est Parking**	20 passage des Récollets	✔		✔		✔		144
E20	**Euronord - Lariboisière**	1 bis rue Ambroise Paré	✔	✔					145
F20	**Franz Liszt**	6 place Franz Liszt	✔	✔	✔				146
G19	**Garage de l'Exportation**	54 rue du Faubourg Poissonnière							147
H21	**Garage Périer**	60 rue René Boulanger			✔		✔	✔	148
G21	**Garage Saint-Laurent**	52 ter rue des Vinaigriers	✔		✔		✔		149
F20	**Gare du Nord**	Rue de Compiègne et rue de Maubeuge		✔	✔		✔		150
G20	**Magenta - Alban Satragne**	107 Faubourg Saint-Denis			✔				151
F21	**Nord Parking**	3 rue de Dunkerque			✔	✔	✔		152
G21	**Paris Est I et Paris Est II**	Cour du 11 Novembre		✔	✔				153
G20	**Paris France Parking**	11 rue des petites écuries							154
G22	**Saint-Louis**	Av. Claude Vellefaux, sous l'Hôpital Saint-Louis		✔	✔				155
F20	**Union S.C.O.P.**	12 rue de Rocroy	✔		✔	✔	✔		156
E20	**Vinci Park Services**	112 rue de Maubeuge		✔	✔				157
11									
I22	**Alhambra**	50 rue de Malte	✔	✔	✔				164
L23	**Parking Capus Christian**	45 rue du Faubourg Saint-Antoine			✔		✔		165
L23	**Ledru-Rollin**	121 avenue Ledru-Rollin	✔		✔				166
I23	**Oberkampf**	11 rue Ternaux							167
I23	**Trois Bornes**	11 rue des Trois Bornes			✔		✔		168

12

Plan	Nom	Adresse	24/24						N°
M22	**Bastille**	53 boulevard de la Bastille	✓	✓	✓				174
P-O24	**Bercy**	Parc de bercy, bd de Bercy et rue de Bercy		✓	✓				175
O24	**Bercy auto train**	48 bd de Bercy							176
P24	**Bercy Autocars**	Parc de bercy (Sud-Ouest)	✓						177
P24	**Bercy (quai)**	(surface) sur le quai de Bercy		✓					178
Q25	**Bercy Saint-Emilion**	12 place des Vins de France	✓	✓			✓		179
Q25	**Bercy Terroirs**	40 avenue des Terroirs de France	✓	✓	✓		✓		180
O26	**Danset**	103 rue Claude Decaen			✓				181
N24	**Daumesnil**	6 rue de Rambouillet		✓	✓		✓		182
L23	**Faubourg Saint-Antoine**	82 bis Avenue Ledru Rollin	✓	✓	✓				183
M25	**Garage du Faubourg**	33 rue de Reuilly	✓		✓				184
N27	**Garage Saint-Mandé**	24-28 avenue de Saint-Mandé	✓		✓		✓		185
N23	**Gare de Lyon**	191 rue de Bercy	✓	✓	✓				186
N26	**Hôpital des Diaconesses**	20 rue du Sergent Bauchat	✓	✓	✓				187
N23	**Lyon Diderot**	198 rue de Bercy	✓	✓	✓				188
N23	**Méditerranée**	26-44 rue de Chalon (Gare de Lyon)	✓	✓	✓			✓	189
M23	**Opéra-Bastille**	34 rue de Lyon	✓	✓	✓			✓	190
N23	**Parc Auto Météor**	54 quai de la rapée	✓	✓					191
N23	**Parc Gare de Lyon**	193 rue de Bercy	✓						192
M27	**Picpus Nation**	Face au 96 boulevard de Picpus		✓	✓				193
M25	**Saint-Eloi**	34-36 rue de Reuilly							194

13

Plan	Nom	Adresse	24/24						N°
P20	**AutoSur**	34 rue Abel Hovelacque			✓		✓		202
S19	**Bd Auguste Blanqui**	(surface, terre-plein) entre r. de la Santé et r. Vergnaud							203
T19	**Charléty Coubertin**	17 avenue Pierre de Coubertin	✓	✓	✓				204
S19	**Charléty Thomire**	Rue Thomire							205
N22	**Gare d'Austerlitz Arrivée**	(surface) 55 quai d'Austerlitz							206
N22	**Gare d'Austerlitz Départ**	(surface) cour des départs							207
Q20	**Italie 2**	30 avenue d'Italie (Centre Commercial)	✓		✓		✓	✓	208
T21	**Porte d'Italie**	8 avenue de la Porte d'Italie			✓		✓		209
P23	**Tolbiac Bibliothèque**	Rue Emile Durkheim	✓	✓	✓			✓	210
P23	**Vincent Auriol Bibliothèque**	21 rue Abel Gance	✓	✓	✓				211

14

Plan	Nom	Adresse	24/24						N°
O17	**Boulevard Edgar Quinet**	(surface, terre-plein) entre bd Raspail et r. Huyghens							216
R16	**Parking du Midi**	36 rue Friant	✓		✓	✓	✓		217
O15	**Gaîté Montparnasse**	15 rue du Commandant René Mouchotte	✓	✓			✓	✓	218
S15	**Institut du Judo**	21-23 avenue de la Porte de Châtillon	✓	✓	✓				219
R16	**LRG Automobiles**	19 bis rue Friant		✓	✓		✓		220
Q16	**Maine Basch**	204 avenue du Maine		✓	✓		✓	✓	221
O15	**Montparnasse 2 - Pasteur - Catalogne**	Place des 5 Martyrs du Lycée Buffon	✓	✓	✓				222
O17	**Montparnasse Raspail**	120 bis boulevard du Montparnasse	✓		✓			✓	223
S16	**Porte d'Orléans**	1 rue de la Légion Etrangère	✓	✓	✓			✓	224
P17	**Saint-Jacques 1**	(surface terre-plein) Boulevard Saint-Jacques			✓				225

Plan	Nom	Adresse	Équipements						N°
			24/24						

15

Plan	Nom	Adresse	24/24						N°
P9	**Aquaboulevard**	4-6 rue Louis-Armand			✔				232
M10	**Beaugrenelle**	16 rue Linois (Centre Commercial)						✔	233
N13	**Bonvin Lecourbe**	28 rue François Bonvin	✔		✔	✔	✔		234
N14	**Boulevard Pasteur**	(surface, terre-plein) entre r. Falguière et r. du Dr Roux							235
P13	**Brancion**	21-25 rue Brancion			✔	✔	✔		236
O9	**Citroën Cévennes**	37 rue Leblanc		✔	✔				237
N10	**Convention**	98 rue de la Convention	✔			✔			238
O14	**Falguière**	81 rue Falguière		✔	✔				239
M11	**Garage de la Poste**	104 rue du Théâtre	✔		✔	✔	✔		240
K11	**Hilton Suffren**	18 avenue de Suffren	✔						241
N12	**Lecourbe Mairie du XVe**	143 rue Lecourbe		✔	✔			✔	242
O15	**Maine Parking**	50 avenue du Maine	✔	✔	✔	✔	✔		243
O15	**Montparnasse 1 - Porte Océane**	54 place Raoul Dautry		✔	✔		✔	✔	244
O14	**Montparnasse 3 - Vaugirard - Autotrain**	Rue du Cotentin	✔						245
M10	**Novotel Paris Tour Eiffel**	61 quai de Grenelle	✔		✔				246
P10	**Parc des Expositions**	B-C-E-F-R Porte de Versailles							247
P10	**Porte de Versailles**	Face au 39, boulevard Victor	✔		✔	✔	✔		248
M10	**Saint-Charles**	72 rue Saint-Charles			✔	✔			249
M13	**Ségur**	(surface) avenue de Suffren / Boulevard Garibaldi							250
P11	**SGGD**	374 rue de Vaugirard			✔				251
N15	**Tour Montparnasse**	10 rue du Départ / 17 rue de l'Arrivée	✔						252
P11	**Vaugirard 371**	371 rue de Vaugirard	✔		✔				253

16

Plan	Nom	Adresse	24/24						N°
G11	**Foch**	8 avenue Foch	✔		✔	✔	✔		261
I10	**Galerie Saint-Didier**	37 rue Saint-Didier							262
K10	**Garage Moderne**	19 rue de Passy	✔		✔	✔	✔		263
I8	**Henri Martin 1 et 2**	(surface, terres-pleins) av. Henri Martin							264
I11	**Kleber Longchamp**	65 avenue Kleber							265
L9	**Maison de la Radio**	Face Maison de la Radio av. du Président Kennedy							266
K9	**Passy**	78-80 rue de Passy	✔	✔	✔		✔	✔	268
H10	**Place Victor Hugo**	74 avenue Victor Hugo	✔	✔	✔		✔		269
L9	**Pont de Grenelle**	Avenue du Président Kennedy				✔	✔		270
M6	**Porte d'Auteuil**	Avenue du Général Sarrail	✔	✔	✔	✔	✔		271
O5	**Porte de Saint-Cloud**	Avenue de la Porte de Saint-Cloud	✔		✔	✔	✔		272
M8	**Rossini**	Angle rues Wilhem et Mirabeau			✔				273
O6	**Versailles Reynaud**	188 avenue de Versailles		✔	✔			✔	274
I9	**Victor Hugo Pompe**	120 avenue Victor Hugo					✔		275

17

Plan	Nom	Adresse	24/24						N°
D12	**Berthier**	122 boulevard Berthier	✔		✔	✔	✔		281
D14	**Cardinet Autocars**	151 rue Cardinet (gare des Batignolles)							282
G11	**Carnot**	14 bis avenue Carnot		✔	✔			✔	283
E12	**Courcelles 148**	148 rue de Courcelles	✔	✔	✔	✔	✔		284
D15	**Garage Lemercier**	51 rue Lemercier	✔			✔	✔		285
D12	**Courcelles 210**	210 rue de Courcelles	✔		✔	✔	✔		286
E10	**Gouvion Saint-Cyr**	26 boulevard Gouvion Saint-Cyr	✔		✔	✔	✔		287
G11	**Mac-Mahon**	17 avenue Mac-Mahon	✔	✔	✔			✔	288
E15	**Mairie du XVIIe**	16 rue des Batignolles	✔	✔	✔				289
D15	**Marché des Batignolles**	24 bis rue Brochant	✔	✔	✔				290
F10	**Méridien Etoile**	9 rue Waldeck-Rousseau	✔	✔	✔		✔		291

Plan	Nom	Adresse	24/24	[accès handicapés]	[moto]	[carburant]	[lavage]	[recharge électrique]	N°
E10	**Pte de Champerret - Yser**	10 boulevard de l'Yser	✔			✔	✔		292
B16	**Porte de Saint-Ouen**	(surface) 17 avenue de la Porte de Saint-Ouen				✔			293
F10	**Porte des Ternes Autocars**	Place du Général Koenig							294
F10	**Porte Maillot**	Place de la Porte Maillot	✔	✔	✔	✔	✔		295
E14	**Securitas**	40-42 rue Legendre	✔		✔	✔	✔		296
F11	**Ternes**	38 avenue des Ternes	✔		✔		✔		297
E14	**Villiers**	14 avenue de Villiers		✔	✔				298
E12	**Wagram Courcelles**	103 ter rue Jouffroy d'Abbans		✔	✔		✔		299

18

Plan	Nom	Adresse	24/24	[accès handicapés]	[moto]	[carburant]	[lavage]	[recharge électrique]	N°
C19	**Ateliers Versigny**	12-14-16 rue Versigny	✔		✔	✔	✔		304
E20	**Barbès-Rochechouart**	104 boulevard de la Chapelle		✔	✔				305
E17	**Blanche**	(surface, terre-plein) boulevard de Clichy							306
C17	**Championnet**	203 rue Championnet	✔			✔			307
E17	**Clichy Montmartre**	9 rue Caulaincourt	✔						308
D19	**Custine Automobiles**	48 bis rue Custine	✔		✔	✔	✔		309
E18	**Dancourt**	5 rue Dancourt			✔	✔	✔		310
C19	**Garage Clingnancourt**	120 rue de Clingnancourt	✔	✔	✔	✔	✔		311
C16	**Garage Neubauer**	162 rue Lamarck	✔		✔	✔	✔		312
E20	**Goutte d'Or**	10 rue de la Goutte d'Or			✔				313
A19	**Porte de Clignancourt**	(surface) 30 avenue de la Porte Clignancourt		✔					314
B21	**Porte de la Chapelle**	56-58 boulevard Ney							315
E16	**Rédélé Forest**	11 rue Forest	✔			✔			316

19

Plan	Nom	Adresse	24/24	[accès handicapés]	[moto]	[carburant]	[lavage]	[recharge électrique]	N°
C22	**Allan Automobiles**	156 rue d'Aubervilliers	✔						322
B25	**Cité des Sciences**	Av. Corentin Cariou / Boulevard Macdonald		✔	✔		✔	✔	323
A25	**La Villette**	13 boulevard de la Commanderie				✔			324
D26	**La Villette - Cité de la Musique**	211 avenue Jean Jaurès	✔		✔			✔	325
G27	**Parking des Anges**	293 bis rue de Belleville	✔		✔				326
C23	**Parking 2000**	234 rue de Crimée	✔						327
G26	**Place des Fêtes**	10-12 rue Compans			✔		✔		328
D26	**Porte de Pantin**	(surface) avenue de la Porte de Pantin							329
F27	**Robert Debré**	48 boulevard Serrurier		✔	✔				330
F23	**Saint-Georges**	76 avenue Secretan	✔			✔			331

20

Plan	Nom	Adresse	24/24	[accès handicapés]	[moto]	[carburant]	[lavage]	[recharge électrique]	N°
M27	**Cours de Vincennes**	Cours de Vincennes			✔				336
I24	**Maronites de Belleville**	20 boulevard de Belleville	✔		✔				337
H27	**MEA**	27 rue Saint-Fargeau			✔		✔		338
G26	**Olivier Metra**	35-49 rue Olivier Metra	✔		✔				339
K28	**Paris France Garage**	4 rue du Clos		✔	✔				340
G28	**Paris France Garage**	211 avenue Gambetta	✔	✔	✔				341
I29	**Parking Vinci Bagnolet**	Av. de la Pte de Bagnolet, av. Cartellier (ctre commercial)							342
H27	**Télégraphe**	16 rue du Télégraphe	✔		✔		✔		343

INFORMATIONS INDISPENSABLES

Bornes de recharge électrique

■ DANS UN PARKING ■ sur la voierie ■ borne rapide

1 ■ **MARCHÉ SAINT-HONORÉ** 39 place du Marché Saint-Honoré (n°6)
1 ■ **Rue de l'Amiral de Coligny** Mairie
1 ■ **SAINT-EUSTACHE** Rue Coquillière (n°13)
1 ■ **SAINT-GERMAIN L'AUXERROIS** Place du Louvre (n°14)
1 ■ **SÉBASTOPOL** 43 bis boulevard de Sébastopol (n°15)
1 ■ **VENDÔME** Place Vendôme (n°16)
2 ■ **6 rue d'Aboukir** EDF
2 ■ **BOURSE** Place de la Bourse (n°21)
3 ■ **Rue Perrée** face 14, proche Mairie
4 ■ **HÔTEL-DE-VILLE** 3 rue de la Tacherie (n°43)
4 ■ **Place Saint-Gervais** Hôtel-de-Ville
4 ■ **SAINT-MARTIN - RIVOLI** angle rue Saint-Bon et rue Pernelle (n°49)
5 ■ **25 place du Panthéon**
5 ■ **MAUBERT-SAINT-GERMAIN** face au 39 boulevard Saint-Germain (n°59)
5 ■ **SOUFFLOT** 22 rue Soufflot (proche du Panthéon) (n°61)
6 ■ **76 rue de Rennes** EDF
6 ■ **ÉCOLE DE MÉDECINE** 21 rue de l'École de Médecine (n°65)
6 ■ **SAINT-MICHEL** Rue Francisque Gay (n°70)
7 ■ **20 avenue de Ségur** Ministère de l'Environnement
7 ■ **9 avenue de Villars**
7 ■ **LA TOUR MAUBOURG ORSAY** Contre-allée du quai d'Orsay, angle rue Desgenettes (n°81)
8 ■ **2 rue Louis Murat** devant siège EDF
8 ■ **CONCORDE** 6 place de la Concorde, face hôtel Crillon (n°95)
8 ■ **GEORGE V** face au 103 avenue George V (n°102)
8 ■ **MARCEAU ÉTOILE** 82 avenue Marceau (n°107)
9 ■ **MONTHOLON** 8 rue Rochambault (n°127)
9 ■ **SAINT-LAZARE** 29 rue de Londres (n°133)
9 ■ **TRINITÉ D'ESTIENNE D'ORVES** 10-12 rue Jean-Baptiste Pigalle (n°134)
10 ■ **129 rue du Faubourg-Saint-Martin** le long du terre-plein
10 ■ **GARAGE PÉRIER** 60 rue René Boulanger (n°148)
11 ■ **94 rue Saint-Maur** EDF
12 ■ **130 avenue Daumesnil** Mairie
12 ■ **MÉDITERRANÉE** 26-44 rue de Chalon (Gare de Lyon) (n°189)
12 ■ **OPÉRA-BASTILLE** 34 rue de Lyon (n°190)
12 ■ **Rue des Pirogues de Bercy**
13 ■ **3 place d'Italie Mairie**
13 ■ **Boulevard Vincent Auriol** Bibliothèque Nationale
13 ■ **ITALIE 2** 30 avenue d'Italie (Centre Commercial) (n°208)
13 ■ **Rue Charcot, Rue du Chevaleret**
13 ■ **Station Total** Porte d'Italie
13 ■ **TOLBIAC BIBLIOTHÈQUE** Rue Émile Durkheim (n°210)
14 ■ **GAÎTÉ MONTPARNASSE** 15 rue du Commandant René Mouchotte (n°218)
14 ■ **MAINE BASCH** 204 avenue du Maine (n°221)
14 ■ **MONTPARNASSE RASPAIL** 120 bis boulevard du Montparnasse (n°223)
14 ■ **PORTE D'ORLÉANS** 1 rue de la Légion Etrangère (n°224)
14 ■ **Rue Durouchoux** Mairie
15 ■ **2 avenue de la Porte Brancion**
15 ■ **BEAUGRENELLE** 16 rue Linois (Centre commercial) (n°233)
15 ■ **LECOURBE MAIRIE DU XVe** 143 rue Lecourbe (n°242)
15 ■ **MONTPARNASSE 1 - PORTE OCÉANE** 54 place Raoul Dautry (n°244)
15 ■ **Rue Armand Moisant** Métro Bienvenüe
15 ■ **Station BP** 1 boulevard Victor
16 ■ **24-30 avenue Paul Doumer**
16 ■ **69 avenue de la Grande Armée** devant le siège de PSA
16 ■ **PASSY** 78-80 rue de Passy (n°268)
16 ■ **Porte de Saint-Cloud**
16 ■ **VERSAILLES REYNAUD** 188 avenue de Versailles (n°274)
17 ■ **9 rue Mariotte** Mairie
17 ■ **CARNOT** 14 bis avenue Carnot (n°283)
17 ■ **MAC-MAHON** 17 avenue Mac-Mahon (n°288)
17 ■ **Mairie du XVIIe**
17 ■ **Place du Maréchal Juin**
17 ■ **Station SHELL** avenue de la Porte d'Asnières
18 ■ **2 square de Clignancourt** proche Mairie
19 ■ **CITÉ DES SCIENCES** Avenue Corentin Cariou / Bd Macdonald (n°323)
19 ■ **LA VILLETTE CITÉ DE LA MUSIQUE** 211 avenue Jean Jaurès (n°325)
19 ■ **Place Armand Carrel** Mairie
20 ■ **13 avenue du Père Lachaise** proche Mairie
20 ■ **Station TOTAL** Porte de Montreuil

Fourrières

Les Halles	Parc public Saint-Eustache - 4e sous-sol	01 40 39 12 20
Bercy	Sous échangeur de la Porte de Bercy / rue du Général Langle de Cary	01 53 46 69 20
Balard	53 boulevard du Général Martial Valin	01 45 58 70 30
Foch	Parc Public Etoile-Foch - 2e sous-sol vis à vis 8 avenue Foch	01 53 64 11 80
Pouchet	8 boulevard du Bois le Prêtre	01 53 06 67 68
Macdonald	221 boulevard Macdonald	01 40 37 79 20
Pantin	15 rue de la Marseillaise	01 44 52 52 10
Clichy	32 quai de Clichy 92110	01 47 31 22 15
La Courneuve	92 avenue Jean Mermoz 93120	01 48 38 31 63
Bonneuil	Z.I. de la Haie Griselle 11 rue des Champs 94380 Angle RN 19	01 45 13 61 40

Assistance dépannage

Audi	**0 800 24 24 08**
BMW	**0 800 00 16 24**
Chrysler	**0 800 77 49 72**
Citroën	**0 800 05 24 24**
Fiat	**0 800 34 35 36**
Ford	**0 800 00 50 05**
Kia	**0 811 90 00 19**
Lancia	**0 800 54 55 56**
Mercedes	**0 800 17 77 77**
Opel	**0 800 04 04 58**
Peugeot	**0 800 44 24 24**
Renault	**0 810 05 15 15**
Seat	**0 810 64 48 61**
Skoda	**0 800 40 18 34**
Toyota	**0 800 00 44 55**
Volkswagen	**0 800 00 24 24**

Locations de voitures

A.D.A	**0 825 169 169** (0,15 €/min)
Avis	**0 820 05 05 05** (0,12 €/min)
Axeco	**0 892 697 697** (0,34 €/min)
Budget	**0 825 00 35 64** (0,15 €/min)
Citer	**01 44 38 61 61**
Europcar	**0 825 358 358** (0,15 €/min)
Hertz	**01 39 38 38 38**
Rent a Car	**0 820 00 00 20** (0,12 €/min)
Sixt	**0 820 00 74 98** (0,12 €/min)

Aide aux handicapés

Paris Accompagnement Mobilité (PAM)	**0 810 0 810 75**
Groupement pour l'Insertion des personnes Handicapées Physique (GIHP)	**01 43 95 66 36**
SNCF Accessibilité Service	**0 800 15 47 53**
RATP Mission Accessibilité	**01 49 28 18 84**

Avions, trains et bus

Aéroport de Paris le Bourget	**01 48 62 12 12**
Aéroport de Paris Charles-de-Gaulle	**01 48 62 22 80**
Aéroport de Paris-Orly	**01 49 75 15 15**
Air France	**0 820 820 820** (0,12 €/min)
Orlybus - Roissy Bus	**0 836 68 77 14** (0,45 €/min)
RATP	**0 892 68 77 14** (0,34 €/min)
RATP (English)	**0 892 68 41 14** (0,34 €/min)
SNCF (Grandes Lignes)	**36 35** (0,34 €/min)
SNCF (Ile de France)	**01 53 90 20 20**

Taxis

Alpha taxis	**01 45 85 85 85**
les Taxis Bleus	**0 891 70 10 10** (0,22 €/min)
G7	**01 47 39 47 39**
Taxis Sept Mille	**01 42 70 00 42**
Flash Radio Taxis	**01 47 46 11 11**

Informations routières à la radio

France Info	6h42, 7h12, 7h32, 8h12, 8h42, 9h12 10h42, 11h42, 13h42, 14h42, 15h12	**105,5**
France Inter	6h28, 6h58, 7h12	**87,8**
FIP	toutes les 20 min	**105,1**
City Radio	toutes les 10 min	**107,1**
Autoroute info	toutes les 10 min	**107,7**
Voltage FM	toutes les 1/2 heure entre 6h et 9h, et entre 17h et 20h	**96,9**
Oui FM	toutes les 20 min entre 7h et 10h	**102,3**

Tarifs de stationnement sur la voie publique

(Tarif en vigueur à la date d'impression de l'ouvrage)

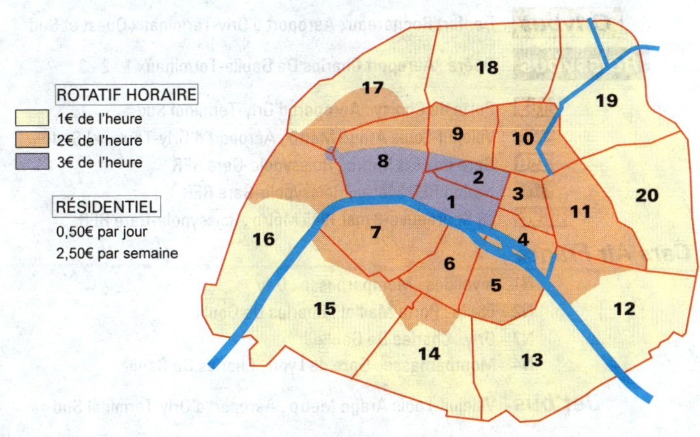

LISTE DES BUS DE PARIS

20 Gare Saint-Lazare . Gare de Lyon
21 Gare Saint-Lazare . Porte de Gentilly
22 Porte de Saint-Cloud . Opéra
24 Gare St-Lazare . Maubert-Mutualité . Gare d'Austerlitz . Éc. Vétérinaire de Maisons-Alfort
26 Gare St-Lazare . Cours de Vincennes
27 Gare St-Lazare . Pont Neuf . Pte de Vitry-C. Regaud
28 Gare St-Lazare . Porte d'Orléans
29 Gare St-Lazare . Centre Georges Pompidou . Pte de Montempoivre
30 Trocadéro . Gare de l'Est
31 Charles-De-Gaulle-Étoile . Gare de l'Est
32 Porte d'Auteuil . Gare de l'Est
38 Porte d'Orléans . Gare du Nord
39 Issy-Val de Seine . Gare de l'Est
42 Hôpital Européen G. Pompidou . Gare du Nord
43 Neuilly-Bagatelle . Pont de Neuilly . Gare Saint-Lazare . Gare du Nord
46 Gare du Nord . Saint Mandé-Demi-Lune . Château de Vincennes
47 Gare de l'Est . Fort du Kremlin-Bicêtre
48 Palais Royal - Musée du Louvre . Porte des Lilas
52 Parc de St-Cloud . Pte d'Auteuil . Ch. De Gaulle-Etoile . Opéra
53 Pont de Levallois . Opéra
54 Gabriel Péri-Asnières Gennevilliers . Pte d'Aubervilliers
56 Porte de Clignancourt . Château de Vincennes
57 Arcueil-Laplace RER . Pte de Bagnolet-L. Ganne
58 Vanves-Lycée Michelet . Châtelet
60 Porte de Montmartre . Gambetta
61 Gare d'Austerlitz . Le Pré-St-Gervais-Jean Jaurès
62 Porte de Saint-Cloud . Cours de Vincennes
63 Porte de la Muette . Gare de Lyon
65 Gare de Lyon . Gare de l'Est . Mairie d'Aubervilliers
66 Clichy-Victor Hugo . Opéra
67 Pigalle . Châtelet-Hôtel de Ville . Porte de Gentilly
68 Pl. de Clichy . Pte d'Orléans-E. Reyer . Châtillon-Montrouge Métro
69 Champ de Mars . Gambetta
70 Radio France . Hôtel de Ville
72 Parc de St-Cloud . Pte de St-Cloud . Concorde . Hôtel de Ville
73 La Défense . Musée d'Orsay
74 Clichy-Berges de Seine . Pte de Clichy . H. de Ville
75 Pont Neuf . Porte de la Villette
76 Louvre-Rivoli . Bagnolet-Louise Michel
80 Pte de Versailles . Mairie du XVIIIe-Jules Joffrin
81 Porte de Saint-Ouen . Châtelet
82 Neuilly-Hôpital Américain . Luxembourg
83 Friedland-Haussmann . Porte d'Ivry-Claude Regaud
84 Porte de Champerret . Panthéon
85 Mairie de St-Ouen . Mairie du XVIIIe-J. Joffrin . Luxembourg
86 Saint-Germain-des-Prés . Saint-Mandé-Demi-Lune
87 Champ de Mars . Porte de Reuilly
88 Hôpital Européen G. Pompidou . Denfert-Rochereau
89 Gare de Vanves-Malakoff . Bibl. Fr. Mitterrand
91 Montparnasse 2-Gare T.G.V . Bastille
92 Porte de Champerret . Gare Montparnasse
93 Suresnes-De Gaulle . Invalides
94 Levallois-Louison Bobet . Gare Saint-Lazare . Gare Montparnasse
95 Porte de Vanves . Porte de Montmartre
96 Gare Montparnasse . Porte des Lilas . Le Pré-Saint-Gervais-Jean Jaurès
PC1 Porte de Champerret-Berthier . Porte de Charentor
PC2 Porte d'Italie . Porte de la Villette
PC3 Porte Maillot-Pershing . Porte des Lilas
Balabus La Défense . Gare de Lyon
Montmartrobus Pigalle . Mairie du XVIIIe-J. Joffrin

LIAISONS VERS LES AÉROPORTS

Orlybus Denfert Rochereau . Aéroport d'Orly-Terminaux Ouest et Sud
Roissybus Opéra . Aéroport Charles De Gaulle-Terminaux 1 - 2 - 3

183 Porte de Choisy . Aéroport d'Orly-Terminal Sud
285 Villejuif-Louis Arago Métro . Aéroport d'Orly-Terminal Sud
350 Gare de l'Est Métro . Roissypole-Gare RER
351 Nation RER Métro . Roissypole-Gare RER
607b La Courneuve-8 mai 1945 Métro . Roissypole-Gare RER

les Cars Air France

N1 Invalides . Montparnasse . Orly
N2 Etoile . Porte Maillot . Charles De Gaulle
N3 Orly . Charles De Gaulle
N4 Montparnasse . Gare de Lyon . Charles De Gaulle

Jet'bus Villejuif-Louis Arago Métro . Aéroport d'Orly-Terminal Sud

BUS DE NUIT (Noctambus)

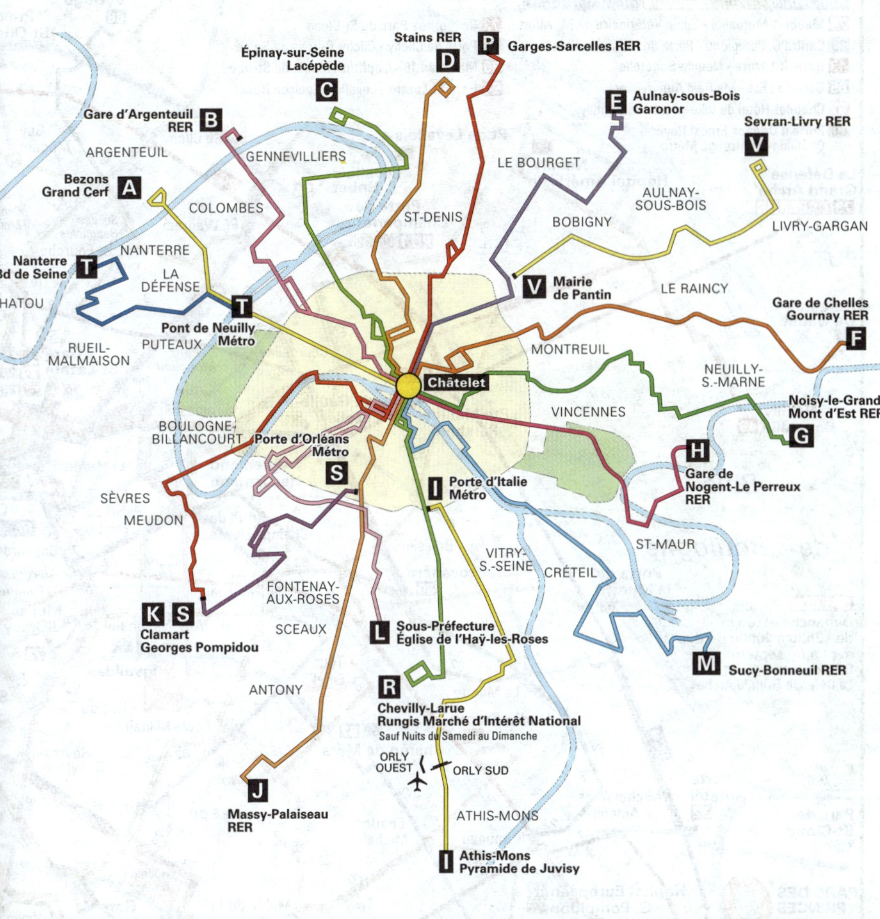

- **A** Châtelet - Bezons-Grand Cerf
- **B** Châtelet - Gare d'Argenteuil RER
- **C** Châtelet - Épinay-s.-Seine - Lacépède
- **D** Châtelet - Pierrefitte-Stains RER
- **E** Châtelet - Aulnay-sous-Bois - Garonor
- **F** Châtelet - Gare de Chelles - Gournay RER
- **G** Châtelet - Noisy-le-Grand - Mont d'Est RER
- **H** Châtelet - Gare de Nogent - Le Perreux RER
- **J** Châtelet - Massy-Palaiseau RER
- **K** Châtelet - Clamart-Georges Pompidou
- **L** Châtelet - Sous-Préfecture - Église de l'Haÿ-les-Roses
- **M** Châtelet - Sucy-Bonneuil RER
- **P** Châtelet - Garges-Sarcelles RER
- **R** Châtelet - Chevilly-Larue - Rungis MIN
- **I** Porte d'Italie Métro - Athis-Mons - Pyramide de Juvisy
- **S** Porte d'Orléans Métro - Clamart - Georges Pompidou
- **T** Pont de Neuilly Métro - Nanterre - Boulevard de Seine
- **V** Mairie de Pantin - Sevran - Livry RER

DIMANCHES ET FÊTES (de 7 h 00 à 20 h 30 environ)
20 21 26 27 31 38 46 52 58 60 62 63
76 80 82 86 91 92 95 96 350 351 PC 1 PC 2 PC 3
Roissybus Orlybus Balabus Montmartrobus
24 Maubert-Mutualité - École Vétérinaire de M.-Alfort
29 Centre G. Pompidou - Porte de Montempoivre
43 Gare St-Lazare - Neuilly-Bagatelle
65 Gare de l'Est - Mairie d'Aubervilliers
67 Châtelet-Hôtel de Ville - Porte de Gentilly
68 Porte d'Orléans Ernest Reyer-Châtillon-Montrouge Métro
72 Concorde - Parc de St-Cloud
74 Porte de Clichy - Clichy-Berges de Seine
85 Mairie du 18e-J. Joffrin - Mairie de St-Ouen
94 Gare St-Lazare - Levallois-Louison Bobet
BALABUS
Dimanche et fêtes de 12h30 à 20h00 du début avril à fin septembre
Gare de Lyon - La Défense-Grande Arche
La Défense Grande Arche
Neuilly-Hôpital Américain
Gabriel Péri-Asnières-Gennevilliers
CLICHY
Clichy-Berges de Seine
Clichy-V. Hugo
Pt de Levallois
Levallois-L. Bobet
Porte de Champerret
NEUILLY-SUR-SEINE
PUTEAUX
Suresnes-De Gaulle
Neuilly-Bagatelle
Bois de Boulogne
Pte de Clichy
Guy Môquet
Pl. Wagram
Sq. des Batignoles
La Fourche
Mairie du 17e
Parc Monceau
Courcelles
Gare St-Lazare
Mairie du 8e
Miromesnil
Pte Maillot-Pershing
Ch. de Gaulle-Étoile
Friedland Haussmann
La Madeleine
Victor Hugo
Rd-Pt des Champs Élysées
Palais de l'Élysée
Concorde
Jardin des Tuileries
Boissière
Mairie du 16e
Trocadéro
Alma Marceau
Porte de la Muette
Seine
Ass. Nationale
Musée d'Orsay
Tour Eiffel
Invalides
La Muette
Rue du Bac
Radio France
Champ de Mars
École Militaire
Sèvres-Babylone
A 13
Porte d'Auteuil
Michel Ange-Auteuil
Charles Michels
U.N.E.S.C.O
Parc de St-Cloud
Mirabeau
Hôpital Necker
PARC DES PRINCES
Hôpital Européen G. Pompidou
Mairie du 15e
Gare Montparnasse
Vavin
Cimetière Montparnasse
Montparnasse 2 Gare TGV
Parc de St-Cloud
Pte de St-Cloud
Balard
Convention
Mairie du 14e
Issy-Val-de-Seine
Pte de Versailles
Parc G. Brassens
Hôpital St-Joseph
Hôpital Broussais
Parc des Expositions
Gare de Vanves-Malakoff
Vanves-Lycée Michelet
Pte de Vanves
Porte d'Orléans
Cimetière de Montrouge
MALAKOFF
Châtillon-Montrouge Métro

PARIS Plan-Bus
SOIRÉES (de 20 h30 à 0 h 30 environ)
21 26 31 38 62 63 80 91 92 95
PC 1 PC 2 PC 3 Roissybus Orlybus
24 Gare d'Austerlitz - Ecole Vétérinaire de Maisons-Alfort
27 Pont Neuf - Porte de Vitry-Claude Regaud
43n Pont de Neuilly - Neuilly Bagatelle
52 Charles de Gaulle-Étoile - Porte d'Auteuil
67 Châtelet - Hôtel de Ville - Porte de Gentilly
72 Porte de St-Cloud - Parc de St-Cloud
74 Porte de Clichy - Clichy-Berges de Seine
85 Mairie du 18e-J. Joffrin - Mairie de St-Ouen
96 Châtelet - Porte des Lilas
CHARLES DE GAULLE
Roissypole Gare RER
Roissybus
STADE DE FRANCE
ST-OUEN
ST-DENIS
Mairie d'Aubervilliers
Porte d'Aubervilliers
Pte de Clignancourt
Pte de la Chapelle
Pte de la Villette
Cité des Sciences et de l'Industrie
Pte de Pantin
Crimée
Mairie du 18e-J. Joffrin
Marx Dormoy
Sacré Cœur
Montmartrobus
Barbès
La Chapelle
Jaurès
Mairie du 19e
Gare du Nord
Pigalle
Gare de l'Est
Parc des Buttes-Chaumont
Pré-St-Gervais-Jean-Jaurès
Hôpital Robert Debré
LES LILAS
Pte des Lilas
Pl. des Fêtes
Cimetière de Belleville
BAGNOLET
Cadet
Hôpital St-Louis
Pyrénées
Mairie du 9e
Grands Boulevards
Strasbourg-St-Denis
République
Parmentier
Gambetta
Hôpital Tenon
Bagnolet-L. Michel
Mairie du 20e
Roissypole Gare RER
Palais Royal M. du Louvre
Réaumur Sébastopol
Cimetière du Père Lachaise
Pte de Bagnolet Louis Ganne
Pont Neuf
Mairie du 11e
Châtelet
Hôtel de Ville
Voltaire Léon Blum
Préf. de Police
Pl. des Vosges
Bastille
MONTREUIL
St-Michel
Notre-Dame de Paris
Cours de Vincennes
Préfecture
Hôpital St-Antoine
Nation
Château de Vincennes
Sorbonne
Panthéon
Université Paris VI-VII
Seine
Gare de Lyon
BALABUS
Luxembourg
Gare d'Austerlitz
RATP
Ministère des Finances
Mairie du 12e
Hôpital Rothschild
Hôpital Trousseau
VINCENNES
Pte de Montempoivre
Port Royal
Val de Grâce
Les Gobelins
Hôpital de la Pitié-Salpêtrière
Palais Omnisport de Bercy
Hôpital Cochin
Mairie du 13e
Porte de Reuilly
St-Mandé - Demi-Lune - Parc Zoologique
Parc de Bercy
Pl. d'Italie
Bibliothèque Nationale de France
Porte de Charenton
Bois de Vincennes
Glacière-Tolbiac
Bibliothèque Fr. Mitterrand
CHARENTON-LE-PONT
Tolbiac
Charenton Écoles
Pte d'Ivry-Claude Regaud
Pte de Vitry-Claude Regaud
Pte de Gentilly
Cimetière de Gentilly
Porte d'Italie
IVRY-SUR-SEINE
ORLY
Arcueil Laplace-RER
Fort du Kremlin-Bicêtre
École Vétérinaire de Maisons-Alfort
A 1
A 3
A 4
A 6b

Tramway Val de Seine Ⓣ②

LA DÉFENSE GRANDE ARCHE — Puteaux — Belvédère — Suresnes-Longchamps — Les Coteaux — Les Milons — Parc de Saint-Cloud

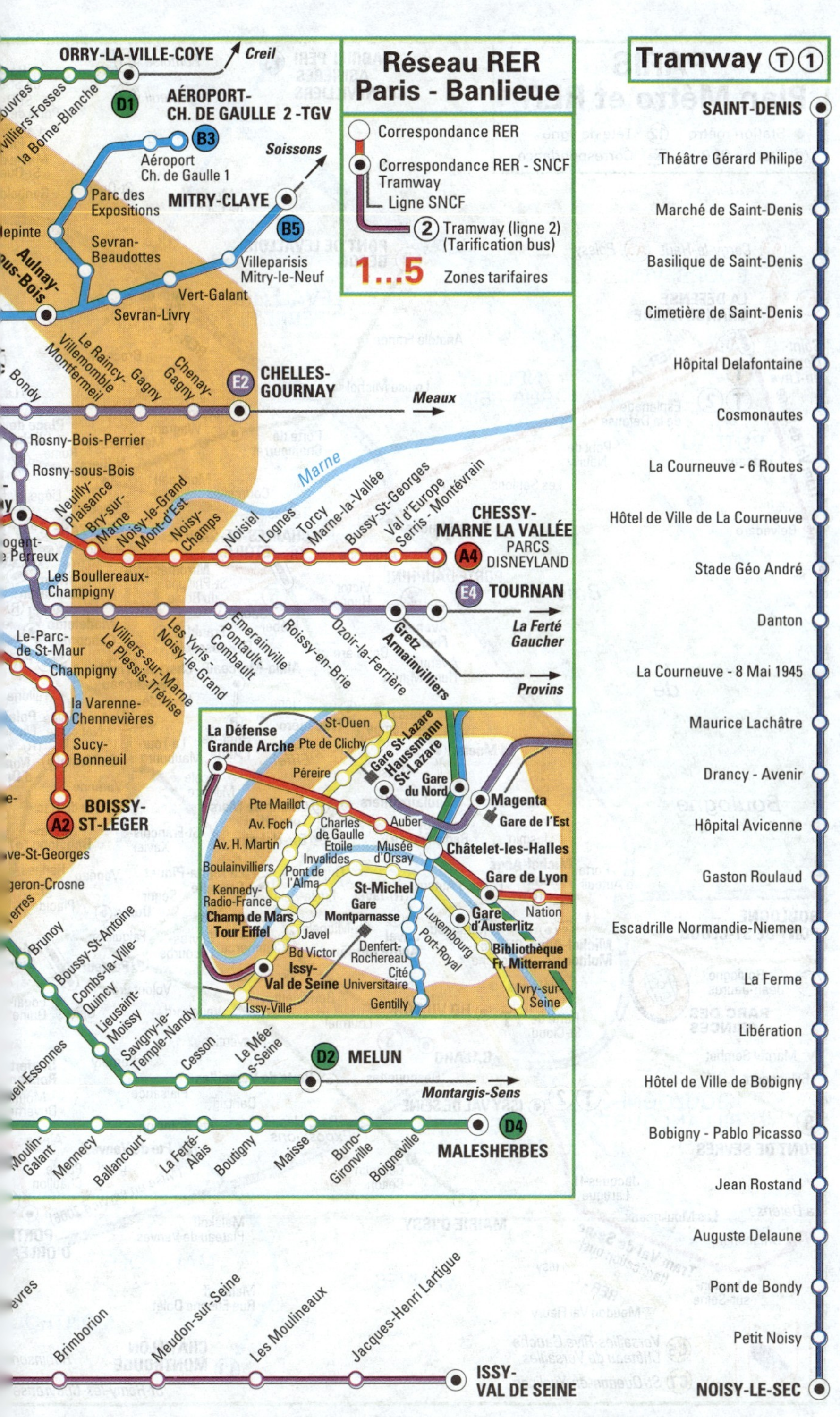

Réseau RER
Paris - Banlieue
Correspondance RER
Correspondance RER - SNCF
Tramway
Ligne SNCF
Tramway (ligne 2)
(Tarification bus)
1...5 Zones tarifaires
ORRY-LA-VILLE-COYE
Creil
D1
AÉROPORT-
CH. DE GAULLE 2 -TGV
B3
Aéroport
Ch. de Gaulle 1
Soissons
MITRY-CLAYE
B5
Parc des
Expositions
Sevran-
Beaudottes
Villeparisis
Mitry-le-Neuf
Vert-Galant
Sevran-Livry
Aulnay-
sous-Bois
Villiers-Fosses
la Borne-Blanche
Le Raincy-
Villemomble
Montfermeil
Gagny
Chenay-
Gagny
E2
CHELLES-
GOURNAY
Meaux
Bondy
Rosny-Bois-Perrier
Rosny-sous-Bois
Marne
Neuilly-
Plaisance
Bry-sur-
Marne
Noisy-le-Grand
Mont-d'Est
Noisy-
Champs
Noisiel
Lognes
Torcy
Marne-la-Vallée
Bussy-St-Georges
Val d'Europe
Serris - Montévrain
CHESSY-
MARNE LA VALLÉE
A4
PARCS
DISNEYLAND
E4
TOURNAN
Les Boullereaux-
Champigny
Villiers-sur-Marne
Le Plessis-Trévise
Les Yvris
Noisy-le-Grand
Emerainville
Pontault-
Combault
Roissy-en-Brie
Ozoir-la-Ferrière
Gretz
Armainvilliers
La Ferté
Gaucher
Provins
Le-Parc-
de St-Maur
Champigny
la Varenne-
Chennevières
Sucy-
Bonneuil
A2
BOISSY-
ST-LÉGER
La Défense
Grande Arche
St-Ouen
Pte de Clichy
Péreire
Gare St-Lazare
Haussmann
St-Lazare
Gare
du Nord
Magenta
Gare de l'Est
Pte Maillot
Av. Foch
Charles
de Gaulle
Etoile
Auber
Av. H. Martin
Boulainvilliers
Invalides
Musée
d'Orsay
Châtelet-les-Halles
Pont de
l'Alma
St-Michel
Gare de Lyon
Kennedy-
Radio-France
Champ de Mars
Tour Eiffel
Gare
Montparnasse
Nation
Gare
d'Austerlitz
Javel
Luxembourg
Port-Royal
Bibliothèque
Fr. Mitterrand
Bd Victor
Issy-
Val de Seine
Denfert-
Rochereau
Cité
Universitaire
Ivry-sur-
Seine
Issy-Ville
Gentilly
Brunoy
Boussy-St-Antoine
Combs-la-Ville-
Quincy
Lieusaint-
Moissy
Savigny-le-
Temple-Nandy
Cesson
Le Mée-
s-Seine
D2
MELUN
Montargis-Sens
Moulin-
Galant
Mennecy
Ballancourt
La Ferté-
Alais
Boutigny
Maisse
Buno-
Gironville
Boigneville
D4
MALESHERBES
Brimborion
Meudon-sur-Seine
Les Moulineaux
Jacques-Henri Lartigue
ISSY-
VAL DE SEINE
Tramway T1
SAINT-DENIS
Théâtre Gérard Philipe
Marché de Saint-Denis
Basilique de Saint-Denis
Cimetière de Saint-Denis
Hôpital Delafontaine
Cosmonautes
La Courneuve - 6 Routes
Hôtel de Ville de La Courneuve
Stade Géo André
Danton
La Courneuve - 8 Mai 1945
Maurice Lachâtre
Drancy - Avenir
Hôpital Avicenne
Gaston Roulaud
Escadrille Normandie-Niemen
La Ferme
Libération
Hôtel de Ville de Bobigny
Bobigny - Pablo Picasso
Jean Rostand
Auguste Delaune
Pont de Bondy
Petit Noisy
NOISY-LE-SEC

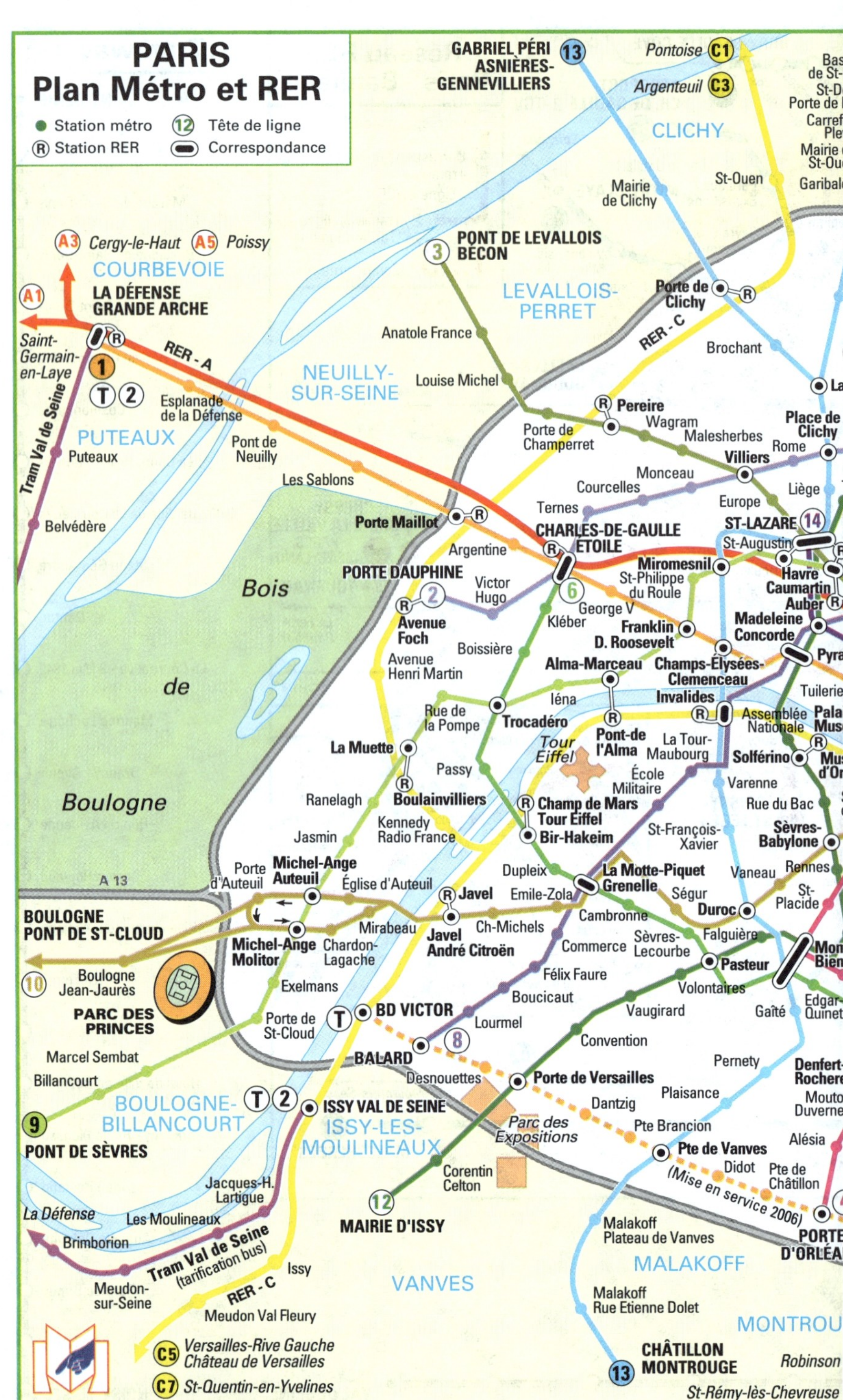

PARIS
Plan Métro et RER
Station métro
Station RER
Tête de ligne
Correspondance
GABRIEL PÉRI ASNIÈRES-GENNEVILLIERS
Pontoise
Argenteuil
CLICHY
Mairie de Clichy
St-Ouen
Garibaldi
Cergy-le-Haut
Poissy
COURBEVOIE
LA DÉFENSE GRANDE ARCHE
Saint-Germain-en-Laye
RER - A
PONT DE LEVALLOIS BÉCON
LEVALLOIS-PERRET
Porte de Clichy
RER - C
Brochant
Anatole France
Louise Michel
NEUILLY-SUR-SEINE
Esplanade de la Défense
PUTEAUX
Puteaux
Pont de Neuilly
Tram Val de Seine
Les Sablons
Belvédère
Pereire
Wagram
Malesherbes
Place de Clichy
Porte de Champerret
Villiers
Rome
Monceau
Courcelles
Liège
Europe
Ternes
Porte Maillot
CHARLES-DE-GAULLE ETOILE
ST-LAZARE
St-Augustin
Argentine
Miromesnil
Havre Caumartin
Auber
PORTE DAUPHINE
Victor Hugo
St-Philippe du Roule
Avenue Foch
George V
Kléber
Franklin D. Roosevelt
Madeleine
Concorde
Bois
de
Boulogne
Boissière
Avenue Henri Martin
Alma-Marceau
Champs-Élysées-Clemenceau
Tuileries
Invalides
Iéna
Rue de la Pompe
Trocadéro
Assemblée Nationale
La Muette
Tour Eiffel
Pont-de l'Alma
La Tour-Maubourg
Solférino
Passy
École Militaire
Varenne
Ranelagh
Boulainvilliers
Champ de Mars Tour Eiffel
Rue du Bac
Kennedy Radio France
Bir-Hakeim
St-François-Xavier
Sèvres-Babylone
Jasmin
Dupleix
La Motte-Piquet Grenelle
Vaneau
Rennes
A 13
Porte d'Auteuil
Michel-Ange Auteuil
Église d'Auteuil
Javel
Emile-Zola
Ségur
St-Placide
BOULOGNE PONT DE ST-CLOUD
Duroc
Cambronne
Mirabeau
Ch-Michels
Michel-Ange Molitor
Chardon-Lagache
Javel André Citroën
Commerce
Sèvres-Lecourbe
Falguière
Pasteur
Boulogne Jean-Jaurès
Félix Faure
Exelmans
PARC DES PRINCES
Boucicaut
Volontaires
Edgar-Quinet
Porte de St-Cloud
BD VICTOR
Lourmel
Vaugirard
Gaîté
Marcel Sembat
BALARD
Convention
Billancourt
Desnouettes
Porte de Versailles
Pernety
BOULOGNE-BILLANCOURT
ISSY VAL DE SEINE
Plaisance
Dantzig
ISSY-LES-MOULINEAUX
Parc des Expositions
Pte Brancion
Alésia
PONT DE SÈVRES
Pte de Vanves
Didot
Pte de Châtillon
Corentin Celton
(Mise en service 2006)
Jacques-H. Lartigue
La Défense
Les Moulineaux
MAIRIE D'ISSY
Malakoff Plateau de Vanves
Brimborion
Tram Val de Seine (tarification bus)
Issy
MALAKOFF
Meudon-sur-Seine
RER - C
VANVES
Malakoff Rue Etienne Dolet
Meudon Val Fleury
Versailles-Rive Gauche Château de Versailles
St-Quentin-en-Yvelines
CHÂTILLON MONTROUGE
Robinson
St-Rémy-lès-Chevreuse

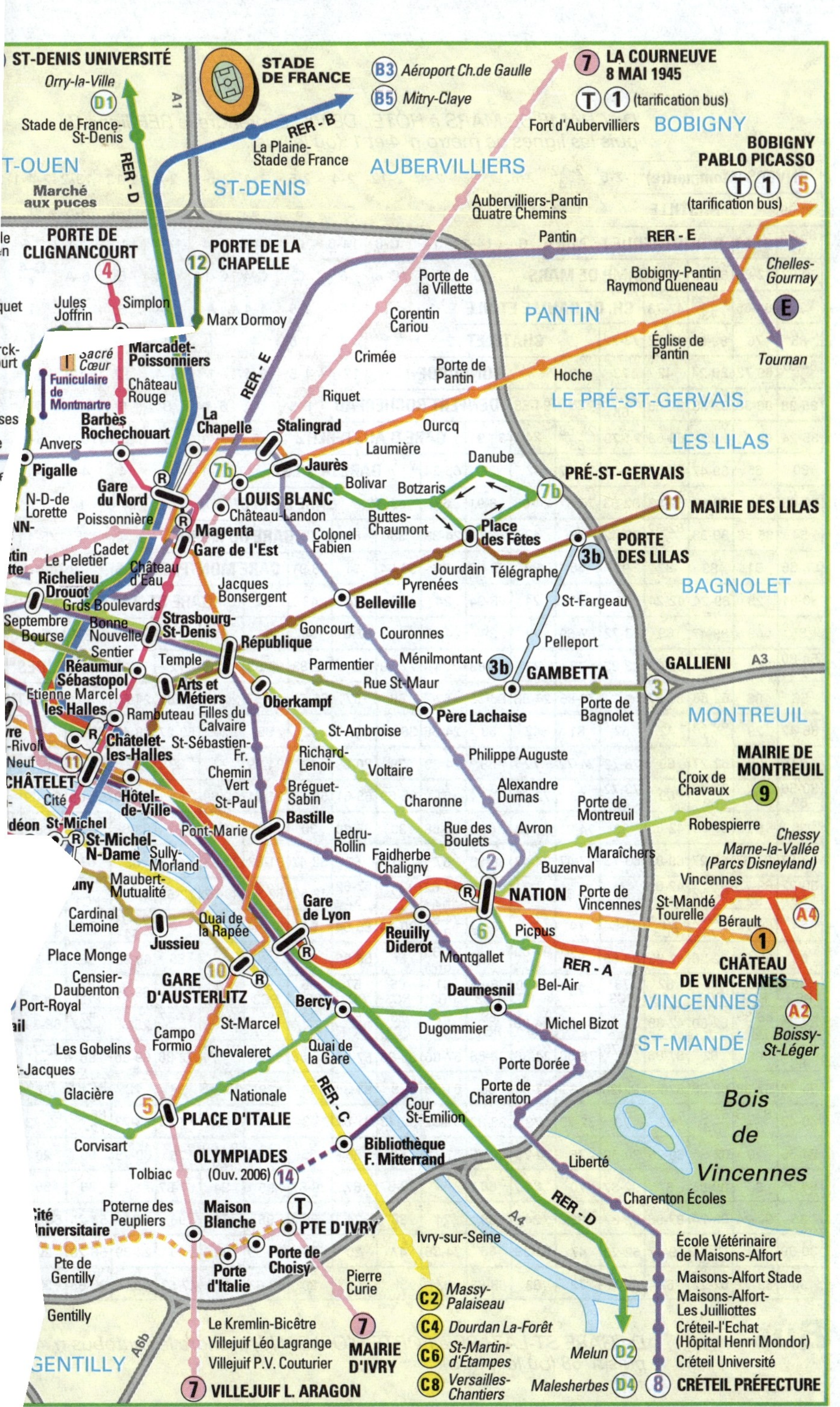
ST-DENIS UNIVERSITÉ
Orry-la-Ville
D1
Stade de France-St-Denis
STADE DE FRANCE
B3 Aéroport Ch.de Gaulle
B5 Mitry-Claye
7 LA COURNEUVE 8 MAI 1945
T 1 (tarification bus)
Fort d'Aubervilliers
BOBIGNY
BOBIGNY PABLO PICASSO
T 1 5
(tarification bus)
RER - B
La Plaine-Stade de France
ST-DENIS
AUBERVILLIERS
Marché aux puces
RER - D
PORTE DE CLIGNANCOURT
PORTE DE LA CHAPELLE
Aubervilliers-Pantin Quatre Chemins
Pantin
RER - E
Chelles-Gournay
Bobigny-Pantin Raymond Queneau
Porte de la Villette
Corentin Cariou
PANTIN
E
Tournan
Église de Pantin
Jules Joffrin
Simplon
Marx Dormoy
Crimée
Porte de Pantin
Hoche
LE PRÉ-ST-GERVAIS
Marcadet-Poissonniers
Sacré Cœur
Funiculaire de Montmartre
Château Rouge
Riquet
Barbès Rochechouart
La Chapelle
Stalingrad
Ourcq
LES LILAS
Anvers
Pigalle
Jaurès
Lumière
Danube
PRÉ-ST-GERVAIS
Gare du Nord
7b
LOUIS BLANC
Bolivar
Botzaris
N-D-de Lorette
Poissonnière
Château-Landon
Buttes-Chaumont
11 MAIRIE DES LILAS
Magenta
Colonel Fabien
Place des Fêtes
Cadet
Gare de l'Est
PORTE DES LILAS
Le Peletier
Château d'Eau
3b
Richelieu Drouot
Jacques Bonsergent
Jourdain
Télégraphe
Pyrenées
BAGNOLET
Grds Boulevards
Belleville
St-Fargeau
Strasbourg-St-Denis
Bonne Nouvelle
Septembre
Bourse
Goncourt
Couronnes
Pelleport
Sentier
République
Temple
Ménilmontant
GALLIENI
A3
Réaumur Sébastopol
Parmentier
3b GAMBETTA
Arts et Métiers
Rue St-Maur
Étienne Marcel
Oberkampf
Porte de Bagnolet
Les Halles
Rambuteau
Filles du Calvaire
Père Lachaise
MONTREUIL
Châtelet-les-Halles
St-Sébastien-Froissart
St-Ambroise
11
MAIRIE DE MONTREUIL
Richard-Lenoir
Philippe Auguste
CHÂTELET
Chemin Vert
Voltaire
Croix de Chavaux
Cité
Hôtel-de-Ville
Bréguet-Sabin
Alexandre Dumas
9
St-Paul
Charonne
Porte de Montreuil
St-Michel
Bastille
Robespierre
St-Michel-N-Dame
Pont-Marie
Ledru-Rollin
Rue des Boulets
Avron
Chessy Marne-la-Vallée (Parcs Disneyland)
Sully-Morland
Faidherbe Chaligny
2
Maraîchers
Buzenval
Vincennes
Maubert-Mutualité
NATION
Porte de Vincennes
St-Mandé Tourelle
A4
Cardinal Lemoine
Quai de la Rapée
Gare de Lyon
Bérault
Jussieu
Reuilly Diderot
6
Picpus
1
Place Monge
Montgallet
RER - A
CHÂTEAU DE VINCENNES
Censier-Daubenton
10
GARE D'AUSTERLITZ
Daumesnil
Bel-Air
VINCENNES
Port-Royal
Bercy
A2
St-Marcel
Dugommier
Michel Bizot
ST-MANDÉ
Boissy-St-Léger
Les Gobelins
Campo Formio
Chevaleret
Quai de la Gare
Porte Dorée
Glacière
Nationale
RER - C
Cour St-Emilion
Porte de Charenton
Bois de Vincennes
5
PLACE D'ITALIE
Corvisart
Bibliothèque F. Mitterrand
OLYMPIADES (Ouv. 2006)
14
Tolbiac
Liberté
Charenton Écoles
Poterne des Peupliers
Maison Blanche
T
RER - D
A4
PTE D'IVRY
Ivry-sur-Seine
École Vétérinaire de Maisons-Alfort
Porte de Choisy
Porte d'Italie
Pte de Gentilly
Pierre Curie
Maisons-Alfort Stade
Maisons-Alfort-Les Juilliottes
Gentilly
C2 Massy-Palaiseau
Le Kremlin-Bicêtre
7
C4 Dourdan La-Forêt
Créteil-l'Echat (Hôpital Henri Mondor)
Villejuif Léo Lagrange
MAIRIE D'IVRY
C6 St-Martin-d'Etampes
Melun D2
Créteil Université
GENTILLY
A6b
Villejuif P.V. Couturier
C8 Versailles-Chantiers
Malesherbes D4
8 CRÉTEIL PRÉFECTURE
7 VILLEJUIF L. ARAGON

De CHAMP DE MARS à HÔTEL DE VILLE, prendre le RER ligne C, puis les lignes de métro n° 4 et 1 (ou le bus).

ANVERS (Montmartre)				2-5	2-12 14	2-6	2	2-4	2-12	2-4	2-5	2-4	2-5-1	2-4	2-12	13-2	2-4-1
30-65	**BASTILLE**				1-14	5-C	1	1	1	5-6	5	5	1	5	1-4	3-5	1
85-24 62	91-89	**BIBLIOTHÈQUE Fr. Mitt.**				C	14-1	14	C-8	14-6	C	14-4	14	14-4	14-6	14	14
30-82	42-85	62-42	**CHAMP DE MARS**				6	C-4	C-8	6	C	C-4	C-14	C-4	6	6-A	C-4 1
30	54-65	89-24 73	42-73	**CH. DE GAULLE ÉTOILE**				1	1	6	1-5	1-4	A	2-4	6	A	1
85	76	89-67	42-72	73-72	**CHÂTELET**				1	4	1-5	4	1	4	4	14	1
54-67 42	69-72	89-24	42	73	72	**CONCORDE**				12-4	1-5	8-4	1	8-4	12	12	1
85-38	86-38	62-38	82-68	22-62 68	38	94-68	**DENFERT ROCHEREAU**				6-5	4	6-14	B	6	4-12	4-1
85-24	65-61	89	69-63	24-73	24-58 63	24	38-91	**GARE D'AUSTERLITZ**				5	5-1	5	5-6	10-12	5-1
30	65	89-47	32-82	73-32	38-47	42	38	65-24	**GARE DE L'EST**				5-1	5	4	4-3	5-11
30-65	65	89-63	69-63	92-63	76-87	24-63	38-91	63	65	**GARE DE LYON**				1-5	14-6	14	1
54	65-56	89-38	82-32 38	22-42	38	42	38	24-38	38	65	**GARE DU NORD**				4	E	5-11
58-85	91	89	82	92	58	94	88-58	91	39-94	91	38-91	**GARE MONTPARNASSE**				13	4-1
30-81	29	89-24	42-24	22	21	24	68-94	24	32	24	43	94	**GARE ST- LAZARE**				3-11
85	69	89-47	69	73-72	67-69	72	38	24-47	47	87-67	38	96	81	**HÔTEL DE VILLE**			
54-80 28	69	89-24	69-93	73-83	72	72	68-83	24	72-39	24	42-83	94-83	24	72	**INVALIDES**		
56	86	62-86	86-87	73-24 86	76-86	24-86	86-38	57	56	57	65-56	91-57	24-86	76-86	24-86	**NATI**	
85-42	29	89-24 27	42	52	81	42	68	24-68	38-42	29	42	95	20	69-27	83-42	86-29	
67	69	62-27	69	73-72	21-72	72	68	24-39	39	20-69	48	94-39	27	69	72	86-69	68
30-56 69	69	62-46 69	69	73-72 69	69	72-69	38-91 61	61	65-69	65-61	56-69	91-61	29-69	69	93-69	56-69	29-69
30	81-29	89-68	42-68	30	74-81	42-68	68	24-68	30	65-30	30	95	95	81	83-68	56-20 74	68
85-67	87-67	62-27	69-83	83-73	27-47	24-47	38-83	57	47	57	38-47	91-83	21-83	47	83	57	21-67
30-22 52	69-72 52	62-52	42-62 52	52	72-52	73-52	68-62 52	57-62 52	32	57-62 52	42-52	62-88	43-52	72-52	63-52	57-PC1	52
54	69-74	62-47 74	82 PC3	31-54	74	PC3-94	68-74	24-81 74	30-54	65-54	54	95-54	95-54	74	93-31 54	56-54	81-54
85	20-56	62-56	42-85	30-85	85	94-80 85	38-85	87-65 56	56	65-56	56	95 PC3	95 PC3	85	69-85	56	42-85
85 PC3	65 PC3	27 PC2	82 PC3	73 PC3	75	94-80 85-PC3	38-65 PC3	61 PC2	65 PC3	57 PC2	65 PC3	95 PC3	95 PC3	75	69-75	57 PC2	81 PC3
85-42 PC1	86-39 80	62-80	42-39	92-39	80-70	94-39	68 PC1	57 PC1	38 PC1	57 PC1	38 PC1	95 PC1	94-39	47-87 39	28-39	57 PC1	68-39
30-56 86	86	62	87-86	72-76 86	76-86	24-86	38-86	57-86	56-86	57-86	56-86	91-86	24-72 86	72-86	69-86	86	95-78 86
85-38	87-38	62-38	82-28	92-28	38	94-68	68	91-38	38	91-38	38	28	**43-68**	38	28	57-91 68	68
30-43	87-63 73	62-83 74	82	73	72-73	73	38-82	91-82	32-73	91-82	43	82	43	72-73	83-73	86-69 72-73	52-73
54-65	20	62-56	69-75	30-56	75	72-75	38-75	61-65	56	65	65	96-65	29 ou 20	75	69-75	56	20
54-95	86	89-86	87	92-87	70	84	68	63	38-87	87	38-87	95	94	67-87	63	86	95
85	87-24	89-24	87-96	92-87	96	24	38	24	38	24	38	96	24	96	24	57-24	68-24
30-39	20	89-24 38	69-47	52-20	47	72-38	38	24-38	47	20	38	94-39	20	38	24-39	56-20	20
30	69-72	62-22	82	30	72	63	68-63	63	30	63	30	92-63	32	47-63	63	86-63	22

Bus

De GARE ST-LAZARE à PORTE D'ORLÉANS, prendre les autobus n° 43 puis n° 68 (ou le métro).

Métro et RER

	2-12 3	2-12 1	2	2	2-5	2-12 10	2-13	2-4	2-7	2-12	2-1	4-2	2-1	2-5	2-4	2-4	2-4	2-6
	1-8	1	8-3	1-13	5	5-10	1-13	5-4	5-7	1-12	1	4-1	1	8	1-4	1-4	5-8	1-6
A	14-7	14-7	14-6 2	14-13	C-5	C-10	14-13	14-4	14-7	14-6 12	14-1	14-6 4	14-1	14-1 8	C-4	C	14-4	C-6
A	C-8	C-8-1	6-2	C-13	C-5	C-10	C-13	C-4	C-4-7	6-12	C-5-1	6-4	C	C-8	C-4	C	C-4	6
	A	1	A-2	2	A-B 6	6-10	2-13	2-4	A-7	6-12	A-1	6-4	1	1-8	1-4	1-4	1-8	6
	A	1	A-2	14-13	7	4-10	14-13	4	7	4-12	1	4	1	11	4	4	4	1-9
	8	1	8-3	12-13	1-B-6	8-10	12-13	8-4	8-7	12	1	12-4	1	8	1-4	1-4	8	1-6
	B-A	4-1	6-2	B-2	6	6-10	6-13	4	4-7	6-12	6-1	4	6-1	4-11	4	4	4	6
1	10-7	5-1	5-3	C-13	5	10	C-13	C-4	10-7	10-12	5-1	C-4	C	5	10-4	C	5-8	C-6
9	7	4-1	5-3	4-2	5	4-10	4-2 13	4	7	4-12	5-1	4	4-1	5	4	4	4	4-9
	A	1	1-2	14-13	14-6	1-5 10	14-13	14-4	14-7	14-12	1	A-4	A-1	1-8	1-4	A-4	1-8	A-6
A	4-7	B-1	5-3	2	5	4-10	2-13	4	7	4-12	5-1	4	2-1	5	4	B	4	4-9
	12-8	4-1	4-3	13	6	13-10	13	4	4-4	12	6-1	4	6-1	4-11	4	4	4	6
	13	12-1	3	13	14-6	9-10	13	12-4	7	12	A-1	12-4	12-1	9	14-4	A-4	9	9
	1-7	1	11-3	1-13	1-5	1-4 10	1-13	1-4	1-7	1-12	1	1-4	1	11	1-4	1-4	1-4	1-6
	8	8-1	8-3	13	C-5	C-10	13	C-4	8-7	13-12	8-1	13-4	13-1	8	C-4	C	8	C-6
	A	1	2	A-2	6	6-10	A-13	A-4	2-7	A-12	1	6-4	A-1	9	A-4	A-4	9	9
		7	3	13	7	8-10	3-13	8-4	7	8-12	7-1	13-4	A-1	8	A-4	A-4	8	A-6
YAL LOUVRE			7-3	1-13	7	1-8 10	7-13	1-4	7	1-12	1	7-4	1	7-8	1-4	1-4	1-4	1-6
ÈRE LACHAISE				2	3-5	3-8 10	2-13	2-4	2-7	3-12	2-1	3-4	2-1	3	3-4	3-4	3-9	2-6
PLACE DE CLICHY					13-6	13-8 10	13	2-4	2-7	13-12	13-1	13-4	2-1	13-9	2-4	2-4	2-4	2-6
	95-67	PLACE D'ITALIE				6-10	6-13	6-4	7	6-12	6-1	6-4	6-1	5	6-4	6-B	5-8	6
	30-52	PC1 47	PORTE D'AUTEUIL				10-13	10-9 4	10-9 7	10-6 12	10-4 1	10-4	10-9 C	10-9	10-4	10-C	10-8	10-9
	54	27-74	PC1 PC3	PORTE DE CLICHY				13-2 4	13-2 7	13-12	13-1	13-4	C	13-9	C-4	C	13-9	C-6
	80-85	47-85	PC1 PC3	PC3	Pte DE CLIGNANCOURT				4-2-7	4-12	4-1	4	4-1	4-5	4	4	4	4-2-6
	95 PC3	57 PC2	PC1 PC3	PC3	PC3	Pte DE LA VILLETTE				7-4 12	7-2-1	7-4	7-1	7-5	7-4	7-4	7-4	7-9
	80	57 PC1	PC1	PC3 PC1	56-38 PC1	PC2 96-39	Pte DE VERSAILLES				12-6 1	12-4	12-6 1	12-4 11	12-4	12-4	12-4	12-6
	68-72 86	57-86	PC1 PC2	PC2 PC3	56-86	PC2	PC1 PC2	Pte DE VINCENNES				1-6-4	1	1-9	1-4	1-4	1-9	1-9
	68	91-38	PC1	74-68	56-38	PC2 PC1	PC1	PC1 PC2	Pte D'ORLÉANS				1-4	4-11	4	4	4	4-6
	74 PC3	83-73	PC1	PC3	PC3	PC3	PC1	PC2 PC3	PC1	PORTE MAILLOT				1-11	C-4	C	1-4	C-9
	30-56	57-20	52-20	54-56	56	75	39-20	86-56	38-78	20-52 73	RÉPUBLIQUE				3-4	11-4	9	9
	95	27-84	62-39	54-95	85-39	75-96	39	86	68-95	73-63	20-39	St-GERMAIN-DES-PRÉS				4	4	4-6
	68-24	27	52-70	74-96	85	75-96	39-24	86-24	38	73-24	75-96	86	SAINT-MICHEL				4	4-6
	30-38	47	PC1 39	54-38	56-39	75-20	39	86-56 20	38	73-52 20	20	39	47	STRASBOURG ST-DENIS				9
	30	67-63	52-22	54-30	85-30	75-72	PC1 22	86-63	PC1 22	82	20-32	63	63	20-32	TROCADÉRO			

vers A13 - ORGEVAL - MANTES - LE HAVRE - DEAUVILLE
vers VERSAILLES - ROUEN - LE HAVRE - DEAUVILLE
ASNIÈRES-S-SEINE
CLICHY
LA GARENNE-COLOMBES
COURBEVOIE
LEVALLOIS-PERRET
NEUILLY-S-SEINE
PUTEAUX
La Défense
A14
A13
PORTE DE ST-OUEN
PÉRIPHÉRIQUE
PORTE DE CLICHY
Pte POUCHET
PORTE D'ASNIÈRES
BOULEVARD
PORTE DE CHAMPERRET
PORTE DE COURCELLES
PORTE MAILLOT
Pte DE VILLIERS
Pte DES TERNES
PORTE DAUPHINE
Pte DE LA MUETTE
Pte DE PASSY
PORTE D'AUTEUIL
Pte MOLITOR
PORTE DE ST-CLOUD
Pte DU POINT DU JOUR
QUAI D'ISSY
PORTE DE SEVRES
Pte D'ISSY-LES-MOULINEAUX
PORTE DE VERSAILLES
PORTE DE PLAISANCE
PORTE DE LA PLAINE
PORTE BRANCION
PORTE DE VANVES
PORTE DE CHÂTILLON
PORTE DIDOT
PORTE D'ORLÉANS
17e
16e
15e
14e
8e
7e
Bois de Boulogne
Ile de la Grde Jatte
Ile de Puteaux
Ile Saint Germain
Pl. de la Porte Maillot
Pl. Charles De Gaulle
Arc de Triomphe
Parc de Monceau
Gare St-Lazare
Pl. de la Madeleine
Place de la Concorde
Place du Trocadéro
Palais de Chaillot
Maison de Radio France
Tour Eiffel
Ecole Militaire
Hôtel des Invalides
Tour Montparnasse
Gare Montparnasse
Hippodrome d'Auteuil
Pl. de la Pte d'Auteuil
Place de la Pte St-Cloud
Parc des Expositions
Héliport
BOULOGNE-BILLANCOURT
ISSY-LES-MOULINEAUX
MEUDON
VANVES
MALAKOFF
MONTROUGE
SEINE
Avenue des Champs Elysées
Av. Emile Zola
Bd Gal Martial Valin
Bd Victor
Bd Lefebvre
Bd Brune
Bd Berthier
Bd de Courcelles
Bd Haussmann
Rue Molitor
Bd Murat
Bd Exelmans
Av. du Pdt Kennedy
Quai d'Orsay
Bd Garibaldi
Rue de Vaugirard
Rue de la Convention
Rue Lecourbe
Bd Pasteur